KB181620

잔인한 낙관

잔인한 낙관

1판1쇄 | 2024년 6월 17일

지은이 | 로런 벌랜트
옮긴이 | 박미선, 윤조원

펴낸이 | 안중철, 정민용
편   집 | 윤상훈, 이진실, 최미정

펴낸 곳 | 후마니타스(주)
등록 | 2002년 2월 19일 제2002-000481호
주소 | 서울 마포구 신촌로14안길 17(노고산동) 2층
전화 | 편집_02.739.9929/9930 영업_02.722.9960 팩스_0505.333.9960

블로그 | blog.naver.com/humabook
트위터, 페이스북, 인스타그램 | humanitasbook
이메일 | humanitasbooks@gmail.com

제작 | 천일문화_031.955.8083 일진제책_031.908.1407

값 35,000원

ISBN 978-89-6437-450-4 03300

잔인한 낙관

\ CRUEL OPTIMISM \

로런 벌랜트 지음 ＼ 박미선·윤조원 옮김

후마니타스

『잔인한 낙관』이라는 책을 탄생시킨 프로젝트는 내가 몇 년 동안 랭커스터 대학의 리버흄 펠로우로 있던 시절 베벌리 스케그스, 세라 프랭클린 , 사라 아메드, 실리아 루리, 재키 스테이시, 이머전 타일러, 그리고 애통하게 먼저 떠나보낸 폴 플레처 등 훌륭한 동료들과 대화를 하면서 시작되었다. 애통함을 이야기하는 김에 말하자면, 나는 빌 리딩스와 리오타르에 관해서 대화를 나누던 도중에 처음으로, 낙관이 좋게든 나쁘게든 사건을 열어 두는 것이라는 생각을 처음 하게 되었다. 우연성[사행성]aleatoriness에 대한 나의 우연한 생각들, 자본에 관한 나의 초국가적 사유에 대해 생각이 떠오르는 대로 계속 공유해 준 로저 라우스에게 감사한다. 정치, 신경심리학, 애착 관계(그리고 퍽Puck)에 대한 길고 수많은 대화를 비롯해, 불안감과 행복에 관한 모든 주제에 대해서 나와 함께 작업한 이언 호스월에게 감사한다. 이 원고의 최종 교정자 가운데 한 명이었던 리 에델먼은 이 글을 너무나 세밀하게 읽으며 더 좋은 글이 될 수 있게 해 주었다. 그의 우정과 협력이 전부터 늘 고마웠던 터이다. 그가 지적한 내용을 가지고 작업할 수 있었던 것은 진정 선물이었으며, 그를 향한 경탄의 마음은 나를 거의 비루하게 만든다. 다른 최종 교정자 한 명 역시 명석하게 그리고 최선의 의미에서 전이를 가능하게 하는 방식으로 원고를 검토해 주었다. 그/그녀의 실질적인 영향이 수정된 내용에 반영되었음을 그/그녀가 알아볼 수 있기를 바란다.

켄 위소커와 레이첼 퍼나리, 잘 마무리하라고 나를 계속 자극해 준 것을 포함해서, 당신들이 제공해 준 모든 도움과 노동에, 그리고 이 작업이 다루는 내용에 너무나 생생히 반응해 준 것에 이루 다 감사할 길이 없다. 이 책의 편집자 G. 닐 맥타이의 차분하고 명징하고 창의적인 작업과 이 책의 영감 충만한 디자이너 에이미 루스 뷰캐넌에게 감사한다. <만약에 몸이: 중년의 리바와 조라>라는 자신의 그림을 보여 주고 이 책에 실을 수 있게 허락해 준 리바 레러에게는 고마운 마음 이상이다. 디페시 차크라바르티, 톰 미첼, 클레어 펜테코스트, 맨디 베리, 데이나 루시아노, 아멜리아 존스, 크리스 코언, 케이티 스튜어트 등 이 프로젝트를 읽고 나와 많은 대화를 나누었던 분들에게도 존경의 마음을 표한다. 샘 베이커, 앤 츠베트코비치, 리사 더건, 루시 길모어, 데버라 굴드, 바날린 그린, 네빌 호드, 미란다 조셉, 헤더 러브, 프레드 모턴, 호세 무뇨스, 에이미 파트리지, 메리 패튼, 마티아스 리건, 샌디 소토, 케이티 스튜어트, 레베카 조라크 등 '퍼블릭 필링스/필 탱크'의 동지들에게, 문제를 타진하고 끝까지 밀고 나가기 위해 필요했던 너무나 너그럽고, 반짝이며 예리하고, 사려 깊은 맥락을 제공해 준 것에 대해 매우 감사한다. 『잔인한 낙관』은 '퍼블릭 필링스'의 프로젝트이다.

놀라운 사상가이자 두려움 없이 글을 쓰는 사람, 심각하게 비판적인 동시에 너그러운 대화 상대, 철학자들이 "친구"라는 단어에 대해 길게 설명할 때 상상하는 그런 친구인 케이티 스튜어트에게 이 책을 바친다.

현 시점의 정동

욕망하는 어떤 대상이 오히려 더 나은 삶에 걸림돌이 될 때 바로 거기에 잔인한 낙관의 관계가 있다. 그 대상은 먹을 것일 수도 있고 사랑 같은 것일 수도 있다. 좋은 삶에 대한 환상일 수도 있으며 정치적 기획일 수도 있다. 그것은 좀 더 단순한 어떤 바탕 위에 있을 수도 있다. 한층 나은 존재 방식을 이끌어 내주겠다고 약속하는 새로운 습관처럼 말이다. 이런 부류의 낙관적 관계가 본래부터 잔인한 것은 아니다. 낙관적 관계가 잔인해지는 건 애착의 대상이 애당초 그 애착을 형성하게 만든 목표 달성에 적극적으로 방해가 되는 경우이다.

모든 애착심은 낙관적이다. 우리가 낙관주의를, 어떤 사람이나 생활 방식, 대상, 기획, 관념 혹은 장면 등의 여파에서 느껴지는 어떤 대상, 우리에게 만족감을 주지만 우리가 스스로 만들어 낼 수는 없는 어떤 대상에 더 다가가기 위해서 우리 자신에서 벗어나 세계로 진입하게 만드는 힘이라고 기술한다면 말이다. 하지만 낙관이 낙관적으로 느껴지지 않을 수도 있다. 낙관은 야심찬 것이기에, 언제든지 무감정을 비롯해 온갖 감정을 유발할 수 있다. 즉, 두려움, 근심, 배고픔, 호기심에서부터, 중립적인 태도로 [슈퍼마켓의] 매장 통로들을 훑어보는 기민함, "다가올 변화"의 전망에 대한 흥분감에 이르기까지 감정의 전 영역을 포괄한다. 혹은 다가오지 않을 변화에 대한 흥분감일 수도 있다. 낙관이 주는 일상적인 즐거움 가운데 하나는 관습성을 유발하는 것이다. 관습성이란, 사람이나 세상이 만들어 낸 좋은 삶의 여러 장르 속에서 예상할 수 있는 안락함으로 욕구가 그 모습을 드러내는 장소*이다. 하지만 낙관이 목표를 드러낸다고 해서 어리석거나 단순해지는 것은 아니다 — 고통의 순간에 위험을 무릅쓰는 애착심은 종종 합리적 계산을 뛰어넘는 지적 능력을 발휘한다.

그러므로 낙관의 경험이 구체적으로 어떻든 간에, 낙관적 애착의 정동 구조는 특정한 환상의 장면으로 되돌아가려는 지속적 경향을 포함한다. 그 환상이란 이번에야말로 이 대상에 다가가면 나 자신이나 세상이 딱 알맞게 달라지는 데 도움이 될 거라고 기대할 수 있게 하는 환상이다. 그렇지만 어떤 사람이나 민족이 폭넓은 변화를 이끌어 내기 위해서 분투를 감행하는데, 변화가 가능하다는 생각에 불을 붙였던 대상/장면이 그런 변화 자체를 불가능하게 만든다면, 그때 낙관은 잔인한 것이 된다. 그리고 어떤 관계 속에 머무르는 즐거움 자체가 관계의 내용과 상관없이 지속적인 것이 될 때, 그래서 심히 위협적인 동시에 매우 확신을 주는

---

* 관습성을 비롯한 여러 개념들을 일종의 '장소'(place) 혹은 '장면'(scene)으로 표현하는 것은, 그런 개념 자체가 육화된 삶이 전개되는 실천 및 의미의 영역이라고 생각하는 벌랜트 특유의 사유와 관련이 있다.

상황에 사람이나 세계가 스스로 매여 있음을 발견할 때, 낙관은 이중으로 잔인해진다.

이 책은, 계층 상승과 낭만적 사랑의 대상이나 장면에서부터 정치적인 것 자체에 대한 욕망에 이르기까지, 잔인한 낙관의 여러 관계들을 살펴본다. 하지만 이 기획의 중심에는 "좋은 삶"이라고 하는, 도덕적이고-친밀하고-경제적인 무언가가 있다. 사람들은 왜 좋은 삶이라는 관습적 환상 — 가령 커플이나 가족, 정치체제, 제도, 시장, 그리고 직장에서의 지속적인 호혜 관계 — 에 매달리는 것일까? 그런 것들이 불안정하고 취약하고 커다란 대가를 요하는 것이라는 증거가 넘쳐 나는데 말이다. 환상이란, 사람들이 어떻게 하면 자신과 세상이 "결국 무언가 의미 있는 것이 될" 수 있는지에 대한 이상적인 이론과 밑그림을 쟁여 두는 수단이다. 그런 환상들이 마모되기 시작하면 어떻게 될까? 우울증이나 분열, 실용주의, 냉소주의, 낙관주의, 행동주의로 이어질까? 아니면 밑도 끝도 없는 엉망진창이 될까?

국가적 감상성에 대한 나의 삼부작 — 『국가적 환상의 해부학』, 『여자의 불평』, 『미국의 여왕이 워싱턴 시에 가다』 — 을 읽은 독자라면 이런 질문들이 내가 지난 두 세기 동안의 미국의 미학, 성애론, 정치학에서 고찰하는 중심적 내용이었다는 것을 알 수 있을 것이다. 그 책들은 친밀한 공중들이 규범적 양태의 사랑 및 법에 근접한 상태에서 어떻게 작동하는지에 특히 초점을 두면서 시민권과 공론장의 정동적 구성 요소를 살핀다. 이 책 『잔인한 낙관』은 이런 작업의 관심사를 초국가적으로, 시간적으로 확장해 우리 시대의 순간으로 연결한다. 이 기획의 아카이브는 현재의 유럽과 미국을 포괄하면서 위태로운 몸 주체성과 환상을 시민권, 인종, 노동, 계급적 (탈)위치, 섹슈얼리티, 건강의 관점에서 살펴본다. 이런 사례들은 지난 30년 동안 제2차 세계대전 이후 미국과 유럽에서 사회민주주의의 약속이 철회되었다는 맥락 안에서 서로 연관돼 있다.

『잔인한 낙관』이 20세기 후반에서 21세기로 이어지는 기간 전체를 다 다루지는 않는다. 전후에는 누구나 좋은 삶을 살 수 있다는 민주주의적 가능성을 믿었지만, 전후의 그 대단한 낙관에 동력이 되었던 경제적 기회, 사회적 규범, 사법적 권리는 이제 불균등하게 확장되고 있다. 이 책은 이런 상황에 국가가 개입을 회피했다는 사실을 철저히 폭로하는 책은 아니다.[1] 대신에 이 책은 1990년 이후 최근까지 나온 대중매체, 문학, 텔레비전, 영화, 비디오를 다룰 것이고, 구조 변화를 바라는 낙관의 판타즘적* 요소가 세계를 견인해 가는 힘이 줄어듦에 따라 뒤늦게 생겨난 역사의 감각중추sensorium를 밝혀내고자 한다. 여러 환상들이 마모되고 있지만, 특히 계층 상승, 직업 안정성, 정치적·사회적 평등, 생동감 있고 오래 지속되는 친밀함 등에 대한 환상이 그러하다. 무너지고 있는 일련의 확신 가운데는 능력주의에 대한 확신도 포함된다. 즉, 자유주의-자본주의사회가 개인에게 공평한 호혜성의 관계를 형성할 기회를 일관되게 제공해, 삶이 차근차근 쌓여 뭔가 의미 있는 것이 되고 쾌락을 보호하는 대비책을 구축하는 기획이 될 수 있으리라는 느낌 역시 와해되

   ●   판타즘(fantasm)은 정신과 심리 작용으로 생성되고 또 심리 활동의 재료가 되는 특정한 환상(비현실적 이미지)이라는 뜻으로 정신분석학이나 철학의 전통에서 사용되는 용어이다. 이론적 정의를 명시하는 예를 찾기 어렵지만, 프로이트, 라캉, 들뢰즈, 지젝 등이 이 용어를 사용하는 방식을 포괄적으로 살펴보면, 환상이 만들어 낸 장면으로, 특히 일정한 방식으로 패턴화되는 심적 이미지를 가리키는 것으로 보인다. 이 책에서는 맥락에 따라 판타즘 혹은 환상으로 유연하게 번역했다.

는 것이다. 이 책은, 일상이 삶의 구축과 기대감에 들이닥친 임박한 압도적 위기로 가득한 쓰레기 매립지처럼 되어 버릴 때 과연 좋은 삶에 대한 환상에 어떤 일이 발생하는지를 살펴본다. 이 위기는 그 규모만으로도 "삶을 소유"한다는 것이 여태 가졌던 의미를 너무나 위협하기 때문에, 거기에 적응하는 것만으로도 일종의 성취로 보일 정도다. 또 이 책은 위태로운 공론장의 출현, 친밀한 공중公衆의 출현을 추적한다. 친밀한 공중은 경제적이고 친밀한 우연성의 시나리오를 공유하면서 어떻게 하면 그런대로 가장 잘 살아갈 수 있는지에 대한 패러다임을 주고받는 주체들로 이루어진다.[2] 이 책의 각 장은, 한때 좋은 삶이라는 환상이 자리 잡을 공간을 열어 두었던 낙관의 대상/시나리오의 소멸에 관한 이야기이며, 토대를 이루는 것 같았던 관계들이 이른바 "잔인한" 낙관의 관계로 변해 버린 상황에 우리가 어떻게 적응해 왔는지 그 드라마를 따라가 본다.

하지만 심미적으로 매개된 정동적 반응이 [여러 사람이] 공유하는 역사적 감각을 예시한다고 어떻게 말할 수 있을까? 아래에 이어지는 내용은, 이 책이 그런 질문을 던지면서 일반적 개념상의 전환을 도모한다는 것을 개략적으로 보여 준다.

『잔인한 낙관』이 가장 관심을 갖는 역사적 감각은 우리 시대의 순간을 그 순간의 내부에서부터 이해하는 것과 상관이 있다. 이 책의 중요한 주장 하나는, 현재에 대한 지각이 우선 정동적으로 이루어진다는 점이다. 현재present는, 조율된 집단적 사건 또는 우리가 회상할 수 있는 어떤 한 시대 같은 다른 무언가가 되기 전에 우리에게 나타나는present 것이다 (2장 「직관주의자들」은 "정동적 현재"에 대해 마르크스주의 비평 이론이 사유하는 이런 방식을 기술한다). 애초에 현재가 하나의 대상이 아니라 매개된 정동이라면, 그것은 또한 감각되면서 계속 수정되는 것이고, 시간의 장르이기도 하다. 그 장르의 관습은 연장된 '지금' 안에서 발생하는 여러 상황과 사건을 개인적으로 그리고 공적으로 걸러 냄으로써 생겨난다.[3] '지금'을 한정하는 조건들("현재"란 언제부터 시작되었단 말인가?)은 언제나 논쟁거리가 된다.

그래서 [많은 사람이] 공유하는 역사적 현재의 윤곽과 내용에 대한 논의는 언제나 매우 정치적이다. 그런 논의들은 어떤 세력에게 책임이 있는지를, 그리고 생존의 척도가 제공하는 것보다 나은 삶을 개념화하고 생존 전략을 판단하는 과정에서 어떤 위기가 급박한지를 다루는 한에서 정치적인 것이다. 그러므로 현재에 초점을 둔다고 해서 그것이 언제나 얄팍한 현재 중심주의 혹은 "지금에 대한 나르시시즘"[4]인 것만은 아니다. 하지만 설령 그렇다 해도, 현재에 집중하는 것은, 진행 중에 있는 일에 대한 다양한 지식과 직관을 어떻게 평가할 수 있을지, 그런 평가에 뒤따르는 일의 의미를 어떻게 알아낼 수 있을지에 대한 불안을 내포한다. 이 책은 어떤 일이 일어나고 있는지, 개인적/집단적 삶에서 가능한 것과 가로막힌 것은 무엇인지에 대한, 공존하면서도 일관되게 부합하지는 않는 서사들을 다루는 여러 스타일에 큰 관심을 기울인다. 현재가 어떻게 생산되는지를 설명하지 않고서는 정치적인 것의 답보 상태 impasse에 대해 아무것도 이해할 수 없다.

따라서 『잔인한 낙관』은 우리 시대 이 순간에 전개되고 있는 활동을 특징짓는, 역사의 지속에 대한 여러 장르를 수집하는 작업에 폭넓게 관심을 가진다. 현재에 대한 감각을 추적하기 위해 이 책이 사용하는 주요 장르는 "답보 상태"이다(이 개념에 대한 설명으로는 특히 이 책의 6장 「좋은 삶 이후, 그리고 답보 상태: <타임아웃>과 <인력자원부>, 위태로운 현재」를 참조). 통상 "답보 상태"란, 어떤 사람이나 상황이 더 이상 전진하지 못하고 지지부진하게 보내는 시간을 가리킨다. 이 책에서 답보 상태의 의미는 세계가 강렬하게 눈앞에 나타나는데도 불가사의하다고 느끼면서 우리가 활동하는 시간이 일정 기간 이어지는 것을 말한다. 그래서 답보 상태에서 살아가는 행위는 방황하며 정보를 흡수하는 의식과 과잉 경계심을 함께 요구하게 된다. 과잉 경계심은 사물을 명료하게 이해하고 흔들리는 세계에서 중심을 잡는 데 도움이 될 자료들, 아직 어떤 장르의 사건인지가 불분명한 과정을 표준 멜로드라마적 위기와 어울리게 만드는 데 도움이 될 자료들을 수합한다.[5] 잔인한 낙관이란, 삶의 재생산을 위한 전통적 토대가 — 직장에서, 친밀한 관계에서, 정치에서 — 위협적인 속도로 부서져 가고 있기에, 답보 상태에 머무르는 것 자체가 이제 많은 이들에게 일종의 희망 사항이 되었을 수도 있다는 이야기다. "답보 상태"가 내포하는 대기 경로*는 임시 거주지를 암시한다. 이는 이 책을 관통하는 "답보 상태"의 다른 의미로 우리를 안내한다. 그것은 바로 무감각**이다. 『잔인한 낙관』은 평정심이 계급, 인종, 성, 젠더에 영향을 받아 다양한 스타일로 나타난다는 점에 특히 주목한다. 랑시에르가 "감각의 분할"이라고 부른 것***은 여기서 계급에 기반을 두는 감수성으로만 나타

---

* 대기 경로(holding pattern)는 착륙하기 전 항공기가 공중에서 대기하는 동안 선회하며 비행하는 것을 가리킨다.

** 여기서 벌랜트는 답보 상태를 의미하는 영어 단어 impasse와 닮은 형용사 impassive를 가져와, 답보 상태가 유발하는 감정이 무감각, 무감동이라는 점을 적절히 강조하고 있다.

*** 『문학의 정치』(유재홍 옮김, 인간사랑, 2011)에서 자크 랑시에르는 교육 등의

나지 않고 자기 관리의 여러 규범을 등재하는 몸짓의 경제에서도 나타난다. 이런 몸짓의 경제는 각자의 사회적 위치에 부속하는 기득권을 얼마나 자신감 있게 누려 왔는지에 따라 달라지는 것이다. 상황이 펼쳐지는 속도를 몸이 어떻게 늦추는지 살펴보면, 삶을 지속하는 일과 진행 중인 위기 및 상실의 관계를 밝히는 데 도움이 된다.

연장된 현재stretched-out present의 여러 시간적 장르에 덧붙여 이 책은 우리 시대의 역사성에 대한 성찰적 행위를 우리가 체험하는 대로 기술하기 위한 미학적 장르들을 개발한다. 상황, 에피소드, 중단[훼방], 방백, 대화, 여행기, 해프닝 등 일어나는 사건의 여러 장르가 이 책 전체에 걸쳐 등장한다. 예를 들자면, 나는 상황이라는 장르를 줄곧 시트콤 또는 경찰 드라마와 같은 방식으로 정의한다. 경찰은 관용적으로 "여기 상황이 발생했다"We have a situation here라고 말한다. 상황이란, 문제가 될 수도 있는 무언가가 삶의 일상적 활동 가운데서 전개되고 있는 사태를 말한다. 그리고 그것은 사건이 될 수도 있는 무언가가 현재 등장한다는 느낌을 자아내는 것으로, 활성화된 동시에 활성화를 가능하게 하는 유예 상태suspension, 의식에 각인되는 유예 상태이다. 상황에 대한 이 같은 정의는 알랭 바디우의 "사건" 개념과 공명하는데, 바디우에게 사건이란 존재에 충격을 가해 급진적으로 열린 상황 안으로 존재를 밀어 넣는 드라마이다 — 사건은 윤리적 사회성의 장면을 가능하게 하는 잠재성을 구성한다.[6] (사람들은 "상황"에 충실할 수 없다. 그것이 무엇인지, 그 속에서 어

문화적 기제를 통한 감각, 감성, 감수성의 분할이 계급 체계를 유지하는 수단으로 활용되었음을 지적한다(『문학의 정치』, 8쪽 참조).

16

떻게 존재할 수 있는지 모르기 때문이다. 그러므로 바디우의 어법에 따르자면 사건은 급진적 중단에 잠재하는 선善을 설명하는 상황 속 요소이고, 주체와 일반적 확실성을 와해하는 상황의 반反주권적 효과는 윤리적 행위에 위협이 된다.) 브라이언 마수미는 비슷하게 구조적이면서도 변증법적인 견해를 가지는데, 상황과 사건의 관계를 살펴보면서 상황을 다스리는 것으로 "사건"을 우위에 둔다. 하지만 마수미는 내가 중요하게 여기는 상황의 의미에도 상당히 관심을 가지며, 상황을 폐제*되지 않은 경험의 장르로 본다.[7]

어쨌거나 활성화된 유예 상태라는 상황은 현재에 대한 역사적 느낌을 정동적으로 내재, 발산, 분위기, 출현으로 형성하는 관습들에 대해 생각할 수 있게 한다. 섭동[동요]perturbation은 들뢰즈의 개념으로, 상황을 만들어 내는 분위기의 교란을 가리킨다. 이때 상황은 주체로 하여금 직관의 규범성에서 놓여나 대안적 일상을 찾게 만드는, 계속되는 반작용과 횡단적 움직임에 의해서만 그 모습을 드러낸다.[8] 상황은 그러므로 사회적 시간과 실천의 장르인데, 그 안에서 사람들과 세계의 관계가 변화하고 있음이 감지되지만 그 안에 거주하기 위해 따라야 할 규칙들이

• "폐제"(foreclosure)라는 개념은 프로이트 정신분석의 용어 Verwerfung을 라캉이 차용하여 프랑스어로 번역한 것이다. 폐제는 상징계 밖에 있는 것에 대한 주체의 거부를 의미하는데, 이는 상징계의 통합성과 일관성을 가능하게 하는 종류의 배제이기에 다른 억압이나 부인, 부정과 구별된다. 정신분석에서는 애당초 존재한다고 인정하지 않음으로써 받아들이지 않고 상징계 밖으로 밀어내는 병리적 기제를 가리키기도 한다. 그러나 정신분석의 영향을 받은 이론적 논의에서 "폐제"는 어떤 가능성 자체를 가로막고 배제하고 부인한다는 일반적인 뜻으로 널리 사용될 때도 종종 있다.

나 그것을 이야기로 만들어 내는 장르들은 불안정하고 혼돈 속에 있다. 5장 「거의 유토피아, 거의 정상」은 위태로운 공론장이 "상황 비극"situation tragedy이라는 새로운 대중적 변형태를 만들어 냈다고 주장한다. 상황 희극situation comedy, 즉 시트콤에서는 주인공이 결국 우스꽝스럽고 부조리해지는 엎치락뒤치락 부적응의 이야기를 연출하면서도, 발생하는 "상황"으로 인해 세상이 지나치게 불안정해지는 경험을 하지도 않고 아주 많은 것을 망가뜨리지도 않는다. 상황 비극에서는 주인공의 세계가 교정 불가능할 정도로 허약해서, 몸짓 하나만 잘못되어도 그 세계의 환상을 유지할 수 없게 된다. 상황이 비루한 총체적 와해의 위기에 처한 것이다. 예술 작품에서나 다른 장면에 대한 반응에서나, 진행 중인 일상의 분위기에 가해지는 심각한 잠재적 위협을 이해의 감각중추*가 감지할 때, 그것은 위협적인 새 리얼리즘으로 상황 비극의 리듬을 촉발한다.

그런데 상황이 세상을 변화시키는 사건이 되거나 파괴적 잠재성으로 현재를 위협할 때도 있지만 대부분 그렇게 되지는 않는다. 출현 중인 사건 x를 처리하는 방법을 우리는 어떻게 학습하는가? 사건의 관습적 장르는 y나 z라는 장르로 사건이 다르게 형상화되는 것을 잠재적으로

● 이 책에서 벌랜트는 변화하는 세상과 삶에 대한 우리의 지각, 반응, 이해가 감각과 정동으로 형성되는 측면을 강조하고 있다. 세계를 지각하는 동시에 그에 대한 우리의 반응을 감지하고 그 의미를 등재하는 감각과 정동의 체계를 감각중추(sensorium)라고 호명하여 관념적 사유의 기제와 구분한다. 여기서 감각중추는 apprehending sensorium으로 표현되는데, 이는 편의상 이해의 감각중추로 번역했으나 apprehend라는 말에 '이해'와 '염려'의 두 가지 의미가 있음을 염두에 둔다면 좋을 것이다. 우리의 감각중추는 대상이나 상황에 대한 감각적 이해를 가능하게 하는 동시에 문제적인 현실과 현재를 감각적으로 염려하게 한다는 의미로 볼 수 있다.

어떻게 폐제하는가? y나 z라는 장르는 가능성으로서 부유하면서도, 반복을 통해 다시 소환되기 전까지는 괄호 쳐진 채로 다른 곳에 저장되고 만다. 어떤 일의 사건-되기에 이렇게 관심을 두면, 특수성이 일반적 혹은 표본적 사례로 전환되는 경우에 대한 질문을 비롯해서 이데올로기, 규범성, 정동적 적응, 임기응변에 대한 질문을 하게 된다. 이 일군의 과정 — 정동적 사건이 역사적인 것이 되는 과정, 만연한 불확실성 가운데서 즉흥적으로 장르를 만드는 과정 — 이 『잔인한 낙관』을 구성하는 내용이다.

그러므로 현재의 지표로서 "정동의 쇠락"을 추적하기보다, 나는 장르의 쇠락, 특히 더 오래된 여러 리얼리즘적 장르(여기에 멜로드라마도 포함된다)의 쇠락을 살펴본다. 환상을 일상생활과 연결하는 리얼리즘의 관습과 좋은 삶을 묘사하는 리얼리즘의 방식은 이제, 삶을 소유하고 삶을 구축한다는 것에 대한 구시대적 기대치를 특징적으로 나타내는 것 같다.[9] 장르는 삶에서든 예술에서든 무슨 일이 펼쳐지는 것을 보는 경험에 어떻게 반응할지를 결정하는 정동적 기대치를 제공한다. 장르의 쇠락은 항상적 위기가 자아내는, 그저 상황에 적응하는 것일 뿐인 답보 상태 속에서 그리고 그 너머에서 여러 다른 틈새가 잠재적으로 열리는 바탕이 된다. 이 책의 기획은 특징적인 몸짓의 생산이 계급과 관련된다는 점에 대한 조르조 아감벤의 분석에 특히 도움을 받았다.[10] 그런 몸짓이 구태가 되어 가는 동안에 영화는 그런 몸짓을 수집한다. 이 연구는 또 현재를 출현의 과정으로 생각하라고 이야기했던 레이먼드 윌리엄스에 대한 오랜 숙고에서 나온 것이기도 하다.[11] 내가 현재에 대해 글을 쓰는 터전인 바로 그 현재에, 살아가고 삶을 상상하는 방식의 기반이 되는 호혜성의 관습들이 와해되고 있어서, 하루하루 생활 속에서 임기응변으로 헤쳐 나가는 일상의 몸짓은 정동적으로나 심미적으로 더 적나라해질 수밖에 없다. 영화 및 다른 형식의 기록은 점점 사라지는 것들의 아카이브 역할을 하는 데 그치지 않고, 우리가 거주하는 시간 속에서 어떤 일이 벌어지는지를 추적한다. 영화와 같은 기존의 형식이 아닌 새로운 형식이 행동에서 주권적 삶이 나온다는 환상을 관습 속에 다시 자리 잡게 만들 수 있을 때까지 말이다.

　책 전체에 걸쳐서 『잔인한 낙관』은 경제적 낙관, 친밀성에 대한 낙관에서 주체가 떨어져 나온다는 것을 드러내기 위해 (멜로드라마, 시트콤과 관련해서) 상황 비극 같이 새로운 장르의 작업, 그리고 위태성을 다룬 영화 같이 새로 등장하는 미학을 살펴본다. [특히 5-6장에서 다루는] 위태성의 영화는 "위태성"*과 "위태로운" 사람들이라는 표제하에 조직된 새로운 사회운동을 거론하는데, 오늘날 만연해 있는 사회적 위태로움에 주목하면서 그것이 한층 오래된 네오리얼리즘의 전통과 관련이 있음을 보여 준다. 내가 주장하건대, 1990년대에 등장한 이 새로운 미학적 형식들은, 국가-자유주의-자본주의의 낡은 환상이 위기와 상실이라는 구조적 압박에 대한 적응의 양상을 만들어 내는 방식에 변화가 생겼음을 기

ㆍ　위태로움을 논의면서 벌랜트는 precarity와 precariousness라는 표현을 쓴다. 둘은 비슷한 의미로 쓰이기도 하지만, 전자는 사회민주주의의 약속들의 쇠락 후 신자유주의 사회 속 노동 조건들의 상태 및 그것들을 반영하는 구조적 맥락을 가리키는 말로, 후자는 그런 상태에서 영향을 받은 일상적 삶의 양상과 그것의 정동적 경험을 가리키는 말로 사용되는 경향이 있다. 위태성이라는 말은 우리말 어법상 어색한 표현이나, 저자 자신이 두 표현을 구분하고 있기에(서론의 미주 2 참조), 이 구분을 그대로 전하기 위해 precarity를 위태성으로, precariousness를 위태로움으로 옮긴다.

록한다. 위기와 상실의 구조적 압박은 좋은 삶의 필요성을 마모시키지는 않으면서도 좋은 삶이라는 전통적인 환상 뇌물fantasy bribe의 힘을 마모시킨다.[12] 각 장은 그 장에서 다루는 지배적 상황의 구체적인 역사적 동력을 밝히는 동시에, 규범적 사회 관습이 전개되는 구체적인 스타일을 장르와의 관계 속에서 추적한다.

이제까지 말한 내용의 함의는, 하나의 해프닝 위에 또 다른 해프닝이 쌓여 가는 동안 현재의 순간이 다양한 지정학적·생명정치적 위치를 가로지르면서 연장되는 위기 속 순간이 되어 점점 더 의식을 압박한다는 주장이다. 위기를 다루는 장르는 그 자체로 [위기를] 고조시키는 해석적 장르이다. 위기의 장르는 진행 중인 상태를 수사적으로 변화시켜서, 생존 전반에 대한 위협이 삶의 재생산을 지배하게 된 격한 상황으로 재현한다. 동시에 3장 「더딘 죽음」이 주장하듯이, 위기의 장르는 일상성 속의 구조적인 것, 진행 중인 것을 왜곡해 충격적이고 예외적으로 보이는 무언가로 만들 수 있다.

이로써 우리는 이 책의 두 번째 목적에 다가가게 된다. 두 번째 목적은 감각적 감응 장치에 주목하는 방식을 개발하는 것과 연관된다. 대규모 위기에 대한 감각적 감응 장치가 역사적 현재의 느낌에 영향을 미치기 때문이다. 일상생활 이론은, 역사적 현재의 분석가들이 새롭게 설명하고자 하는 우리 시대의 세계를 이해하기 위한 한 가지 관습적인 틀이다. 그러나 『잔인한 낙관』은 현재의 미국과 유럽의 아카이브에서 위태성의 미학을 도출해 내는 수단으로 일상생활 이론을 반복하는 작업과는 거리가 멀다. 대중사회와 도시 아노미의 충격을 우려했던 유럽 모더니즘은 지난 세기 초의 감각중추를 풍요롭게 이해할 수 있게 해주었다. 혼잡한 군중, 보상 의식, [남녀 모두를 포함하는] 산책자flaneur, flaneuse 등이 그 점을 잘 보여 준다. 산책자가 현재를 훑어보고 수집하는 양상이 그를 위기에서 해방시키고 사적인 것으로부터 자유로워지게 했지만 세계의 과잉 근접성too-closeness으로부터는 정신적으로 거리를 유지하게 했다고 들 말한다. 그러나 일상생활 이론은 대부분의 사람이 어떻게 사는지를 더 이상 기술하지 않는다. 이 말을 간결하게 하자면, 세계 인구 대다수가 지금 도시에 살면서 다종의 테크놀로지를 통해 대중문화를 접하고 있으며 그러므로 이미 배운 것을 탈학습하고 새로 적응하기 위해 앞선 세대가 [20세기 초에] 느꼈을 법한 압박감을 똑같이 느끼지 않는다는 것이다. 동시에 나이절 스리프트가 주장했듯, 산책자에게는 가벼운 기분 전환 행위였던 성찰적 훑어보기는 이제 더 이상 그런 역할을 하지 않으면서, 대신 생존의 문제로 말미암아 생겨나는 대중의 감각중추를 예시한다. 생존의 문제는 공적인 것이며, 항상적인 위협 때문에 일정한 형태조차 없어지는 현재에 대한 다양한 집단적 정동의 반응을 이끌어 낸다.

　스리프트의『비재현적 이론』, 마르크 오제의『비장소: 초현대성에 관한 논고』, 마이클 타우시그의『신경 체계』, 캐슬린 스튜어트의『일상적 정동』과 힘을 합해,『잔인한 낙관』은 위기로 인해 형성된 답보 상태로서의 일상성에 대한 사유를 지향한다. 위기 속에서는 삶을 지속하는 방법을 허둥지둥 찾아내야 한다는 압박이 새삼스럽게 만연해 있으므로 그에 적응하는 기술을 연마해야 한다. 이 책에서 관찰 가능한 체험된 관계는 항상 배경에 어떤 이야기가 있으며 내재적 세계 형성의 시학詩學을 이끌어 낸다. 이런 의미에서 위에 언급한 연구자들이 정동의 활동을 다루는 방식은 학문적 논의에서 통상 등장하지 않는 여러 과정을 밝혀낸다. 어떤 에피소드에나 내재하는 잠재적 표본성에 대한 믿음, 역사, 현상학, 그리고 세계의 형성과 매개에서 (비평을 포함한) 스토리텔링이 수행하는 지속적 역할 등이 그것이다.

앙리 르페브르와 미셸 드 세르토 등에서 볼 수 있는 자본주의에 의해 조직된 일상에 대한 비전 대신에 나는 자본주의와 그 외 여러 세력에 의해 탈-조직된 압도적 일상성에 관심을 가진다. 이것은 이론적 부정의 문제가 아니라 강조점의 차이이다. 즉 현재의 일상적 존재가 지니는 리듬 — 르페브르가 주체성 일반의 모델로 제시했던 '드레사쥬'dressage 혹은 '조련' — 은 강제된 적응, 기분 좋은 변주, 그리고 삶을 확인해 주는 규범의 위협적 와해 사이의 구분을 뒤섞어 버린다.[13] 이 일상은 많은 것이 교차하는 공간이고, 그 안에서 여러 세력과 여러 역사가 순환하면서, 스탠리 카벨 식으로 말하자면, 살아가기의 새 리듬, 언제라도 규범, 형식, 제도로 응결될 수 있는 리듬을 만들어 내기 위한 일상성 속의 "손쉬운 재료"가 된다.[14] 이 책의 각 장은 진행 중인 위기의 관점에서 일상에 접근한다. 그리고 이 책 전체는 특권의 여러 다른 벡터를 따라 여러 다른 관점에서 "위기 일상성"crisis ordinary을 추적한다.

여기서 핵심은, 미학적으로 매개된 인물에게 생기는 일을 사람들에게 생기는 일과 등가물로 보는 것이 아니라, 작품과 담론 속 정동의 시나리오에서 이 시대 삶의 상황에 대한 여러 주장을 발견할 수 있음을 깨닫는 것이다.[15] 때로 나는 "신자유주의적"이나 "초국가적"이라는 말을 쓰는데, 이는 1970년대 이후 호혜성과 능력주의에 관한 전후의 정치적 경제적 규범의 변화에 큰 역할을 한 일군의 탈국지화된 과정을 지시하는 교수법적 용어이다. 하지만 그런 과정들이 어디서나 똑같은 효과나 정동을 자아내는 힘을 행사하며 세계를 균질화하는 체계를 이룬다고 주장하려는 것은 아니다. 연속성이 중요하듯 차이점도 중요하다. 내 방법은 특정한 미학과 사회적 맥락에서 적응의 패턴을 읽어 내고 생존을 위한 그리고 생존을 뛰어넘는 감각적 활동의 여러 구체적 양상에서 집단적인 양상을 도출하는 것이다. 각 장은 오늘의 자본주의하에서 소산消散된 주체성, 불확실한 행위 주체성, 과잉 경계심이 형성하는 역동적 관계에 초점을 둔다. 하지만 "자본주의"의 의미도 제각기 다른데, 각각의 사례가 나름의 독특한 주장을 내세워서 삶을 위해 활용 가능한 모든 것을 의미화하고 그에 대한 애착심을 유지하려 애쓰는 역사의 감각중추가 생겨나는 과정을 지배하는 일반적인 여러 힘들을 부각하기 때문이다.

이제 이 책의 궁극적인 개념적 목표를 밝힐 차례다. 이 책이 모더니즘이 제시한 도시적 일상의 인지 과부하 모델에서 벗어나, 주체의 감각중추에 가해지는 현재 순간의 압박을 매개하는 물리적·미학적 장르들을 더 광범위하게 다룬다는 점은 이미 설명했다. 그러므로 『잔인한 낙관』은 재난이 초래하는 파국적 타격으로 사람들과 인구 집단 전체에 어떤 일이 생기는지를 설명하기 위해 — 카루스에서 아감벤에 이르는 — 트라우마 담론에서 벗어날 것을 주창한다.[16] 어째서 그래야 하는가? 트라우마가 육체적 건강과 삶의 심각한 변화를 기술하는 데 일차적으로 사용된다는 점을 고려하면, 역사적 현재를 조망하는 장르로 트라우마를 사유하는 것이 의외일 수도 있다. 하지만 일반적으로 "트라우마"는 비평 이론과 대중사회에서 지난 80년 동안, 그저 계속될 것으로 여겨지면서 사람들이 안정과 확신을 느꼈던 삶, 무사 평온한 채로 진행 중인 일상적 삶을 산산이 부숴 버린 예외의 장면으로 역사적 현재를 기술하기 위한 주요 장르가 되고 말았다. 이 책은 다수의 역사[이야기]histories가 수렴하는 영역으로서의 일상에 대해서 생각한다. 그 영역에서 사람들은 그들이 상상하는 좋은 삶에 위협이 가해지는 가운데서 속개되는 지리멸렬한 삶을 견뎌 나간다. 파국을 초래하는 여러 힘들은 이 영역에서 모습을 드러내며, 역사가 체험되는 동안 역사 속에서 사건이 된다. 하지만 관습적으로 트라우마 이론은 파국의 경험과 기억에서 예외적인 충격과 정보 손실에 초점을 두는데, 보통 주체가 강렬한 느낌, 경험들*을 손쉽게 접근할 목적으로 깔끔하고 효율적으로 아카이브에 저장해 둔다고 암묵적으로 주장하는 것이다.

　트라우마적 사건이란 바로 트라우마를 유발할 수 있는 사건을 말한다. 일어나고 있는 변화에 대한 적응을 강요하는 일은 대부분 체제의 위기 혹은 "위기 일상성"의 개념을 통해서 더욱 잘 기술되고, 정동적 타격이 어떻게 드러나고 매개되는지에 주목함으로써 더욱 잘 해명된다는 것이 내 주장이다. 위기는 역사나 의식에서 예외적인 것이 아니고 일상 속에 뿌리 내린 과정이며, 우리를 압도하는 경험을 헤쳐 나가는 이야기들 속에서 전개된다. 각 장은 강렬함을 예외나 비일상적인 것과 뭉뚱그리는 주장보다 역사적 장면 속에서 일어나는 적응의 논리가 왜 더 설득력이 있는지를 서술한다. 비일상적인 것은 문을 박차고 뛰쳐나가는 일탈이 아니라, 진행 중에 있는 무언가가 증폭되는 현상, 기껏해야 불안정한 경계임이 언제나 사실로 드러난다. 위기에서 유래한 답보 상태에서 존재는 간신히 버틴다. 그렇지만 그런 상태에 빠져 죽지는 않는다. 패배했다고 볼 수 있을 법한 사람들도 삶 속에서 어떻게 삶에 매달려 있을지,

---

　　　●　이 책에서 벌랜트는 위기에 처한 오늘의 일상에서 너무나 흔히 경험되면서도 의미화되지는 않는 혹은 의미화되기 전 상태에 놓인 여러 종류의 강렬한 느낌, 감정, 경험을 "강렬함"(intensity, intensities 또는 the intense)으로 칭하고 있다. 벌랜트 특유의 어법에 충실하게 강렬함으로 번역한 경우도 있으나, 우리말 문맥에서 가급적 의미가 한층 잘 통할 수 있도록 강도, 강렬한 느낌, 강렬한 경험으로 번역하기도 했다.

최소한 삶에 매달려 있을 수 있다는 낙관을 어떻게 유지할지 궁리하면서 살아 내는 존재들이다. 전후 미국 사회를 예언적으로 설명했던 마르쿠제가 이를 기록한 바 있다. 사람들은 체제를 극복한 이야기나 체제에 굴복한 이야기로 위안을 삼으면서도 "고통스럽고 많은 비용이 드는 한 물간 형식 속에서 살아가기 위해 계속 몸부림친다."[17]

　나는 현재 진행 중인 위태로움의 행위를 살펴보는 데서 이런 개념 구분이 중요하다고 믿는다. 그리고 각각의 사례는, 근본적으로 탈역사화를 초래하는 트라우마의 논리에 우리가 떠넘겨 버렸던 장면들을 그런 개념 구분의 중요성을 통해 어떻게 다시 열어 볼 수 있을지 보여 준다. 하지만 내가 위에 제기한 질문을 보고 일부 독자들은 내가 모든 것을 지나치게 복잡하게 만든다고 반응할 수도 있다. 그들은 좋은 삶이라는 환상과 그것의 체계적인 실패 속에서 살아간다는 일의 허약함과 예측 불가능성을, 제2차 세계대전 이후 자유주의적 정치/경제 세계가 누렸던 계층 상승, 신뢰 가능한 친밀성, 정치적 만족감의 일반적 유형 가운데서 나타난 "불운"이라고 부를 것이다. 그들은 집단적으로 경험된 재앙을 불완전한 체제 내 우연적 사건들의 수렴으로 볼 수도 있다. 그게 틀린 것은 아니다. 하나의 삶, 장면, 사건 속 어떤 과정을 특정 지역에 국한된 것으로 만드는 데에는 많은 우연성이 개입한다. 그들은 트라우마가 예외로 이해되어야 한다는 주장이 트라우마의 의미와 동일한 것이라고 여길 수도 있다. 그들은 위태성이 실존적이라고 생각할지도 모른다. 구조적 추론에 초점을 두는 작업이 세계를 과도하게 체계적으로 보는 입장이라고 주장할 수도 있다.

　이런 일군의 반론에 대한 대응으로 나는 지금의 경제 불황이 수십 년간 지속된 계급 양극화, 계층 하락, 그리고 레이건 시대 이후 계속 증가한 환경, 정치, 사회적 불안정의 응결이라고 말하겠다. 그런 과정들의 심화는 인종, 젠더, 경제, 국가를 바탕으로 하는 예속의 관습을 변형시켰고, 더 많은 부류의 사람들에게 구조적 우연성이 일상의 존재에서 명백한 위기 상황을 만들어 낼 개연성 또한 증가시켰다.

통상 경험적이며 심미적인 부류의 지식을 포괄하는 이 책의 아카이브가 사람들이 지금 어떻게 사는지를 설명하기 위해 사소한 것들의 이면에서 거창한 주장을 끌어낸다고 비판적으로 지적하는 사람도 있을 것이다. 즉 다양한 자료에서 이끌어 낸 것이긴 하지만 고유의 문화기술지에서 나온 주장도 아니고 일기, 편지, 자서전 등 사회사의 주재료에서 도출한 데이터에서 나온 주장도 아니라고 말이다. 맞는 지적이다! 이 책은 이런 문제들에 대한 2차 자료를 학제 간 경계를 넘어 방대하게 참조하면서도, 누가 체제를 극복하는지, 누가 체제로 인한 스트레스에 굴복하는지에 대해 사회학적으로 경험적인 사례를 제시하지는 않는다. 이 책은 어떤 환상의 마모, 즉 집단적으로 이해관계가 투자된 삶, 좋은 삶의 마모에 관한 책이다. 어떻게 살 수 있는가와는 점점 더 무관하게 그런 환상이 — 청사진이 바래면서 — 더욱 판타즘적인 것이 되었기에, 생존의 리듬, 체화된 그 정동적 리듬에서 도출된 정동의 리얼리즘을 활용하면서 새로이 등장하는 일단의 미학적 관습에서 좋은 삶이라는 환상의 마모가 드러난다. 나는, 담보 상태 혹은 과도기적 순간들을 열심히 아카이브로 구성해 삶의 유지[지속이]라는 환상의 상실에 적응하는 표본적인 사례들을 제시하고, 우연성의 느낌이 증가하는 가운데에서 잘 산다는 것이 어떤 조건을 수반하는지를 탐구한다. 그러나 개별적 삶과 초지역적 자본주의 세계의 관계에서 이미 일어난, 지금 일어나고 있는, 또다음에 일어날 일에 대한 우려가 확산하는 가운데 삶과 환상 사이에서 적응이 일어난 방식 및 일어날 수 있는 방식을 포괄적으로 다룬다고 주장하는 것은 아니다.『잔인한 낙관』은 개인적·집단적 관계에 이름을 부여하고, 그 관계에 대한 설명을 자본의 순환, 국가 주도 자유주의, 그리고 이성애 가족 중심적이고 계급 상승 지향적인 좋은-삶이라는 환상만큼이나 초국가적인 것이 된 역사의 순간 안에 위치시킨다.

사례 분석에 관한 이전의 내 연구가 밝히듯, 나는 일반화에 지극히 관심이 있다. 단독성[특이성]이 어떻게 누군가의 이야기 혹은 어떤 장소의 환원 불가능한 국지적 역사 속에 위치했다가 갈라져 나오고, 어떻게 많은 사람이 공유하는 경험의 증거로 유통되는지에 대한 일반화 말이다. 이는 내 방법론의 일부로, 단독적인 것이 일반적인 것이 되는 과정을 추적하고, 그것들이 여러 장면을 가로질러 공명(비언어적이면서도 언어적인 활동 가령 몸짓 등이 만들어 내는 공명을 포함한다)하는 바를 추적해 단독적인 것에 중요성을 부여하는 것이다. 미학은 우리가 새로운 재료를 받아들이고 그것과의 관계 속에서 더욱 세련되어짐으로써 우리 감각중추를 다시 익숙하게 만드는 터전에 불과한 것이 아니다. 미학은 우리가 어떻게 사물과의 조우 속도를 조절하고 공간화할지, 세계의 과잉 근접성을 어떻게 관리할지, 또 세계가 우리에게 가하는 타격과 어느 정도 상관이 있는 타격을 우리 또한 세계에 가하고 싶다는 욕망을 어떻게 관리할지를 이해하는 척도를 제공한다.

앞으로 전개되는 이 책의 장들은 7년의 기간에 걸쳐서 천천히 집필되었고, 그 기간 중에 나는 정동 이론에 대한 강의를 시작했다. 이 책의 장들은 정동의 증거나 정보가 — 신경생리학적이든, 정신분석학적이든, 분열증 분석적이든, 역사적이든 또는 규범적이든 — 어떻게 도출되어야 한다는 정설을 내놓지 않는다.[18] 현재의 감각중추를 다루는 여러 장르와 개념은, 사회적 세력들을 매개해서 사회성의 전형적 장면이 되는 패턴에서 이끌어 낸 것이다. 길게 연장되는 현재 순간 안에서 어떤 사유의 전통이 어떻게 특정한 행동 스타일을 조명하는지를 설명하는 데에 메타이론적 방식이 도움이 될 경우, 각 장은 그런 분석틀을 상술하기도 한다.

예를 들어, 내가 이 책을 집필하는 동안에 정동 이론과 퀴어 이론에서 희망, 낙관, 행복에 관한 여러 논의가 나왔다. 여기서 그런 기획들과 『잔인한 낙관』이 어떤 관련이 있는지 평하는 게 적절치는 않지만, 방법론에 관해서는 몇 마디 할 필요가 있겠다. 마이클 스네디커의 훌륭하고 예리한 『퀴어한 낙관』은 이 책과의 연대를 예견하고 있는데, 낙관이 어떻게 우리가 통상 낙관적인 사람과 연관 짓지 않는 정동으로 드러날 수 있는지에 대한 여러 전제를 이 책과 공유한다. 예를 들면, 수치심 같은 것 말이다. 우리 둘 다, 미래보다 현재에 존재를 묶어 두는 정동의 활동에 관심이 있다. 그러나 중요한 차이점들도 있다. 그의 작업은 낙관주의 그 자체(그에 대해서는 위니콧과 라이프니츠를 참조하라)보다는 퀴어한 낙관을 개념화한다. 그는 낙관할 만한 세속적 조건을 숙고하는 성찰의 장이라고 퀴어한 낙관을 규정한다. 그래서 그의 책은 애착심이라는 낙관을 낙관적인 느낌 그 자체와 반복적으로 동일시하고, 낙관을 행복, 기분 좋음, 낙관에 대한 낙관과 동일시하게 된다. 여기서 우리의 의견 차이가 드러난다. 그의 책의 주요 논쟁 상대는 사라 아메드의 『행복의 약속』일 것이다. 아메드는 스네디커와 마찬가지로 정동이 아니라 감정에 대한 글을 쓰고 있지만, 스네디커와 달리 낙관에 대해 회의적이다. 적어도, 이견을 억압하기 일쑤인 오늘날의 강요된 행복 지배 체제에서 낙관이 드러나는 방식에 대해서는 그러하다. 아메드는 또 심술이나 우울 같은, 낙관의 타자들에 대해서 긍정적이다.

『잔인한 낙관』은 위의 두 책보다 더 형식주의적이다. 이 책에서 낙관은 애착심으로, 또 애착심을 유지하려는 욕망으로 표출된다. 즉 애착심은 관계성의 구조인 것이다. 그러나 관계에 애착을 형성하는 정동과 감정의 경험은 그런 관계가 발생하는 삶의 맥락만큼이나 다양하다. 낙관적인 애착심은 우리 자신이 또 세계가 존속하리라는 생각에 기대고 있지만, 로맨틱한 느낌에서부터 운명적 느낌, 무덤덤한 느낌 또는 아무 느낌이 없는 상태에 이르기까지 무수히 많은 방식으로 느껴질 수 있다. 그래서 나는 감정을 성찰하는 어떤 구체적 경험 양상이 특별히 퀴어한지, 쿨한지, 저항적인지, 혁명적인지 아닌지에 대한 주장을 내놓지 않는다. 내가 알아내고자 하는 것은, 어떤 조건하에서 삶이라 할 만한 것에 대한 애착심이 유의미한지, 또 어떤 조건하에서 그 애착심이 더는 말이 안 되는데도 여전히 강력하게 작용하면서 개별적·집단적 존재가 잘 살지 못하게 방해하는지이다. 그렇지만 아도르노가 참여의 "대안적 가능성들"이라고 칭하는 것에 대한 여러 비평 이론 — 퀴어 이론, 정신분석, 해체론, 인종차별 반대론, 하위 주체론, 그 밖에도 행위가 "형식으로 드러나는 과정"을 따라가며 패턴에서 개념을 도출하는, 현재에 대한 급진적 문화기술지의 여러 (인류학적·사회학적·언론학적) 역사론 — 을 학습하는 훈련이 없었다면, 다양한 애착심, 인내, 세계와의 관계 조율, 즉 위태성이 확산되고 규범이 와해되는 오늘날의 세계와의 관계 조율에 대해 이런 생각을 할 수 없었을 것이다.

낙관에 대한 이 책의 논지는 애나 포타미아누가 『희망: 경계선 상태의 경제 속 방패』에서 그리고 호세 무뇨스가 『크루징 유토피아』에서 펼친 희망에 관한 논지와 더 긴밀하게 공명한다. 두 책이 모두 미래지향적이라는 점이 중요한 단서 조항이긴 하다. 무뇨스는 희망이 과거의 끝나지 않은 일로부터 현재 너머의 미래를 가리키면서 그 안에서 (퀴어한) 주체를 지탱해 준다고 보고 — 현재를 감옥이라고 분명하게 규정한다.[19] 포타미아누 역시 ("경계선적 성격장애" 환자의) 희망을 미래와의 관계 안에 갇힌 상태로 보는데, 이 상태는 현재의 우연성에 대한 문제적 방어 태세가 된다. 무뇨스와 포타미아누 모두 시간에 희망을 투사해 해결할 문제로 현재를 보는 셈이다. 또 포타미아누의 사례 자료에는 대부분 수동성이라는 요소가 있다. 즉 희망이 때로 사람들을 진정 능동적으로 사는 삶에 결부시킨다는 점을 포타미아누가 인정하긴 하지만, 희망은 종종 어떤 구체적인 일의 발생에 대한 기다림을 수반한다는 것이다. 내 책에서 낙관이란 병리학의 지도가 아니라, 현재를 조직하는 여러 애착심을 수반하는 사회적 관계이다. 낙관은 세계-구축이라는 행위에 결부된 쾌락을 지향하지만, 그 행위는 미래에 몰두하는 것일 수도 있고 그렇지 않을 수도 있다. 포타미아누와 마찬가지로 나는 삶에 매여 있다는 것의 복잡한 의미를 살펴본다. 잔인한 관계를 수반한다고 판명될 때조차도, 낙관의 부정적 특성을 어떤 도착倒錯, 상해, 실수의 증상이나 어두운 진실이라고 보는 것은 옳지 않을 것이다. 대신에 낙관은, 양가적으로, 불균등하게, 앞뒤가 맞지 않게 펼쳐지면서도 삶을 견딜 만한 것으로 만들어 주는, 교섭으로 지속을 가능하게 하는 장면이다.

대조적으로, 가산 헤이지의 훌륭한 책『편집증적 국가주의에 맞서』는 오스트레일리아 국민 문화에서 "희망의 이용 가능성, 유통, 그리고 교환"을 추적하며, 정동 그 자체가 정동이 작용하는 바로 그 동시대적 역사의 순간에 속한다는 사실의 의미를 드러내는 감정의 지도인 만큼, 정동에 대한 접근성이 불평등하다는 점을 살핀다.[20] 이런 작업에서 그가 희망이라고 부르는 것과 내가 낙관이라 부르는 것 사이에는 별 차이가 없다. 그러나 (이민자 등 내부적 타자에 대한) 우려 대 (윤리적·정치적인 의무로 여겨지는 보편의 사회적 의존관계인) 돌봄의 계급 정치학에 대한 그의 날카로운 분석에서 주연배우는 국가이고, 문제가 되는 것은 신자유주의 자본주의 체제 내 국가의 행위 주체성에 대한 구체적인 기대이다. 이 책에서 내가 살펴보는 좋은 삶에 대한 낙관은 사회적 행위자들과 여러 인구 집단의 경제적·사법적 삶에 대한 국가 참여의 여러 위기와 관련이 있는 반면에(7장 참조), 낙관은 통상 좋은 삶이라는 환상의 한층 즉각적이고 조작 가능한 재료가 되는 노동, 이웃, 친밀성의 구역들을 관통하면서 다른 경로를 취한다.

일상이 환상으로 가득하다는 사실은 정동 이론의 유물론적 맥락을 그려 내려는 이 기획의 시도를 정당화한다. 언뜻 보면 정동 이론은 문학사나 어떤 역사 연구에서도 설 자리가 없다. 질 들뢰즈에 따르면 결국 정동은 사람들 아닌 세계의 신경 체계 안에서 움직이는 것이다.[21] 브라이언 마수미가 그려 내는 신경 체계는 너무 자율적이어서 정동적 행위가 의도적으로 이루어질 수가 없고, 이는 의식의 미래 역량을 폐제하기 위해서 정치체들이 정동적 사실을 조종할 수 있다는 점과 대조적이다.[22] 역사의 주체를 주로 반작용적·퇴행적 존재로 상정하면서 역사적 장을 이렇게 감각계적으로 구성하는 방식은 상당한 의구심을 자아냈다. 가령 슬라보예 지젝은 들뢰즈식 정치 또는 정동의 정치 같은 것은 모순 어법이라고, 혹 더욱 나쁘게는 감각에 치중하는 부르주아적 자아 몰입이 근원적으로 제어 불가능한 존재의 활동인 체하는 것이라고 미심쩍어한다.[23] 그렇다면 정동의 활동에 대해 역사적으로나 정치적 차원에서 이야기하는 것이 나르시시즘적으로, 히스테리적으로 혹은 수동적으로 현재에 매몰된다는 의미인가? 나와 마찬가지로 마수미와 테리사 브레넌

은 — 라캉적 전통에서 — 정동적 분위기가 단독적인 것이 아니라 공유
되는 것이라고 주장하며, 몸이 계속해서 분주하게 환경을 판단하고 몸
이 속한 분위기에 반응한다고 주장한다.[24] 레이먼드 윌리엄스의 "감정
구조" 개념의 변형이라 할 수 있는 이런 생각은, 역사의 주권적 행위자
로서의 주체에 대해 우리가 어떤 주장을 하든, 정동적 반응이 공유된 역
사의 시간을 의미심장하게 예시한다는 점을 시사한다.[25]

앞으로 이 책이 다루는 내용은 이런 비평의 전통과 함께 움직이면
서, 특히 역사적 현재를 이해하는 일이 당면 문제일 때 역사적 의식의 정
동적 요소를 다루는 일의 윤곽을 그려 보고 그 가능성을 입증한다. 이 책
은 구조적 인과관계와 얽힌 주체성의 힘을 관찰하지만, 잔인한 낙관의
대상을 나쁘고 억압적인 것으로 만들고 잔인한 낙관의 주체들을 경제
적·정치적·문화적 불평등의 상징적 증상으로 만드는 징후적 독서의 폐
쇄성은 피하고자 한다. 그래서 나는 가령, 여러 구조적 세력이 어떻게
국지적으로 구체화되는지에 관심을 갖는 비평가들이 종종 교수법적 용
어 "신자유주의"를 사용할 때, 마치 그것이 일관된 의도를 가지고 신자
유주의의 이해관계에 봉사하는 주체들을 생산하는 개념, 세계를 동질화
하는 주권적 개념인 것처럼 만들어버린다는 점을, 그래서 그렇게 볼 경
우 주체의 단독적 행위는 개인적이고 효과적이고 자유롭게 의도된 것으
로 보이기만 할 뿐, 실제로는 강력하고 비개인적인 여러 세력들의 효과
에 불과하게 된다는 점을 지적했다.[26] 그러나 동시에 그런 비평가들이
상정하는 단독성이 너무나 급진적이어서, 개인은 온전히 주권적이지 않
다 하더라도 자신을 완전히 포화시킬 수는 없는 세계를 항해하면서 그
세계를 재구조화하는 일에 몰두한다는 이야기가 된다. 그런데 이 변증
법적인 설명은, 현재 속에서 계속 살아가기의 물질적 장면들인 애착심,

자기 지속, 삶의 재생산 사이의 매끈하지 않은 역학 관계를 잘 설명하지 못한다. 바로 여기서 정동성affectivity의 개념화가 빛을 발할 수 있다. 마찬가지로 나는, 최근, 지금, 다음을 가로질러 진행 중인 현재를 매개하는 재료에 대한 정동적 적응의 장면들을 수집하는 데 있어서, 제2차 세계대전 후 자유주의적·사회민주주의적·상대적 부유층 지역에 만연했던 좋은 삶 환상과 전후 국가적/경제적 관행 사이의 관계의 마모를 『잔인한 낙관』이 어떻게 추적하는지 기술했다. 그러나 "지역"이나 "장소"라는 것은 다양한 의미를 갖는다. 그것은 때로는 도시이고, 때로는 국가이며, 때로는 이주 패턴이나 자본의 흐름으로 형성된 초국가적 영역이고, 때로는 침실이며, 때로는 누군가의 머릿속에 들어 있는 것이기도 하다.

좋은 삶에 대한 여러 환상의 와해를 존엄성, 회복 탄력성, 욕망, 낙관 등에 어떤 생산양식이나 이데올로기가 찍은 해로운 자국의 증상이 아닌 다른 것으로 기술하는 일에 정동이 개입한다. 잠재적 해명이 제시될 수 있는 지점으로서 정동이 지니는 강점은, 사람들과 여러 세계를 가로질러 움직이고 체험된 시간 속에서 작동하면서 애착 관계에 에너지를 불어넣는 삶의 조건을 포착하는 방식에서 온다. 앙드레 그린이 주장하듯, 정동은 주체성의 내적인 것과 외적인 것을 포괄하는 메타심리적 범주이다. 하지만 또 그 이상이기도 하다. 정동의 활동은 육체적이고 친밀하고 정치적인 적응의 수행을 포화시킨다. 이런 수행은 공유된 분위기를 구체적으로 감지할 수 있게 만들고, 또 그 패턴화 작업 속에서, 세계가 작동하는 방식에 대한 시학, 일종의 실천적 이론을 시야로 끌어내는 것이다.

정동이 형식을 포화시키는 것은, 발생 중인 일이 고유의 장르를 발견하는 방식, 즉 사건이 되는 방식을 평가하면서 역사적 순간이 오장육부*로 느껴지는 순간이 되는 조건을 알려 줄 수 있다. 그래서 정동적 반응의 패턴에서 구조의 역사적 관계가 어떤 상태인지를 도출해 내는 것은 개연성 낮은 일이겠지만 그에 덧붙여 나는 정동적 경험의 미학적 혹은 형식적 표현이 역사적 과정의 증거가 된다고 주장하는 것이다. 미학적인 것 속 정동의 흔적이 무언가의 증거를 제시하면서도 또 단순히 작가적/독자적 영리함이나 이데올로기 자체를 기록하는 데 그치지 않는 것은 어떻게 가능한가?

1장과 2장은 모두 위 질문에 답한다. 3장부터는 일상성 속에서 신자유주의가 행하는 재구조화의 장면에 대한 논의로 들어가 판타즘적·정동적·육체적 적응의 방식들을 추적한다. 현재의 답보 상태 속 생존을 조명하는 각 장은 그런 적응의 이야기로 이루어지며, 여기에는 잔인한 낙관이 아무것도 없는 것보다 과연 나은지를 묻는 이야기도 포함된다.

1장 「잔인한 낙관」은, 대상의 상실이 온 세상의 상실로 이어지는 듯하고 그래서 몸의 행동거지라는 미시적 차원에서마저 삶을 어떻게 지속할지에 대한 확신이 상실되는 장면과의 마주침을 보여 주는 한 가지 모델을 소개한다. 1장은 안녕을 위협하는 삶의 양태에 사람들이 어떻게 여전히 매여 있을 수 있는가 하는 질문을 개념적으로 탐색한다. 그리고 이를 위해서, 욕망의 대상은 사물(또는 관계)이 아니라, 대상으로 여겨지

• visceral은 내장이라는 뜻을 가진 viscera의 형용사형이다. 거의 본능처럼 느껴지는 구체적인 몸의 감각, 내장, 오장육부로 느끼는 직관적 감각을 묘사하는 단어로 흔히 쓰인다. 사전적으로는 "본능적인"이라는 표현으로 번역되기도 하지만, 더 정확히는 몸으로 먼저 느끼는 감정이라는 의미를 강조할 필요가 있다. 벌랜트에게 내장은 거의 본능적으로 무언가를 감지하고 느끼는 기관으로서의 신체를 가리키는 것으로 볼 수 있다. 이후 visceral은 "오장육부로 느끼는"으로 번역했다.

는 어떤 것이 [자석처럼] 끌어 모은 한 묶음의 약속이라고 재규정한다. 그 사물은 물체처럼 보이지만 사실은 정신분석학적 의미에서 하나의 장면이라 할 수 있다. 이런 재정의는 두 가지 주된 목적을 지닌다. 하나는, 욕망에 관련된 비일관적 태도가 어떻게 삶을 지속하는 주체의 역량을 저해하지 않고 실제로 그 역량을 보호할 수 있는지를 밝히는 것이다. 다른 하나는, 해로운데도 낙관의 기반이 되는 애착 관계에서 우리가 알아내게 된 개인적·사회적 변화의 저해 요인을 검토하는 일이다. 1장은 대상/세계 상실의 세 가지 장면을 살펴보면서 단독적인 것(즉 사물과의 관계 안에서 세계 내 존재로 사는 방식)의 상실과 낙관이라는 상태 사이의 관계를 추적한다. 존 애쉬버리의 작품(「무제」), 찰스 존슨의 작품(「교환가치」), 제프 라이먼의 작품(『워즈』)은, 대상/세계의 실패에 직면한 애착관계를 형상화하며, 누가 삶(에서 존재)의 방식 상실을 견딜 수 있는가의 문제에서 성적·인종적·계급적 특권의 영향을 고려하는 것이 중요하다는 것을 보여 준다.

2장 「직관주의자들」은 정동적-미학적 작업으로 주체성을 다시 매개하는 앞 장 「잔인한 낙관」의 내용을 역사의 장으로 확장한다. 여기서 주체성은 "직관"이라는 범주를 통해 재현된다. 직관은, 진행 중인 현재의 관리처럼 습관화된 즉흥적 행동으로 표출되는 정동에 일종의 아카이브 작업 기제로 작동한다. 이 작업에서 "진행 중인 현재"란, 그들이 처한 역사적 장면의 조건들을 타진하는 사람들의 감각중추 속으로 수렴하는 많은 [여기 아닌] 다른 곳 가운데서 과거가 공간화되는 장소이다. 현재는 기시착오記時錯誤*의 방식으로 중층 결정된다. 진행 중인 현재는 또한 우리의 "구조적인" 경제, 정치 활동이 수렴하는 영역이다. 그런 활동이 신체와 심리를 직조하는 규범의 명령으로 일상을 채우는 만큼, 우리는 그런 활동을 "구조적"이라고 일컫는다. 2장이 다루는 장면들은 집단적 위기라는 맥락에 자리 잡은 여러 예술 작품에서 가져왔다. 이 장은 먼저 그레그 보도비츠의 영화 <습관>, 수전 손택의 「지금 우리가 사는 법」을 다룬다. 두 작품 모두 에이즈AIDS의 확산을 현재의 역사적 감각중추가 감지하는 위기로 기록하고 있다. 그 작품들은 에이즈라는 질병이 습관의 붕괴에 미치는 효과를 나열하며, 익숙해지는 방법을 다시 고안해 내야 하는 영역이 점차 확산된다는 사실과 더불어, 삶 자체 안에서 존재한다는 것이 무엇을 의미하는지를 성찰한다. 2장의 2절은, 많이 다루어지지 않았던, 마르크스주의 문화 이론에서 나온 정동에 관한 사유의 전통을 생각해 본다. 여기서는 역사소설에서 역사적 현재가 미학적으로 매개된다는 점에 집중한다. 2장의 마지막 절에서는 극도로 예민한 직관을 가진 여자 주인공이 이끌어 가는 현재의 역사소설『직관주의자』와『패턴 인식』을 다룬다. 이 두 작품에서는 파국이 일어나 직관주의자를 안전지대**에서 끌어내고, 인종적·정치적 기억과 감각을 재조직하게 만들며, 진행 중인 현재로 진입하게 한다. 주인공은 진행 중인 현재를 수용하고 헤쳐 나가야 하며, 어떤 출구로, 즉 다시 익숙해지거나 새 규범을 만들어야 하거나 정신적 트라우마를 뚫고 나가거나 초월하는 일과는 상

• anachronism에는 역사적 사건이나 인물의 연대, 시기에 관해 오류를 일으키는 일이라는 뜻과 함께 시대착오, 즉 시대에 뒤진 사고나 행태를 가리키는 뜻도 있다. 이 글에서는 현재라는 시간성 자체가 과거와의 혼동 또는 병존으로 경험된다는 의미로 보이기에, 모종의 가치판단이 개입된 일반적 표현인 '시대착오' 대신 '기시착오'로 번역했다.

•• 모든 것이 익숙하고 안락해 심리적 안정을 느끼는 영역, 범위를 말한다.

관이 없는 새로운 출구로 현재를 이행시켜야 한다. 1장에서는 구조적으로 특권을 누리지 못하는 주인공들이 그들의 세계가 갑자기 변화했을 때 직관적 확신을 상실함으로써 피해를 입는데, 이와 대조적으로 2장의 주체들은 피해를 입지 않으며 직관이 주는 확신을 잃은 후 그 상실의 흔적 속에서 잘 살기의 습관을 재구성할 수 있다는 낙관을 유지한다.

3장에서 7장은 오늘의 세계에서 좋은 삶이라는 환상에 신자유주의적 재구조화가 가하는 타격을 추적한다.

3장 「더딘 죽음」은 역사적 현재를 위기로 재규정하고 표시하는 행위에 대해 앞 장에서 다루었던 내용을 이어받는다. 구체적으로 말하자면 3장은 "비만 유행병"으로 호명되는 현상에 주목한다. 이 장은 주체가 언제나 혹은 통상 혹은 최상의 상태라면 주권적이라는 전제에 도전한다. 그리고 주권의 개념 대신에 "측면적[엇나가는]" 행위 주체성lateral agency이라 할 수 있는, 의도성 없는 행위 주체성을 제시한다. 측면적 행위 주체성이란 오늘날 삶을 재생산하기가 어려워서 감각중추에 가해지는 스트레스를 견뎌 내도록 돕는, 일상 속에서 타성으로 나아가는* 의식의 양태를 말한다.

4장 「두 소녀: 뚱뚱이와 마른이」는 메리 게이츠킬의 소설 『두 소녀, 뚱뚱이와 마른이』, 그리고 이브 세지윅의 연구를 다룬다. 그 소설이 이 책에 포함된 이유는, (개인적 트라우마, 사회변동 등) 위기 속에서 살아가는 주체가 다양한 욕구에 몰두함으로써 어떻게 개인성이라는 강제된 유

●   여기서 벌랜트가 사용하는 표현은 coasting인데, 이는 배가 연안에서 동력 없이 타성, 관성에 의해 흔들리면서 나아가는 움직임을 가리킨다.

사주권성으로부터 놓여나고자 하는지에 초점을 두기 때문이다. 게이츠 킬의 소설은 「더딘 죽음」에서 묘사했던 측면적 행위 주체성과 중단된in-terrupted 주권성에 대한 성찰을 음식, 식욕과 관련시켜 설명하는 여러 자기 중단적self-interruptive 몸짓의 아카이브이다. 작품은 외상후 스트레스 장애로 형성된 주체성의 여러 관습적 테크닉 가운데서 전개되지만, 주체의 개인사가 정신적 트라우마와 보상이라는 순환 고리를 강요하는 것처럼 보이는 와중에 거기서 놓여날 수 있기를 갈망하면서 삶 속에서 움직여 가는 모습을 묘사한다. 이 장에서 다루는 세지윅 관련 내용은 퀴어함을 탈주체화하려는 욕망, 그리고 개인성이 어떤 내적 지향을 표현하거나 어떻게 살아야 한다고 주창하는 정치적 프로그램을 표명해야 한다고 명령하지 않으면서도 살아가기 위한 대안적 노선을 타진하는 여러 실천에서 퀴어함을 발견하려는 욕망을 발전시킨다.

5장 「거의 유토피아, 거의 정상」은 친밀성과 경제의 변동이라는 혼돈 가운데서 과연 주체가 쉴 곳이 있는지에 대한 앞 장의 질문을 이어받는다. 이 장에서 그 질문은 친족 규범("가족")과 연관해 펼쳐진다. 앞 장에서와 마찬가지로 위기는 단독적 개인의 이야기와 중층 결정된 역사의 맥락 사이에서 순환한다. 여기서 위기는 주체의 내면에서보다는 세계 속에서 시작된다. 지구화, 이주, 노동 착취, 포스트포드주의 등에 대한 분석에서 어린이가 핵심적 존재이므로, 이 장은 어린이에 초점을 두는 두 작품 — 다르덴 형제의 <로제타>(1996)와 <약속>(1999) — 을 이용해서 포스트포드주의 시대의 정동이라는 개념을 제시한다. 여기서 포스트포드주의 시대의 정동이란, 후기 산업사회적 현재, 복지국가의 위축, 회색[반≠공식] 경제의 팽창,* 국가 간 이주의 증가, 또 그에 수반하는 인종차별과 정치적 냉소주의의 증가를 겪어 나가는 감각중추를 말한다.

이 장은 허약한 경제 속에서 가족이 소진되고 쇠락하는데도 왜 이 어린 이들에게 "정상적" 삶, "좋은 삶"에 대한 욕망이 생겨나는지를 묻는다. 이 장은 결론 부분에서 지구적 자본주의의 장면에서 이동 가능성의 의미 변화와 규범적인 낙관의 잔인함에 대한 고찰을 제시한다.

6장 「좋은 삶 이후, 그리고 답보 상태: <타임아웃>과 <인력자원부>, 위태로운 현재」는 특히 노동, 가족 임금, 계층 상승과 밀착된 "좋은 삶" 환상의 마모에 대한 것이다. 다루는 사례는 로랑 캉테의 영화 두 편, <인력자원부>[1999]와 <타임아웃>[2000]** 이다. 이 장의 전반적인 기획은 유럽과 미국에서 발견되는 오늘날 지구적 경제의 새로운 정동적 언어를 살펴보는 일이다 — 이는 불안, 우연성, 위태성의 언어로, [이 언어가] 희생, 계층 상승, 능력주의가 점유했던 자리를 대체한다. 삶을 살아내는 일의 지지 기반이었던 미래의 가능성이 쪼개져 버린다면 낙관은 어떻게 될까? 안정(베버 식으로 말하자면, 미몽에서 깨어난 노동을 가둬 놓는 감옥)에 대한 예전의 양가적 태도가 안정에 대한 최근의 무관심(모든

- 여기서 회색 경제는 '반-공식 경제'(semi-formal economy)라고도 명시되었는데, 국가에서 마련해 둔 법과 규제에 따라 작동하는 공식 경제와 정해진 형식적 규범 밖의 영역에서 작동하는 비공식 경제 사이의 중간 영역을 말한다. 이 영역은 영업 허가, 세금, 고용 등과 관련된 규정을 온전히 준수하지 않는, 그러므로 종종 불법적 행위를 연루하는 경향을 특징으로 한다. 회색 경제의 산업은 비공식 경제가 공식 경제로 가는 과도기적 단계로 볼 수도 있지만 종종 그 자체로서 항구적인 것일 수도 있다.

- ** 국내에서 이 영화는 <시간의 사용>이라는 제목으로 소개되었다. 벌랜트는 영어 번역 제목을 사용한다. 프랑스어 원제목은 '시간의 사용'이라는 뜻이지만 6장에서 벌랜트는 신자유주의적 구조 변동의 한가운데에서 중산층이 경험하는 타임아웃(잠깐의 휴지기)을 논의한다.

것은 우연적이라는 태도)과 만나면 어떤 결과로 이어질까? 객관적 위기이
자 감지된 위기로서 이런 상황이 등장하는 것을 우리는 어떻게 이해하
는가? 이 장은 사회적 의무와 소속감의 시대가 막을 내리는 이때 태도와
매너에 초점을 맞추면서 계급, 젠더, 인종, 국가를 가로지르는 다양한
위기를 추적한다. 위태성은 더 이상 빈곤층이나 불법 체류자에게만 전
가되는 운명이 아니다.

7장 「정치적인 것을 향한 욕망」은 두 가지에 초점을 두고 있다. 큰
질문은 이것이다. "정치적인 것을 향한 욕망은 어떤 경우에 잔인한 낙관
이 되는가?" 이 문제를 궁구하기 위한 아카이브의 맥락은 오늘날의 정치
적 친밀성, 진정성, 그리고 저항의 수행에서 사운드(트랙) 및 목소리가
갖는 중요성과 관련된다. 주류 대중 정치에 대한 미디어의 "필터"를 배
경으로, 이 장은 청각적 매개를 재편해 오늘날의 정치적 감각중추에 영
향을 미치고자 하는 다양한 모더니즘 스타일과 무정부주의 아방가르드
예술 작품들을 살핀다. 이런 예술은 일상생활 속으로 스며들어 진행 중
인 정치적 장의 일부가 되어 버린 파국에 초점을 맞춘다. 이라크(신시아
매던스키의 <PSA 프로젝트>) 및 오늘날 미국/유럽의 감시 사회(감시 카메
라 공연단), 에이즈(음향 운동 단체 울트라-레드의 <침묵을 조직하기>), 허
리케인 카트리나(리자 존슨의 영화 <10번 도로 남쪽>), 그리고 9·11과 존
F. 케네디 주니어의 사망에 대한 공적 애도의 장면들(슬레이터 브래들리)
등이 그것이다. 브래들리와 존슨의 작품은 사회적 즉각성의 근사 정치
적juxtapolitical 영역을 특히 강조한다. 『여자의 불평』에서 나는 근사 정치
적인 것*을 친밀한 공중의 세계-구축 기획, 지배적 정치제도들을 관통
하지 않으면서 삶을 조직하는 기획으로 기술한 바 있다. 위 작품들은,
정치적인 것의 재편을 목표로 삼지 않고 분위기로 처음 감지되는 여기

아닌 장소에 대한 측면적 탐색을 목표로 삼는 정치적 예술에 대한 질문을 가능하게 한다. 이 장의 마지막 부분은 오늘날의 무정부주의적 반-신자유주의 운동으로 눈을 돌려, 낙관의 대상으로 간주되던 국민/국가로부터 떨어져 나오는 그 운동의 형식이 잔인한 낙관으로부터 벗어날 수 있는 어떤 출구를 제시하는지를 묻는다.

　그러므로 어떤 관점에서 보면, 『잔인한 낙관』은 일종의 자기 감응 감각proprioceptive**의 이야기[역사]이고, 역사적·정동적 느낌으로서 유통되는 현재를 파악하기 위한 열쇠로 몸의 적응에 관해 재현된 규범을 사유하는 한 가지 방식이다. 프레드릭 제임슨이 주장하듯, 규범적 행동 안팎에서 살아가는 행위는 형식 안에 자리 잡는다. 하지만 나는 형식의 폐제보다는, 역사적으로 존재한다는 행위가 그 나름의 장르를 발견하는 방식에 더 관심이 있다. 나름의 장르를 발견한다는 것은 나름의 사건을 발견한다는 것과 같다. 현재에 대한 적응은 그러므로 상투적으로 장르라고 하는 데서만 나타나지 않고, 한층 뚜렷이 능동적인 습관, 스타일, 반응 양상 등에서도 드러난다.[27] 이런 적응을 추적하더라도 단독성의

●　근사 정치적인 것(the juxta-political)은 정치적인 것에 가까이에 있으면서 정치 영역에 있는 것은 아니지만 정치에 반응하는 문화 영역을 지칭하는 벌랜트의 용어이다. 근사 정치적인 것은 때때로 탈정치적 정치성을 형성하는 데 일조하지만 정치 자체는 아니다. 벌랜트는 정치와 정치적인 것을 구분하는데, 정치는 사회적 적대이며, 미국의 정치 전통에서 규범적 공공 영역의 정치는 종종 엘리트 정치인들의 부패로, 평범한 시민들의 행복을 위협하는 것으로 폄하되곤 한다. 정치적인 것은 "친밀성, 사회성, 정동적 연대, 행복을 향한 욕망을 유인하는 것"이다(이 책 452쪽).

●●　자기 감응 감각에 대해서는 이 책 137쪽에 있는 주 참조.

집합이 드러나지는 않을 것이다. 위기에 반응하는 사람들의 스타일은, 누더기가 되어 가는 사회적·제도적 호혜성의 공식적·비공식적 규범에 맞서 세계를 재구성하는 동안에도 사람들이 세계에 대해 갖는 기대감과 강력하게 연관돼 있다. 여기서 내가 거론하는 것은 계급, 인종, 국가, 젠더, 섹슈얼리티 등의 위상이다. 이런 것들에 관심이 있는 이유는 그것들이 역사와 경험이 공존하는 여러 궤도에서 출발해 세계를 항해하는 존재의 풍요로운 주관적 삶 가운데서 작용하기 때문이다. 반겨 주지 않는 세상에 태어나 기댈 곳 없는 환경에서 살아가는 사람들은, 보호받을 것을 당연시했던 사람들과는 다르게 새로운 위태성에 반응한다. 하지만 어떤 측면에서 규범적인 정동 관리 스타일이 그 사람의 존재, 심리, 자신 및 세계와의 상호작용 방식을 포화하지는 않으며, 정동적 영향력으로서의 세계를 경험하는 내용 전체를 포화하지도 않는다.

어떤 사람들은, 전통적인 계급 차이와 인구 집단들 사이의 차이가 단독성과 위태성을 둘러싸고 등장하는 수렴과 결속만큼 중요하지 않다고 말한다. 6장 「좋은 삶 이후」와 7장 「정치적인 것을 향한 욕망」에서 주장하듯이, 나는 정치적 낙관에 대한 그런 견해에 관심도 있고 의구심도 있다. 이 책은 감각적 상황의 여러 변주 및 그에 수반하는 긴장감에 주목한다. 그 배경이 되는 공간은 우연성이라는 집단적 분위기처럼 큰 공간일 수도 있고, 좋은 삶 환상을 떠받치던 조건이 상실되어 위협을 느끼는 사람의 떨리는 입술 같은 몸짓처럼 작은 공간일 수도 있다. 또 이 책은, 우리가 속해야 할 호혜적 세계의 상충하는 꿈들이 사회적 재생산의 규범적 습관을 보존하려는 구속력이 강한 동기로 잔존한다는 사실이 정치적으로 어떤 의미인지를 살핀다(특히 5장 「거의 유토피아, 거의 정상」을 보라).

정상성으로부터 떨어져 나온다는 것의 문제는, 역사적 현재에 투사하는 강렬한 경험을 조율해 내는 어떤 대상에게나 마찬가지로 비평을 글로 쓰는 일에도 적용된다. 앞으로 전개되는 각 장은 그 구성이나 길이에서 고르지 않다. 각 장은 작은 책이라기엔 너무 짧고, 사례연구라기엔 너무 길지 않은가? 아니면 그냥저냥 괜찮은 잡글인가? 활력을 주는 사건들을 분석적 일반화로 연결하면서 나는 그것들이 확고히 보여 주는 여러 문제를 수사학적으로 어떻게 잘 다룰 수 있을지 점점 확신하기 어려워졌고, 우리가 "이론"이라 부르는 추론 작업을 하기 위해서 새로운 장르를 만들어 낼 필요가 있음을 더욱 확신하게 되었다. 하지만 일단은, 일상 속 살아가기에 대한 이 여러 시나리오, 압도당하고 변화를 강요받으며 빼도 박도 못하게 된 것으로 주체성이 그려지는 시나리오에서 독자들이 『잔인한 낙관』이 지시하는 헝클어진 삶을 스스로 분석해 보는 동기를 발견하기 바란다. 노동, 사랑, 정치의 장면 속에서 호혜성과 소속감을 갈망하는 — 그리고 필요로 하는 — 사람들에게 호혜성과 소속감이라는 그 잔인한 약속을 내미는, 친밀함의 영역 속 답보 상태에 대해서 말이다.

1장
잔인한 낙관

1장은 애착의 대상 자체가 더 이상 좋은 삶을 보장하지 않을 뿐만 아니라 오히려 방해가 됨에도

애착을 버리지 못하는 정동의 상태를 잔인한 낙관으로 규정한다. 사람들이 이런 모순적 애착심을

버리지 못하는 이유는 급변하는 위기의 일상 속에서 일정한 삶의 형식을 유지하고 그로써 안정감

이라는 일종의 환상에 기대기 때문이다. 위기 속 답보 상태에 이렇게 적응하는 삶은 나름의 리듬

을 만들어 내기도 한다. 1장에서 벌랜트는 몇 가지 예시를 통해 이를 설명한다._옮긴이

1. 낙관과 그 대상

애착심은 다 낙관적이다. 욕망의 대상에 대해 이야기할 때, 사실 우리는 일단의 약속들에 대해서 이야기하는 것이다. 누군가 또는 무언가가 우리에게 해줬으면 하는 약속들, 우리에게 가능한 것으로 만들어 줬으면 하는 약속들 말이다. 이런 일단의 약속들은 어떤 사람이나 물체, 제도, 텍스트, 규범, 세포 덩어리, 냄새, 좋은 아이디어 — 다른 무엇이라도 좋다 — 속에 뿌리 내린 것처럼 보일 수 있다. "욕망의 대상"을 이런 일단의 약속들이라고 표현하면, 우리의 애착심에서 나타나는 비일관적이고 불가사의한 측면과 마주할 수 있게 된다. 그런 측면은 우리 자신의 비합리성을 확인해 주는 것이기보다는 [애착의] 대상에 투자된 인내심에 대한 우리의 감각을 설명해 준다. 대상에 가까이 다가간다는 것은 그 대상이 약속해 주는 것들에 가까이 다가간다는 것을 의미하기 때문이다. 대상이 약속하는 것 가운데 일부는 정체가 분명하고 유익한 것이겠지만, 다른 것들은 별로 그렇지 않을 수도 있다. 그러므로 애착심이 다 낙관적으로 느껴지지는 않는다. 예를 들어, 우리는 배를 곯거나 무언가를 갈망하는 장면, 또는 애인이나 부모가 뻔한 거짓말을 우스꽝스럽게 반복하는 장면으로 돌아가는 것을 두려워할 수 있다. 그러나 원하는 대상이 [아직 나타나지는 않으면서] 여러 가능태로서 어른거리고 있는 장면으로 우리를 이끌어 가는 것이 정동의 한 가지 형식인 낙관의 작용이다. 낙관 속에서, 주체는 대상과 조우하는 현재의 순간 안에 포함된 여러 약속들에 기댄다.[1]

서론에서 나는 "잔인한 낙관"이, 실현 불가능하거나 순전히 환상인, 또는 너무나 가능하지만 해로운 것으로 밝혀진 애착 관계, 즉 실현 가능성이 훼손된 상황에 대한 애착심이라고 기술했다. 이런 애착심은 단순히 불편하거나 비극적일 뿐만 아니라 다음과 같은 의미에서 잔인하기도 하다. x를 가지고 살아가는 주체들은 욕망의 대상/장면[즉 x]의 현전[존재]이 그들의 안위를 위협하는 것이라 해도 그것을 잃어버린다면 잘 견딜 수 없을 텐데, 그 애착심의 내용이 무엇이든 간에 그 애착심이라는 형식의 유지가 계속 살아간다는 것의 의미 그리고 이 세상 속에 존재하기를 기대한다는 것의 의미에 대한 주체의 감각이 지속될 수 있게 하는 무언가를 제공하기 때문이다. ["잔인한 낙관"이라는] 이 문구는 멜랑콜리와는 다른 상태를 가리킨다. 멜랑콜리는 주체가 자아 연속성을 위해 [욕망을] 투자했던 대상/장면의 상실이라는 경험을 어떻게든 처리하지 않고 시간을 끌려는 주체의 욕망 속에서 작동된다. 잔인한 낙관은 심각하게 문제가 되는 대상에 애착심을 유지하는 상태이다. 한 가지가 더 있다. 즉 때로 낙관적 애착심의 잔인함은 대상 x에 대한 개인 또는 집단의 애착심이 초래하는 대가를 관찰하는 분석가가 더 쉽게 발견한다. 개인이나 공동체는 대상/세계와 맺은 관계의 일부 측면에 집중하면서 다른 측면은 종종 무시하기 때문이다.[2] 그러나 만약 개인이나 집단이 애착심의 잔인함을 미묘하게나마 경험한다면, 정작 두려운 것은 뭔가를 약속해주는 그 대상/장면 자체의 상실이 어떤 것에 대해서도 [개인이나 집단이] 희망을 가질 능력을 무력화하리라는 점이다. 낙관의 장면을 상실한다는 두려움은 종종 말로 표현되지 않으며, 불측지변不測之變의 상황을 관리하지 못하는 갑작스러운 불능의 상태에서 경험된다. 이 책 전체에서 그런 내용을 살펴볼 것이다.

    누군가는 욕망의 대상/장면은 모두 문제적이라고 지적할 수 있을 것이다. 대상/장면에 투자하거나 투사하는 내용이 대상/장면 자체와 상관이 있다기보다는 거기에 계속 끌리게 하는 일단의 욕망 및 정동과 상관이 있는 것이라는 점에서 그러하다. 실제로 나는 모든 낙관이 다 잔인한 게 아닐까 궁금했다. 낙관을 재생산하는 조건의 상실을 경험하는 것은 숨 막히게 괴로운 일일 수 있기 때문이다. 애착 충동의 범위 안에서 x를 상실할 수 있다는 위협이 삶의 지속을 위협하는 것처럼 느껴질 수 있듯이 말이다. 하지만 낙관의 장면 가운데서도 한층 더 잔인한 장면들이 있다. 즉, 잔인한 낙관이 작동하는 곳에서는 활력 또는 생기를 주는 욕망의 대상/장면의 효능이 애당초 애착심의 작용으로써 가능해져야 할 바로 그 잘 살기를 마모시키는 데 기여하는 것이다. 이는 파괴적 사랑처럼 상투적인 경우일 수도 있지만, 강박적 식욕, 생계 벌이, 애국주의 등 어떤 경우에나 있을 수 있는 일이다. 우리는 애착심이 초래하는 대가를 가지고 정동적 거래를 한다. 주로 무의식적으로 이루어지는 그런 거래는 대부분 욕망/마모의 장면에 우리가 가까이 있도록 붙잡아 둔다.

이는 애착의 시학이, (마치 x가 자율적 속성을 가지기라도 한 듯) x에 가까이 있기를 바라는 마음에 대한 나의 이야기와, 내가 구축해 온 감정적 아비투스의 활동 사이의 어떤 분열을 언제나 수반한다는 것을 의미하는데, 이 감정적 아비투스는 내 삶에 x를 소유하는 것과 함수관계에 있는 것으로서, x가 제시하고 제공하는 복합적인 것 가까이에 내 [존재의] 내구성을 투사하기 위해 구축해 온 것이다. 그러므로 잔인한 낙관을 이해하기 위해서는 간접 지시indirection에 대한 분석을 시작해야 하는데, 그것은 무언가를 할 수 있게 하는 동시에 할 수 없게 하는 대상 안으로 투사되는 낯선 시간성을 이해하는 한 가지 방식을 제공한다. 나는 이런 방식을 돈호법과 자유 간접화법*을 논의한 바버라 존슨에게 배울 수 있었다. 존슨의 간접 지시 시학에서 이 두 가지 수사법은 모두 글 쓰는 주

체가 다른 주체를 불러내는 방식으로 이루어지며, 그래서 글 쓰는 주체
는 환상 속 상호 주관성을 수행하면서 관찰자로서 초인간적 권위를 얻
게 되고 대상과의 근접성 때문에 가능해지는 존재의 수행을 작동시킨
다. 이 미학적 과정이 애착심 속에 들어 있는 낙관에 대해 내가 기술하는
내용과 비슷하므로, 존슨의 사유와 함께 내가 어떻게 움직이게 되었는
지 잠시 설명하겠다.

내가 이 글의 핵심적 참고문헌으로 삼은 「돈호법, 활성화, 임신 중단」
Apostrophe, Animation, and Abortion에서, 존슨은 태아 인격체라 할 수 있는 대
상에 돈호법이 가져오는 정치적 결과를 추적한다. 즉, 정동적으로는 현
존하지만 물리적으로는 대화 장소가 아닌 다른 곳에서 침묵하고 있는
상대자(연인일 수도, 태아일 수도 있다)가 발화 속에서 살아난다. 대상은
대화를 하기에는 먼 거리에 떨어져 있지만, 전체 장면을 머릿속에 그리

- 자유 간접화법(free indirect discourse)은 문학에서 1인칭 화자의 내면을 인
  용 부호 없이 3인칭 서술자의 시점인 것처럼 기술하는 방식이다. 귀스타브 플
  로베르, 제인 오스틴 등을 비롯한 여러 19세기 작가들이 많이 사용한 기법이기
  도 하다. 가령, 헨리 제임스의 『보스턴 사람들』의 21장에 나오는 다음 서술을
  보자. "그는 …… 루나 부인으로부터 온 전갈을 발견했다. …… 그녀는 자기를
  소홀히 했다며 그를 나무랐고, 그에게 무슨 일이 생긴 것인지, 그가 너무 멋쟁
  이가 된 바람에 진지한 관계만을 원하는 사람은 만날 수 없는 건지 알고 싶었
  다. 그녀는 그가 변했다고 비난했으며, 냉담하게 구는 이유를 캐물었다. 어떤
  면에서 그녀가 그의 기분을 상하게 했는지 말해 줄 수 있느냐고 묻는 게 지나친
  가?" 두 번째 문장부터는 편지에 루나 부인이 쓴 내용이지만, 직접 인용하는 형
  식 대신에 3인칭 서술자의 목소리를 통해 간접적으로 전달된다. 자유 간접화법
  은 형식에 얽매이지 않고 이처럼 3인칭 시점과 1인칭 시점 사이의 이동이 자유
  롭게 이루어진다는 점에서, 유동적 서사의 가능성을 확장한 서사 방식으로 평
  가받는다. 다른 한편으로, 누구의 시점에서 기술되는 상황인지를 분명히 파악
  하기 어렵다는 문제도 있을 수 있다.

고 있는 발화자가 상상할 수 있는 정도로 가까운 곳에 있다.[3] 하지만 투사된 가능성의 상태, 발화가 이루어지는 조건하에서는 일어날 수 없는 듣기("당신"은 여기 없다, "당신"은 내가 상상하는 당신과의 대화에서 영원히 뒤늦은 존재이다)가 상호 주관성이 펼쳐지는 현재 순간을 가짜로 만들어 내는데, 그럼에도 그 속에서 말 걸기가 가능하다. 편리하게도 당신의 부재 덕분에, 내가 당신에게 투사한 x라는 속성들로 이루어진, 당신이라는 환상 때문에 현재 순간이 가능해진다. 돈호법은 그러므로 당신이란 존재에게 손을 내미는 행위, x라는 장소에서 y라는 장소로의 직접적인 이동처럼 보인다. 하지만 그건 사실 [발화자로의] 회귀이다. 즉, 발화자의 내면에서 무언가를 현실화시키는 어떤 일, 발화자의 존재를 한층 더, 혹은 달리 가능하게 해줄 어떤 일을 지금 일어나게 만들려는 욕망을 위해서 수신자를 활성화하는 [즉 살아 있는 존재처럼 만드는] 행위이다. 어떤 면에서는 발화자가 두 사람을 위해, 두 사람으로서, 두 사람을 향해 발화하는 일의 중요성을 인정했기 때문이다 — 하지만 그것은 두 사람이 사실은 한 사람이라는 (그리고 한 사람의 내면에 있다는) 조건, 그런 환영 속에서만이다.

돈호법은 그래서 간접적이고 불안정하며, 물리적으로 불가능하지만 현상학적으로 활기를 부여하는, 수사적으로 존재를 활성화하는 움직임이다. 그것은 (어떤 것을 약속하는 속성을 가지기에, 그러나 또 그곳에 없기에) 우리[주체]를 가능하게 해주는 욕망의 대상, 즉 다른 사람들과 같은 심리적 공간에 주체가 잠재적으로 존재한다는 낙관 속에서 주체가 스스로를 유예할 수 있게 해준다.[4] 「묵언 선망」Muteness Envy 같은 이후의 저작은, 이처럼 말로 이루어지는 상호 주관성의 투사에서 존슨이 발견하는 젠더화된 수사학의 정치를 잘 설명해 준다.[5] 한 사람의 의식이 다른 사람의 의식 속으로 풍요롭게 침잠하는 현상이 이중 부정을 요구한다는 점은 여전한 역설이다. 즉 한 가지 부정은 발화자의 경계선에 대한 부정으로, 그래서 욕망의 대상과 수사적으로 가까운 상태에서 발화자가 확장된다. 또 다른 부정은 발화의 대상에 대한 부정으로, 대상은 발화자가 그(들) 자신의 잘 살기를 상상해 보는 계기를 제공하면서 말없고 강력한 플레이스홀더*로 어느 정도 존재할 뿐이다.

물론 실존적으로나 정신분석학적으로 말하자면, 상호 주관성은 불가능하다. 그것은 x와 함께, x 안에서 존재한다는 감각이 지속되기를 원하는 바람이자 욕망, 요구이며, 인정과 오인의 기분 사이의 불확정적인 관계를 특징짓는 커다란 매듭과 관련이 있다. 4장에서 길게 논의하겠지만, 인정이란 우리가 견딜 수 있는 오인이며, 다시 말하지만 반드시 느낌이 좋거나 정확하지 않더라도 우리를 긍정해 주는 거래이다(그것은 우리를 이상화할 수도 있고, 우리의 괴물성을 긍정할 수도 있고, 남의 눈에 띄지 않는 채로 미니멀하게 살고 싶은 우리 욕망을 반영할 수도 있고, 딱 적절하다고 느껴질 수도 있는 등 여러 양상이다).[6] 상호 주관적 오인의 희비극을 일종의 리얼리즘으로 설명하기 위해, 투사를 논의하는 존슨은 말 걸기의 대상에 대한 애착심이 투사되는 공간, 경계를 와해하는 공간을 파고든다. 상호 주관성을 욕망하는 주체가 견인력을 가지고 약속의 대상/장면과의 근접성을 안정적으로 만들려면, 말 걸기의 대상은 부재해야 한다.

존슨이 자유 간접화법과 그 속에서 융합된 주체성과 침잠된 관찰적

---

* 플레이스홀더(placeholder)는 (영문법에서 가주어, 가목적어처럼) 자리를 표시하기 위해 세워 둔 무의미한 기호, 대상을 말하며, 무엇으로든 대체될 수 있는 허수와 같은 것이다.

주체성이 순환되는 것에 주목할 때, 상호 주관성을 향한 욕망의 투사가 낳는 결과는 훨씬 덜 해롭다.[7] 가령 등장인물의 의식과 서술자가 부분적으로 융합함으로써, 자유 간접화법은 관찰을 수행하는 지각 능력이 어떤 한 사람에게만 있다고 보는 게 불가능함을 수행적으로 보여 주고, 그럼으로써 독자는 자신이 읽고 판단하고 되고 사고한다고 여기는 대상과 좀 다른 방식, 더욱 열린 방식으로 펼쳐지는 관계를 맺을 수밖에 없다. 존슨의 논고에서, 그처럼 읽기/말하기를 통해 변화를 가져오는 거래는, 주체가 유의미하게 변화하길 바라지 않는 욕망을 가졌는지 여부와 상관없이, 좋은 방식으로 주체를 "펼친다." [8] 여기서 그의 논의는 최근 팀 딘의 레비나스적인 논의, 리오 버사니의 정신분석학적 낙관에서 개진된 주관적 상호 침투의 미학을 예견한다.[9] 이들의 논의는 제한적 상호 주관성이라는 기획을 통해 변화를 꾀하는 인지-윤리적 결정, 즉 친밀한 대타자란 어떤 것인지에 대한 앎을 주장하지 않으면서 대타자의 존재를 내 안으로 들이는 기획에 대한 것이다. 투사에 관한 존슨의 논의처럼, 그들도 애착심의 낙관에 초점을 두고 있으며, 유예된 상호 주관성의 형식이 연인/독자에게 인격성의 부정과 확장을 요구한다는 데 대해서도 낙관적이다.

여기서 앞으로 이어질 내용은 그렇게 고무적이지 않다. 이 장은 "일반적으로 사람들은 사랑하던 대상을 대신할 대체물이 보장되더라도 리비도적 입장을 포기하려 들지 않기 때문이다"는 프로이트의 견해를 설명하고 정치화한다.[10] 이브 세지윅은 멜라니 클라인의 우울증적 입장de-pressive position을 세계와의 부서진 관계를 복구하는 회로를 이끌어 내려는 지향성으로 설명한다.[11] 정치적으로 우울증적 입장은, 상충하는 목표들과 관련된 애착의 스타일이라는 문제를 부각함으로써 고전적인 [우울증의] 태세를 악화시킨다. 정치적으로 우울한 사람은 냉정하거나 냉소적이거나 단절되었거나 치열하게 합리적이거나 반감을 갖거나 할 수 있지만, 분리[탈애착, 거리 두기]라 할 수 있는 태도를 취하면서도 전혀 분리되지 않았을 수도 있고, 오히려 낙관과 실망의 회로 및 장면과 그가 맺고 있는, 그를 지탱해 주는 진행 중인 관계를 헤쳐 나가고 있을 수도 있다(가령, 합리성이라는 표면상의 분리[탈애착]는 전혀 분리가 아니고 수사적 실천과 규범적으로 관련되어 있는 감정의 스타일이다).

그러면 회복 방향에 대한 질문이 남는다. 낯선 이들, 권력, 소속됨의 토대와 맺는 관계를 구조화한 정치적 대상/장면과의 관계 재설정을 지향해야 하는지 혹은 그런 재설정에서 멀어져야 하는지가 문제인 것이다. 또 세계("리비도적 위치")의 상실을 견딜 수 있는 사람이 누구인지, 소용없는 대상을 소유하는 것보다 그것을 잃는 것이 더 견디기 어렵다면 도대체 어떻게 되는 것인지, 또 그 반대의 경우는 어떤지에 대한 질문도 남는다. 이 책『잔인한 낙관』은 자기 중단, 자기 유예, 자기 유보의 실천에 주목한다. 이런 행위들이 보여 주는 것은, 사람들이 삶을 구축하는 활동을 둘러싼 가치 체계를 변화시키고자 애를 쓰긴 하지만, 트라우마가 되지 않을 정도로만 변화시키려 한다는 사실이다.[12]

그렇다면 모든 수식어구와 마찬가지로 잔인한 낙관은 대상 지시어* — 근접한 위치를 가리키는 어구 — 이다. 분석의 지렛대로서 잔인한 낙관은 우리에게 "좋은 삶"이라고 호명하는 대상에 대한 정동적 애착심 속

---

* 대상 지시어(deictic)는 나, 너, 이것, 저것, 여기, 그때 등과 같이 발화, 소통의 시간과 위치에 따라 가리키는 대상의 정체나 의미가 달라지는 말이다.

에 기거하면서 "좋은 삶"을 살펴보게 하는 자극제이다. "좋은 삶"은 너무나 많은 이들에게 나쁜 삶이 되어 주체들을 소진시키지만, 동시에 그럼에도 불구하고, 주체들은 그 속에서 가능성의 조건들을 발견한다. 이것은 그저 심리적 상태에 불과한 것이 아니다. 오늘날 세계에서 일상적 삶의 조건들은 미국처럼 상대적으로 부유한 곳에서조차 주체를 소진시키거나 마모시킨다. 그리고 오늘날 세계에서 삶을 재생산하는 노동이 곧 삶을 소진시키는 활동이 되고 만다는 아이러니는, 고통의 일상성, 규범성의 폭력성, 나중이라는 개념으로 지금 당장의 잔인함에 대한 질문을 유예하게 만드는 "인내의 기술"에 대한 사유에서 구체적 함의를 지닌다.[13] 잔인한 낙관은 이런 의미에서 일종의 체험된 내재성을 지향하는 개념이며, 그것은 사람들이 바틀비*가 되지 않는 이유, 다방면에서 나타나는 궁핍화에 개입하기를 원하지 않고 오히려 익숙한 애착심의 체계를 그저 물결 타듯 타고 가는 이유, 그 애착심에 엇박자를 맞추는 이유, 혹은 호혜성이나 화해의 관계, 굴복을 의미하는 것은 아닌 체념의 관계에 머물려고 하는 이유를 감지하는 데서 나온다. 또 사람들은 어쩌면 규범적 형식을 지향하면서 합의로 이룬 약속에 무감해지기도 하고 그런 약속을 일종의 성취로 오인하기도 한다. 존 애쉬베리, 찰스 존슨, 제프

● 바틀비는 미국 작가 허먼 멜빌의 1853년 소설 「필경사 바틀비: 월 스트리트 이야기」(Bartleby, the Scrivener: A Story of Wall Street)의 주인공이다. 그는 작품의 화자인 변호사의 법률사무소에서 일하는 필경사인데, 어느 날 갑자기 아무런 이유도 설명도 없이 그에게 주어지는 업무를 거부해 변호사를 혼란과 곤경에 빠뜨린다. "하지 않는 게 낫겠다"(I'd prefer not to)는 그의 유명한 답변은 바틀비를 기계적 노동, 비인간적 삶의 조건에 대한 수동적 저항의 상징적 인물로 만들기도 했다.

라이먼의 작품들을 다루면서 이 장은 세 가지 에피소드를 가로지를 텐데, 그 에피소드들이 드러내는 잔인한 낙관의 잔인한 구속은 놀라운 내용이며, [어떻게 반응·행동해야 할지 따라 할 수 있는 방식과 패턴을 알려주는 장르와 규범이 쇠락하고 있음을 뜻하는] 장르-이후, 규범-이후, 그리고 어떻게 살아야 할지를 전혀 알 수 없는 상황에 적응하는 다양한 드라마를 유발한다. 그 모든 것들 가운데서 우리는 답보 상태에서 어떤 리듬을 발견한다. 사람들이 우물쭈물하고 비틀거리고 거래하고 시험해 보는 동안에도, 아니면 이 세계에서 애착의 대상으로 삼은 약속 때문에 사람들이 다른 방식으로 소진되는 동안에도, 답보 상태 안에는 사람들이 빠져들어 갈 수 있는 리듬이 있다.

2. 대상의 약속

존 애쉬베리의 제목 없는 최근 시 한 편이 약속의 이 같은 장면을 가장 유망하게 연출해 보인다. 이 시는 앎의 도플러 효과*를 전면에 내세우고, 우리가 그림자처럼 끌고 다니는 부인의 정치경제를 일종의 공간 시차spatial lag로 표현하면서도, 대상 안에서 우리가 살아 있음을 경험하게 하는데, 그것은 할 만한 경험일 뿐만 아니라, 모든 것을 단순화하는 동

- 도플러 효과(Doppler effect)는 소리, 빛 파동의 발생원이나 관측자가 움직임에 따라 파동의 진동수가 다르게 측정되는 효과를 말한다. 지식이나 앎도 주체와 대상의 위치에 따라 달라진다는 맥락을 가리키는 것으로 보인다.

시에 혁명적인 것이다 — [단순화와 혁명성은] 부르주아적 꿈 한 쌍이다.

우린 거미들에 대한 경고를 들었지, 그리고
　　　때때로 찾아오는 기근에 대해서도.
시내로 차를 타고
　　　이웃을 만나러 갔어. 인가(home)에는 아무도 없었지.
둥지를 틀고 앉았네, 행정적으로 구획해서
　　　만든 마당에,
거기 아닌, 다른 곳을 추억했지만 —
그곳이 다른 곳이었나? 다 알고 있지 않았던가,
　　　전에도?

포도밭에서는 벌의 찬가가
　　　단조로움을 묻어 버리고,
우리는 평화를 위해 잠들었네, 위대한 흐름에
　　　합류하면서.
그가 나에게 다가왔어.
전에 다 그래 왔던 것처럼,
다만 예외라면 현재의 무게가
천국과 맺은 우리 약속을
　　　흔들어 댔다는 것.
사실 기뻐할 이유는 없었고,
돌아설 필요도 없었지.
선 채로 우린 길을 잃어,
머리 위 전선들이 윙윙대는 소리를 듣고 있었네.[14]

We were warned about spiders, and the

      occasional famine,

We drove downtown to see out

      neighbors, None of them were home.

We nestled in yards the municipality had

      created,

reminisced about other, different places —

but were they? Hadn't we known it all

      before?

In vineyards where the bee's hymn

      drowns the monotony,

we slept for peace, joining in the great

      run.

He came up to me.

It was all as it had been,

except for the weight of the present,

that scuttled the pact we made with

      heaven.

In truth there was no cause for rejoicing,

nor need to turn around, either.

We were lost just by standing,

listening to the hum of the wires overhead.•

- 이 시는 2004년 3월 25일자 『뉴욕 리뷰 오브 북스』에 실렸다. 벌랜트의 주에 명시되었듯, 「법을 모르는 것이 면책 사유는 아니다」(Ignorance of the Law is No Excuse)라는 제목으로 발표되었다.

시의 도입부가 제시하는 틀은, 실현되지 않았지만 거의 실현된 것 같은 — 혹은 연관되는 다른 작품에서 애쉬베리가 "신기루 순찰대가 국경을 봉쇄했다 / 빛과, 빛이 낳는 끝없는 망설임으로"라고 말하듯 [사실상 실현될 수 없는] — 아메리칸드림의 장면이다.[15] 마찬가지로, 여기서 집, 즉 인가home와 찬가hymn는 거의 운율이 맞는다. 하지만 우리는 초조하고, 집에는 아무도 없으며, 자연은 우리의 충만감을 위협한다. 그리고 화자가 "현재의 무게"라 칭하는 것이 있어서, 평화를 위해 잠을 수반하고 상징을 신체적인 것으로 축소시켜, 우리 정치를 무사평온주의quietism로 만든다. 사람들은 얼마나 오래전부터 현재는 무거운 것, 다른 것들로부터 절연된 것, 삶을 가로막는 장애물이라고 생각해 왔을까? 이 시의 모든 것이 아주 일반적이지만 우리는 그 속에서 맥락을 추출할 수 있다 — 가령, 이 시가 교외 주택가의 스타일로 아메리칸드림 같은 무언가를 예시하는 동안, 이 시의 바탕으로 설정된 공간이 지니는 무게를 상상하면서 말이다. 말끔히 손질된 모습으로 공간을 유지하는 사람들은 시의 "우리"라는 말에 들어 있는 행위 주체가 아니다. 그렇지만 그들은 행위자이고, 소음을 만들어 낸다. 그들이 내는 소리는 노동자들의 한가로움에서 나오는 소리가 아니라 교외 주택가의 한가로움에서 들려오는 소리이다. 우리는 그들이 어디 출신인지, 직장 밖에서 그들이 보내는 하루가 어떤 소음을 만드는지, 그리고 그들이 무엇을 하고 노는지 전혀 알 수 없

●　벌랜트가 인용한 애쉬베리 시구의 원문은 다음과 같다. "Mirage control has sealed the borders/with light and the endless diffidence light begets." 이 시는 애쉬베리의 2007년 시집 『세속의 고장』(*A Wordly Country*)에 수록된 시 「필리그란」(Filigrane)의 일부이다.

다. 그들 가운데 어느 누가 어떻게 생겼는지도 알 수 없다. 행위와 수사적 굴절을 통해 실천적 주체성이 인격성으로 발현하는 것이다. 그래도 우리는 특징 없는 이 발화자들이 아마도 백인 미국인이고 그들의 하인은 백인 미국인이 아닐 것이라고 추론해 볼 수 있다. 하지만 시의 어법이 너무 일반적이고 인구통계적 특성이 너무 가려져 있어서, 따로 명시된 바 없는 존재들의 규범적 대표성 속에 시의 언어가 위치했다는 점 때문에 [시의] 리얼리즘은 추론이 된다.

　[리얼리즘에서 추론으로의] 이 같은 전환이 이 시가 욕망에 대해 가르침을 주는 방식의 일부이다. 위에 언급한 것과 같은 물질주의적 관심사가 이 시의 사건이나 풍성한 의식 속 장면에 대한 시의 감각에서 전면에 드러나 있지는 않다. 그렇지만 시 속에서 자율성이 생산되는 조건에 대해 생각해 보는 것이 시의 미적 자율성이나 단독성을 침해하지는 않는다. 오히려 이웃에 관한 명시적인 수사가 보여 주는 것은, 아메리칸드림은 관심을 가져 봤자 편의나 생산성에 도움이 안 되는 사람들에게 관심을 가질 시간을 별로 허용하지 않는다는 사실에 대한 인식이다. 아메리칸드림은 일종의 공간이며, 아메리칸드림에서 이웃이 주는 즐거움은 그들의 근접성, 그들과의 가벼운 접촉 가능성에서 나온다. 곧 아메리칸드림에서는 우리가 만나고 싶을 때 이웃과 만나고, 바깥에서 어슬렁거릴 때나 식당에서 이웃을 만난다. 어쨌거나 이웃이 주는 즐거움은 그들이 [시에서] "행정적으로" 구획한 시적 화자의 사유지 안에 있지 않고 그 옆에 나란히 있다는 사실, 그들의 상대적 거리감에서 오는 것이다. "행정적으로" 구획된 사유지에서 화자는 마치 시골 포도밭에라도 온 듯이 여유로운 즐거움을 쟁여 두고 누리며, 여기에 시끄러운 이웃이나 초자아가 침입한다면 [자신의] 왕국인 뒷마당에서 투사하는 화자의 행복은 방

해받게 된다.[16] 다른 사람이 포도밭에서 노동하는 소음은, [화자가 사람들과 직접 교류하거나 적극적으로 사귀는 대신] 애매하게 측면적인[엇나간]lateral 방식으로 사람들과 어울리는 과정에 몰입하면서, 삶에 권태를 느끼고 4분의 3쯤은 초연하게 구는 특권을 누리는 조건이다.

요컨대, 이 제목 없는 시에서 "우리"는 윤곽선 안에 누군가가 칠해 놓은 색깔로 존재하는 데 만족하는 무감해진 시민이기를 택했다. 즉 "우리"가 결국 도널드 바셀미의 단편소설 「소도시를 매입했다」에 나오는 인물들이었다면 신이 났을 것이다. 그 작품 속 인물들은 돈과 시간을 들여서 하늘에서 굳이 내려다보면 <모나리자> 모양으로 지어진 주택단지 안에서 단순하게 살아간다. "우리"는 예술까지는 아니더라도 형식미를 갖춘 작품처럼 삶을 살아간다. "우리"는 살짝 흥분감을 가지고 살아가며, 지젝이 카페인 빠진 숭고함이라고 부를 법한* 좋은 삶을 너무 강렬하게 살지는 않겠다는 약속을 충족시키는 쪽으로 인내심을 가지고 처신한다.[17] 교외 주택가의 즐거움을 조롱하는 애쉬베리의 풍자에 특별히 독창적이거나 심오한 것은 없다. 곧 상투어구의 편안한 소릿값과 살짝 지루한 리듬은 바로 우리가 얼마만큼의 삶을 거기서 견딜 수 있는지를, 그리고 [자치 정부가 있는] 도시에서, 이전에 환상으로 존재했던 잘 다듬어

• 지젝은 멜 깁슨의 영화 <패션 오브 크라이스트>의 개봉으로 반유대주의가 횡행할까 우려를 표명하던 많은 사람들이 자유주의적 정치적 올바름과 거리두기의 실천을 예시한다고 말한 바 있다. 그는 신념이나 예술이 모두 그 누구의 기분도 상하게 하지 않는 정치적 올바름 속에서 그저 다문화적 삶의 방식으로 변질되는 현상, 타자성을 제거한 타자와의 조우를 경험하고자 하는 피상성을 카페인 빠진 커피에 비유한다(Slavoj Zizek, "Passion: Regular, or Decaf?", *In These Times*. 2004/02/27).

지고 구획된 사유지 안에서 자유롭게 돌아다니기를 욕망한다는 것이 무슨 뜻인지를 수행적으로 보여 준다.

마르크스는 그런 자기 처방적, 자기 매개적 주체 지향성의 정치경제를 사유재산 체제와의 관계에서 나온 결과로 보고 다음과 같이 말한다.

사유재산 때문에 우리는 너무나 어리석고 단순해져서, 우리가 어떤 대상을 가지게 되면 ― 그것이 자본으로서 우리에게 존재할 때나 우리가 그것을 직접 소유하고, 먹고, 마시고, 그 안에 거주할 때 등등 ― 즉, 그것이 우리에게 사용될 때 ― 그것은 오직 우리 것일 따름이다. …… 그리하여 모든 신체적·정신적 감각 대신에, 그 모든 감각들이 순전히 소외되어 소유의 감각으로 대체되어 버렸다. 인간은 이 전적인 궁핍의 상태로 환원되었고, 그 결과 인간은 내적 풍요를 외적 세계에 내주게 되었다. …… 그러므로 사유재산의 폐지가 인간의 모든 감각과 속성의 완전한 해방인데, 이것이야말로 해방인 이유는 이런 여러 감각과 속성이 주관적으로나 객관적으로 인간적인 것이 되었기 때문이다. 눈으로 보는 대상이 사회적·인간적 대상 ― 인간이 인간을 위해 만든 대상 ― 이 되었듯이, 눈은 인간의 눈이 되었다. 그래서 감각이 직접적으로 그 실천에서 이론가가 되었다. 감각은 사물을 위해서 사물과 관계를 맺지만, 사물 자체는 그 자신 및 인간과의 객관적·인간적 관계이며 [실제로 나는 사물이 인간과 인간적으로 관계를 맺어야만 사물과 인간적으로 관계를 맺을 수 있다] 그 역도 마찬가지다. 욕구나 향유는 결과적으로 자기중심적 성격을 상실했고, 소용이 인간의 소용이 됨으로써 자연은 그 단순한 유용성을 상실했다.[18]

감각에 대한 마르크스의 분석은 애쉬베리의 시 전반에 걸쳐 공명한다. 마르크스가 예견했을 법하게, 이 시 속 "우리"는 처음부터 보이는 것을 소유하고 소유하는 것을 보며, 자연을 그의 자기 지시적 세계에 대한 침해라고 느낀다. 하지만 "우리"는 자신들의 앎이 기억할 수 없는 무언가의 반복이라는 생각을 떨칠 수 없다. 아마도 생산 및 소비 자본주의의 주체로서 "우리"가 안정된 삶의 기제와 외양 유지에 필요한 항시적 땜질로 기꺼이 기억을 재구획했기 때문일 것이다. "우리"는 유순하고 순종적이고 아량 있는 사람들이었다. "우리"는 이제 이런 판본의 좋은 삶에 밀착된 욕망 가까이에서 살아가며, 그 속에서 살아 있음을 거의 기억할 수도 있다. 기대감에 휩싸인 채로 말이다. 그런 기대감이란 좋은 삶을 위해 우리가 확보하려던 안정된 삶과 재산이 지시했던 것에 불과하다는 사실을 "우리"는 알고 있다. 우리의 잔인한 대상들은 위협적으로 느껴지지 않고, 다만 우리를 지치게 할 뿐이다.

[위 인용문에서 마르크스가 말한 것과 달리] 우리의 감각들은 아직 이론가가 아니다. 우리의 감각들은 우리가 살아 내는 삶에 물질적으로 거름이 되는 벌들의 윙윙대는 소리, 물려받은 환상, 지도, 규칙 등에 매여 있기 때문이다. 다른 한편으로 우리는 어쩌면 우리 감각이 이론가가 되길 바라지 않는지도 모른다. 그렇게 된다면 [즉, 우리 감각이 이론가가 된다면] 우리 자신을 결국 주권적이기보다는 세계에 빚진 채 세계에 소용이 되는 존재, 세계와의 거래 효과로 보게 될 것이기 때문이다. 우리가 살아가기[생계를 꾸리기]를 위해서 하는 일은 결국 무엇인가? "우리"는 화면 밖[현실]에서 우리 자신을 착취해서 얻어 낸 끝없는 주말, 여가를 즐기고 있는 사람들인 것 같다. 거기서는 소비자가 친숙한 느낌 속에서 행복하게 돌아다니는 일이 거의 전부다. "다 알고 있지 않았던가, 전에도?"

그러나 얼굴 없는 자기 지시적 보편 주체들의 공동체 안에서 발화된 시로 그 얼굴이 나타남에도 불구하고, 이 시에서 일어난 일이 아메리칸 드림에 대한 모호한 애착심에 전적으로 매여 있지는 않다. 여기서 아메리칸드림의 실제 체험은 재앙 및 인간적 접촉과의 일련의 빗나간 만남들이며, 그 만남들은 경험된 듯 만 듯한 여러 에피소드로 알맞게 재단돼 있다. 시 속의 행위는 인가Home, 찬가Hymn, 소음Hum 사이의 작은 움직임으로 그려진다.• 매우 의미심장하게도, 집단적 삶의 단조로운 자기 축적을 깨뜨리는 사건이 있긴 하지만, 생산적이지 않은 교외에서의 휴식이 암시하는 포도밭 휴가가 그 사건은 아니다.

애쉬베리는 몽상과 경외심 사이의 공간에서 기독교적인 생각을 하고 있었는지도 모른다. 즉 벌에 대한 언급은 토머스 브라운 경의 『의사의 종교』••에 나오는 유명한 구절, 인간 이성이 자기 상태에 대해 이해하는 것보다 벌들의 지혜가 얼마나 더 훌륭한지를 묘사하는 부분을 반영하는 것 같다.[19] 이와 연관해 애쉬베리는 밀턴과 엘리엇을 연상시키는 수사적 울림을 통해 자신과 종교시의 관계를 수정하는 것일 수도 있다.[20] 재치 있을 정도로 아이러니하고 어딘지 성스러운 명상을 시의 핵심적 현재이자 육체적인 사건, 곧 "그가 나에게 다가왔어"라는 구절이

• home, hymn, hum이라는 시어의 음성적 유사성이 빚어내는 흐름과 리듬을 생각해 보면 좋을 것이다. hum은 이 시에서 은유적으로 쓰인 것처럼 벌의 윙윙대는 소리, 전선의 백색 소음일 뿐 아니라, 콧노래[허밍]를 뜻하기도 하므로 맥락에 따라 다르게 번역했다.

•• 토머스 브라운 경(Sir Thomas Browne)의 영적·심리적·자전적 고백록으로 17세기 중반의 베스트셀러였다.

체현하는, 미국에서 게이로 존재한다는 것을 보여 주는 장면과 대비시키는 것이 요점이라고 생각해 볼 수도 있다. 이 순간은 "클로이는 올리비아를 좋아했다"는 버지니아 울프의 구절이 주는 성적인 충격을 떠올리게 한다.[21] 그가 다가와, 게이가 되지 않겠다고 내가 하늘과 맺은 계약을 파기한다. 퀴어함과 종교적 정동이 여기서 공명과 경외의 공간을 열어 주어, 삶은 우리가 상상할 수 있는 최대한의 담보 상태에 놓인다. 삶은 중단되었고, 바디우 식으로 말하자면, 충실함을 요구하는 사건에 사로잡힌 것이다.[22]

그렇지만 이 사건은 자서전적 특성에도 불구하고 충격 효과가 있다. 시는 돈호법이 투사하는 반익명적 근접성이나, 제1연에서처럼 우리가 이것도 하고 저것도 했다는 식의 사회성, 혹은 드러나 버린* 성적 정체성을 둘러싼 드라마의 차원, 그야말로 자전적 이야기의 차원에서가 아니라, 누군가가 대상과 함께 존재한다는 사건이 그를 계속 변화시키도록 허용할 때 어떤 일이 벌어지는지에 초점을 맞추면서 마무리된다. 이 미학적·성적 시나리오는, 관계성 안에 그리고 세계 안에 퍼져 있고 충분히 느껴지는 비개인성의 양식을 이끌어 낸다. 대화로는 규정되지 않는 친밀함에 가까이 있게 될 때, 지진 같은 변동이 일어나는 것이다. 그 친밀함은 새롭게 연결된 채 그냥 거기 서있는 두 사람 사이의 공간을 열어 두는 다가옴의 몸짓으로 이루어진다.

• 　원문의 '드러나 버린'(uncloseted)은 '옷장 밖으로 드러난' 그러므로 (자의든 타의든) 타인에게 알려진 정체성, 특히 동성애적 정체성을 가리키는 말이다. '옷장 속에 숨겨 둔 해골'이라는 영어권의 관용적 표현처럼, 동성애적 정체성이 밝혀져서는 안 될 비밀이라고 여겼던 데서 유래한 표현이다.

감응 장치*에서 일어나는 이 변화는 시적 화자를 유예된 장소로 이동시키는데, 이를 하버마스 식으로 이해해 볼 수 있다. 『공론장의 구조변동』에서 하버마스는 가정 내 인간과 시장의 인간으로 정의되는 근대적 인간의 분열이라는 차원에서 규범적 존재의 공적/사적 영역 구획에 대해 논의한다.[23] 하버마스에 따르면 자본주의적 근대를 살아간다는 것의 문제는 부르주아로서 그리고 감정의 주체로서 [공적/사적] 영역의 관계를 관리하는 것이다. 부르주아는 자신의 사회관계를 시장 규칙에 준해 도구화하는 사람이며, 그의 자기 소유** 및 그의 부동산과의 근접성으로 부동산 가치를 매기는 이들에 의해 구획당하는 사람이다. 부르주아에겐 자산이 있고 가정[집]이 있으며, 그는 가정의 작은 영도자이고 그의 자산에 대한 소유권을 주장하는 곳 어디서나 모두에게 권위를 인정받는다. 동시에 그는 자신의 이미지를 근본적으로 자본이 아닌 감정의 거래 속에서 형성된 존재로 계발한다. 스스로 세상일에 유능하고 모든 활동 영역에서 권위를 가졌다고 여기는 집안의 '가장'homme***은 서로

- register는 벌랜트의 글에서 자주 등장하지만 벌랜트 자신이 그 정의를 제시하지는 않는다는 점에서 다소 이해하기 어려운 개념이다. 하지만 개인이나 집단, 심지어 특정 예술 작품 등이 감각을 지각하고 수용하고 등재하고 보관하는 기관, 장치, 체계, 분위기 등을 광범위하게 지칭하는 용어로 쓰인다. 이 모든 의미를 포괄하여 감응 장치로 번역했다.

- "자기 소유"(being self-possessed)는 흔히 자신을 감정적으로 통제한다는 차원에서 '침착함' 또는 '냉정함'을 의미한다고 볼 수 있지만, 자신을 소유한다는 것이 다른 한편으로 타인에게 빚지거나 의존하지 않는다는 뜻이기도 하므로 자산 소유를 바탕으로 타인의 지배에 경제적으로 종속되지 않는다는 뜻으로 읽을 수도 있다. 옮긴이는 저자가 이 맥락에서 후자의 뜻을 포함하고자 한 것으로 판단한다.

를 선택하는 사람들 — 이를테면 서로에게 다가갈 수 있는 사람들 — 가운데서 사랑의 공동체에 참여함으로써 남다르고 단독적인 존재가 되는 것이다. 이 시는 "사실 기뻐할 이유가 없었다"라고 말한다. 사실이나 객관성의 차원에서 기뻐할 이유가 없었다는 것이다. 대신에 친밀성에 대한 기대가 있다. 그리고 서정시가 있다.

그렇지만 이 시 속에서 생생하게 벌어지는 친밀함이라는 사건은 가정 및 도시 행정구역 밖의 구획되지 않은 위치에서 발생한다. 이 시 안에서 사건은 그가 나에게 다가와 내가 찬가hymn의 주체가 아니라 웅웅거리는 소리hum의 주체임을 상기시킬 때 발생한다. 내 주변에서 울리는 그것은 천국의 소리일 수도 있고 벌 소리일 수도 있고 노동이나 욕망 혹은 전깃줄에서 나오는 소리일 수도 있는데, 무슨 소리든 간에 그것은 누군가와 근접한 채 정신없이 기분 좋게 길을 잃는 것과 상관이 있다. 그와 내가 함께 소음을 경험하는 곳은 "우리"가 있는 곳이 아니라 주변 모든 곳이며, 웅웅 소리는 시간 끌기, 그리고 자동차를 타고 다니는 세계, 자동차를 운전하고 다니는 세계와 박자가 맞지 않는 시간 속에서의 주저함이다. 소리가 나는 곳은 지도로 그려진 공간이 아닌 상실된[길 잃은] 공간이다. 거기에 상호 주관성이 있다면 그것에는 내용이 없고, 그 상호 주관성은 [시적 페르소나들의] 듣는 행위의 동시성 속에서 이루어지는데, 이 주관적 경험의 장면을 [우리로서는] 들을 수는 없고 오로지 시인과 함께 또 시인의 "그"와 함께 볼 수만 있다. 그들의 친밀성은 가시적이

●●● 여기서 프랑스어 '옴므'(homme)는 남자를 가리키지만, 영어의 '홈'(home)과 근사한 단어이므로 '가정'과 '가장'의 의미적 연결성을 강조하는 표현으로 쓰인 것으로 보인다.

고 너무나 사적이며 대체로 암호화되지 않은 상태다. 가정home과 찬가 hymn 사이에서 가장les hommes의 삶은 "음"um하는 소리, 진실을 끊고 들어오는 소리로 인해 중단되고, "우리"의 의미는 변해 이제 길을 잃었으나 살아 있는 사람들, 다른 곳에 가서도 굴하지 않은 사람들을 가리킨다.

이 시가 현재의 답보 상태를 생산하는 수단을 묘사한다고 생각하면 흥미로울 수도 있을 것이다. 그 현재의 답보 상태는 부르주아적 감각에 아직 흡수되지 않은 채로, 우리를 사회성의 공간으로 이끌고, 만남을 통해 예상 밖의 변화에 빠져들게 되는 세계 속으로 나아가게 하는 것이다. 다가오는 사람에게 마음을 열어라. 조우를 통해 변화를 겪어라. 에피소드, 생략법, 생략 부호로 시를 쓰는 시인이 되어라……

동시에 이 시에서 화자가 누구인지는 중요한 문제다. 즉, 이 시에서 화자는 자신감 있는 사람이다. 그는 유예의 순간에 가능성을 발견하는 사람이고, 자신의 가치를 확보하기 위해 시장 논리를 필요로 하거나 경계를 보장받기 위해 행정적으로 정상이라 여겨지는 것 혹은 가정적인 무언가에 대한 친밀한 인정을 필요로 하지도 않는다. 그는 의미 있는 존재가 아닌 채로 비공간을 점유할 수 있다. 그걸 위협으로 느끼지 않는 듯하다. 그래서 이 낙관의 사례는 잔인한 낙관의 일부일 수도 있고 아닐 수도 있다. 즉, 알 수 없는 것이다. 약속은 도처에 있고, 사건 이전에 있었던 존재 형식의 와해는 그저 사실일 뿐, 애도하거나 기뻐할 일이 아니다. 에피소드적 성격을 지닌 이 중단 덕분에 그는 그 순간 이후에 다시 기운을 차리고 교외로 돌아갈 수 있게 될까? 그들은 비싼 카페에 가서 설탕, 우유가 과하게 들어간 진한 커피를 마실까? 또 달리 뭔가로 각성 효과를 얻으려 할까? 그들은 세계를 구축할 수 있게 되는 쪽으로 변화하게 될까? 그 커플은 몽유병자가 아니라 이제 평화에 대해 각성하는 집단을 대신하는 대역인가? 그들이 몽상 속에서 함께 존재할 때 누리는 색다른 자율성의 심미적 순간은 시장으로부터 탈애착[분리]되는 조건이 아니라 시장 안에서 살아가는 조건이 되는가? 그래서 그들은 순간 길을 잃을 수 있는 사람이야말로 진정한 그들의 모습이라고 생각할 수 있게 되는가? 하버마스라면, 이 연인들이 세상을 살아가는 힘에 대한 환상 때문에 화자가 실은 자신이 사유재산과 시장으로 정의되는 인간임을 부인할 수 있게 된다고 말할 것이다. 존 리코*라면 이 남자[화자]가 외부에서 살아가는 아웃사이더라는 점이 가정의 가치에 미련을 갖지 않고 퀴어한 반규범성을 만들어 내는 게이 정체성의 풍요로운 잠재력을 보여 준다고 주장할 수도 있겠다. 균열이 얼마나 깊은지는 알 수 없다. 마지막에 이르면 화자는 그가 정말로 지금, 유예의 순간에 산다고 생각한다. 그는 진정 연인이며 친밀한 사람일 뿐, 가솔린과 화학비료를 소비하면서 노동을 다른 이에게 위탁하는 자가 더 이상 아니다. 마치 그런 건 전생의 일이었던 듯하다.

혹 우리는 어쩌면 웅웅거리는 배경음, 즉 사운드트랙의 차원에서 변화의 정도를 읽을 수 있을 것이다. 애쉬베리의 [시 속] 낙관주의자의 말에 따르면, 우리는 웅웅거리는 세계의 소음을 들으면서 세계에 근접해 있기를 열망한다. 멜로드라마에서 사운드트랙은 눌변ineloquence의 최고 장르, 곧 말솜씨와 무관한 [언어를 초월하는] 달변eloquence의 최고 장르이

---

* 존 리코(John Paul Ricco)는 미술사, 시각예술, 비교문학 등을 아우르는 연구자이자 퀴어 이론가이다. 장 뤽 낭시의 윤리학을 퀴어의 시각에서 조명하는 2014년 저서 『우리 사이의 결정』(*The Decision Between Us*)을 비롯해, 미학과 윤리에 대한 여러 논고가 있다.

다. 즉, 사운드트랙은 우리가 늘 식별할 수 있는 감정들에 둘러싸여 있을 때야말로 우리 자신으로서 존재하는 데에 진정 편안함을 느낀다고, 또 우리가 느끼는 불협화음은 그것이 무엇이든 실제가 아니라 우리가 깨끗이 뒤처리를 해야 할 사고이며 그 뒤처리는 휘파람을 불면서 하면 더 유쾌할 것이라고 말해 주는 것이다. "우리 삶의 사운드트랙"[1995년에서 2012년까지 활동했던 스웨덴의 록밴드] — 멋들어진 포스트펑크 네오사이키델릭 밴드의 아이러니컬한 이름이자 틈새시장에서 성장하는 범주이기도 한 상투적 표현을 인용하자면 — 이라는 개념은 강력한 것인데, 왜냐하면 그것은 우리의 진정한 내적 취향과 고양된 가치를 표현하는 휴대 가능한 집적체로서 우리를 따라다니기 때문이다. 그것은 살아가기의 리듬을 낙관적으로 다시 읽을 수 있는 장소를 열어 두며, 모든 사람을 스타로 인정해 준다. 그 소리가 구체적으로 무엇이든 간에 우리는 우리의 사운드트랙 안에서 우리 자신과 사랑에 빠질 수 있고 숭고한 관습성에 충실함을 표현할 수 있다. 잠재적으로 우리를 지속시켜 주는 자기 통합의 상황을 우리의 시가 시연하는 것이다.

하지만 그것이 여기서 잔인한 낙관의 경우를 종결하는 것도 아니다. 시의 정치적 맥락이 중요하기 때문이다. 즉, 감상이 추상화되거나 감정적 포화 상태에 이를 경우 얼마나 큰 대가를 치르게 되는지, 구체적 실재real에서 사운드트랙 테이프reel로의 전환을 부추기는 것은 어떤 노동인지,[*] 이런 전환의 의미와 속도를 통제하는 것은 누구인지, 합의로 만들어 낸 신기루와 잠시나마 거리를 둘 때 그 결과를 통제하는 것은 누구인

---

* 실재(real)와 영화나 음악의 테이프(reel)라는 동음이의어를 활용하는 문장이다.

지가 모두 중요하다. 소리 없이 존재하는 정치적 맥락이 즐거움과 열린 틈새들을 눌러 버리는 것도 아니다. 타협 불가능한 것은 상황을 가늠하는 척도가 된다. 가정home에서 찬가hymn로 또 소음hum으로 이동하면서 애쉬베리의 시는 중단을 야기하는 정적을 자아낸다. 눌변인 동시에 달변인 그 의미심장한 정적은 형식을 갖추지 않은 과도기적 경험의 자리를 차지하고 있는 플레이스홀더이다. 그가 듣는 사운드트랙은 서정시 자체와 비슷한 것으로, 삶의 물질적 재생산, 친밀함과 무감함의 고통에 대한 리얼리즘을 다른 시공간으로 태평하게 치환해 버린다.

가정home에서 소음hum으로, 가장homme으로, 시간 끄는 소리um로의 이동, 그리고 중단. 이는 [낱말의 소리를 이용하는] 말장난처럼 들린다. 이 헨리 소로적인 방식●은 한순간의 공간의 소리에 귀 기울여 그 윤곽을 가늠하고, 무엇이 중단되는지, 중단은 누가 할 수 있는지, 이 순간 속에 또 그 순간을 넘어 존재한다는 것은 무슨 의미인지를 묻는다. 누군가를 안으로 들인다는 것, 그리고 가령 자본주의적 규범성의 속도, 즉 생산성 위주의 속도와 다른 속도를 고집한다는 것은 언제나 모험이다. 물론 "그"는 내가 나의 대상으로 삼은 사람, 즉 나를 위한 일단의 약속들은 아니었다. "그"가 나에게 다가온 것이다. 대상이 있어서 실망할 위험을 감수하는 것보다 대상이 되는 편이 더 안전하다 하더라도, 이 시는 누군가가 [자신을 대상에] 너무 깊이 투사하거나 [대상 가까이에] 자리를 잡기 전

● 헨리 데이비드 소로(Henry David Thoreau)는 『월든』(*Walden*)에서, 월든 호숫가에 오두막을 짓고 혼자 사는 동안 여러 종의 새와 그 외 다른 동물, 식물, 멀리서 지나가는 기차 등 주변의 온갖 소리에 귀 기울이면서 자연과 인간, 사회에 대한 명상을 기록했다. 특히 『월든』 4장 참조.

에 멈추고 만다. 이 시는, 잠재적으로 변화를 가져올 수 있으면서도 커플이나 우정, 짤막한 성적 드라마 등 어떤 형태로 아직 응결되지는 않은 조우를 향한 열림을 다루는 시이다. 이 시는 협력 행위가 일어나는 장면이 어떻게 잠재적으로 살아 있음의 공간을 열게 될지 전혀 알 수 없는 가운데서 길을 잃거나 유예되는 상황을 향해 몸짓을 하지만, 잠재적으로 살아 있음의 공간은 무언가가 구축될 수 있는 공간이 아니다. 그와 나 사이 지연의 공간에서 어떤 일이 일어나고, 시 속의 제왕적·주권적 우리는 더 이상 [다른] 뭔가에 몰두하고 있지 않다. 그 만남이 화자를 놓여나게 하여, 우리가 정치경제 측면에서 질의하고 있는 그 단독자적 사회성의 시간을 끄는 소음um 속에서 자아를 잃어버리게 만든다. 그런 상태에서의 행복이 타인 혹은 다른 계급에게 대가를 치르게 하는 잔인한 것이라 해도 우리는 절대 알지 못할 것이다. 확산되는 쾌락이 습관화된 무관심을 대체한다면, 살아가기의 대안적 윤리를 찾아낼 틈새를 만들어 낼 수도 있고 그렇지 않을 수도 있다. 그다음에 무슨 일이 생길지에 대해 시는 결론을 내리지 않는다. 지금 당장은 시가 연출해 내는 감각들이 이론가가 될 가능성에 열려 있다.

　일상적 삶을 전치시키고 와해하는 사건 속에서 시가 묘사하는 답보 상태의 의미를 찾기 위해 이 시를 소리 내서 읽어 보아도, 서정시적 중단 또는 어떤 에피소드로 인한 중단이 잠재적으로나마 근원적으로 재감각화된 포스트 신자유주의적 주체를 상상할 수 있게 하는 조건이라고 확언할 수는 없다. 그러나 분석적으로 보면 이 독특한 서정시는, 주체가 물질적 세계와 동시대적 역사 속에서 자기 존재의 연속성을 더 이상 당연시할 수 없는 바로 그 유예의 순간들에 주목하고 그런 순간들과 감응하는 방법을 배울 수 있는 기회를 열어 준다. 주체는 말없는 약속을 해주는 무언가로 충만하다고 느끼지만, 동시에 그 무언가는 잔인한 낙관과 낙관의 일반적 조건에 대해 통렬한 공허無를 드러내기 때문이다. 자본주의 안에서 [서로 다른 소리들과 서로 다른 시간들이 교차하는] 이성적異聲的이고 이시적異時的인 공간에서는 하나의 사건이 일상의 시간을 유예시키는데, 그 공간에 주목하면서 소리와 감각은 역사로 존재한다는 것의 의미에 대한 우리의 이해를 잠재적으로 변화시킨다. 내가 보기에 애쉬베리의 화자는 확신에 차있고, 여러 양태의 사회적 소속감과 규범적 인정이 몸에 새겨져 있어서 그것이 [무게중심, 균형을 잡아 주는] 안정장치가 된다.• 그렇기 때문에 그는 습관화된 삶의 약속과 탈애착[분리]하는 것을 견딜 수 있고, 욕망이 형식에 열려 있는 상태에서 그 상태가 자극적이어도 잘 살 수 있다. 하지만 이것이 그의 단독성에 관한 이야기 이상이 되려면, 새로운 상호 주관적 감각의 장면은 그 순간을 행동으로 이어 갈 수 있어야 할 것이다. 구획된 사유지를 비롯한 여러 장면, 경관, 제도 등으로 뭔가를 약속해 주는 듯한 세계, 이제 전치되어 버린 그 세계에 뿌리내린 낙관의 타당성을 녹여 없애 버릴 행동으로 말이다. 그렇지 않다면 이것은 사건이 아니다. 약간의 즉흥적 여가를 너끈히 삼켜 버리면서 허락해 주기도 하는 환경 안에서 일어난 하나의 에피소드에 불과한 것이다.

• 벌랜트는 '바닥짐'(ballast)이라는 말을 종종 사용하는데, 그것은 균형을 잡기 위해 배의 바닥에 두는 무거운 짐, 모래주머니 등을 가리킨다. 주체의 심리적 안정 상태를 가능하게 하는 기반을 말하는 비유적인 표현이므로 안정장치로 번역한다.

3. 교환가치의 약속

애쉬베리의 화자는 아주 운이 좋다. 그 소리가 무엇이든 간에 "그/나"가 쉬는 동안 들려오는 소리를 풀어내는 몸짓, 만남, 잠재적 사건으로 촉발된, 함께하면서도 알지 못하는 상태 속에 잘 녹아든 채로 잘 살 수 있으니 말이다. 찰스 존슨의 「교환가치」*에서는 그렇게 전개될 수도 있었을 상황이 그렇게 전개되지 않는다. 이 작품은 좋았던 무언가가 결국 견딜 수 없는 것임이 드러나고 그 때문에 어떤 사람이 이미 익숙한 삶을 살 수 없게 되지만 아직 다른 삶은 고안해 내지 못한 상태에서 굴복할 때 어떤 일이 벌어지는지를 보여 주는데, 작품이 그것을 드러내는 방식을 보면 "정치경제"라는 말이 왜 잔인하고도 일상적인 낙관에 대한 우리의 분석 전체를 관통해야 하는지를 알 수 있다. 왜 어떤 사람은 뭔가 잘 알지 못하는 상태를 임기응변으로 헤쳐 나가는 재능이 있는 반면, 다른 사람들은 콧노래humming 대신 축적[쟁여 두기]hoarding에 몰두하면서 가쁜 숨을 몰아쉬는 것일까?

애쉬베리의 서정시처럼 이 단편소설은 이웃과 동네에 대한 명상으로 시작한다. 「교환가치」의 배경은 1970년대 시카고의 사우스 사이드 South Side, 49번가 부근이다.[24] 주인공 열여덟 살 쿠터와 형 로프티스는 가난한 아프리카계 미국인이다. 그들은 정기적으로 시내로 차를 몰고 가서 친구를 만나거나 다른 동네를 들락거리지 않는다. 차가 아예 없

* 「교환가치」는 찰스 존슨의 1981년작 단편소설로, *American Gothic Tales* (Plume: New York, 1996)에 수록되어 있다.

다. 집과 '동네'*는 그들이 누군가를 만나고 쏘다니고 좀도둑질을 하는, 국지적이고 개인적인 실천의 공간이다. 작품은 쿠터가 나름의 방식으로 새로운 상황을 따져 보는 명상의 리듬 속에서 펼쳐지지만, 여기서 근접성이 주는 친밀함은 누군가의 서정시적 상호 주관성과는 무관하다. 「교환가치」의 주제는 명백하면서도 불투명하지만, 앞서 살펴보았던 사례와는 유의성有意性이 사뭇 다르다.

작품이 시작됨과 더불어 플롯[음모]이 전개된다. 두 형제가 어쩌면 죽었는지도 모르는 이웃 베일리 양의 집을 털려는 계획을 짜는 것이다. 베일리 양이 누구인가? 아무도 모른다. 베일리 양은 이웃이고, 그러므로 그를 알 필요가 없다.** 그의 역할은 그냥 있는 것, "캐릭터"로 존재하는 것이다. "캐릭터"란 우리와 친밀하지는 않으나 우리 주변에서 여러 가지 낯익은 행동을 하는 사람을 일컫는 말이다. 베일리 양은 남이 버린 남자 옷을 입고, 쿠터와 로프티스처럼 그 지역의 크레올 레스토랑에서 공짜 밥을 얻어먹는다. 쿠터가 푼돈을 주자 그는 그 돈을 쓰는 대신 입에 넣고 삼킨다. 쿠터가 그에 대해 아는 내용은 이 정도이고, 베일리 양의 행동에서 더 추론해 내는 내용도 없다. 이야깃거리가 생겨나는 것은 베

----

* 'hood라는 말은 neighborhood의 약어이다. 특히 도시 지역의 아프리카계 미국인들이 자신들의 동네를 영역화하고 그것을 친근하게 칭하는 구어적 표현으로 사용하곤 한다.

** 베일리 양은 여성이지만 옮긴이는 "그녀"라는 부자연스러운 우리말을 굳이 사용하지 않고 성별 구분 없이 3인칭을 모두 "그"로 번역했다. 필요한 경우 문맥이 가리키는 대상을 대명사 대신 이름으로 명시했다(참고로, 벌랜트의 원문은 성별 구분 없이 일반적인 사람을 칭할 경우 전통적인 he, his 대신에 여성형 대명사 she, her를 사용한다).

일리 양이 언제나 주변에 있다가 갑자기 없어지기 때문이다. 쿠터와 로프티스는 아마 그가 죽었나 보다 생각하며, 남들보다 먼저 한몫 챙기기로 작정한다.

이런 행동, 남의 물건을 뒤져서 챙기는 행위는 쿠터가 늘 하던 일은 아니지만, 그가 세계와 맺어 온 근본적인 관계에 어긋나는 짓도 아니다. 형과 비교되며 그는 늘 실패자로 낙인찍혔다. "엄마는 말하곤 했어. 내가 아니라 로프티스가 출세할 거라고 …… 로프티스 형은 듀세이블 고등학교를 5등으로 졸업했고, 일자리가 두 개나 되고, 아빠처럼, 때때로 엄마가 낮에 일하러 가던 동네 하이드 파크에서 백인들이 갖고 사는 물건들을 갖고 싶어 했지." 작품 속 이야기의 시점에서 이 청년들은 부모를 여읜 상태다. 아빠는 과로 때문에, 엄마는 "프리지데어 냉장고®만큼 비대"했기 때문에 사망했다.[25] 그것을 보고 자란 쿠터는 아메리칸드림이라는 파도에 편승할 생각을 하지 않는다. 그의 기억 속에서 부모는 "푼돈이나 벌려고 — 비루한 죽 한 그릇 얻어먹으려고 — 스스로를 죽게 만든" 것이고, 그는 "내가 원하는 걸 다 갖지 못했지만 어쩌면, 말이지, 내가 평생 가질 수 있는 건 지금껏 가진 게 다인가 보다 생각하게 돼"라고 말하면서 환상이라는 측면적[엇나가는] 쾌락으로 삶을 직조한다(29-30).[26] "나는 일자리에 붙어 있을 수가 없고 집에 가까이 있어야 돼. 텔레비전을 보거나 『세계 최고』 만화책을 보거나 어쩌면 시체 놀이나 하며 누워서, 음악을 듣고, 벽지의 젖은 얼룩에서 사람 얼굴이나 외국 풍경이 보인다고 상상하면서"(29).

●　프리지데어는 가전제품 회사명.

1970년대에 『세계 최고』 시리즈*에서는 배트맨과 슈퍼맨이 짝을 지어 한 팀으로 범죄에 맞서 싸운다. 그러나 쿠터의 환상들은 [이 만화를] 모방하지 않는다 — 그의 환상들은 그가 스스로 어떤 환경을 만들어 내고 요행을 바라며 수동적으로 그 환경에서 살아가는 방식인데, 그가 환상으로 만들어 낸 환경에서 애착심은 초월적인 일단의 약속들을 낙관적으로 가리키는 것이 아니라, 견딜 수 있는 다른 무언가를, 닥쳐올 상실뿐만 아니라 불가피하게 방금 발생한 상실도 막아 내는 무언가를 향할 뿐이다. 쿠터에게 환상은 계획이 아니다. 어떻게 살지도 전혀 가늠해 주지 않는다. 환상은 그에게 살아가는 행위이며, 착취와 교환의 체제 안에서 성공하려고 애쓰지 않으면서 시간을 보내는 방식이다. 그가 사는 세계의 정치경제에서 착취와 교환 체제는 휴식이나 낭비가 아니라 더딘 죽음을, 즉 자본이 가치를 결정하는 상황에 주체가 마모되는 과정을 생산한다. 이 이야기 속 더딘 죽음의 장면에서 노동자의 몸은 지연된 쾌락에 [제물처럼] 바쳐지지만, 쿠터 부모의 숙명이 보여 주듯이 계급 구조의 바닥에 있는 사람들이 그 쾌락을 누릴 수 있을 만큼 오래 살기는 어려울 것이다.[27]

이와 대조적으로 로프티스가 환상과 맺는 관계는 리얼리즘적이다. 부모에게서 삶에 대한 낙관을 물려받은 그에게는 야망이 있다. 하지만 그의 전략은 철저히 형식적이다. 그는 "흑인 지형 도서관"**에서 흑인 민

---

* 『세계 최고』(*World's Finest*)는 1941년부터 1986년까지 디씨코믹스(DC Comics)에서 발행한 만화책 시리즈이다.

** 흑인 지형 도서관(Black People's Topographical Library)이 시카고 지역에

족주의자들의 강의를 듣고 잡지 『에스콰이어』와 『흑인 학자』*를 읽으며 저렴한 자기 옷에 고급 상표를 꿰매 붙인다.[28] 그에게 중요한 것은 출세이고, 그 수단이 권력이든 노동이든 "사기"든 상관없다(29). 의욕이 없는 몽상가 동생 쿠터를 그는 퍽 못마땅하게 여긴다. 그럼에도 그들은 함께 일을 벌이기로 마음먹는다.

베일리 양의 아파트는 암흑천지이고 분변 냄새가 진동한다. 신문 『시카고 디펜더』에서 오려 낸 기사 조각이 쓰레기 더미에서 발견되는 바람에, 베일리 양의 전 고용주 헨리 코너스가 베일리 양에게 전 재산을 물려주었다는 것, 베일리 양이 지난 세월 동안 쓰레기를 줍고 이상한 짓을 했던 것은 엄청난 부를 숨기기 위한 위장이었음이 드러난다. 어둠 속에서는 이 모든 것이 말이 되는 이야기다. 그러나 불이 켜지자 쿠터가 말한다. "불빛 속에서 형상들이 다가오고, 나는 한순간 내가 공간 이동을 했나 생각했어"(30). 이 순간 쿠터는 일종의 답보 상태에 진입한다. 즉, 낯선 형상들을 상상해 내는 그의 재능이 그 자신의 삶에도 적용되고, 그의 삶은 더 이상 그의 것이 아니다.

온갖 액수의 달러 지폐들, 제너럴모터스와 걸프 정유사, 3M 사의 증권 무더기가 낡은 '흰부엉이' 표 궐련상자나 찌그러진 핸드백들에 담긴 채로, 또 분홍

실존하는 기관인지는 분명하지 않지만, 흑인 역사와 관련되는 특정 지형의 문화나 예술적 특성에 대한 자료와 연구 결과를 소장한 도서관으로 추정할 수 있다.

- 『흑인 학자』(*The Black Scholar*)는 1969년에 창간된 유서 깊은 잡지이다. 아프리카계 미국인들의 폭넓은 학술적, 문화적 교류를 위해 그 대상과 저자를 학계로 한정하지 않았으며 다양한 주제와 저자들의 글을 실었다.

색 고무 밴드로 묶인 채로, 먼지를 망처럼 뒤집어쓴 베일리 양의 거실에 가득했어. …… 마치 세계 속의 또 다른 세계처럼 모든 게, 진짜야, 그림책에 나오는 풍요의 장면 같아서 그냥 이 안에 처박혀서 영원히 눌러앉아도 될 지경이었지. 로프티스랑 나는 갑자기 가쁜 숨을 쉬었어. 뜯지도 않은 잭 다니엘 위스키 상자가 몇 개나 되고, 시멘트로 바닥에 붙인 금고가 세 개, 종이 성냥이 수백 개, 입지도 않은 옷가지, 연료를 태우는 난로, 결혼반지가 수십 개, 쓰레기, 제2차 세계대전 때 잡지들, 정어리 통조림 100개들이 한 상자, 밍크 망토, 오래된 넝마들, 새장 하나, 1달러짜리 은화가 한 양동이, 책이 수천 권, 그림도 몇 개 있고, 25센트 동전으로 가득 찬 잎담배 깡통 몇 개, 피아노가 두 개, 1센트 동전으로 꽉 찬 유리병들에, 백파이프 한 세트에, 거의 완벽한 형태를 갖추고 녹으로 얼룩진 모델 A 포드 자동차가 한 대 있었고, 내가 맹세해. 죽은 나무도 한 그루가 세 토막 난 채로 있었어(30-31).

물건만이 아니라 세부를 이렇게 한꺼번에 묘사한 것을 어떻게 이해할 것인가? "나무는 정상이 아니라구"(31). [이처럼] 쿠퍼는 말로 보이는 반응에서 역사가가 아니라 도덕론자가 된다. 하지만 내가 보기에 작품의 주된 사건, 잠재적 변화의 장면은 신체적인 것이다. 변화는 무언가를 이해하기 전에 몸이 체험하는 타격으로, 그 자체로서 유의미하고 말솜씨와 무관하며, 일종의 분위기를 자아내는 것이다. 그래서 작품의 나머지 부분에서 그들은 그 분위기를 따라잡으려 하면서 이후의 삶을 살게된다. 복권에 당첨되는 것처럼 그들은 일해서 번 게 아닌 돈으로 돈벼락을 맞은 셈이다. 소유물을 소유하게 된 일에 소유당한[사로잡힌] 채, 그들은 충격을 받아 어떤 무감각 상태에 빠진다. 역사의 필연성 속의 이 균열이 쿠터에게 현기증을 느끼게 한다 ― "무릎이 후들거렸어. 그리고 난

할리우드식으로 기절했지"(32). 로프티스는 "좀 숨을 몰아쉬고" "생전 처음으로 …… 다음에 뭘 해야 할지 모르는 것처럼 보였어"(31). 그들의 몸이 멈춰 버리는 것이다.

그러나 부가 역사를 바꾼다면, 부는 또한 역사를 겨우 상상할 수 있는 가능성의 영역이나 나쁘게 상상된 가능성의 영역이 아닌 다른 것으로 만들 수도 있다. 로프티스는 광기 어린 이성을 되찾고 아드레날린 넘치는 그들의 흥분 상태에 제동을 건다. 그는 쿠터에게 모든 걸 목록으로 정리하게 만든다. 마침내,

그 괴팍한 늙은 멍청이가 쟁여 둔 것은 다 합쳐서 현금 87만9543달러, 통장 32개(어떤 건 잔고가 5달러더라)였는데, 나로선, 꿈인지 뭔지 알 수가 없었지만, 갑자기 이런 느낌이 확 밀려왔어. 우리가 그 아파트를 일단 나가고 나자 로프티스와 내가 가졌던 미래에 대한 두려움이 전부 사라진다는 느낌말이야. 왜냐하면 베일리 양의 재산은 과거였는데 — 마치 호리병 속에 갇힌 요정 같은 그 헨리 코너스라는 양반의 힘 말이야 — 우리가 우려먹을 수 있는 과거였고, 또 그건 미래, 순전한 잠재력이기도 했으니까. 할 수 있다는 것 말야. 로프티스가 얘기하기 시작했어. 우리가 집까지 밀고 간 그 피아노가 청구서 1000장과 맞먹는 거라고, 말하자면, 좀 안 좋은 TEAC A-3340 카세트 녹음기랑 맞먹는 것이고, 또 뷰익 일렉트라 한 대의 계약금에 맞먹는다고. 그 가치가 (로프티스 말로는) 보편적 가치의 기준이고 상대적인 거라서 숫자로는 비현실적인 거라고. 그래서 그 카세트 녹음기가 마술처럼 금색 라메*로 지은 옷

---

* 금실, 은실 따위의 금속 실을 날실로 하고 면사, 인견사 따위를 씨실로 한 주자

두 벌이 될 수도 있고, 티후아나 여행이 될 수도 있고, 아니면 창녀한테 오럴 섹스를 스물다섯 번 받을 수도 있는 거야 — 우리가 87만9543달러어치 소원을 이룰 수 있게 됐다구. 너 이게 감당이 되니. 베일리 양의 물건은 가공하지 않은 에너지였고, 로프티스랑 나는 마법사처럼 베일리 양의 물건을 마음대로 무엇으로든 변하게 만들 수 있었어. 그냥 뭘로 바꿀지를 우리가 정하기만 하면 되는 것 같더라(34-35).

물건들 주변에 주렁주렁 매달려 있는 약속들에 눈을 뜬 쿠터의 감각은 진실로 이론가가 된 것이다. 교환가치는 물건의 가격과 동일한 것이 아니라 그 물건을 다른 무엇으로 교환할 수 있는지의 측정값이다. 마치 그 매개 과정에 돈이 개입하지 않은 것과도 같다. 외투를 주고 피아노를, 돈을 주고 삶을 받는 식으로.

이 충격적인 풍요의 장면에서 삶의 의미, 삶의 재생산, 그리고 교환 자체의 조건이 변한다. 로프티스는 매우 과묵해진다. 쿠터는 돈 한 다발을 들고 시내로 돈을 쓰러 간다. 그런데 겨우 몇 마일 떨어진 곳인데도 시카고 시내가 쿠터에겐 다른 나라 같다. 그는 그곳의 경제 언어를 구사할 줄 모른다. 이론은 고사하고 실천에서도 그는 돈을 가지고 어떻게 해야 할지 전혀 모르고, 소속감을 느낄 수 있는 특권을 이미 누리고 있는 게 아니라면 돈이 소속감을 느끼게 해줄 수는 없다는 걸 곧바로 구역질이 날 만큼 깨닫는다. 엉망으로 만든 흉한 옷을 비싸게 사지만 그 옷 때문에 즉시 창피해진다. 속이 뒤집힐 때까지 고기를 먹는다. 어디든 택시

직 직물. 장식용 의복, 장신구, 신발 따위에 쓴다.

를 타고 간다. 집에 와 보니 형은 정신이 나가 버린 모양이다. 로프티스가 돈을 잘 지키려고 정교한 부비트랩과 금고실을 만든 것이다. 그는 돈을 썼다고 쿠터에게 고함을 친다. 축재, 즉 무조건 쟁여 두는 데서만 힘이 나오는 것이기 때문이다. 로프티스가 말한다. "뭔가를 사면 바로 그 순간에 뭔가를 살 수 있는 힘을 잃어버리는 거야"(36). 그는 베일리 양의 운명을 피해 가지 못하는데, 그는 "이번 생에서 우리한테 돌아온 얼마 안 되는 몫을 다 써버리고 나면 어떡하나 싶은 흑인 특유의 두려움에 시달린다"(37). 상속 때문에 "[베일리 양]이 변화를 겪게 돼서, 주술에 걸리고 삶의 약속에 홀리고 고갈이 두려워서 공황 상태에 놓이고 과거에 갇히게 된 거였어. 그게 뭐든지 말이야, 뭘 산다는 것 자체가 잘못된 구매일 수밖에 없어. 삶을 잃어버리는 거라구"(37-38).

존슨이 얼마나 자주 "삶"이라는 말로 회귀하는지를 보라. 밑바닥에 있는 사람이 어떤 식으로든 겨우 궁리해 낸 환상적 실천으로 [삶을] 한없이 견딜 수 있다는 미몽이 없어져 버린 "삶"을 살아 낼 수 있을까? 그들은 방어기제와 욕망 사이의 오랜 거래에서 얼마나 빨리 벗어날 수 있으며, 체감할 수 있는 위안을 제공하지 못하는 규율로 이루어진 체제에 얼마나 빨리 적응할 수 있을까? 「교환가치」는 두 종류의 잔인한 낙관이 서로 근접해 있음을 입증한다. 우선 한 가지는, 문화적·경제적 자본이 거의 없는 채로 백인 우월주의 권력 규범으로 인한 인종적 권리 박탈의 역사를 등에 진 채 죽을 때까지 일만 하거나, 타성에 젖어 비존재로 살아가는 것이다. 그게 아니면 다른 하나는 자본을 안정장치로 삼아 죽음에 맞서서 물건을 쟁여 두면서 죽을 때까지 삶을 미루는 것이다. 쿠터가 [여기서는] 리얼리스트다. 그는 출구가 없다는 것을, 이제 죽음과 관계 맺고 있지 않은 양 살 수는 없다는 것을 안다. 죽음에 선행하는 모든 잠재적 상실 안에 죽음이 드리워져 있다.

이 이야기는 빈곤이 너무나 극심해서 부를 손에 넣어도 도리어 불안만 강화되는 맥락에서 살아남는다는 것의 초현실성을 탁월한 섬세함으로 다룬다. 자본을 중심으로 나뉜 양편 모두에서 인간의 창의성, 에너지, 행위 주체성은 모두 거래하기, 전략 짜기와 결부돼 있다. 그 시작은 어머니가 싱크대 앞에서 두 아들 가운데 누가 체제 속 돈벌이에 재능이 있는지를 예견하는 모습이다. 부모는 쿠터가 신랄하게 "푼돈"으로 치부하는 돈을 긁어모으느라 고생만 하다가 아이들이 성년이 되기 전에 사망한다. 쿠터는 환상에 빠지는 능력과 수동성을 유지하는 삶을 선택하고, 로프티스는 다양한 스타일로 신분 상승을 추구하는 가운데서 무無도덕적으로 살아간다. 더 잃을 것도 없이 읍소, 공유, 은신의 경제 속에서 살아가면서 기회가 된다면 뭔가 차지하려 하는 그들은 모두 뜻밖의 횡재 앞에서 최하층민의 임기응변적 기회주의를 드러낸다(29).

그러나 이 청년들이 꾀하는 상속이 그들에게 감각의 단절을 초래한다. [상속] 이전에 그들이 보였던 낙관의 양상이 공동체와 임시적 시간을 포함하는 것이어서 어떤 방식으로 살아가기를 택하든 간에 어딘가에 존재하면서 사람들과 알고 지내는 것을 의미했던 반면에, [상속] 이후에 나타나는 낙관의 양상은 은밀한 사생활, 축적, 순전한 잠재성 그 자체를 강제하다시피 한다. 물려받은 재산은 원칙상 낙관을 약속하는 약속, 약속을 약속해 주는 것이 되어, 그 두 청년을 위험부담 없이 사는 삶에 결부시키기도 하지만, 이와 동시에 충만에 근접했으나 즐거움은 없는 상태에 묶어 두기도 한다. 로프티스에게 그 재산은 하루하루 살아 내는 스트레스로부터 얻을 수 있는 재미를 파괴하는데, 이는 잃을 수 있는 것의 규모가 너무나 거대해졌기 때문이다. 쿠터는 더욱 수동적이어서, 형이 만들어 놓은 토굴 같은 집안으로 몸을 숙이고 들어간다. 그는 그런 사람이기 때문이다. 공간을 만들어 내기보다는 활용 가능한 공간들에서 어슬렁대는 사람인 것이다.

이와 동시에, 두 형제가 계략을 꾸미느라고 다만 미미하게라도 삶에 참여하다가 결국 물러나는 것은 자본 논리의 또 다른 측면*을 모사한다. 우리가 보았듯이, 부모가 가졌던 미래지향적 삶-구축의 원칙, 몸과 마음이 올바른 사람들이 '애들이 고생 안 하게 내가 고생하겠다'는 심리로 지키는 규율을 물려받은 그들은 언제나 잔인한 낙관과 그것이 연루하는 더딘 죽음의 주체들이었다. 이제, 삶의 구축과 삶의 소비가 이런 관계에 있을 때 그들은 소진을 향하는 신세대의 지향성을 드러낸다. 타성으로 살던 삶에서 사기 행각에 이르기까지 그들이 보여 주는 존재의 스타일은, 점잖지 못한 초법적인 것에서부터 좋은 의미에서 기업가적 야심으로 보일 수 있는 것에 이르기까지 다양하다. 하지만 이 마지막 논리에서 「교환가치」의 자본주의적 감수성은 광적인 것으로 판명된다. 이성 자체가 광적인 것이니 말이다. 자본주의적 감수성은 단지 광적으로 집요하고, 광적으로 충동적이고, 광적으로 형식적이고, 광적으로 습관화되었을 뿐만 아니라, 여러 구조적 모순을 유지하는 행위로 인해 광적이다.

이런 세계에서 단독성과 주체의 대면은 가장 두려운 것이다. 단독성은 어떤 개념, 사물, 재산으로 전이시킬 수 없는 주권성의 일부이다. 자본주의하에서 돈은 권력이고, 잉여의 돈이 있기만 하다면 주권성은 무

---

* 자본을 추동하는 합리성의 광기, 즉 자본에 대한 욕망, 집착이 삶을 가능하게 해야 하지만 결국 주체의 마모를 초래한다는 측면을 가리킨다.

한해지지만, 또한 견딜 수 없이 무거운 것이 된다. 교환가치는 동종의 뭔가를 돌려주는 타인에게 가치를 이양하는 동안 주체를 변화시키는 것으로 여겨졌다. 교환의 공간은 숨 돌릴 공간[휴식의 장]을 만들어 내고, 숨 돌릴 공간은 자본주의적 주체가 그의 모든 야망 속에서 얻고 싶어 하는 것 — 애쉬베리의 시에 그려지는 좋은 삶 — 이다. 그러나 물건들에 뿌리 내린 욕망의 교환에서 주로 돌아오는 것은 실망스럽게도 욕망의 실현이 아니라, 그저 짤막한 에피소드 그리고 기억의 기념물인 물건뿐이다. 「교환가치」에서 특히 돈이라는 형식은 물건이 등가적으로 상호 교환될 수 있다는 개념이 신기루임을 드러낸다. 그것이 드러나자 두 형제에게는, 그 이전에 베일리 양에게 그러했듯이, 신용credit을 애정의 경제와 합병하여 사람들이 특정한 종류의 낙관에 계속 애착하게 하던 세계에 대한 신뢰trust의 토대 전체가 파괴된다.

소비는 대리물을 통해 만족을 약속하면서도 만족을 주지 않는데, 그것은 자본주의 체제 아래 살아 있다는 것의 의미인 불만족 상태가 지속되는 가운데, 즉 욕망의 답보 상태 안에서, 모든 사물이 그저 잠시 쉬어 가는 정거장일 따름이기 때문이다. 그렇다면 축적이 무언가에 대한 해답으로 여겨질 수 있다. 축적[쟁여 두기]은 순전한 잠재력을 가지는 끝없는 현재를 향유할 수 있게 하면서, 가치가 해주는 약속이 소진되지 않도록 통제한다. 그러다가 작품의 결말은 두 주인공을 뒤흔들어 망연자실 마비시키는 구조적 모순을 형상화한다. 자본주의하에서, 순환[유통]된다는 것은 삶 속에 존재함을 가리키는 반면, 소진 불가능할 정도로 축장해 둔 물건 더미 속에서 살아가는 것은 환상 속에 존재함을 가리킨다. 이 환상은 그 자체로 위협적인 실재에 대항하는 축장의 창고이고, 그러므로 더 나은 갈망의 리얼리즘처럼 보인다. 하지만 환상에서, 우리는 소진 불가능한 비관계성 안에서 단독적 주권성을 감당해야 한다. 그래서 수량화할 수 없는 잉여의 돈 — 모든 자본주의적 주체는 누구나 이런 돈을 원할 것이라고 생각한다 — 은 이 형제를 걸어 다니는 모순 덩어리로, 즉 모두가 원하는 것을 가졌으면서도, 상상할 수 있는 온 세상의 환상을 포화시켰던 욕구가 결핍되어 있음을 드러내는 존재로 만드는 것이다. 주권성이란 이상적이긴 하지만 악몽 같은 부담, 정신병적 외로움이며, 그저 오염된 것이기 때문이다.

　이것은 잔인한 낙관의 대상이 여기서 임의의 대상 내부에 있는 무언가로 보인다는 의미로, 우리가 주권성의 환상을 안전하게 지키기 위해 그 환상을 임의의 대상에 이입하기 때문이다. 잔인한 낙관에서 주체나 공동체는 소중한 애착심을 금고에 보관해야 할 보물로 만들고, 이것이 주권성을 분산시킴으로써, 곧 [그것이 주는] 관계적·일반적·호혜적·누적적 느낌의 에너지를 통해서 주권을 견딜 수 있도록 해준다. 순환[유통] 속에서 우리는 일상적인 방식으로, 종종 기분 좋게, 행복해진다. 세계 속 존재로서 느끼는 무게가 공간, 시간, 소음, 그리도 다른 존재들에게 분산되기 때문이다. 하지만 주권성이 우리 손에 다시 주어지면 그전까지 분산되었던 주권성의 무게가 분명해지고, 주체는 주권성의 막대함을 도착적으로 모방하는 가운데서 정체되고 만다. 잔인한 낙관의 관계에서 우리의 활동은, 일종의 수동성에 이르기 위한 통로라는 것, 과도한 살아 있음에 대한 반응으로, 타성으로 살아가는 지각력을 유지할 수 있게 하는 형식을 찾으려는 욕망의 증거라는 것이 밝혀진다.

4. 배움의 약속

미국 내 자본주의적 불평등에 뿌리박힌 인종 문제를 다루는 경우에도 낙관은 우리가 교환을 통해 인정받을 수 있다는 생각과 관련이 있다. 하지만 우리는 항상 질문해야 한다. 무엇에 대한 인정이란 말인가? 우리 자신의 이상화에 대한 인정인가, 우리가 양면적인 스타일을 가졌다는 인정인가? 텐더 비츠 요리를 잘 한다는 인정?* 아니면 인정이라는 사건 자체에 대한 갈망? 애쉬베리의 시에서 인정의 교환가치는 그를 익숙한 것들의 반복인 개인성에서 벗어나게 만든다. 그것은 좋은 의미에서 순전한 잠재성이고, 삶을 일구는 일인 양 행해지는 혼란스런 행위들이 실은 답보 상태라는 것을, 그리고 그 답보 상태가 더 느린 또 다른 답보 상태에 의해 추월되고 치환되고 있음을 깨닫는 달콤한 경험을 하게 한다. 이 또 다른 답보 상태 속에서 그는 방어적인 태도를 취하지 않고 소리가 다가오는 것처럼 누군가 혹은 무언가 다가오게 두면서 어슬렁거리는 것이다. 「교환가치」의 결말에서 여전히 소년티를 벗지 못하는 주인공들에게는, 낙관에 결부된 정동이 콧노래(허밍)가 아니라 공황 또는 무감각이다. 방어기제로서 이런 식으로 진동하는 유사-마비 증상은 베일리 양이 사망 직전까지 근근이 살아가던 방식과 같은 부류이긴 하지만, 가치에 대한 환상을 가지고 그 아래를 떠돌던 이전의 스타일은 금전적 낙관이 잔인하게 만들어 내는 박살난 존재의 토굴에 비하면 유토피

* 텐더 비츠(tender bits)는 곡물로 만든 식물성 단백질로, 고기 대용으로 요리에 쓰인다.

아적으로 보인다.

　하나의 역사를 이루는 습관들이 재생산되지 않을 수 있다는 가능성을 보여 주는 이 낙관의 순간들이 압도적으로 부정적인 힘을 발휘한다는 것은 주목할 만하다. 그런 효과들을 트라우마적 장면들에서 예측할 수는 있겠지만, 낙관적 사건이 그와 같은 잠재적 결과로 이어진다고 우리는 통상 생각하지 않는다. 뭔가를 약속하는 새로운 대상/장면에 가까워지면 존재가 혁명적으로 고양될 수 있다는 관습적 환상이 예견하는 내용은, 결국 사람이든 집단이든 애매한 말로 포장된 전망을 바라보며 이 에피소드에서 저 에피소드로 파도 타듯 떠다니는 것을 더 좋아할지도 모른다는 이야기는 아닌 것이다. 그럼에도 트라우마와 낙관 어느 쪽에서도 얼마간 추상화된 관점에서 보면, 자기 와해라는 감각적 경험, 근원적으로 다시 형성된 의식, 새로운 감각중추, 서사의 단절은 다 비슷해 보일 수 있다. 와해에 직면해서 주체가 안정을 부여하는 형식에 매달리는 것 역시 고전적인 보상 심리로 보인다. 예측 가능성을 의미하는 여러 습관의 형성이 감정의 형태를 전적으로 잃어버리는 데에 맞서는 방어기제가 되는 것이다.

　나는 자본주의 문화에서 정체성과 욕망이 감각적으로 경험되고 표명되는 여러 구체적 방식이 우리의 직관과는 너무나 반대로 중첩된다고 주장했다. 그러나 지금까지 논의한 내용을 누구든 자본의 낙관적 가치 구조와 주관적으로 상호작용하면 잔인한 낙관 그 자체에 수반하는 골치 아픈 상황이 생겨난다는 주장으로 읽는다면 그것은 환원적인 독서가 될 것이다. 사람들이 삶을 구축하는 행위로 인해 지치는 것은 사실이다. 가난한 사람들과 비규범적인 사람들이 특히 그렇다. 하지만 삶은 단독적인 것이다. 사람들은 실수도 하고 비일관적이며 잔인하기도 하고 친절하기도 하다. 사고도 발생한다. 이 글이 아카이브로 삼아 주목한 작품들은 단독성을 의도적으로 다시 매개해 보편적이지는 않으면서도 일반적인 추상성의 사례로 만들어 내는 작품들로서, 애착심이 결국 소유가 아니라 약속일 뿐이라는 전제하에, 사람들이 어떻게 x 되기와 x 갖기에 대한 애착이라는 희미한 불빛을 식별하고 관리하고 유지하는 법을 학습하는지에 대한 시나리오를 서사로 제공한다. 제프 라이먼의 역사소설 『워즈』는 규범성의 끈질긴 카리스마를 추적하는 또 다른 시나리오를 제시한다. 캔자스 주 농촌 지역과 대중문화 산업을 관통하면서 환상 만들기라는 매우 주관적인 활동을 직조해 내는 『워즈』는 『오즈의 마법사』와 네 번의 조우를 이용해, 사람들이 존재가 와해될까 두려워 물건들을 쌓아 두면서도 애착심이 유발하는 변화를 경험하면서 그 축장물 더미를 무너뜨리려 애쓰게 되는 과정을 서술한다. 이 과정에서 애착이 발휘하는 효과는 무섭고도 신나는 것, 삶을 가치 있게 만드는 유일한 것이지만 존재 자체에 대한 위협이기도 하다. 『워즈』는 잔인한 낙관의 일종의 한계적 사례를 보여 준다. 저절로 전개되는 흥분 상태 속에서 트라우마와 낙관의 정동적 지속을 추구하는 모습이 희극적이거나 비극적이거나 멜로드라마적이지 않고 — 메타 형식적이기 때문이다. 예쁜 물건들에 대한 몰입부터 광적인 망상까지 아우르는 여러 에피소드에서 자아 상실에 천착하는 이 작품은 방어기제로서의 장르에 대해서 사유한다. 『워즈』는 일상의 폭력적 역사가 초래하는 마모에 맞서 삶을 지탱하는 방어기제로서 환상의 유효성을 인정한다.

우리가 살핀 다른 예들처럼 이 소설에서도 규범성의 정동적 감성은 세상이 우리를 조심스레 다루어야 한다는 느낌, 우리가 실망의 노동과 노동의 실망에 상처받고 지치지 않으면서 타인, 친지와 행복하게 살아야 한다는 느낌으로 표현된다. 그렇지만 여기서는 우리가 대상/장면 안에서 그처럼 견뎌 낼 수 있다는 증거가 짝짓기, 연애 플롯, 가족, 명성, 일, 부 혹은 부동산이라는 형식 속에 자리 잡고 있지 않다. 그런 것들은 바로 잔인한 낙관의 터전, 주체의 잘 살기를 분명히 방해하는 관습적 욕망의 장면들이다. 대신에 이 소설은 일상적 세계 안에서 트라우마뿐만 아니라 낙관의 폭력성을 견디는 문제의 해법으로 집단적 환상과 역사에 포화되는 과정을 두 단계 제시한다. 작품은 낯선 친밀성을 폭넓게 포용함으로써 단독성에서 일반성으로 나아가는 것이 잘 살기를 위한 최선의 자산이라고 보지만, 그런 조우마저도 적어도 한 가지 사례에서는 주체를 위협한다. 그 주체는 이미 나쁜 삶을 살아 내기 위한 노동으로 소진되어 어떤 의미에서 남은 것이라곤 방어기제뿐이다.

『워즈』가 구성하는 트라우마 이후의 드라마는 결국 [작중 인물] 빌 데이비슨의 지배적인 의식을 통해 통합된다. 정신의료 분야 노동자인 그는 중서부 출신 백인 양성애자이며, 그가 이전에 개인적으로 트라우마를 살짝 겪을 뻔했던 경우라고는 약혼녀에 대한 양가적 감정이 유일하지만, 직업적으로 환자들과 함께 답보 상태를 들여다보고 또 그들의 답보 상태를 자신에게 이입시키는 능력 때문에 그는 소설 속에서 낙관적 잉여, 귀중한 증인이 된다. 처음 서술되는 트라우마는 실제 도로시 게일에 관한 것이다.* 도로시의 성 게일을 [원작의 Gale이 아니라] Gael

---

* 제프 라이먼의 『워즈』는 잘 알려진 주디 갈런드 주연의 영화 <오즈의 마법사> 그리고 영화의 원작인 L. 프랭크 봄(L. Frank Baum)의 1900년 소설 『오즈의 마법사』(*The Wonderful Wizard of Oz*)를 상호 텍스트적 바탕으로 삼는다. 도로시 게일(Dorothy Gale)은 소설 『오즈의 마법사』의 주인공이다.

이라고 한 이유의 일부는, 내가 상상하기에, 강풍에 오즈로 날아간 그 소녀에서 감옥에 갇힌 사람을 연상시키기 위해서,* 또 역사소설의 고향 스코틀랜드의 게일어 사용 지역을 연상시키기 위해서일 것이다. 역사소설이라는 장르의 정동적·정치적 관습이 라이먼의 경험과 기억에 대한 생각을 명시적으로 형상화하는데, 라이먼이 고찰하는 여러 경험과 기억의 흔적은 캔자스, 캐나다, 미국 전역에 퍼져 있는 아카이브에, 풍경에, [누군가의] 몸에 남아 있다. 쿠터와 마찬가지로. 이 소설의 도로시 게일 역시 희망 없이 역사 속에 뿌리내리고 있는 자신의 장면에서 생존해 내기 위해서 긁어모을 수 있는 모든 환상을 다 이용한다. 하지만 도로시의 방식은 애매하게 떠도는 것이 아니라 강렬하게 떠도는 것이며, 도로시는 꿈, 환상, 은밀한 연극, 정신질환적 투사, 공격적 침묵, 거짓말하기, 소란스럽게 남을 괴롭히거나 솔직히 진실을 말하기 등 다양한 장르를 창작해서 활용한다. 부모에게 버림받은 후 삼촌 헨리 걸치에게 성폭행당하고 모욕 받은 도로시, 거구에 뚱뚱하고 말주변이 없어 아이들에게 따돌림 당하는 도로시에게 그런 창의성은 트라우마 이후 소음의 방어벽을 형성한다.『워즈』의 2부는 [영화배우] 주디 갈런드가 어린이 프랜시스 검[주디 갈런드의 본명]이던 시절의 이야기다.『오즈의 마법사』촬영장에서 프랜시스 검은 모호하게 성애화된 사랑스러운 대상 도로시 게일 역을 연기한다. 어린이 노릇을 계속하려고 가슴을 단단히 동여맨 채로 연기하는 도로시는 그래서 자신의 어린 시절을 도둑맞는 셈이다. 어린 시절을

• 감옥을 뜻하는 영어 표현 중에는 gaol이라는 단어도 있으므로 도로시의 이름 Gael이 감옥을 연상시킬 수 있다.

빼앗긴 것은 성폭행 때문이라기보다도, 돈과 명예(검의 어머니의 경우)와 섹스(어린 소년들을 탐했던 검의 아버지의 경우)를 위해서 아이들을 통한 대리 만족의 환상 속에 갇혀 살아가는 그의 부모 탓이다. 『워즈』의 세 번째 이야기는 할리우드의 단역배우 게이 남자 조너선이라는 허구적 인물에 대한 이야기다. 그는 <어린이 지킴이>라는 제목의 연쇄 살인범 영화에 괴물로 나오는 바람에 알려지게 된 사람이다. 이야기의 시작 부분에서 그는 에이즈 합병증으로 치매증이 생기는 즈음에 『오즈의 마법사』 순회공연단에서 배역을 받는다. 이 이야기들은 모두 낙관의 잔인함에 대한 것이며, 낙관의 잔인함은 자기 삶의 물질적 조건을 통제할 수 없는 사람들에게서 드러난다. 또 그런 사람들이 환상과 맺고 있는 관계 때문에 환상과 리얼리즘 사이를 오락가락하다가, 라이먼에 따르면, 사람도 국가도 파괴된다. 이 책 전체에서 낙관으로 인해 가능 혹은 불가능해지는 단독적 행위를 전부 충분히 설명할 수는 없다. 그 대신 이 책 전체를 가능하게 하는 장면 하나에 집중하고자 한다. 이 장면에서 도로시 게일은 캔자스 시골의 초등학교에서 프랭크 봄이라는 대리 교사를 만나게 된다.●

라이먼은 이렇게 쓴다. "아이들은 그 대리 교사가 진짜 선생님이 아니라는 걸 알고 있었다. 그가 너무 온화했기 때문에."[29] "대리"substitute라는 말은 "계승"succeed이라는 말에서 나온 것이며, 바꾼다는 사실이 수반하는 가능성의 느낌이 단어 안에 깊숙이 자리 잡고 있다. 대리 교사는

● 위 90쪽 옮긴이 주에서 언급했듯이 프랭크 봄은 소설 『오즈의 마법사』의 원작자 이름이기도 하다.

[학생들에게] 낙관을 유발한다 — 그가 삶이나 학생들에 굴복하지 않았다면 말이다. 그는 새로운 애착심이 생길 수 있는 터전, 연극적이지 않은 가능성으로서 학생들의 삶에 진입한다. 그는 정의상 플레이스홀더, 일시적 유보의 공간이며, [복불복 같은] 요행이다. 그가 나타난 것은 개인적인 차원의 일이 아니다 — 즉, 그가 특정한 누굴 위해 거기 있는 것은 아니다. 그의 주변에서 발산된 정동의 양을 보면, 아이들이 덜 죽어지내고 덜 무감각하고 덜 중화된 채 습관에 덜 미쳐 지내기 위해서 발휘할 수 있는 동력이 얼마나 강렬한지를 알 수 있다. 하지만 그렇다고 해서 식상한 삶에서 뭐든 다른 삶으로 가는 전환점에 놓인 게 어떤 느낌일지, 또 그 느낌이 뭔가 좋은 것으로 이어질지는 알 수 없다.

물론 학생들은 종종 대리 교사에게 잔인하게 군다. 예측 불가능한 것에 대한 흥분 때문이기도 하고, 말 잘 듣게 하는 감정이입이나 두려움이 없기 때문이기도 하고, 또 심지어 인정받을 만한 일을 할 여유는 없어도 인정은 받고 싶다는 욕구 때문에도 그렇다. 하지만 이 대리 교사가 도로시에게는 특별한 존재다. 도로시의 부모처럼 그는 배우이다. 아이들에게 튀르키예어를 가르치고, 바로 지금 체험되는, 그리고 과거에 경험된 대안적 역사에 대해 이야기해 준다(171). 도로시가 프랭크 봄을 생각하면서 펼치는 환상의 나래는 서사적 방식이 아니라 순전한 즐거움과 방어기제의 혼합이다. "프랭크, 프랭크, 삼촌이 도로시에게 손을 대는 순간에"(169). 그리고 도로시는 "자신의 무가치함"을 자책한다(169). "당신이 얼마나 아름다운지, 내가 얼마나 못났는지, 당신이 나와는 얼마나 상관이 없는 사람인지" 알기 때문이다(174). 도로시는 그의 이름 프랭크를 계속해서 되뇐다. 그 이름엔 "[도로시]의 삶에 결여된 모든 것이 담겨 있는 듯했다"(169). 도로시는 그 대리 교사가 가까이 있음으로 인해 자기 삶으로부터 놓여나는 느낌을 가지게 되지만, 정작 그와 얼굴을 맞대면 그 느낌을 견디지 못한다. 그의 존중과 조건 없는 친절에 도로시는 발끈했다 풀어지기를 반복한다. 도로시는 애틋한 마음을 눌러 없애려고 수업을 방해하고 그를 놀리지만, 방을 나가서 무엇이든 좋으니 글을 좀 써보라는 그의 말을 순순히 따른다.

도로시가 써오는 글은 일종의 거짓말, 희망 사항이다. 도로시의 삼촌과 숙모는 도로시의 개 토토를 싫어했고 개에게 줄 음식도 없었기에 토토를 죽인 터였다. 하지만 도로시가 대리 교사에게 제출하는 스토리는 토토와 자기가 얼마나 행복한가를 이야기하는 대리 서사다. 그 글에는 그들이 어떻게 함께 뛰노는지, "모든 것을 향해 반갑다고 인사하는 것 마냥" 짖으며 뛰어다니는 토토가 얼마나 활발한지 묘사하는 문장들이 있다(174). 도로시의 무릎에 앉아 그의 손을 핥는 상상 속 토토는 코가 차갑고, 도로시의 무릎을 베고 잠이 들며, 숙모 엠이 토토에게 먹이라고 도로시에게 주는 음식을 받아먹는다. 그 글이 보여 주는 것은 성공한 삶이다. 그것은 도로시가 실제로 살고 있는 삶, "모두 서로 등을 맞대고 선 채로 목청껏 '사랑'을 외치지만 서로의 반대편으로, 잘못된 방향으로 외치는 것 같은" 삶이 아니라, 사랑이 순환되면서 공감을 확장하는 삶이다(221). 도로시가 겪어 본 모든 좋은 경험의 흔적이 그 글에 들어 있다. 글은 이렇게 마무리된다. "나는 강아지를 토토라고 부르지 않았다. 그건 엄마가 살아 있었을 때 강아지에게 지어 준 이름이다. 내 이름과 같다"(175).

토토, 도도, 도로시. 교사는 아이가 내면의 무언가를 열고 방어 태세를 풀었다는 것을 알게 되고, 동일시와 애착을 인정하는 아이의 용기에 감동한다. 하지만 그는 미메시스적으로 대응하는 오류를 범한다. 도로시가 다정하게 굴고 싶어 하는 것이라고 상상하며 바로 그런 다정한 태도로 도로시를 대하는 것이다. "'아주 기쁘구나.' 그가 속삭였다. '너에게 그 작은 강아지처럼 많이 사랑할 대상이 있다니'"(175). 이런 반응에 도로시는 분노해 봄을 모욕하고, 자기 삶의 온갖 진실을 다른 학생들 앞에서 공공연히 쏟아 낸다. 쉬지 않고 말한다. 성폭행을 당했다고, 항상 배고팠다고, 강아지가 죽임을 당했다고, 그리고 자기는 말주변이 없다고. "아무 말도 할 수 없다"는 말로 끝을 맺는다(176). 뭔가를 변화시키기 위해 자기가 할 수 있는 게 없다는 의미이다. 여기서 도로시는 퇴행해, 짖으면서 땅을 파는 행동을 한다. 스스로 작게 느끼는 만큼 작아지기 위해서, 또 어떤 의미에서는, 자기가 사랑했던 마지막 대상이 되기 위해서이다. 그리고 도로시는 미쳐버린다. 리얼리즘, 비극, 멜로드라마의 양상으로 상실을 성찰하는 능력도 팽개쳐 버리고, 집도 없이 떠돌면서 자기만의 환상의 세계에 산다. 마지막 남은 한 줌의 낙관을 지키기 위해 미치는 것이다.

　『워즈』에서 봄은 대안을 선물하려고 『오즈의 마법사』 이야기를 계속 써나간다. 물질적으로 자신의 삶을 변화시키기 위해 할 수 있는 게 없는 사람, 너무나 많은 일을 겪고 내면화하는 바람에 자신에게서 놓여나는 순간 생존을 위해 활용 가능했던 장르들에 영영 균열을 겪는 사람에게 대안을 선물하려는 것이다. 「소수 문학이란 무엇인가?」에서 들뢰즈와 가타리는 바로 그런 방식으로 소수가 되라고, 개나 두더지처럼 감각에 구멍을 파고 들어가 정상성으로부터 탈영토화하라고 권한다.[30] 이런 관점에서 보면, 내면적 이동의 공간은 답보 상태를 만들어 내면서 정상적 위계질서, 명확한 사실, 폭정, 순응을 자율적 개인성으로 혼동하는 일 등을 무너뜨린다. 애쉬베리의 시에서 이런 전략은 뭔가 약속해 주는 것처럼 보인다. 그러나 「교환가치」에서는 한순간의 해방이 낙관을 상실할 위험부담에 대한 정신질환적 방어 태세를 자아낸다. 『워즈』에서 도로시 게일에게는, 살아 있는 다른 존재를 향한 애착심 속 낙관이 그 자체로서 가장 잔인한 타격이다.

이런 작품들을 통해 우리는 잔인한 낙관에 자력처럼 끌리는 애착심에 대해 조금 더 알 수 있게 된다. 낙관의 대상은 모두 무언가의 지속, 무언가의 생존, 무언가의 잘 살기를 보장한다고 약속하는데, 무엇보다도 욕망을 지켜 주겠다고 약속한다. 대상이나 장면을 강력하게 만들어서 애착심을 이끌어 낸 바로 그 욕망을 보존한다는 것이다. 이런 근접성과 유사 교환의 관계들이 발생할 때의 희망 사항은, 대상이 목표에 이르지 못하고 실망을 안겨 줄지라도 진행 중인 삶의 재생산을 위협하지 않고 낙관의 구역이 조금 훼손된 채로라도 내구성을 유지할 수 있게 해주었으면 하는 것이다. 이런 낙관의 구역에서 희망 사항은, 낙관을 유지하는 노력이 세계를 관리하는 일 자체 때문에 무위로 돌아가지 않고, 좋은 삶이 지닌 약간의 달콤함과 가벼운 연애를 계속할 수 있게 해주었으면 하는 것이다. 하지만 세계 안에서 [욕망을] 투자할 만한 대상이 된 너무나 많은 규범적·단독적 대상들이 그 자체로 현재 진행성이라는 환상과 에너지에 다 위협이 된다. 달리 말해서, 사람/집단은 대상을 포기해야 할지도 모른다거나 삶을 변화시켜야 할 수도 있다는 잔인함을 날마다 대면할 뿐만 아니라, 아직 시험해 보거나 경험해 보지 않아서 위험부담이 있는 삶의 영역 안에 잠재하는 가능성과의 결속 관계, 환상이 맺어 준 그 결속 관계를 잃어버릴 수도 있다는 잔인함에 직면한다. 우리가 살펴본 텍스트들은 좋은 의미에서 삶이 달라질 수도 있었을 순간을 연출해 보인다. 그렇지만 마음의 실질적 변화, 감각적 전환, 상호 주관성, 혹은 뭔가 약속해 주는 새로운 대상으로의 전이 등이 그 자체만으로는 더 나은 좋은 삶을 가져오지 않는다. 그것들 못지않게 위협적인 상실의 경험 없이는 더욱 그러하다 — 커플 사이에서든 형제간에든, 교수법상으로든, 어떤 하나의 공동 작업도 마찬가지다. 환상은 열린 틈새이며 방어기제이다. 규범적 낙관이 가지게 하는 애매한 기대감은, 구조적 불평등, 정치적 침체, 그 외 친밀한 관계가 자아내는 실망 가운데서 소소한 자기 중단을 주권성의 헤테로토피아로 만들어 낸다. [모든 것의] 붕괴가 세계의 규칙 및 규범의 유예에 영향을 미치게 되는 답보 상태를 연출함으로써, 이 작품들은 일상성 속 이미 구축된 정동적 토대에 어떻게 주목해야 하는지, 토대에 가해진 스트레스가 극적인 그림을 만들어 낼 때 발생하는 일을 어떻게 마주해야 하는지를 보여 준다. 잔인한 낙관의 시나리오에서 우리는 회복과 잘 살기에 대한 일상적 관념을 유예하고, 우리가 그런 정동에 결부시키는 생존의 시나리오가 애당초 문제가 아니었는지 묻지 않을 수 없다. 그 시나리오에서 펼쳐지는 일을 어떻게 평가해야 하는지를 알아내는 것은 압도적으로 현재적인 순간 속에 살아가는 답보 상태를 가늠하는 한 가지 방식이 될 것이다.

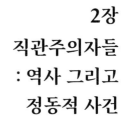

2장
직관주의자들
: 역사 그리고
정동적 사건

만족을 제공하는 동시에 가로막는 역설적 환상에 구속되고 또 그 환상이 대변하는 낙관에 구속되는 "이중 구속"은 일상 자체가 위기가 된 현재의 특성이다. 일상화된 위기 속에서는 익숙한 세계의 현상 유지가 그 자체만으로도 애착의 대상이 되므로, 일상을 유지하는 여러 방식들이 위기 속에서 주체를 움직이는 힘으로 작용한다. 여기서 습관과 직관은 주권적일 수 없는 주체가 세계와 자신을 관리하는 방법으로서 중요하다. 이 장은 훈련된 것, 역사를 반영하는 것으로서의 습관과 직관에 대한 미학적 숙고가 기존의 비평에서 부족했음을 지적하고, 여러 텍스트들이 위기 속 주체의 정동적 (재)구성 및 발현을 재현하는 양상을 추적하며, 답보 상태와 위기에 대한 낙관과 그 문제점을 살펴본다._옮긴이

1. 우리가 지금 사는 방식
: 정동, 매개, 이데올로기

지금까지 우리는 잔인한 낙관의 개념적 요소들에 주목하면서 낙관이 정동적으로 곤혹스러운 이중 구속, 즉 딜레마로 모습을 드러낼 때 잔인하다는 점을 이야기했다. 여기서 이중 구속이란 만족을 제공하는 동시에 만족을 가로막는 환상에 구속되고, 환상이 대변하는 낙관의 약속 그 자체에 또 구속되는 것을 말한다. 잔인함은 가혹하게 상실을 경험할 때의 그 "가혹함"에 있다. 그것은 세상의 어려움과 맺었던 유대 관계의 포기라는 복합적인 위협을 전달해 주는, 분위기의 어떤 변화나 박자 같은 형태를 띠는 정동의 사건으로 이해할 수 있다. 그러므로 이제 남은 일은, 정동적 애착심의 행위를 역사적·문화적·정치적 장 안에서 어떻게 형식적으로 위치시킬 수 있는지를 구체적으로 따져 보는 일이다. 그래서 너무나 압도적이면서도 지속적인 부정을 생산하는 대상, 장면, 삶의 여러 양태에 얽히고설킨 애착의 과정을 밝힐 수 있어야 할 것이다.

리얼리즘을 설명하려면 정동을 설명해야 한다. 그리고 모든 대상/장면은 리얼리즘의 장르에 속할 수 있다 — 일화, 기이한 소리, 꿈, 반려동물, 쿠키 등 모든 것이 그러하다.[1] 중요한 것은, 대상/장면에 세계가 지속될 것이라는 전망을 투자하는 관계가 존재하는지 여부이다. 적어도 알튀세르 이후로 이데올로기론은 비평 이론이 정동의 리얼리즘을 설명하기 위해 의존해 온 영역이었다. 즉, 사람들이 적어도 처음엔 거의 의식적으로 동의한 적이 없는 삶의 양태에 애착심을 가지게 된 것이 어떻게 그들의 욕망을 매개하는지를 설명하기 위해 필요한 영역이었다. 그런 삶의 양태가 실제로 잘 살기에 위협이 되건 혹은 세계 속에서 견딜 수 있게 하는 일견 중립적이고 믿을 만한 틀을 제공하건 혹은 둘 다건 간에, 그것은 여전히 이데올로기적인 관계이다. 우리는 세계 속에 주체로서 자리를 잡으며, 그래서 그 관계는 우리가 세상만사를 이해하는 구조를 결정하는 조건으로 우리 안에 존재한다. 우리의 인식론적 자기 애착은 규범성을 판별하는 능력과 전적으로 분리 불가능하고, 그것들[우리의 인식론적 자기 애착과 규범성 판별 능력]의 관계가 세계의 현재 진행성과 인간으로 존재하는 우리 역량에 대한 신뢰를 가늠하게 하는 상식적 척도가 된다. 눈에 보이는 세계와 우리가 형성하는 호혜성의 느낌, 사람이 무엇을 하고 무엇을 기대해야 하는지에 대한 우리의 느낌, 행위의 연속적인 장면으로서의 우리 정체성에 대한 느낌이, 삶을 어떻게 살아 낼지에 대해 오장육부에서 나오는 우리의 직관을 형성한다.

　제목이 시사하듯이, 이 장은 "직관"에 대한 이야기를 시작한다. 직관은 역동적이고 감각적인 자료 수집의 과정으로, 그 과정을 통해 정동이 형식을 갖게 되고, 그 형식이 삶에 대해 믿을 만한 느낌을 생성하는 역할을 한다. 앙리 베르그송은 『물질과 기억』에서, 직관은 개인의 기억을 통해서 번역되는 역사의 작용이라고 말한다. 이와 동시에 나는, 오장육부에서 나오는 반응도 단지 자율신경의 작용이 아니라 훈련된 것이라고 주장하고자 한다. 직관은 몸속에 간직된 그 모든 혼돈, 규범적 이데올로기, 그리고 체화된 훈육과 창의성의 실천 속에서 정동이 역사와 만나는 지점이다.[2] 이 장은, 다양한 전환과 적응의 장면을 살피면서, 변모하는 세계 상황 안에서 체화된 직관에 대한 교육을 수반하는 서사가 어째서 역사적 현재의 드라마를 포착한다고 볼 수 있는지 설명한다. 여기서 현재란 많은 힘들이 굴절되어 구성되는 것이고, 기억의 정동적 작용은 그 힘들 가운데 하나일 뿐이다. 즉, 기억과 과거는, 인식론적·신체적 활동의 여러 장면에 분산되어 있는, 오장육부로 느끼는 현전의 매개된 영역에서 등장하는 것이다. 우리는 우리 내면의 목소리를 사용하는 법을 언제 배웠는지를 잊어버린다 ─ 내면의 목소리는 그냥 초기 설정default 상태로[즉 원래 그랬던 것으로] 여겨진다. 내면의 목소리로 글을 쓰는 것도 그렇다. 하지만 그게 다가 아니다.

세계를 해독 가능한 것으로 계속해서 다시 재현하려는 애착이 어떻게 정동적 힘을 구슬려서 규범적 리얼리즘과 일치시키는지를 논의하려면, 자유주의적 주체의 환상에 대해 이야기해야 한다. 개인적·집단적 주권성, 공적·사적 영역, 과거와 미래의 관계, 그리고 좋은 삶이 무엇인지, 올바른 사람은 어떻게 행동하는지에 대한 상상을 훈육하는 감수성의 배분에 대한 환상 말이다.[3] 하지만 정동 이론이 제공하는 언어는 제도와 실천의 정설에 주목하는 이상으로 나아가라고 고무한다. 정동 이론은 탈조직화된 그리고 탈조직화하는 과정 중에 있는 노동, 갈망, 기억, 환상, 비탄, 무의식적 행동, 순전한 심리적 창의성과 관련된 규범적 훈육 방식들에 접근하는 통로를 제공한다. 이런 것들을 통해서 사람들은 항상 (의식적으로, 무의식적으로, 역동적으로) 그들의 역사적 상황의 윤곽을 그려 내는 호혜성의 조건들을 재협상하는 것이다.[4] 일상성은 어쨌든 구멍이 숭숭 뚫린 영역으로서 많은 비일관성과 모순을 흡수하고, 사람들은 어색하게 기울어진 채, 반쯤은 무의식적으로, 상식을 확신하며 일상의 영역을 헤쳐 나간다. 법, 규범, 사건은 사람들의 상상계를 조형하지만, 삶을 재생산하는 가운데서 사람들은 존재의 여러 양상 및 세계에 대한 반응의 여러 양태를 만들어 내고, 이것이 이른바 "오장육부에서 나오는 반응"과 직관적 지성을 구성한다.

그러므로 나는 정동 이론이 이데올로기론의 역사에서 또 다른 국면을 열었다고 주장하려 한다. 정동적 전회의 순간은, 감각된 것, 알고 있는 것, 그리고 새롭지만 식별 가능한 방식으로 타격을 가하는 것이 서로 만나는 지점을 다시 생각하게 한다. 주권적 의식 바깥에 존재하면서도 주체성의 영역에서 역사적 의미를 지니는 감각적 재료에 대해 생각하려면, 감각의 재료가 단독성 — 주체의 환원 불가능한 특수성 — 에서부터 집단적으로 경험된 상황에서 어떻게 일반적인 것이 되는지 그 경로를 따라가야 한다. 직관이 훈련되는 과정은 개인과 집단이 살아온 전기적인 이야기이다. 이 말의 뜻을 이해한다는 것은 정동을 규범적 감정의 코드로 기술한다는 문제만은 아니다. 그런 이해를 통해 우리는 세계의 흐트러진 그러나 예측 가능한 역학과 관련된 정치적 주체성 및 주체화의 이해관계와 비일관성을, 문을 닫지 않으면서 정식화할 수 있게 된다.[5]

이 장의 다음 절은, 위기로 심화된 역사적 현재에서 정동이 구체적으로 형식을 가지게 되는 데서 가장 예리한 매개 장치인 직관을 살펴보기 위해 더 밀도 높은 논의를 펼칠 것이다. 여기서 우리는 습관의 작용에 주목한다. 그레그 보도비츠의 영화 <습관>과 수전 손택의 「지금 우리가 사는 법」은 에이즈가 초래한 수많은 위협에 대해 이야기하면서, 말도 안 되긴 하지만 살 수 없는 지경은 더 이상 아닌 상황에서 직관을 통한 재습관화가 주체/세계의 자기 관리 역량에서 핵심적임을 보여 주는 사례를 데리브에서* 이끌어 낸다. 이어서 그 다음 절은, 역사적 현재의 감

---

* 기 드보르(Guy Debord)의 「데리브 이론」(Theory of the Dérive) 참조. 기 드보르의 "데리브"는 도시 환경에서 다양한 배경을 통과하며 주변의 분위기와 지형, 여러 부류의 만남에 이끌리는 일종의 실험적 행동 양식을 말한다. "표류"로 번역하기도 한다.

지에서 정동의 감각중추의 중심적 역할에 있음을 주목하는 마르크스주의 미학 이론의 가닥 속에서 직관을 살펴본다. 그리고 이 장은, 정동적 사건의 형식 또는 미학을 진지하게 고찰하는 역사주의가 이미 역사의 마땅한 증거물로 여겨지는 제도, 사건, 규범과 관련해서 주의를 기울여야 하는 대상이 무엇인지를 질문한다. 특히 그 역사가 현재의 역사일 때 말이다.

콜슨 화이트헤드의 『직관주의자』와 윌리엄 깁슨의 『패턴 인식』이 이 장에서 마지막으로 다루는 사례를 제공한다. 최근에 나온 이 역사소설 두 편에는 초강력 직관을 직업적으로 전문화해 발휘하는 주인공들이 등장한다. 즉 그들은 직관으로 먹고 사는 것이다. 파국이 그들의 재능을 작동하게도 하고 위기에 봉착하게도 한다. 이미 과잉 경계심을 가진 그 주인공들은 현재를 재학습하려 하고, 그 과정에서 현재 및 현재 속 환상의 공간에 대한 직관과 관련해 자신의 정동적·정치적 실천을 변화시킨다. 안전지대에서 밀려나지만 그들은 그런 상황에 다시 익숙해지기를 포기하고, 예측 가능한 삶에 그들의 재능[인 직관]을 바칠 것을 요구했던 일상성으로 복귀하기를 거부하는 직관-이후 의식의 답보 상태 속으로 뛰어든다. 이 모든 경우 미학적·정치적 요점은, 예기치 못했던 위태성이 만연한 분위기에 적응하는 과정의 드라마에서 어떤 상황은 정동의 리얼리즘의 새로운 어법으로 오늘날의 삶을 느끼게 하는 전형적인 실험실이 된다는 점이다.

역사적 현재를 이해하는 모델을 제시하기 위해 내가 이 장에서 사용하는 자료를 많은 분석가들이 "트라우마-이후"의 자료라고 여길 수도 있으리라는 점을 미리 언급해 둘 필요가 있겠다. 서문에서 설명했듯이 위기로 형성된 역사적 현재를 하나의 시대로 구분하는 작업에 트라우마

이론이 지난 수십 년 동안 주요한 방법론이 되어 왔다. 나는 트라우마의 작용에 필연적으로 수반되는 예외의 논리보다는 새로운 형태의 일상성들을 만들어 내는 정동의 작용을 추적하는 것을 선호한다. 내 목표는 역사적 현재에 대한 분석 양식을 만들어 내는 것이다. 즉, 구조(세계의 재생산에서 체계적인 것), 행위 주체성(일상생활에서 사람들이 수행하는 일), 구조와 행위 주체성을 교란하는 트라우마적 사건이라는 변증법적 삼각 구도에서 벗어나, 결정, 적응, 임기응변의 현재 진행성 가운데서 위기를 통해 형성되는 주체성을 설명할 수 있게 하는 분석 방식 말이다. 앞으로 제시할 내용에서, 모든 일반적인 것 — 국가의 작용, 권력의 작동, 삶의 재생산이라는 감각적 작용을 사람들이 관리하는 방식 등 — 은 위기로 규정되는 현재, 지금 계속되고 있는 현재 속에 형성된 일상적 세계에서 이미 벌어지고 있는 일을 따라잡으려 하는 집단에 대한 여러 이야기에서 도출된 것이다. "우리"라는 개념은 그 자체로, 현재의 규범이 마모되고 현재가 불확실한 가운데서 정동적 반응이 형식이 되는 과정을 보여주는 미학적 증거이다. 그 다중적 리듬을 지닌 활동을 의식하게 되면, 불가사의하고 과잉 현전overpresent하는 현재 순간을 이해하는 데서 트라우마가 어떻게 위기를 야기하는지에 대한 우리의 직관이 달라진다.

그레그 보도비츠의 영화 <습관>(2001)은 그가 사운드트랙에서 말하듯이, "[그] 나름의 역사적 현재를 이해"할 수 있게 해주는 일군의 작품 가운데 하나이다. 하지만 "그 자신"의 것인 이 현재의 단독성[특이성]에는 그 — 그는 미국인, 백인, 유대인, 연인, 친구, 예술가, 퀴어로 정체

성을 밝힌 사람, 그리고 HIV 양성이다 — 의 존재에서 단독적이지[특이하지] 않고 일반적인 것에 대한 관심도 포함된다. 보도비츠는 이 상황의 복잡성을 자서전적으로 밝히지만 그저 독백으로만 이야기하지는 않는다. 이 작품의 실제 효력은 그 음향 세계soundscape와 풍경landscape을 통해서 발휘되며, 그 둘은 공유되는 공간이다. <습관>은 주인공의 감각을 통해서, 전해 들은 다른 사람들 이야기를 통해서, 그리고 여러 겹으로 소리를 입히는 기법을 많이 사용해서 역사적 현재의 시학을 도출한다("주변 분위기로 형성되는 시민성"에 대한 추가 설명으로는 7장 「정치적인 것을 향한 욕망에 대하여」를 보라).

그러므로 그가 "내 나름"의 역사라고 부르는 것은 집단적 이야기이며, 그 이야기의 장르적 형태는 위기 속에서 살아가는 사람들의 삶이 그러하듯 흡입력이 있고 실험적이다. 여러 이야기 중에는 그의 파트너 클레어 펜테코스트의 이야기도 있다. 펜테코스트는 질병으로 위협받는 그들의 미래를 "매일" 생각하면서 모든 커플이 무한히 계속 함께할 것이라는 바람을 미래에 투사하지만 그런 미래를 장담할 수는 없다고 생각한다. 나이 들어 거울을 싫어하는 그의 친구 이본 레이너는 에이즈로 인해 눈에 띄게 체중이 감소하는 보도비츠와 비교된다. 또 그의 친구 재키 아흐마트는 에이즈에 걸린 자신이 살아가는 방식을 가정생활을 재생산하는 일상이나 몸의 마모로 설명하지 않고, 국제법을 어기면서 남아프리카 공화국에서 수명을 연장해 주는 의약품을 나눠주는 활동가로서 설명한다. 이 활동가/예술가들은 모두 공적 인물이지만, 이야기의 초점이 되는 것은 그들의 친밀함, 거리감, 차이의 역학이다.

아흐마트가 보여 주는 삶의 시학은 거부를 중심으로 직조된다. 부유한 사람들의 건강만 가치 있는 것으로 여기는 세상에서 그는 자기 생명

위에서부터
1.1. 그레그 보도비츠
1.2. 이본 레이너
1.3. 재키 아흐마트

을 연장해 주는 약의 복용을 거부하고, 지금 당장 시세대로 값을 치를 경제력이 없는 국가와 계급에 건강한 삶을 허용하지 않는 자본주의의 아파르트헤이트를 거부한다. 우리가 보는 보도비츠와 대조적인데, 보도비츠는 자기 건강의 금전적 비용에 대해 직접 이야기하지 않기 때문이다. 보도비츠는 거의 감정이 없이 그늘진 곳에서 탁자에 앉아 건조하고 담담한 말투로 카메라를 향해 매일 실천하는 자기 관리 일상을 설명하고, 알약을 세어 달력처럼 표시된 약통에 넣으면서 자기가 살아가는 가까운 미래로서의 매일과 매주를 보여 준다. 그는 다른 시간과 다른 장소를 상상할 수 있는 체력과 맑은 정신을 유지하기 위해서 우선 그 가까운 미래에 집중해야 한다. 그와 대화하는 사람들에겐 시한부의 삶을 의식하는 나름의 관점이 있고, 몸에 관한 일상에서 삶을 만들어 내는 방식으로 죽음을 향한 카운트다운을 해나가는 나름의 기술이 있다. 습관적 행동 양식이 필요하다는 사실은 모든 사람에게서 전형적이지만, 그 누구의 습관적 행동 양식도 전형적이지는 않다.

다시 말해, 모두가 그들의 시간, 지금 이 시간이 위기의 시간이라는 느낌 속에서 치열하게 현재를 살아간다. 보도비츠는 이 시간을 그의 관객들에게로 확장한다. 관객은 각자의 삶에서나 신체적으로나 그와 똑같은 위기에 처해 있지 않을 수도 있지만, 모든 사람은 지역적 감염병이나 세계적 감염병의 위기가 유발하는 탈습관화 및 강제 임기응변이라는 공통의 분위기에서 살아가야 한다. 이 장면을 견디는 생존, 삶에 대한 애착심 유지를 중심으로 하는 사람들의 연대에는, 단독적이면서도 공통적인 현재에 적응하기 위한 다양한 실천들을 모으는 일이 포함된다. 어떤 의미에서 <습관>은 살아갈 권리를 표현하는 언어를 상상할 수 있는 한 가장 효율적으로 많이 만들어 내고 유통시킬 책무에 대한 응답이다. 여기서 습관이란 살아갈 권리를 말하는 한 가지 언어이다.

이 영화엔 다른 여러 사람, 다른 친구, 동료, 활동가도 나오고 ― 삶의 끈을 잡고 있는 실험적 방식에 대한 다른 대화도 나온다. 여러 가지 이야기와 화면에 입힌 해설의 목소리가 수집되고 충돌하는 가운데, 무엇보다도 <습관>은 조용하고 인내심 있는 카메라로 만들어 낸 대화의 영화이다. 일반적으로 대화는 현재의 핵심적 장르이다. 즉, 대화가 끝나면 대화의 독자적 시간이 끝나는 것이고, 그러면 대화는 여느 다른 일화와 마찬가지로 대체로 망각되고 왜곡되고 반쯤만 기억되는 무언가가 된다. 하지만 대화는 이 영화의 액션을 제공해 준다. 대화는 시간이 펼쳐지는 공간이다. 나름의 규칙과 경계 및 동시대적으로 존재하기 위한 나름의 조건을 만들어 내고, 대화가 없었다면 위기의 불규칙한 규칙으로 보일 수 있었을 것들을 감당하기 위해 나름의 조건을 만들어 내는 시간이 그 속에서 펼쳐지는 것이다.

그러나 대화는 또 그 이상이기도 하다. 위기 상황에서는 필수적인 정보 교환이 급증하면서 여러 매체를 가로지르는 대화가 필요하기 때문이다. 지식을 공유하는 비공식 네트워크는 친밀한 공중의 내구력과 활력에 필수적이다. 특히 에이즈는 이해관계가 얽힌 누구에게나, 특히 전문 지식을 더 널리 유통시킬 수 있도록 일상 언어를 만들어 내는 데 관심이 있는 누구에게나, 의학적 전문성을 민주적으로 배분하는 정보의 혁명을 가져왔다. 관련 정보에 능통해지는 것은● 글자 그대로 생사가 달린 문제였다. 데버라 굴드가 자세히 보여 주었듯, 이 과정은 수다와 삶이 한 팀을 이루어, 삶이라는 게 무엇인지, 좋은 삶이 무엇인지 다시 생각하게 하는 장을 열었다.[6] 이처럼 삶을-위한-대화를 포착하는 것은 또한 수전 손택이 그의 단편소설 「우리가 지금 사는 방식」에서 활용하는

● 벌랜트가 여기서 사용하는 conversant라는 표현은 대화를 할 정도로 능통하다는 의미로, 보도비츠의 영화에서 에이즈 관련 정보의 전문적 습득과 유통을 보여주는 핵심 장치가 대화라는 점을 강조한다.

동력이기도 하다. 이 작품은 내구력 있고 오래 지속되는, 에이즈가 만들어 낸 현재에 대한 것이다.[7] 손택이 말하는 "우리"는 단독적이면서도 일반적이다 — [이 작품에서] 위기는, 에이즈로 타격을 받은 사람들을, 그럼에도 불구하고 어떤 생명정치적 규범과 등치되지 않는 여러 부류의 사람들로 만들어 낸다. 이 작품은 대화를 그린 작품이다. 대화뿐이다. 독자는 에이즈로 연결된 친밀한 공중에 숨은 관찰자로서 참여하면서 대화를 엿듣는다. 유통되는 대화는 역사적 현재의 시간 속에서 권리를 주장하고 세계를 만들어 낸다.

　구체적으로 이 작품은 스티븐이라는 남자와 친분이 있어서 서로 연결된 친구들 사이의 대화를 골격으로 삼는다. 이야기는 독자를 대화하는 인물들과 서로 "이름 부르는 사이"로 설정하는데, 이름을 매개물로 삼아서 삶을 친밀하고 정동적으로 강렬하면서도 일반적이고 탈장소화된, 감각적으로 추상적인 장소로 볼 수 있게 한다. 독자는 스티븐이 건강했을 때의 모습을 전혀 모르지만, 이야기 속에서 스티븐은 죽지도 않고 치유되지도 않는다. 답보 상태 안에 있는 것이다. 하지만 에이즈가 한동안 사형선고였다가 에이즈 칵테일이 발명됨에 따라 발생한[•] 일대 전환에 대해서 스티븐의 친지들이 이야기하는 동안, 그의 역사적 현재의 조건이 변화한다. 에이즈 칵테일의 발명은 죽을 운명에 처했던 삶을 다시 말줄임표 속으로, 알약과 검진 등 뻔한 일상으로 규정되는 시간으로 돌려보냈다. 이 작품은 어떤 한 사건 — 병의 진단 — 이 하나의 상태

　•　　"에이즈 칵테일"은 1995년에 소개된 치료법으로, 고효능 항레트로바이러스 치료법(HAART)이라고도 한다.

로 전환되는 이야기이다. 그 상태는 종말이 메아리치는 가운데서도 완전히 현실화되지 않는다.

설령 이야기가 진단에서 죽음으로 이어지더라도, 오로지 정동을 표출하는 그들의 습관의 수행을 지시하는 시간을 통해서만 아픈 사람과 그의 친구들에 대해서 알게 되는 독자는, 회복이냐 아니냐에 달린 전형적인 질병의 서사에서 관심을 돌려서, 그들이 습관적으로 하는 어떤 말로써 드러나는 개인성의 패턴을 따라가는 데 몰입하게 된다. 하지만 그들의 목소리가 명쾌하게 구분되지는 않는다. 우리는 그 친구들 모두가 필사적으로 임시변통된 학습 과정의 한 가운데 있다는 것을 알게 된다. 그들은 만성 질병을 앓는다는 것이 어떤 것인지, 죽어 가는 사람과 어떻게 함께 시간을 보낼지, 그 사람의 세계에 어떻게 흔적을 남길 수 있는지, 또 시한부로 살거나 병에 걸리지 않았어도 어떻게 그와 동일시 할 수 있는지에 대한 학습을 포함해 생존을 위한 새로운 명령에 적응하도록 서로를 가르치고 있는 것이다.

하지만 네가 그 병에 걸리지는 않을 거라는 걸 넌 알잖아. 퀜틴이 말하자 엘렌이 자기 입장에서 대답했다. 그건 요점도 아니고 사실도 아니라고. 내가 다니는 산부인과 의사가 그러는데 모든 사람한테 위험부담이 있대. 성생활을 하는 사람은 전부 다. 왜냐하면 섹슈얼리티는 우리 한 사람 한 사람을 수많은 타인과, 모르는 사람들과 연결하는 사슬이기 때문이야. 이제 존재의 거대한 사슬이 죽음의 사슬이 된 거야. …… 하지만 이게 영원히 계속되진 않겠지, 웨슬리가 말했다. 그럴 순 없어. 사람들이 뭔가를 생각해 낼 거야. (사람들, 사람들, 스티븐이 중얼거렸다.) 하지만 생각해 본 적 있니? 그레그가 말했다. 만일 죽지 않는 사람들이 있다 해도, 내 말은, 그 사람들 목숨을 부지하게 하더라도

(사람들, 사람들, 케이트가 중얼거렸다) 그 사람들은 여전히 보균자니까, 그 말은, 만약 우리가 양심이 있다면 사랑은 할 수 없다는, 온전히, 우리가 늘 하던 대로 — 방탕하게 말이지, 아이라가 말했다 — 사랑을 할 수는 없다는 뜻이야(19, 23).

전개되는 텍스트의 표면을 가로질러 의미를 이리저리 움직이는 손택의 훌륭한 바르트적 기법은 여러 방식으로 독해될 수 있다. 예를 들어, 감각이 뭔가를 따라잡을 때의 감각 작용을 미메시스적으로 재연再演하는 문체의 채택은, 자유시 형식, 의식의 흐름, 넘치는 정신세계의 재현을 감각과 성찰의 자율신경계적 폭발의 증거로 사용하고자 하는 모더니즘적 문학 심리의 직사주의直寫主義, literalism를 연출해 낼 수 있다. 하지만 이 작품은 인간에 대한 보편적 사실로서 내면세계를 재현하려는 심리학적 시도가 아니다. 서사와 형식의 차원에서 손택의 이야기는 대화의 친밀한 매개를 통해 개인과 집단의 감각중추가 형식적으로 만들어지는 데에 초점을 맞추어, 생존을 위한 생산양식이 조직화되는 것을 재현한다. 이야기가 — 스티븐의 병세가 시간이 갈수록 깊어지므로 — 변화를 서술하긴 한다. 하지만 너무나 많은 문장에서 구문 중간에 화자가 바뀌기 때문에 누가 화자인지, 누구를 지시하는지가 심하게 오락가락하는 반면에, 표면적인 반응의 양상은 예측 가능한 형식과 속도를 유지하며 사랑과 수다 가운데서 움직이는 정동적·도덕적 판단 유예의 영역에 머무른다. 인물들은 한 박자도 놓치지 않고 넘어지지 않으려 하면서 자리에서 뜀박질하며 경주를 한다. 평정심을 유지 — 아니, 달성 — 하려는 것이다. 이런 식으로 「지금 우리가 사는 법」은 직관 자체가 어떻게 단독성과 일반성 사이에서 움직이는지에 대한 우리의 직관을 다시 매개한다. 언제나 따라잡느라 급급한 역사의 위기, 역사적인 위기로 뒤덮인 집단적 일상의 삶의 현재에서 살아남는 것이 지금 우리가 사는 방식이다. 이 텍스트는 우리 시대 지구적 위기의 시간이 농밀하며 "경계 없는 현재로 규정된 새로운 시간"이라고 했던 해리 하루투니언의 주장을 재연하고 있다.[8]

이런 장르들을 통해 현재의 순간을 역사적 순간으로 굴절시키면서 「우리가 지금 사는 방식」은 살아 냈음의 가치를 결정하는 기반으로서 기억, 역사, 환상, 미래성의 경계 구분과 물신화를 와해한다는 점에서 <습관>과 함께한다. 살아 낸 시간 동안의 삶에 대해 생각하면서 모든 인물이 살아가기를 가치 있는 일로 여길 수 있는 조건과 장르를 알아내고 있는 것이다. 아무도 이 상황을 완전히 정복했다고 할 만큼 충분한 전문성을 가졌다고 생각하지 않는다 ─ 그저, 현재의 위기가 존재의 여러 위기와 만나는 이 확장된 방대한 시간과 공간에서 움직이며 다닐 수 있기 위해서 더 나은 직관의 기술을 갈고닦는 데 전념할 뿐이다.

<습관>은 현재에 대한 또 하나의 장르인 여행기이기도 하다. 활동가, 친구, 연인, 대화자이며 공조자로서 보도비츠의 행위와 주변적 삶에 대한 이야기에서 그의 카메라는 지구를 빙 돌아 더반[남아프리카공화국의 항구도시], 남아프리카공화국, 인도, 유엔, 시카고, 공원, 지하실, 세탁실, 침실, 만찬회, 자동차 등 여러 장면을 연결한다. 그렇게 그는 영화로 일종의 병리지도, 정서적 지도 속 풍경의 행로를 창조함으로써 자신의 정치적·신체적 우울증을 끊어 내는 동시에 질병 상태를 기본 설정으로 삼는 서사를 끊어 낸다. 그런 지도를 구축하는 일은 "내재성의 평면"에서 자아를 유지하는 한 가지 양상이다.[9] 세상에서 끝없이 펼쳐지는 위기와 과정의 장면들은 수많은 가운뎃줄, 생략 부호를 포괄한 채로[즉, 말로

적절히 표현될 수 없는 것을 가리키는 머뭇거림과 중단을 포함한 채로] 지속되는 시간의 잔인한 현재 진행성과 부딪쳐 삐걱대지만 그래도 괜찮다. 위기 속에서는 평상시의 삶을 살 수 있는 잠재적 가능성을 보존하는 것이 중요하고, 영화에 나오는 사람이 누구든 그들은 모두 보고 듣고 때로 이야기하면서 지금 여기라는 곳에 있는 것이다.

이 시각적 지도 그리기에서 그는 친구들뿐만 아니라 많은 사람들과 마주친다. 어떤 동네에서는 낯선 사람들이 살면서 아무 걱정이 없는 것처럼 놀기도 하지만, 놀이가 과연 잊어도 상관없는 계기인지 불안한 기다림을 중단시키고 삶을 구원하는 일인지 밖에서 봐서는 알 수 없다. 어떤 동네에는 만성질환자들이 모여 살고 있다. 그들은 인간의 건강보다 기업의 특권이 우위에 놓이는 데 반대해 스스로 조직을 이루고 자신들의 정치에서 도구적 목표를 능가하는 기쁨을 얻는 사람들이다. 저렴한 비용으로 이용할 수 있는 의약품이 부재하는 가운데, 가난한 사람들과 성적으로 비규범적인 사람들이 사적 생활(안전망 없음으로서의 사적 생활)과 공적 생활(국가의 공중 보건 관련 규칙과 사회적 관습을 준수할 책임으로서의 공적 생활)을 경험하는 방식을 통제하려 드는 지구적 자본주의 문화가 모습을 드러낸다. 특권을 가진 어떤 사람들은 보험이 있고 근무시간이 유연한 직업이 있다는 일상생활의 행운 — 스스로 이룬 것이기도 하고, 특권을 물려받은 결과이기도 한 행운 — 을 누린다. 그런 행운 덕분에 그 사람들의 생존 요건은 경제적인 것이라기보다는 의료적인 것이다. 모든 투쟁은 정치적이다. 세계를 구축하는 일을 만들어 내고, 생존의 급증하는 절박함과 생존 기술을 소통시키기 위해 예술과 정치를 대응시킬 필요가 절실하다. 그와 더불어, 일상적인 것의 박동이 시선들을 가로질러 발화에서 그리고 위기의 침묵과 소음에서 동떨어진 위치, 카

2.1-2.2.
클레어 펜테코스트와 그레그 보도비츠, 매일 하는 의례
(〈습관〉, 2001)

메라의 롱테이크에서 감지된다.

　〈습관〉의 촬영과 편집은 조용하고 사색적이어서 미학적 현재를 펼쳐 보이면서, 다양한 공간이 연상시키는 다양한 분위기를 가로질러, 카메라가 수집하는 내용 역시 형식으로 요약해 낸다. 시간과 공간을 가로지르는 이 미학적 리듬 속에서 영화는 마이클 타우시그가 설명하는 집단적 신경계를 드러낸다. 그 안에서 주체가 사는 세계와 주체의 조우가 하나의 단위를 이루는 서사를 시작하고, 그 서사는 결국 어떤 거창한 총론이 되지는 않으면서 한 장면을 횡단하는 여러 세력을 보여 준다. 전기적 이야기, 심리, 법, 생산양식, 의도성, 이 모든 것이 어우러지지만, 그 어떤 하나의 논리도 현재의 지속 조건들에 대해 확실히 이야기하지 않는다.

보도비츠의 <습관>은 그러므로 강박적 중독도 아니고, 자기 계발에 정신을 빼앗긴 개인성의 자동 반사적·비성찰적 움직임도 아니고, 스스로를 전형으로 내세우는 부르주아 보편주의도 아니다. 그 반대로, 만약 부르주아 보편주의가 여기 모아 놓은 정동의 역사를 지배한다면, 낯선 이나 친밀한 이와 항상 서로 안부를 확인할 필요도, 똑같은 위기 — 역사, 몸, 지금 우리가 사는 방식에 대한 직관의 위기 — 로 인해 생겨난 여러 다른 삶의 다양성을 기록할 필요도 없을 것이다. 보도비츠마저도 스스로에게 낯선 사람인 동시에 친밀한 사람임이 드러난다. 내 생각엔 이 환원 불가능한 타자성, 항상적인 지연, 진행 중인 현재 안에서의 따라잡기가 이 영화가 펜테코스트의 요가 수행을 첫 장면으로 선택한 동기이다. 펜테코스트는 움직이지 않고 바닥에 앉아 있는데, 정지 상태의 실천을 연마하는 바로 그 노력이야말로 삶과 살아가기에 적합해지기를 열망하는 주체에게 [에이즈가 초래한] 상황이 항상적 압박을 가하고 있다는 증거이다.

의례는 현재의 또 다른 장르이다. 의례는 전통을 떠올리게 하며, [시간을 중단시키며 끼어드는] 시간의 현재 진행 중인 문장부호 역할을 하는 가운데서 전통의 지위를 존중한다. 의례는 상이한 시간의 포물선들을 봉합해 준다. 의례는 치료와 구원을 향하는 몸짓이지만 그런 것을 목표로 서술하지는 않는다. 더욱 의미심장하게, 의례가 된 습관은 상투성을 보존하는 또 하나의 경로이며, 자기 관리를 일상성의 한 가지 양식으로 만든다. 보도비츠는 낮 동안 자꾸 낮잠을 잔다. 우리는 그가 혼란스러운 채로 잠에서 깨는 모습, 정신을 차리는 모습을 본다. 어둠 속에서 찍힌

이 낮잠의 장면들이 신성하게 느껴지지는 않는다. 이 낮잠이 우울증에서 초래된 것인지, 자기보존을 위한 것인지, 육체적 피로나 자기애에서 초래된 것인지 알 수 없다. 아마도 기분이 변할 것이고, 그래서 사건도 변하는 것이다. 그래서 <습관>에서 보도비츠가 느끼는 의례의 열망은, 일부러 하는 일이 습관, 즉 편안한 몸짓의 리듬이 될 수 있도록, 살아가는 일을 일종의 실천으로 감수해야만 한다는 느낌의 수동성과 능동성에 순응하는 법을 어떻게 배워 가는지를 보도비츠 자신과 공동체 전체가 소통하는 과정을 따라가는 과정을 수반한다. 상투성이 자아내는 무감각함과 상투성에 대한 욕구는 보도비츠에게 위안과 불안을 함께 초래하는, 우연한 현재의 또 다른 정동을 향하게 만든다. 위기에 처해 있다는 것은 당연시되는 것을 누리는 특권을 갖지 못한다는 의미이다. 그것은 얼마나 길어질지 모르는 기간 동안 져야 하는 취약성의 부담이 한층 늘어난다는 의미이다. 사건의 순간에 압도당하는 것밖에는 다른 선택의 여지가 없어진 사람들에게, 말이 필요 없을 정도로 당연한 일상성은 그저 열망의 대상일 뿐이다. 그들의 사건이 시작된 시기는 병을 진단받던 바로 그 순간이지만, 사건이 그렇게 시작되었다는 것은 오로지 소급적으로만 알 수 있다.

그만의 지도, 일정, 친밀한 관계들, 소원해진 관계들을 따라가면서 보도비츠는 현재 순간의 역사적 중요성을 형상화하는 것과 관련하여 정동적 실천을 위한 장르를 만드는 것이 정치적으로 중요하다고 역설한다. 그가 위태로운 사람들과의 만남을 수집하고 위태로운 사람들의 지도를 그리는 것은 건강한 이성애자들이 누리는 일상성의 시간, 공간, 구축된 환경에 맞서는 것이 아니라, 그것들을 가로질러 움직이면서 건강한 이성애자들과 같은 친밀성과 타자성, 위협과 안전, 안락함과 우연성의 공간에 함께 존재한다는 사실의 분명하고 불분명한 의미와 그런 존재의 관리 방식을 드러낸다. 하지만 그게 평온히 이루어지는 적응은 아니다. 3장 「더딘 죽음」에서 더 길게 논의하겠지만, 만성질환은 시간의 질병이다. 보도비츠는 그의 몸, 자연으로서의 그의 본성이 그의 적이 되었다고 말한다. 몸과 본성은 시간의 침식작용, 삶을 만들어 내는 활동 가운데서 닳고 지쳐 가는 과정을 표상한다. 그는 육체의 쇠락이라는 서사를 전개하면서 사는 대신, 능동적 의식이 수행적으로 구성하는 현재에 살 수 있으면 좋겠다고 말한다. 그러나 그의 상황은 그의 시선, 목소리, 청각에 압박을 가해 특정한 종류의 현재를 생성해 내도록 강요한다. 그 현재는 크로노타이프의 차원*에서는 그가 하루 중 자기 관리를 위해 보내야 하는 시간들로 이루어진 현재이다. 또 그 현재는 제도권의 직업, 매체 표준적 사건들로 규정되는 역사적 현재이며, 구조를 변화시키려는 집단적 의식, 활동, 욕망을 특징으로 하는 정치적 현재이다. 그 현재는 또 정동적인 것으로서, 분위기가 그리는 포물선과 궤적들을 눈여겨보면서 모든 것을 타진해 보는 현재 진행 중인 공간, 답보 상태일 수도 혹은 삶 자체일 수도 있는 어떤 국면을 통과하는 존재로서의 강도들에 살아 반응하며 익숙해지는 현재 진행 중인 공간이다.

위기 속 살아가기에서 순조로운 일이란 없다. 하지만 이 영화는 위기 속 살아가기를 관리함에 있어서 직관을 계발할 필요성을 수행적으로 보여 준다. <습관>의 마지막 순간들을 관통하는 것은 무엇이든 상관없

● 크로노타이프(chronotype)는 다양한 물리적·육체적 작용들을 바탕으로 24시간 생체 주기의 리듬으로부터 나타나는 수면 등 행동의 발현 양상을 말한다.

는 대상a whatever, 어디든 상관없는 장소wherever에 근접한 채 자동차가 밤 길을 달리는 장면에 깔리는, 일정하지 않게 들려오는 일렉트로닉 사운드의 배경음악이다.[10] 현재의 시간/공간 시나리오는, 전파 방해의 잡음처럼 불규칙하고 망설이는 듯한, 서사적 장르가 없는 바이올린과 신디사이저 시연처럼 발작적으로 나타난다. 역사적 현재가 순조로운 건 역사나 예술이 그것을 장악해 여러 형식 가운데서 우선시할 때뿐이다. <습관>이 취하는 근본적으로 거친 방식은 형식과 직관을 향해 나아가는 정동적 경향의 작용이다. 역사와 기억에 관해서 우리가 무슨 말을 하든 그 이야기는 전부 무너져 내려, 우리가 아직 이루지 못했고 그 안에서 안주해 본 적도 없지만 어쩐지 위안을 주는 일상성에 대한 이야기가 된다. 덜컹거리는 리듬이 두드러지는, 진행 중인 현재, 드라이브–스루 같은 현재의 익숙한/낯선 공간 속으로 카메라가 계속해서 진입하기 때문이다. 그러므로 여기서 습관을 향하는 열망은 혁명을 단절이나 초월, 또는 유토피아적 비전과 등식화하는 실천과 같지 않다. 왜냐하면 위기 속에서는 일상성의 전개가 없다면 모든 에너지가 일분 일분을 살아 내야 하는 삶의 결정주의로 빨려 들어갈 것이기 때문이다. 앙리 르페브르는 『리듬 분석』에서, 즐길 수 있도록 현재를 연장하는 습관화된 몸짓들을 통해 삶을 연출하는 방식을 일종의 자기 생산적, 자기 감응 감각적 "조련"이라고 부른다.[11] 힘들이지 않고 타성에 의해 사는 것, 하룻밤 상대를 찾아 돌아다니는 것, 혹은 이리저리 밀려 표류하는 것 역시 약간 격앙되고 불안하게 습관을 추구하는 양상으로 생각해 볼 수 있을 것이다. 습관은 즉각성을 넘어서는 사고를 할 자유를 만들어 낸다. 보도비츠의 영화는 썩 마음 편하지 않게 거기서 끝난다.

120

2. 현재의 역사들*

앞 절에서 내 목표는, 언젠가는 습관의 리듬을 갖게 될 여러 현재주의적 장르 ― 대화, 병리 지도, 의례 등 ― 를 수집하여, 살아가기 위해 직관을 재구축해야 하는 사람들의 정동적 절박함으로서 [역사적 현재를 바라보아야] 이해 가능해지는 역사적 현재의 장면을 소개하는 것이었다.[12] 여기서 인물들은 따라잡고 반응해야 하는 충격들과 분위기들을 감지하고 투사하면서 빨리 가기도 하고 꾸물대기도 하고, 반성적으로 또 몸으로 여러 공간을 가로지르며 움직인다. 그들은 때때로 이미 학습했던 내용이 틀렸음을 깨달아서 다시 학습[탈학습]해야 하고, 때로는 했던 일을 되풀이하기도 하고 자신에 대해 놀라기도 하지만, 무감각하게 또는 어리둥절한 채로 다음에 나타날 잠재성에 기대고 있는 경우가 잦다. 나타나는 상황을 이해하려는 그들의 야심찬 노력이 위기의 긴 중도를 차지하며, 그런 노력이 개인적·정치적·미적 영역을 만들어 내고, 그럼으로써 진행 중인 사건은 아직 나름의 장르를 찾지 못한 무언가가 된다.

사건이 대상이 되지 않게 가로막을 이 필요성으로 인해 정동적인 것이 역사성에 뿌리박게 된다. 사건화에 대해 이야기하면서 푸코는, 발생한 일이 상식에 포괄되는 순간 혹은 어떤 과정이 하나의 대상-사건으로 응결되는 순간을 넘어 분석적으로 나아갈 필요가 있다고 언급한다. 대상-사건은 그 과정의 내재성을 은폐하고, 잠재적으로 끝나지 않은 혹은

---

* 이미 어느 정도 알려진 사실이지만, 흔히 역사로 번역하는 history는 이야기라는 뜻을 함께 가진다.

불가사의한 활동을 은폐하는 것이다.[13] 현재를 설명하는 이 서사적 역사[이야기]들에서, 앎의 상태로부터 불확실한 직관주의로 이행하는 것은 역사 속에서 존재한다는 것을 농밀하게 육체적인 것, 경험을 통해 느낀 것으로 생각할 수 있게 해준다. 생존 기술에 대한 그런 존재의 요구는 한순간에 세계 전체의 지도를 그려 내지 않고, 시간 속에서 지금 (미학적으로) 유예되어 있는 특정 순간의 분위기 안에서 감각화된 인식론의 역사에 대해 생각할 수 있는 방법을 그려 낸다.

그러나 역사적 현재의 감지에서 개인적·국지적·감각적인 것은 종종 그 현재의 역사적 실제성과 표본성에 대한 회의를 유발한다. 마르크스주의 문화 이론의 주류 전통에 탄탄하게 위치한 해리 허루터니언과 모이시 포스턴처럼 뛰어난 비평가조차 현재는 현재를 살아가는 사람들이 온전히 알 수 없는 여러 역사적 힘의 효과로 보아야 한다고 주장한다. 그들의 주장에 따르면, 현재를 살아가는 사람들이 현재의 구조와 체계를 이해하기 위해서는 학문적·정치적 교육이 필요하다. 그렇지 않다면 현재는 사실상 탈역사적이고 환상적인 것, 스쳐 지나가는 것, 아니면 징후적인 유사類似 활동의 공간이 되어 버린다. 특히 지젝이 상정하는 현재는, 무엇이 삶을 결정짓는지에 대해 항상 사람들에게 충격을 주는 실재the real로부터 계속 공격을 받으면서도 부인否認을 통해 보호받는 공간이다.[14]

잊기 쉬운 사실이지만, 마르크스주의 문화 이론은 정동의 문제를 역사적 현재를 읽기 위한 열쇠로 제시했다. 마르크스주의는 반反문화주의적이라는 비난을 자주 받았지만, 마르크스주의에는 소유와 통제의 관계, 노동 가치의 재생산, 다양한 종속의 위치 및 노동과 관련된 주체성의 정동적 요소들과 엮어서 현재를 설명해 온 오랜 전통이 있다. 마르크스주의는 주체가 정확하게 또는 객관적으로 역사성을 느끼지 않는다고 주장했는데 — 그래서 이데올로기 개념이 나와야 했던 것이다 — 이런 사유의 전통은 계급 적대감, 노동의 관행, 그리고 체험된 구조 속 같은 구역에 거주한다는 사실에서 나오는 공동체적 계급 감정의 정동적 측면들을 다루는 여러 방식을 제시했다.

몇 명만 꼽아 보더라도 특히 루카치에서 프레드릭 제임슨, 베네딕트 앤더슨에 이르는 이론가들은 역사소설을 다루면서 역사주의를 현재의 강렬한 어조를 매개로 삼는 역사적 현재와의 조우, 정동적 인식론의 미학적 표현이라고 보았다. 그 현재가 새로 등장하는 것이든, 혼돈에 빠진 것이든, 저물어 가는 것이든 말이다. 루카치는 어느 한 역사적 시기의 경험적 형태의 핵심을 포착하는 "감정"과 미학적 "기조"를 늘 언급한다.[15] 레이먼드 윌리엄스는 "감정의 구조"에 대한 논의에서 "의식과 관계의 명확히 정동적인 요소들"과 "충동, 억제, 경향이라는 요소들"에 주목한다. "감정의 구조"는 공통의 역사적 경험의 잔여물이며, 사회의 대형隊形 속에서 느껴지긴 하지만 말로 표현되는 것은 아니다. 다만 한 역사적 순간이 유발하는 이질적이면서도 공통적인 실천으로서 감지될 뿐이다.[16] 윌리엄스는 모든 문학작품을 역사적·신체적인 사건의 표현이라는 차원에서 해석하고 글을 썼다. 앤더슨 또한 역사소설을 이용해서 국가적 근대성의 감정이라 칭했던 것을 설명한다. 이 감정은 필리핀에서 두드러지게 미학적으로 나타났지만 역사소설에서 장르적으로 드러나는 것이기도 하다. 마지막으로 제임슨은 잘 알려진 바대로, 포스트모던 문화 속 정동의 쇠락이 [모더니즘에서] 포스트모더니즘으로의 이행을 단적으로 드러내는 특징이라고 보았다.

제임슨에게 정동은 "감정 혹은 정서, 주체성 전체"와 동등하다. 여기서 정동은 전문용어가 아니고, 재현된 대상에 깃든 역사의 울림에 관심을 두는 모더니즘의 규범에서 평면성, 표면에 더 관심을 기울이는 포스트모더니즘으로의 이행을 가능하게 하는 거친 기준이다. 이 이행은 단순히 이미지 그 자체 속 정동의 쇠락을 가리키지 않는다. 그는, 그 이행이 일반적인 사회적 상상계에서 "인간 구성원의 육체적 현실"에 대한 애착을 뒤로 하고 "표현 자체의 미학을 실질적으로 해체"하는 데 치중하게 된다는 의미라고 주장한다. 표현은, 그에 따르면, 더 이상 "단자"monad의 내적 고통을 세계를 향해 번역해 내지 않는다.[17] 추정컨대 이 내적 고통은 역사적 주체화의 풍요롭고 심오한 기록부이고, 제임슨이 선호하는 미학의 멜로드라마적 윤리는 역사적 현재를 그 고통이 표현되는 극장으로 상정한다.

『정치적 무의식』은 모든 작품을 역사소설의 정동적 전통 안에서 읽는 유물론적 실천을 선보였다. 하지만 정동이 그 책에서 명시적으로 문제가 되지는 않는다. 문제는 제임슨이 이 인식론적·정치적 기획을 심미화, 감각화, 상품화된 포스트모던 세계의 순간 일반으로 확장할 때 부각되는데, 이 지점에서 그는 심미적 대중의 일부인 소수 엘리트 집단의 정동, 열망의 차원에서 보자면 평면적인 그 정동을 군중 일반의 경험으로 오해하는 것이다. 그렇긴 하지만, 진정한 감정을 내세우는 자유주의의 문화는 제임슨이 다루는 시기인 20세기 말, 다수의 미학적 부문을 망라하는 일기류, 자서전, '개인적인 것이 정치적'이라는, 강렬해진 예술 작품의 성장에서만큼 감상적으로 출현한 적이 없었다.

그러나 내 요점은, 역사소설들을 다루는 역사가들이 이미 오래전부터, 전형적인 미적 관습들을 생성할 뿐만 아니라 특정한 시공간에 해당하는 정치와 주체의 형성을 전형적으로 보여 주는 정동적 상황의 터전으로 역사소설이라는 장르를 이해해 왔다는 점이다. 이것이 의미하는 바는, 역사소설이 독자에게서 모종의 정동을 유발해 그 정동의 가치가 독자를 역사와 계보에 연결시키고 미학적 피드백의 회로 안에서 역사적 경험을 감지하는 역량을 생성하는 것을 목표로 삼았음을 의미한다. 내가 『여자의 불평』에서 주장했듯이, 모든 장르는 그것이 어떤 정동적 계약을 약속하는가에 따라 구분된다. 어떤 정동들은 오직 미학적 상황에서만 진정으로 포착할 수 있는 방식으로 역사성을 사람에게, 사람을 역사성에 뿌리내리게 한다고 주장함으로써, 역사소설에 대한 문화적 마르크스주의의 입장은 정동을 탈역사주의의 기호가 아니라 바로 역사적 착근성을 가능하게 하는 재료로서 부각한다.[18] 비평가들은 역사소설이 제공하는 역사적인 것의 감각 때문에 그것을 읽는다. 즉, 역사는 각주나 역사적 인물, 역사적 사건의 재현, 시대극이 내세우는 것 같은 스타일 자체에 있지 않고, (일종의 미학적 장르인) 분위기 속에 있다. 역사소설의 이 전통은 일상생활과 의식에서 겨우겨우 포착될까 말까 싶은 무언가를 가리킨다. 역사소설의 전통은 사람들을 역사의 존재로 만든 시간과 실천의 공간에서 나왔다. 뿐만 아니라, 시간과 실천의 그런 공간은, 몸소 체험했든, 언제나 몸에 새겨지는 기억을 매개된 상태로 물려받아서 체험했든, 사람들이 살아온 분위기 속의 역사적인 무언가에 반응하고 또 그것에 의해서 형성되기도 한 것이다.

그러므로 내가 역사소설 장르를 이렇게 살펴본 데는 몇 가지 이유가 있다. 첫째, 월터 스콧과 그 후예들에게 역사소설의 핵심은 역설적인 것이었다. 즉, 그 핵심은, 지금 현재가 되어 버린 미래의 준비 단계였을 수도 있는 과거 순간의 정동적 삶 속에 뿌리를 내리는 것과, 글쓰기의 현재 순간, 즉 오직 직관으로만 공통의 윤곽을 그려 볼 뿐인 현재 순간에서 거리를 두는 것이다. 밸러리 로이의 명석한 분석에 나오는 개념을 빌려오자면, 역사소설 장르의 목적은 역사적 의미화라는 미학적 장에서 어떤 푼크툼*을 생성하는 것이다. 그 푼크툼은 특이하게 탈역사적인 것 — 정동 — 처럼 보이지만, 세부를 가로지르고 통합함으로써 역사적인 것이 편집되기 전에 감각될 수 있게 하는 일종의 중계 장치라고 할 수 있다. 경험적으로나 분석적으로 스콧과 그의 전통 안에 있는 연구자들은 모든 역사적 순간이 시대착오적이라고 주장할 것이다.[19] 하지만 역사적이라는 느낌, 그리고 역사적 감각, 감정, 기조라고 간주되는, 시간의 공간이라는 미적인 경험은 대단한 것이었다. 그것은 진행 중인 순간 속에서 수렴하는 경험의 통일성을 가리켰고, 그 진행 중인 순간은 나중에 한 시대에 속하는 것이라고 지칭될 수도 있었겠지만 당시엔 많은 사람이 공유하는 신경계를 특징짓는 순간이었다. 바로 그런 신경계를 독자에게 제시해 보이는 것이 스콧의 기획이었다.

미학적 전달에 의해 중계되는 역사적 현재의 정동성이라는 이 개념은 미국학 연구에서 중요한 것이 아니었다. 지난 수십 년 동안 미국학 연구자들은 형식주의, 심미주의, 그리고 "이론"에 반대해 역사주의를 받아들이도록 훈련받았기 때문이다. 즉, 모든 지시물을 어떤 숨은 역사로 연결되는 하이퍼링크**로 여기도록, 또 그런 입장이 (아카이브가 충분히

- 푼크툼(punctum)은 점을 가리킨다. 롤랑 바르트는 그의 책 『밝은 방』(*La Chambre Claire*)에서 스투디움(studium)과 푼크툼을 구분해 설명했다. 시야에 들어오는 화면으로서 문화적·정치적으로 일반적인 해석을 스투디움이라 한다면 푼크툼은 하나의 점, 찔린 상처처럼 주관적 해석을 가능하게 하고 또 작동시키는 어떤 세부, 격렬한 자극의 지점이다.

확보되기만 한다면) 어떤 식의 역사적 기록에서든 너무 멀리 벗어날 리 없는 어떤 "독법"을 정당화한다고 여기도록 훈련받았던 것이다. 장르 연구를 학습한 사람이라면, [모든 지시물 뒤에 숨은 역사를 읽어 내는] 그 번역 행위의 미학에서 정동적인 것(문학적 관습, 한 "시대"에 대한 집단적 기억에 담긴 감각 등)과 마주치지 않고서는, 흔적을 남긴 사람들 사이에서 벌어진 문화적 논의의 개념들을 이해할 수 없다는 것을 알 것이다. 그러나 미학적인 무언가를 설명하는 역할을 하는 역사적 아카이브에서 시간, 공간, 그리고 권력의 느낌을 도출해 내면서도 흔히 우리는 미학적인 것을 감각적으로 정동적인 차원에서 사유하지 않는다. 무언가를 텍스트에 기입하는 관습이 언제나 정동적인 차원을 부호화하고 수행하고 방출하는데도 말이다. 장르에 대해 역사적으로 사유하는 것은 텍스트화된 순간의 역사 기술 방식과 활성화하는 상황을 가리키는 증거 안에 수합된 정동성을 서로 이어 준다.

미학이 이처럼 현재의 정동성 안에 깊이 착근되어 있다는 점은, 내가 여기서 개진하고 있는 주장, 즉 일상성의 개념화에서 매일의 삶이 중요하다는 사실과 상관이 있다. 제임슨의 논의로 돌아가 보자면, 『정치적 무의식』의 별로 알려지지 않은 한 측면은, 제임슨의 세 가지 해석의 지평을 이해하는 데 들뢰즈와 가타리의 『안티 오이디푸스』가 핵심적이라는 사실이다. 특히 공시성의 지평에서, 그 상대적으로 무시되었던 왜곡과 단독성의 영역, 내가 역사적 현재라고 불렀던 바로 그 영역을 논의

●● 하이퍼링크는 인터넷에서 단어나 그림 등의 자료를 서로 연결해, 특정 단어 혹은 문구를 클릭하면 곧바로 그에 대한 설명이나 관련 내용으로 넘어갈 수 있게 하는 장치이다.

하는 데 핵심적이다. 제임슨에 따르면, 들뢰즈와 가타리의 목표는 그들이 너무 모호하고 전前경험적이라고 비판했던 방법, 즉 미학적 장면에서 거대 서사가 자료를 방법론적으로 환원하는 것에 맞서 "일상생활의 정치적 내용의 구체성을 재천명"하는 것이었다.[20]

역사적 현재가 무시되었던 이유는, 제임슨에 따르면, 몸이 파악하고 사람들이 반응하는 체험된 구조로서의 현재에 대한 감각이, 속아 넘어간 사람들, 인식론적으로 한계가 있는 사람들이 더듬거리며 생존을 위해 살아가는 장면으로 그려지곤 했기 때문이다. "비공인 파업, 테러리즘, 죽음" 등의 예외적 순간을 제외하면 — 제임슨은 여기서 보드리야르의 리스트를 인용한다 — 말이다.[21] 이런 전통에서 나온 최근 연구에서는, 허루터니언이 최근 가장 좋은 사례를 제시했다. 「역사적 현재를 기억하기」에서 허루터니언은 자본주의가 언제나 현재를 구성하는 구조적 결정 요인들을 포착할 수 있는 역사적 감각의 전개를 가로막고, 과거에 대한 왜곡된 이해, 동시대적 세력의 작용에 대한 터무니없는 오인을 유발한다고 주장한다. 그런데 이런 상황을 특히 왜곡한 두 가지 사건이 있다. 사회주의 기획 및 그와 관련된 상상계의 실패, 그리고 9·11이 그것들인데, 이 사건들은, "생존"의 분위기에 속하는 것으로 내가 위치시켰던 "소비의 현재 리듬"이 동시대적 존재로서의 풍요로운 의식을 대체하는 강렬함을 더욱 심화했다고들 말한다.[22] 허루터니언은 미래에 대한 관념을 현재와 현재 중심주의로 복귀시켜, 발현 순간에 수렴하는 힘의 불안정한 역사들을 드러내는 것이 중요하다고 말한다. 그런 주장과 개념이 없다면 자본주의적 주체는 자신이 빠져나갈 구멍 하나 없는 "농밀한" 현재에 살고 있다고 생각하는 운명에 처하게 되리라는 것이다.

나는 문학사 연구자를 비롯해 역사 연구자들이 "비동시대적 동시대성"에 대한 감각으로 현재를 만들어 내야 한다는 허루터니언의 요구에 전적으로 동의한다. 이는 일상성에 작용하는 힘, 겉보기에 동질적인 것 같은 외양을 깨뜨려 국지적으로 경험하는 삶에서 일어나는 균열을 노출함으로써 대안적 상상계들로 향할 수 있는 다양한 힘들의 역사를 생산하는 것이다. 그러나 그의 농밀한 현재라는 모델은, 근근이 살아가기 위한 여러 양태의 지적 능력을 대안성을 발견할 희망이 별로 없이 억눌린 상상계로 보는 부류이다. 이때 그는 대안성을 역사주의가 그려 낸 국가주의[민족주의]와 지구화의 계보를 이해하는 것과 동일시한다.

평범성*에서 파악할 수 있는 것에 대한 이런 무시는 그릇된 것으로 보인다. 대항-규범적 정치의식을 원활하게 하는 주요소로 미래성에 치중하는 것도 마찬가지다. 현재 순간에 우리가 일상적 삶을 이해하는 방식은 일상생활 이론이 제시하는 패러다임과는 다른 조건들을 필요로 할 수도 있다. 일상생활 이론에서 감각적 충동, 기술, 발달은 역사적 감각과 구조적 인과관계에 의해 형성됨에도 불구하고 그 역사적 느낌, 구조적 인과관계와 대립 관계에 있다.[23] 일상생활 이론은 — 짐멜에서 벤야민, 르페브르, 나이절 스리프트에 이르기까지 — 전례 없이 근대성에서 나타난 그 무엇, 도시의 밀집한 새 인구 집단에게 도시환경이 가져다준 새로운 감각중추에 초점을 맞춰 왔다. 도시 사람들은 더 이상 그들이 누군지를 아는 공간에서 살지 않게 되었고, 그들이 [다른 이들을] 결코 알 수도 없고 통상 그들이 누구인지도 알려질 리 없는 공간, 모더니즘적인

---

* 평범성(the ordinary)은 일상성(the everyday)과 구분할 수도 있겠지만, 이 단락에서 알 수 있듯이, 평범한 일상을 구성하는 정동적 요소들의 정치성에 대한 벌랜트의 논의에서 거의 같은 의미로 쓰이는 것으로 보인다.

새 리듬이 강요하는 임기응변에서 앎과 알려짐의 다양한 새 양상이 등장하는 익명성의 공간에서 살게 되었다. 도시가 생산한 대상과 장면은 사건과 장애물을 만들어 냈고 새로운 도시 거주자들의 신경계에 근본적 변화를 강제해, 일상의 새로운 토대에서 오는 타격과 강렬한 느낌의 지속적인 작용을 소화할 수 있도록 했다. 그러므로 일상생활 이론은 20세기 초 도시화에 대한 사고틀, 또는 급속한 도시화, 대중매체화, 타인 및 친지 간 관계의 재조정으로 집단적 감각중추가 큰 곤경에 처해 충격에 빠진 것으로 드러나는 경우들에 대한 사고틀로 보아야 적절할 것이다.

제임슨의 작업에서 보이는 들뢰즈의 흔적은, 최근 캐슬린 스튜어트와 브라이언 마수미 등의 이론가가 더욱 정교하게 발전시키고 있는데, 오늘날의 일상성을 다르게 보려는 경향이다. 현재 내에서 나타나는 여러 움직임이 과거 자본주의적 양태와는 다른 감각적 자기 계발과 적응의 드라마를 필요로 하기 때문이다. 현재의 조우 속에서의 정동적 반향을 통해 역사적인 것을 읽는 이런 전통이 사용하는 감각의 언어를 사용하여, 위기에 처한 것까지는 아니더라도 불안정한 것으로 드러나는 지정학적 장 안에서 전개되는 무언가를 다시 기술해야 할 것이다. 정동 노동 체제 안에서 소외의 구조적 관계는 오장육부로는 그 반대라고 느껴지지만, 감각중추를 포화시키면서 여전히 화폐화되고 훈육적이고 착취적이다. 멀티-미디어, 트랜스-미디어 플랫폼[소통 기반]을 통해 다양한 세계의 더 많은 사람이 오늘날 정치와 직관의 혼란에 접근할 수 있음을 감안하면, 이전과 이후를 비교하는 낡은 구조주의적 사유는 이제 부적절하다. 구조적 비일관성의 압박 속에서 연속성을 가능하게 하는 것은 무엇인가? 국가/자본주의가 약속했던 세계, 계층 상승과 집단적 향상이 가져다주기로 했었던 세계가 우리 눈앞에서 망가져 버릴 때 도대체 어떤 삶이 좋은 삶일 수 있는가? 계속 밀려들어 오는 새로운 선동에 뒤처지지 않으면서 믿을 만한 장르를 따라가기 위해서 몸에 의지하기란 불가능함에도 발붙일 곳을 유지하면서 계속 살아가야 한다면, 삶이란 과연 무엇인가? 마수미가 글에서 썼듯이, 현재의 역사소설은 "경험주의의 확장된 문화"를 제시하고, 그 안에서 "경험의 자가 행동"은 집단적 순간에 대한 일종의 "색상판"●을 제공한다.²⁴

3. 정동 영역과 사건

『직관주의자』와 『패턴 인식』에 등장하는 두 인물은 미국이라는 세계의 시민이다. 이 세계에서는 매사가 회색 지대의 정치적·군사적·경제적 불법 관행으로 포화되어 있고, 공공 영역의 권력자들 — 정치가, 공동체 지도자 등 — 은 최악의 정치 폭력이 예외적 사건이거나 아니면 과거지사라고 떠들어댄다. 하지만 일상의 불의라는 공공연한 비밀을 들추

● "Too-Blue: Colour-Patch for An Expanded Empiricism"에서 브라이언 마수미는 파란색 색상판을 이용한 실험을 언급한다. 피실험자는 친구의 눈 색깔이 실제보다 훨씬 더 파랗다고 기억한다. '파란색'이라는 언어 개념이 실험자에게는 중립적 범주로서 경험을 환원하는 것이지만, 그 '파란색'은 사실상 피실험자의 감각, 정동적 기억에 의해 채색된 것으로서 일종의 잉여를 의미하게 된다. 이 실험은, 색의 감각 지각이 개인적인 것인 동시에 근원적으로 사회적인 것이라는 사실을 의미하고 경험 역시 개인적 차원과 비개인적인 차원을 횡단하는 것임을 알 수 있게 한다. 파란색이 언급되는 순간 주어진 맥락 안으로 들어오는 언어와 기억, 정동의 역학이 "경험의 자가 행위"라고 할 수 있다(180).

어내어 부정한다 해도, 그런 상태가 은폐되던 때보다 변화 가능성이 더 생기지는 않는다. 더 나은 리얼리즘이 무엇을 이룰 수 있는지에 대해 이 작품들이 내놓는 비전은 어둡다. 예속 상태에 놓인 사람들이 정의를 추구하듯이 이 작품들은 장르를 추구하는데, 장르 형식에 맞추는 것이 목표라면, 그리고 트라우마가 역사적 현재의 지배적 언어라면, 예속된 사람들과 마찬가지로 이 작품들 역시 실패할 가능성이 크다. 1853년 뉴욕 크리스탈 팰러스, 짐 크로우 시대,[*] 냉전 시대, 현대의 판타지 세계인 백화점과 포스트모던 예술로서의 상품 디자인, 생산은 세계에 분포하나 소비는 일부 지역에만 국한되는 지구적 문화, 9·11, 국가 주권성과 지적 재산권의 군대화 등을 아우르면서 두 소설 작품은, 역사소설이 전통적으로 다루던 경험적 소재를 유토피아들의 명부에 끼워 넣는다. 유토피아는 기다려 주지 않으며, 어떤 헤테로토피아 집단이 제공할 수 있는 것보다도 한층 강건한 장소를 현재 안에서 요구한다.[**] 역사소설에 대한 논의에서 우리는 이 변형된 역사의 지평이 현존하며 정동 영역의 미학을 통해 접근 가능하다는 것을 이미 알게 되었다.

* 짐 크로우는 미국에서 흑인을 경멸적으로 칭하던 말로, 짐 크로우 시대는 남북전쟁(1861-1865)과 1863년의 노예제도 폐지 이후 흑인 차별 정책이 본격화된 시기를 가리킨다. 하지만 미국의 짐 크로우 시대는 사실상 1960년대 흑인 민권운동의 발흥 전까지 계속되었다고 볼 수 있다.

** 헤테로토피아(heterotopia)의 뜻은 '다른 곳'이다. 기존 사회의 문화, 질서, 제도를 반영하면서도 그와는 다른 어떤 장소, 일종의 평행 우주이기도 하면서 그로써 상상할 수 있는 유토피아가 실제로는 불가능하다는 사실을 환기시키는 장소이다. 감옥, 군대, 정신병원 등을 그 예로 생각해 볼 수 있다. 미셸 푸코, 『말과 사물』의 서문 참조.

『직관주의자』는 유토피아적 미래를 내다본다. 유토피아적 미래에서 엘리베이터는 보통 "시민들"이 지금 알고 있는 "더디고 평범한" 물리적 세계 너머로 움직이면서 새로운 감각중추와 움직임과 공간이 생겨날 수 있는 테크놀로지의 맥락을 창조해 낸다(254).[25] 『패턴 인식』은 현재 안에서 "얼마나 우리가 [이미] 미래를 …… 내다보고" 분산된 현존의 윤리를 이끌어 내는지 숙고한다(54, 57).[26] 이 서술의 아카이브들에서 과거는 가변적이고 미래는 직관의 대상이다. 그래서 주 관심사는 세계를 돌아다니는 주인공들이 그 세계에 맞추어 적응하고 또 흥분하는 과정이다. 주인공은 그렇게 돌아다님으로써 대상으로서 세상이 지니는 위상을 재규정한다. 하지만 정작 중요한 것은 그들의 전기적 삶이 아니다. 그들의 단독자적 이야기가 표본적 이야기로 변하는 동안 이야기의 초점은, 역사적으로 자극된 정동이 어떻게 시대와 공간을 가로질러 그들에게 전달되는지보다는, 이 정동이 직조하는 힘과 욕망이 계속 살아가기를 위해 일반적으로 무엇을 드러내 보이는지에 있다.

주 관심사는 역사적 현재 속에서 사건이 사람의 능력에 어떻게 작용하는가이다. 그런 점에서 이 소설들은 특이한 것이 아니다. 하지만 이 작품들의 주인공들은 비범하다. 그들은 평범한 여자들이지만 극도로 예민한 지각 능력을 가졌기 때문이다. 하지만 그들의 능력은, 발설되지 않은 정동 영역의 내밀한 사실에 접근할 수 있다는 "여자의 육감"을 연상시키는 초능력적 감각중추가 아니다. 대신에 주인공들에겐 구조적 인과관계에 맞춰지는 예민한 직관 능력의 체계가 있어서, 특정한 종류의 기계적 가치를 매개 삼아 구조에 접근할 수 있다. 『직관주의자』의 주인공 라일라 메이 왓슨은 엘리베이터의 상태를 확인하는 점검원이다. 『패턴 인식』의 케이스 폴러드에게는 상품화된 로고 어떤 것이든 그 로고의 잠재된 가능성[즉 그 로고가 상업적으로 성공할 것인지 여부]을 읽는 능력이 있다. 하지만 트라우마적 사건이 일어나면서 이 주인공들은 전문가적 권위를 가지고 직관을 발휘하던 영역을 벗어나게 된다. 역사적 현재를 변형시키는 힘들이 작용해 주인공과 독자를, 존재의 안정을 새롭게 확증해 주거나 심각하게 절연된 상태로 만드는 것이 아니라, 감각적 경계가 모호한 직관의 궁지에 처하게 만드는데, 이는 현재적 역사의 구축에 있어 과거를 반복하지 않으려는 충동 대신에 작동하는 것이다. 답보 상태에서의 삶은 [처음에는] 위협이었지만 이제 [주인공들이 추구하는] 목적이 된다. 경험을 사건으로 만들지 않으면서 경험에 진입한다는 것은, 예측을 억지로 현실로 만들지 않으면서도, 무엇인가가 진행 중임을 안다는 의미일 것이다. 마치 정동을 일종의 자신만만한 크루즈 컨트롤[자동 주행 속도 유지 장치]에 두는 것이 가능하기라도 하듯이 말이다. 문학 속 이 인물들은 그것과 비슷한 무언가를 계발한다. 즉, 역사적으로 광범위한, 현재[현존]-되기becoming-present에 대한 신-직관적 느낌을 배양하는 것이다.

――――――

『직관주의자』의 도입부에서 라일라 메이 왓슨은 엘리베이터 벽에 기대 본다. 그는 엘리베이터를 점검하는 사람이다. 이 장면에서 서사는 여러 이례적인 것들이 수렴하는 무대를 제시한다. 그는 백인 우월주의가 팽배하고 남자들 일색인 직업군에 종사하는 아프리카계 미국인 여자다. 때는 1964년경으로, 대부분의 직종에서 흑백 인종이 여전히 분리돼 있다. 그가 사는 도시는 암시적으로 뉴욕시이고, 도시는 인종 관련 폭동에서 방금 회복한 터이지만 이제 일상에서 조용히 들끓는 상태다. 즉, 관습적 의미의 사건과 구조적 특권을 누리는 사람의 관점이 역사성을 감지하기 위한 지표라면, 잠잠한 상황이다. 그러나 라일라 메이는 '직관주의자'이다. 이 소설에서 '직관주의'는 무엇보다도 엘리베이터 점검원들이 주창하는 학설이다. 그것은 점검원이 점검 대상이 온전한지 상태를 파악하기 위해서 그 대상에 대해 감각적 관점을 취해야 한다는 주장이다. 그리고 라일라 메이의 인식론은 일종의 미학적 관계이다.[27] 직관주의자는 엘리베이터가 움직이는 동안 엘리베이터 벽에 몸을 밀착해서 엘리베이터의 상태를 읽는다. '경험주의자'들은 직관주의자들의 경쟁상대이다. 경험주의 엔지니어들은 감정보다는 사고를 중시하는 학파라 할 수 있다. 그들은 정동의 게슈탈트를 통해서 기계의 잠재적 수행 능력을 알 수 있다고 주장하지 않고 기계가 공학적으로 가공된 상태를 알아보기 위해 기계를 살펴보는 사람들이다. 라일라 메이가 작업을 하는 장면은 이렇게 묘사된다.

워커 가 125번지의 엘리베이터가 5층 승강구에 도착하자 오렌지색 팔각형이 그의 마음속으로 재주를 넘으며 굴러 들어온다. 그것은 고리 모양의 공격적인 빨간 스파이크와 부조화를 이루며 아래위로 깡충거린다. 8층 부근에서는 정육면체와 평행사변형들이 나타나지만 그 형상들은 대충 지그춤을 추는 데 만족한다는 식이어서, 짓궂은 오렌지색 팔각형처럼 일을 방해하지 않는다. 팔각형은 관심에 굶주린 듯 정면으로 튕겨 나온다. 그는 그게 무엇인지 안다. 세 개짜리 나선형 완충장치가, 먼지 쌓이고 어두운 승강기 통로 바닥에서 10층 아래로, 그에게서 더 멀리 물러난다. 더 계속할 필요가 없다. 눈을 뜨기 직전에 그는 관리인의 표정이 어떨지 생각해 보려 한다. 짐작조차 할 수 없다(6).

직관주의의 이론적 창시자 제임스 풀턴은● 이렇게 "분비된 화학물질들이 영혼의 수용 기관에 의해서 이해된다"라고 말하며 그것을 "진정한 발화"라고 부른다(87)(필자의 강조).

이와 동시에 라일라 메이의 신경계는 다른 직관의 능력도 발전시켰는데 그 재능이 인간 세상에서 그가 차지하는 지위를 등록한다. 하지만 그가 가장 효과적으로 호혜적 상호작용을 할 수 있는 대상은 경계가 둘러쳐진 대상, 즉 엘리베이터, 책, 그리고 그의 머릿속 세계이다. 서술자는 라일라 메이가 점검 대상 엘리베이터를 향해 가는 동안 도시의 분위기를 느낌으로써 도시 경관과도 교섭한다고 말한다. 보도비츠처럼 라일라 메이도 거리의 지도를 숙지하고 있지만 중요한 것은 생명정치의 감각적 압박으로 직조된 정동 영역이다. 라일라 메이는 집단적으로 역동적인 삶의 "제로 지점," "메트로폴리스적 비정동"metropolitan disaffection의 위치가 도시의 심장부에 자리하고 있음을 감지한다(4). 도시의 집단적 정동의 습관과 규범인 그 제로 지점은 소설 속에서 역사가 정동의 일상을 형성하면서 처음 모습을 드러내는 장소이다. 거기서 멀어질수록 라일라 메이는 더욱 정확하게, "맡은 일거리에서 그가 얼마만큼의 의혹, 호기심, 분노를 자아내는지를 예측"할 수 있다. 아프리카계 미국인이고 여성이고 침착하고 과묵하며, 규범 사회의 쾌락과 리듬을 대놓고 등한시하는 조금 두려운 사람이라는 이유로 말이다.

라일라 메이와 대조적으로 엘리베이터 점검원이 대부분 술을 퍼마시면서 노조의 가부장적 위계질서를 즐기는 백인 남성이어서 그런 것만

● 실제 인물이 아니라 작품 속 허구적 인물이다.

은 아니다.[28] 라일라 메이가 제로 지점에서 멀어질수록, 자기가 하는 정동적 상호작용이 응결되어 어떤 사건이 되지 않으리라는 것을 알기에 그러하다. 그는 인종차별적·여성 혐오적 세계에서 [흑인이며 여성인] 자신의 몸이 가져오는 동요를 더 부추기는 짓을 스스로 하지 않으리라는 것을 알고 있다. 왜냐하면 그는 자신의 얼굴을 일종의 가면으로 만들었는데, 그 가면은 "평등한-응시"라는 게임에 동참하기를 거부하고, 백인과 남성 우위의 시대에 인종 간(또 여기서는 성별 간) 접촉의 신경계를 관통해 흐르는 반응을 조장하는 게임을 거부하기 때문이다.[29] 사실상 그가 맺는 모든 관계가 신경계를 따라 흐르는 의사소통으로 이루어진다. 라일라 메이는 아는 사람이 거의 없다. 그는 "걸음마를 떼기도 전부터, 유아론자唯我論者로서" 살아왔지만 이제 미니멀리즘은 생존 전략이 되었다(235). 눈에 띄지 않게 다니면 안전하다. 즉, 익명성은 구조적 특권이 요구하는 수행 속에서 일종의 자기 감응 감각적 자유를 제공할 수 있다.•

라일라 메이의 반응하지 않을 자유는, 서술자가 말하듯이 그가 엘리베이터에 대해서나 또는 사회적 위협에 대해서나 "틀린 적이 없다"는 사실에 크게 힘입는다(9, 197). 독자는 그의 지각을 신뢰하도록 학습하게 되고, 이 작품에는 라일라 메이가 목격한 일들을 감각으로 느끼고 [그 일의 의미를] 걸러 내는 것 외에 별다른 사건이 일어나지 않는 장면들이 많

• 자기 감응 감각(proprioception)은 고유 감각 혹은 자기 수용 감각이라고도 하며, 몸의 각 부위를 감지하고 그 위치 및 움직임을 느끼며 제어하는 감각을 말한다. 우리가 눈을 감고도 몸의 부위가 어디에 있는지를 파악하고 균형을 유지하며 원하는 방향으로 움직일 수 있는 것은 자기 감응 감각 때문이다. 여기서 익명성이 주는 자기 감응 감각적 자유란, 정체성을 드러내지 않고 어느 정도 원하는 방식과 방향으로 감각적으로 움직일 수 있는 자유를 말하는 것으로 보인다.

다. 그는 생각에 잠긴 채 어두운 바의 구석에 앉아서 궁금해 하며 실내를 둘러보기도 하고, 뭔가 헤아리면서 차량이 움직이기를 기다리기도 하고, 가택 침입을 당하고 납치되는 동안에도 침묵을 지키며, 자신의 평정심이 요구하는 대로 절대 서두르지 않는다. 그는 우연성에 의지하는 존재로서 살아가며, 예외는 오직 직업적 업무 수행의 순간들이다. 그 순간에 그는 집중한 채로, 수직으로 오르내리는 벽에 몸을 밀착할 때 몸이 발산하는 정동 안에서 엘리베이터의 건강 상태를 느낀다. 이는 곧 그의 직관이 두 감응 장치로, 즉 기계적 영역과 사회적 영역에서 감응하도록 계발되었다는 이야기이다. 두 영역은 각각 주기적으로 그의 정동적 지능을 최고조로 끌어올리길 요구하곤 한다.

라일라 메이의 예리함이 요구되는 경우는 많다. 구조적 적대 관계가 지배 관계 내에서 그리고 관리자와 피관리자 사이에서 전개되고 있어서, 이 소설 속 세계 전체가 위기의 감응 장치 속에 존재하는 셈이다. 정동의 위기가 개인을 소진시키고 시간과 수많은 삶을 관통하며 퍼져서 결국 공중公衆은 그들 자신이 위태성 그 자체로 이루어진 존재, 위협 가운데서 그들이 만들어 낼 수 있는 [안전한] 고립 영역과 쾌락으로 이루어진 존재라고 여기게 된다. 때로 인종적·계급적·정치적으로 이루어진 감응 장치가 위기를 집중시키고 도시, 지역, 국가 사이의 관계를 형성하는데, 이것들은 모두 비개인적이지만 개인적인 것으로 느껴진다. 때로 위기는 사물과 사람, 태도, 가치를 통제하려는 기업, 노조, 마피아 자본주의 기관의 불안한 몸짓으로 나타난다. 그것들은 폭력과 은밀함을 요하는 선제공격의 역학을 사용해서 스스로의 취약함을 위장한다. 무작위가 아닌 일들이 무작위로 느껴지고, 사실상 우연적인 사건들이 발생하지만 체계적인 일처럼 느껴진다. 그러므로 위협을 가하는 것은 권력의 이해관계가 뚜렷이 감지되는 경우엔 정치적일 수도 있고, 아니면 전적으로 환상이 만들어 낸 것일 수도 있다 ― 발생 가능한 일이 실제 발생하는 일과 만날 때 그 차이는 별반 큰 차이가 아니다. 라일라 메이는 이 모든 것에 감응하는 인물이다. 라일라 메이의 존재 자체를 관리한다는 문제의 측면에서 보면, 『직관주의자』는 팽배한 폭력에 근접한 상태로 계속 살아간다는 것이 어떤 느낌인지를 전달하는 역사소설의 임무에 충실하다. 팽배한 폭력이 너무나 체계적이고 강렬한 감정의 자장을 형성하기에, 사건이 그 폭력을 표출한다면 오히려 다행이다. 동시에 결정적으로 서술자는 파국이란 바로 "늘 일어나는 일을 우리가 빼버릴 때 일어나는 일"이라고 말한다(230). 그래서 이 소설의 임무는 주인공이 선택의 여지없이 살아가야 하는 공간인 일상 속으로 파국을 다시 되돌려 놓는 일이다. 작품은 심지어 사건이 나름의 미학적 구조를 가진 것으로 보일 때도 트라우마적 사건의 예외성을 부정한다. 하지만 파국은 [관습적·규범적] 형식의 흐트러짐, 그리고 역사의 장 전반에 걸친 효과의 확산을 수반할 수밖에 없다.

『직관주의자』에서도, 위기로 돌변할 수 있는 재료가 존재의 표면 전체에 걸쳐 고동치는 분위기 가운데 그런 사건이 있다. 엘리베이터의 붕괴라는 엄청난 사건이 일어난다. 이 사건은 전적으로 정치적이다. 직관주의자들과 경험주의자들이 폭도가 점거한 '엘리베이터 조합'의 주도권을 차지하려고 선거를 하는 중인데, 한쪽이 다른 쪽의 신뢰도 및 능력의 아우라를 깎아내리기 위해 방해 공작과 파괴의 테러를 가하는 것으로 보인다. 하지만 엘리베이터 붕괴는 최소한 두 층위에서 레드 헤링*임이 드러난다. 그것은 역사적 현재 속에서 연출된 정치적 위기를 보여 준다. 그 위기 속에서 모든 사람이 맡은 역할을 하고, 그래서 위기가 해결되는 과정에서, 근본적이고 구조적인 지배 관계, 즉 대중의 뜻에 봉사한다면서 결탁한 계급이 사실상 대중을 지배하는 관계가 반복되었다기보다는, 무언가가 변한 것처럼 보이게 되는 것이다. 엘리베이터의 붕괴는 또 정치적·경제적·산업적 권력에 내재하는 상이한 여러 적대 관계가 어떻게 일상을 형성하는지에 대한, 겹겹이 쌓인 여러 가지 역설을 드러낸다.

라일라 메이는 그 일이 경험주의자들이 해당 건물과 자신에게 저지른 일이라고 생각한다. 사건 전날 그가 패니 브릭스Fanny Briggs 빌딩을 살펴보았고 바로 그날 그 엘리베이터를 감정했었기 때문이다. 패니 브릭스는 유명한 도주 노예의 이름이고, 라일라 메이는 어렸을 때 패니 브릭스에 대해 공부한 적이 있었다(11-12). 유일한 아프리카계 미국인 점검원인 라일라 메이는 자기가 상징적인 이유로 그 건물을 맡게 되었다는 것을 안다. 그 건물이 흑인의 향상을 지지하는 미국을 상징적으로 체현하는 것으로 여겨지기 때문이다. 하지만 탈출한 노예의 이름을 딴 그 건물은 오로지 파국 속에서만 상징적으로 적절한 것이 된다. 변속장치와 연결이 끊긴 엘리베이터처럼 그 건물은 정치, 기업 이데올로기, 현대 도시의 심장부에 있는 백인 우월주의만이 아니라 그 엘리베이터의 제조 과정 자체의 심장부에 있는 백인 우월주의 기제를 폭로하는 역할을 한다.

처음에 라일라 메이는 자신에게 오는 메시지로 파국을 감지한다. 엘리베이터를 자신이 정확히 읽었다고 확신하며 그는 엘리베이터가 자신에게 오명을 씻고 부패한 진실을 밝히라고 요청하는 소리를 듣는다. 라

- 레드 헤링(red herring)은 주의를 분산시키고 관심을 다른 곳으로 돌리는 소음이나 장치를 말한다. 논리적 오류를 가리킬 수도 있으며, 일부러 그릇된 결론으로 유도하는 고의적 장치를 가리킬 수도 있다.

일라 메이로 인해 전개되기 시작하는 추리소설 플롯은 라일라 메이와 그의 세계 사이에서 새로운 "계약"이 생겨나게 하고, 엘리베이터를 사용하는 대중에게, 정치의 영역에서, 그리고 라일라 메이에게 의지를 지배적인 것으로 만들어 주는 앎에 닥치는 여러 위기를 드러낸다. 매우 중요한 것은, 그런 플롯이 라일라 메이를 탐정 모드에 돌입하게 하고 결국 그것이 그의 직관의 파괴로 이어진다는 점이다(166).

그의 여정은 은밀히 인종차별적인 21세기 자본주의의 지도를 서서히 폭로하며, 이는 결국 엉망진창이 되어 버린 유토피아적 테크놀로지로 드러난다. 제임스 풀턴은 미국 남부에서 북부로 이주했고 아프리카계 미국인으로 사람들과 어울렸다가 나중에 백인 행세를 하게 된 사람으로, 자신 및 자신과 비슷한 처지의 사람들을 억압하던 엔지니어들을 골탕 먹이는 농담으로 직관주의를 만들었다는 사실이 밝혀진다. 그 후 풀턴은 스스로 만들어 낸 농담을 믿게 된 것이었다. 『직관주의자』에서 농담은 보통 알파의 놀이,* 즉 속고 사는 사람들, 지배당하는 사람들을 향한 인종적·성적 공격이 취하는 형식이다. 하지만 여기서 농담의 위력은 사실에 대항하고 물리력에 대항하는 세계를 열어 준다. 풀턴은 그 농담을 확장해 인종 규범과 자연의 법칙을 위반하는 인종적 고양에 관한 이야기로 만들었던 것이다. 그는 암호로 "블랙박스"라는 것을 만들었고, 블랙박스의 검은색이 새로운 중력을 이해하는 여러 개의 열쇠를 제

---

* 알파(alpha)는 그리스어 알파벳의 첫 글자이므로 보통 어떤 무리에서 가장 우위에 있는 개체나 그런 개체들이 형성한 집단을 가리킨다. 예를 들어, '알파 메일'(alpha male)이라는 말은 무리의 우두머리 노릇을 하는 수컷, 최고 권력을 장악한 남성(들)을 말한다.

공한다. 그는 이렇게 쓴다. "이 세계 너머에 또 하나의 세계가 있다"(62).
이 말은 미래에 대한 이야기처럼 들리지만, 사실 작품 속에서 중점이 되
는 것은 공간이다. 이론을 만들어 내는 작업은 현재의 내부에서 체험된
대안 가능성을 향해 현재를 개방하는 것이다.

풀턴의 일기에서 나온 이 경구는 그의 저서 『이론의 엘리베이터』의
핵심 문구이다. 라일라 메이는 수업에서 이 책을 읽으면서 경험주의에
서 직관주의로 "전향하는 경험"을 하게 된다(59). "또 하나의 세계"라는
문구가 그의 오장육부를 새로 형성해 준 것 같았고, 그의 직관이 기술적
경험주의에서 벗어나 구체적인 인식-감각적 유토피아론을 향해 나아
가게 만들었다. 그리고 소설은 엘리베이터의 붕괴 후 라일라 메이가 익
숙해져 버린 오장육부의 감각에서 두 번째로 튕겨 나가는 경험을 따라
간다. 작품의 정동적 역사주의는 여러 강렬함들을 연결하는 느와르 소
설의 구조를 교묘하게 모방한다. 즉, 냉소적이면서 전문적일 것, 한 가
지 문제에 과도한 관심을 기울일 것, 부패의 증거를 찾아내서 사람들에
게 대가를 치르게 만들 것, 자경단의 탈법적 복수 비슷한 방식으로 정의
를 실현할 것, 그러면서도 구축된 세계에 주목하고 동기의 증거에 주목
할 수 있게 열린 틈새 안에서 사랑에는 바보가 될 것, 사건이 성공리에
종결된다 해도 변치 않는 모든 것을 그대로 받아들이는 사람이 될 것 등
의 내용이다. 이 모든 일이 라일라 메이에게 일어난다. 라일라 메이를
추적하는 악한들뿐만 아니라 라일라 메이를 보호하는 사람들도 보이는
모습이 다가 아니라는 사실이 밝혀진다. 그들은 풀턴에 대한 정보를 찾
으려 혈안이 된 기업의 요원들로, 그 정보를 라일라 메이가 갖고 있다고
생각한다. 풀턴의 노트에서 라일라 메이의 이름을 발견했기 때문에 그
들은 라일라 메이가 블랙박스의 설계도를 갖고 있다고 생각한다. 블랙

박스의 제조는 그들이 축적한 권력의 세계, 그들의 역사적 현재를 파괴할 잠재력을 가진다고 생각하는 것이다. 풀턴은 '수직 이동 학원'에서 라일라 메이가 늦은 밤까지 공부하는 것을 보고 자기 서류의 여백에 라일라 메이가 누구일까 묻는 질문을 끄적여 놓았던 것뿐인데 말이다.

악한들은 대부분 악한처럼 행동한다. 그들은 매너 없이 굴면서 쾌감을 느낀다. 그런데 어떤 엘리베이터 회사가 레이먼드 쿰즈 또는 "나체즈"라는 사람을 보내 라일라 메이를 유혹하게 한다. 라일라 메이가 알고 있는 것을 친밀한 관계에서 주고받는 이야깃거리로 만들어서 알아내려는 것이다. 그는 임무를 수행하기 위해서 라일라 메이에게 성적으로 어필하는 동시에 자신이 풀턴의 숨은 조카, 삼촌의 유지를 받들고자 하는 흑인 인권 신장 옹호자라고 "밝힌다." 라일라 메이에겐 욕망을 직관으로 파악하는 기술이 없다. 라일라 메이는 그를 믿고, 오장육부로 반응하던 방식을 변화시키기 시작한다. 갑자기 수줍어하는가 하면 옷에 대해 생각하기도 하고, 친밀한 관계의 사소한 비밀들을 전략적으로 기획하기도 하는 것이다. 그러다가 진실의 폭로가 주는 충격을 경험하게 된다. 책의 뒷부분에서 라일라 메이는 자기가 사는 현재 삶에 대한 진실을 누군가에게 듣고 나체즈의 진짜 정체와 동기를 알게 된 후에 직관주의적 전략으로 되돌아간다. 사물의 세계와 친밀하게 지낼 것, 자본의 세계와 사랑이라는 가짜 호혜성의 세계로부터 떨어져 지낼 것. 하지만 그러는 사이 위기의 순간은 심화되고, 라일라 메이의 직관의 토대가 변한다. 풀턴의 유토피아적 비전을 확장하는 기획을 떠맡으면서, 사물들과 힘의 관계에 대한 라일라 메이의 추론적 리얼리즘은 이 세계 안에 있으면서도 이 세계 너머에 있는 공간의 역할을 수행한다.

윌리엄 깁슨의 『패턴 인식』의 주인공 케이스 폴러드는 라일라 메이처럼 직관을 가진 사람이며 라일라 메이처럼 직관을 직업으로 삼았다. 더 정확히 말하자면, 그는 미쉐린 비벤덤*이나 토미 힐피거 로고같이 상품화된 아이콘에 "예민"해 "알레르기" 반응을 보인다. 우리는 그가 상품화된 기호의 위력에 무너지면서 "측면으로" 움직여 가는 것을 본다. 즉, 이런 조우는 아름다운 광경이 아니다. 부조화를 이루는 로고 앞에서 그의 심리가 "부어오르면," 케이스의 존재는 정동들의 "산사태," "은박지 조각을 힘껏 깨무는 것" 같은 강렬하고 씁쓸한 감각을 자아내는 감응을 경험한다(17). 감각적으로 혼합된 이 은유가 그를 향해 "충돌"해 오는 강렬함들을 수행적으로 보여 주며, 케이스가 항상 "영혼의 지체"soul lag로 느끼는 안전함과 소외감을 교란한다. 그런 영혼의 지체로 그가 할 수 있는 일이라곤 당면한 순간, 즉 부재하는 것도 아니고 존재로 포화된 것도 아닌 순간을 물결처럼 타고 가는 것뿐이다. "중대한 사건이 주는 스트레스"(354)의 효과는 스튜어트가 "추론, 호기심, 구체성 …… 습관 또는 충격으로, 공명 또는 타격으로서 시야에 들어오는 여러 세력"이라고 칭했던 것의 이력과 편향을 명확히 드러낸다. "무언가가 사건이자 감각으로서 한순간에 한꺼번에 닥쳐온다. 활성화된 동시에 견뎌 낼 수 있는 무언가"이다.[30] 깁슨의 서술자가 케이스의 감각중추를 묘사하면서 사용하는 언어는 그러므로 와해만을 가리키는 언어가 아니다. 조율을 통해서 케이스는 미약해지는 방식으로 잘 살아가는 것이다.

"다국적이라기보다는 탈지리적인" 세계, 무엇이 권력을 갖는지를 "자기가 어떻게 아는지 알 길이 없는" 세계에서(12), 케이스는 탈인식론

---

* 비벤덤(Bibendum)은 미쉐린 타이어맨으로 알려진 로고 속 형상의 원래 이름.

적이다. 그래도 그는 이런 조건으로 인해 무력해지지는 않는다. 더구나 그의 강력한 비주권성nonsovereignty*이 갖는 바로 그 진정성 때문에 사람들은 그를 고용해서 그의 신경계에 맞춰 상품을 제작하고 싶어 한다(6, 8). 케이스는 프리랜서로 자기의 신경계를 시장에서 거래한다. 계약제로 일하는 사람인 프리랜서는 신자유주의의 속 주권적 인물 가운데 하나로, 단기간 거래에 한정된 의무 사항을 충족하고 장기적으로 그런 일을 신속하게 해치움으로써 번창하는 인물이다. 케이스는 세계의 과잉 근접성[사건이 바로 앞이나 옆에서, 즉 너무 가까운 곳에서 일어났다는 점]보다 기업가적 위태성을 선호하고, 작품은 여기저기로 떠도는 그의 이동을 따라가는 구조로 되어 있다. 그 이동은 "자신을 꿈에"(309) 내맡기는 것과도 같은, 길 잃음 속에서의 발견됨이다.

하지만 라일라 메이와 마찬가지로, 이런 점에서 케이스는 예외성이 아니라 표본성의 극단적 사례이다. 이 점은 예언자 에드거 케이시와** 미국계 이스라엘인 스파이 조너선 폴러드의 이름을*** 합친 케이스의 이름에도 공공연히 명시돼 있지만, 소설에서 케이스의 능력은 직관의 일

• 위기, 위태로운 현재에서의 적응이라는 문제에 주목하는 벌랜트에게 정동은 주체의 비주권성을 조명하는 주요 개념임을 기억한다면 도움이 될 것이다.

•• 에드거 케이시(1877-1945)는 미래를 내다보는 '초능력'과 영혼과 소통하는 영적 능력을 가졌다고 알려졌던 인물이다. 주인공의 이름은 어머니가 에드거 케이시를 따서 지었지만 주인공은 자기 이름을 '케이스'라고 발음하라고 말한다(*Pattern Recognition*, Chapter 4).

••• 미국 정부의 정보 분석가였던 조너선 폴러드는 이스라엘에 미국의 기밀 정보를 유출한 혐의로 1987년에 무기징역을 선고받았다.

상성이라는 바탕에 광범위하게 뿌리박고 있다. 『패턴 인식』에서는 모든 사람이 정동과 친밀성을 화폐화하는 데 열을 올린다. 광고, 영화제작, 바이럴 마케팅, 쓰레기를 재활용해서 사고 싶은 키치 상품으로 만드는 일 등은 지구적 경제 및 정치 관계 형성과 관련 있는 활동의 일부에 불과하다. 케이스가 현재 계약을 맺고 있는 광고 회사 블루앤트의 대표 후버투스 비겐드는 그에게 현재는 소뇌편도체의 제국이자 대뇌변연계의 시대로서 "문화가 우리를 속여서 그것이 의식 전체라고 인지하도록 만든다"라고 말한다(69).* 케이스는 소뇌 편도체의 여제女帝이다.

하지만 케이스가 트레이드마크의 잠재력을 읽는 독특한 재능을 가졌다면, 그의 재능이 지닌 가치는 그가 일반적인 신경계를 예시한다는 사실에 기인한다. 소설은 정동적 인지능력을 조직하기 위한 유사한 종류의 미학적 형식 여러 개를 전면에 내세운다. 특히, 다른 의미 체계 안에 정보를 숨겨 분산시키거나 워터마크로 표시하는 행위인 스테가노그라피(74-76),** 그리고 "관련되지 않은 사물 사이의 연관성과 유의미성을 즉흥적으로 인지하는" 아포피니아(115)가*** 그것이다. 때때로 케이

- 대뇌변연계(limbic system)는 정서, 행동, 장기적 기억의 형성과 처리, 동기부여, 후각 등 여러 기능을 주로 담당한다. 소뇌편도체는 대뇌변연계의 일부이며, 기억의 처리 및 공포, 불안, 공격성을 포함하는 정서적 반응 작용에서 주된 역할을 하는 부위로 알려져 있다.

- •• 스테가노그라피(steganography)는 심층 암호라고도 하며, 파일 안에 다른 파일을 숨기는 기법을 말한다.

- ••• 아포피니아(apophenia)는 상호 관련성이 없는 무작위적 자료들 속에서 유의미한 패턴을 읽어 내는 능력 또는 경향을 말한다.

스는 실제로 우연한 일도 있음을 스스로 상기해야 한다. 하지만 소설 속에서 그런 우연적인 경우는 드물다. 신경계는 언제나 존재자들 및 존재하는 사물들 사이의 끊임없는 소통을 직관으로 인지하고 있으며, 그것들이 바둑판처럼 만나면서 가로지르는 무한한 좌표들을 따라가고 있다. 그래서 『패턴 인식』에서 잠재적으로 존재하는 것은 그것이 무엇이든 과거나 미래에 관한 것이 아니다. 정동에 대한 역사소설의 세미나로 폭발적 변신을 한 듯한 이 추리소설은 대안적 현재를 만들어 내지만 — 비평가들이 지적한 내용인 — 유토피아적 탈역사주의(블랫버그)나 내재적 미래(제임슨, 웨그너), 또는 상품화된 자본주의적 현재의 부정(거의 모든 비평가)을 지향하는 것은 아니다. 사람들은 자기가 모르는 것에 대해서는 직관을 따르고, 그래서 현재를 변형시킨다. 현재는 결코 스쳐 지나가는 것이 아닌, 이행 과정에서의 여러 실험으로 특징지어진 공간 속 행위의 영역이다. 『직관주의자』와 마찬가지로 이 작품은 적응의 드라마이다. 강렬해진 감지력으로 정의되는, 현재에 현전하게-되기becoming-present를 직관적으로 재훈련하는 드라마인 것이다. 그렇게 하지 않는다면 세계는 아무런 보장도 없는 채로 버젓이 지속된다. 언제든 잘못될 수 있는 거래의 잠재성은 낙관의 주요 장면이기도 하고, 진정한 인간적 호혜 관계를 이룩할 잠재력은 언제나 기술-정치적 게임의 규범성에 더 많이 관심을 투자하라는 유혹의 일환으로 제시된다.

과정 지향적이고 주관적인 이 자아 확장 가운데서, 라일라 메이와 마찬가지로 케이스는 사건 속에서 빼도 박도 못하는 상황, 트라우마를 마주하게 된다. 그리고 라일라 메이의 경우 엘리베이터 붕괴가 인종, 젠더의 상황을 일상 속의 위기로 직조해 전면에 내세우듯이, 케이스가 살아 온 상황, 즉 "심리적 예방 조치"를 안정장치로 깔고 균형을 유지하던 불안정한 정동의 상황도 공적으로 매개된 트라우마로 인해 중점적으로 조명된다. 『패턴 인식』은 바로 그렇게 발생한 두 가지 일 사이의 관계로 짜인 이야기다. 즉, 2001년 9월 11일의 트윈 타워 붕괴와, 갑자기 인터넷 상에 나타나 친밀한 대중을 매혹하는 어느 키스 동영상이 그것이다. 하지만 9·11은 케이스의 개인적 트라우마로 다뤄질 뿐 소설의 서사를 형성하는 사건이 아니다. 서사를 형성하는 역할은 "경계들을 가로지르고, 익숙한 사물의 질서를 위반하는 재주가 있는" 그 동영상이 한다(20).

케이스의 세계 여행과 구조적으로 맞물린 그 키스 동영상은 F:F:F, 즉 페티쉬 동영상 포럼Fetish Footage Forum이라는 웹사이트에 있다. 이 사이트에서 온 세계의 팬들이, 이성애적 키스를 연출하는 듯이 천천히 등장하는 그 동영상 화면 모음이 하나의 서사인지 아니면 목적 없는 어떤 것인지, 진행 중인 미완의 작품인지 논쟁을 벌인다. 팬 문화는 사소하지만 삶을 형성하는 드라마로서, 『직관주의자』의 패러디적 정치 논쟁을 반영한다. 여기서 '진행론자'Progressivist는 '완성론자'Completist와 논쟁한다. 전자는 이 동영상이 어떤 계획 없이 전개되고 있다고 주장하고, 후자는 완결된 작품의 퍼즐 조각이 하나씩 제시되는 것이라고 주장한다. 이 동영상이 자력처럼 "마케팅"되고 유포될 수 있게 한 세계 구축의 상상계를 소유하거나 활용하려는 블루앤트의 욕망 덕분에 자금지원을 받게 된 케이스는, 연인들이 나오는 그 동영상의 미스테리를 풀기 위해 온 세계를 돌아다닌다. 그 미스테리는 삶이라는 서사 자체와 관계된 우리 시대 친밀성의 미스테리이기도 하다. 들뢰즈와 가타리가 말하듯, 여기서 "권력을 조직하는 것은 욕망과 경제적 토대의 결합이다."[31] 케이스의 유일한 자산은 가족에게서 물려받은 기술이다. 그는 스파이였던 아버지에게서 비밀 유지, 보안 유지, 암호해독 탐지 방법을 배웠고, 일종의 전파 잡음을 통해 다른 세계의 목소리를 듣는 영매였던 어머니에게서 그런 목소리를 현재의 지도를 그려 내는 메시지로 바꾸는 법을 배웠다.

알 수 없는 것을 알아내는 통약 불가능한 방법을 물려받은 케이스는 도쿄, 러시아, 런던으로 간다. 트레일러 파크, 아파트 단지, 레스토랑, 카페, 시장, 호텔에 가기도 하고, 지하철, 기차, 비행기를 타기도 하고, 보도를 따라 걷기도 한다. 하지만 보도비츠의 경우 이런 행위를 하면서 새로운 습관을 만들어 낸다면, 케이스의 경우는 이런 행위를 통해서 낡은 습관을 탈학습한다. 이전에는 집중한 상태로 불면에 시달리며 과잉 경계심을 가지고 살던 케이스는 "모든 의도성을 보류"하고 방랑하는 법을 배운다(256). 그 동영상을 비롯한 모든 것은 결국 "진행 중인 미완의 작품"으로 판명되며, 그것은 진보의 서사와는 다른 것이다. 하지만 케이스는 모더니즘적 산책자는 아니다. 설령 그렇게 보일지라도 말이다. 우연한 경험들의 집합은 『패턴 인식』이 그리는 오늘날의 순간 속에서 존재의 양상이 아니라 화폐화된 스타일이 된다. 케이스로 하여금 산책자적 방랑을 급진적인 것으로 만들게 하는 것이 플롯의 임무였다고도 할 수 있을 것이다. 케이스는 대도시의 직관적 스타일의 방어 태세에서 진정으로 이탈하고, 그래서 실제로 특정한 사람들에 애착심을 가질 수 있게 되고 그들과 방랑할 수 있게 되는 것이다. 결국, 내내 느낌만 오던 것을 실제 감정으로 경험하며 케이스는 "살면서 최근 겪은 이상한 일이 발밑에서 변동하면서 역사의 새로운 패러다임에 따라 스스로를 재정렬"하고 있음에 주목한다. "편안한 느낌이 아니다"(340). 라일라 메이가 유토피아적 지향에서 그를 벗어나게 하는 어떤 존재와도 조화를 유지하려는 기획을 포기한다면, 케이스는 과거와 현재를 구분하는 일을 포기해 현재가 개방될 수 있게 한다. 『패턴 인식』은 케이스가 파커보이와 침대에 누워 있는 장면으로 끝난다. 그는 F:F:F 팬 사이트를 통해 케이스가 만난 유일한 애착의 대상이며, 케이스를 위해 불편을 감수할 용의가 있던 사람이다. 육체의 조화를 이룬 상태에서 그들은, 현재의 답보 상태에 대한 통상적인 직관적 자기 학습의 내용인 이 시대의 삶-만들기라는 소란으로부터 멀어져 간다.

4. 추락하는 자와 비명 지르는 자
: 익명성과 트라우마

내가 제시한 일련의 주장은 경험의 구성과 역사적 현재의 편집에서 정동이 여러모로 특권적 위치에 있었다는 것이다. 그중 하나는 어떤 역사적 순간에서든 현재를 매개하는 데서 정동이 중심에 있다는 미학적 주장이다.[32] 두 번째 주장은 정동의 문제를 다루는 것이 이데올로기론에 근접하는 무의식적 애착 관계에 대한 여러 논의와 연관은 있지만 동일하지는 않다는 것이었다. 역사적 이행에 대한 전형적인 소설 속 재현에서 직관이 차지하는 중요성에서 증명되었듯이 말이다. 그런 소설에서 그리고 이 글에서, 직관은 정동 활동의 역사적 맥락과 정동이 접촉하는 구역이다. 직관은 또 추론의 구역으로, 직관이 사회적인 것과 조우하는 동안 증거와 설명이 어떻게 만들어지는지에 따라 언제나 변동한다. 신경계에 대해 전문적이기보다는 일상적인 언어로 말하면서 너무도 명백히 신경계 안에 자리 잡고 있음으로써 『직관주의자』와 『패턴 인식』은 현재의 직관을 구체적으로 설명하는 수많은 방식을 수집하며, 경험주의, 직관주의, 완성론, 진행론, 둘러보기, 상황 점검 등과 같은 탐지의 장르 및 양태를 활용한다. 그런 탐지의 장르, 양태는 우리가 단독적으로 그러나 동시에 타인과 공유하면서 살아가는 현재의 순간과 어떻게 함께 살고 현재 순간에 어떻게 반응하고 현재 순간을 어떻게 따라잡고 확장하고 간섭할 것인가, 또 어떻게 현재 순간의 간극에 신경 쓸 것인가의 문제를 명확히 밝히기 위한 것이다.

그렇지만 동시대적 순간에 대한 이 소설들의 개념화에서 현재는 트라우마에 대한 일상의 언어로 극적으로 표현된다. 트라우마적 해프닝은 세계의 신경계를 격화하고, 사람들로 하여금 그들 눈앞에서 벌어지는 일에서 역사가 만들어지는 중이라는 느낌에 집중하게 만든다. 시대구분이라는 이 미학적 장치를 이용해서 두 소설은 『직관주의자』가 "궤도의 집합"이라고 표현했던 것을 주어진 시간의 영역 안에서 개방한다. 트라우마는 무언가를 분위기 속에 만들어 내는데, 그 무언가는 두렵고도 낯선* 느낌 이상으로 구체적인 것이 아닐 수도 있다. 즉, 방 안에서 자유롭게 부유하는 불안감, 길거리에서 느껴지는 부정적 기운, 해프닝이 구체적일 때조차 뚜렷한 경계 없이 일상 안에서 펼쳐지는 것 같은 시나리오처럼 말이다. 서문에서 주장했듯이, 내가 사건보다 "해프닝"이라는 말을 사용하는 것은, 이 서사들이 해프닝의 사건-되기the becoming-event를

• 두려운 낯섦은 프로이트 정신분석의 용어이다. 프로이트는 독일어 형용사 heimlich가 집 안, 친숙함과 동시에 가려짐, 은밀함도 뜻하기에, 으스스함, 두려움을 뜻하는 반의어 unheimlich와 동의어가 되는 역설을 활용해서 이 개념 (Das Unheimliche)을 발전시켰다. 이는 친숙하게 잘 아는 대상 혹은 공간이 생소하고 기이하게 느껴지는 경우를 말한다. 영어로는 uncanny로 표현된다.

추적하면서 위기가 자아내는 답보 상태 속에서 상황 장르로서 대부분의 시간을 보내고, 공명하는 내용과 함의가 과잉 결정되는 과정에서 충분히 전개될 수 있게 하기 때문이다. 그래서 무슨 일이 발생했을 때에도, 심지어 사건이라고 합의에 의해 인정받는 일이어도, 어떤 선험적인 결과, 습관 혹은 공명의 스타일이 있어서 특정한 방식으로 일상성을 격화하는 것은 아니다. 의학적으로 "트라우마"라고 호명되는 물리적·신경생리학적 특성을 어떻게 보건 간에, 트라우마적이라고 불리는 사건과 마주쳤을 때 그것은 [이 사건을 설명할] 장르가 [아직] 없다는 상황에 대한 설명을 제공하는 하나의 장르가 된다.

문화이론 연구자는 보통 장르라는 정동적 관습들을 통해 트라우마를 사유하지 않는다. 그리고 트라우마가 어떤 해프닝에 대한 반응의 한 가지 양식, 하나의 해프닝을 매개하여 사건으로 만드는 한 가지 양식이라고 생각하지도 않는다. 장르로서 트라우마는 적어도 미국에서 1950년대 이후로는, 현재의 역사를 기술할 때 사용할 수 있는 시대구분의 규범을 유발하는 것으로 인식되지도 않았다. 트라우마가 이런 식으로 등한시된 데에는 몇 가지 이유가 있다. 주된 이유는 트라우마를 탐구한 인문학 분야의 연구에서 캐시 카루스의 모델이 권위를 가졌던 것과 상관이 있다. 카루스의 트라우마 모델은 증상이 온전한 주관적 경험을 방해한다는 점을 통해서 트라우마를 표상하는데, 증상은 자아 파괴적 상실에 주체가 노출됨을 수행하면서 그런 노출의 징표가 되는 동시에 그런 노출을 폐제한다는 것이다.[33] 이런 관점에서 우리는 트라우마적 사건이 자기 생성의 차원(트라우마임을 알게 되면 트라우마라고 알게 된다)과 자기 통제의 부정이라는 차원(우리는 트라우마를 소유할 수는 없지만 트라우마에 소유당한다는 것은 안다)에서 자명한 것이라고 인정했었다.

이와 관련해 그리고 약간은 역설적이게도, 트라우마적 사건에 관한 문헌에서는 트라우마가 주체를 역사적 현재에서 분리시킨다는 점에 대한 합의가 지배적이었다. 주체의 내면에 갇힌 무언가 속으로 [트라우마가 발생했던] 과거가 무섭게 퍼져 들어가, 그 무언가가 일상에서 무역사적으로 두드러지게 되는 상황에 주체를 처하게 한다는 것이다.[34] 하지만 사후성* 개념의 편타성 상해, 즉 시간차가 있는 충격**은 훨씬 더 복잡하다. 정동적인 개념으로서 그것은 다리를 놓는 기능을 한다. 사건을 따라잡아야 하는데 늦었다는 느낌, 사건 안에서 발생한 일에 대해 영문을 모르다가 뒤늦게 갑자기 깨닫는*** 느낌(이는 사후성après-coup, 즉 트라

- 사후성(Nachträglichkeit)은 프로이트의 개념이다. 트라우마의 충격이 사건 이후에 경험되고 따라서 외상후증후군 등을 비롯한 반응 역시 지연된다는 의미로 트라우마 이론에서 사용되고 있다. 프랑스어로 après-coup라고도 하며 영어로 흔히 lateness, afterwardness로 번역되기도 하므로, 우리말로는 '사후성'으로 번역할 수 있을 것이다.

- 시간차가 있는 충격이라고 번역한 이 표현이 벌랜트의 원문에는 whiplash로 표현돼 있다. 이는 "편타성 상해"라고도 하는데 자동차 사고 등에서 머리가 심하게 흔들리거나 두경부에 충격을 받았을 때 목뼈 및 주위의 근육, 신경조직이 손상을 받는 부상을 가리킨다. 벌랜트는 프로이트의 사후성 개념을 외상의 충격으로 인한 통증 등 감각 증상의 사후적 발현과 연관시키고 있으므로, 이때 충격을 whiplash로 표현한 것은 트라우마를 트라우마로 지각하는 과정에서 작용하는 시간차, 시간적 지연을 강조하는 수사적 시도로 볼 수 있을 것이다. 옮긴이는 사전적 의미 그대로 편타성 상해로 번역하는 것도 좋지만 시간차가 있는 충격으로 풀어서 번역하는 편이 의미 전달에 도움이 된다고 생각했다.

- "뒤늦게 갑자기 깨닫는"으로 옮긴 double-take은 뭔가 놀라운 일이 있을 때 귀나 눈을 의심하다가 잠시 후 반응을 보이는 현상, 또는 발생한 일의 의미를 잘 이해하지 못한 채로 반응했다가 잠시 후 의미를 깨닫고 그에 맞게 다시 반응하는 현상을 일컫는다.

우마적이었다고 이전의 순간을 되살려 내는 2차적 사건이라는 장르를 통해 이루어진다), 현재 안에서 현재를 심지어 단절의 구조로 느끼면서 트라우마로 인해 현재로 포화된 느낌, 과잉 결정의 압박 때문에 내면이 텅 비워진 느낌, 얼어붙은 채로 (지금 과거에 의해 규정된) 미래로부터 떨려 난 느낌, 그리고 일상적 삶은 계속되는데 일상의 습관화된 직관과 초감각적 직관 양쪽 모두에서 보았던 자기 중단 혹은 자기 망각 행위와 과잉 의식 hyperconsciousness을 뒤섞으면서 현재가 다른 모든 것들과 함께 말이 되지 않는다는 느낌 등이 모두 관련된다. 편타성 상해, 즉 시간차가 있는 충격으로서의 트라우마를 살아 내기, 가라앉지 않고 간신히 수면 위에 떠 있는 상태, 빼도 박도 못하는 상태, 증상들 사이를 떠돌기, 기억상실증과는 다른 자기 망각. 이렇게 엉망진창이 된 시간개념은 카루스도 주장했던 내용, 즉 트라우마 주변에 언제나 잉여의 의미 작용이 있다는 사실을 가리킨다.[35] 여기서 내 주장은, "트라우마"가 가장 잘 설명하는 것은 [무언가에] 압도된 상태를 관리하는 여러 양태들 중 한 두 가지일 뿐이라는 점이다.[36] 결국 트라우마는 역사적 현재를 경험하는 일을 불가능하게 만들지 않고 가능하게 만드는 것이다. 즉, 스스로 소유하는 정체성의 기반이 되기도 하고 또 그런 정체성을 설명해 주기도 하는 관습적 의미의 자전적인 이야깃거리를 여전히 우리가 갖고 있다는 의미에서가 아니라, 삶의 역사적 자기 연속성에서 당연시되는 것의 기반으로서의 자전적 이야기를 트라우마가 부수면서 규범적인 플롯이나 어떤 보장도 별로 없이 생존이라는 작업을 변모시킨다는 의미에서, 트라우마는 역사적 현재의 경험을 가능하게 만든다. 또한 카루스는 사건의 과잉 근접성이 경험, 기억, 지식, 그리고 습관화된 관행들을 막는 게 아니라 오히려 그것들을 홍수처럼 가득 채운다고 주장할 것이다. 이런 것들은 모두 무언가를 보존하는 여러 다른 양상이고, 예를 들어 관리, 매개, 장르와 같은 왜곡의 관습을 나름대로 가지고 있다. 하지만 어떤 관계의 정동적 구조든 광범위한 감정들로 표명될 수 있으므로, 홍수가 언제나 홍수처럼 느껴지는 것은 아니다. 홍수 같은 뭔가에 휩쓸려도 무감각할 수도 있고, 압도된다고 느낄 수도 있고, 눈물이 나거나 화가 날 수도 있고, 동떨어진 느낌, 여력이 있는 느낌, 졸린 느낌이나 다른 어떤 느낌일 수도 있다. 우리가 트라우마적 사건이라 부르는 일이 언제나 트라우마적 반응을 이끌어 내지는 않기 때문이다. 애덤 필립스는 증상이란 반쯤 기억되고 반쯤 잊힌 그 무엇, 대사 작용 속에서 불완전하게 처리된 채 기억의 목구멍에 걸려 있는 것이라고 이야기한다.[37] 정동의 구조가 그대로 있을 때도 감정은 종종 다양하게 달라진다. 또한 삶이 계속되는 동안 익숙해지는 것도 계속된다. 트라우마적 사건을 당하는 주체는 역사를 새로이 습관화하는 데 열리게 된다.

"위기 일상성"을 트라우마적 사건으로 촉발된 것으로 사유하는 것은 상징화의 확산, 그리고 일상성과 살아가기의 상황 전반에 걸쳐서 비표현적이지만 삶을 확장하는 행위들의 확산에 초점을 둔다는 점에서 유용하다. 트라우마적이든 아니든, 어느 한 동시대적 순간의 역사는 이런 자료 및 그 자료가 얼마나 강력한지를 드러내는 그 자료에 대한 연구를 수집하는 일, 그리고 그런 자료의 순환에 결부된 표현과 봉쇄의 역학을 추적하는 일도 포함한다. 때로 트라우마는 이미 결론이 지어진 사건으로 모습을 드러낸다. 하지만 무언가를 사건의 여러 장르에 이용될 수 있게 하는 것은, 존재의 장르, 습관, 양태로 퍼져 가는, 상황의 강렬함이다.

낙관의 대상관계가 어떻게 갑자기 잔인함으로 전환되고 다시 잔인하지 않게 되는지를 보여 주면서 우리가 살펴본 소설 두 편은 일상성에 팽배한 트라우마를 이해하기 위한 여러 장르를 제시한다. 『패턴 인식』은 역사적 현재의 담보 상태 안에서 우리가 분위기 속의 심화된 강렬함이 어떤 종류의 정동적 세계를 의미하는지 모르는 채 그 강렬함에 반응하는 순간을 "영혼 결핍" 그리고 "영혼 지연"이라고 부른다(35). 케이스에게 결핍은 실존적인 것이지만 시간 속의 위치 변화로 체험된다. 그것은 시차로 인한 적응 지연, 신경 거슬리는 정보 지연, 상황 지연, 삶의 조건을 통제할 수 없는 상태인데도 계속 살아가고 있다는 느낌의 시간적 표현이다. 구체적인 어떤 장소에 존재하는 이 상황을 불안하지 않은 상태로, 쉽게 잊을 수 있다는 의미에서 일상적인 상태로 오독하기는 쉬울 것이다. 케이스는 냉장고 속 단위체●의 냄새를 맡고, 마네킹, 노란색 벽, 카페 실내장식의 색조를 감지하며, 외국에서 온 물건들은 맛이 다르다는 것을 알아챈다. 그리고 피곤할 때면, 중립성처럼 느껴지는 것이 실은 "그의 현재 외로움" 속의 가벼운 우울 상태임을 알게 된다. 혼자 있다는 것은 외로움과 다르지만 둘 중 어느 쪽도 멜로드라마적이지 않다. 그런 상태는 상표를 떼어 버린 케이스의 옷처럼 벌거벗겨져 무감각해진 리얼리즘이 된다. 무감각해진 리얼리즘이야말로 패턴 인식으로 조직된 혼자 있음, 외로움의 실체이며, 그것은 사건이나 생각과도 다르고 재고 점검과 더 비슷하다(24). 그의 현재라는 상황을 살아 내는 방식의 느낌은, 잠시 동안 순간 속에 발생하는 일들에 적응하고 맞추고 받아들인다는 것이다. 페티쉬 동영상 포럼에 대한 그의 집착마저도 일종의 경미한 중독,

---

● 단위체(monomer)는 고분자 화합물, 중합체(重合體, polymer)를 구성하는 기본 단위 물질을 가리키며, 폴리에틸렌의 에틸렌 같은 물질이다. 냉장고 선반용 플라스틱 등 합성 물질을 만드는 데 사용된다.

약간의 흥분, 팬이 되었을 때의 자기 동요를 포함하지만, 그것은 그가 자신의 존재로 받아들인 매개된 순환의 양상을 교란할 정도는 아니다.

모든 것은 근사치이다. 즉, "친구네 거실처럼 익숙"하고(3), "두 번째 집"이고(65), "거의"* 단색이고 다정하고 위안을 주다시피 한다(3, 55, 55). 그것이 바로 거의 탈사건화된 삶의 리듬이다. 케이스는 동영상의 출처를 찾는 임무를 띠고 파견되기 전에 거의 태평하게 [평소처럼] F:F:F로 돌아간다.** "처음부터 시작해서, 일의 추세를 파악하면서 따라 잡아야 할 게 많을 것이다"(38). 그가 만나는 사람들 대부분이 이렇게 추세대로 흘러가는 상태의 정동을 발산한다. 그들은 모두 다른 어딘가에서 왔고, 가볍게든 독하게든 이득을 노리지만, 주로 다른 사람들과 접촉을 하고 리듬을 찾으려 하고 자리를 찾으면서 여기저기 찔러 보고 있다. "그[케이스]는 필라테스를 좋아한다. 그가 생각하기로 요가는 명상적이지만 필라테스는 그렇지 않기 때문이다. 눈을 계속 뜬 채로 …… 집중해야 한다"(6).

그러므로 케이스가 속도를 늦추고 균형감을 유지하는 과정에 집중하기 위해서 우리도 속도를 늦춰 보면 좋을 것이다. 여기 그의 눈이 방을 훑어보는 동안 일어나는 무작위적 사건이 있다.

왼쪽 벽에는 그가 이름을 잊은 일본인 예술가의 세 폭짜리 그림, 4×8 사이즈

---

* "거의" 그러하다는 것은 결국 그에 가깝지만 그렇지 않다는 말이다. "두 번째 집" 역시 흔히 집처럼 시간을 많이 보내지만 집은 아닌 공간을 말한다.

** 케이스는 동영상 출처를 찾는 임무를 떠안고 런던, 파리, 도쿄 등 세계 대도시로 파견되는데 거기서도 아무런 사건이 없는 것처럼 살아가는 미니멀리스트이다.

합판 패널 세 점이 나란히 걸려 있다. 이 패널들에는 여러 개의 로고와 눈이 커다란 만화의 소녀들이 실크스크린으로 겹겹이 찍혀 있는데, 한 겹 찍을 때마다 물감을 사포로 문질러서 유령같이 투명해진 위에 광택제를 바르고, 한 겹을 더 찍을 때마다 또 사포로 문지르고 광택제를 바른 것이었다. …… 케이스에게 그 결과는 아주 부드럽고 깊고 위안을 주다시피 하는 것이었으나, 터져 나오기 직전의 패닉 상태를 불편한 환각처럼 시사하기도 했다(55).

소설 속 시간인 현재 순간에서 정동이 어떻게 순환하는지에 대한 정보를 제외하면, 이 장면에서 나오는 것은 없다. 이 장면이 케이스의 신경계에 대해 무엇을 말하고 있기에 그의 신경계가 부드러움 주변에서 패닉의 아우라를 감지하는 것인가? 어떤 작용의 효과이자 결과로서 그 패닉의 아우라가 지니는 위상이 그 이미지들 자체만큼이나 강렬하게 동시에 감지되고 있으니 말이다. 이것은 단지 케이스가 어린 시절부터 조야한 트레이드마크를 보면 쓰러지곤 했다는 사실 때문이 아니다. "어떤 사람들은 땅콩 한 알만 먹어도 머리가 농구공만큼 부어오른다. 케이스에게는 그런 일이 그의 심리상태에 생기는 것이다 ……. 오른쪽으로 시선을 돌리자 산사태가 시작된다"(17). 이는 또한 케이스가 영매였던 어머니의 심령적 초자연성과 CIA 요원이었던 아버지의 편집증으로 이루어진 세계에서 늘 살아왔다는 점과 상관이 있다. 이 환경은 "사기가 떨어지지 않은 채로" 케이스가 "일상의 일들을 계속해 나갈 수 있도록 …… 심리적 예방책"을 어느 정도 사용하는 보안 모드를 유지하는 기술과 방법을 알려 주었다(45-46). 그 환경은 또 그에게, 정동이 과도하게 강렬해질 때 중단시키는, 자신이 견딜 수 없어질 때 견딜 수 있게 해주는 문구를 제공해 주었다. "250노트 속력에서 얼굴로 오리를 들이받았다

…… 는 말은,[*] 방아쇠 노릇을 하는 최악의 것들을 볼 때면 언제나 느끼곤 했던, 엄습하는 패닉을 달래 주었다"(34).

그러나 9·11이 그 모든 것을 변하게 한다. 9·11이 케이스의 감각중추의 방아쇠를 당기고 감각중추를 재구성하기 때문이다. 작품의 전반 14장 내내 케이스는 9·11을 서사적 이야기가 아닌 불특정적 파편으로 서밖에 언급하지 못한다. 케이스의 정적政敵, 산업 스파이 도로티아가 묻는다.

"그때 뉴욕의 겨울은 어땠어요?"

"추웠어요." 케이스가 말한다.

"그리고 슬펐지요? 여전히 슬픈가요?"

케이스는 아무 말도 하지 않는다(13).

15장 「싱귤러리티」에서 비로소 케이스는 "아버지의 부재"와 그것으로 인한 자기 "내면"의 파괴를 "탈망각"unforget할 수 있게 된다(134), 단독성은 주체에 있어 절대로 일반화할 수 없는 것과 시간-공간의 연속체가 내면으로 무너져 들어가 블랙홀이 되는 지점 — 트라우마 — 을 연결하는 개념이다. 이 장은 케이스가 아무 일 없이 그날 아침에 흡수하고 지

---

[*] 이 문장("He took a duck in the face at two hundred and fifty knots")은 케이스가 아버지 친구에게서 들은 이야기에 나온다(『패턴인식』, Chapter 4). 그 사람이 비행기를 타고 250 노트 속력으로 움직이는데 갑자기 조종석 유리를 깨고 오리가 날아 들어왔다는 일화이다. 케이스는 긴장과 패닉을 유발하는 상황 속에서 안정을 유지하기 위해서 이 문장을 만트라처럼 되뇐다.

각한 모든 것을 열거하고 있다. 그날 아침의 세부 내용은 별 중요성이 없는 것 같았지만, 갑자기 케이스 자신에게 초기 설정 상태의 세계, 계속되던 초기 설정 상태의 환경, 일상성을 위한 초기 설정 상태가 있다고 느꼈던 마지막 순간을 장식하는 내용이 되자 중요해진다. 이것이 바로 9·11이 초래한 변화이다. 9·11은 케이스의 직관력의 기본 양상을 바꾼 것이 아니다. 케이스는 이미 사행적 존재였고 줄곧 그러했다. 케이스의 기억에서 그날 아침 느끼고 마주쳤던 것들은 도시의 소음, 계단의 스타일, 상점의 진열장 창문 안에서 떨어지던 마른 꽃잎 한 장, 누군가의 바지 지퍼가 내려가 있는 모습, CNN, 그리고 세계무역센터를 들이받은 두 번째 비행기 등이다. 케이스의 감각중추는 이것들을 타격의 역사로 수집해서 따로 보관해 두었고, 나중에 그는 "사람들이 뛰어 내리고, 떨어지는 것을 보았음에 틀림이 없다"고 생각은 하지만 그것을 본 기억은 없다(137).

일단 케이스가 (플롯이 지니는 모든 의미에서) 자신의 플롯[음모, 계획]을 끝까지 따라가 거울 속 세계, 트라우마적 분신이자 도플갱어를 월코프 자매에게서 발견하고 나자, 이 모든 것은 유예된 정동에서 사후 거래로 변모한다. 월코프 자매는 러시아에서 동영상을 제작하고 배포하는 장본인이다. 키스 동영상을 만든 이 예술가들 또한 정치적 폭력에 부모를 잃었다. 로맨틱한 키스를 보여 주는 그들의 영상은 이 소설의 도플갱어이기도 하다. 그 영화가 그들이 태어나기 전의 순간, 그들의 부모가 서로에게 끌렸던 과정, 그리고 사람들이 욕망으로 하나가 될 때, 모든 일은 단순하고 또 [다른 것들도] 단순하게 만든다는 환상을 가리킬 수 있기 때문이다. 월코프 자매를 만난 후 케이스는 자기 부모와 영적으로 교신할 수 있게 된다. 창공으로 사라진 사람들의 목소리에 귀 기울이던 어머니처럼, 케이스는 전파로 가득한 지구적 현재의 대기 속에서 아버지의 목소리가 전송되는 것을 듣는다. 케이스는 초인적인 능력 덕분에 독살당할 위험에서 살아난다. 결국 부모의 존재를 자신의 내면으로 다시 직조해 들인 것이 케이스에게 감각적 자신감을 다시 회복하게 한다. 이제 사물에 대한 케이스의 감각은 자율신경적이고 탈직관적이 된다.

그러므로 [9·11] 트라우마에 대한 서사 이전의 장들은 우리가 쉽게 식별할 수 있는 인물, 세계와 가벼이 접촉하면서 세계를 편리하게 흘러다니는 사람에 대한 기록이며, 그가 폭탄성 쇼크*를 받은 사람이라는 것을 여러 방식으로 아주 서서히 드러낸다. 하지만 충격의 트라우마에서 온 증상일 수 있는 내용을 스타일로서 읽을 수 있다. 즉, 상표 없는 옷을 입는 자기 보호 습관 속에서 [위험부담을 관리하듯이] 웅크린 채로, 그는 카페 커피를 마시고, 낯선 곳에서 잠을 자며,** 페티시 동영상 포럼과 시장 거리에서 광범위하게 쾌락을 찾는 틈새를 스스로에게 허용한다.

9·11의 트라우마, 즉 9·11로 인해 케이스의 고독이 부정적인 무언가, 일종의 방어 태세로 변했음을 가리키기 위해 깁슨이 사용하는 문구는 "심오하게 개인적인 모욕"deeply personal insult이라는 표현이다(137). 의학 용어로 모욕insult은 신체적 상해를 초래하는 것을 뜻한다. "모욕"이라

- 폭탄성 쇼크(shell shock)는 탄환 충격이라고도 하며, 제1차 세계대전에 참전했던 군인들이 폭발물의 충격에 노출된 후유증으로 심한 신경증을 앓게 된 것을 가리키는 용어였다. 이후 외상 후 스트레스 증후군(post-traumatic stress disorder)이라는 용어가 포괄적으로 사용되게 되었다.

- 패턴을 찾는 일을 하고 있지만 패턴에 알레르기가 있는 케이스는 미니멀리스트로서 익명성을 선호하고 마주치는 누구에게도 자신의 존재를 어필하거나 드러내려 하지 않는 인물이다.

는 말은, 트라우마 안에서 일어나는 전환, 즉 물리적 타격이 감각중추 내에서 공명하는 정동의 사건으로 변한다는 사실을 반영한다. 하지만 파국이 케이스를 방어적 비개인성의 스타일로 향하게 만드는, 그저 개인적인 모욕일 뿐인가? 어느 시점에서 케이스는 상처 입은 상태의 경계선적 특성이 존재론적 문제, 위협의 무작위성, 피해와 죽음의 예측 불가능성, 우리의 존재 조건에 우리는 상관이 없을 뿐이라는 사실과 공명한다는 것을 인정한다(34). 세계가 우리의 주권성을 중심으로 조직돼 있지 않다는 모욕을 피할 수 있을 만큼 충분히 레이더망을 벗어나는 [눈에 띄지 않을 만한] 장소는 없다. 케이스는 사고 현장 옆으로 지나간다.

그리고 한순간 그[케이스]는 의식도 없고 어떤 표시도 없는 어떤 얼굴을 본다. 얼굴의 아래쪽 반은 투명한 마스크로 가려져 있고, 저녁비가 감긴 눈 위로 떨어진다. 그리고 이 낯선 사람이 지금 어쩌면 비존재의 벼랑 끝에서 또는 상상된 적 없는 어떤 존재 속으로 진입하려는 채로, 가장 경계선적인 공간에 거하고 있을 수도 있음을 안다. 케이스는 무엇이 그를 치었는지 혹은 그가 무엇을 치었는지 볼 수 없다. 아니면 도로가 벌떡 일어나 그를 쳤을지도 모른다. 이런 짓을 할까 봐 우리가 두려워해야 하는 대상은 이것들뿐이 아니야, 그는 자신에게 상기시킨다(54).

이런 종류의 에피소드, 즉 "문제에 대해 걱정한다고 문제 해결에 도움이 되지 않는다"는 점에(92) 대해 이해하고 주목하며 성찰하고 적응함에 따라, 불가피한 무작위성 때문에 방어 태세가 없어짐을 느낌에 따라, 궁극적으로 케이스는 방어 태세로부터 스스로 놓여날 수 있다. 이는 그가 다른 사람들(비겐드와 파커보이)의 프로젝트를 떠맡음으로써, 또 그러는 가운데 그의 삶에서 유일한 재미를 추구하면서 자신을 욕망으로 회귀시킴으로써 이루어진다. 그 재미란 합의에 의한 정동적 유희, 유사-친밀성을 띠는 유희의 공간으로 남은 유일한 것, 즉 그 동영상이다. 그러면서 소설은 추리소설에서 로맨스로 변하고, 파커보이와의 친근함은 마지막에 연인들의 바캉스로 이어지며, 트라우마적 현재의 나쁜 답보 상태는 좋은 답보 상태로 바뀐다. 그러는 사이에도, 직간접적 폭력과 강제력을 발휘하는 초국가적 자본이 구조적으로 통제하는 현재의 답보 상태 — 그것은 변함이 없다. 그러나 여전히 케이스는 추락하는 사람에 대해 알지 못한다.

추락하는 사람은 9·11 사태의 수수께끼로서, 이름 없는 죽음의 공포를 다룬 여러 소설과 다큐멘터리를 만들어 냈다.[38] 그 사람은 여기서 주목은 받았으나 탈사건화된 정동의 자리로서 남아 있다. 앎의 위기 속 인물, 트라우마에서 미메시스적이지 않은 것의 형상, 어떤 해프닝의 장면이긴 하지만 그 장면을 흡인력 있게 만들거나 격화시킬 직관이 없는 해프닝으로 남아 있는 것이다. 그는 신경을 건드리지는 않으면서 감각중추 안에서 유예돼 있다. 그는 어느 다른 격화된 현재 또는 어느 다른 감각중추 안에서라면 무언가가 될 수도 있을 대상이지만, 답보 상태의 유예된 상상계 속에서 땅에 닿지 않은 채 영원히 추락 중인 대상이다. 어떤 서사적 의미에서도 사건이 되지는 않으면서 그는 공유되는 정동 영역, 감정의 구조, 역사적 현재 속의 푼크툼을 만들어 낸다.

동시대적 시간 속에서 삶에 공간을 부여한다는 것*은, 상이한 타격

• 이때 벌랜트의 표현 spacing of life는 띄어쓰기를 위해 단어 사이에 공간을 넣는

들이 서로 이웃하는 것처럼 보일 때 연관성이 존재한다는 확신을 표현하기 전에 그 상관관계가 무엇인지 알려는 욕구를 유예하는 것이다. 그 충격들은 경험의 특이한 유예 상태 속에서 근접해 있고, 그 유예는 언제나 현존하면서도 "비스듬히" 기울어진 채 언제나 다른 곳에 있는(17) "지금"이 있는 곳인 역사적 장의 유예를 공유한다는 의미이기도 하다. 삶에 공간을 부여하는 것은 개인적인 것과 비개인적인 것, 수동성과 능동성 사이의 관계를 무너뜨린다. "'알아요'"하고 케이스는 말한다. "그리고 그가 말할 수 있는 건 그게 전부여서 그는 그냥 앉아 궁금해 한다. 자기가 대체 무엇에 시동을 걸었나, 그것이 결국 어디로 갈까, 그리고 왜"(112). 무언가에 시동을 건다는 것은 무언가를 안다거나 무언가를 상대로 행동을 한다는 것과는 다르다. 그래서 리듬과 공명의 시학이 의미 있는 것이다. 그 후에 삶은 안리즈 프랑수아가 "후퇴성 행위"recessive action라고 칭하는 양상을 향할 수 있다. 이는, 사건들의 가짜-주권적 세계 안으로 거짓 미래와 과거를 투사하지 않으면서 계속 살아가기 위한 자원이 될 수 있는 능동적인 휴식에 대한 지향이다.[39]

트라우마적 사건을 일상적 강도로 재주조하는 것은 트라우마 이후의 역사와 기억이 주체를 재개인화하는 방식을 이해하는 완전히 다른 모델을 제시한다. 프레드 모턴은 소설의 에피소드적 형식을 "절단된" 구조, 일종의 의존성anaclisis 혹은 사람들 및 사물들 사이의 공명하는 관계를 재조형하는 지지대라고 할지도 모른다.[40] 가야트리 스피박은 데리다를 인용해 그 과정을 "원격 생성"teleopoiesis이라고 부를 것이다. "그럴

행위를 비유적으로 활용해 삶에 중간 중간 "공간을 부여한다"는 의미로 보인다.

수 없는 곳에서 증거를 발견"한다는 점에서, 즉 증명한다는 개념 자체가 터무니없어 보이는 데서 증거를 찾는다는 점에서 그렇다.[41] 원격 생성에서 소통은 멀리 있는 타자에게 말을 건다. 즉, 그것은 돈호법 같은 부름을 받는 입장과 비슷하다. 트라우마가 새로운 행로를 강제로 열었든 아니든, 이것은 애착심의 개방된 시간성의 시작이다. 새로운 행로는 호혜성이라는 새로운 장르들을 가능하게 한다. 이런 모델들은, 상이한 연대기가 중첩되는 격자망 위의 다양한 지점에서 튕겨 나오는 행위들의 긴 이주 행렬을 가리키고, 그런 격자망 위에서 만남은 가깝거나 멀다는 것의 의미를 판단하고 재형성하라는 자극으로 규정된다.

『패턴 인식』의 정동 영역은 또 다른 어떤 것을 표현하기도 한다 ─ 그것은 익명성과 알려짐 및 앎 사이의 관계로, 모더니즘적 좌표에서 우리가 예측할 수 있을 법한 것과는 다른 관계이다. 낯선 사람들 사이에서 어떤 감각이 공유되는데, 그것은 가치를 흥정하고 논박하는 것이 현재의 제스처로 초기 설정되었다는 감각이다. 케이스는 거리에서 어떤 남자를 만나는데, 그는 살아 있기 때문에 먹고살기 위한 돈벌이로 바쁘다. 케이스의 지인 보이테크는 자신의 "비계"飛階, scaffolding를 후원해 달라고 낯선 사람들을 열심히 설득한다.* 그의 누이는 제품에 대해 격의 없이 대화하는 척하는 냉정한 사냥꾼이다. 케이스가 자신의 CIA 접선책 홉

---

* 보이테크는 컴퓨터 전문가이자 일종의 예술가로, 1980년경에 생산된 구형 컴퓨터들을 수집하여 전시하는 "ZX 81 프로젝트"를 추진 중이다. 그는 이를 위해, 사람들을 만날 때마다 자금, 전시 장소, 필요 시설 등 후원을 얻기 위해 노력한다. 그는 자신의 기획을 위해 실제 비계(흔히 건설 현장에서 볼 수 있는 것처럼 층층으로 된 발판 골격)와 물질적 지원이 다 필요하다.

스를 만나자, 그 만남은 정보교환의 흥정에 시동을 건다. 흥정과 정보교환 과정에서 가치를 관리하는 일은 이 소설 속 다른 주요 공간과 관련된 실천과 관련이 있다. 즉, 모든 사람이 큐레이팅을 하는 것이다. 큐레이팅은 경작耕作과 비슷하지만, 자연의 계발에 관련된 것이 아니다. 오히려 어떤 현상이 가치를 얻게 되는 것을 목적 삼아 현상을 수집하는 일이다. 모든 것은 수단적이고, 거래의 수사법이 통용된다. 하지만 이런 종류의 수단성은 옛날 방식으로 물화돼 있지 않고 낙관적이다. 사물, 사람, 시나리오와의 만남에 의한 직관의 침투가 연대감과 인식을 만들어 내기 때문인데, 이 같은 연대감과 인식은, 그렇게 하지 않는다면 트라우마의 각인이라는 운명으로 보였을 무언가를 견뎌 내려는 집단적 욕망의 감각에 기반을 두는 것이다.

『직관주의자』가 보여 주는 직관의 역사주의적 분위기론은『패턴 인식』에서 볼 수 있는 것과 같은 패턴의 직관적 상호작용을 다수 추적하고 있으면서도, 일상적 삶을 형성하는 토대의 위협이 격화된 가운데서 주인공의 정동적 목표의 형상을 어떻게 역사화할 것인지와 관련해 좀 다른 동기와 모델을 드러낸다. 소설의 플롯을 직조하는 아프리카계 미국인 주체들에게 미국의 도시는『패턴 인식』에서처럼 국지화된 지구적 세계의 일부가 아니라, 전치된 정동의 효과다. 도시는 아주 "촌스러운" 사람들의 유토피아적 발명품으로 판명된다(236). 풀턴과 라일라 메이는 둘 다 익명성을 위해 남부에서 북부로 이주해 왔다. 그들은 익명성을 아주 좋아한다. 그들이 상상하는 유토피아적 도시에서는 사람들이 아래위층에 살면서도 "이야기하지 않는다. 아무도 다른 누구의 일에 간섭하지 않는다. 누가 어디 출신인지 아무도 모른다"(134). 그들은 도시의 익명성이 미국 남부의 인종차별주의가 지닌 친밀성의 문제에 대한 해결책이라고 상상한다(27). 즉, 풀턴의 어린 시절의 분위기는 그의 출신에 의해 조형된 것으로, 그의 어머니는 고용주에게 강간당했고, 누이가 두 남매를 먹여 살려야 했다. 이 모든 일은 진실이 귓속말로 오가고 아이들은 과잉 경계심을 가지고 어머니의 눈치를 살펴야만 했던 분위기 속에서 일어났고, 남부의 일상적 인종차별주의라는 농밀한 자기 감응 감각적 춤사위가 그런 분위기에 더해졌던 것이다. 그 속에서 흑인들과 백인들의 근접성은 어느 순간에라도 파국으로 또는 [흑백 간의 인종차별적 위계를 유지하기 위해 지켜야 하는 것으로 여겨졌던] 매너라는 폭압적 의례로 분출될 수 있었다.

강간이 헝클어진 정동으로 이루어진 매일의 일상을 포화하고, 풀턴은 그것을 삶의 헝클어짐이라는 초기 설정적 느낌으로 경험한다(135). 그는 옅은 피부색 때문에 "이런 의아한 일"도 겪는다. 어떤 "나이든 유색인종 남자가, 그가 캔디를 살 수 있게 옆으로 비켜선다. …… 무슨 일이 일어난 건지 그가 알아차리는 데 한참이 걸린다. 달콤한 캔디를 다 먹고 나서 한참 후에 깨닫는다. 알아차리고 보니 언짢다"(136). 라일라 메이의 아버지 마빈 역시 백인 우월주의의 친밀함이 가하는 트라우마적이지 않은 일상의 모욕에 시달린다. 인종차별주의자인 엘리베이터 점검원에게 무례를 당하고, 백인 고객들에게 무시당한다. 그 사람들은 그를 눈으로 본다기보다는 자기들이 누리는 특권의 자유로운 흐름(수직 상승)을 제조하는 기계 시설의 일부로 느낄 뿐이다. 도시는 익명이 되기 위해서, 타격을 가하거나 동요를 유발하지 않기 위해서 가는 곳이며, 탈사건화되고 탈드라마화된 세계의 속도를 통제하기 위해서, 어느 누구든 필요로 하는 만큼 이상의 공간을 견뎌 냄으로써 각자의 존재 방식을 가늠하기 위해서 가는 곳이다.

그래서 케이스의 경우 트라우마를 겪은 직관이 그가 직업적·개인적 삶에서 자유롭게 돌아다니는 데 도움이 되는 반면, 라일라 메이의 직관주의는 삶의 구역을 나누는 방어기제로부터 자라난다.

그[라일라 메이_옮긴이]는 생각한다. 백인 행세를 해도 설명되지 않는 것이 무엇인지. 너의 감춰진 피부색을 알고 있는 사람, 아주 평범한 그 거리에서 예기치 못한 때에 네가 마주치는 사람. 직관주의가 설명하지 못하는 것이 무엇인지. 아주 평범하게 올라가다가 예기치 못한 때에 엘리베이터가 마주치는 파국적 사고, 그 장치의 진정한 정체를 드러내게 될 사고. 백인 행세를 하는 유색인과 죄 없는 엘리베이터는 운수에 의지하고 살아야 한다. 편리하게도 거리가 텅 비어 있고 아무것도 모르는 낯선 사람을 마주치는 운수 말이다. 그들의 정체를 알고 있는 사람과의 우연한 만남을 두려워해야 한다. 그들의 약점을 아는 사람을(231).

『직관주의자』에서 두려움은 백인 우월주의적 공간을 통과하고자 하는 아프리카계 미국인의 주요한 위기-정동이다. "그 문제에 있어서는 이 도시 안에서 어딜 가든" 그의 입장이 위태롭지만, "그는 두려움이 사방에 편재하는 가운데서 두려움이 눈에 띄지 않도록 두려움을 훈련했다. 마치 소화전이나 짓밟혀서 까만 보도블록 땜질자국이 되어 버린 껌처럼. 임시로 무기가 될 만한 것은 신발, 열쇠, 깨진 병 등이다. 가까운 데 있다면 당구채도 쓸 수 있다"(24). 백인 우월주의의 공간은 스카이라인을 특징짓는 "일단의 잡초 같은 굴뚝, 잡다한 것들, 마음대로 골라서 볼 수 있게 펼쳐진 360도의 전경과, 고를 수 있다는 인심 좋은 환상," 그리고 "더러운 물과 그 더러운 물 너머에 더 펼쳐진 땅"으로 표현되며 "많은 다른 일들이 진행 중"인 일상 속에 뿌리박은 위기 공간이다(17). 두려움은 사건도 두려워한다. 사건은 고통 받는 시간을 역사적 현재로 확증해 줄 뿐이기 때문이다. 두려움은 심지어 사건의 가능성으로부터도 벗어날 수 있기를 기대한다. "통합, 수합의 진정한 결과가 이것이다. 확실한 폭력을 확실한 폭력의 지연으로써 대체하는 것"(23).

"이런 교통 상황에서는 진전이 별로 없다"(12). 그러나 엘리베이터 붕괴라는 파국 이후 라일라 메이는 자신에게 또 세계 안에서 벌어지는 일의 병리 지도를 추적하고 새롭게 그려 낸다. 그는 평범함 속에서 진전이 이루어지도록 만드는데 ― 그는 교통의 흐름이 나아가게 만드는 데 너무나 집중해 교통사고를 당할 뻔한다 ― 처음에는 그 이유가 인종차별적이고 여성 혐오적이며 익명성을 유지할 수 없는 엘리베이터 점검의 세계에서 유일한 보호책인 자신의 평판을 지키기 위해서였다. 하지만 나중에는 목표가 바뀐다. 직관주의에 관해 얻게 된 정보 ― 직관주의의 급진적 탈경험주의, 그 토대가 되는, 수동적 공격성으로 복수를 가하는 풀턴의 "농담," 그것이 은폐하는 인종의 역사 ― 가 그의 인식론적 기반과 감각중추 전체를 위협하고 흔들기 때문이다. 목표를 위해서 케이스는 자신이 추구했던 심오한 익명성을 깨뜨려야 한다. 하지만 이 트라우마적인 열림은 또한 욕망을 향한 열림이며, 몸의 동요, 위험부담, 꿈꾸기를 향한 열림이기도 하다. 그가 이전에 느꼈던 위태로운 존재의 느낌에서는 지리적 위치 변화가 구조적 인종차별과 병합돼 있었다 ― 하지만 이 병합은 뒤이어 일어날 일에 비하면 별것 아니다(23-24). 사랑 아닌 섹슈얼리티, 아주 희미한 욕망의 충동마저도, 살아갈 수 있을 만큼 평정심을 유지하는 데 대한 직관으로 구축해 놓은 모든 것을 망가뜨릴 수 있는 것이다. 케이스가 저지르는 실수는 혁명적 변화를 가져올 수도 있을 상황이 된다. 그러는 사이, 처음에 케이스는 "그답지 않게 계획이 없고," "불안하고 막연한 심사숙고"의 정동이 뭔가 형상을 부여해 줄 대상을 찾는 강렬한 감정을 불안정하게 만들고 넘쳐흐르게 하고 흩어 없애 버리는 경험을 한다(150). 하지만 그래도 "시나리오는, 시나리오가 그러하듯, 전개된다"(148).

전체를 알 수 있는 존재가 되고자 욕망한다는 것은 어떤 앎에 대해서도 열린 존재가 되기를 욕망한다는 의미이다. 『패턴 인식』에서처럼, 이는 라일라 메이가 자신의 방어기제를 유예하고, 정동의 기술을 연마하고, 대화를 추구하고, 열심히 귀 기울여 듣고, 간청하고, 밀어붙여야 한다는 것을 의미하고, 또 수용적으로 감응해야 한다는 것을 의미하는데, 이것이 가장 어려운 일이다. 이는 트라우마 이전의 세계에서 라일라 메이가 보이는 것과는 매우 다른 스타일의 주권성이다. 마지막에 라일라 메이는 — 풀턴과 — 일종의 커플을 이룬다. 라일라 메이는, 케이스가 자기 아버지의 목소리를 듣는 것처럼, 텔레파시로 풀턴의 목소리를 듣는다. 악한들을 피해 무도장에 숨어서, "그[라일라 메이]는 파트너에게 묻는다. 그는 지금 라일라 메이의 [댄스] 파트너가 아니고, 죽었으므로 대답하지 않을 사람이다. 다만 그의 대답은 그가 남긴 것, 즉 그의 말로써만 이루어진다. '왜 그랬어요?' '알게 될 겁니다'"(216). 커플을 이룬 이 형식은 라일라 메이의 직관이 변모한 정도를 드러낸다. 라일라 메이는 연인이 필요하다는 것을 경험했지만, 살아 있는 사람은 슬로우 댄스를 추거나 섹스를 할 때처럼 서로 몸을 밀착해도 해독 불가능하고 믿을 수 없다는 것을 다시 깨닫는다. 그러나 산 사람 그 누구도 그렇게 신뢰할 수 없다면, 우리는 그런 사실을 지성으로 알 수 있다. 돈호법의 논리가 여기서 다시 등장한다. 한마음으로 이론 작업을 하는 두 영혼 사이에서 상상되는 수사적 친밀성으로 등장하는 것이다. 라일라 메이는 "자신에게 종교가 있다는 것을 자각하지 못한 채, 언제나 스스로 무신론자라고 생각했다. 누구나 종교를 창시할 수 있다. 그저 타인들의 필요가 필요할 뿐이다"(241). 『직관주의자』에서는 마치 백인 우월주의의 왜곡된 친밀성이 단독적인 사랑과 친밀한 사회성을 불가능하게 하는 듯하다. 하지만 경계 너머의 이론적 사랑은 필요하다. 그것은 종속된 사람들이 세계를 재설계할 수 있게 하는 수단으로서의 유일한 감각중추이다. 혁명적 사랑도, 정점에 달하는 사랑도 없고, 살아 있는 사람들 사이의 관계에서 오는 안도감도 없다. 풀턴이 열어 주는 유토피아적·탈실용적 흑인 민족 고양●의 가능성 때문에 라일라 메이는 삶과 한층 심오한 관계를 맺게 된다. 그 관계엔 계속되는 정동적 포화상태인 현재의 글쓰기 안에서 라일라 메이가 고안해 내는 것 외에는 진정한 잘 살기를 제조해 내는 수단으로서의 습관도, 방법도, 물리학도 아직 없다.

재앙이 유발한 이 위기 가운데 어느 시점에서 라일라 메이는 납치당한다. 산업 스파이, 폭력배들이 그를 데려가는 곳은 그들 무리가 둘러앉아 농담을 하고 옛날이야기를 하면서 사람들을 고문하는 장소이다. 소설의 앞부분에서 이미 이 캐주얼해진 고문의 장소가 등장한 적이 있다. 또 다른 탐사 보도 전문 언론인 유리크가 납치되어 거기로 끌려갔던 것이다. 그가 고문을 당한 이유는 풀턴이 만들었던 유토피아적 블랙박스의 존재를 밝혀냈기 때문인데, 그 블랙박스를 제조한다면 우리가 익숙

●   흑인 민족 고양(racial uplift)은 미국 내에서 민족으로서의 흑인의 지위를 향
     상하고 민족성을 고양하기 위해 19세기 후반부터 이어져 온 운동이다.

하게 알고 있는 도시와 기업 헤게모니는 종말을 맞이하게 될 것이었다. 그래서 엘리베이터 이권에 관련된 사업자들은 그 모든 변화의 가능성을 뿌리 뽑기 위해 폭력배들을 고용한다. 그들은 유리크를 고문실로 데려간다. 이곳은 고문당하는 사람의 감각중추, 시간을 감지해 알아내는 그의 탐사 습관을 강제로 허물어뜨림으로써, 역사적 현재를 폭력적으로 재형성한다. 고문실은 시간적으로 다형적인 트라우마의 강렬한 느낌으로 가득하다. 나중에 우리는 또 다른 고문을 보게 되는데, 그것은 어떤 원인의 결과로 존재한다는 사실 외엔 우리에게조차 익명인 사람에게 가해지는 고문이다.

창문이 없었고, 그들은 그의 시계를 빼앗아 그가 얼마나 오래 그 아래에 있었는지를 알 수 없게 했다. 비명남이라는 별명이 붙을 만큼 충분히 긴 시간, 그가 그 별명을 열두 번도 더 얻을 수 있었을 만큼 충분히 긴 시간이었다. 그가 처음 비명을 지른 건, 눈이 없는 덩치 큰 사내가 그의 손가락 하나를 부러뜨렸을 때였다. 그 다음에도 두어 번 더 비명을 질렀고, 거기서부터 상황은 그냥 흘러갔다. …… 그들은 간이침대에 그를 사슬로 묶었고, 간이침대는 소변, 토사물, 그리고 인간의 몸뚱이가 틀림없이 때때로 배출하는 여러 다른 혼탁한 체액의 악취로 진동했다. 고름. 매트리스에는 분신이 있었다. 여러 다른 신체 부위가 매트리스 어디에 놓였었는지를 보여 주는, 형태가 일정치 않은 짙은 색 얼룩들이었다. 오른쪽 무릎 주변으로는 갈색 구름이, 사타구니 근처에는 무슨 시커먼 게 응고돼 있었다. 그는 매트리스를 보자 비명을 질렀고, 그들이 그를 침대에 사슬로 묶어서 그의 팔다리와 신체 부위가 이전에 다녀간 손님들의 분비물 위에 놓이자 더 비명을 질렀다. …… 그의 상처들(여러 개의 상처들)에서 피가 스프레이처럼 콘크리트 블록 벽에 튀어 말라붙었고 결국 그

172

보다 앞서 왔던 다른 사람들이 흘린 피가 말라붙은 자국과 구분할 수 없게 되었다(95).

이 사건으로 인해 그가 외견상 변한 것보다 그의 주변에 있는 사람들이 더 많이 변했다고 서술된다. 이 사람들은 "보통 동요하지 않는 강심장이었지만 새로운 불편함을 경험"했고 진지한 삶의 변화를 도모한다(97). 라일라 메이는 고문실 근처의 어느 방으로 향하던 중에 이 비명남과 마주친다. 하지만 누군가의 전적인 익명성을 드러내는 이 에피소드는 소설의 플롯에서 어떤 결과로도 이어지지 않는다. 라일라 메이가 그를 보았는데도 그는 라일라 메이에게 어떤 타격감도 주지 않는다. 라일라 메이가 그를 전혀 기억하지 못하는 것이다. 라일라 메이가 계단에서 그와 마주쳤을 때 "그는 비명을 질렀지만" 라일라 메이가 어떤 반응을 보였는지는 기록되지 않고, 나중에 라일라 메이 대신 서술자가, "라일라 메이는 그가 비명을 멈추기를 원한다"라고 말한다(105).

이 두 편의 소설에서 모두, 파괴적인 트라우마일 수도 있는 상황에서 일상성을 만들어 내야 하는 감각중추에 가장 두려운 위협이 되는 것은, 진행 중인 삶의 영역인 독자적 현재에서 우리가 가진 이름, 전기적 삶, 개인성, 유의성 등은 그저 빌린 것일 따름이며, 그 빚은 죽음뿐만 아니라 삶의 여러 잔인한 힘에 의해서도 회수될 수 있다는 사실의 폭로인 듯하다. 그중에 무작위성도 있지만, 그 힘들은 무작위성보다 훨씬 더 예측 가능하고 체계적이며 세계를 포화시키는 것이기도 하다. 채권자가 직업적 유능함으로 막을 수 없는 무작위성의 원칙 또는 운수(예측하지 못한 파국의 힘)일 때 그 사실은 특히 라일라 메이에게 파괴적으로 다가온다. 하지만 채권자가 "지연된 폭력"의 여러 구조적 힘을 체현하는 존재라면 그게 무엇이든 충분히 파괴적이다. 세계와 그 속의 사람들을 필요로 할 수 있기를 바라는 마음, 그에 대한 권리를 주장할 수 있기를 원하는 마음에 대항하는 방어기제로서 주권적 익명성은 살 만한 답보 상태를 두 주인공에게 만들어 준다. 하지만 마침내 그들의 개인성과 역사를 습관이 아니라 토대라고 여기는 그 미몽의 죽음에 맞닥뜨림으로써, 역사는 여러 개의 역사가 되고, 정동은 부정적인 것과 긍정적인 것의 스펙트럼 전체에 걸쳐 심화되고, 여러 장면이 생겨나고, 꿈꾸기가 살아가기와 혼동된다. 그런 맞닥뜨림은 역사적 현재의 초기 설정 상태, 세계 내 존재의 지금을 구성하는 현재 진행성의 증거를 능숙하게 임기응변적으로 다시 자연스러운 것으로 만들 것을 요구하는 것이다.

역사적 현재를 이처럼 서둘러 고정시키려는 노력은 많은 것을 시사한다. 두 소설에서 트라우마적 사건은 언제나 내용은 없이 기술적技術的인 무언가를 만들어 낸다. 세계와 어긋나는out-of-synch 느낌이 주인공에게서 재생산되는 것이다. 자신의 감각적 특이성을 전문직으로 만든 덕분에 반쯤 공적인 삶 속에 뿌리박고 있는 이 특이한 인물들은, (소설로 재현된) 세계 속에서 우연히 사건이 된다. 세계와 그들의 삶의 이런 동요는, 현재의 답보 상태 속에서 안온하게 존재하는 새로운 직관주의를 향해 성큼성큼 나아가는 소설의 움직임 속에서 회복된다. 이는 역설적으로, 그들이 앞서 경험했던 어긋난다는 느낌이 실제로는 미메시스적이고 조화로운 것임을 말한다. 그들이 떠돌아다니는 직관주의자와 트라우마를 겪은 세계 사이의 공시성의 한 지점을 표상하기 때문이다. 그 세계는 더듬더듬 진행 중인 위기로 진입하는 세계, 어떤 규칙들이 일상의 리듬을 지배하는지에 대한 "상상의 재조정"을 시작해야 하는 세계이다(『직관주의자』 221). 파국은 파국의 느낌을 자아내지만, 이는 주인공이 세계로부터 절대적으로 떨어져 나가는 대신에, 어떤 결속은 느슨해졌을지라도 다른 결속은 단단하게 유지하면서 더 깊이 세계 안에 자리 잡았다는 의미이다. 임기응변으로 해내는 생존의 압박하에서, 그들은 개인성이라는 습관이 탈학습되고 재구성될 수 있음을 깨닫는다. 직관을 재조정하면서 그들은 새로운 심리지리도, 그들의 단독성과 역사 — 진행 중인 현재 — 속 그들의 위상을 다시 매개하면서 임박하고imminent 내재적인 immanent 것(사랑, 이론)을 예고하되 그 역사의 조건하에서 그것들이 어떤 잠재적 변화를 현실화하는지까지는 따라가지 않는 새로운 심리 지도를 필요로 하게 된다. 변화는 언제나 나중aftertime의 언어로 이야기된다. 이 소설들이 원하는 것은 재개념화된 현재를 위한 감각중추를 제시하는 것이다.

실제로 나는 두 소설에서 모두 일상 속 위기가 연구 프로젝트나 도서관 가기, 인터넷 사용, 다른 사람을 찾아가기 등을 고무한다는 점을 설명했다. 과거와 미래의 어법으로 기술된 어떤 것이나 회귀한 망차로서의 과거의 현존 또는 미래를 위한 살아가기에 대한 무언가를 알아내는 일이 아니라, 현재의 진행 중인 조건을 알아내는 기획을 고무한다는 말이다. 주인공들의 동요된 직관과 그들의 역사적 현재를 해결하는 스타일로 본다면 두 소설은 낙관적이다. 문학작품으로 소설을 읽는 중간층 및 지식인 독자층을 대상으로 하는 이 작품들은 "치유"가 인도적 가치를 지니며 치유가 어떤 느낌인지를 우리가 안다고 믿는다. 치유는, 어떤 사람, 어떤 세계가 갇혔던 곳에서 풀려나고 체계적 폭력이 줄어들고 예측 가능한 실망과 소외도 줄어든 것 같은 느낌일 것이다. 치유는 사건과 그 증상들을 관통해 자유의 느낌을 향하는 움직임처럼 보일 것이고, 자유의 느낌은 주인공들이 살아가던 트라우마 전과 후의 역사 모두를 포화시켰던 부자유스러운 유사-주권적 방어 태세의 느낌보다 한층 가벼울 것이다.

라일라 메이는 잠시 신념을 잃었다가 결국 그 어느 때보다도 더 직관주의적인 사람이 된다. 케이스는 아버지의 죽음을 해결하고, 이번 세기 혹은 지난 세기를 애도하고, 남자 친구를 갖게 된다. 나쁜 위태성 속에서 현재 진행 중인 절박함을 중심으로 조직된 그들의 감각중추가 유예되어, 열린 상황처럼 느껴지는 더 나은 위태성을 감지하는 우연적 직관으로 변한다. 그러므로 이 소설들은 위기와 재앙의 여러 시나리오를 전적으로 비합리적인 방식으로 해결한다. 외로움을 줄이고 개방된 상태로 변하는 것이 위기의 해법 노릇을 하는 셈이다. 위기는 그보다 훨씬 더 큰 것이었는데 말이다.

비명 지르는 사람과 추락하는 사람은 언제나 있다. 즉, 우리가 그들을 직접 목격하는 일은 별로 없지만 화면 바깥에 그들이 있다. 하지만 그들 또한 주인공이다. 불안정하고 부서진 일상 안에서 살아가는 사람들, 그런 일상을 중심으로 새로운 신경계를 구축하는 사람들. 그들의 새로운 신경계는 더 이상 폐제에 기반을 두지 않고, 각자의 위태성으로부터 뭔가를 학습한다는 낙관 속에서 구축된다. 사람들은 그들이 계속 살아가는 역사적 순간의 미결 과제를 인지해, 새로운 직관, 일상성의 습관, 정동 관리의 여러 장르를 위해 세계를 전개한다. 역사적 순간 속에서 사람들은 개인성이라는 습관의 리듬을 타지만 그것은 결코 하나의 형상으로 자리 잡을 수 없다. 습관은 일종의 직관주의적 정치, 관습을 거부하고 계보가 계속 이어질 수 있다는 유혹을 거부하는 정치까지도 상상한다. 트라우마는 트라우마의 주체를 그저 옴짝달싹 못하는 상태에 가두는 것이 아니라 위기 양상으로 밀어 넣고, 그 속에서 주체들은 내구성 있고 폭넓은 직관을 계발한다. 등장하지만 전개되지는 않는 지금, 불연속적인 현재와 결코 주권적이지 않았던 존재 방식의 내부로부터 역사주의를 상상하는 지금이라는 순간에 주체들은 우리가 살아가는 방식에 대한 직관을 감지하는 직관을 발전시킨다.

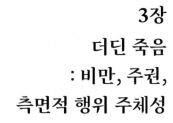

3장
더딘 죽음
: 비만, 주권,
측면적 행위 주체성

3장에서 벌랜트는 자유주의적 주체성과 실천적 주권성이라는 전통적 개념이 내포하는 자율성과 통제권에 문제를 제기한다. 특히 일상화된 위기 속, 삶을 재생산하기 위한 활동으로 인해 주체가 도리어 소진되고 더 나은 삶의 가능성이 마모되는, 일상화된 위기 속의 삶을 벌랜트는 "더딘 죽음"이라고 표현하고, 신자유주의 사회에서 심화되는 더딘 죽음 속 주권성의 정동적 조건들을 정치적으로 해부한다. 1980년대 이후 노동 조건의 악화와 비만의 확산에 대한 미국 사회의 대응은, 일종의 더딘 죽음으로서의 비만과 그것을 둘러싼 신자유주의의 이해관계를 보여 주는 사례가 된다. 더딘 죽음의 장면에서 주체의 행위성은, 자아와 삶의 발전이라는 목표 지향과는 관계 없이 현상을 겨우 유지하면서 익숙한 일상을 연장하는 일견 자기 중단적 혹은 자기 훼방적 활동으로 나타나곤 하는데, 벌랜트는 이를 자율적 주권의 행사라는 차원과는 다른 시각으로 이해해야 한다고 주장하며 "측면적 주체성"이라는 개념을 도입한다. "측면적 주체성"은 일반적으로 규범화되는 실천적 주권성의 목적 지향적·직선적·단선적 움직임과 구분되는 옆걸음질, 엇나가기, 샛길로 빠지기 등 자기 방해 행위와도 같은 일종의 측면적 움직임으로 기술되는 행위 주체성에 대한 설명이다._옮긴이

1. 더딘 죽음과 주권

더딘 죽음이라는 문구는, 악화를 향해 가는 방식으로 어떤 인구 집단이 겪는 신체적 마멸磨滅을 가리킨다. 이때 악화는 그들의 경험과 역사적 존재의 결정적 조건이다. 이 표현은 일반적으로, 지구적/국가적 체제가 된 자본주의의 구조적 종속과 통치성의 결과로 초래된 집단적인 신체와 심리의 쇠약이라는 현상에 집중했었던 앞 두 장의 관심사를 확장해 강조한다. 그 출발점은 데이비드 하비가 『희망의 공간』에서 표명한 논쟁적 견해, 즉 자본주의하에서 질병은 곧 일할 능력 없음이라는 명제이다. 건강의 합리화에 대한 이 강력한 견해는 우리가 다루는 상황의 중요한 일부지만 전체는 아니다.[1] 나는 이 개념이 열어 주는 논의의 공간에서 우리가 오늘날의 역사적 경험을 개념화하는 방식을 발전시켜 보고자 한다. 특히 그 경험이 극단에 처해 있는 동시에 일상성의 영역에서 이루어지는 경우, 삶을 구축하는 일과 인간적 삶의 마모가 구분 불가능한 경우, 그리고 비일관성, 주의 분산, 습관화의 양상과 고의적이고 숙의적인 행위가 모두 예측 가능한 삶의 재생산에 연루돼 있어서 구분하기 어려운 경우에 관해서이다.

내가 제안하는 사유의 전환은 주권성과 관련해 규범성을 사유하는 방식을 다른 틀에서 바라보자는 것이다. 그것은 특히 정치적 주권성과 개인적·실천적 주권성 사이의 관계가 미메시스적이지 않음을 강조한다. 칼 슈미트에서 조르조 아감벤과 조르주 바타유를 거쳐 아실 음벰베에 이르기까지 주권성이 정의의 조건이자 걸림돌이라는 현재의 논의는 오늘날 의사 결정의 사건에 광범위하게 투사되고 있는 주권성의 문제를 개괄적으로 보여 준다. 음벰베의 견해가 전형적이다. "주권성의 행사는,

죽음에 대한 통제권의 행사이며 삶을 권력의 배치와 발현으로 규정하는 일이다."[2] 이렇게 표현되는 주권성 개념에는 몇 가지 문제가 있고, 문제들은 서로 연관돼 있지만 동일하지는 않다. 우선, 주권성이 가리키는 통제권의 이미지가 신학에 기반을 두는 국왕이나 국가의 특권이라는 구시대적 전통에서 나온다는 점이다. 그런 형태의 주권성이 (가령 사면 절차 등에서) 제한적 관련성을 계속 갖긴 하지만, "통제권"의 담론에서 그와 같은 이미지는 법과 신체에 대한 행정적 관리에 역사적으로 결부되어 온 매우 다양한 과정과 절차, 심지어 주권적 통치자가 법령을 통해서 의지를 관철하던 시기에도 작동했던 과정과 절차를 가려 버린다.[3] 덧붙이자면, 죽음을 삶의 과정에 대한 행정적 관리와는 별개로 치부함으로써, 이런 주권성 개념은 통치성의 생산적 절차와 국가의 폭력을 별개의 것으로 유지하는 규범적인 방식에 알리바이를 제공했다. 앞으로 논의하겠지만, 집단적 삶을 관리하는 여러 절차는 삶의 마멸을 관리하기 위한 다양한 유인책을 포함하며, 이런 관리는 때로 죽음을 하나의 행위나 사건으로 합병해 버린다. 세 번째로, (일반의지에 의해 표상되고 일부 사람들에게 확보된) 개인적 자율성의 기반으로서 주권성은, 주권적 수행성에 대한 이런 환상과 자기통제 사이의 유사성을 지리적 경계에 대한 국가의 통제 개념과 과도하게 동일시한다.[4] 그럼으로써 인간이 수행적 행위라는 극적인 포즈를 취할 때 가장 인간적이 되는 것처럼 만들어, 개인의 행위 주체성에 대한 군사주의적이고 멜로드라마적인 관점을 가능하게 한다. 주권성에 대한 이 미메시스적 관념은 또 개인의 자율성이라는 정동적 감각을 객관적인 무언가로 정당화한다. 마지막으로, 의식, 의도, 그리고 결정, 사건을 연결시키고 부풀림으로써 그런 주권성 개념은 위생을 다루는 통치성에 알리바이를 제공했으며, 편의를 저해하는 인간 행위에 대한 도덕론적 반대를 정당화했다. 바타이유의 급진적 대안으로서의 주권성 — 강력한 의도성, 행위 주체성 개념으로부터의 탈아脫我적 탈피 — 마저도 개인성을 자기 확장이라는 단자적 정동의 드라마로 재생산한다. 다만 이 경우 개인은 주관적 과잉 조직화라기보다는 이질성의 드라마일 뿐이다.[5]

음벰베의 정의가 삶과 죽음을 투명한 것으로 만드는 반면에 푸코는, 의사 결정이라는 유령이 소환되기도 전에, 주권성과 생명 권력의 관계가 삶과 죽음의 의미를 심층 차원에서 재규정한다고 주장한다. 일견 생명[삶]은 가장 가변적인 용어인 것 같다. 푸코의 문구는 정확하다. 주권성은 "사람들을 죽이거나 생명을 부여하는 권리가 아니다. 또 사람들이 살게 허락하거나 죽게 놔둘 권리도 아니다. 그것은 삶을 빼앗거나 살게 놔두는 권리이다."[6] 생명은 선험적인 것이다. 주권적 행위 주체성은 어떤 주어진 삶이 지속하거나 하지 못하게 허용하는 권력을 의미한다. 하지만 그의 주장에 따르면, 주권성을 대체하는 것이 아니라 재형성하는 것인 생명 권력은, 어떤 대상이 살도록 만들거나 죽게 내버려두는 권력, 삶을 기준에 맞도록 규제하는 권력, 살아가기가 그냥 발생하는 일이 아니라 지속되고 또 특정한 방식으로 드러나게 강제하는 권위를 말한다. 그렇다면 주권성이라는 레짐 아래에서의 주권적 행위 주체성과 생명 권력이라는 레짐 아래에서의 주권적 행위 주체성의 차이는, 개인적인 삶과 집단적인 계속 살아가기의 구분으로 생각해 볼 수 있다. 후자에서, 살아가기는 점점 더 건강을 구성하는 것에 대한 관리, 훈육, 재조정의 장면이 되고 있다.

하지만 살아가기의 형태를 만드는 맥락에서, [아무런 조치를 취하지 않고] 죽게 내버려 둔다는 것의 상대적 수동성은 변화한다. 삶과 죽음에 인접한 가운데서 행위 주체성이라는 사건과 결정이 여러 다른 규범과 제도를 이끌어 내기 때문이다. 푸코는 그가 "엔데믹[풍토병]"이라 부르는 것을 생명 권력이 관리하려는 노력에 주목한다.[●] 엔데믹은 에피데믹[전염병]과 달리 "항상적 요소"로서 "인구 집단의 체력을 서서히 약화시켰고, 노동 기간을 단축했으며" "비용을 발생시켰다." [죽음을 바라보는 시선의] 이런 전환에서 푸코는 주권성 레짐 아래에서의 개인의 삶과 죽음에 대한 통제권의 장면에 향했던 관심을 돌려, 한 사회에서 규범적으로 규정된 일반적인 좋은 삶의 재생산에 어떤 인구 집단이 가한다고 여겨지는 생물학적 위협을 관리하는 방식이 산포되어 있다는 것을 다시 초점으로 삼는다.[7] 더딘 죽음은 엔데믹의 여러 시간성 안에 자리한다.

이처럼 뒤엉킨 복잡함과 변동성 때문에 주권성은 부적절한 개념이다. 결국 주권성이란 객관적 상태라고 오인된 환상이다. 즉, 개인적·제도적 자기 정당화의 수행성을 열망하는 입장이며, 그 입장이 안전과 능률성을 제공한다는 환상과의 관계 속에서 통제권을 갖는다는 정동적 느낌인 것이다. 그것은 왕의 칙령이나 처형, 사면 같은 특정한 법 수행에 근접한 다른 행위의 효력 밖에 놓인 행위 주체성을 논의하는 데는 부적절한 개념이다. 주권성은 또한 민주주의적/자본주의적 권력의 평범한

●　엔데믹은 흔히 풍토병이라고도 하며, 지속적으로 발병하지만 특정 지역에 국한된 질병을 가리킨다. 엔데믹이 특정 지역 내에서 예상치를 넘어 급증하는 경우 에피데믹이 될 수 있다. 에피데믹은 비만이나 흡연 등을 가리킬 때도 쓰이므로, 반드시 병리적으로 전염성이 있는 현상은 아닐 수도 있다. 반면에, COVID-19을 겪으면서 이제 우리에게도 익숙해진 용어인 팬데믹은, 바이러스가 여러 지역, 인구 집단, 국가를 가로질러 널리 퍼지면서 엔데믹의 발병자 수가 점점 늘어난 경우이다.

주체가 행위 주체로서 위상을 갖게 되는 여러 정치적·정동적·심리적 조건에 대한 왜곡된 설명이다. 그런 조건들은 (즉, 환상의 차원에서나 그렇지 않은 차원에서나) 오직 부분적으로만 주권적이라고 재규정하는 것이 최선이다.

그러나 어떤 사람들은 그 주권성 개념을 계속 사용하고 싶어 할 수도 있다. 그 이유는 자유주의적 의미에서 개인적 자율성과 자유의 지표로서 그 개념에 투자해 온 역사가 있기 때문이기도 하고 혹은 그 개념과 민주주의의 연관성, 즉 그 개념이 정치체 및 그 안의 하위 집단에 대한 법적 보호와 연관된다는 생각 때문이다.[8] 보편성에 대한 에르네스토 라클라우와 폴 길로이의 전략적 옹호에서 한 페이지를 인용한다면, 자아 관계 및 국가와의 관계에서 주권적 개인과 주권적 대중의 대중 정치, 시민사회 정치를 포기하는 것은, 주권적 대의 절차, 권위, 자기 승인적 방식으로 인간에 대한 개념화를 규정하는 특권을 불평등으로 이득을 보는 집단에게 넘기는 행위라고 정당하게 주장할 수 있을 것이다.[9] (물론 이것은 주권성 담론이 정치적 논쟁을 조직하는 방식에 반대하는 논지이기도 하다. 자율성에 대해 정동적으로 감지된 위협이 곧 정의 자체에 대한 위협이라는 주장에 대단한 신뢰를 부여하는 주장이기 때문이다.) 나는 이런 종류의 유보적 입장들에 조금은 공감하기에, 분류 방식을 극적으로 바꿔 주권성의 정신을 도매금으로 없애 버리려는 것은 아니다. 어쨌거나 법과 규범이라는 유령들은 선례로서 힘을 갖기 때문이다. 그러나 주권성을 자유라는 규범적 정치 언어를 지탱해 주는 환상으로서 영속성이 있는 것으로 본다 해도, 평범한 삶의 재생산을 지향하는 한층 광범위한 행위에 대해 더나은 논의 방식이 있어야 한다. 예를 들어, 매일 취업과 가사의 압박을 심화하며 의지를 강요하는 오늘날의 풍토가 주는 부담감에서부터, 섹스나 먹는 일처럼 확산되는 활동의 쾌락, 우연적 양태의 자기 중단 행위에 이르기까지, 자율적인 자기주장의 주권적 감지 등과 같은 차원에서 결과적으로 중요성을 갖거나 시간, 결정을 들이는 행위가 아닌, 광범위한 영역의 행위들에 대해서 [자율적 주권 담론과는 다른 틀에서] 논의할 수 있는 방식이 필요한 것이다.

실천적 주권성을 국가적 혹은 개인적 주권성을 모방하거나 그에 준거하는 형태로 이해하는 대신에, 삶의 구획화, 노동, 소비, 통치성의 매개 조건들로, 또 권력을 사용하고 의도성을 표명하는 부풀려진 자아가● 되지 않으려는 무의식적·명시적 욕망으로 조형되는 것으로 보면 더 잘 이해할 수 있을 것이다. 그러므로 이 장에서는 실용적인 (삶을 만드는) 행위와 증대하는 (삶을 구축하는) 행위 사이에서 복잡하게 접합된 관계를 살펴보고, 그 행위들이 [얄궂게도] 주체의 마모와 연결되는 지점을 따라가 본다. 이 장은 주체에 있어서 모호한 제스처 같은 것, 그리고 사건에 있어서 에피소드 같은 내용에 초점을 둔다. 결정의 의미나 행동이 가하는 타격에 대해서는 그 어떤 전제도 두지 않을 것이다. 평범한 활동의 조건이 되는 다양한 제약과 무의식에 주목하지 않으면서, 우리는 진정한 삶에서는 언제나 감정이 고조되어 있다는 환상, 감정이 효율적 행위 주체성의 양상으로 표현된다는 환상에 대한 애착을 고집한다. 효율적 행위 주체성은 궁극적으로 중요하며 수행적으로 주권성을 발휘하는 것, 또 마땅히 그래야 하는 것이라고 생각하는 것이다. 의도성을 지니는 주

●　벌랜트는 여기서 개인의 주권성이 의도성을 가진 권력의 주체로서의 나르시시즘적 자의식과는 구분되는 것임을 주장하고 있다.

체를 이렇게 재현하는 습관에서는, 자아 계발에 관심 없는 것이 명백할 경우 무책임, 얄팍함, 저항, 거부, 무능함으로 여겨지기 쉽다. 그리고 습관 자체가 과도하게 유의미한 것으로 보이게 될 수 있어서, 중독, 반응 형성, 관습적 제스처 덩어리, 아니면 그냥 남과 다르다는 사실 등이 무언가에 대한 저항이나 긍정 혹은 세상을 바꾸려는 욕망의 자리를 차지하는 대단한 플레이스홀더라고 해석될 여지가 있다. 어떤 반응이나 증명된 지각력이 저항이나 긍정 혹은 세상을 바꾸려는 욕망이 아니라는 말이 아니다. 다만 주체가 언제나 앞으로 다가올 미래의 이미 완료된 상태the will-have-been*를 고정하려는 자기 확장의 기획에 보편적으로 전력을 다해 연루돼 있음을 당연시해서는 안 된다는 말이다.[10] 자기 연속성과 자기 확장은 다르다. 달리 말하자면, 삶은 소설이 아니라는 것이다 — 아니 어쩌면 삶은 소설일 수도 있는데, 어떤 비평가도 아직 소설 한 편의 모든 행위와 모든 세부 내용을 다 설명한 적은 없다는 점에서 그러하다.

그러므로 더딘 죽음이 열어 놓는 공간에서 나는 행위 주체성이라는 규범적 개념 속에 자리 잡은 삶의 생성, 주체성, 인과관계에 대한 몇 가지 분류 체계를 재규정하고자 한다. 좀 더 구체적으로 말해서, 삶에 대한 정치적 관리를 단자화된 자아의 돌봄이라는 멜로드라마와 연결하는 생명정치의 도덕론에 맞서기 위해서는 행위 주체성과 개인성을 거창하게 부풀려진 차원에서만 생각하지 말고 평범성의 공간에서 실천되는 행위로 생각해야 한다고 제안하는 것이다. 그런 행위는 가시적 효율성, 부

---

* 미래완료 시제는 미래에 어떤 상황이 완성, 종료된 것을 표현한다.

르주아의 연극적 특성, 평생 동안의 축적, 자기 스타일링 등이 보이는, 글자 그대로 해석하는 논리를 언제나 따르지는 않으며, 혹은 심지어 통상 그런 논리를 따르지 않곤 한다.

이 장의 첫 부분은 일상적 살아가기의 시간과 공간 속 주권성의 문제를 강조하고, 영웅적인 것으로 만들 수 없는 사례에 대한 논의에 전략적으로 돌입한다. 그 사례는 미국을 비롯해 미국식 소비 행태의 영향을 받아 세계 각지를 휩쓸고 있는, 비만 혹은 "세계 비만" 현상이다.[11] 엔데믹으로 호명되는 이 현상은 수치심을 유발하는 주권성의 질병, 특권의 곤경이자 빈곤의 곤경, 선택과 반反의지의 위기,[12] 개발 및 저개발이 유발하는 지역적 유행병으로 여겨져 왔다. 이 현상은 강력한 데이터, 요란한 표현, 선정적인 광경을 자아내는데, 나는 그런 것들을 그에 적절한 분석적·정동적 척도로 환원하려는 의도는 아니다.[13] 나는 이 상황을 현재 진행성, 근근이 먹고살기, 계속 살아가기로 특징지어지는 시간성의 구역 안에서 재정리한다. 이 구역에서 구조적 불평등은 널리 퍼져 있으며, 일정치 않은 경험의 속도는 기억할 만한 타격들을 모아 두는 아카이브처럼 조직된 의식에 쉽사리 포착되지 않는 현상들을 통해서 종종 매개된다.

여기서, 앞의 두 장에서 살펴본 것과 같은 중단의 행위 주체성은 소진된 실천적 주권성의 조건에서 떨어져 나오기를, 또는 유의미한 상태를 실제로 축소하기를 열망한다. 압도당한 사람들의 멜로드라마는 살아가기의 이런 여러 측면이 지닌 동기와 시간성을 은폐할 수 있다. 주권성에 대한 이같은 재정리는 "자기 투약"● 같은 어구를 다르게 논의하는 방식을 제공한다. 그런 표현은 누군가가 삶을 구축하는 방식 — 즉 자유주의적 주체, 행복한 사람들은 그럴 것이라고 여겨지는 방식 — 으로 행동하지 않고 방탕해질 때 하는 짓을 상상하면서 사용하곤 하는 말이다. 이 장은 주체성과 자기 중단에 대해 숙고하면서 측면적[엇나가는] 행위 주체성에 대한 고찰로 마무리된다. 삶을 재생산하는 활동으로 인한 소진을 조건으로 하는 더딘 죽음의 장면에서, 행위 주체성은 생성이 아닌 유지 관리의 활동이다. 그것은 또한 거창할 것 없는 환상이며, 온전한 의도성 없는 지각력, 파열 없는 비일관성이고, 체현됨과 더불어 체현하는 행위이다.

2. 사례라는 장르의 착상

더딘 죽음이 활개를 치는 것은 군사적 접촉이나 대량 학살 같은 경우처럼 불연속적 시간으로 틀지어진 현상으로서의 트라우마적 사건에서가 아니라, 시간적으로 불안정한 환경에서다. 그런 환경의 시공간적 속성과 윤곽은 흔히 일상성 그 자체의 현전과 동일시된다. 일상성은 계속 살아가기의 영역으로, 매일의 행위, 기억, 필요, 욕망, 그리고 당연시되는 것의 다양한 시간성과 지평이 서로 가까워지고 체험되는 영역이다.[14] 정동의 매개 작용에 주의를 기울이기 위해서 이 책에서 내내 "사건"과 "해프닝"을 구분했던 것과 마찬가지로 여기서 나는 "사건"과 "환

● 자기 투약은 의사의 처방 없이 스스로 증상을 진단하고 약을 선택하여 먹는 행위. 자가 처방이라고도 할 수 있다.

경"을 구분한다. 한 가지 동기는, 역사적 현재를 지각 가능한 장면, 회귀 가능한 지향점으로서의 분위기를 만들어 내는 실천에서 나오는 역구성물back-formation로서 기술하기 위해서이다.[15] 이렇게 함으로써 현재의 중요한 매개물로서 공간과 규모를 시간과 절대적으로 대비시키면서 전면에 내세울 필요가 없게 된다. 이렇게 강조된 분위기를 테리사 브레넌은 그것을 지배하는 심리적·시간적·물리적·법적·수사적, 그리고 제도화된 규범적 과정들을 통해 정의한다.[16] 분위기의 유물론은 "환경"처럼 좀 더 견고한 것을 가리킨다.

사건은 그 강도와 충격의 종류에 따라 조정되는 장르이다.[17] 환경은 예측 가능한 반복, 그리고 눈에 띄지 않거나 어쨌든 사건의 형태를 띠지 않는 다른 공간적 실천 같은 다양한 매개 작용에 구조적 조건들이 스며들어 있는 장면을 가리킨다. 환경은 시간이 어떻게 일상적으로 지나가는지, 대부분의 사건이 얼마나 잊기 쉬운 것인지, 그리고 대체로 사람들의 일상적인 꾸준함이 극적일 것 없는 애착심과 동일시의 패턴 속에서 얼마나 오락가락하는지를 다 흡수할 수 있다.[18] 일상적인 환경에서 우리가 사건이라 부르는 것은 대부분 기억할 만한 정도의 타격을 주는 것이 아니고 차라리 에피소드라 할 수 있다. 즉, 어떤 것도 별로 변화시키지는 않으면서 경험을 틀 짓는 계기인 것이다.

하지만 더딘 죽음의 장면을 이해하는 데서 관건은, 대부분의 사건이 에피소드적 성격을 갖는다거나 대부분의 환경이 흡수적 기능을 한다는 점을 입증하는 일만은 아니다.[19] 2장 「직관주의자들」에서 나는 변화를 가져오는 모든 타격을 트라우마라는 거창한 수사와 장르로 번역할 때 발생하는 문제를 기술했고, 살아가기의 맥락에서 고조되는 위협이 관리될 때 어떤 형태로 나타날 수 있는지의 문제를 열어 두는 데에는 "위기 일상성" 같은 개념이 더 낫다고 주장했다. "구조"를 사회적인 것 전체에 스며드는 실천들로 보면서 분석을 분산시키는 일상성이라는 안정장치가 없다면, 위기를 이야기하기 위한 수사 자체가 비슷한 종류의 거창함으로 이어질 것이다. 학자들과 운동가들이 더딘 죽음을 장기적인 궁핍의 상황에서 이해할 때, 종종 그들은 일상의 시간에서 그 위기를 살아 내는 특정 인구 집단에게 삶의 실태이자 삶의 결정적 사실인 것을 위기라고 칭함으로써, 해당 상황의 기간과 규모를 고의로 부정확하게 전달한다. 물론 위기를 이런 식으로 사용하는 것은 종종 명시적이고 의도적인 재정의의 전략이고, 환경적 현상을 갑자기 사건처럼 보이게 만들고자 부풀리고 왜곡하고 오도하는 제스처이다. 구조적이거나 예측 가능한 조건으로서 환경은 위기가 암묵적으로 요구하는 영웅적 행위 주체성을 연상시키는 부류의 영웅적 행동을 유발하지 않았기 때문이다.

다른 한편으로, 일상성의 공간에서 마모되고 있는 인구 집단은 주목, 공감, 분석, 또 때로는 보상의 대상이 되어 수사적으로는 대접을 받게 되었지만, 아직도 외견상 주권적인 특권 계급이 지니는 책임감의 결핍 혹은 필요 때문에 생겨난다고들 하는 감정으로 포화된 존재가 된다. 이것이 평범한 삶을 위기로 전환하기 위해 사회정의 운동가들이 종종 생명정치의 보험계리actuary적인 상상계에 관여하는 이유이다. 즉, 고통에 관한 냉정한 사실처럼 보이는 것이, 위험에 처한 몸에서 나오는 행위 주체성과 위급함에 관한 논의에서 뜨거운 무기가 되는 것이다.[20] 비록 종종 이런 수사법이 상상 불가의 가혹함과 살아가기의 일상적 작업 사이에서 의아한 친밀함을 만들어 내기도 하지만, 그것은 어떤 파국에 대해서 세계가 태평할 수 있는지, 또는 심지어 어떤 파국을 영속화하는 데 관심이 있는지에 대해 이야기할 수 있는 방식이 된다. 그래도 파국은 변화를 의미하기에, 위기의 수사법은 더딘 죽음 — 즉 특정 인구 집단에 소속한다는 사실로 조명되는 어떤 사람들의 구조적으로 유발된 마모 — 이 예외 상태도 아니고 그 반대, 즉 단순한 진부함도 아니며, 마치 생각 없이 들춘 바위 밑에서 허둥지둥 흩어지는 개미들의 모습처럼, 괴로운 살아가기의 장면이 결국 평범한 삶과 얽혀 있는 것으로 밝혀지는 영역이라는 중요한 논점을 드러낸다.[21] 일상 속 위기를 둘러싼 선정주의적인 수사의 거창함은, 세계가 감수할 수 있는 문제의 구조적 어려움을 가늠하는 척도이다. 그런 문제는 새롭게 표본이 된 사람들에 결부될 때 바로 위기와 파국처럼 보인다. 죽음이 통상 삶의 연장 가능성과 대조를 이루는 하나의 사건으로 여겨지는 반면에, 이 영역에서 죽어 감과 삶의 일상적 재생산은 외연이 같으며, 여기서 이 시대 존재 방식의 계보를 만들어 낼 수 있는 여지가 생긴다. 단지 오늘날에만 해당하거나 미국에서만 찾아볼 수 있는 것이 아닌, 이 시간과 공간에서 구체적인 형상으로 나타나는 우리 시대의 존재 방식 말이다.

오늘날 미국이라는 맥락에서 비만은 더딘-죽음이라는 위기-스캔들 관리의 가장 새로운 사례로 나타난다. 그 기원은 정치적 변화를 끌어내려고 공감을 요청하는 사회정의 옹호자들의 활동이 아니다 — 매우 많은 민간 전문가와 다이어트를 취미로 삼는 사람들이 그런 목소리를 인터넷에서 내긴 했지만 말이다. 주요한 공적 논의는 보험회사, 공공 보건 당국, 그리고 기업 홍보실 간의 협업에서 나왔다. 만약 이 장이 살아 있는 유기체라면, 이 장은 주류 사회와 전공자들의 논문, 간행물, 신문, 잡지에서 나오는 위기와 그 대응에 관한 머리기사를 먹어 치우고 각주로 소화해 내느라 매일 몸집이 불어날 것이다.[22] 내가 이 장을 강연으로 처음 발표했을 무렵, 여러 조간신문의 표제는 [미국의 종합 식품 제조업체인] 크래프트 푸드 회사의 위기를 예고하고 있었다. 크래프트 푸드의 수익률은 오레오 과자 매출의 증가율 하락과 함께 떨어졌고, 오레오 매출 증가율 하락은 오레오만큼이나 건강하지 않은 아침 식사용 사이비-건강식 스낵바 시장에서의 이윤 증가에 기인하는 것이었다. 그 후 졸속으로 작성된 일명 "치즈버거 법안"에 대한 뉴스가 보도되었다. 그 법안은 미국 하원에서 제출된 것으로, 기업이 생산한 식품이 비만을 유발하는 중독을 초래한다고 고발하는 소송을 막아 기업을 보호하려는 것이었다(이 법안은 마침내 "2005년 식품 소비에 대한 개인 책임 법"으로 통과되었다).[23] 세 번째로, 나는 「주문하신 음식에 비만도 일인분 같이 드릴까요?」라는 AOL(America Online)의 표제를 보게 되었는데, 그것은 프랜차이즈 업체들이 자신들의 식당 메뉴에 영양 성분 표시를 하려는 자발적 추세를 보도한 기사에 링크돼 있었다(이 같은 추세는 현재 법으로 성문화되었다).[24]

먹는 것을 의학으로, 먹는 것의 결과를 건강의 위기로 바꾸는 교육 프로젝트는 오바마 정부가 떠맡은 일이기도 했다. 미셸 오바마가 사회 운동가로서 다룬 대표적 사안은 어린이 비만이다.[25] 오바마 행정부는 전형적으로 감상적인 이 기획의 모순을 최근에 더 심화시켰다. "더 건강한 미국을 위한 협력"은 학계, 기업 자본주의, 공공 보건 기관, 미국 어린이들을 위한 여러 재단 등의 적대적 이해관계 속에서 공조의 맥락을 창출한다. 물론 그들의 역할은 그냥 자문이다.

요컨대, 지방 덩어리(물질과 사람을 다 가리킨다)를 어떻게 더 잘 통제할 것인가를 둘러싸고 날마다 더 많은 조언이 더 많은 출처에서 나와 유통되고 있다. 이것이 약품, 서비스, 신문을 판매하기 위해서, 그리고 욕구를 억제하지 못하는 인구 집단(이는 대중, 하위 주체, 성적으로 정체성이 규정된 사람들 등에 대한 관습적 시각이다)에 대한 정부와 의료계의 특정한 새로운 관리책을 정당화하기 위해서 획책된 초현실적 상황이라고 말해도 과언이 아닐 것이다.[26] 어쨌든 아주 최근에 우리는 에피데믹[유행병]이라는 개념이 중립적인 묘사 방식이 아니라는 점을 에이즈에서 배운 바 있다. 그것은 분류, 인과관계, 책임, 퇴폐, 상상 가능하고 실질적인 치료의 논리에 대한 논쟁의 불가피한 일부이다.

하지만 무엇이 건강, 돌봄 및 그 책임을 구성하는가에 대한 논쟁이 있다고 해서 문제가 없는 것은 아니다. 그렇다면 우리의 목표, 우리의 장면, 우리의 사례는 무엇인가? 아래에 이어지는 설명의 목표는 카탈로그를 하나의 장르로 동원해, 비만 관련 현상에 대한 여러 상이한 설명을 군집으로 묶는 것이다. 즉, 이는 우리의 사례가 심지어 생명 관련 과학자 및 사회과학자에게도 분석에 있어서 임기응변을 필요로 한다는 뜻이다. 육체적·주관적·제도적 실천이라는 상이한 영역을 넘나들며 분석하지 않을 수 없기 때문이다. 예를 들어, 과체중, 비만, 병적 비만, 그리고 산업화된 공간에서 점점 더 신체적으로 건강하지 않은 몸을 만드는 관행들을 향해 가는 대중적 경향이 한데 뭉쳐, 뭔가 잘못된 체계와 사람들이 이루는 이상하게 복합적인 장면을 만들어 낸다는 것이 어째서 중요한가? 이 사례는 하나의 문제가 아니라, 일정 거리를 두고 멀리서 보았을 때만 한 덩어리처럼 보이는 여러 요소들로 이루어져 있다.

보험 목적으로 비만이 질병으로 여겨져 왔다면, 나머지 문헌들은 비만을 달리 호명한다. 즉, "만성 질환"인데, 그것은 어원적으로 보자면 시간의 질병이고, 일상적 언어로 바꾸자면 치료할 수는 절대로 없고 그저 관리만 할 수 있는 상태를 말한다. 관리나 운영의 경제, 정치, 윤리와 사람 사이의 상호작용은 이 현상을 여러 구조적 적대가 펼쳐지는 전형적인 장면으로 만든다. 예를 들어, 다수 대중의 과체중은 영국과 미국, 그리고 상업화가 심화된 다른 지역에서 점점 많이 발견되는 국제적 현상으로 여겨진다.[27] 미국에서 그것은 국가적 에피데믹으로 간주된다. 지역 보건 체계에는 부담이 되는 반면에, [기업에는 이윤이 되고 행정적으로는 인구 통제의 수단이 되므로] 이윤과 통제라는 제도적 이해관계에 봉사하기 때문이다. 동시에 의료계의 문헌에서 과체중의 패턴은 건강에 유해한 상품의 지구적 유통이라는 차원에서 다루어진다. 반면 국제연합은 그것을 지구적 정치의 문제로 간주한다. 마찬가지로, 반反국가 정서가 강렬한 시기 미국에서 체중과 관련해 나타난 추세를 유행병으로 바라보도록 한 것은 미국의 리버럴 진영에 회복을 위한 자원으로서 국가의 이미지와 시민들에게 사회적 경제적 책임을 갖는 존재로서 기업의 이미지를 다시 활성화하는 기회를 제공했다. 물론 보수주의자들은 이런 내용을 비롯한 모든 국가 주도의 보건 정책을 "과보호 국가"나 사회주의 활동으로 치부하는 경향을 보인다.[28] 그래도 이와 동시에, 공중 보건 체계를 다시 구상하고 건강보험을 재조정하는 문제는, 소비자 특히 상대적 빈곤층과 청년층을 비롯한 소비자들 사이에서 행위 주체성을 어떻게 재규정하고 재구상하고 도덕적으로 설명할 것인가에 초점을 두는 [기관 및 제도의] 개입 방식을 [개인의 섭식 및 운동 등과 같은] 습관과 결합시킨다. 사회 변화의 행위 주체들은, 신중한 사람이든 기회주의적인 사람이든, 가능한 모든 영역에서 도덕적·정치적 절박함을 과장해 가면서 비만 유행병을 공격한다.

[비만에 대한] 이런 일단의 우려에 덧붙여, 신문 표제를 장식하지 않는 또 다른 이야기가 꿈틀거리고 있다. 이런 증상을 근절한다고 해서 해결되지 않는 훨씬 오래되고 복잡한 이야기이다. 즉, 생산의 공간에서 그리고 삶의 나머지 영역에서 초래되는 몸의 손상이다. 비만 유행병은 오

늘날 자본 레짐하에서 또 그 레짐에 의해서 파괴되는 삶, 몸, 상상계, 환경에 관해 이야기하는 방식이기도 하다. 여기서 "자본주의"는 변동하는 자본주의적 전략 가운데서 자본가와 노동자, 자본가와 소비자 사이의 관계이자 유색인종, 어린이, 노년층을 비롯해 더 광범위하게는 경제적 위기에 몰린 계층까지 포함하는 이미 취약한 인구 집단을 대상으로 그 전략들이 상호작용해 나타난 최종 결과를 말한다. 자본주의는 전체 인생 주기 동안에 이루어지는 생산과 소비라는 물리적 경험, 학교 및 대도시 공적 공간의 민영화, 시장 활동과 시장 논리로 이제 포화되어 버린 공공성 개념에서 정치가 밀려난 상황 등과 같은 다양한 현상을 가리킨다. 자본주의는 또 더 규범적이면서 비공식적인 (그러나 예측 불가능하지는 않은) 양태의 사회적 자본, 관리되고 상상된 건강의 모습을 구체화하는 일과 너무나 깊숙이 관련된 사회적 자본을 포함한다.[29]

이 논의에 등장하는 다수의 주체는 미국에서, 특히 빈곤층과 청년층에서, 삶의 질이 저하되는 데 대해 진심으로 우려한다. 그러나 정책에서 사용되는 수사적 표현은, [자본주의에 대한] 적응을 극적인 행위로 규정하는 제도적·개인적 행위 주체성의 모델을 따르라고 요구한다. (먹는 것은 의지에 생긴 질병인가, 아니면 중독 혹은 강박인가? 우리가 지금 해야 할 일이 무엇인가?) 자본주의에서 몸으로 나타나는 장기적인 문제들, 일상의 구획화 속에서 그것을 겪어 나가는 일, 육체적·정신적인 잘 살기를 가로막는 여러 장애물은 위기의 시간성 안에서 그다지 성공적으로 다루어지지 않으며, 행동, 존재, 번영의 맥락을 상술하기 위한 다른 틀을 필요로 한다.

그렇다면 오랜 역사 동안 가난한 사람의 수명이 더 짧았다는 사실과 오늘날 [삶과 생산의] 가속화를 가능하게 하는 특정 조건들이 서로 맞물린다는 점을 달리 어떻게 이해할 수 있을까? 불평등한 노동과 보건 제도 안에서 빈곤층과 차상위층이 좋은 삶을 향유할 수 있을 만큼 오래 살지 못하고, 좋은 삶에 대한 약속이 너무나 많은 착취를 정당화하는 환상 뇌물이라면, 수명의 윤리에 대해 생각한다는 것은 무슨 의미인가? 내가 보기엔 소비자적 실천 및 환상, 채무 주기, 근무일의 시간성에 대한 논의 없이 욕구라는 스캔들 — 음식뿐만 아니라, 도덕적 질책, 사회적 정책, 자기 투약의 터전으로 섹스, 흡연, 쇼핑, 음주도 있다 — 에 대해서 논할 수는 없을 텐데, 소비자와 관련된 주체성들과 노동을 우리는 동시에 어떻게 사유하는가? 마지막으로, 아프리카계 미국인과 라틴계 미국인이 특히 이런 몸의 부담과 오래전부터 거기 덧씌워진 상징적 부정성을 짊어진다는 것은 무엇을 의미하는가? 오죽하면 흑인여성건강네트워크의 일원인 어느 의사는 오늘날 미국에서 흑인의 삶을 위협하는 "가장 무서운 흉기"가 포크라고 말했다.[30]

흔히, 대중들 사이에서 이 같은 양상이 나타나는 게 인지될 때전략적으로 그런 양상은 극적인 것으로 표상되는데, 그 방식은 모순적이다. 한편으로 그와 같은 양상은 (기업 자본주의, 의사, 보험회사 등) 적으로 간주할 수 있는 기관이 소비자 및 고객과 고의적으로 비인간적 관계를 맺은 결과로 편집증적으로 극화된다. 그렇지 않으면, 자본주의적 혁신의 의도치 않은 결과로 여겨지기도 하고, 아니면 경제적 자원은 있지만 지식이 없거나 신경 쓰지 않는 채로 매번 잘못된 결정을 함으로써 스스로 건강을 해치는 사람들의 부끄럽고 유독한 습관으로 여겨진다. 생명 권력 개념이 시사하듯, 철저히 편집증적인 방식을 취해야 할 마땅한 이유는 없다. 고용주들이 흔히 사업장의 보건 상태를 소홀히 하고 이윤을 위해 노동자들을 희생하는 반면, 기업이나 주권적 개인이 소비자들을 고의적으로 해치는 경우는 (전혀 없는 것은 아니지만) 드물다 — 그런 일은 보통 부수적 피해로 발생한다. 우리는 또한 사람들이 권력 자체의 이해관계에 놀아나는 허수아비도, 자기만의 의도에 따라 움직이는 신적인 존재도 아니라는 것을 알고 있다. 그저 향락주의적이거나 강박적이지 않다면 말이다.[31] 특정한 몸의 조건들, 특정한 사람들이 건강을 유지할 수 있는 조건 또는 기타 사회적 소속감의 기타 조건으로 정치적 위기를 재규정하는 식으로 헤게모니적 세력이 삶의 재생산을 직조할 때 생명권력이 작용하는 것이다. 그래서 이 세력은 문제가 되는 몸을 가진 주체, 근본적으로 파괴적인 행위 주체성을 가진 것으로 여겨지는 사람들을 심판할 수 있게 된다. 구획 나누기에서부터 창피 주기에 이르는 아파르트헤이트 같은 구조가 이 인구 집단에게 강요되고, 그 사람들은 이런저런 종류의 사회적 번영에 빚지고 있음을 몸으로 체화하는 표상이 된다. 그러면 건강 자체가 성공적인 규범성의 부수적 작용으로 여겨질 수 있고, 사람들의 욕망과 환상은 건강이라는 쾌적한 상태와 줄 맞춰 가라는 요청을 받는다. 그러나 다시 말하지만, 몸으로 체화하는 것을 생명정치적이라고 말하는 것은 논의의 끝이 아닌 시작일 뿐이다.

3. 비만의 보험계리적 수사법

흔히 "비만 유행병"이라 지칭되는 이 사례는 오늘날 미국, 영국을 비롯해, 가공식품의 지구적 레짐에 유의미하게 가담하고 있는 모든 나라에서 점점 더 노동계급에 부담이 되고 있다. 학계와 언론의 연구는 믿기지 않는다는 듯 이런 문구를 되풀이하고 있다. "미국 성인 중 고도 비만 — [표준보다] 적어도 100파운드 이상 체중이 초과하는 경우"이거나 BMI 지수가 50 이상인 사람이 "1980년대 이후 네 배로 증가"했으며 "50명 중 한 명 꼴"이라는 식이다.[32] 마찬가지로, 비만이 약간 덜한 경우 (BMI 지수 40-50)의 백분율은 40명 중 한 명으로 늘었다. 보통 수준의 과체중 비율은 다섯 명 중 한 명으로 늘었다. 2010년에 이르면 이 비율과 비만 지수는 지나간 시대의 이야기가 되었고, 연구자들은 증가 추세가 계속되지 않은 데에 안도했다. "2007~08년에 비만의 확산 정도는 성인 남자 32.2퍼센트, 성인 여자 35.5퍼센트였다. 이전에 관찰되던 비만 확산의 증가 추세가 특히 여자들 사이에서 그리고 어쩌면 남자들 사이에서도 지난 10년 동안에는 전과 같은 추세로 지속되지 않은 것으로 보인다." 이런 통계는 그저 매우 과체중인 경우는 포함하지 않는다.

이 상황에서는 과장이 필요 없다. 세계 역사상 처음으로 지나치게 많이 먹는 사람들이 모자라게 먹는 사람들만큼 많아졌고, 역시 세계 역사상 처음으로 지나치게 많이 먹는 사람들은 부유층만이 아니며, 모자라게 먹는 사람들 또한 가난하거나 기아에 허덕이는 이들에 국한되지 않게 되었다.[33] 절대적으로나 상대적으로 부유한 층과 빈곤층을 아울러 모든 미국인이 점점 뚱뚱해지고 있다. 하지만 나는 건강보험에 대한 불평등한 접근성, 일상적 삶의 갑갑한 조건들, 엔데믹처럼 건강에 해로운 작업장 등의 문제 가운데서 아주 현저히 미국 노동계급과 하위 프롤레타리아 인구 집단의 몸이 신체 장기와 뼈대에 가해지는 비만의 압박으로 천천히 마모되고 있다는 주장을 하려 한다. 한편 미국과 기업의 식품 정책은 남쪽에서, 멕시코와 남미 그리고 아프리카와 중국 농촌에서, 우리가 먹는 음식을 생산하는 사람들의 몸과 땅을 계속해서 심하게 메말

라 가게 만들고 있다.[34]

이렇게 역전된 상황들은 아이러니나 패러독스에 불과한 것이 아니다. 그런 역전은 각기 나름대로 더딘 죽음의 궤도를 특징으로 한다. 집단적 깡마름과 비만은 오늘날 세계 전역에 걸친 빈곤층 영양 결핍의 증상으로 서로 거울 이미지처럼 짝을 이루는 것이다. 하지만 이 사례의 윤곽을 파악하는 것이 어떻게 이 사례에 대응하는 우리의 상상력을 조직할 수 있는가? 우리는 먹을 것이 모자란 빈곤층에게 식품을 마련해 줄 필요성, 신속히 그렇게 할 필요성을 잘 알고 있다. 그들이 생산수단을 직접 소유하고 있었다면 그렇게 했을 터이니 말이다. 과식하는 사람들로 말하자면, 생산수단의 소유가 과식을 더 부추기고, 건강이 아니라 죽음을 향하는 행위 주체성, 분명 권력에 대항하지는 않는 행위 주체성의 실천을 더욱 부추길 것이다. 과체중을 건강과 부유함이라는 헤게모니적 개념에 대항하는 시위로 이해하지 않는다면, 이렇게 전개되는 상황에서 어떤 가망이나 대단한 점, 비판적인 점을 찾아볼 수 없다.[35]

특권과 부정성이 결합된 이 특이한 맥락에서, 산업화된 사회의 과체중 인구 집단은 그래서 주권성 개념 또는 그 개념의 부정에 뿌리를 두는 모든 문화역사적 분석에 문제를 야기한다. 뚱뚱함이 증가함과 더불어 뚱뚱함에 대한 거부감이 함께 증가한다. 뚱뚱함에 대한 거부감은 미적인 것인 동시에 건강과도 관련이 있다. 그것은 비용이라는 말의 의미를 심리적·사회적·경제적으로 굴절시킨다. 이 역동적인 불안감의 역사는 냉전과 더불어 시작되었다.

미국인의 신체적 건강 저하와 비만 증가에 대한 우려는 20세기 들어서면서부터 공공연한 논제였지만, 그것이 각 주와 연방 정부의 논제가 된 것은 스푸트니크호[구소련이 1957년에 발사한 인공위성]와 미국의 상품 물량주의의 증가가 맞물려 미국 어린이들의 허약함에 대한 불안감이 생겨나던 냉전 기간이었다.[36] 연방 정부가 공교육에 엄청난 재정을 쏟아붓는 시대를 여는 데 스푸트니크호가 일조했다면, 냉전 시대에 대비하는 차원에서 건강과 관련된 요소는 경제적 대응보다는 상징적 대응을 이끌어 냈다. 계도적 제스처를 보여 준 여러 국가기구 가운데 하나로 케네디의 대통령 직속 건강자문위원회는 건장한 국가주의적 신체를 만들어 내려는 의도로 조직되었고 "움직이는 미국" 같은 프로그램들로 이어졌으며, 보건부 장관 토미 톰슨이 조이스 브러더스 박사, 지역 약국 및 체육관과 공조해 만든 2003년 프로그램은 참여를 원하는 모든 시민이 건강 계획을 세울 수 있도록 무료 검사를 제공하고, 청소년들에게 운동을 하라고 계도하는 슬로건을 내세웠다.[37] 그러나 집단의 안녕과 체중의 관계에 대한 국가 담론이 지금처럼 심화된 우려 단계에 접어든 것은 2001년, 미국 공중보건국 국장 데이비드 새처가 비만을 유행병이라고 호명하는 보고서를 제출해 비만이 "1170억 달러의 건강보험 비용과 급여 손실을 발생시키고 연간 30만 명의 목숨을 앗아 간다"고 주장하면서부터였다.[38] 다른 문헌에서는 이 비용이 2천4백억 달러에 달하기도 하며, 이 액수에는 체중 감량을 위한 상품과 다이어트 요법에 소비되는 연간 330억 달러가 포함돼 있지 않다.[39]

여느 때와 달리 이 건강상의 위기는 어린이와 국가의 미래를 위한다는 말로만 포장되지 않았고, 다가올 수십 년 동안 성인이 점점 더 신체의 허약함을 경험하게 되리라는 말로 표현되기도 했다. 한 가구 안에서 함께 사는 여러 세대가 노동 경제에 참여하기는커녕 자신이나 서로를 잘 돌보지 못하는 모습으로 유령처럼 환기되었다.[40] 사회적·신체적·경제적 장애를 가진 사람들을 지원하는 내부 정부 기관을 축소하는 데 열심이던 행정부의 조치를 애초에 정당화하는 대목에서, 스트레스로 지치고 과로한 몸이 건강식품까지도 계속 먹어 몸속 지방 저장고에 쌓아 놓는 식으로 생물학적으로 대응하는 이미지들이 등장한다. 이런 스트레스의 신경생리학은 기업이 감당해야 하는 건강보험 비용에 대한 불안감의 증가로 이어지게 된다.

물론 타인을 위한 가치를 생산하는 레짐하에서 몸의 영락한 신세는 오랫동안 논의의 주제가 되어 왔다. 데이비드 하비는 마르크스를 요약하면서 "협력/공조라는 기본적인 인간의 힘을 동력화하는" 대가를 광범위하게 열거한다. [그 대가는]

> 기술적 요건에 부합하는 노동력의 기능 훈련, 기능이 필요 없는 단순 작업 훈련, 기능의 재훈련, 정해진 일과가 된 임무에 맞춰 가기, 규제된 (그리고 때로 공간적으로 제한된) 활동의 엄격한 시공간적 리듬에 갇히기, "기계의 부속물로서" 몸의 리듬과 욕망이 빈번하게 당하는 예속, 가변적이지만 종종 증가하는 강도로 집약적 노동에 바치는 긴 노동시간을 당연시하게 사회화되기 …… 또 마지막에 언급하지만 사소하지 않은 것인데, 자본주의 발전에서 아주 전형적인 생산과정의 급속한 혁명에 대응할 수 있는 노동력 가변성, 유동성, 유연성의 생산 [등이다].

이 사이보그적 체제에서 "노동의 다양성에 대한 인정, 그러므로 노동자가 최대한 다양한 여러 가지 노동을 할 수 있는 건강함에 대한 인정은 삶과 죽음의 문제"가 된다고 마르크스는 말한다.[41] 그래서 자본에 의한 몸의 파괴는 그저 정동적 현재에 닥친 판단력의 "위기"가 아니라 오래 지속되어 온 윤리적-정치적 조건이며, "비만 유행병"이라는 문구 속에서 새로운 대오를 이루어 등장하는 것처럼 보이는 것이다. 동시에 이 "유행병"은 어떤 한계를 표시한다. 노동하는 몸이 이윤을 위해 과연 희생되어야 하는지, 희생된다면 얼마나 희생되어야 하는지에 대한 공중과 국가와 기업의 양심에서 한계를 표시하는 것이 아니라, 노동 재생산과 소비자 경제에 가장 도움이 되는 희생이 어떤 것인가의 문제에서 한계를 표시하는 것이다. 그러므로 비만 위기에서 부분적으로 논점이 되는 것은 적절한 음식의 정의, 상충하는 여러 건강의 모델이다. 건강은 생물학적 조건인가, 노동을 위한 가용성인가, 아니면 장수長壽의 장면인가? 이윤의 건강에 대한 우려가 사람의 건강에 대한 우려와 "균형"을 이루는 한에서, 의지와 몸의 실패로 인한 이 특정한 유행병에서 측은지심과 기업주의가 공조한다.

비만을 둘러싼 이 특정한 사실들은 연방 정부의 지원을 받는 보건 기구가 내놓는 다른 역학적 위기에 대한 선언들을 반향한다. 전국 우울증 검사의 날을 지정한 것(1991년)이 그 일례이며, 이는 인간의 정신적 고통의 대가를 사람만 치르는 것이 아니라, 작업장에서의 "생산성," 기업 이윤, 보험, 의료인, 국가도 치르게 된다는 점을 명시적 근거로 들먹이면서 위기의식을 조장했다.[42] 이 질병은 노동의 비용에 대한 지배적 관념과 상충하면 유행병이 되고 문제가 된다. 우울증은 이제 너무나 많은 비용을 발생시키고, 바로 그래서 민영화된 의료 서비스와 기업 친화적 교육 프로그램은 우울증 증상으로 인해 발생하는 비용을 감소시키기 위한 통상적 수단이 되었다. 우울증과 관련된 여러 대중 주도적 기획이 국가적 비만 대책과 맞물려 있는 데는 다른 이유도 있다. '우울증의 날'은 사람들의 행동을 변화시켜서 기분 좋게 만들고 그럼으로써 사람들이 자신, 가족, 상사에게 더 믿을 만한 사람이 되게 한다는 점에서 공공의 이익을 지킨다. 그렇게 하기 위해서, 이해관계가 얽힌 파트너는 교육적 자원을 필요로 하는 사람에게 교육적 자원을 제공하고, 주 의회와 연방 의회에서 그런 목적에 자원이 배분되도록 노력한다. 항우울 대책과 항 비만 대책은 모두 가족, 친구, 교사, 동료, 의료 전문가를 끌어들여 개인 의 사회적 변화를 위해 지역을 뛰어넘는 집단적 환경의 조성을 도모한다.

달리 말하자면, 비만과 우울증 두 경우 다 의료화가 단순히 민영화를 의미하지는 않았다. 그리고 이 문제에 있어서 민영화 자체는 흔히 생각되는 바처럼 기업이 바라는 대로 공공 이익의 관리·감독 역할에서 정부가 빠져나간 결과라기보다 정부, 기업, 개인적 책임 사이 관계의 경로 변경이라 할 수 있다. 클린턴, 부시, 오바마 정부는 모두, 1960년대 자유주의 복지국가 시기에 형성된 사회계약론의 규범 안에서 비만과 관련된 전국적 수준의 보건 위기에 대응했다(바로 그래서 비만 정책이 보수층 전문가들과 보수 단체의 분노를 유발했다. 그들은 위기와 치료에 대한 국가 담론 및 국가와 관련된 명시적 담론의 중심에 주권성에 기반을 두지 않은 개인적 행위 주체성 개념이 있음을 정확히 인지한다).[43] 하지만 국가의 복리 후생 활동 내에서 일어난 신자유주의적 변동은 이미 개발된 구체적 개량주의 프로그램들에 근접하는 여러 정책 구성에서 뚜렷하게 나타난다. 부시 행정부는 1996년 세계식량정상회의에서 미국이 발표했던 성명을 계속 지지했다. 이 성명은 "적절한 식량을 가질 권리는 '목표 혹은 열망'이지만 정부가 져야 하는 국제적 의무는 아니"라고 선언했다.[44] 이 문제/장면의 과잉 결정은 절박한 상황에 대한 책임을 누가 져야 하는지에 대한 정치적 논의를 계속해서 혼탁하게 만든다.

우울증과 비만 유행병은 유전적 요인에 의거하는 설명에 대한 애착을 공유한다. 그런 설명이 책임에 대한 공적 논의에 영향을 미치기 때문이다. 유전적 요인들 역시 개인과 기업의 책임, 의도, 치료에 대한 주류 사회의 분석에 혼란을 야기할 뿐만 아니라, 인과관계의 문제도 사실상 무의미한 것으로 만든다. 미국 성인의 약 60퍼센트와 어린이 20퍼센트가 과체중 내지는 비만이라는 사실, 2000년 이후에 태어난 어린이 세 명 중 한 명이 진성 당뇨병이나 제2형 당뇨병 같은 비만 관련 질병으로 시달리게 되리라는 사실은 유전학적으로 무엇을 의미하는가?[45] 켈리 브라우넬과 캐서린 배틀 호겐이 이야기하듯, 미국인의 60퍼센트 이상이 과체중 또는 비만이라면 나머지 40퍼센트는 아니라는 뜻이다. 일찍이 1995년에 미국 의학연구소는 "유전이 아니라 환경이 비만 유발에 책임이 있다고 말하는" 연구를 발표했다.[46] 유전적 소인에 의거하는 설명은 종종 신체 치수/정신 건강 상태에 대한 개인의 수치심을 없애려 시도하고, 신체 치수/정신 건강 상태에 대한 엄청난 책임감에서 개인을 해방시키려 시도한다. 하지만 유전학적 설명은 형태가 불규칙한 이 현상에서 미국의 불건강 증가에 기여할지도 모르는 비개인적 요인을 가려 버리므로 오해를 유발할 소지가 있다.

유전적 해답 외에도, 다른 구조적 혹은 개인적 조건에 대한 설명이나 병인론病因論이 조합되었다. 그것들은 여기서 그저 언급하는 시늉만 하겠다. 도시 개발, 길어진 노동시간, 단기간 노동과 파트타임 노동이 증가하는 가운데 점점 더 많은 노동자가 한 가지 이상의 일자리를 갖게 된다든지, 일과 가족[가사 활동]을 병행하면서 운동은 거의 생기지 않는 여가 시간에나 하는 것으로 치부해야 한다는 사실, 노동계급의 서비스직 종사자와 전문 관리직 종사자에게 당장 에너지를 주는 음식 위주로 식품 산업이 재편된다는 사실, 이 두 직종의 종사자들이 점심으로 패스트푸드를 점점 더 많이 먹는 추세이며, 자동판매기 음식을 아주 많이 먹고, 먹으면서 멀티태스킹을 하고, 점심시간과 중간 휴식 시간에도 일을 한다는 사실, 일반적으로 패스트푸드의 접근성과 간식 문화와 냉동식품 프랜차이즈가 확대되고, 집과 직장에서 전자레인지 사용이 늘어나고, 미국 가정의 생활비 중 집에서 먹을 식품 구매보다 외식으로 지출하는 액수의 비중이 점점 더 늘어난다는 사실 등이다.[47] 매리언 네슬과 마이클 제이콥슨이 말하듯, "미국인들은 식료품비 지출의 반가량과 하루 에너지의 3분의 1가량을 집 밖에서 섭취하는 식사와 음료수로 충당한다. …… 약 17만 개의 패스트푸드 식당과 3백만 개의 탄산음료 자동판매기는 미국인들이 몇 발자국 내에서 상대적으로 영양가 없는 음식들을 즉시 구매할 수 있게 보장해 준다."[48] 더구나 이런 종류의 음식들이 저지방 형태로도 구매 가능해지면 사람들은 지방을 충분히 먹고 난 그 느낌을 위해서 보통 때의 두 배를 구입하게 된다.

[일상적 삶의] 구획화에 대한 위의 언급은 수많은 지역과 주 정부와 연방정부의 법규 및 프로그램이 미국의 지방 수치에 기여했음을 상기시킨다. 자본이 특정한 세금 기반으로 계속 유입되게 하는 결정, 그런 유입에 유리한 법규 제정은 특히 도심 빈곤 지역 비만의 증가에 심대한 영향을 미쳤다. 패스트푸드 판매점은 다른 프랜차이즈와 마찬가지로 권리 신장-구역의 개발에서 매우 중요하게 간주되는 부분이다. 학교는 패스트푸드 및 탄산음료 프랜차이즈 등과 창의적으로 사업적 "파트너 관계"를 점차 더 많이 맺으며 그로써 불이익이 아니라 보상을 받는다. 이런 파트너 관계가, 심지어 클린턴 시대에 전체적으로 부가 증가하던 외중에도 대부분의 주가 시행했던 엄청난 교육비 감축을 보완해 주기 때문이다. 이제 이런 파트너 관계는 건강 증진을 돈벌이로 만드는 쪽으로 방향을 재설정하고 있다. 어린이 대상의 영양 교육을 목적으로 하는 연방 정

부의 어떤 프로그램은 게토레이의 지원을 받고 또 다른 프로그램은 켈로그의 지원을 받는다. 값싸고 달콤한 고지방, 고과당 식품의 세계가 보통 미국인의 흔한 점심, 저녁 식사가 되는 동안, 학교는 체육 교육 프로그램을 크게 축소했고 성인들은 책상에 앉아 근무하거나 그렇지 않으면 걸어갈 수 있을 때도 자동차로 볼일을 본다. 미국 보건복지부는 하루에 10분만 더 걸으면 비만 위기를 해결할 수 있다고 주장했지만, 가정, 통근, 여러 가지 일자리에 다 신경을 써야 하는 노동자가 감당하는 시간적 제약을 생각하면 10분 걷기를 일정에 넣기가 어렵다고도 주장한다.[49]

우리가 공모 관계에 있다는 느낌을 받을까 봐 말하자면, 농업 정책의 역사와 세금 및 구획화 코드*의 전개에 대해 연구하는 동안 명백해지는 것은, 그런 것들이 주로 간접적으로 미국의 임금노동자와 저소득 노동자의 건강을 악화시켰다는 점이다. 그레그 크리처의 『비만의 제국: 미국인은 어떻게 세계에서 가장 뚱뚱한 나라가 됐는가』의 첫 장에는 「칼로리는 어디서 오는가」라는 부제가 붙어 있다. 이 장은 "얼 부츠"라는 이름으로 시작해,** 1970년대 초 닉슨 정부의 인플레이션 위기 당시에 자당, 일반 설탕보다 과당을, 콩기름보다 야자유를 정치적 목적으로 권장했던 희비극적 이야기를 들려준다.[50] 이런 결정을 한 사람 중 그 누구도 개인이나 노동계급 인구 집단의 몸에 해가 되는 일을 하려는 의도는 없었다. 목표는 세계 시장을 통제하고 허덕이는 남부와 환태평양 지역

●　　도시계획에서 그 지역의 토지 및 공간의 적정한 사용을 위한 법규를 뜻한다. 어린이 비만 예방을 위한 패스트푸드 금지 구역도 구획화 코드에 포함된다.

●●　　얼 부츠(Earl Butz)는 닉슨과 포드 정부에서 농업부 장관이었다.

의 생산지 공동체를 파산시켜 식품 가격을 낮추는 것이었는데, 이는 그래서 이제 먹게 될 음식으로 인해 빈곤층이 해를 입게 될 것을 생각하면 역설적인 원조책이었다. 그 누구도 세계 인구를 무섭게 살찌울 의도는 없었다. 그런데도, 크리처의 보고에 따르면, 그런 궁극적 결과에 대한 의회의 증언을 정치가와 관료들은 재빨리 무시했다. 이런 변동이 가져온 의도치 않은 효과는 어린이들이 소금, 설탕, 지방의 맛에 길들여졌다는 사실, 그리고 1980년대 이후 슈퍼 사이즈 용기에 포장된 값싼 패스트푸드의 확산이었다. 그런 음식 덕분에 예를 들어 맥도날드는 판매 단위당 이윤은 줄었지만 실제 매출은 늘었다.

20세기 동안 설탕 제품의 1인당 소비는 거의 100퍼센트 증가했으며 이는 주로 1970년대 이후에 일어난 일이다. 지방 섭취는 훨씬 더 천천히 증가했지만, 어린이와 성인의 활동량 감소, 운동 생활 습관 부족과 더불어, 지방 섭취가 몸의 안녕에 한층 더 심각한 영향을 미쳤다. 연구자들은 이 특정한 분자 형태의 당과 지방이 인체 대사 작용에서 비효율적으로 처리되며 독성을 발휘한다는 것, 또 그것이 지방의 저장과 음식에 대한 갈망을 유발하기 때문에 공급과 수요라는 말이 공급과 가공된 수요라는 말로 손쉽게 대체될 수 있다는 것을 보여 주었다.[51]

이런 수치는 미국인 대부분이 점점 더 빨리, 점점 더 좋지 않은 음식을 집 밖에서 자주 먹는다는 사실을 보여 준다. 연구자, 전문가들은 이런 추세가 확산되는 인종적·계급적 차원을 강조한다. 그런데 비만으로 구글 이미지 검색을 하면 뚱뚱한 조각상과 덩치 큰 백인의 표준적인 "시술 전" 이미지를 수없이 볼 수 있다. 이 이미지들은 흔히 다이어트 상품이나 더 두드러지게는 비만 치료 수술의 광고이다. 일반적으로 이런 광고 이미지는 상징적이거나 보편적인 이미지로 의도되어, 모두 상대적으로 어떤 역사적 환경과도 아무 상관이 없는 것처럼 보인다. 인터넷에 이런 이미지가 엄청나게 존재한다는 점에서 보면, 이 이미지들은 미국의 의료 행위에서 가장 빨리 성장하는 분야, 즉 다양한 위절제술에 동력을 부여하는 데 일조하는 것이다. 의심의 여지없이, 이 유사 고전주의는 비만을 수치스럽지 않은 것으로 만들기 위한 전략이기도 하다.

그럼에도 지방에 대한 거부감에는 좀 더 복잡한 계보가 있는데 그것은 미국의 노동인구 대부분에게는 신분 하락이라는 유령과 관련이 있다. 거의 20세기 내내, 비만이라면 자동으로 떠오르는 이미지는 — 나이든 남부 출신 — 백인이었다. 마찬가지로, 가난한 사람의 이미지 역시 백인, 거의 대표적으로 야윈 시골 사람 또는 도시의 이민자였다. 이 두 가지 추세는 1970년대에 바뀌었다. 1970년대는 빈곤이 복지국가 관련 논쟁과 연관되었고, 아프리카계 미국인이 엄청난 비율로 빈민을 표상하게 된 시기이다.[52] 미국에서 야윈 몸매가 백인으로, 체중 과다가 흑인으로 약호화되는 만큼, 이른바 비만 위기는 빈곤의 인종적 지표화에서 백인성을 삭제함으로써 계급을 의미화하는 상징적 부담을 가지고 곡예를 계속한다. 이 지표화는 최소한 과잉으로 규정된 사람들(이미 보통 사회 구성원이라기엔 너무 거대하고 또 너무 미미한 존재로 부정된 사람들)에 대한 특정한 반감을 형성할 뿐만 아니라, 과잉이라는 주제를 공중 보건의 일반적 논점으로 만든다. 비만의 특정 인종화라는 이 문제를 비켜 가는 한 가지 방법은, 돌봄 위기 운운하는 수사법으로 단순 과체중, 비만, 병적 비만 사이의 구분을 흐리는 것이었다. 여전히 병적 비만이라는 어구는 너무나 흔히 아프리카계 미국인의 이미지를 환기하며, 이는 아프리카계 미국인을 이미 죽음으로 포화되어 애도의 자세를 취하고 있는 인구 집단, 계급 간 이동을 위한 주권적 행위 주체성의 전략보다는 욕구에 따라 움직이는 인구 집단으로 보게 하는 이미지를 강화한다. 비만 담론에서 유색인종은 일반적으로 미국 비엘리트 계층의 문화 전체를 대변한다. 여기서 문화라는 말은 우연히 등장하는 것이 아니다. 음식과 관련된 실천이 무엇보다도 문화적이라고 여겨지기 때문에, 비만은 "유행병"의 등장을 위한 엔데믹적 환경을 구성하는 노동, 교육, 구획화의 조건과 관련이 덜한 것처럼 보일 수 있는 것이다.

불건강이라는 이런 증상은 인종과 지역을 막론하고 미국 노동계급과 하위 프롤레타리아 계층에 속하는 모든 사람, 특히 유색인종의 신체적 성향을 불균형하게 특징짓는다. 동시에 긴급 식량 지원을 필요로 하거나, 꽤 항상적으로 기아를 경험하는 미국 빈민, 끼니를 거르는 것으로 보고되는 빈민의 수는 극적으로 증가했다. 1990년대 말 빈민을 위한 식량 프로그램을 축소한 뒤에 특히 증가했다.[53] 하지만 병적 비만이나 고도 비만의 대다수는 빈곤선 언저리에 있거나 그 이하에 속한다.

유색인종 인구 집단 — 아메리카 원주민, 아프리카계 미국인, 히스패닉 특히 멕시코계 미국인 — 은 백인이나 아시아계보다 현저히 높은 비만율을 보인다. 2000년에 이르자 아프리카계 미국인 성인 여성의 68퍼센트가 과체중이거나 비만이었다. 오늘날 그 자녀들 역시 그럴 가능성이 크다.[54] 이런 비만 증가세의 신체적 결과는 이 어린이들에게 재앙과 같으며 이 어린이들의 "자존감"에만 영향을 미치는 것이 아니다. 지금 그 어린이들은 사람의 진을 빼는 노인성 질환으로 고통을 받는다. 고혈압과 당뇨병이 특히 재앙인데, 그것들이 조기 심장 질환, 간 및 췌장 이상, 뇌졸중과 동맥류와 더불어 시력 상실, 순환기 장애로도 이어질 수 있기 때문이다. 순환기 장애는 관절염과 기타 여러 운동 장애, 심지어 사지 절단까지 초래한다. 이런 결과가 비만 자체가 생명을 앗아간다는 의미인지 또는 "동반 질병"의 효과를 초래함으로써 다른 신체 질환을 악화시킨다는 의미인지에 대한 논란은 여전하다.[55]

그러나 어떤 쪽이든 무슨 상관이겠는가? 미국 임금노동자의 몸은 더 피로해질 것이고, 더 고통 받을 것이며, 일상적으로 숨 쉬면서 일하기가 더 어려울 것이고, 그들은 소득수준이 더 높은 노동자의 평균수명보다 더 일찍 죽음에 이를 것이다. 소득수준이 더 높은 노동자 역시 뚱뚱해지고 있지만 그 추세는 더 느리게 진행되고, 그들은 운동을 할 기회도 상대적으로 더 많다.[56] 서비스 직종에서 경제적 성공에 필요한 부르주아적 외모 규범을 좀 더 성공적으로 이용하는 노동계급 및 하위 프롤레타리아 계급 백인 여성을 제외하면, 과체중이거나 비만인 이들 빈곤층은 일자리를 찾거나 유지하기도 더 어렵고, 그러는 사이에 건강을 유지하기도 더 어렵고, 그로 인해 발병하는 질환에 대한 건강보험 비용을 지불하기도 더 어렵다.[57] 그들은 점점 더 앉아서 생활하는 시간이 늘어날 텐데, 앉아서 일하는 종류의 서비스 직종이 점점 더 수동적이 되기 때문만이 아니고, 더 불규칙하게 더 많은 일자리에서 일해야 하기 때문만도 아니다. 텔레비전 때문만도 아니고, 안전하고 쾌적하게 산책을 할 만한 공공장소가 점점 줄어들기 때문만도 아니다. 움직이기가 더 어려워지기 때문이라는 것이 핵심이다. 그들은 이전 그 어느 시대보다도 더 명백하게, 고통스럽게, 압도적으로, 장기와 신체가 쇠약해지는 삶을 살게 될 것이다. 그리고 스트레스와 동반 질병에 시달리는 그들이 부모나 조부모 세대보다 더 젊은 나이에 사망하리라는 것이 통계상으로도 분명해졌다.[58] 어느 아프리카계 미국인 논객이 실제적인 미국의 4대 식품군(설탕, 지방, 소금, 카페인)에 대한 가족생활과 문화의 유혹이 계속된다고 묘사한 바 있듯이, 우리는 이 병적 상태, 즉 죽음이 한 가지 삶의 방식으로 체화된 것이라 할 수 있는 이 상태가 더딘 죽음을 나타낸다는 것을 알 수 있다. 좋은 삶으로서 미국의 노동자 대다수에게 남겨진 것은 바로 이 더딘 죽음이다.[59]

4. 분산된 인과관계에서
중단적 행위 주체성으로

이 분석에서는 행위 주체성과 인과관계를 개인적·제도적 층위에 흩어져 있는 환경적 기제라고 사유한다. 그리고 지금까지 엔데믹으로서 과체중의 극적인 결과를 초래하는 여러 환경의 중층 결정을 보여 주었다. 하지만 — 생산 분야에서 고속화와 공공 분야에서 민영화, 재원 고갈, 구획화라는 맥락에서 — 직장과 학교에서 주입된 아비투스가 비만에 "책임"이 있다고 주장하는 것으로는 충분하지 않다. 병든 의지라는 유행병이 미국 노동인구의 생산성과 수명을 옥죄고 있다는 주장만으로는 충분하지 않은 것과 마찬가지다. 와해되고 있는 이 회로의 다른 쪽 끝에는 의료화의 대상이 된 주체의 행위 주체성이 있다. 이 주체에게는 설교를 하거나 수치를 느끼도록 강요할 수 있고, 다이어트를 하라거나 가족에게 다이어트를 시키라거나 집에서 밥을 먹으라거나 운동을 하라는 훈계를 할 수 있다. 사람들은 여러 이유로 이런 훈계에 귀를 기울이지 않는다. 역학 연구자들의 말로는, 더 기저의 이유가 사회경제적 차원에 있다고 한다. 더 잘 드러나지 않는 이유는, 또 다른 방식으로 수치심을 강요하고 심지어 반쯤 범죄자 취급을 하는 식으로 다이어트에 대해 설교를 하기 때문이라는 것이다. 제도권의 전문가가 규범적인 "엄마," 대통령 부인일 때조차 그렇다. 전문 지식은 너무나 흔히 수치심을 유발하는 식으로 사용되어 왔기에 피지배 인구 집단의 사회적 부정성을 확인해 주고, 그래서 도움이 되는 조언마저도 마땅히 의심의 눈초리로 보게 된다.[60] 그러나 오늘날의 불건강한 체중 확산을 이해하기 위해서는 역사적·정치적으로 설명 가능한, 순응에 저항하는 결정이라는 이미지보다 더 많은 것을 살펴보아야 한다.

이 현상을 충분히 고려하기 위해서는, 생명정치적 사건으로 간주되는 비만의 이미지를 현상학적 행위로서의 먹기와 분리하고 또 자양분이자 표현의 공간으로서의 음식과도 분리할 필요가 있다. 쉽게 해결되지 않는 비만 문제의 어려움 때문에 학자들은 먹는 것을 스트레스로 인한 행동, 자기 투약의 욕망, 쾌락, 문화적 규범 등으로 생각하기도 했지만, 그 때문에 학자들은 먹는 행위가 주권적 정체성에 대한 정의를 모두 위반하는 행동일 수 있다는 점에 대해서는 명확하게 생각하지 못했다.[61] 여기서 나의 초점은 먹는 행위를 자기 중단을 통한 일종의 자기 투약으로 보는 데 있다. 마리아나 발베르데는 자기 투약이 의지의 질병을 앓는 사람들의 약점만은 아니라고 주장한다.[62] 그것은 종종 가족 등 스트레스를 주는 환경에 합당한 대응이다. 그것은 또한 공동체 안에 존재하는 방식 혹은 안락함에 대한 약속으로써 조직된 어떤 소속의 공간 안에 존재하는 방식의 일부이기도 하다. 먹는 즐거움은 (만약 어떤 곳에 정기적으로 가는 사람이라면) 개인적인 것일 수도 있고, (만약 그냥 어딘가에 있을 뿐인 사람이라면) 이름 없는 것일 수도 있다. 그런 장소에서 마음 편히 쉬는 것은 일시적이고 에피소드적인 일이겠지만, 그게 무엇이든 간에 그것은 세계 안에 존재하기를 즐겁게, 그리고 보통은 드라마틱하지 않게, 연장하는 일이다.[63] 이런 관점에서 [음식물] 소비의 즐거움이 [식품 소비의] 지속 기간을 특징짓는다. 그것이 "더딘 음식"slow food의 또 다른 정의이다. 더딘 음식은 자본주의적 활동이 환경을 파괴하면서도 다른 한편으로는 살아가기를 가능하게 하고 그 환경 안에서 살아가는 사람들에게 잘 살기, 그저 살아만 가기, [우리의 삶을] 소진시키는 맥락을 만들어 내는 속도에 대항하는 방법을 일상의 비효율적 실천에서 발견하는 개념이자 운동이다.[64] 음식은 사람들이 통제할 수 있고 신뢰할 수 있는 쾌락을 누릴 수 있는 몇몇 공간 가운데 하나다. 또 술이나 다른 약품과 달리 음식은 존재에 필요한 것, 자아 돌보기와 삶의 재생산의 일부이다. 하지만 노동자와 소비자의 잘 살기에 불리하게 작용하는 존재의 구조적 조건과 더불어 필요와 쾌락의 그 절박함을 어떻게 구체화할 수 있을까? 내가 지금까지 기술해 온 확산하는 쾌락의 형식은 자본화된 시간의 단축된 회로 속에서 몸의 움직임을 원활히 하는 데 필요한 일을 하는 행위 — 작업의 고속화뿐만 아니라 삶을 만들어 가는 일이 하루, 한 주, 한 달을 겨우겨우 넘기는 행위로 이루어지게 되는 맥락 — 안으로 포섭된다. 각종 청구서를 해결하고 아이들을 돌보는 일 등으로 조직되는 가까운 미래의 시간은 한 끼 식사가 가져다줄 수 있는 안녕의 느낌과 공존한다. 그리고 불건강에 대한 부모의 지식이 자신과 아이들에게 다른 식생활을 실천하게 만들 것이라고 상상할 수 있겠지만, 노동계급 가정에 대한 문화기술지 연구에 따르면, 가족의 지속에 대한 경제적 위협, 안녕에 관한 부모의 느낌에 가해지는 경제적 위협은 가족 단위를 고립시키는 경향이 있고, 그런 가정 안에서 음식은 몇 안 되는 스트레스 해소책 가운데 하나이며 부모 자식 사이의 분명한 연속성을 보여 주는 몇 안 되는 터전 중 하나라고 한다.[65] 더구나 경제적 궁핍의 장면에서 아이들은 부모가 받는 스트레스를 같이 받으며, 약간의 세대 차이가 생길지라도 부모가 위안을 받는 방식에서 같이 위안을 찾으려 한다. 그래서 의존적 동일시를 유지하는 복잡한 일이 먹는 일의 사회성을 통해서 단순화될 수 있고, 건강은 아니더라도 행복의 장면을 일상적·반복적으로 제공할 수 있다.

이것이 너무나 많은 사람들이 처해 있는 물질적 맥락이다. 우리가 우연성으로 이루어진 생존의 장면에 직면하는 동안, 노동하는 삶은 실천적 주권성과 실천의 의지를 소진시킨다. 삶을 구축하는 바로 그 시간에도 삶의 재생산이 주는 압박감은 사람을 소진시킬 수 있다. 먹는 일은 마모에 맞서도록 몸의 균형을 잡아 주는 일종의 안정장치로 여겨질 수 있지만, 다른 사소한 쾌락처럼 자기 중단의 경험, 옆으로 흘러가는 경험[*]을 생산할 수 있다는 점에서 대항적-탕진 행위로 여겨질 수도 있다. 이런 관점에서 보면 그것이 반드시 자기부정이나 자아 연장에 전념하는 행위일 필요도 없고 통상 그렇지도 않으므로, 전술적 의미에서나 유효성의 측면에서 저항적 행위 주체성과 같은 말이 아니다. 오늘날 삶의 재생산이라는 노동 가운데서 먹는 일은, 가장 좋게 본다면, 주체를 자기 유예 상태로 풀어놓는 행위이다.

● 이 "옆으로 흘러가는"(floating sideways) 경험은 일반적으로 규범화되는 행위 주체의 목적 지향적·직선적·단선적 움직임과 구분되는, 벌랜트의 "측면적 행위 주체성"(lateral agency)을 가리킨다. 즉, 의지나 목적 지향성과는 상관없는 옆걸음질, 엇나가기, 샛길로 빠지기 등 자기 방해 행위와도 같은 일종의 측면적 움직임으로 기술되는 행위 주체성에 대한 설명으로 생각하면 될 것이다. 벌랜트가 제시하는 측면적 행위 주체성, "대항적 탕진 행위"(counter-dissipation) 개념과 연관해, 우리 사회의 젊은 층에서 비교적 최근 생겨난 신조어 "탕진잼"(거시적 목표나 장기적 계획과 상관없이 순간적 만족을 주는 행위에 탐닉하며 돈이나 시간을 실컷 쓰는 일)을 상상해 보자.

의식적 의지라는 개념을 비자발적 혹은 무의식적 행위라는 개념으로 대체하자는 말이 아니다. 내가 여기 상술하는 모델에서, 몸이나 삶은 일종의 기획일 뿐만 아니라, 에피소드가 발생함에 따라 개인성으로부터 살짝살짝 놓여나곤 하는 중간 휴식의 장소이기도 하다. 개인성을 재생산하는 부담은 실천적 주권성이라는 괴로움, 믿을 만한 존재로 살아갈 지겨운 의무의 일부이기 때문이다. 어차피 우리가 하는 일 대부분은 어떤 목적에 딱 들어맞는 일이 아니라, 의지 자체로부터 잠깐씩 휴가를 떠나 다른 방식으로 행위 주체성을 경험하는 것이다. 의지는 준비 시간과 회복 시간을 포함하는 노동의 하루에 속도를 맞춰야 한다는 압박으로 인해 너무나 자주 소진되어 버리니 말이다. 이런 쾌락은, 의식, 의도성, 효과적인 의지를 가지라고 요청받는 자유주의, 자본주의의 주체를 중단하는 것으로 볼 수 있다. 중단과 자기 연장은 물론 반대항이 아니며, 바로 그것이 내가 말하려는 요점이다. 하지만 다른 요점은, 더딘 죽음의 장면 — 여기서는 정신과 신체의 건강이 실제로 상충하는 목표일 수 있고 심지어 내적으로 상충하는 목표가 될 수도 있다 — 에서 일상성 속 확산이나 변동의 다른 물결을 타는 행위는 삶을 소유한다는* 사실의 의미에 대한 혼란을 드러낸다. 그것은 건강하다는 의미인가? 사랑한다는, 사랑받은 적이 있다는 의미인가? 주권적 존재임을 느꼈다는 의미인가? 목표로 삼았던 향락의 상태나 느낌에 도달한다는 의미인가? "삶을 소유한다는 것"은 이제, 좋은 삶을 꿈꾼 후에 혹은 아예 꿈도 꾸지 않은 후에,

---

• 'to have a life'는 삶을 소유한다 혹은 누린다는 뜻이지만, 흔히 성인으로서 규범적으로 좋은 삶이라 여겨지는 삶을 산다는 뜻을 가진 관용적 표현으로 널리 사용된다.

우리가 체념하고 받아들이게 되는 과정인가? 믿을 만한 쾌락의 장면으로서의 "삶"은 대체로 관성으로 나아가는 그런 경험 안에서 찾아볼 수 있는 것인가? 관성으로 나아간다는 그 표현이 암시하는 모든 것, 즉 오락가락하고 산만하고 감각적인, 쾌락과 무감각 사이의 공간에서?

여기서 내 초점은 자본의 주체가 겪는 마모가 생존을 더딘 죽음으로 설명하는 방식이다. 무감각을 비롯하여 소외, 냉담, 분리, 주의 분산 등 여러 정치적 우울의 관계들은 더딘 죽음의 환경과 씨름하는 정동의 형식이라고 해석할 수 있다. 특히 종속된 인구 집단의 경우에 그러하다. 매 맞는 여성의 [대항] 폭력이 생존을 위한 파괴성으로 재인식되어야 했던 것과 마찬가지다.[66] 하지만 여기서 내가 제시하는 내용은 약간 다르기도 하다. 이 장면에서 삶의 재생산을 향한 행위는, 삶이나 자아를 더 낫게 만드는 것과 동일하지도 않고, 잘 살기에 집단적으로 실패하는 구조적 조건을 따르며 살아가는 모방적 대응도 아니며, 책임감 있는 존재로 사는 일로부터 그저 짧은 휴가를 갖는 일도 아니다 ― 그런 행위 역시 덜-나쁜 경험을 만들어 가는 것을 지향하고 있다. 그것은 잠시 한숨 돌리기, 유예이지만, 회복은 아니다. 이런 종류의 행위가 모두 무의식적인 것은 아니다 ― 먹는 일은 수많은 종류의 자기 이해를 연루하며, 특히 쾌락의 선택이 너무나 흔히 제시하는 도덕적 거울을 중심으로 수치심과 자의식을 유발하는 문화에서 그렇다 ― 하지만 그런 행위들은, 예를 들자면, 종종 의식적으로나 무의식적으로나 장기적인 구상을 지향하지는 않는다.

압도당한 삶의 구조적 위상은 의식과 환상의 이런 단축을 심화한다. 위기 일상성 체제하에서 삶은 밑동이 잘려 나간 것처럼 느껴지고, 수평선으로 나아가는 당당한 수영이라기보다는 필사적으로 철벅거리는 개

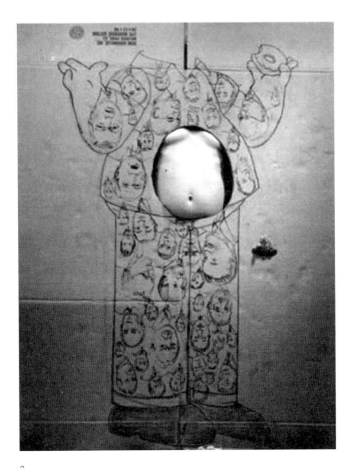

3.
클레어 펜테코스트, "식욕/주권성" (2007)

헤엄처럼 느껴진다. 먹는 일은 결국 뭔가를, 많은 것을 의미한다. 어쩌면 좋은 삶을 의미할 수도 있으나, 보통은 한순간 동안 퍼져 나가는 안녕의 느낌이고 미래를 향한 투사는 아니다. 물론, 역설적으로, 적어도 자본의 이 국면에서, 미래에 대한 지향이 없이 먹을 때 미래는 더 작아진다.

5. 맺음말
: 잔인하고 일상적인 자양분

더딘 죽음이 일차적으로 헨리 소로가 자본주의사회에서 살아가는 사람들의 특성이라고 보았던 조용한 절망의 삶을 멋지게 설명한 주해註解인 것은 아니다. 비록 영혼 죽이기라는 표현이 부르주아 사회성이 초래하는 마멸을 기술하기 위해 너무나 자주 사용되었고, 그래서 주권성이라는 신기루에 근접한 채로 살기 위해서 사람들이 많은 것을 희생한다는 데 대해서 우리가 할 말이 있을 수도 있겠지만 말이다. 또 [내가 논의한] 더딘 죽음은 노동이라는 희생적 폭력과 점점 증가하는 소비문화의 과잉 자극 유혹에 자본주의적 주체가 이중으로 처형당한다는 의미에서 보드리야르가 사용하는 "더딘 죽음"의 멜로드라마적 어법과도 다르다.[67] 더딘 죽음이라는 표현은 또한 죽음으로 가는 과정으로 살아가기 자체를 이야기하는 실존적 방식도 아니다. 그럼에도 이처럼 아닌 예들을 열거하는 것이 우리의 특정한 생명정치적 국면을 형성하는 더딘 죽음의 공간에 대한 중요한 무언가를 시사한다. 주 논점은 사람들이 그 공간 속에서 살아간다는 것이다. 그저 아주 잘 살지 못할 뿐이다.

지구화, 법, 국가적 규제의 복잡한 과정 속에서 일상이 전개되는 배경으로서 이런 삶의 마멸 또는 죽음의 속도는 보통 노동자에겐 새로운 시대에 벌어지는 낡은 이야기가 분명하다.[68] 마찬가지로 세계는 다양한 무정부주의, 협동조합, 반자본주의, 급진적 반노동의 실험 속에서 착취에 대항하는 행위로 계속 고동친다. 사람들은, 가장 무해하고 충동적인 일상적 쾌락의 토대까지도 포화시키면서 몸을 소진시키는, 이 이윤 짜내기라는 흡혈 행각의 유지 관리를 거부하기 위해서 — 삶의 재생산이라는 급선무 때문에 — 그들에게 부족한 시간을 점점 더 많이 할애하고 있다.[69] 하지만 대부분의 사람들에게, 압도적인 현재 속의 잠재성은 원기 충천하게 하는 지속 가능한 삶의 이미지로 상징화되거나 신체적 장수와 사회 보장이라는 멋들어진 약속으로 보장되기보다는, 소진된 실천적 주권성과 빗나가는 주체성의 레짐 안에서, 때로는 섹스, 멍한 상태로 있기, 생각에는 도움이 되지 않는 음식* 같은 에피소드적 휴식에 빠져드는 대항적-몰입counterabsorption으로 표출된다.

● "생각에는 도움이 되지 않는 음식"(food that is not for thought)이라는 말은 '생각할 거리,' 사유의 소재를 의미하는 "food for thought"라는 관용적 표현을 비틀어, 먹는 행위를 생각하는 삶으로부터의 탈출로 보는 시각을 드러내는 표현이다.

4장
두 소녀,
뚱뚱이와 마른이

이 장에서 벌랜트는 게이츠킬의 소설 『두 소녀, 뚱뚱이와 마른이』를 사례로 삼아 성폭력의 트라

우마에 시달리며 생존하는 정동을 신자유주의 초기 시절의 역사가 준 상처로 논의한다. 『두 소녀,

뚱뚱이와 마른이』의 주인공들이 드러내는 트라우마 이후의 정동은 개인의 특성이 아니라 비개인

적인 사회성의 형식과 양상을 띤다는 것이 벌랜트의 주요 논지이다. 맺음말에서 벌랜트는 이 소

설의 마지막 장면(두 소녀가 서로의 품에 안겨 마침내 누리는 휴식)을 역사화한다. 트라우마를 경

험하며 형성된 두 소녀의 삶과 내면, 그들이 발견하는 임시적 휴식에 대한 벌랜트의 분석은 (트라

우마가 만들어 낸 개인의 내면성에 대한 정신분석학적 논의를 넘어서) 미국의 경제변동과 중산층

가정의 와해라는 맥락에서, 상처를 주는 역사를 읽어 내는 방식을 제시한다._옮긴이

1. 별에 소원을 빌 때

역사는 상처를 준다. 하지만 그게 다는 아니다. 역사는 지배나 당연시되는 것의 억압적 현존에 대응하는 가운데 낙관도 품게 한다. 정치적 감정은 세상이 변하리라는 전망에 보이는 반응이다. 즉, 이런 반응에의 충실함은, 심지어 어두운 정동에 머무를 때조차도, 낙관적이다. 대개 비판 이론은 낙관적 장르가 아니라 어두운 장르라고 생각한다. 전통적으로 비판 이론은 의심을 품는 것이기 때문이다. 뿐만 아니라 비판 이론은 심지어 가장 "잘 생각을 불러일으키는" 사유의 가치를 둘러싸고서도 너무 진을 빼는 불안도 유발하기 때문이다.[1] 그렇지만, 욕망을 다르게 정의하자면 욕망은 낙관을 반복하려는 강박충동이기도 하다. 낙관을 반복하려는 강박충동은 다시금 실망과 우울을, 즉 어떤 것도 변하지 않을 것이며 그 누구도 특히 자기 스스로는 어쨌거나 무엇을 가르쳐 주면 잘 배우는 사람이 아니라는 오래 품어 온 느낌을, 견디며 살아남아야 하는 위험부담을 무릅쓰는 가능성의 조건이다. 이 모든 일이 대체 무엇을 위한 것이란 말인가? 사랑은 그 목적의 절반도 차지하지 못한다.

가르쳐 주면 잘 배운다는 것은 변화에 열려 있다는 것이다. 이것은 성향이다. 이것은 우리가 이제껏 말해 온 것이 해주는 이야기를, 우리가 아직 주목하지 못했던 문구의 측면에서 바라본다는 것이다.[2] 이브 세지윅의 연구는 섹슈얼리티의 역사와 운명을 바꾸었다. 세지윅은 참고해야 할 인물이고, 많은 전문용어들을 동원하여 참고 대상인 세지윅을 요약해 주는 논문과 책이 많이 있는 전문적 영역이 있다. 내가 운 좋게 세지윅의 굉장한 생각을 만나게 된 것은 무엇과도 비교할 수 없는 중요성을 지닌다. 하나의 사물, 생각, 감각에의 애착심이 지닌 지적인 힘을 널리 퍼뜨리는 것이 좋다는 세지윅의 믿음을 만난 것은 나에게 매우 큰 행운이었다. 세지윅의 작업이 보여 주는 쾌락/지식 경제에서 애착심이 지니는 힘에는 지적으로나 객관적으로 "참된" 어떤 것보다 더 많은 의로움이 있다. 즉, 세지윅은 오인의 시학을 경유함으로써 갑갑한 필연성을 거부한다.

오인misrecognition(프랑스어로 méconnaissance)은 환상이 우리가 조우하는 것을 재조정해서 어떤 사물이나 사람이 우리의 욕망을 충족시킨다고 상상할 수 있게 되는 심리 과정을 설명하는 용어이다. 환상의 작용은 잔인한 낙관의 상태에 핵심적이다. 오인한다는 것은 실수를 범하는 것이 아니라 무언가에 어떤 속성을 투사한다는 것이다. 이 무언가는 어떤 속성을 지녔을 수도 있고 그렇지 않을 수도 있지만, 그런 속성을 지녔다고 믿는 투사를 통해서 우리는 그 무언가를 사랑하고 미워하고 조종하려 든다.[3] 오인의 시학은 환상에 대한 비판적 분석을 무너뜨려 환상 자체로 만들어 버릴 위험이 있는 것처럼 보일 수 있다. 아마 그럴 수도 있겠지만, 이런 위험을 무릅쓰는 일은 불가피하다. 환상은 애착심의 양가성과 편력을 관리한다. 환상은, 제멋대로 구는 세심한 욕망의 경로 도처에서 주체가 자신과 타자에게 식별 가능한 존재로 보이게 하는 표상을 제시해 준다. 즉, 환상은 주체가 양가성으로 인해 좌절하지 않도록 양가성을 분석하고 해석한다.

이런 관점에서 역사 안의 주체의 장면을 가로질러 환상을 추적하는 것은 자아와 세상을 연속적인 것으로 보는 것과 관련된 마술적 사유 혹은 형식주의를 진지하게 다루는 것이다.[4] 이것은 존재에 대한 이론이자 읽기에 대한 이론이다. 헨리 제임스를 논의한 세지윅의 비평을 읽어본 사람이라면 잘 알겠지만, 세지윅의 읽기 방식은 환상적 애착심을 수치스러운 것으로 불온시해 온 관행을 탈피해 환상적 애착심의 작동을 지식으로 다룰 수 있게 해준다.[5] 예를 들어, 우리는 역사의 폭력을 "그것"이 "우리"에게 저지른 무언가로 느낄 수 있겠지만, 세지윅은 이렇게 논의한다. 어떻게 주체성이 구체화되는지에 관해 우리가 말하는 이야기는 고통과 실수, 나쁜 기억과 [뒤늦게 사태를 파악하는] 정신적 지체mental lag와 우리가 연루돼 있음도 반드시 보여 주며, 우리가 연루된 이런 것들은 쾌락과 생존을 향해 가고 싶어 하는 우리의 욕망의 삐딱하고 뒤틀린 경로, 혹은 이런 표현을 더 좋아한다면, 간접적인 경로도 형성한다. 우리의 놀라운 애착심을 인정하는 것, 기나긴 (삶의) 문장*이 펼쳐지는 과정에서 전개되는 우리의 변화를 추적하는 것은 감응력이다. 이것이 [세지윅에게서] 내가 배운 것이다. 주의를 기울이는 고통은 나에게 달변이라는 형식으로 보답한다. 그것은 튼실한 기쁨이다.

그렇지만 지금까지 오랫동안 회의는 주체의 일상적 애착심과 관련해서 지식인이 취해야 할 유일한 윤리적 입장이라고 여겨져 왔다고 세지윅은 논의한다. 대중적 쾌락을 대단히 경시했던 아도르노조차 지식인들이 꿈에 매달리는 사람들을 아무렇지도 않게 비난하는 안이함에 경악할 법하다.[6] 꿈은 안이한 낙관처럼 보이는 반면 실패는 복잡한 사연이 있는 것으로 보인다. 세지윅은 의심의 해석학에 맞서 글을 쓴다. 의심의 해석학은 그것이 찾아내려고 하는 신기루와 실패를 항상 발견하기 때문이다. 즉, 세지윅은 비평가들이 자아의 현실을 확인시켜 주는 실망의 장

● sentence에 형벌의 판결이라는 뜻도 있으므로, 벌랜트가 여기서 사용하는 표현 (life) sentence는 삶이라는 문장과 종신형이라는 이중적 의미를 지닌다.

면에 지나치게 몰두한다고 본다.[7] 이 관점에서 보면, 실망한 비평가는 부정의 행위를 진지함의 수행이라고 착각한다. 아마 그는 치료나 개선, 유토피아주의 냄새를 풍기는 것이라면 무엇이든 경멸함으로써 자기 생각을 드높이려고도 한다.

비판적 태도를 유지하면서도, 부정을 물신처럼 숭상하는 태도에서 어떻게 벗어날 수 있을까? 무의식에 부정적인 것이란 없다는 프로이트의 언명으로 시작해 보자. 세지윅은 주체가 자신의 욕망을 인정하는 패턴과 부인하는 패턴을 확립하려고 사용하는 모든 단어를 읽어 내려 하고 (세지윅은 저자를 믿는다) 그런 다음 [저자의 표현에서 나타나는] 이런 반복을, 아직 관습이나 정체성으로는 존재하지 않는 섹슈얼리티를 말해 주는 이야기의 측면에서 파악한다. 이 목적이 그녀의 글을 매우 낙관적이게 만드는 것이다. 이렇게 읽는 가운데, 성적으로 이례적인 애착심이 끈질기게 존재한다는 점은 퀴어성이 사회적으로 잠재해 있음을 보여 주는 것으로 해석된다. 여기서 중요한 것은 이와 같은 "대상 선택"이 아니라 사람이 지속하는 애착심이다. 애착심은 가끔씩만 사회적 관계가 되기도 한다. 이런 방식으로 반복은, 주로 읽기와 다시 읽기의 과정을 특징으로 하는데, 다루기 어려운 섹슈얼리티를 지닌 주체에게 회복을 가능하게 하는 영향을 미친다. 이런 읽기 방식에 있는 퀴어한 경향은 사람의 애착심을 유희, 즐거움, 지식, 세상 속으로 다시 들어가게 한다. 이 경향은 애착심이 중요하다는 점을 인정한다. 세지윅의 연구에서 욕망의 정교한 자기 설명은 숭고나 미, 또는 극적인 것이나 상투적인 것이 조직하는 미학이 아니라 진동하면서도 조용한 무언가에 의해 조직되는 미학을 가능하게 한다. 이것은 또한 세지윅이 의심의 해석학에 대한 해독제로 제시한 "회복적 비평"reparative criticism이 연주하는 에로틱한 음조일 수도 있다. 세지윅이 제시한 회복적 비평은 1970년대 문학 이론에서 진리 형식을 해체하는 실천에 반대하며 나온 것으로, 욕망에 대한 미완의 사유와 욕망에 대해 아마도 아직까지 사유되지 못한 사유를 지속하려 한다. 이런 사유를 지속하지 않는다면 이런 사유는 관례의 존중이나 이성애를 규범으로 삼는 문화가 으르렁거리는 아우성에 격파되고 말 것이다.[8] 이런 관점에서 보면 글을 쓰는 그 누구든 글쓰기의 과업은 욕망의 편력을 추적하는 것, 욕망에 감추어지거나 억압된 절대적 진리나 절대적 해악을 확인하기 위한 것이 아니라 욕망의 다양한 애착심을 섹슈얼리티로서, 체험된 삶으로서, 가장 중요하게는 상처와 쾌락을 혼동하는 미완의 역사로서 정교하게 설명하는 것이기도 하다.

나는 회복적 읽기가 꼼꼼한 호기심의 실천인 한에서 회복적 읽기라는 아이디어를 좋아한다. 하지만 나는 또한 더 나은 사유나 읽기를 운운하는 어떤 프로그램을 암묵적으로라도 이상화하는 것에는 저항한다. 우리가 의도하는 "회복"이 언제 또 다른 형식의 나르시시즘이나 숨 막히게 하는 의지가 되지나 않을지 어떻게 안단 말인가? 단지 우리가 그렇게 느끼기 때문에? 생각하는 일로 먹고 살아가는 우리 같은 사람들은 어떤 덕목을 갖춘 사유 행위를 극적이리만큼 강력하고 옳은 것이라고 규정하기에 너무나 유리한 위치에 있다. 그 사유 행위가 효과가 있든 없든 상관없이 말이다. 우리는 어떤 아이디어가 미치는 영향과 적절한 정동의 적합한 명확성과 운명을 과대평가하는 함정에 빠지곤 한다. [3장]「더딘 죽음」에서 논의한 바, 이런 드라마는 우리가 행위 주체성을 영웅적 저술 능력의 양식으로 연출하거나 그 반대 과정을 연출하는 가운데 이상한 왜곡을 발생시킬 수 있다. 즉, 이런 부풀림의 드라마는 일상적 존재에 나타나는 머뭇거림과 퇴행의 성향에 주목하지 못하게 방해한다. 내가 여기서 제시하는 구별은 사유가 (글쓰기로서, 잠재성으로서) 할 수 있는 것에 대한 태도에 관한 것이다. 내가 보기에, 회복적 사유에 대한 과대평가는 직업상의 위험 요소이자, 고결하게 의도적이고 자아 성찰적인 특정 양식의 인격을 대체로 과대평가하는 태도의 일부이다.

일레인 해들린은 존 스튜어트 밀의 『자서전』에서 관찰되는 자아 성찰 이미지 굳히기에 대한 논의에서 시작해 자아 성찰의 의도적 계발을 중시하는 자유주의적 향상의 기나긴 역사를 말해 준다. 밀은 정체성을 사유와 내면성 사이에 설정하며, 이런 설정으로 인해 밀이 제시한 윤리적 주체는 자기 자신을 자아로 깨닫는 자각을 계발하는 지식인의 형태를 띤다고 해들린해들린, 일레인(Elaine Hadley)은 논의한다.[9] 좀 더 최근에, 이에 반대하는 것처럼 보이는 계기 — 이 계기를 68이라고 부르자 — 가 있었다. 이때는 주체로 부터 나온 역사의 프로그램이, 심지어 특히, 정신적 추상 작업을 육체노동보다 높은 것으로 승격하는 자유주의적 자본주의/민주주의 맥락에서도, 제도적·신체적 진리 주장이 내세운 독점적 명료성에도 반대했던 때이다.[10] 이 반反오이디푸스적 계기에서 주체가 가진 지식의 혼합물 — 사유와 실천을 모두 포함한다 — 은 규범적으로 사회적인 것을, 특히 사회주의 정치와 성 정치의 영역에서, 다시 형상화하는 작업을 발생시킨 기반이 되었다. 몸이 정신보다 어떤 의미에서 더 똑똑하고 더 많이 아는 것으로 승격되었다. 비록 궁극적으로 몸과 정신의 구분은 소멸을 향해 갔지만 말이다.

우리는 여전히 이런 시대에 살고 있고 아직 이 시대에 머무를 필요가 있지만, 내면을 향하는 자유주의적 추상화와, 주체의 정동적 앎에 주목하는 반자유주의적 지향이 만나는 두렵고도 낯선 합류점도 있을 수 있다. 주체의 정동적 앎을 우리가 발견한 것은 정체성 정치, 그리고 앞

장에서 논의한 대로 자아의 현실을 확인하게 되는 특정 종류의 정동 이론에서였다. 세지윅처럼 나도 지식이 (그리고 우리가) 불가능해지는 지점에서 나온 지식과 이런 지점을 향해 가는 지식에 각도를 맞추고 싶다. 하지만 개별성은 — 자유주의적 환상의 기념비, 상품 물신성의 지점, 어떤 정신분석학적 욕망의 기획, 문화적 국가적 근대성의 기호인데 — 내가 보기에 정반대되는 형식이다. 즉, 변하기 쉬움에 이미 방해를 받은 하나의 형식, 항상성 없음을 견디기 어려운 형식이다. 많은 퀴어 이론가들에게서도 내면성을 주목하려는 지향이 나타나며 이 지향은 나로 하여금 [하던 생각을] 갑자기 멈추고 이렇게 질문하게 만든다. 퀴어성 기획은 주체의 "내면"에서 출발해 밖으로 뻗어 나가야 하는 걸까?

이런 구별은 대립이 아니다. 여기에는 이 구분을 드러내는 전기적 [자서전적] 방식이 있다. 비록 이런 방식으로 글을 쓰면서 나는 나 자신의 편향을 거슬러 연구하지만 말이다. 세지윅이 —『뚱뚱한 예술, 마른 예술』,『경향들』,『사랑에 대한 대화』에서— 가능하게 되기에 대해서 공개적으로 말한 이야기는 사랑하는 가족과 친구로 북적대는 세계를 다시 이야기한다. 이 세계에서 세지윅은 부분적으로 내적 대항 서사라는 주름 속에서 살아감으로써 잘 살아간다.[11] 만일 내가 나의 이야기를 쓴다면, 사람들로 북적대는 장면 속에 내 이야기의 낙관을 위치시키겠지만, 나의 이야기를 지배했던 것은 잘 살아가는 환경이 아니라 실망, 경멸, 위협으로 이루어진 일반적 환경이었다. 나는 사람들의 폭력과 사랑 둘 다를 비개인적인 것으로 재개념화함으로써 사람들에 대해 애착심을 품는 나의 능력을 지켜 냈다. 이것은 나에 대한 이야기가 아니야. 상상할 수 있듯이, 이 말은 좀 불쾌한 영향을 끼쳤다. 하지만 이 말은 나의 낙관을 보호하는 방법이기도 했다. 자아란 인정사정없이 ['나는 이런 사람'

이라는 믿음을 내세우며] 개성을 드러내는 것처럼 보였다. 이와 달리, 세계를 욕망, 친밀성, 심지어 사람의 개성까지도 관습에 맞추려는 구조와 실천의 비개인성을 중심으로 하여 그 주위에 조직되는 것으로 사유하는 것은 개인이 되는 경험, 개성을 가지는 경험이 불가피한 일이 아님을 깨닫는 것이었다. 이런 행복한 사유로부터, 지적 정치적 편향을 포함한 온갖 종류의 편향에 대한 충성심에 주목하는 방향 설정이 나왔다.

애착심은 어쨌거나 의지로 만들어지는 것이 아니라 우리가 항상 추구하는 지능이 만드는 것이다. ("거기, 당신!"뿐만 아니라 "멈춰 봐!")[12] 이렇게 지체하고 늘어지는 애착의 관계는 우리를 어지럽히고 우리 삶의 형태를 무너뜨리겠다고 위협한다. 그렇게 되지 않기 위해서 우리는 우리 자신을 이해할 수 있게 되기도 전에 지쳐 나가떨어지거나 죽어 버릴까 두려워하는 패닉을 누그러뜨리려고 규범적 관습을 우리 스스로 창의적으로 반복하게 된다.[13] 달리 말하자면, [우리가 상황을 이해하도록 도와주는 형식이 없을 때] 형식 없음에 느끼는 불안감으로 인해 — 우리에게 아무런 형식이 없을 가능성은 우리를 어딘든지 따라다니는데 — 우리는 아주 잠깐 동안 [가르쳐 주면] 잘 배우는 사람이 된다. 사회적인 것의 관습적 형식이 지시해주는 대로 우리가 품은 애착심들 중 오로지 몇 가지만을 우리가 누구인지, 우리가 무엇에 소속하는지의 핵심이라고 인식하는 만큼 우리가 애착심과 맺는 관계는 비개인적이다. 정상적 세계에 속한다는 것은 우리의 진정한 자아가 인식 가능성의 특정 양식으로만 표현된다고 오인하는 것이다. 이것이, 내가 살기를 자아 확장으로 뿐만 아니라 자아의 드라마에 간섭하는 과정으로도 사유하려는 나의 퀴어성을 이끌어 낸다. 이제 여러분은 내가 비개인성을 개인적인 것의 반대가 아니라 — 말하자면 "구조"나 "권력"이 아니라 — 개인적인 것의 조건들

중 하나로 말하고 있음을 아시리라.

　이런 의미에서 나의 세계는, 내가 세지윅 덕분에 알게 된 환상과는 다른 환상, 즉 실망, 낙관, 반감, 애착이라는 비슷하지만 서로 다른 환상을 따라 작동한다. 나는 내가 이 여자를 어떻게 만났는지 생각한다. 우리는 둘 다 수줍어한다. 누가 그렇지 않으랴? 그녀는 글을 발표했고 우리는 그 글에 대해 이야기를 나누었다. 몇 년 후에 나도 글을 발표했고 그녀는 귀를 기울였다. 그녀는 또 한 권의 책을 썼고 나는 그 책을 읽었다. 공항과 호텔 식당에서 만나기도 했다. 우리는 산책하며 이야기를 나누었다. 한 번은 우연히 우리 두 사람이 작은 비행기에 함께 탑승했다. 읽기는 친밀성의 비개인성이 아무에게도 해를 끼치지 않고 행해질 수 있는 곳이다. 글쓰기와 글을 발표하는 일은 이런 비개인성이 벌어지는 또 다른 곳이다. 비개인적인 것에는 로맨스도 없고 사랑 플롯도 없다. 그러나 [우리가] 가로질러 움직이는 공간, 낙관은 있을 수 있다.

　어리석은 낙관은 가장 실망스런 것이다. 여기서 "어리석다"는 것은 삶과 사유의 어떤 형식이나 실천에의 적응 — 예를 들면, 계층 상승의 기대, 낭만적 서사, 정상성, 국적, 혹은 더 나은 성 정체성 — 이 우리에게 행복을 확보해 줄 것이라는 믿음을 뜻한다. 앞으로 보게 되는 대로, 관습적 태도의 획득은 안전의 확보와 동일한 것이 아니다. 나의 어리석음은 이렇다. "역사는 상처를 준다." 이 문장은 [프레드릭 제임슨의] 『정치적 무의식』의 표어이며 내가 좋아하는 문구이다.[14] 이 문구는 진리처럼 울려 퍼진다. 이 문장은 나에게 진리 효과를 수행한다. 하지만 이 문구가 금언의 장르에 속하기 때문에 나는 이 문장을 이해하려고 노력한 적이 없다. 이해하려고 노력하는 것이 이 글의 기획이다.

2. 누군가가 소망을 말했다고?

앞 절에서 몸과 섹슈얼리티는 대기 중이었다. 세지윅과 나는 맞든 틀리든 뚱뚱하다고 동일시했기에 뚱뚱함에 대해서 글을 썼다. 세지윅은 이렇게 말했다. "나는 미신을 지녔었다. / 뚱뚱한 것에는 이런 쓸모가 있다는 미신. 내가 사랑하는 그 누구도 나의 품에 안기어 / 해를 입을 리 없다고."[15] 나는, 물론 다른 사람에 대해서 쓴 글에서 이렇게 말했다. "그에게 그것은 하나의 서사인데, 이 서사에서 구체적인 것을 욕망하는 바로 그 강박충동은 …… 그를 몰아쳐서 만족할 줄 모르는 상태에, 자신이 갖는 욕망에 [자신이] 끊임없이 부적격이라고 보는 상태에 처하게 한다."[16] 나의 주장은, 이런 양식의 체현과 우리가 맺는 관계가 퀴어/유토피아적 사유의 통합적이고 비개인적인 전략[에 도달하지는 못하고 그] 언저리에 다가가는 우리의 접근법을 기록하고 나타낸다는 것이다.

메리 게이츠킬의 소설『두 소녀, 뚱뚱이와 마른이』는 이런 변증법적 충동을 압축적으로 다루는 이야기를 들려준다. 게이츠킬이 쓴 모든 작품은 트라우마를 겪은 주체의 고통스런 역사와, 그 역사를 뒤로 하고 떠날 수 없기 때문에 그 역사 속에 살아남으려고 발버둥치는 주체의 고통스런 낙관 사이의 관계를 이해하려고 시도한다.[17] 트라우마는 결코 떠나보낼 수 없다. 트라우마는 우리를 붙들어 둔다. 트라우마는 개인적인 것과 비개인적인 것이 만나는 매듭 지점에 우리의 위치를 정해 두고서, 우리가 우리 자신의 운명과 의미를 거의 통제할 수 없는 순간 속에 우리의 존재가 있다고 명시한다. [트라우마에 붙들린 상태에서] 우리는 잡아서 들어 올려도 다리를 계속 버둥거리는 작은 동물처럼 된다.

『두 소녀, 뚱뚱이와 마른이』에서 [주인공 두 소녀] 도로시 네버와 저스틴 셰이드는 ―『오즈의 마법사』, [나보코프의]『창백한 불꽃』, [사드의]『저스틴』의 그림자들이다 ― [러시아계 미국인 작가] 아인 랜드와 비슷한 애나 그래닛이라는 인물에 대한 공통 관심사 때문에 서로 접촉하게 된다. 랜드처럼 그래닛도, 우리가 우리의 성적이며 지적인 힘과 동일시하면 행복과 성취를 이룰 수 있으며, 사람을 말려죽이는 정상적 세계에서 승리를 구가할 수 있다는 약속으로 독자를 현혹한다.[18] 저스틴 셰이드는『빌리지 보이스』와 같은 유행잡지인『도시적 비전』에 애나 그래닛과 그를 추종하는 사람들에 대한 글을 쓰기로 결심했다. 그는 낮에 동네 병원에서 일하면서 그래닛에 대해 알게 되었다. 그가 일하는 곳에서 아픔을 겪는 몸을 치료하겠다는 병원의 약속은 그가 보기에 절망을 차단하는 허위적이지만 필요한 방법이다. 심장병을 지닌 한 젊은 환자가 그에게 그래닛에 대해 이야기해 주자, 저스틴은 [그래닛의] 철학이 어리석으면서도 강력한 것이라 생각하게 된다.

도로시 네버는 한때 그래닛 추종자로서, 파괴적 열정의 아름다움을 고취하며 살아간다는 생각에 해방감을 느꼈다. 저스틴은 [코인] 세탁소 벽에 그래닛에 대한 정보를 구한다는 쪽지를 붙인 적이 있는데 도로시가 이 쪽지에 답장을 보내면서 이 두 소녀는 만난다. 이들이 만날 즈음 저스틴과 도로시는 둘 다 몇 년 동안 누구와도 제대로 된 대화를 해본 적이 없는 상태였다. 두 소녀 각자는 "보이지 않는 방패"가 되어 주는 "망토"(128) 또는 "규정에 무심한 사람"이 되게 하는 "망토"(129)를 오래 전부터 두르고 있었다(112, 158, 173). 그렇지만, 서로 처음 통화를 하는 순간부터 이 두 소녀는 서로 마음이 잘 통한다. 이 교감을 그들은 개인적인 것으로 받아들이지만, 이 교감은 어떤 의미에서는 서로에 대한 실체와 아무런 관련이 없는 교감이다. 각 소녀가 형식적으로는, 변화하는 무언가를 가능하게 할지도 모른다는 수수께끼로 기능할 때를 제외하면 그렇다. 물질적인 것의 한 측면에 대한 이런 교감은 들뢰즈가 말한 "지각"이다. 그 잠재 가능성에 대한 충실함은 바디우가 말한 사건이다. 그리고 이 교감은, 호기심을 허용하는 낙관에 오인이 베풀어 주는 기회이기도 하다. "나는 매일 가능할 법한 시나리오를 만들어 냈다"고 도로시는 회상한다. "곧 다가올 지적인 모험에 점점 더 신나하면서"(17). 이 두 소녀는 서로의 환상세계에서 탈신체화된 목소리 행위자로 둔갑한다. 즉, 도로시는 저스틴의 목소리에 깃든 "무표정하고 우울한 특이성에 마음이 누그러지는"(16) 반면, 도로시의 "목소리는 …… 저스틴의 마음을 밀어 내기도 하고 끌어당기기도 하는 식으로 저스틴의 두개골 내부를 두드린다"(23). 여기에는 애착심이 있지만, 대화 상대자는 이 애착심에서 잘 알고 있는 존재나 주체성을 지닌 전기적 인물이 아니라 애착의 형식적 지점으로 작용한다. 즉, 조우와 관계의 리듬에서 나와 표면 위로 떠오르면서 개별성을 넘어서는 무언가를 향한 열림으로 작용하는 것이다. 애착의 비개인성이라는 이 역설 — 그들의 관계를 일일이 설명하는 가운데 개인적인 것과 역사적인 것을 피해 간다는 것 — 은 이 소설에서 내내 이 여성들의 상호적 끌림/반감을 조직한다. 이 두 소녀는 이 역설에 압도되는 동시에 이 역설 속에 자리 잡는다.

치밀한 형식주의를 갖추어 대화를 나누는 동안, 두 소녀는 자기들의 삶을 역사화해 서로에게 이야기하려는 강박충동에 붙들려 있음을 발견한다. 그러나 개인적 서사를 나눈다고 해서 그것이 반드시 개인적인 무언가의 친밀한 교환은 아니다. 부분적으로 이것은 이 상황이 발생시키는 진부한 효과이다. 우리 시대 언론인의 역할이 모범적인 치유와 고백의 이야기하기를 조장하는 것처럼 말이다. 이 소설에서 몇 번이고 이 소녀들은 자기의 인생 이야기를 꺼내 놓는 낯선 사람과 자기들의 인생 이야기를 교환한다. 이런 것이 우리 시대 트라우마 말하기의 낯설고 이상한 사회성이다. 그러나 서로에 대한 이 두 소녀의 애착심은 관습을 넘어 쭉쭉 나아간다. 소녀 각자는 상대방이 "자기도 모르게 투신하는" "낯선 세계"가 된다(11, 17). 소녀 각자가 평상시에 하는 행동은 조르고 이야기를 듣되 자기 이야기는 하지 않는 것이다. 두 소녀 모두 서로에게 무언가를 말하고 싶은 욕구 때문에 양가감정과 당혹감을 드러낸다. 이것은 평소에 하던 행동이 아니다.

도로시가 저스틴에게 자기의 어린 시절에 대해 말하고 싶어 하는 격렬한 욕망은 저스틴에 대한 반발심으로 변한다. 도로시에게 저스틴은 스스로를 봉쇄한 채 살아온 도로시 자신의 삶으로부터, 자신의 지식을 쟁여 둔 삶이자 자기 몸을 기이한 방패막으로 만들어 버린 삶으로부터 풀려나려는 소망을 활성화하기 때문이다(39). 뚱뚱함과 못생김이 도로시의 주위에 세력장을 만들어 내고, 이 세력장은 "신체 비율이 정상적인 사람들의 모임에서" 다른 이들에게서 나올 법한 것인 호기심이나 애착심을 상쇄하는 것처럼 보인다(169). 이런 방법으로 도로시는 자신이 알고 있는 바를 발설하지 않게 되며 마찬가지로 도로시가 아는 것을 세상이 알아야 한다는 요구로부터도 안전하게 벗어난다. "나는 거리 두기의 우아함을 더 좋아해"하고 도로시는 말한다(226). 말한다기보다 보여 준다고 할 수 있으리라. 그러나 도로시는 누군가를 신뢰할 기회가 오기를 공격적으로 기다리는, 가학증적 잠자는 공주와 비슷하기도 하다. 저스틴을 만나자마자 도로시는 자신의 방어 태세에서 떨어져 나오기 시작하지만 자신의 쾌락에 거리를 두는 것은 아니다. 도로시의 살집은 전과 똑같지만, 그는 [저스틴의] 목소리에 홀리는데, 자신이 왜 그런지는 모른다.

도로시에 대한 저스틴의 반응은 처음에는 저스틴에 대한 도로시의 반응과 비슷하다. 즉, 싫은 느낌이 드는 낯선 사람에게 어려운 이야기를 하고 싶은 욕망, 뒤이어 이 충동에 대한 혼란이 이어지는데, 이 충동은 말하고 싶은 이 욕망을 활성화하는 그 사람을 향한 양가감정으로 체험된다. 도로시보다 훨씬 더 비개인적인[*] 저스틴은 더 느린 감정 소화 능력을 지녔고(그렇지만 도로시가 뚱뚱한 소녀이고 저스틴은 마른 소녀이다), 결국 저스틴은 자기 혼자서 알면 견딜 수 없는 무언가를 도로시가 알고 있음을 감지하고, 도로시에게 되돌아간다. 이 만남과 되돌아감이 이 소설의 틀이다. 그 사이, 소설의 본문은 그들이 서로에게 결코 전적으로 말한 적이 없는 저스틴과 도로시의 전체 삶 이야기를 서술한다. 우리는 이 두 소녀가 공포심에 마비된 채 성장했으며 동시에 생각하기, 읽기, 먹기, 자위, 집착, 섹스의 광기 속으로 들어갔음을 목격한다. 내면성과 비개인성의 트라우마적 광란이 이 두 소녀가 통제하는 동시에 전혀 조금도 통제하지 못하는 존재와 체현의 장면을 구성한다. 좋은 삶을 원한다면, 한 소녀 혹은 두 소녀가 할 수 있는 것은 무엇일까? 뭔가 한다는 것은 언제 중요한 문제가 되는 걸까?

이 질문은 이 소설이 사례연구에 가까운 것이기 때문에 포괄적 질문

---

[*] 두 소녀가 트라우마 기억에 대처하며 살아가는 일상을 분석하면서 벌랜트가 말하는 비개인성이란 개인의 특성에 국한되는 것이 아닌 것 즉 사람들이 종종 따라 하는 사회적 관습성을 뜻한다. 트라우마 경험은 개인에게 개별성을 부여하지만 트라우마 발생 이후 트라우마 기억에 대처하는 방식은 개별적이라기보다는 사회적 관습과 형식에 많이 의존한다는 것이다. 벌랜트는 마른이 저스틴이 트라우마 경험을 지닌 주체로서 더 전형성을 띤다고 분석하며, 이런 점에서 저스틴이 더 비개인적이라고 본다.

이 된다. 소녀 각자는 여러 의미에서 자신이 하나의 사례임을 알고 있다. 저스틴이 개인 병원에서 일하고 도로시가 법률 회사에서 일하는 것은 우연이 아니다. 사례에의 이런 근접성은 미학적으로도 반복된다. 소설의 결말까지 각 장에는 나름 서사의 목소리가 있다. 이것은 이 목소리가 각 사례에 전문성이라는 그 나름의 규범을 부과한다는 말이다. 도로시는 1인칭으로 자기 이야기를 말하는 반면 저스틴에 대해서는 화자가 "그$_{she}$"로 이야기한다. 두 소녀 각자의 재현 방식은 소녀가 비개인성과 자기 계발과 맺는 관계를 수행하지만 모방의 방식으로 수행하는 건 아니다. 즉, 도로시는 주의 깊은 경계심을 지닌 자신의 주체성을 보호하려면 어떻게 사회적 비개인성의 전략이 필요한지를 자세하게 말하는 반면, 저스틴의 화자는 저스틴이 분리된 상태로 유지하는 친밀한 관계의 형성 과정을 부드럽게 드러낸다. 그렇지만 이 두 소녀가 서로 다르게 살아온 삶은, 마치 트라우마 광경에 어떤 장르적 리듬이 있기라도 한 것처럼, 주제상 백 가지 방식으로 서로 들어맞는다. 즉, 이리저리 이동하는 핵가족, 비참한 아버지와 어머니, 어린 시절의 성적 학대, 적절했던 적이 없는 목소리 톤과 몸뚱이. 두 소녀는 어린 시절 가족과 함께 있을 때 이 점을 그렇게 많이 알아채지 못한다. 소녀들의 어머니들은 소녀들에게 관장약을 주고 아버지들은 그들을 과대평가한다거나 뭐 그런 식이다. 그들은 자신이 사랑으로 (오)인식하는 대상이라면 무엇이든지 사랑한다. 왜곡은 사랑이 취하는 형식이다.

사례연구 내용의 일부는 이렇다. 저스틴의 아버지는 의사인데 아버지의 친구인 의사가 다섯 살인 저스틴에게 고통스럽게 수음 행위를 반복한다. 저스틴은 이 사건에서 끔찍한 "할퀴는" 느낌을 느끼는데, 이 느낌은 저스틴이 자기 가족의 너무나 강렬한 울타리에 대해서 명확하게 인식하지는 못하면서도 이미 알고 있는 압도적인 무언가를 확증해 준다.[*] 즉, 그것은 '세상에 맞서는 울타리라고는 그들[가족]뿐'이라는 느낌을, 그를 사로잡은 신비주의만큼 강렬하게, 그러나 비개인적으로, 떠올리게 하는 것이다. 저스틴은 "착하게" 구는 것으로써, 즉 예쁘고 똑똑하고 부모의 공격성에 복종함으로써 가족 사랑의 경제에 참여한다. 동시에 [가정에서 얌전히 구는 대신에] 학교에서 자기가 못되게 굴 수 있는 대안을 찾아낸다. 일곱 살에 저스틴은 이웃 친구에게 자기를 묶어 채찍질하도록 한다. 열한 살에 그와 친구들은 뚱뚱하고 못생긴 소녀를 "감정적"이라는 별칭으로 부르며 괴롭힌다. 열두 살에는 함께 노는 친구를 칫솔로 강간하고 후에 이 기억을 떠올리며 자위행위를 한다(99, 109~111). 나중에 이 친구는 더 해달라고 요구하고 저스틴은 거절한다. 고등학교 시절 그는 아는 것이 많아 멋지다고들 하는 인기 있는 소녀들과 어울릴 수 있도록 남몰래 저질 옷차림새를 개발한다. 이 소녀들은 고정관념과 조롱을 가지고 거래를 함으로써 사회 가치의 위계질서를 만들어 낸다. 그들은 가장 "어른스런" 경험을 하려고 성적으로 서로 경쟁한다.

　요컨대 학교란 친밀한 관계가 늘 배신당하는 세계이다. 하지만 저스틴에게는 학교의 포악함이 일종의 확신을 주는 안도감을 제공한다. 잔인함이라는 노골적인 규칙이 공격적인 친밀함이라는 가족 관계의 혼합

---

* 다섯 살 때 저스틴은 아버지의 친구에게 성추행을 당한다. 어린 저스틴은 자신에게 일어난 일이 도대체 무엇인지 정확히 인식하지 못하지만 이 일을 부모에게 말할 수 없다는 것은 안다. 인식하지 못한 채 알고 있는 것(knowing without knowing it)은 무의식적 앎이다. 벌랜트는 저스틴의 "할퀴는" 느낌이 바로 이 무의식적 앎을 표출하는 것이라고 읽는다.

물보다 더 진실하게 느껴지기 때문이다. 그는 이 장면에 느끼는 양가감정을 반복적으로 연출함으로써 청소년기의 이성애에 진입하는데, 자신이 상위와 하위 체위를 다 하면서 남자들을 자신의 "착함"에서 벗어나 폭력적인 안도감을 맛보기 위한 단순한 도구로 삼는다. 이것을 가장 그럴 듯하게 보여 주는 행위는 집에서 자신의 처녀성을 폭력적으로 없애버리는 계획을 짜내는 것이리라. 그가 어느 무심한 소년을 끌어들이는 장면은 [차고 안쪽에 있는] 가족 "오락실"의 울퉁불퉁한 바닥에서 펼쳐지며, 그 목적은 성적 굴복을 연출하는 동시에, 가장 가까운 여성 친구 와틀리에게 계속 흥미를 유발하려는 것이다. 아무 느낌이 없는 섹스의 불쾌한 딱딱함이 저스틴의 마음속에 잔인한 무언가가 있음을 확인해 주지만, 그것은 그가 상처받기 쉽다는 점도 드러낸다. 저스틴은 이 경험이 상당히 좋은 사건인 척 하지만 나중에 친구인 와틀리에게 사실은 그렇지 않았다고 속내를 털어놓는다. 와틀리는 저스틴과 절교하고 이 이야기를 저스틴을 사회적으로 폄하하는 자본으로 이용한다. 상처받기 쉽다는 사실, 즉 취약성은 우리를 가치 없는 존재로 만든다. 그러니까 생존은 견고한 정체성의 형식을 만들어 내고 부드러운 나머지를 벽장에 숨기는 것에 달려 있다. 자신이 성적 실패자로 아웃팅당했음을 깨닫자마자, 저스틴은 "자기가 바로 이 순간 절대적으로 자신이었다는 느낌과 함께 온 외로움과 굴욕감을 느끼며 두 팔로 자기 몸뚱이를 감싸고 걸어 나갔다"(156). 자신이 아마도 최고의 섹스를 하고 있다는 생각에 붙들려 있던 바로 그 순간에 말이다.

　도로시도 성난 아버지와 수동적 공격성이 있는 어머니와 함께 교외의 백인 동네에서 성장한다. 부모는 도로시에게 항상 이런 저런 잔소리를 하며, 그의 가치는 폭풍 같은 부모의 기분에 따라 달라지곤 한다. 어린이일 때 도로시는 이 수상쩍은 장면*의 중심에 있는 것을 좋아한다. 그렇지만 저스틴처럼 도로시도 매우 경계심이 많다. 즉, 그는 무언가 살짝 잘못된 것을 잘 알아챈다. "명료하게 떠오르는 나의 첫 기억들 중 하나는 내 삶의 구체적 진실을, 그 분명한 패턴을 부인해야 했다는 것이다"(32). 특히 도로시에게도 저스틴처럼 묘하게 자기 울타리를 친 가족이 있으며, 그 결과 마찬가지로 도로시도 분열되었다. 하지만 도로시는 다른 종류의 분열을 만들어 낸다. 대개 "싸움 중인 아버지와 그의 뒤에 어머니와 내가 있는 광경"이 그에게 생기를 불어넣는다. 슈퍼 히어로 파트너들처럼 그와 아버지는 "더 높은 것에 도달하려 했다. 우리는 아름다움과 즐거움을 포기하고 잔인함과 거짓에 맞서 싸우는 혹독한 현실을 직시했다"(123).

동시에 도로시는 자신이 보기에 "견딜 수 없이 아름다운" 남자와 여자를 포함한 많은 것에 대해서 "아름답고 정교한 환상"을 계발하기 시작한다(117). 그는 아름다움을 향한 자신의 충동을, 지어낸 이야기와 여성성을 향한 어머니의 충동과 연결한다. 도로시는 어머니와 크레용으로 도화지에 환상적 그림을 그리면서 어린 시절을 보낸다. 도로시 모녀는 각자의 "공허한" 비전을 서로에게 이야기한 다음 호사스러운 후식을 먹어 치운다. 처음에 도로시는 "활짝 웃는 날개 달린 어린이, 캔디 바, 케이

---

* 도로시 가족의 "수상쩍은 장면"에는 딸에게 성폭력을 저지르는 아버지와 이를 묵인하는 어머니가 있다. 어린 도로시는 자신에게 벌어지는 이 주기적 성폭력이 잘못된 것임을 알지만, 가족을 벗어날 수 없기 때문에 어머니에게 이 성폭력을 말하지 못하고 자신에게 일어난 사건을 심리적으로 부인하는 트라우마 상태로 살아간다.

크, 아이스크림, 장난감이 가득한" 천국을 수도 없이 그린다. 후에 어머니가 『피터 팬』을 큰 목소리로 낭독해 주자 도로시는 네버네버 랜드에 중독되는 쪽으로 나아간다.

> [네버네버 랜드라는] 바로 그 이름은 나 자신을 휘감을 수 있는 크고 아름다운 이불처럼 슬픔을 느끼게 했다. 나는 정말로 피터 팬이 어느 날 밤 내게 와서 나를 데리고 날아갈 것이라고 믿으려 애썼다. 나는 이미 자라서 이것을 믿을 수 없었고 이를 잘 알고 있었지만, 나는 이것을 믿고 싶은 마음으로 물방울 무늬가 있는(폴카-도티드polka-dotted) 밝은 이불로 이 불행한 앎을 덮어 버렸다(81, 벌랜트의 강조).

열 살에 도로시는 (그때 "도티"라는 별칭을 가지고) 가까스로 감지하던 불편한 지식을 아름다움에 낙관적으로 몰두함으로써 부인하는 데 능숙하다. 그러나 사유되지 않은 생각과 그것이 주는 보상에 그가 애착심을 품는 이례적인 스타일은 도로시의 삶 전체에 불쾌하게 울려퍼진다. 이미 섹스를 알아 버린 친구에게 그는 네버네버 랜드가 자신이 좋아하는 환상세계라는 것을 말해 버렸고, 이 친구는 즉시 이 미성숙한 환상을 폭로해 도로시를 학교의 "퀴어한" 왕따로 만들어 버린다. 낯선 사람들이 말을 걸 때 그는 "올바른 대답을 찾아내려고 너무 애를 쓰는 바람에 아무 말도 못하게" 된다(115). 그렇지만 그 결과, 부분적으로, 안도감도 느낀다. 그러니까 그것은 가족을 향한 도로시의 과도한 지향hyperorientation과 이 가족이 지닌 과도한 자기 지향에 뒤죽박죽 상태의 무언가가 있음을 확증해 준다. 또래들의 따돌리는 시선은 도로시로 하여금 자신의 가족 로맨스와 가족 로맨스 일반을 훼손하도록 몰아붙인다. 이런 훼손은 그가 가족 나르시시즘의 기제로부터 물리적으로 철수하는 것으로 연출된다.

청소년기 초기에 도로시는 왜 그런지 알지 못한 채 말이 없어지고 뚱뚱해지고 역겨운 존재가 된다. "역겨운"이라고 표현할 때 나는 해석을 제시하는 것이 아니다. 도로시는 "뚱뚱하고 건강하지 못한" 것이 자기 특징이라고 생각한다. 그가 열다섯 살이 되자 아버지가 비열하게 그의 방에 들어와서는 불공정한 세상에 좌절해서 그에게 화풀이를 하게 된다고 말하더니, 사랑과 변명을 뒤죽박죽 내뱉으면서 성추행을 하며 강간하기 시작한다. 이 일은 도로시에게 사실상 놀라운 일이 아니다. "공포심과 수치심 밑에, 흥분 밑에, 나의 아버지와 나 사이에 지금 벌어지고 있는 것은 우리 사이에 항상 벌어졌던 일의 육체적 표현일 뿐이었다. 그가 나에게 입에 담지 못한 욕설을 퍼부을 때조차도 말이다. 나의 눈에서 눈물이 나왔다. 그의 잔인했던 말들은 이 사랑의 애무가 줄곧 입고 있던 옷인 듯했다"(126).

이 잔인한 짓거리는 여러 해 계속된다. 밤에 그가 끙끙대는 동안 그녀는 침묵 속에 산산이 부서진다. 낮에 그는 맹렬하게 딸을 비난한다. 딸인 도로시가 이미 어머니의 말을 듣지 않는다는 이유로 말이다. 도로시는 그릇에 코를 박고 밥을 먹는다. 그 후로, 도로시가 불안을 겪을 때마다, 그것은 마치 몸 속 내장이 몸을 폭파하는 것처럼 느껴지며, 그녀는 근친상간을 다룬 문헌에도 많이 나오는 방식으로 불안을 경험한다. 또한 이 경우 도로시의 불안은 저스틴이 도로시의 부드럽고 우아한 비대함이라 부른 것의 신체적 토대에 쩌렁쩌렁 울려퍼진다. 도로시는 이렇게 말한다. "대부분의 시간 동안 나는 마치 몸의 안팎이 뒤집혀 있는 것처럼 느껴져. 나는 눈에 보이는 피로 가득한 자주빛 내장, 폐, 심장, 방광, 콩팥, 비장이 대롱대롱 매달려 있고 피부가 벗겨진 채 전적으로 추한 모습으로 걸어가는 기형 인물 같아"(161).

도로시는 이렇게 말한다. "이런 신체적 기억들이 너무 불균등하게 깊이 감추어져 있고 드러나고 심하게 왜곡되기도 해서 …… 전적으로 내가 발명해 낸 기억들인지도 모르지"(44). 도로시의 말은 트라우마를 겪은 이후 주체가 거짓된 기억이나 사이비 기억에 매일 수밖에 없다는 이야기가 아니다. 기억이란 대단한 만족감을 주는 강렬한 환상과 오인에 의해 매우 강력하게 매개되기에, 사람을 기억과 묶어 주는 정동이 필연적인 것, 정박점으로 느껴질 때조차도, 환상과 오인을, 심지어 자기 자신도, 불신을 지니고서 읽어 내야 함을 뜻한다. 트라우마 이후의 충동을 관리하기 위한 형식을 만들어 내려면, 감각과 기분을 항상 추적 관찰하고 판단하고 구분하면서도 너그럽게 모으는 예리한, 오장육부로 느끼는, 지적인 감각중추가 필요하다. 추적 관찰이야말로 앎의 숙달보다 더 중요하다. 이 소녀들이 지닌 창조성의 많은 부분은, 자아의 지연 또한 가능하게 하는 그 경계 및 관찰 행위 속에 묻혀 버린다. 그러나 추적 관찰 자체는 아무런 진정성을 확약해 주지 못한다. 즉, 추적 관찰은 주체를 그 장면, 수수께끼 같은 재현에 가까이 있게 할 뿐이다.

사례연구 논리의 언어로 말하자면, 이 두 소녀는 둘 다 부정을 생산적인 무언가로, 애착심의 표현인 동시에, 대체로 가해자인 다른 누군가가 압도된 감정을 느끼지 않게 해주는 잘라 내기의 제스처*로 알고 있

---

* 트라우마를 경험한 이후 주체는 무의식적으로 그 기억이나 그 때의 감정을 잘라 내려는 행위를 반복함으로써 트라우마 경험을 부정하려 한다.

다고 할 수 있다. 나이가 많은 남자들이 이 소녀들에게 [관계]단절의 가치를 가르쳐 주고, 이 소녀들은 모든 것을 집어삼키는 정상적 친밀성의 세계 너머로 올라갈 필요를 느낄 때면 언제 어디에서든 그 잔인함을 되풀이하면서 10대와 20대 시절을 보낸다.[19] 그렇지만 잔인한 단절은 단순히 분리하는 것도 아니고 친밀성을 배척하는 것만도 아니다. 그것은 이 소녀들을 체현과 애착심이라는 낙관적 습관에 묶어 주기도 한다.[20] 이것은 비개인적 형식주의와 독특한 자기 계발 기획의 관계가 이 소설에서 전적으로 서로 결박돼 있음을 뜻한다. 자기 보호와 위험부담은 여기서 구별되지 않는다.

거리를 두고 보면, 이 소녀들의 자기 학대와 즐거움의 결합은 형식상 반정립적인antithetical 여러 섹슈얼리티를 만들어 낸다. 저스틴은 S/M[사도마조히즘]에서 스스로를 잃고 발견하는 반면, 도로시는 일종의 원거리 학습을, 즉 심리적 사디즘과 성적 이상화를 그 특징으로 하는 추적 관찰의 양식을 실천한다.[21] 그렇지만 이 섹슈얼리티들이 위험부담과 욕망의 흐름을 통제하는 한에 있어서 그것들은 형식상 동일하다. 이 소녀들은 음식 소비와 강렬한 사고 작용을 특징으로 하는 다른 즐거움의 스타일도 지니고 있다. 이 스타일 각각은, 섹스처럼, 흡입의 과정이자 세상에 존재하는 방식, 세계 속에 존재하는 방식, 세계를 들여오고, 세계로 들어가고, 세계를 피하는 방식이다. 이런 습관화된 존재 양식은 낙관적인 것이기도 하고 또한 자기 절멸과 부정의 테크닉이며, 잠깐 동안이라도 그런 역사를 지닌 이 평범한 실패자가 되지 않기 위해 특정한 교환이 이따금씩 주는 안도감을 활용하는 방식이기도 하다. 심지어 이런 경향을 통해 자기부정을 감행한다고 하더라도, 그런 사람이 되지 않는 것은 대단한 일이다. 대단히 양가적인 것인, 반복, 부정, 낙관의 이 세

244

가지 양식은 감각의 계발과도 관련된다. 즉, 음식, 생각, 섹스는 관계와 교환의 양식들인데, 위안을 주는 양식일 뿐 아니라 위험부담이 크고 쓰라린 상처를 만드는 양식이기도 하다.

그래서 한 관점에서 보면, 이런 반복이 자아-연속성의 체제를 확립한다고 해석할 수 있다. 여기서 자아-연속성이란 "현재의 나"라고 불리는 배치라 할 수 있다. 동시에 이 두 소녀는 사례연구가 되어 버린 자기 이야기("거기 너!")로 살아가지 않을 수 있는 능력이 있다. 사례연구가 되어 버린 자기 이야기는 모든 것을 자아 계발의 증상으로만 설명하기 때문에 이 소녀들이 이런 사례연구를 벗어나 살아갈 수 있는 능력은 다른 무언가를 시사한다. 즉, 사람의 "개성"의 재생산을 방해하는 충동이다. 이 소녀들의 부정성은 "현재의 그들"이 되는 한 가지 방식을 떠맡는 일이라기보다는 현재의 존재 방식을 벗어나는 출발로 읽을 수 있다. 지금 내가 주장하고 있는바, 자아 연속성을 부정하는 리듬을 방해하는 이 일군의 쾌락들에 대해서는 이 글에서 더 많은 지면을 할애하겠다. 이 두 소녀의 대항 흡입 전술은 모든 것을 포화하여 유령처럼 출몰하는 트라우마에 금욕이 아니라 형식주의적 풍성함으로 대응하면서, 다르게 살아가려는 이 소녀들의 의지를 뚜렷하게 표시한다("기다려!").

즐거움 #1: (생각을 위한) 양식

따로 그리고 함께 두 소녀는 끊임없이 "무지막지하게" "간식을 먹는다"(15, 27, 81, 93, 241). 그들의 눈과 입은 보이는 대로 음식을 먹어 치운다. 감자, "누런 종이 봉지에 담긴 우유팩," "럼주 맛이 나는 마지팬 캔디, 캔디 하나마다 어깨와 가슴 윗부분이 드러난 넥라인 옷을 입은 신비한 갈색 머리의 여성 그림이 있는 밝은 붉은색 은박지에 포장돼 있다. 병에 담긴 생수"(12). 탕수육 (30). 에그롤(36). 치즈 컬, 다이어트 소다, 초콜릿 케이크, 쿠키, 샌드위치, 커피, 그뤼에르 치즈 브리오슈, 미스틱 민트 쿠키(15). 앙증맞게 튀긴 스낵(25). "각설탕과 크림을 넣은 …… 차," "삶은 만두"(28). "흰 봉지에 담긴 캔디"(44). "크림을 얹은 달걀"(45). 칠리, 감자, 맥주, 볶은 땅콩(47). 칠리 스파게티, 초콜릿 아이스크림, 깨물어 먹을 수 없는 왕사탕(48). 시나몬 토스트와 핫 초콜릿(52). 참치 샌드위치(55). 끈적한 달걀(56). 껌(62). "오래된 티백과 당근 껍질"(66). "밝은색 아이스캔디"(66). 크림오브위트 시리얼(74). "씨앗이 있는 사과 속, 오래된 포테이토 칩 봉지"(75). "아이스크림과 …… 닭고기 파이 …… 아몬드조이, 맬로마, 맬로민트, 리코리스 젤리"(76). "쿠키 …… 껌"(78). 달걀(80). "크래커와 땅콩버터 …… 캔디바, 케이크, 아이스크림 …… 케이크와 아이스크림"(81). "오렌지색 핑크색 캔디 …… 슬로피조 버거 …… 핫초콜릿"(84). "쿠키와 차"(86). 코코아(87). 껌(91). 아이스크림 (93). 캔디 목걸이(94). 달걀(98). "코카콜라를 섞은 술"(105). "아이스크림과 바닐라 웨하스"(107). "초코 청크와 프렌치프라이"(114). "고기 …… 감자 …… 아이스티"(118). 설탕(119). "샐러드 …… 감자 그라탕 …… 오렌지향 옥수수 과자"(120), "감자칩과 맥주 …… 한 입 크기 히스바"(123). "돼지갈비와 껍질콩 …… 상자에 든 레몬 시폰 파이"(124). "당근 …… 감자"(128). "라임 셔벗"(130). 머핀(137). "연골 …… 밀크셰이크"(141). "설탕 세 스푼을 넣은 커피"(146). "숙녀의 얼굴이 그려진 초콜릿 한 상자"(154). "초콜릿 하나 …… 초콜릿 하나 더"(155). 아이스크림 샌드위치(160). "도넛 한 상자와 포테이토 칩 한 봉지"(161). "봉지에 담긴 햄버거, 프렌치프라이, 오렌지 음료 …… 프렌치토스트"(168).

"셀로판지로 싼 초콜릿 도넛 두 개"(174). "완두콩, 시뻘건 돼지갈비를 곁들인 버섯 볶음밥"(175). "큼직한 덩어리 감자"(177). "쿠키와 커피"(179). "샐러드 …… 물"(185). "커피 …… 피자 …… 다이어트 루트비어"(193). "포장 구매한 샐러드"(195, 233). "치즈 샌드위치, 감자칩, 캔디 …… 밀크셰이크와 더블 프라이"(205). "레몬 머랭 파이"(206). "몰트 음료와 감자칩, 젤리빈과 육즙이 떨어지는 소고기 샌드위치"(211). 프렌치토스트(214). "캔수프 …… 빵"(215). "감탄스러울 정도로 부드럽고 쫄깃한 애플파이"(221). "우리 집 오믈렛과 곁들인 샴페인"(225). "뜨거운 커피와 설탕 한 봉지, 휘젓개, 석유로 만든 우유 대체 음료"(229). "머핀 …… 쿠키 봉지"(232). "캐슈 한 봉지, 마지팬 한 봉지, 사과 한 개"(234). 쿠키(238). 구운 치즈 샌드위치(241). 모양이 부서진 밀기울 머핀(242). "감자칩 한 봉지와 캔디 한 봉지"(244). "반짝이는 자줏빛 해초 위에 놓인 보석 같은 스시 한 접시 …… 사케"(248). 쿠키(258). "페이스트리와 푸딩"(260). 케이크(261). 초콜릿 케이크(264). "여러 봉지의 감자칩과 쿠키"(272). 마티니(281). "작은 박하사탕과 씹는 사탕"(290). 그리고 캐모마일차(309).

지방과 칼로리는 잊어라. 간식을 먹으려고 산다는 것은, "식료품점에 들르고 저녁거리를 포장 주문하러 가는 일로 이루어진 낙원"을 창조하는 일처럼, 자기 나름의 즐거움을 추구하는 충동의 리듬으로 살아간다는 것이다(76). "거식증에 빠진 귀염둥이들의 시대에" 먹는 것을 좋아하는 사람이 된다는 것은 세상에 존재하는 동시에 존재하지 않는 방식이 되며, 이 소녀들에게 누구와든 무언가를 교환하는 일에 참여하는 동시에 그로부터 철수하는 지렛대를 제공해 준다(95). 먹는 행위는 그들의 시간이다. 그것은 그들의 시간이다. 두 소녀 중 누구라도 집밖을 나설 때면 먹는 행위로 시간을 표시한다. 그는 기다리는 동안 먹는다. 그는 생각하는 동안 먹는다. 그는 섹스를 하기 전에도, 하고 나서도 먹는다. "토 나올 것 같이 뒤죽박죽인 상태"나 끝없이 흡입해 대는 내면에 짓눌리는 느낌에 대응하는 가운데 음식은 그에게 시간의 공간을 형성해 준다(160). 즉, 스스로에게 타자임을 드러내면서도 그럼에도 불구하고 자기 자신을 확인해 주는 에피소드를 만들어 주는 것이다. 음식은 구조를 제공하기도 하고 무너뜨리기도 한다. 음식은 (즐거운 기억의 가면을 쓴) 의식을 만들어 내며 그 반대 (명료하게 표현하지 못하는 상태) 역시 만들어 낸다.[22] 이것은 이 소녀들이 먹는 행위와 맺는 관계가 하나의 징후가 아니라 하나의 장면임을 뜻한다. 즉, 무엇보다도, 먹는 행위의 실천은 사람이 자신의 비일관성을 보상해 주는 개성을 조직하지 않으면서도 그 비일관성과 협상하는 방식을 제공해 준다.

혼자 있을 때 도로시는 결코 배가 부르다고 느끼지 못한다. 그래서 펼쳐진 무엇이든 끝없이 먹을 수 있다. 독창적이지 않은 행위 — 밤마다 월가의 법률 문서를 확인하며 교정하는 일이나 그래닛과 관련된 내부자들의 모임에서 일어나는 논쟁의 녹취를 푸는 일 — 에 몰두할 때만 도로시는 포만감 같은 무언가를 느낀다. 독창적이지 않다는 것은 스스로를 또박또박 표현하려고 하는 욕망의 압력으로부터 집행유예를 얻는 것이다. 따라서 욕망이 강렬하면 강렬할수록, 몸은 더욱 더 비워진다고 느낀다. 일을 통해서 자기의 공허함을 비워 내는 것은 부정을 부정하는 것과 비슷한 일이다. 아주 잠깐 동안만이라도 말이다. 왜냐하면 일도 먹는 행위처럼 몰두하게 하기 때문이다. 그러나 도로시는 또한 사람이 독창적일 수밖에 없음을, 아니면 욕망할 수밖에 없음을 보여 준다.

어머니가 나의 "매력적이지 못한 습관"이라 부르신 것이 생겨난 것은 오하이오에 있을 때였어. 처음에는 양치질을 하지 않았지. 매우 드문 경우를 빼고는 말이야. 돌연 나는 치약을 묻힌 칫솔을 기분 좋은 따뜻한 입속에 넣어서 이빨에 붙은 유쾌한 음식물의 질감을 닦아내어 그 풍성한 맛들을, 그날 내가 먹은 음식의 역사를 없애 버리고 대신 이 역사를 밋밋한 민트향 뒷맛으로, 비개인적인 상아빛 텅빈 구강으로 바꾸는 것이 싫어지더라고 ……. 게다가 나는 역겹고 건강하지 못한 갈망에 굴복하기 시작했어. 캔디바, 아이스크림, 쿠기, 그릇에서 축축하게 숟가락 한가득 담아낸 설탕, 캔째로 들고 꿀꺽꿀꺽 마시는 허시 시럽, 내 목구멍 속으로 콸콸 흘러내리는 레디 휩, 다른 사람들이 먹을 케이크 조각의 위에 얹은 크림 장식을 큼지막하게 한 움큼 손가락으로 잘라낼 때의 짜릿함(64).

도로시는 자신이 각별히 좋아하는 특정 상표와 자기가 창조해 낸 형식 없는 맛[취향]의 내면세계 사이를 오간다. 도로시의 몸은 부엌이 된다. 이 부엌에서 상품은, 물자체, 감각적 지식, 대항 시간성의 재료("그날 내가 먹은 음식의 역사")가 되어, "[자기] 삶을 잘게 다져 조리해 외부 세계의 타격을 줄일 수 있게 한다"(112). 잘게 다지는 과격한 행위에는 그 결과물이라는 즐거움이 뒤따르고, 그 결과물을 도로시는 작가가 느낄 법한 자긍심을 느끼며 음미한다. "아무리 먹어도 충분하지가 않더라고," 그는 말한다. 종종 그는 음식을 먹으면서 글을 읽는다.

그리하여 도로시의 풍성한 대항 감각중추라는 공장에서, 개인적인 것은 만족감을 주는 반복의 장면으로 생산되며, 이 반복 장면은 형식상 연속적이지만 끊임없이 변형된다. 점점 더 맛에 집착하는 도로시의 애착심에 있는 미묘함은 엄격하게 하나의 형식이며, 동시에 그것은 소유물, 그가 누구에게도 양도할 수 없는 비축물처럼 느껴진다. 그러나 자가 오염은 단순히 무언가에 대한 승리가 아니다. 학교와 집에서 도로시는 탈선자, "낙오자," 외부인이다. 그가 부정성을 끌어안는다고 말하는 것으론 충분하지 않다. 끌어안지 않기 때문이다.[23] 동화할 수 없음의 고통은 견딜 수 없는 것이지만, 내가 이제까지 설명한 자기 돌봄의 양식을 통해 재매개되기도 한다. 먹는 행위는 그가 부적합한 존재일 뿐인 채로 살아가는 사회성의 시공간으로부터 그를 해방시킴으로써 그가 정상 세계에서 경험하는 쾌감 상실anhedonia을 베어 길을 낸다. 먹어 치우는 행위와 그로 인한 구슬픈 여파는 측면으로 펼쳐지는 끝없는 현재를 발생시킨다.

몸과 협력하는 일*은 몸을 끊임없는 선물로 만들어 준다. 그러나 몸은 이 선물을 오로지 도로시 자신에게만 줄 뿐이며, 그러는 사이 그것은 육체적 역겨움으로써 도로시의 몸이 사회적으로 부정되는 것을 확인해 준다. 유아론과 흉측함이라는 두 부정적 측면은 긍정적인 것을 만들어 내지 않는다. 이 점이 여기서 의미하는 바는, 이 과정의 리듬이 자기 중단의 대안적 방식을 마련해 부정으로부터 무언가를 만들어 낸다는 점이다. 도로시의 비참함과 그가 경험하는 사회적 비체화abjection는 어쨌거나 정상적인 존재가 되고 싶어 하면서 느끼는 수치심으로부터 그를 떼어 내어 봉인한다. 그렇지만 자기 소멸에 몰두하려는 그의 의지는, 동시

● 여기서 "몸과 협력하는 일"란 먹는 행위를 뜻한다. 도로시는 아버지의 성폭력과 어머니의 묵인이라는, 트라우마를 발생시키는 환경을 견디며 살아가기 위한 행위로 먹기에 몰두한다. 반복적인 흡입 행위를 통해서 트라우마적 기억에 거리를 두려는 것이다. 흡입 행위는 도로시가 시간을 측정하는, 즉 현존의 시공간을 만들어 내는 방식이기도 하다. 벌랜트는 이런 행위가 의지를 통한 행동이 아니고 감각중추를 통한 행위라고 해석한다.

에 쾌락을 향한 낙관에 압도되기를 추구하는 자기 절멸의 충동이기도 하다. 그는 이 절멸된 판본의 자기 자신을 종속된, 비체화된, 그러므로 비개인적인 자신과 연결한다. 그의 거대한 모습은 다른 무언가를 만들어 낸다. 즉, 살로 체현된 그의 몸이 풍미, 맛, 냄새로 분리되는 동안만큼 번영하는 창조적 힘을 생산한다.

저스틴은 비슷한 규모로 음식을 많이 먹으면서 살아가지만, 그것이 저스틴의 성적 경제에서 차지하는 자리는, 우리가 도로시의 경우에서 본 주관적 확산이 아니라 계발된 대상화와 관련되는, 꽤 상이한 형태를 띤다. 한순간, "젖은 사타구니에 손을 넣은 채, 이불 속에서 자기 몸 냄새와 단 둘뿐이던" 저스틴의 세계는 "이제 무언가를 먹으면서 뚫어지게 쳐다보며 걸어 다니는 뚱뚱하고 못생긴 사람들로 가득 찬 쇼핑몰의 세계가 되었다"(93). 섹슈얼리티를 지닌다는 것은 다른 사람이 없는 데라 해도 극도로 비판적인 자신의 응시에 노출되는 것이다. 식욕을 지녔던 것으로 드러나 스스로에게 역겨움의 대상이 된 저스틴은 자신의 욕망이 진부하다는 이유로 자기 욕망을 더 심하게 비하한다. 즉, 어쨌거나 자위 행위를 할 때처럼 저스틴은 쇼핑몰에서 욕망을 자극하되 놀라움을 최소화하려고 한다.

그렇지만 저스틴이 무언가 먹는 공상을 하는 대신에 실제로 먹을 때, 세계는 감당할 수 있고 유쾌해 보인다. "퇴근할 때 저스틴은 쿠키 한 봉지를 사서 지하철을 타고 집에 오면서 여왕같이 고양된 마음으로 쿠키를 먹었다"(22). 공공장소에서 음식을 먹으면서 저스틴이 느끼는 즐거움은 그를 감싸는 비눗방울 같은 보호막이 된다. 공공장소에서 먹는 것은 자위행위보다 훨씬 더 좋다. 왜냐하면 외부 세계는, 마음 속 상처를 가끔씩 에피소드적으로나마 놓아 버릴 수 있게 해주는 익명의 공간이기 때문이다. 도로시가 자신의 독특함이라는 맛[취향]으로 포화되는 것은 고정관념에 부합하게 살로 체현된 자신의 정체성에 대한 일종의 동종요법식 공격성을 형성하는 반면, 저스틴의 생존 방식은 대항 진정성의 관능적 또는 시각적 수행보다는 세상 속에 자리 잡은 제스처에서 즐거움을 발생시키고 그것을 반복하는 일과 상관이 있다. 이것이 효과가 있을 때 소녀들은 각자 원하는 것 가운데 자신이 먹어도 견딜 수 있는 것을 섭취하는 행동을 하면서 안도한다. 도로시의 관능적 섭취는 절차적 성격을 지니는데, 이 절차적 성격은 역설적으로 그로 하여금 몸의 외양을 나쁜 대상[뚱뚱이]의 모습을 띠게 하는 반면, [몸의 안쪽] 관능적 지적 영역을 끝없이 비축하는 내면적 자기 정교화를 허용한다. 대조적으로, 저스틴에게 먹는 행위는 비개인성, 시간과 공간 만들기의 형식주의적 전략이다. 그것이 "실제로" "그의" 창조성으로 보이든 아니든 상관없이 그러하다. 두 소녀는 생존하기 위해 발명하고 조직한 제스처라는 형식주의를 공유한다. 두 소녀가 달라지는 지점은 먹으려는 강박충동이 개인적인 것과 비개인적인 것의 경제를 협상해 내는 방식에 있다.

이런 음식 교환의 순간들을 변화나 초월의 의미에서 "행위 주체성"이라 부르면 너무 거창한 것이리라. 『두 소녀, 뚱뚱이와 마른이』에서 어떤 개인도 역사의 상처로부터 지속적으로 해방되는 것은 상상 불가능하다. 역사는 상처를 주는 것이다. 왜냐하면 의식에서 반복되는 것, 최소한 자기 연속성의 즐거움을 주는 것이 주체가 자신의 역사라고 여기는 것이기 때문이다. 주체는 이제까지의 자기 존재를 계속 이어 가는 존재이다. 이런 의미에서 트라우마를 경험한 것으로 확인된 사람들은 자신들의 역사가 그들이 가진 것 즉 그들의 개인적 소유인 한, 자신들의 역사 속에서 기술적인 즐거움을 취할 수 있다. 그렇지만 이렇게 말한다고 해서, 상처를 주는 역사가 운명임을, 이상하고 무서운 반복임을 뜻하는 것은 아니다. 『두 소녀, 뚱뚱이와 마른이』에서 낙관적 강박충동은, 서사의 연속성이 아니라 적외선 이미지의 진홍색 부분과 같은 것을 제공하는 대항 시간성을 생산한다. 그것은 부정적 밀도의 순간들을 경험하려는 시도를 수반한다.[24] 이런 밀도 높은 관능적 순간 속에서 살아가는 것은 시간을 멈추고 시간을 만들어 내며 체험된 세계, 상상된 세계, 아직 상상되지 않은 세계를 포화상태로 만든다. 두 소녀가 반복하려 하는 이 불가능한 행동은 음식과 먹는 행위로써 대체되지만, 그 불가능한 행위는 의지와 반복을 융합시켜서, 복잡하지 않은 것도 아니고 기억상실도 아닌 그 무엇, 아직 내용은 없고 그저 성향일 뿐인 그 무엇을 만들어 낸다. 그들이 성취하는 것은 아무것도 아닌 것이 아니다. 그것을 읽어 낼 수도 없다. 흡입에 주목하는 것은 그 의지가 취하는 방향을 분명히 드러낸다. 어떤 순간 저스틴은 이렇게 생각한다. "끔찍하게도, 그 뚱뚱한 여자가 어떤 면에서는 분명하게 매우 강인했는데"(195), 그 다음 "아르마니 정장을 입은 남자가 …… 깨진 병을 거칠게 흔들면서 이렇게 소리 질렀다. '너를 사랑해! 사랑한다구! 네 똥과 오줌을 먹고 마셔 줄게!'"(196).

즐거움 #2: (역사의) 스마트함

이제까지 논의한 대로, 두 소녀에게 먹는 행위는 자기 방식으로, 자기 속도 감각에 따라 세상을 끌어들이고 내치는 기술이다. 먹는 행위는 의식적·의도적 행위 주체성에서 나온 행위도 아니고, 객관적인 의미에서 무의식적 증상의 발현도 아니다. 비록 이 소설이 두 소녀의 이야기를 한 번에 하나의 에피소드씩 이야기해 주면서 그 서사적 핵심에서 두 소녀가 일상생활에 참여하는 방식을 확립하는 데 먹는 행위를 사용하긴 하지만 말이다. 그렇지만 이 소설은 보통의 방식으로 두 소녀의 삶을 이해하면서 사람들에 대한 지식을 조직하는 또 다른 양식을 보여 준다. 기술적으로 이 소설은 즐거움 — 반드시 좋게 느껴지는 것은 아니지만, 형식을 만들어 내는 반복 — 이 정체성과 묶이지 않는 어떤 존재가 되는 방식, 즉 사회에 널리 퍼진 정체성이나 개성으로 파악되는 정체성에 매이지 않는 어떤 존재가 되는 방식도 포착하고 있다는 느낌도 준다. 크리스토퍼 볼라스는 이것을 "생각하지 않고 아는 것"이라 부르면서 주체 자신의 패턴화 면에서 보면 지식은 익숙한 언어로 경험되기 이전에 형성된다고 논의한다.[25] 이것은 반복이 일종의 마비의 발현임에도 불구하고, 트라우마적 반복이 반복을 넘어서는 지식을 발생시키는 또 다른 방식이 있음을 시사한다. 반복의 페다고지는 내용(사람이 되돌아오는 장면)이 형식(사람이 품는 애착심의 속도와 자리배치)과 맺는 관계의 변화를 수반한다.

『카라바조의 비밀』에서 리오 버사니와 율리시스 더토이는 욕망과 형식의 절묘한 관계가 섹슈얼리티 자체의 수수께끼라고 설명한다.[26] 마음을 매혹하는 수수께끼 같은 이 속성은 우리의 애착심이 기껏 그 대상에서 상징될 뿐이라는 감각에서 파생된다. 그리고 그 대상에 우리가 너무 많은 관심을 쏟아서 그 대상을 우리가 결코 온전히 알 수 없는 동시에 우리에게 수수께끼로 남는다는 감각에서 파생된다. 버사니와 더토이는 성애적 애착에 관련된 오인이 몰고 오는 예측 불가능한 변화의 장면에 노출될 위험부담이 성적 애착을 구성하는 방식에 초점을 맞춘다. 이 두 이론가가 보기에, 주이상스는 에고를 산산이 조각내는 대항 트라우마적 무정형성인데, 압도당하고 싶어 하는 주체의 욕망을 달래 주면서 에고가 알 수 있는 것에 한계를 표시한다. 그럼에도 불구하고, 애착심은 알고-싶지-않은-욕망, 즉 수많은 동시적 기능을 지닌 반감도 이용한다. 대상의 수수께끼 같은 속성을 보존하면, 대상이 지겨워지거나 대상으로부터 소외되거나 대상에게 압도되는 것을 피할 수 있다. 동시에 연쇄적으로 일어나는 반복은 주체가 애착심을 품는 대상에 대한 주체 자신의 양가감정에 견딜 수 없이 이끌리는 경험을 하지 않도록 해준다. 『두 소녀, 뚱뚱이와 마른이』의 세계에서 이것은 자기 자신을 사람이나 연물이 아니라 반복되는 형식들에 열어 두는 것이 더 안전한 이유가 된다. 두 소녀가 음식을 먹고 싶어 하는 충동에는 기대어도 될 만한 리듬이 있기에 이 리듬은 그것이 기여하는 쾌락 모티브의 압력을 중화한다. 즉, 먹기는 이 행위의 관능적 실행이 먹는 행위 자체가 아닌 다른 것을 나타낸다는 점을 "알" 필요 없이 욕망을 인정하는 방식인 것이다. 먹는 행위는 두 소녀 각자에게 여러 방향으로 벗어나고 갈라지는 함의를 지닌 과정에 매달리는 애착의 행동이지, 어떤 대상에 품는 애착심이 아니다. 그렇지만 두 소녀의 경우 둘 다 음식을 씹는 습관을 지니긴 했어도, 이 습관은 특징이 없거나 무감각한 혹은 어리석은 존재가 되려는 시도가 아니다. 이 두 소녀는 제법 스마트한 이들smart cookies이다. 이 소설의 모든 곳에서 그렇듯 여기서도, 어떤 행동에 오장육부 깊숙이 품은 애착심의 속성은 불가피하게 일종의 날카로운 깨달음도 수반한다.

"스마트하다"smart[영리하고 똑똑하다는 뜻과 더불어 쓰라리다는 뜻도 있음]라는 단어가 지칭하는 지적 대상은 신체적 아픔에 그 어원적 뿌리를 둔다. 스마트함은 아픈 것이다. 무언가가 "스마트하다"는 말은 아프다는 말이다. 즉, 그것은 예리하고 따갑고 인정사정없다. 스마트하다는 것은 예리한 것이 곧 다가올 것이라는 위협을 제기하는 듯하다(라틴어로 acutus는 날카롭고 예리하다는 뜻이다). 이런 의미에서 스마트함은 먹기의 반대이다. 먹기는 예리한 아픔이 아니라 자기 흡입의 즐거움을 전면에 드러낸다. 『두 소녀, 뚱뚱이와 마른이』에서, 이 예리한 아픔에 대한 두려움과 애착심은 여러 기능을 한다. 방어 기능일 때, 과잉 경계심은 자기 자신의 모순을 대수롭지 않게 해명하는 것을 포함해 판단하고 설명하는 데서 즐거움을 느끼게 해준다. 그리고 과잉 경계심의 목적은 트라우마로 인해 놀라는 것을 막고 피하려는 것이다. 리비도적 충동으로 기능할 때, 과잉 경계심의 지속적인 활동은 통제된 행동을 표출할 장면을 찾아내기 위해서도 움직인다. 왜냐하면 먹는 행위처럼 추적 관찰은 교환의 형태와 속도를 통제하는 것 같기 때문이다. 그러므로 극도로 적극적으로 말하자면, 트라우마에 대항하는 스마트함의 기능은 스마트함의 트라우마적 효과와 거의 구분 불가능해진다. 사람들에게 개인적 감지와 의지의 영역으로 매개된 스마트함은 잘난 척과 위장이 작동하는 지점만큼이나 쉽게 관찰될 수 있다.

과잉 경계심을 지닌 두 소녀의 정신은 기억을 관념을 통해 낙관적으로 다시 채움으로써 사연이 있는 기억의 장면을 먹어치운다. 새로운 관념 자체는 정신을 재교육하지 않으며 정신의 지식을 지우거나 승화하지도 않는다. 오히려 그것은 현재에 끼어들어, 현재를 추구와, 즉 날것으로서의 욕망의 에너지와 동일시할 기회를 조직한다. 어린 시절에 두 소녀는, 저스틴이 말한 대로, 더 나은 규칙에 따라 작동하는 평행 세계에 거주하고 싶은 열렬한 욕구로 글을 읽는다. 이런 의미에서 심지어 미학적인 것도 실제 생활을 지배하는 관념보다 더 좋은 관념을 제공하는 도구가 된다. 즉, 모든 소설은 정의상 유토피아적이다. [이 소설에서 주인공 두 소녀가 상상과 생각 속에서 따르는 인물인 그래닛이 설파하는] 확신주의도 자기 해방적 낙관의 지적 원천인 것 같지만, 마찬가지로 결국 그 내용은 별 관련성이 없다. 두 소녀에게 이상적 형식의 추구는 타자성의 추구이다. 위험부담, 변화, 탈부정, 그리고 그 너머, 즉 아직까지 열거되지 않았으나 있을 법한 운명. 아마도 이것이 저스틴이 "1년에 하나 정도로 아이디어"를 얻는 선에서만 견딜 수 있는 이유이다(18). 우리가 아는 삶의 재생산을 방해하는 것은, 알지 못하는 것을 원하는 본능을 따라가는 것보다 훨씬 더 위험부담이 크다.

그래서 사고 작용은 이 소설에서 한편으로는 내용(철학과 플롯)으로 나타나며 다른 한편으로는 자유의 형식에 대한 갈망으로 나타난다. 해방적 형식은 특정 내용을 필요로 하지 않지만, 대신 자신이 거의 알지 못하는 애착심으로 인해 놀라면서도 또 그로써 [존재를] 확인받을 것을 요구한다. 두 소녀에게 이 사유되지 않은 형식을 지칭하는 단어는 "아름다움", 즉 사람을 몰입시켜, 그가 [존재할] 다른 곳을 발견하게 되든지 말든지 상관없이, 자신의 낡은 존재 방식에서 벗어나게 해주는 멋지게 생소한 힘을 지니는 아름다움이다. 이 이중적 움직임의 주제를 가장 잘 보여주는 매우 극적인 계기는 도로시가 애나 그래닛과 만날 때이다. 도로시는 이렇게 설명한다. "그는 내게 인간이 힘과 명예를 지니고 살 수 있음을 보여 주었어. 그리고 섹스가 실제로 이 힘과 명예의 일부이지 그에 대립하는 것이 아니라는 점도. 그리고 그는 이제껏 그렇게 한 최초의 작가야. 섹스가 사랑하는 것일 뿐만 아니라 힘을 길러 주고 사람을 키워 주는 것이라는 걸 보여 준 최초의 작가. 남자뿐만 아니라 여자에게도. 너도 이해할 수 있겠지만, 이 일은 나에게 뜻밖의 큰 발견이었어. 그러고 나니까 나머지는 그저 …… 그의 아이디어의 순전한 아름다움이었지"(27).

확신주의 사상의 이 영역에서, 생각하기와 섹스는 여성과 남성이 대등한 힘을 가지고 행사하는 권력의 두 양식이다. "생각하기와 섹스"라는 쌍은 일종의 유토피아주의를 구성하며, 이 유토피아적 폭력과 분노는 애착심과 친밀성에 핵심적인 것으로서 공공연히 받아들여진다. 즉, 그래닛은 추종자들에게 "절박함과 필요라는 말없는 으르렁거림"을 이끌어 낸 것이다(12).

도로시와 저스틴은 둘 다 그래닛을 따르는 추종자들이 권위주의적 지배자일 가능성이 있는 만큼 물정 모르는 공부벌레나 길 잃은 사람일 수도 있으리라는 것을 안다. 예를 들어, 그래닛을 따르는 추종자 가운데 많은 이가 위대함 운운하는 그래닛의 수사를, 남성성을 약화시키는 규범적인 중산층 질서의 속성을 거부하는, 일종의 부드러운 니체주의로 경험하는 것 같다. 도로시가 확신주의를 받아들이는 방식은 비슷하지만 동일하지 않은 기조를 띤다. 도로시는 훨씬 더 인습 타파적이고 무모한 성해방의 비전에 집착하며, 의도와 합리성을 넘어서는 지능의 의지를, 그 무엇도, 죽음도 그리고 더 무서운 것인 삶도 두려워하지 않는 의지를 체현한다. 그가 이런 가능성의 "아름다움"이라 부른 것이 그를 분노와 감사한 마음으로 울게 만든다. 왜냐하면 확신주의는 세상에 대해서 도로시가 반응하는 범위를, 즉 그의 부드러움(친밀성에 대한 욕망)과 단단함(분노와 지능)을 모두 수용하는 삶을 제시한 최초의 철학이기 때문이다. 오로지 이 영역에서만 이런 반응들이 숨겨야 할 괴물 같은 취약성의 증거가 아니라 지속적인 태도이자 긍정적 가치가 되는 것이다. 도로시에게, 비천한 객관적 무력함을 보상받으면서가 아니라 자신이 지닌 힘을 인정하는 가운데 강력하게 존재할 수 있는 자아를 계발하는 일은 가족과 아버지의 비난을 부정하는 것이자, 정상 세계가 사람을 분류하는 잔인한 방식을 부정하는 행위가 된다. 그러나 도로시가 실제로 확신주의 덕분에 변하는 것은 아니다. 확신주의의 아름다운 관념은 세상을 향해하는 이 소녀의 직관을 변화시키지 못하는 것으로 드러난다. 우리가 도로시를 만날 무렵 그녀는 가학증적 생각과 음식을 먹는 자기 위안으로 이루어진 청소년기의 비눗방울 속으로 퇴행해 버린 상태이다. 그렇다면 관념을 만들어 내는 사건의 가치는 무엇일까?

바로 거기에 요점이 있다. 충동적으로 도로시는 대학을 떠나 확신주의 운동에 참여하기로 결정한다. "나는 나에게 다른 곳이 없었을 때 살았던 그 자그마하지만 생동감 넘치는 네버네버 랜드를 [그래닛이] 들여다보도록 허락할 수 있어"라고 생각하면서, "내가 환상 속에서 꿈꾸고 받았던 친밀한 관계와 이해심이라면 내 몸의 가죽을 벗겨 내는 그런 것이겠지"라고 감지한다(167). 그렇지만 이렇게 하려면 도로시는 그래닛이 다른 모든 것도 그렇게 하듯이 이 공간도 아름답게 만들어 주리라 상상해야 한다. "아름다움은 삶을 살만하게 만들어 주는 것의 일부야"라고 도로시는 말한다(133). 특히 "자기 자신과 성장 외에 그 어떤 것에도 무심한 강하고 오만한 아름다움 말이야"(132). 그래닛은 도로시의 인정사정없음을 괴물성이 아니라 아름다움의 형식이라고 승인해 준다. 추상적인 차원의 아름다움 말이다. 안타깝게도 그들이 만나자, 이 소녀는 "나의 실망감, 숭배하고 싶은 나의 욕구 아래 출렁이는 어두운 파도"를 느끼며 몸부림친다(169). 왜냐하면 여기 나타난 그래닛이 "샤넬 드레스를 입은 중년의 주부처럼 보이기" 때문이다. "안 돼, 안 돼, 그래닛은 그렇게 보이지 않았어. 나는 그렇게 기록되는 게 싫어 …… 그는 아름다운 눈꺼풀과 눈동자를," "아름다운 검은 망토"와 "햇볕에 그을린 아름다운 피부를 지녔어[야 해]"(28-29). "그러자 그가 걸친 목걸이, 그를 둘러싸고 있는 짙푸른 보석 조각에 빛이 비쳤고, 섬광 속에서 나는 그의 몸이 푸른 하늘 밝은 전기로 빛나는 것을, 그 주위의 공기가 형형색색의 에너지 흐름으로 울리는 것을 보았지 ……. 나의 환상이 힘차게 돛을 올린 거야"(170). 피터 팬을 상상하던 때의 환상처럼, 도로시는 여기서 (다시) 실망하는 것을 참을 수 없다. 아름다운 관념을 생존의 추상적 영역과 구체적 영역 둘 다에 가득 채우고 싶은 욕망은 그로 하여금 가장 작은 스크린에 아름다움을 투사하도록 추동한다. 이 소설은 확신주의가 불가능성을 아름다운 것으로 오인하는 일에 전념할 것을 이토록 요구한다는 점을 분명하게 보여 준다. 저스틴은 또 다른 그래닛 추종자인 버나드를 평가하면서 이렇게 지적한다. "그는 자신이 감지한 것을 아름다움과 힘, 영광과 분투의 환상 속에, 마음 속 깊은 곳에 길러 둔 환상 속에 배치했다 ……. 이 갑옷을 통해서 그의 일그러진 감수성은 스스로에게 위안을 주었던 관념, 아름다움과 영웅심이라는 터무니없이 멋진 추상 관념을 찾으려고 안간힘을 썼다"(177). 이것이 낙관을 반복하려는 강박충동이다. 나중에 도로시도 저스틴을 만나면서 이 힘겨운 패턴을 반복한다. 매 문단마다 도로시는 자기 친구가 아름다운 관념과 그것이 약속하는 변화에 대해 육체적·심리적·지적으로 적합한지를 판단한다.

도로시는 그래닛을 만남과 동시에 자기 이름을 바꾼다. "도티 푸티"는 『피터 팬』에서 차용한 환상적 필명 "도로시 네버"가 되며, 이런 개명은 자기 가족을 부정하고 자신의 역사적 익명성을 표시하며 관념을 통해서 욕망과 의지를 변화시키는 조화로운 화음에 집착하는 도로시의 애착심을 분명히 보여 준다. 그래닛은 도로시에게 살아온 이야기를 해보라고 한 다음 도로시를 비서로 고용해 그래닛이 소집하는 철학자 모임에서 대화를 기록하게 한다. 도로시가 하는 일은 자기 주위에서 소용돌이치는 아름다운 관념을 이해하는 것이 아니라 그것을 받아쓰기로, 즉 의미가 아니라 소리로 적어 내는 것이다.

그 경험은 너무 강렬하고 들뜨게 하더라고. 나는 그 나날을 머리속에서 보냈다니까. 버림받은 내 몸의 꼭대기에서 몸을 떨면서 기분좋은 숨을 내쉬면서 말이야 ……. 그 처음 몇 시간이 지나고 나니까, 닳고 닳은 나의 지각이 두 개로 갈라졌어. 하나는 단어, 문구, 관념의 풍경을 항해하고 다른 것은 그 목소리들의 음향, 억양 변화, 음조상의 습관에 몰두했지. 이 두 번째 지각이 단어와 문구를 소리로 바꾸었고 이 소리들은 온화함, 공격성, 딱딱함, 부드러움, 긍지, 행복의 형태를 띠었어. 방을 통과해 움직이면서 서로 바뀌고 반응하고 부풀고 줄어들고 가구에 코를 대고 천천히 나아가면서 보이지 않게 유동하며 서로 부딪히는 생동감으로 아파트를 가득 채우더니 사라지는 형태 말이야 (203, 209).

"운 좋게도 나는 감정적으로 백지가 되었어"라고 회상하는(207) 도로시는 자신이 이해하지 못한 채 몰두하는 소리 궤적을 방해하지 않기 위해 생각하지 않는 능력이 트라우마 이후에 생겼음에 감사한다. 이 몰두는 도로시가 모아 둔 아름다운 형식들의 아카이브에 들어갈 또 하나의 항목을 분명히 보여 준다. 이번에는 별로 놀랍지도 않게, 소리가 자신의 몸을 채워 감에 따라 도로시는 뚱뚱함이라는 보호막을 더 이상 필요로 하지 않게 되어 엄청난 양의 살이 빠진다. 마치 소리가 음식을 대체한 것 같고, 마치 말하기의 리드미컬한 즐거움이 홀로 먹는 즐거움을 승화시킨 것 같다. "모든 외로움은 하나의 절정이지"하고 그래닛은 선언한다(163). 이 외로움은 버림받은 외로움이 아니라 지적 친밀성의 비개인성이다. 이런 외로움이 도로시가 소멸에 맞서 안정장치로 발전시켰던 몸인 보상을 주는 몸으로부터 도로시를 자유롭게 해방시켜 준다. 뚱뚱함은 상처를 주는 역사가 응고된 형식이다. 그러니까 마치 "몸이 모든 것을 기억한다"는 것이 정말 맞는 말이기라도 한 것처럼, 살이 빠지자 그는 새로운 도로시가 된다. 그는 쇼핑을 하며 이제 매우 눈에 띄게 매력적인 외모를 가꾸기 시작하고, 열다섯 살 이후로 발버둥 치면서도 이제껏 본 적이 없는 자신의 근육질 몸매와 사랑에 빠지기 시작한다. 그는 성적인 느낌도 갖기 시작한다.

특징적으로, 저스틴에게 [영민함과 쓰라림을 모두 의미하는] 스마트함이 도로시의 스마트함과 상당히 비슷한 낙관과 몰두의 장면을 제공하지만, 저스틴에게 스마트함은 훨씬 덜 개인화되고 덜 체현된 것이며, 장엄한 우상화 속의 구원자 영웅을 향하지도 않는다. 대신, 지적인 몰두에 동일시하는 것은 내면의 미학을 발전시키는 것이다. 이 내면의 미학은 더 나은 삶에서라면 느낄 수 있을 것이라고 상상하는 느낌을 가리키는 지표로 기능한다. 즉, 스마트함은 생산적 의미에서 유토피아적인 것이 아니라, 아직은 시인되지 않은 정동상의 기울어짐을 나타낸다. 그는 이 방향으로 나아간다. "외로움의 아름다움"과 "글쓰기에 고유한 아름다움의 가치"를 옹호하는 그는 이 두 가지를 분명하게 연결하지 못하지만, 글쓰기의 고립은 그에게 폭력 없는 과장의 공간, 가능성의 공간을 만들어 준다(175, 235). "삭막한" 아름다움이 그가 선택한 공적 비개인성의 양식이다. 글쓰기를 통해서 그는 자기의 도착성을 억제함으로써 정상적인 사람으로 행세한다. 아무도 그의 [상상 속] 충만함을 볼 수 없고 그러므로 만질 수 없으며, 스스로를 유폐한 자포자기의 지옥은 이렇게 해서 미래의 트라우마로부터 안전하게 보호된다.

얼굴을 마주보며 도로시는 저스틴이 남과 잘 어울리지 않는, 착실한 사람이자 "철저하게 말이 없는 사람"이고 그렇지 않을 경우라도 "별 내용이 없는," 빈약하게 살아 있는 사람임을 경험한다(27-29, 12). 그렇지만 머릿속에서 저스틴은 그렇지 않다. 즉, 도로시처럼 남에 대해 대단히 판단적이지만 단지 그에 대해 덜 호들갑을 떨고 덜 이야기할 뿐이다. 그는 자기 판단, 연민, 경멸, 반감, 양가감정을 좋다고 생각하며, 흔치 않은 경우이긴 하지만 찬성도 신뢰한다. 그렇지만, 공개적으로 이런 과장 속에 거주하기란 어려운 일이고, 이런 의미에서 그와 도로시는 서로를 거꾸로 뒤집은 기괴한 모습이며, 각자는 과장법과 완서법, 과잉 재현과 과소 재현을 활용해 다른 이들을 저지하는 비개인적 몸을 서로 만들어 낸다. 그러나 이 사회화된 몸의 비개인성은 사람의 진정한 인격이 몸속에 있음을 시사하는 것도, 안전한 공간이나 회복을 기다리고 있음을 시사하는 것도 아니다. 이 두 소녀가 몸으로 하는 실천은 자신들의 주체성을 개인사의 총합으로 환원하는 특정한 이야기, 즉 전기에 정박되지 않으면서 자신들이 알 수 있는 모든 것을 알아내는 위험을 그들이 무릅쓰게 해준다. 체현된 비개인성은 이 두 소녀에게 자유롭게, 화를 내거나 어리둥절한 상태에서도 판단할 수 있는 시간과 공간을 제공해 준다. 즉, 커다란 느낌을 경험하면서도 노출로부터 안전한 시간과 공간을 제공해 주는 것이다. 비개인화를 가능하게 하는 몸은 이 두 소녀가 소중하게 여기는 바로 그 추적 관찰하는 지능에서도 벗어날 수 있게 해준다.

　이런 점에서 두 소녀가 관념을 과대평가하는 것은 비판적 부정의 즐거움과 유사하다. 관념은 두 소녀로 하여금 자기 자신을 포옹하게 해주며, 가장 큰 굴욕을 겪는 정점에서도 자기들의 몸을 끌어안도록 해준다. 그들이 체화한 외로움이라는 외투는 쓸쓸한 우월성과 비체화를 소중히 여기는 감각을 보호해 준다. 그렇지만, 경멸을 품은 방어적 지식이 지적 위안이 주는 리비도 자극과 맺는 관계보다 더 소중한 것은 이런 거리 두기의 형식 — 트라우마 이후 왕복 리듬을 방해하는 형식 — 이며 이것을 그들은 생존을 향한 본능으로 발전시킨다. 여기서 두 소녀의 차이는 형식보다 내용으로서 더 중요하다. 즉, 도로시는 마치 관념이 자신에게 실제 세상이라도 되는 양 관념을 계발하는 반면, 저스틴은 사유의 타자성 속에서, 그가 살아가는 세상의 너무나 친밀한 타자성으로부터 놓여나는 해방감을 경험한다. 그렇지만, 정신적인 존재가 된다는 것은, 살집으로 드러나는 몸, 인식론, 환상, 친밀성과 더 좋거나 더 나쁜 관계를 맺게 될 가능성에 대해 그들이 (안다는 것도 알지 못한 채) 가진 지식을 보호하는 반동적 상태로부터 벗어나는 리듬의 안도감 같은 것을 두 소녀에게 제공한다.

애덤 필립스가 지적 주체성을 논의한 글에 「평정심에 대하여」라는 제목을 붙인 것은 분명히 바로 정신의 이런 전략들 때문이다.[27] 필립스는 왜 어떤 사람들은 자기들의 정신과 동일시하는지를 이해하려 한다. 여기서 정신이란 진정한 자아가 아니라 자아의 이익을 위해 뭔가를 하도록 훈련되고 계발될 수 있는 부속물을 말한다. 예를 들면, 자기 자신이 판단하는 것을 관찰하면서 마치 판단 기관이 다른 곳에 있다는 듯이 즐거워하는 판관의 이미지를 떠올려 보라. 필립스는 불안정한 보육 환경에 있는 어린이는 때때로 정신을 더 좋은 엄마로 삼는다고 논의한다. 정신은 우리를 감싸 안고, 우리에게 세계의 지도를 그려 주고, 아마도 가장 중요하게는 우리와 세상 사이에 평정심의 공간을 만들어 주어 우리가 반동적 충동("거기, 너!") 이상의 것에 이르게 해준다. 평정심이 만들어 주는 시간이 차지하는 공간은 우리로 하여금 [세계로 들어가는] 진입의 장면을 마련해, 어느 정도든 우리가 원할 때 세상이 우리에게 다가올 수 있게 만들어 준다("제 클로즈업이에요, 드밀 씨")*.

이 구조에서 수많은 결과가 추출되어 나올 수 있다. 필립스의 주장에 따르면 조숙하게 정신 지향적인 ("지적인"이라고 읽으시라) 아이는 "널리 퍼진 원한"을 느끼며, 즉 낙관과 실망의 장면에서 스스로를 확인하는 가학증적 전율을 느끼며 세상에 들어간다.[28] 그런데 왜 그런 걸까? 부분적으로, 실망은 느낌이라기보다는 판단인 것처럼 여겨지기에, 고독하고 독립적인 두뇌의 삶이 친밀한 근접성이라는 단순한 애착보다 선행하며 그보다 우월하다는 신화소mytheme를 지탱해준다. 다른 한편, 버림받음을 그저 좋게 느껴지는 즐거움으로 경험하는 사람은 없다. 도로시는 이렇게 말한다. "나는 과거로 다시 기어들어 갔지만 거기서 어떤 것에서도 위안을 찾아내지 못했다. 거칠게 돌아가는 내 기억이라는 카메라에 노출된, 겁먹고 덫에 빠진 난폭한 무지한 사랑이라는 몹시 고통스러운 지점에서 '위안'을 얻을 수 있는 게 아니라면 말이다"(162).

이제까지 내가 논의한 것은, 이런 인식이 정확하게 인식 자체의 위안이나 즐거움을 가져온다는 점, 그렇지만 이것은 다른 사람에게 알려진다는 것이나 행복과 혼동되어선 안 된다는 점이다. 정신은 진행 중인 상황 논리를 중단시키면서 자아 생산의 대안적 수단과 장면을 반드시 계발하지 않고도 자아 생산의 대안적 수단과 장면을 가능하게 한다. 정

• 이 대사는 1950년에 상영된 누아르 영화 <선셋 대로>(Sunset Blvd.)의 마지막 장면에 나온다. 주인공인 여성은 과거 자신이 화려하게 활동했던 영화계로 복귀하려 하지만 그 집착은 관계의 파괴를 몰고 온다. 살인 현장에 온 경찰관들에게 아무 반응을 보이지 않던 주인공은 기자들이 카메라를 들이대자 화려했던 자신의 과거에 대한 망상에 사로잡힌다. 괄호 속 인용문은 뉴스 카메라를 영화 카메라로 오인하고 배우로서 포즈를 잡으며 던지는 마지막 대사이다. 벌랜트는 이 대사가 필립스가 설명한 정신의 작용(현실의 실제 상황을 중단시키고 자신이 원하는 대로의 세상을 만들어 내어 거기 머무르는 것)을 압축한 대사라고 본다.

신은 꼭 렌즈를 들이대야 하는 곳에, 그리고 우리가 카메라를 들이대겠다는 의지를 표출하는 곳에도 렌즈를 대는 카메라이다. 의지는 무의식보다 더 영리하거나 더 창조적이지 않다(전혀 그렇지 않다!). 인지가 정동을 따라다닌다. 도로시가 지적하듯, 보통 "기만적으로 신선한 경험 아래에 주제상의 대단한 동일성"이 있다(160). 평정심이 비개인성의 포즈에 근접함에 따라 그것은 위협감을 주는 대상을 빈약하게 만드는 주체의 감각 능력을 보호하면서 새로운 대상들을 활성화하고, 더욱 중요하게는 활성화 자체를 활성화하며, 주의를 기울이는 새로운 과정에 박차를 가한다.[29] 최소한 이것이 『두 소녀, 뚱뚱이와 마른이』에서 트라우마에 맞서는 마음 돌보기의 구조이다.

정신분석학은 개별성을 보편화하는 경향, 그리고 말하자면 개별화와 자율성이라는 관습을 건강의 이상ideals으로 정상화하는 경향 때문에 비평가들에게 항상 우려를 일으킨다. 이때 건강이란 계발해야 하는 것이자 항상 식별 가능한 것이어야 한다. 위니콧과 라캉 사이에서 작업하는 필립스는 다른 관점을 제시하면서 건강을 성공적인 것의 외양과 분리시킨다. 평정심을 유지할 수 있는 주체의 능력과 관련된 주체 형식을 사유하는 가운데 필립스는 프로이트식 질병 범주를 재사유하면서, 성도착자는 자신의 평정심을 활용하고 히스테리 환자는 평정심의 부재를 활용한다고 지적한다. 달리 말해서, 평점심이라는 관념은 증상이 거짓말한다는 점을 우리에게 말해 준다. 성적 도착자가 도착에 형식을 부여할 때 이것은 평정심의 수행이다. 즉, 자신이 준비될 때까지 세상의 접근을 막는 사적인 방식인 것이다. 평정심의 부재로 보이는 것은 당연히 그것의[평정심의] 존재를 재현이 아닌 형식의 수준에서 구성할 법하다. 생각과 동일시하는 주체는 겉으로 평정심을 보임으로써 자신의 의존성이나 실망을 부인할 수도 있으리라. 그리고 그/녀는 자신과 세상을 가늠하는 책임, 판단, 가치라는 핵심적인 항목을 정하는 자율적 입안자로서 행동할 수 있다. 혹은, 두려운 낯섦에 실망한 주체는 지적 의지가 만든 경계를 빈약하게 하거나 과대평가하는 방식으로 자율성이 우연적인 것임을 경험할 수도 있다. 그렇다면 평정심은, 우울증의 끌어당김이나 조증의 공격처럼, 절박한 것으로 느껴질 수 있다. 혹은, 아마도 주체는 자신이 사랑스럽지 않은 데 대한 응분의 대가로 두려운 낯섦을 받아들인다. 이때 평정심은 행위의 조건이 아니라 정동이 없는 어두운 상태나 단순한 중립의 조건으로 경험될 수 있다. 누군가가 어떻게 그리고 언제 — 멍들고 실망한 자아의 수호자로서 사고 작용을 하면서 — 수많은 가능한 동일시를 향해 움직여 갈지 예측할 수 없다. 평정심은 형식주의를 통해 환상을 보호하는 것, 조금이라도 의미가 통하게 하려면 무엇이 필요한지를 오인하게 하는 주체의 수단이다.

즐거움 #3: 섹스

섹스는 평정심에 위협을 가하지만, 평정심을 유지해 주는 환경도 제공한다. 우리가 이제까지 살펴본 대로, 이 소설 도처에서 모든 형식 — 속성을-지닌-대상으로 오인될 수 있는 모든 패턴 혹은 모든 투사 장면 — 은 주체의 정동적 흐름을 조율하면서 주체가 원하지 않는 노출이나 마음의 동요를 최소화하는 관리 습관이다. 환상이 자기 이해와 맺는 복잡한 관계가 뒤따라 발생한다. 즉, 마음의 동요로 간주되는 것은 주체의 핵심 패턴을 실제로 위협하는 불안정성이라기보다는 불안정성의 관습적 스타일일 수 있으며, 그러므로 그것은 [평정심의] 반정립적 스타일로 평정심의 한 형식을 만들어 낸다. 맥락을 벗어나서는 결코 알 수 없으며 아마도 언제나 알 수 없을지도 모른다. 섹스는 이 생각하지 않고 아는 것의 뒤엉킴을 적나라하게 전면에 드러낸다. 비록 우리가 우리 자신으로 남아 있기를 소망할지라도, 우리는 친밀한 관계성이 주는 마음의 동요도 경험하고 싶어 할 수 있고 그러면서도 우리가 상상할 수 있는 마음의 동요만을 원한다. 게다가 올바른 종류라면 추가적인 동요도 좋다. 우리는 상상 너머를 경험하는 위험부담을 어떻게 감당할 수 있을까? 또한 그것을 추구하지 않는 것을 어떻게 견딜 수 있는가? 우리에게 익숙한 우연성, 즉 우리가 관계에서 추구하는 종류의 우연성과 견딜 수 없는 종류의 우연성의 관계는 무엇인가? 참을 수 없는 것에 가까이 있기에 받는 압력이 일차적으로 우리가 애착을 추구하는 모티브가 되기 때문이라면 말이다. 노출과 불안정성의 실제와 겉모습을 질문하는 이 물음들은 실제 섹스 장면에의 애착과 반감에, 섹스 장면의 성애적인 것에 핵심적이다. 자기 이해 가능성의 패턴을 확인해 주고 방해하기도 하는 섹스가 가하는 위협은, 우리의 존재를 확인해 주는 섹스의 능력과 객관적으로 구분 불가능하다. 어떤 변화가 주권성의 반가운 상실을 수반하는 종류의 변화인지 아닌지를 어떻게 아는가? (의식적·무의식적으로) 기대했던 바의 입증이 인정받았다는 확실한 느낌과 동일한 것이 되는 때는 언제인가? 언제 그것은 단순히 형식적인 것, 즉 "이게 바로 나"라고 할 수 있는 것이 되는가?

섹스 사건은 일상적 존재에 기술적으로 간섭한다. 평소에 섹스를 하지 않고 순간적으로 상이한 몸/정신 관계의 즐거움을 위해 별 위험부담을 무릅쓰지 않으며 대부분의 시간을 보내는 종류의 일상적 존재 말이다. 분명, 두 소녀가 먹기와 생각하기라는 일상적 행위에 "여왕 같은 고

양심"을 부여할 때, 그들은 먹기와 생각하기라는 행위에 투사할 수 있는 정신적 독특함의 감각을 중요시한다. 그들은 자신들이 비일상적인 것에 마음을 열 때조차 일상적인 것으로 남는 이 두 행위에 정신적 독특함의 감각을 투사할 수 있다. 쿠키를 먹는 것이나 뚱뚱하다는 것은 평범해 보일 수 있지만, 낙관이라는 무한한 정신 영역은 수수께끼 같은 다른 곳을 향해 가도록 열린다. 대조적으로, 두 소녀가 섹스에서 가장 중요시하는 것은 그게 전혀 독창적인 것이 아니라는 점이다. 정신적 작동이 더 많이 개입될수록 섹스는 더욱 더 위험해진다.

예를 들어, 오르가즘은 우리를 일 분 전의 에고와는 충격적으로 다른 존재로 만드는 것처럼 보이지만, 다음 순간 우리는 오줌 누기, 속삭임, 다른 데 쳐다보기, 부엌으로 걸어가기, 냉장고 문 열기처럼 전적으로 평범한 행동을 하고 있을 것이다. 독특할 것 없는 성적 경험, 섹스의 진부함이야말로 섹스를 소중히 여길 만한 가치가 있는 것으로 만들어 줄 수 있다고 볼 수 있지 않을까? 이 질문은 수사적인 것이 아니라, 신체 반응을 [쉽게 파악되는] 투명한 것으로 보지 않으면서 방법론적으로 논의하기 위한 질문이다. 수치심이 성적 반감을 코드화하는 한 가지 방법에 불과한 것과 마찬가지로, 부서짐이 언제나 부서짐은 아니다. 감상적 태도는, 말하자면, 어떤 성적 사건이 사람의 방어막에 가하는 위협보다 훨씬 더 큰 위협일 수도 있다. 규범적 이데올로기에 미안한 말이기는 하지만 말이다.[30]

사람들이 성적 사건이 요구하는 변화의 가능성 속에서 살아가기로 동의할 때 주로 그들은 강력하게 놀라운 그 결과가 최소한으로 유지되는 공간에 들어가기로 동의하는 것이다. 그 유일한 필수 요건은 성적 주체는 자신이 되고 싶거나 되어야 하는 그 존재가 되지 못한 실패 — 언제나 가능한 실패 ― 에서 나오는 불안을 다룰 수 있어야 한다는 것이다. 이런 불안정성에는 그 나름의 위안이 있다. 불안정성에도 불구하고 만일 주체가 그 사건에서 발생한 원하지 않은 독특함의 정도를 성공적으로 통제할 수 있다면 말이다. 섹스의 비개인성에 낙관적으로 결속된 여성 혹은 남성은 섹스가 의도한 모든 것을 하지 못한 섹스의 실패 혹은 자신의 실패를 어떤 맥락에서든지 개인적인 것으로 받아들일 필요가 없다. 그래서 저스틴은 연인이 자기 옷을 벗길 때 "매력적인 신음 소리로 들렸으면 싶은 소음"을 내고(149), 도로시가 "나를 백조의 날개처럼 감싸준 남성적 부드러움의 신비"(222)를 묘사할 때, 이 두 소녀는 위안감을 주는 성적 모방의 관습적 태도와 성적 사회성 일반의 자유로운 비개인성을 수사적으로 수행한다. 그중엔 섹스에 대해 할 수 있는 말들이 있다. 거기에는 사람이 낼 수 있는 소리가 있다. 사람들이 하는 것도 있고 하지 않는 것도 있다. 상상할 수 있는 것도 있다. 우리는 이런 욕망의 영역을 차지할 때는 성적이라 느껴지는 것을 형성하는 환상 규범을 미리 활용하고 있는 것이다. 섹스 사건들은 우리의 진실된 감정을 표현할 수도 있고 그렇지 않을 수도 있으며, 그 감정은 흥분시키는 것이거나 압도적인 것, 고통스러운 것 혹은 따분한 것일 수도 있다. 그렇지만 우리가 그 사건에 부착하는 부정성이나 긍정성이 우리 존재를 확인해 줄지 위협할지를 우리는 결코 확신할 수 없다. 섹스의 비개인성이 함의하는 바를 확실히 알리는 몸부림은, 삶의 핵심까지는 아니더라도 최소한 이 소설의 핵심이다. 왜냐하면 특히 이 두 소녀에게, 내가 이제까지 논의한 대로, 이것은 근본적으로 경험적·미학적 질문이기 때문이다. 즉, 불가능한 세계 내부에서나 가능한 아름다운 세계를 건설하기 위해 감각을 훈련하는 문제이기 때문이다.

그러니까 섹스는 『두 소녀, 뚱뚱이와 마른이』에서 트라우마에 대항하는 즐거움의 절정이다. 왜냐하면, 섹스가 관계적일 때 섹스는 두 소녀의 평정심에 가장 큰 도전이 되고, 그런 섹스의 도전이 한 가지 좋은 생각이나 케이크 한 조각에서 나오는 아드레날린 분비보다 훨씬 더 크기 때문이다. 아드레날린은 이 소설에서 중독적인 전리품인데, 그 경험이 항상 사람의 창의성을 발현시키는 데 관여하기 때문이다. 심지어 자극의 장면이 욕구와 욕망의 가장 불쾌하거나 실망스런 충동질을 반복하는 경우에도 그러하다. 하나의 가능성인 하나의 관념이 두 소녀를 사로잡는다. 갑자기 마치 두 소녀 모두 말단 신경이라도 된 듯이 두 소녀는 조증 상태로 돌아가고 또 돌아가는 반복을 강제당하는 상태가 된다. "저스틴은 병적으로 강박에 끌렸다"(21). 도로시는 "점점 더 흥분하면서 ⋯⋯ 가장 광폭한 상상"을 제시하는 시나리오에 매달린다(17). 여기서 로맨스 서사와 폭력적 섹스는 두 소녀 뚱뚱이와 마른이가 명목상으로 쌍둥이인 것과 동일한 방식으로 쌍둥이이다. 오장육부로 느끼는 경험을 전달하는 이 장르들[로맨스 서사와 폭력적 섹스]은 (갈망과 공포에서 나오는) 고조된 아드레날린을 사용해 형식주의 자체에 대한 주체의 애착심에 가해지는 위협을 연출한다.

모든 장르는 그 장르의 잠재적 실패의 계기에서 드라마를 만들어 낸다. (뭐라고? 로맨스가 잘 펼쳐지지 않을 수 있고 혹은 로맨스의 실패가 손에 잡히지 않는 이상의 아름다움을 긍정하는 것이 아닐 수 있다고? 주인공이 살아남지 못할 수도 있고, 그의 생존이 확인해 주는 법의 규칙이 그의 죽음으로 부정당할 수도 있다고?) 생각하기와 먹는 행위가 사회성의 위험부담을 형식적으로 관리하는 방법임이 드러나듯, 섹스는 이 소설에서 역동적으로 작동한다. 섹스는 주체가 구조화하는 드라마가 반복되는 지점으로서 일상적 복장을 입는다. 섹스는 트라우마적 반복을 읽는 메타비평의 지점으로 기능한다. 그리고 섹스는 섹스를 부정하지 않으면서 일상적 존재가 스스로를, 자신의 패턴을 재생산하려는 의지의 행보를 중단하기 위해서 필요한 것이 무엇인지를 가리킨다.

이제까지 두 소녀가 읽기에 품는 애착심을, 규범적 세상에서 떨어져나와 이 세계와 평행하는 감각중추를 계발하는 공간이라고 논의했다. 두 소녀가 독자가 될 즈음, 둘 다 로맨스의 역사적인 이중적 기능에 열광한다. 즉, 로맨스는 과장된 대안 세계의 지점이자 인식 가능한 친밀한 강렬성의 지점으로 이중적으로 기능한다. 사랑의 플롯이, 지적인 플롯이든 성적인 플롯이든, [사람을] 무감각하게 만드는 그들의 세계에서 그들을 해방시킬 것이라는 생각에 두 소녀를 종속시키는 젠더적 분할을 과소평가해서는 안 된다. 두 소녀는 빅토리아 문학에 나타난 고통에 대해 읽으면서 그것이 제시하는 종속의 드라마에 빠져든다. 게다가, 1960년대 수많은 미국의 중산층 소녀처럼, 이 두 소녀는 안네 프랑크의 『일기』와 나치 및 제2차 세계대전 생존자의 이야기를 읽고 청소년기 소녀 영웅성의 이 이미지를 음미하며 확장한다.

여성적 고통의 이 교육 방식은 많은 것을 가르쳐 준다. 두 소녀는 신체적 굴복의 이야기를 음미하는 법을 알게 된다. 그들은 사회적 인간으로서보다는 지식인으로서 자기들의 관능의 전 범위를 더욱 온전하게 살아 냄으로써, 이런 신체적 굴복을 반복하고 또한 그것에 간섭하는 온갖 장면을 계발한다. 청소년으로서, 어른으로서, 그들은 모든 것을 로맨스로 읽어 내고 유토피아주의라는 거대 열정을 이성애적 욕정이라는 거대 열정과 합병한다. 비록 교외 지역에 사는 백인 중산층 여성성의 관점에서 볼 때 한 소녀는 정상적으로 보이고 다른 소녀는 기괴해 보일지라도,

생존의 이런 형식은 공적인 몸을 정신적 몸보다 더욱 비개인적인 것으로 만들어 버린다. 두 소녀의 이야기는 뉴욕에서 끝나는데, 뉴욕은 바로 그 비개인성이 주는 안도감과 아픔이 삶의 엄연한 현실인 곳이다. 이렇게 관념의 힘은 섹슈얼리티 속으로 융합된다.

양심 없는 권력이라는 애나 그래닛의 이데올로기는 여성다운 여성이 되도록 매우 훈련을 잘 받았으며 엄청난 트라우마를 경험한 소녀들에게 호소력이 없을 것이라 생각할 수 있다. 그러나 중요하게도 애나 그래닛은 자기 이데올로기를 로맨스 소설을 통해 퍼뜨린다. 그래닛은 효과적으로 모든 독자를 청소년기의 소녀로 변화시킨다. 인정사정없는 충동의 유토피아는 인정사정없는 충동의 장르를 사용한다. 어떻게 이 둘을 구별할 수 있단 말인가? 그 어조는 어떤 것이고 그 수단은 어떤 것일까? 그래닛이 쓴 소설 『보루』, 『마지막까지 살아남은 여성』, 『무시당한 신』은 훈계조의 쓰레기 포르노그래피를 반복할 뿐이다. 이 책들 모두 "두어 명의 고립된 우수한 사람들이 비열한 다수의 공격을 피하고자 서로와 믿을 수 없을 정도로 훌륭한 섹스를 하면서 세상에서 가장 아름답고 중요한 것을 만들어 내는 투쟁"을 그린 소설이다(163). 분명하게 아이러니한 이 문장은 도로시가 보기에 전혀 아이러니가 아니다. (허구적 인물인) 아름다운 솔리테르 당콩치가 "뜨거운 분노를 일으키는 아픔을 얼음 같은 강철 지성"으로 만들어 버리는 트라우마를 경험하는 것을 읽으면서 도로시는 자신도 "가능하다"고 느끼며, 마치 자신이 오로지 거짓만 말하는 사악한 세상 때문에 있어서는 안 되는 사회적 추방을 겪는 아름다운 사람인 것처럼 느낀다(163-164). 그래닛의 플롯이 복종하는 여자와 이런 복종으로 혜택을 누리는 남자를 주인공으로 내세운다는 점은 흥미를 끌만한 것이 아니라고 여겨진다. 정말로 도로시는 저스틴이 그런 내용을 제안한다고 경멸하면서 상실을 두려워하지 않고 복종하는 힘이야말로 사람이 지닌 개별성의 정점이라고 주장한다. 그 아름다움을 견딜 수 있다면 말이다. 이제까지 우리는, 그래닛이 결국 자기가 주장하는 이론의 엉터리 실천가임이 드러날 때 도로시는 이 사실이 드러내는 추함을 견디지 못한다는 점을 살펴보았다. 그래닛은 자기보다 어린 남자에게 성적으로 거부당하자 그를 핵심 그룹에서 공개적으로 쫓아내고, 도로시가 자기 우상인 그래닛에게서 필요로 하는 이상을 망가뜨린다. 욕망이 인정사정없이 무자비하다고 생각하는 그래닛의 믿음은 모든 이의 욕망이 아니라 주로 자기 자신의 욕망에 대한 것임이 드러난다. 도로시에게 이것은 그래닛의 철학을 해방된 성적 인격을 위해 세상을 재편하는 방법이 아니라 단지 한 개인의 성적 알리바이로 만들어 버리는 위협이 된다.

해방된 성적 인격을 도로시가 만나게 된다면 그런 사람은 어떻게 보일까? 인정사정없는 내면의 무자비함을 아름다운 형식의 욕망 실천과 결합하는 세련된 개별성은 지적으로 조직된 정동을 지닌 도로시에게 해방적인 것으로 느껴진다. 그렇지만 그가 이것을 경험할 때, 이 환상의 수사적 아카이브는 일차적으로 여성적 이데올로기 재생산에 핵심적 수단인 로맨스 소설이 된다. 『두 소녀, 뚱뚱이와 마른이』에서 도로시가 추구하는, 섹스를 동반하는 관계는 "뉴욕의 부유한 금융업자"이자 그래닛의 동료인 나이트 러들로우와 이루어진다. 다른 여자와 약혼한 러들로우가 도로시를 너무 황홀하게 바라보는 바람에 도로시의 삶은 하룻밤 사이에 바뀐다. 도로시는 허름한 아파트에서 좋은 아파트로 이사하고 별 모양새 없는 옷을 벗고 맵시 있게 차려 입으며, 과도한 지방 섭취를 그만두고 절제하는 식사를 하게 된다. 이 두 사람이 연인이 되어가면서

도로시에 대한 장의 언어는 로맨스의 노래가 되어, 그들 사이에 불꽃이 튀고 "형형색색의 빛줄기가 흩날린다"(218). "내 머릿속에서 튀어 오르던 재잘거림이 이제 들리지 않았고, 힘차게 나아가는 혜성 같은 생각 비슷한 것들이 속도를 늦추어 녹아내린 풀같이 되어 버렸다. 열로 부풀고 시냇물처럼 흐르는 황금이 내 팔다리에 퍼졌다. 피와 불로 반짝이는 꽃이 내 다리 사이에 피어올랐고 그 꽃잎이 내 허벅지에 퍼졌다"(222).

이렇게 꾸준히 증가한 수사적 소란은 러들로우가 도로시의 질膣을 향해 가는 순간 붕괴된다. 도로시는 얼음장이 되고 눈물을 흘리며 무너진다. 그러는 동안 도로시의 트라우마 이야기가 새어 나오고, 그렇지만 이로 인해 그들의 로맨스는 강화된다. 러들로우는 도로시를 안고 자기가 힘들었던 이야기를 들려준다. 도로시와 러들로우는 행복하게 사랑을 나눌 수 있을 때까지 며칠이고 함께 잠만 잔다. 이 지점에서 부드럽고 따뜻한 언어, 질을 꽃피우는 언어가 다시 만발한다. 후에 그들은 샴페인을 곁들인 성대한 아침 식사를 하고, 러들로우는 자기 약혼녀를 다시 만나려고 떠난다. 도로시는 행복하다. 즉, 그는 이상화되었다. 이것이 그에게 섹스의 목적이자 종결점이다. 이 기억은 완벽하게 유지된다. 퇴색해 버리기 전까지는.

고통스런 섹스를 경험한 저스틴의 역사는 도로시의 낭만적 섹스와 똑같은 궤적을 취한다. "추악한 에로티시즘으로 얼룩진 이 [성폭력의] 기억은 전혀 자극적이지 않았다. 그러나 그는 그 안에 사람을 끌어당기는 강력한 것이 있음을 인식했다. 이것은 실험실 동물이 보이는 강박충동과 유사한 것이다. 한때 버튼을 누르면 음식이 나왔기에, 이제 이 버튼을 누르면 센 전기 충격에 그 불쌍한 작은 몸이 온통 휘둘림에도 불구하고 계속 버튼을 눌러 대는 실험실 동물이 보이는 강박충동 말이다"(235-236). 굶어 죽어 가는 실험실 동물의 이야기는, 한 존재를 그 존재를 부정하는 것을 향해서 가도록 몰아가는 것이 내용과 아무런 관련성이 없음을 보여 준다. 즉, 무제한의 욕구에도 불구하고 삶 속에 존재하는 한 가지 방식에 갇혀 있는 견딜 수 없는 경험은 살아냄의 어떤 형식에서는 경쟁력이 있음을 경험하는 것이기도 하다. 그 "불쌍한 작은 몸"은 음식을 원하고 충격을 받으면서 충격이 음식으로 변할 수도 있다는 가능성에 붙들려 아픔을 유발하는 장소로 강박적으로 되돌아간다. 또는 이 작은 동물은 되돌아가는 것이 자신이 할 줄 아는 것이기 때문에 강박적으로 되돌아간다. 그 짐승이 아는 모든 것, 할 줄 아는 모든 것은 바로 그 한 개의 습관으로 환원된다. 이 쓰라린 아픔을 겪는smarting 짐승은 자신의 분별력smarts을 사용하지 않고 있다. 그러니까 앎은 쓸모없다. 이 짐승은 자신의 욕구를 만족시켜 주지 못하는 행위를 반복함으로써 살아가는 삶의 형식을 만들어 내도록 강제된 것이다. 그렇지만 이 반복 행위는 이렇게 살아가는 것이 그 짐승이 알아볼 수 있는 장면이라는 의미에서 그 짐승에게 만족감을 주기도 한다. 충격을 견디며 살아남아 얻은 자기 인식은 생존의 토대를 마련해 주며 생존이란 단지 죽지 못해 사는 삶보다 더 큰 것이다.

이성애 관습은 저스틴에게 정말 고통스러운 미로이다. 저스틴이 살아온 삶의 역사를 고려하면 이성애 관습은 그에게 도착적 욕망일 뿐이다. 외로움처럼 S/M[사도마조히즘]이 저스틴에게 형식과 경계를 성애화함으로써 정상적 친밀성의 부자연스러움을 수행한다. S/M은 저스틴이 이미 사랑-구원 플롯으로 연결시킨 과장된 고통의 여러 면모를 띠고 있다. 저스틴의 여성성은 곤란을 무릅쓰고 살아남는 탁월함의 훈련, 행복이 필연이 아니라는 사실, 육체적 즐거움이 주는 고통에 매여 있다.

이런 의미에서 성적 트라우마는 일상적 섹슈얼리티를 오로지 아주 조금만 악화시킬 뿐이다. 그래서 한편으로, 폭력과 즐거움을 반드시 합병해 버리는 것을 전면에 드러내고 재연하는 섹스 형식주의에 저스틴이 끌리는 것은 전혀 놀라운 일이 아니다. 다른 한편, 그리고 도로시처럼, 저스틴이 술집에서 자기에게 접근한 예술가이자 광고업자인 브라이언을 만날 때, 저스틴의 자아의 방어적이고 비개인적인 판본은 독자나 저스틴이 보아 온 것보다 훨씬 더 부드럽고 더 여성적인 페르소나를 개발한다. 브라이언은 저스틴의 페르소나가 바로 이제까지 저스틴의 모습이었던 깜찍한 말괄량이/위협자라고 즉시 받아들인다. 그가 이렇게 인식하자 저스틴은 자신이 통제할 수도 없었고 통제하고 싶지도 않았던 방식으로 저스틴에게 "밀고 들어와" 저스틴을 "열어 버린" 연인과의 폭력적인 성 경험을 그에게 말해 줌으로써 반응한다.[31] 그는 이 이야기가 약속해 주는 바를 받아들여, "묶인 채 구타당하는 사람들, 수십 명의 남자와 섹스하는 여성들"의 이미지로 저스틴에게 겁을 준다(201). 브라이언과 저스틴은 부드러운 로맨스와 난폭한 섹스의 소용돌이에 빠진다. 그들의 관계는 정상적이고 상호적인 것, 혼란스러운 것으로 느껴진다. 브라이언이 불시에 한 삽입은 저스틴의 지성을 어지럽히고, 저스틴을 보호해 왔던 외로움의 "외투"를 찢을 뿐만 아니라 어린 시절 불시에 깜짝 놀랐던 강렬한 성애화를 감정적으로 반복한다. 그 복잡한 그림으로 되돌아가는 것은 저스틴에게 즐거움을 준다. 비록 화자는 저스틴이 자신이 원하는 반응을 그로부터 받아 내려고 계속해서 입장을 바꾼다는 점을 분명히 말해 주긴 하지만 말이다. 그러나 브라이언이 이성애와 S/M 형식주의 맥락에서 인간다워지는 법을 알고 있다는 점은 안정을 깨뜨리는 새로운 실천들의 가능성을 저스틴에게 열어 준다.

그러므로 뜻밖으로 충격적인 것은 두 소녀 각자가 합의에 의한 섹스로부터 자신이 원하는 것을 정확하게 얻어 낸다는 점이다. 두 소녀 각자는 자신의 기본 패턴이 아닌 다른 존재가 된다. 그들은 섹스의 모방적 성격 덕분에, 즉 섹스의 관습성이나 형식주의 덕분에 비개인적이 된다. 동시에 그들은 이 비개인성과 동일시 할 수 있으며, 그것을 다른 존재로 귀결되거나 귀결되지 않을 수도 있는 무언가를 열어젖히는 것이라고 생각할 수 있게 된다. 마침내 두 소녀 각자는 다른 사람과 함께하는 소박한 감정을 경험하게 된다. 도로시에게 이것은 아무런 방해 없는 "아름다운" 여성성의 소유를 사회적으로 경험할 수 있는 장면이 되는 반면, 저스틴에게 이것은 취약성과 방어 심리가 재결합하여 인정과 욕망의 대상인 인격을 이루는 장면이 된다. 달리 말해서, 소박함, 흐름, 정상성을 향한 이 욕망의 연출은 한마디로, 어떤 관습적인 여성적 수사와 감각중추, 즉 자신들이 겪은 구체적 역사로 인해 차단당했던 감각중추를 도착적으로 환상 속으로 들어가게 한다. 그렇지만 이것의 어떤 부분도 명시적이거나 자의식적이지 않다. 즉, 잔인한 낙관에서 잠재적으로 벗어나는 사소한 실험들은, 직관과 측면적 행위 주체성을 논의한 2장과 3장에서 보았던 그런 부류의 정동적 이전과 무의식을 필요로 하는 듯하다.

이 소설의 결말은 그와 같은 내용을 시사한다. 도로시에게 저스틴을 만나는 것은 자신이 한때 확신주의와 연결했던 소속에의 욕망을 되찾아 준다. 이 기억들이 발산하는 에너지는 이제 그 기억들이 아니라 저스틴에게 부착된다. 이것이 도로시가 그들의 관계를 "생각하기조차 어려운" 것으로 생각하는 이유이다(17). 저스틴은 도로시의 새로운 대상이 된다. 다른 사람을 이상화하고 그 사람에 의해 이상화된 존재가 될 다음 기회인 것이다. 섹스는 이상화를 방해하는 것처럼 보이지만 섹스는 사랑으로 가는 한 가지 경로일 뿐이다. 이 소설이 끝날 즈음 브라이언은 저스틴에게 채찍질을 가한다. 처음에 이것은 저스틴의 지시에 따른 것이지만 그 다음에는 저스틴이 동의한 정도보다 심해진다(310). 그러는 사이 도로시는 저스틴이 『도시적 비전』에 쓴 애나 그래닛에 대한 글을 읽으면서 뉴욕시 지하철에서 욕설과 거친 비난을 큰 소리로 내뱉는 등 공공연히 정신 나간 듯한 거친 행동을 한다. 도로시는 저스틴의 글이 정확한 묘사를 제시하지만 "강간도 한다"고 느낀다. 도로시는 격분해서 저스틴의 아파트로 달려가 방에 들어간다. 하지만 도로시는 앙상한 알몸 상태의 저스틴이 침대에 묶인 채 온몸에 흉터와 상처투성이인 채 지쳐 있음을 보자, 슈퍼 히어로가 된 듯 브라이언을 마구 때린 후 그를 발가벗겨 아파트 밖으로 쫓아낸다. 저스틴과 도로시는 잠깐 이야기를 나누고 저스틴은 이 폭력과 석방의 쇼를 벌이느라 탈진한 채 도로시의 품에 안겨 잠이 든다. 이 장면은 정확히 말하자면 레즈비언 결말이 아니다. 탈진은 섹스도 사랑도 대상 선택도 아니기 때문이다. 그것은 다른 것을 향해 가는 지향도 아니다. 다른 한편 서로의 품에 안겨 자는 이 포옹은 아무것도 아닌 것은 아니다. 그것은 다른 무언가가 된다.

3. 맺음말
: 트라우마 이후의 멜로드라마

이제 우리가 다다른 곳은 반복 행위로 인한 탈진, 그리고 답보 상태이다. 탈진한 것이 그것이 아닌 다른 것으로 바뀐다는 것은 무엇을 의미할까? 배운 교훈이라도 있는가?

소설의 끝에서 이 두 소녀가 활성화한 유예 상태에 대한 어떤 논평도, 이 두 여성의 이미지가 그 상태에서 맴도는 만큼, 마지막 장면의 정신을 침해한다고 할 수 있을는지 모른다. 그들은 더 이상 추적 관찰할 필요가 없다. 그들은 트라우마적인 상태와 비판적인 상태 사이에서 더 이상 오락가락하지 않는다. 그들을 따라가며 무슨 일이 벌어졌는지를 발견하는 것은 우리의 몫이다. 기다려! 그들이 몸부림치는 내내 그들을 지탱해 주었던 전술을 이용한다면, 우리는 유토피아적 아름다움에 대한 그들의 욕망, 해방적 이미지나 소리에 새롭게 적응하는 데 몰두하고자 하는 그들의 욕망으로 되돌아가게 된다. 우리에게는, 과잉 경계심을 지닌 이 두 정신이 죽거나 미치지 않은 채 마침내 자기들의 몸 안에서 휴식을 취하게 되었다는 점에 만족하는 것 외에 선택지가 없을 것이다. 서로 가까이 있는 이 두 몸을 만나는 아름다움은 마음 편한 소박함의 가능성을 인정하고 심지어 탐낼 것을 요구하리라. 이 장면은 연인들이 침대에서 부유하는 『패턴 인식』의 결말과 결국 어떻게 다른가? 이 장면은 그 순간에는 오로지 단순한 것일 뿐이지만, 전에 일어났던 일들을 고려하면 전혀 단순하지 않은 것이 된다.

이 아름다움도 단순한 폭력에서 태어났다. 말 그대로 우상파괴적인 이 아름다움은 너무나 오랫동안 그들의 소녀 같은 환상의 내용을 제공해 준 이성애 이마고를 때려 부순다. 이제 이 두 소녀는 말 그대로 전기를 넘어선다. 이뿐만 아니라 이제 남자에겐 [그들의] 문이 닫힌 것이다. 새롭게 감지할 수 있는 애착의 장면이 지배적인 것이 된다. 최소한 이 장면은 파격적인 여성들과, 섹스까지는 아니더라도 섹슈얼리티에 덜 해로운 세상이 된다. 어쩌면 이 장면은 또한 기억에 새로운 어휘를 제시하며,

저스틴과 도로시가 만나는 레즈비언과 게이 남성은 갑자기, 그들이 이제껏 너무도 주목하지 않았던 인물들이 된다(72, 116). 이 점을 가지고 우리는 출생 가족이나 어린 시절의 가족, 소유 혹은 유산과는 아무런 관련이 없는 온갖 종류의 친밀성의 실천을 추론해 볼 수 있다. 이런 실천들은 부르주아 주체성을 들먹이지 않는다. 즉, 자신들의 이야기를 나누면서도 자신들의 실제 삶은 바꾸지 않는 성찰적 개인의 내부에서 벌어지는 대안적인 세계의 신체적 감각적 계발을 들먹이지 않는다. 게이츠킬은 너무 절제한다. 그래서 우리는 이 소설의 마지막 사건으로부터 어떤 종류의 주체가 형성될지 알 수 없다. 예를 들어 도로시를 우리는 낭만적 부풀리기나 살기 어린 파괴에 닻을 내릴 필요가 없는 사랑을 할 수 있는 선량한 사람으로 읽을 수 있다. 또는 성인이지만 몸집이 왜소한 저스틴 셰이드를 구출하여 어루만지는, 추적 관찰하는 주도자* 라고도 도로시를 읽을 수 있다. 이 소설의 논리 속에 잠재된 그 판본에 도로시의 아버지가 으스스하게 맴돌고 있다. 다른 주체인 어린 도로시도 그렇다.

이 소설의 앞부분에서 도로시는 『성냥팔이 소녀』를 읽고 나중에 이를 바탕으로 고통 받는 다른 주인공들을 읽는다. 도로시는 이 불쌍한 소녀를 구출해 자신이 먹는 [시리얼] 크림오브위트를 먹이고 "그 소녀의 앙상한 등 뒤에서 허리에 팔을 둘러 껴안고" 함께 잠을 자는 상상을 한다(74). 소설의 마지막 부분에서 저스틴은 도로시를 쳐다보며 도로시의 품에 안겨 잠든다(321). 이제 도로시는 마음속에 "하얀 꽃"이 만발하는

- 여기서 벌랜트는 top이라는 표현을 사용하는데, 이는 특히 성관계에서 (하위를 가리키는 bottom과 짝을 이루는) 상위를 가리키는 말로, 주로 주도적, 능동적 역할을 하는 쪽이다.

경험을 하며, 도로시의 리비도 에너지를 "너무나 오랫동안" 빨아들였던 확신주의 로맨스의 성애적 조명은 갑자기 꺼진다. 우리는 저스틴이 어떻게 느끼는지에 대해 아는 것이 없다. 이 불쌍한 소녀는 언제나처럼 비개인적이지만 더욱 편안하게 잠을 잔다.

달리 말해서, 이 소설은 행복한 결말로 마무리되는 것으로 읽을 수 있다. 또는, 도로시의 심중을 말하는 목소리는 자신의 애착 대상에 대한 광적인 강박충동적 투사로 읽을 수도 있다. 결말이, 무언가를 이상화하면서 자신으로부터의 해방을 성취하는 동시에 과장된 자신을 보호하는 도로시 특유의 습관을 다시 보여 주기 때문이다. 1장 「잔인한 낙관」에서 돈호법에 대해 논의했듯이, 여기서 소설의 마지막 광경을 형성하는 목소리는, 이 두 소녀가 [서로의 품에서 단잠을 잔 후] 깨어 상황을 인식하며 함께 지내게 된다면 친밀성과 낙관은 견딜 만한 것인가에 대해 [그렇다고] 해답을 주기 보다는 [친밀성과 낙관에 대해] 더 많은 질문을 제기한다.●

서사의 토대에 대한 다른 질문들도 도로시의 저스틴 구출이 유발하는 장르의 수수께끼와 더불어 풍성하게 제기될 수 있다. 이 마지막 장면은 서사에서 잘 드러나지 않는 그늘 부분에 있는 정치적인 것이 독자의 현재 속에 구축될 수 있게 한다. 이 소설은 그 당시의 정치로 가득 찬 역사적 소설이지만, 현재에 대한 이 소설의 관점의 투명성은 서사의 흐름

● 이 소설의 마지막 장면을 벌랜트는 미국의 인종화되고 계급화된 이성애 규범의 붕괴와 연결하여, 어디에도 편안히 살 수 없고 낙관하기 어려운 미국의 현재 즉 초기 신자유주의 상황을 담고 있다고 역사화한다. 다음 장에서 벌랜트는 이 소설의 마지막 장면에 대한 질문을 이어받아 잠시나마 휴식/안도의 순간/공간을 찾으려는 정동적 몸부림을 1990년대 후반 신자유주의 구조 변동의 맥락에서 탐색한다.

을 지배하는 치료적 어법의 그늘 속에 남아 있다. 여전히, 우리는 이 두 소녀의 이중의 전기 속에서 농밀하게 표현된 역사적 장면을 찾아 볼 수 있으며 이 소설의 결말은 이 역사적 장면을 대하는 하나의 반응이기도 하다. 집단적 토대는 미국과 지구 전역에서 붕괴되는 중이다. 나는 앞으로 두 가지에 초점을 맞추려고 한다. 이 작품에 온통 퍼져 있는 집단적 삶의 소음 속에서 마모되고 있는 규범, 즉 이성애 가족의 경제적 규범과 국가의 인종적 규범을 논의한다.

젠더화된 노동 분업은 정치적인 것과 주관적인 것을 매개하는 구성체이다. 경력에 관한 한, 부모 세대에서 활용 가능했던 것은 전문직 남성의 괴로움과 가정에서 느끼는 여성의 괴로움이며, 이 괴로움은 임시적 관계로 구조화된 격렬하고 불안정해진 직업의 임시화로 인해 소녀들의 삶에 이어진다. 『두 소녀, 뚱뚱이와 마른이』는 임시직, 유동적 근무, 기업가 정신의 로맨스를 지닌 초기 신자유주의로 우리를 데려간다. 그렇지만 이 소설의 결말은 [초기 신자유주의] 이런 장면을 유보하고 독자로 하여금 잠깐 멈추고서 이 두 여성이 함께 무엇을 하는지를 들여다보게 한다. 결말은 이 두 "소녀들"을 예로 삼아 성차의 전개 너머에, 이 소설의 제목에 있는 육체적 유형 너머에, 그리고 그 누구의 목소리 너머에 있는 다른 무언가로 들어가 보라고 우리를 자극한다. 결말은 우리에게 이 두 소녀를 새롭게 비개인화하라고 자극한다. 원한다면 우리는 이 장면에서, 더 나은 삶을 논의하는 실제로 페미니즘적인 퀴어 이론의 토대를 읽어 낼 수 있다. 즉, 우리가 저스틴이 푹 쉬고 만족하고 관계를 맺을 준비가 되어 잠에서 깬다고 상상한다면 말이다. 이렇게 상상하면 우리는 섹슈얼리티가 이동해 다니는 모든 도착적 경로들을 따라, 즉 트라우마의 경로, 관습적 로맨스의 경로, 실험적 경로, 의미없는 경로, 우스운 경로, 히스테리적 경로를 따라 섹슈얼리티를 이해하게 될 것이다. 퀴어 페미니즘의 유토피아적 독법에서라면, 독자는 오장육부로 느껴지는 내용에 별로 주목하지 않고, 긴급한 일이 벌어지는 곳에 처한 여성들을 위해 여성들이 투쟁하는 단순 과제에 더욱 경의를 표하리라. 이런 과제가 전체 상황의 "큰 그림" 속에서는 너무 사소하고 사적이고 당사자에 국한된 것이며 중요하지 않은 것으로 보일 수 있기에, 페미니스트들은 이런 소박한 비전을 위해 너무나 큰 대가를 치르면서 여성들에게 초점을 맞추어 왔다. 일부는 페미니즘이 백인 중심적·이성애적·부르주아적 발작이라며 페미니즘을 떠났다. 어떤 이들은 [다정함, 애틋함 등의] 미묘한 감정과 정동에 대한 이런 관심이 구조적 분석을 간과한다고, 그러므로 신자유주의의 승리로 읽힐 수 있다고 볼 것이다. 집단적 삶을 위한 새로운 장르를 만들어 낼 수 있는 대안적 가능성의 증거를 찾으려고 필사적으로 주의를 기울이는 이들도 있으리라. 『두 소녀, 뚱뚱이와 마른이』의 결말은 이런 여러 견해를 펼치기에 좋은 사례를 제공한다.

마지막 광경의 소박함은, 페미니스트 주체이든 아니든 미국 백인 중산층 주체성의 황폐한 실패를 부각한다. 『두 소녀, 뚱뚱이와 마른이』는 트라우마로 인해 부인하는 능력을 상실한 것을 심리적 내면과 연결한다. 즉, 트라우마는 주체의 검열을 혼란에 빠뜨리고, 왜곡과 반복으로 이루어진 주체 자신의 미학으로 대체하는 동시에 이제 불가능해진 주체에게 트라우마에 대항하는 거창함을 제공한다. 이 거창함은 그에게 해를 가하는 동시에 그를 보호해 준다. 이 소설은 우리에게 트라우마를 인식하는 쉬운 방법을 알려 준다. 이 방법은 섹스를 통해서 일어난다. 그렇지만 이 두 소녀는 한 존재를 일그러뜨리는 일에는 섹스보다 더 많은 것이 필요하다는 점을 알고 있다. 첫째, 두 소녀의 가족은 트라우마를 겪었고, 가족 자체가 트라우마를 주는 환경이다. 그렇다고 모든 가족이 트라우마를 입었고 트라우마를 준다는 말은 아니다. 그렇지만 이 특수한 두 가족은 가족 구성원 그 누구에게도 좋지 않았던 이성애 규범적 좋은-삶의 양식에 집착했던 방식 때문에 그들이 처한 역사적 환경에서 전형적인 사례로 구축된다. 그들의 삶을 구조화하는 "생각하지 않고 아는 것"은 이렇다. 즉, 가족의 섹슈얼리티, 그것과 합병돼 있는 친밀성의 경제와 재정 경제, 환상이 실천과 맺는 도착적 관계 속에서 삶을 재생산하는 최고의 방법을 둘러싼 결정은 무언가를 계발하는 데 이미 끔찍한 환경이라는 점. 성적 트라우마는, 사건 이후에 오는 의식을 전적으로 구조화하는 사건이 아니라, 이 두 소녀가 이미 가지고 있는 지식을 형성한다.[32]

이제까지 두 소녀의 애착 의지에 대한 심리학적 이야기를 말했다. 우선 그것이 이 소설이 두 소녀가 보여 주는 정신 속으로의 퇴거와 신체적 표현을 설명하는 방식이기 때문이다. 그리고 내가 비개인성이라는 개념을 뽑아내 자세히 설명하고 싶었기 때문이다. 비개인성이란 일상적 주체를 표시하는 특징이자, 해로운 특정 친밀성의 관계들을 방해하는 전략들을 제시해 준다. 그래서 더 나은 현재를 위한 구조를 갖춘 이 세상이 나타나기 전에 더 나은 현재를 정동적으로 경험할 수 있게 해준다. 그렇지만, 캐럴린 스티드먼이 논의한 대로, 전형적으로 오로지 일부의 사람들(중산층)만이 (복잡한) 심리를 지니게 되는 반면 ― 경제적 밑바닥에 있는 ― 다른 이들은 사회적 물질적 생존 위기의 (단순한) 효과에 불과한 것으로 여겨진다.[33]

저스틴과 도로시의 복잡한 내면은 미국의 관습성에 대해 받은 교육에서 나온 것이다. 그들은 1960년대 후반부터 1980년대에 이르는 미국의 대중문화가 제시한 기호로 포화되었다. 1960년대를 다룬 최근의 거의 모든 영화처럼 이 소설도 이 두 소녀가 팝음악을 듣고 인기 있는 스타일의 옷을 입으며 인기 음식을 먹고 인기 프로그램을 시청한다고 묘사함으로써 두 소녀를 역사적으로 위치시킨다. 텔레비전을 보며 그들은 1963년의 민권운동, 마틴 루터 킹, 대도시의 폭동을 목격한다. 그들의 부모는 안전한 거리를 둔 자기들의 편안한 둥지에서 역사적으로 예측 가능한, 온건하게 자유주의적인 의견을 많이 발설한다. 이 두 소녀는 무슨 일이 벌어지는지를 주시하지만 그렇다고 해서 동참하지는 않는다. 시민권은 어른들의 것이다. 요컨대, 이 두 소녀는 전형적인 트라우마를 경험한 주체도 아동, 여성도 아니고, 국가의 역사든 자본주의의 역사든 섹슈얼리티의 역사든 대문자 역사History의 전형적인 대문자 주체Subject도 아니다. 그들은, 속속들이 백인인 나머지 "유태인"도 "스페인어를 쓰는 미국놈"도 멀리서 쉽게 알아보고 골라낼 수 있는 백인 공동체에 사는 핵가족의 울타리 안에서 살아가는 미국 중산층 백인 소녀들이다. 경제적으로 넉넉한 정도 이상으로 잘 사는 이 두 소녀에게는 자기 자신과 책 속으로 도피하는 것 말고는 주어진 세계를 벗어날 아무런 자원이 실제로 거의 없다. 그들이 자기들의 몸과 느낌 속으로 빠져듦으로써 결국 살아가기라는 문제를 다루리라는 점은 전적으로 예측 가능하다. 부분적으로 이것은 훈련된 것이기도 하다. 청소년기에 부모가 그들을 상담 치료사에게 보내기 때문이다. 그러나 그렇지 않다고 하더라도, 두 소녀의 고립과 [내면으로의] 퇴거는 전문직 계층의 자녀에게 일어날 법한 일이다. 그들의 내면은 부르주아 보편주의의 면에서, 즉 주목과 독립성, 부모의 긍정과 사적인 공간을 요구하는 자율적 개인으로 자기 자신을 바라본 결과이자 그 대가이고 혜택이기도 하다. 이 행복을 만들어 내는 부담이 직장에서의 (남성적) 권력과 집에서의 (여성적) 화합에 따라서, 그리고 너무나 완전해서 가족 외에 다른 것이라곤 필요치 않은 가족의 성취에 따라서 지표화되지 않는 세계에 이 두 소녀가 거주했다면 어떤 일이 벌어졌을까? 두 소녀는 현재의 자신일 수가 없었으리라(이 점은 그들을 심리학적 패러다임으로 읽어 내든지, 리얼리즘적 세계 역동을 보여 주는 문학적 인물로 보든지, 둘 다로 보든지 상관없이 사실이다). 이런 의미에서도 그들을 둘러싼 개인적인 것 또한 비개인적인 것이다. 전략적으로가 아니라 구조적으로 역사적으로 말해서 그러하다.

그래서 우리가 이 두 소녀가 마지막 장면에서 결속하는 순간 일어나는 정동적 사건에 맞는 장르에 동의한다고 하더라도, 그들의 특수한 이야기는 오로지 부분적으로만 일반화될 수 있으며, 백인 전문직 대도시 엘리트라는 일부 특정 부문의 운명인 이성애 문화의 트라우마 이야기들의 소진이나 동요를 수반한다. 이렇게 말하니 도덕주의적이고 우쭐대는 것처럼 들릴 수도 있겠다. 그들의 드라마가 어디서 유래하는지 그 특정 위치를 거론하는 것으로써 내가 도덕주의적으로 우쭐대려는 의도는 아니다. 오로지 일부 사람들만 자아, 의지, 욕망, 부풀린 시적 내면의 계발에 연결되었다고 느낀다. 확신주의로 가는 도로시의 움직임이 이 점을 역설적으로 증명한다. 확신주의는 모든 개인의 의지의 정당성을 증진하기 위해 새로운 스타일의 위험스런 집단적 동일시와 탈사유화를 필요로 하기 때문이다. 그러므로 이 소설의 제목에 쌍둥이처럼 있는 "두 소녀"는 커다란 울림을 주는 그 결말에서 뻗어 나온 그림자 부분에 대한 마지막 세 번째 사유를 내게 시사한다.

이 소설의 권두언은 나보코프의 소설에서 인용한 것이다. "아지랑이와 망상들 가운데서 우리가 할 수 있는 것이라곤 저 앞에 실재하는 무언가를 어렴풋이 보는 게 전부였다." 도로시와 저스틴의 애착이라는 결말의 이미지는 실재적인 무언가를 확증해 줄지 모른다. 이 결말을 우리가 예측하진 못하지만 직관적으로 감지할 뿐인 미래들에서 나오는 새로운 현재라고 읽을 수도 있다. 역사란 상처를 주는 것이고 계속해서 그림자 선을 만들어 내며, 우리는 항상 현재의 아지랑이 속에 있으면서 새로운 반복이 나올 것을 감지한다. 이 반복들 중 일부는 우리의 의지로 행하는 것일 수 있고 다른 것들은 수수께끼로 남는다. 우리는 세부 사항을 [우리가 세상을 이해하려 할 때 의지할 수 있는] 닻으로 제공하겠다는 리얼리즘식 재현의 약속을 여전히 탈학습하는 중이며, 그러므로 우리가 알 수도 있는, 다르게 주목하는 방법을 임기응변으로 만들어 내는 중이다.

우리는 이런 읽기를 향해가면서 작은 도움도 받았다. 도로시는 마지막 장면에서 자기들의 신체적 친밀성의 이미지를 제시할 때 이 이미지를 사운드트랙으로 생산한다. "내 몸에 닿은 저스틴의 몸은 음악의 한 구절 같았다"(313). 이 사운드트랙은 대화를 동반하지 않는다. 마치 가장 사소한 몸짓이 언어가 달변으로 전달하지 못하는 너무나 많은 것을 전달해 주는 멜로드라마 무대로 우리가 되돌아간 것처럼 느껴진다. 악구[음악의 구절]는 반복되기 때문에 강력하다. 즉, 우리가 악구에 마음이 끌릴 때, 그것은 이것이 무엇을 의미하고 그 장소가 어디인지를 플롯이 말해 주기 전에, 우리가 그 장소를 발견하도록 도와준다. 멜로드라마는 이런 점에서 완벽한 수단이다. 멜로드라마에서 말할 수 없는 것은 말해지지 않은 것과 만나고 음악은 평정심의 질서를 건너 뛰어 독자의 정동적 지능과 만난다. 역사적으로 멜로드라마는 (계급, 정부, 가족이라는) 정치적 체제들의 붕괴와 관련된다. 이런 와해는 제도 속으로만 들어가도록 빼돌려졌던 사회 조직화의 에너지를 방출해서 대중 속으로 흘러 들어가게 한다. 멜로드라마적 감정의 투명성은 물려받은 유산과 그 제도들 — 법, 재산, 종교, 제도 — 의 측면에서는 더 이상 이해될 수 없는 어떤 수수께끼 같은 현재에 직접적으로 반응한다. 이 제도들의 억압적 역사는 상처를 주었지만 또한 그 결과로 삶을 조직해 왔다. 우리는 멜로드라마의 강조점이 우리 시대 이 장르에서 살짝 바뀐다고 주장할 수 있다. 멜로드라마는 와해 중인 바로 그 과거와의 연속성을 만들어 내는 투명한 체현과 감정적 수행의 미학으로 청중을 위로한다. 그러나 새로운 일상성의 미학은 현재의 제도, 정동, 몸의 수수께끼 같은 속성으로 시청자를 겸손하게 만들기도 한다. 그것은 위태성에 초점을 맞추는 동시에, 우리가 알고 있는 형식 — 유산, 개성, 규범성이라는 부담 — 과 미래지향적 형식으로부터 현재를 탈환해야 하는 절박성에도 초점을 맞추는, 근본적으로 시간적인 양식이다. 현재의 주장은 미래지향적 형식들에 너무나 자주 억압적으로 밀려난다.

그래서 현재를 계속되는 과거와 중대한 미래 사이의 휴식 지점으로 당연시하지 않아야 한다는 절박함은, 낭랑하게 울려 퍼지는 낙관이나 실망 없이 이 글을 마칠 또 다른 이유가 된다. 트라우마의 작동에 간섭한다는 것은 트라우마의 시간성, 현재를 포화시키려는 트라우마의 집요함을 거부한다는 것을 뜻한다. 이 두 소녀는 각자 내가 이 장에서 설명한 방식으로 환상과 습관을 통해서 지속적으로 대항 시간성을 만들어 낸다.[*] 그들은 서로 함께하는 가운데 마침내 휴식을 취함으로써, 시간을 왜곡하는 소녀 시절의 틀을 부순다. 더 이상 지적·성애적 애착과 거리

● 여기서 대항 시간성이란 먹기, 읽기, 환상적 몰두 등의 반복 행위를 통해 트라우마 기억에서 잠시라도 벗어나는 순간을 만들어 현재의 삶을 버텨 가는 다른 시간성을 만들어 냄을 뜻한다.

두기의 조증 속에서 살아가지 않게 된 그들은 마음을 달래는 차 한 잔을 마시며 긴장을 풀고 위안을 주는 자세를 취한다. 친밀한 사람의 몸에 기대는 것은 가장 개인적인 일이다. 하지만 이런 일에서 개인적인 것은 스스로를 견디는 무게를 마침내 벗어던지고 잠든 이들의 깊은 익명성과 비슷한 것이다.

세지윅 교수는 아름답고 예리한 사유로 나에게 반복의 유의미한 더듬거림을 읽어 내는 방법을 가르쳐 주었는데, 다른 글에서는 우리에게 느낌이 단순히 구성된 것이라고 생각하지 않도록 가르쳐 주었고, 나는 세지윅이 몸이 의지대로 자극에 반응한다고 본 점에서 옳다는 것을 의심하지 않는다.[34] 내가 이 문제를 접근하는 각도는 약간 다르다. 내가 보기에 그 증거는 정동의 구조와, 막상 정동과 조우할 때 우리가 정동이라 부르는 것의 구분을 시사한다. 우리는 압도된 상태에 있을 수 있거나 압도되었다고 느낄 수 있고, 평온한 상태에 있거나 평정심을 느낄 수 있다. 우리가 겪는 공황은 돌 같은 침묵처럼 보일 수도 있고 우리의 평정심은 통제하려는 조증 상태의 의지일 수도 있고 그렇지 않을 수도 있다. 10년 동안 수치심어린 반응처럼 보였던 어떤 것이 다른 시절에는 분노처럼 보일 수도 있다. 우리는 자기의 단독성 때문에, 혹은 그 단독성이 다른 사람에게 보이는 바와 같은 종류의 자기 모습을 포함한다는 이유로, 세상이 자신을 위해 존재하지 않음을 경험할 수 있다. 우리는 이것을 수치로 경험할 수도 있지만 한꺼번에 여러 감정으로도 경험할 수 있다. 구조적으로 종속된 주체들은 항상 목소리 톤의 문제를 겪는 것 같다. 모든 아기가 미소를 짓지만 그것은 방귀 때문일 수도 있다. 정말로 중요한 것은 반복되는 관계, 축적된 역사, 직관처럼 보이는 습관이 된 오랜 시간에 걸친 압력이다. 우리는 기분과 감정 조율에 대해 반복, 형식, 규범을 추적하는 가운데 자신이 받은 교육에 따라 정동적 사건이 무엇인가를 가늠한다. 그리고 우리가 모든 것에 대해서 틀릴 수도 있다. 대조적으로, 환상의 아름다움이나 형식의 아름다움을 중시하는 미학은, 우리가 이 미학이 투여되는 장면과 조우할 때 오장육부로 느끼는 몸이 왜곡되지 않은 무언가를 말하고 있다는 점을 지나치게 믿을 수 있다. 이것은 역설이다. 이 미학의 동기와 목적이 오장육부 깊이 몸을 훈련하는 것이기 때문이다. 오인의 시학에서 내가 가장 좋아하는 측면은, 우리 몸이 오장육부로 느끼는 가르침을 받아왔으며 무엇이든 가르쳐 주면 잘 배운다는 점을 이 미학이 우리에게 가르쳐 준다는 점이다. 이런 견해는 또한 내가 비개인성 — 개인적인 것이 중단되는 상태, 그리고 개인적인 것의 관습을 만들어 내는 규범성의 작동 — 을 매우 낙관적인 개념이라고 생각하게 된 이유이다. 비개인성 개념은 자유주의적 자유를 향해 가는 개별성의 행진에 간섭하며, 이에 추가해서, 부르주아 이데올로기와 주체성에 관한 비판 이론의 많은 부분을 구조화하는 감정적 진정성에의 투여를 향해 가는 개인성의 행진에 간섭하는 매우 낙관적인 개념이다.

그러니까 이 글에서 나는 상당히 다른 것을 제시하려고 했다. 첫째, 애착심, 직관, 관계를 맺을 수 있다고 오장육부로 느끼는 능력이 어떻게 구성되는지를 둘러싸고 규범적 입장이 되풀이되는 것에 비평가가 개입하고자 한다면, 종속을 설명하는 모델은 정동이 감정의 일상 언어에서 드러나는 정동의 모습과 연장선상에 있다는 견해에 기대서는 안 된다. 이 점에 기초해서 나는 다음을 논의했다. [첫째로] 쾌락이 언제나 좋은 느낌은 아니다. 주체가 자신의 부정과 비일관성 둘 다에 묶여 있음을 이해하는 것이야말로 무엇이 사람들을 개성의 해로운 관습에 묶이게 하는지에 대해 우리가 사유하는 방식을 바꾸는 데 핵심적이다. 둘째, 정동에는 내용과 형식 (단어, 가사, 음악 혹은 소리의 반복)이 있다. 정동은 이데올로기 이전의 명확성을 지닌 것이 아니라 오히려 정반대이다. 즉, 정동은 학습되는 것이고("어이, 거기 너!"), 정동은 우리가 거의 알지 못하는 것이며("기다려!"), 종종 사건이라기보다는 감각이다. 『두 소녀, 뚱뚱이와 마른이』는, 두 소녀가 불가피한 것으로 느끼는 종속을 중단시키기 위해 발명하는 몰두의 세 가지 영역이 보여 주듯이 감정을 둘러싼 이 어렴풋한 명료함과 비일관성을 명확히 보여 준다. 셋째, 이 소설의 결말은 사례연구의 주체가 되지 않는 법에 관한 어떤 결론도 말해 주지 않는다. 이 결말이 나타내는 모든 것은, 스스로를 소모하며 양가감정을 교섭하는 일이 언젠가는 멈출 것이며 주체는 휴식을 취하게 될 것이라는 환상이기 때문이다. 글쓰기composition와 평정심composure의 관계를 생각해 보라. 현재를 중단시키는 법을 배우는 것은 현재에 대한 정치적 주장을 펼치는 법을 배우는 것과 상당한 관련이 있지만, 이 소설은 이런 배움을 설명하지 않는다. 이 소설은 먹는 행위를 창의성과 자기 절멸로 제시하고, 언어를 의미와 소리로, 지성을 무기이자 완충장치로 제시한다. 이렇게 뭉쳐 있는 애착의 이미지와 추진력은 그 어떤 것도 의미할 수 있는가 하면 무의미할 수도 있다. 이제 문제는 널리 역사적인 것이다. 이 문제는 지나 버린 일이 되는 것[사례연구로 남는 것]과 역사를 지닌 주체가 되는 것[구체적인 일을 겪고 현재를 계속 살아가는 일]을 둘러싸고 무엇이 개인적인 것인지, 무엇이 비개인적인 것인지를 불분명하게 만든다.

5장
거의 유토피아, 거의 정상
: 〈약속〉과 〈로제타〉에 나타난
포스트포드주의 시대의 정동

왜 사람들은 현재의 나쁜 삶을 거부하지 않는가? 5장은 포스트포디즘 시대의 정동을 분석함으로써 이 질문을 탐구한다. 이 장은 1990년대 유럽에서 신자유주의적 경제변동으로 인해 악화 중인 삶에 자녀 세대가 정동적으로 적응하는 양상("아이들이 세계를 일구어 내는 측면적 양상")을 논의한다. 아이들이 주인공인 〈로제타〉와 〈약속〉을 사례로 삼아 벌랜트는 아이들이 지구화, 이주, 노동 착취 등 포스트포디즘 단계의 신자유주의적 변동의 분석에서 핵심이라고 본다. 두 영화의 주인공이 보이는 정동적 반응은 위태로운 신자유주의적 삶의 조건하에서, 이제는 거의 불가능해진 "정상적" 삶의 규범이 열망의 대상으로 작동함을 드러낸다. 벌랜트는 규범적 세계에 대해 아이들이 품는 열정적 애착심이 신자유주의적 상황에서의 생존 기제라고 논의한다._옮긴이

1. 거의 ······

이 장은 어떤 의미에서 4장이 끝난 곳에서 시작한다. 즉, 우연한 존재가 어느 정도 알고 또 어느 정도 모르는 낯선 이와 즉흥적으로 맺은 관계를 통해서, 세상에서 더 나은 견인력을 더 많이 발휘하는 유대 관계가 될지도 모를 애착심을 유도하되, 꺼리면서 간접적으로 시도하는 장면이다. [이런 시도는] 전략적이라기보다는 충동적이고 사변적으로 친밀한 관계를 맺어 보려는 시도인데 이런 시도에서 정동적 이해관계는 무언의 심오함을 담고 있다. [이 장은 이런 시도에서 시작한다.] 『두 소녀, 뚱뚱이와 마른이』에서 이 상황은 역사적 현재를 부각하는 폭력의 유예를 완전히 (어쩌면 고맙게도) 수수께끼 같은 미래에 의해 극복될 수 있는 것으로 만든다. 뤽 다르덴과 장-피에르 다르덴 감독이 각본을 쓰고 연출한 <약속>(1996)과 <로제타>(1999)에서, [유대 관계를 욕망하는 애착심이 서투르게 표출되는] 이런 장면은 다루기 쉬운 현재에 대한 열망을 보여 준다. 이 두 영화에서 거의 유토피아인 두 개의 순간이 이 같은 욕망의 핵심인 필사의 몸부림과 역사적 특수성을 분명하게 드러낸다.

첫 번째는, 매우 긴 하루가 끝날 무렵 로제타의 모습이다. 로제타는 리케와 친해지는데, 이 우정 덕분에 와플 가게에서 [사원으로 등록하진 못하는] 미등록 일자리를 얻고, 성적으로 방탕한 알코올의존증 어머니로부터 벗어나, 리케와 함께 친구나 연인이라면 함께 즐길 법한 즐거움을 흉내 내면서 그날 저녁을 보냈다. 로제타는 느긋하게 즐기는 휴식이라 불리는 이런 일에는 서툴지만, 기꺼이 해볼 작정이다. 로제타는 다른 사람의 쾌락 경제에 종속되는 위험을 무릅쓰고라도 자신이 원하는 그것을 얻으려고 한다. 그것의 특성은 로제타가 잠자리에 들면서 중얼거리는

4.
로제타가 혼잣말을 하며 잠든다
(다르덴 형제, 〈로제타〉, 1999)

말로 설명된다. "네 이름은 로제타지. 내 이름은 로제타야. 너는 일자리를 얻었구나. 나는 일자리를 얻었어. 너는 친구가 있지. 나는 친구가 생겼어. 너는 정상적인 생활을 하지. 나는 정상적인 생활을 해. 너는 소외되지 않겠지. 나는 소외되지 않겠지. 잘 자. 잘 자."

많은 〈로제타〉 영화평이 거의 기도문 같은 이 교리문답식 혼잣말을 이 영화에서 가장 마음 아픈 장면으로 꼽는다. 로제타에게 가능한 모든 욕망의 세계는 친구와 일자리로, 겨우 최소한일 뿐인 사회적 인정을 얻는 상태로 줄어들었다. 그렇지만 이 장면은 친밀성, 소속, 사회성을 보여 주는 에피소드이다. 이 친밀성, 소속, 사회성은 궁극적으로 로제타가 혼자만 쓰려고 쟁여 둔 공간, 대개 경련통으로 점령된 이 공간에서 오로지 자기 자신하고만 겨우 누릴 수 있는 것이다. 즉, 이 영화가 시사하는 마모의 상황은 로제타가 단지 생존을 위해 그렇지 않아도 매일 겪는 일, 즉 고달프게 삶을 만들어 내는 행위의 강렬성을 나타내는 상징이자 결과이다. [이 장면에서] 로제타가 [같은 말을] 반복할 때의 침착한 어조마저도 프랑스어로 [어디엔가] 머무르기rester를 바라는 소망을 표현한다.

이 단어는 정확히 휴식을 취한다는 뜻이 아니라 어디엔가, 시간을 두고, 자신이 돌아갈 수 있는 곳에 머무른다는 뜻이다. 나 여기서 쉬고 있어.●

일부 벨기에 인들은 <로제타>를 보고 이 장면이 국가적 위기를 단적으로 보여 준다고 이해했으며, 정부는 즉각적으로 "로제타 플랜"이라 부른 법안을 발의해서 통과시켰다. "로제타 플랜"은 점점 더 지구화되는 경제에서 어떻게든 발 디딜 기반을 얻으려고 필사적으로 몸부림치는 로제타 같은 벨기에 청년들을 기업이 고용하도록 강제한 법이다.[1] 우리 시대 이론에서 시민권은 국가와 기업의 법적·상업적 행위 및 개인의 참여와 소비 행동의 결합물로 종종 정의된다. 그러나 어떤 혜택도 받지 못한다는 로제타의 발언과 이 영화적 사건의 효과는, 사회적 소속을 둘러싼 형식적·비형식적 의미에서 시민권이 중요한 애착심이 형성되는 정동적 상태이기도 하다는 점을 다시금 일러준다.

여기서, 소속의 정동은 생산의 지점에서 일어나는 일에 전적으로 묶여 있다. 다르덴 형제는 <로제타>를 "전쟁 영화"라고 말한 바 있는데, 이때 "전쟁"이란 그들이 가리키는 일상생활의 정치와 우리 시대 투쟁의 일상적 측면을 뜻한다.[2] 정말로 이 영화는 카메라와 몸 움직임이 막 돌아가는 혼란의 한가운데에서 시작한다. 몸집이 아주 작은 소녀가 [공장에서 수습기간을 마치자마자] 해고되어, 낮은 임금을 받으며 비숙련 반복 노동을 하는 또 하나의 일자리[와플 가게]에서 쫓겨나지 않으려고 거대한 두 명의 남성과 몸싸움을 하는 것이다. [와플 가게에서도 3일 만에 쫓겨

● 벌랜트가 여기서 예문으로 제시하는 "I rest here"는 "내가 여기 머무른다" 또는 "내가 여기 멈춰 있다"는 뜻도 포함한다.

난] 이 소녀는 매일 계속해서 쳇바퀴를 도는 삶을 살아간다. 집에서 마을로, 버스로, 들판을 가로지를 때는 소중한 "좋은 신발"을 숨기며 — 이 신발은 서비스업계의 고용주들의 눈에 그를 봐줄 만한 존재로 만들어 준다 — 그리고 어머니와 함께 궁핍하게 살고 있는 이동 주택 트레일러 주차장으로 되돌아오는 패턴으로 살아간다.

그래서 로제타가 잠자리에 들며 홀로 긍정하는 혼잣말을 할 즈음 우리는 이런 만족감에 따르는 감정적 비용을 알게 된다. 즉, 자본주의적 교환의 비개인적 맥박은 개인에게 파괴적인 결과를 낳았고 여기엔 육체를 파괴하는 결과도 포함된다. 지금 잠시나마 안전한 로제타는 자신이 자랑스럽게 "좋은 노동자"라 부르는 존재가 될 수 있다고 낙관한다. 이 일은 너무나 절박하게 중요한 문제여서 그는 국가의 복지 혜택을 거부하는데, 자신도 "정상적인" 사람들이 하는 방식으로 자신의 가치를 [일을 해서] 벌고 싶다는 이유에서다. 이제까지 그는 세탁과 바느질 일감을 집으로 가지고 왔다. 그러나 작업장을 운영하는 낯선 이에게 고용된다는 것은 세상에서 그에게 정당한 여지가 있음을 분명하게 확인해 준다. 이런 노동자 집단에 속하지 못한 그는 좋은 삶의 자리나 앞으로 올 좋은 시절에 대한 아주 작고 비좁은 환상을 품을 여유도 없었다. 일자리를 갖게 되자 로제타가 품는 환상은 거창한 규모가 아니며, 전적으로 상상 가능한 정상성의 장면을 떠올리게 한다. 이 정상성의 소박함 때문에 그는 불안감 없이 쉴 수 있고 영화에서 처음이자 유일하게 푹 잠을 자게 된다. 그가 관료주의적 의미에서 여전히 장부에 기록되지 않은 비공식적 고용 상태라는 점은 문제가 되지 않는다. 극도로 비공식적인 경제에서조차도 좋은 삶의 좋음은 이제 그에게 가능한 것으로 느껴지고 그래서 이미 확인된 현실처럼 느껴지며 심지어 그가 지속적인 실천으로 그 삶을 살기도 전에 마음을 평온하게 해준다. 낮은 임금에 재미없는 노동이[라도] 지속될 것이라는 전망은 로제타에게는 거의 유토피아적인 것에 가깝다. 그것은 자본주의가 좋은 삶을 사는 경로로 제시하는 적절한 삶을 사는 것을 상상할 수 있게 해준다. 이 경로가 틀에 박힌 뻔한 것이라는 점은 로제타에게 전혀 문제가 되지 않는다. 즉, 세상의 선택지가 일상화된 뻔한 틀과 불길한 틈새뿐일 때 그는 뻔한 틀을, 담보 상태를 선택한다. 여기서 작동하는 것은 규범성을 열망하는 정동이다. 이 장에서 이해하고 설명하려는 것은 이 정동이 오늘날 계급사회의 밑바닥에서 삶을 일구어 내려는 기획에서 끈질기게 지속된다는 점이다.

마찬가지로 <약속>에서 주인공 이고르는 가족이 운영하는 업체에서 직원으로 등록되지 않은 채 과잉 착취당하는 노동의 장면에서 세상에 존재한다는 것에 대한 낙관을 발견하는데, <로제타>에서도 그렇듯 이 고약한 일자리는 영혼을 죽이는 게 아니라 영혼을 만들어 내는 혜택을 제공하는 것이다. 공포 영화에 나오는 조연급 인물처럼 (이고르의 이름은 공포 영화에서 따왔다) 이고르는 나쁜 조종자인 아버지 밑에서 일한다. 불법 이주 노동자들을 상대로 사업을 하는 이고르의 아버지 로저는 불법 이주 노동자들에게 허위 문서와 악취 풍기는 열악한 숙소를 제공하고 그 대가로 계속해서 과도한 요금을 징수한다. 그들이 피치 못해 로저에게 빚을 지게 되면 그들은 로저와 이고르가 살 커다란 흰 집을 짓는 일에 동원되어 그 빚을 갚아야 한다. 그러는 사이 로저는 이고르에게도 이 집을 짓는 일을 시킨다. 그는 또한 이주민들의 문서를 변조하고 그들에게 월세를 징수하며 일상적 관리 업무를 수행한다. 동시에 이고르는 자동차 정비공의 조수로 정비일을 배운다. 이 정비공은 이고르에게 일을 가르쳐줄 뿐만 아니라 이고르가 친구들과 타고 다닐 수 있는 삼륜 수

5.1~5.2.
포옹과 답보 상태
(다르덴 형제, 〈약속〉, 1996)

레를 제작하는 법도 가르쳐 준다. 그렇지만 이 영화가 시작할 때 로저는
이고르가 자기가 명령한 일을 해야 한다고 우기면서 아들이 [정비소에
서] 해고당하게 만든다.[3] 로저는 아동의 노동의무는 집에서 시작되어야
한다고 믿으므로 이런 상황을 강제로 만들어 낸다.

  불법 아프리카 이주민 아미두는 도박 빚을 갚으려고 일하던 중 어느
날 건설 현장에서 심한 추락 사고를 당한다. 죽을 정도로 심한 사고가 아
니었지만 아미두는 곧 죽게 되는데, 로저가 불법을 저지른 것이 탄로 날
까 봐 아미두를 병원에 데리고 가지 않았기 때문이다. 로저와 이고르는
아미두가 일하다 죽은 장소인 이 흰 집의 밑바닥에 흑인 아미두를 묻어

버리고, 아미두의 아내 아시타에게는 남편이 도박 빚을 갚지 않으려고 도망갔다고 거짓말한다.

그러나 죽기 전에 아미두는 이고르에게 이 영화의 제목인 "약속"을 받아 낸다. 이고르는 아미두에게 아시타와 새로 태어난 아이를 잘 돌봐 주겠다고 약속한다. [아미두가 죽자] 이고르는 이 약속에 사로잡히고, 아버지에게 헌신하는 대신 자신이 아버지의 노동자에게 초래한 일에 책임을 져야 한다는 의무감에 천천히 빠져든다. 그러는 사이 아시타는 로저를 의심하게 된다. 로저는 아시타가 자기 일을 방해하지 못하게 하려고 마침내 아시타를 사창가에 팔아넘기는 계약을 해버린다.[4] 이 시점에서 이고르가 개입해서 로저가 아시타를 찾지 못하게 숨겨 주고 아시타를 이 성매매의 운명에서 구한다. 그렇지만 그는 아미두가 죽었다는 것을 아시타에게 말하지 않는다. 리케와 함께하는 로제타처럼, 이고르는 아시타와 함께 (삶으로 진입하는 것은 아니라 하더라도) 플롯*에 진입하는데, 이때 자신이 무슨 일을 하고 있는지를 정확히 알지 못한다. 그는 고집불통이며 공격적인 비일관성으로 일을 추진한다. 그는 자신이 느끼고 싶지 않은 정동을 버리고, 자신이 가까스로 상상할 수 있는 정서를 느끼려 위험부담을 무릅쓴다.

이고르는 아시타를 자신이 전에 일했던 정비소로 데려가 피신시킨다. 그는 전에 살던 집이나 다름없는 곳인 이 정비소의 열쇠를 계속 갖고

- 플롯(plot)은 서사의 뼈대가 되는 줄거리라는 뜻과 함께 은밀한 계획이라는 뜻도 지닌다. 이고르가 아시타와 함께 "플롯에 진입한다"는 것은 이고르가 아버지 로저에 대항하기 위해 아시타와 공모한다는 의미와 더불어 그런 공모가 이고르의 삶이라는 서사에서 (새로운) 플롯을 촉발한다는 의미라고 볼 수 있다.

있었다. 그러나 아시타는 이고르와 함께 엉뚱한 곳에서 소꿉놀이하기를 거부하고, 이에 이고르는 좌절한다. 아시타가 자신에게 고마워하지도 않고 아무런 애착심도 보이고 싶어 하지 않는다는 점을 견딜 수 없기 때문이다. 그들이 새로운 관계를 임기응변으로 만들어 가는 사이, 그는 아시타가 호혜적 관계를 원하지도 않고 자신이 진심으로 아시타를 신경 쓴다고 믿지도 않는다는 것을 깨닫고 충격을 받는다. 아시타는 정말로 그의 목에 칼을 들이댄다. 어디엔가 여전히 비밀이 있음을 알기 때문이다. 그들은 다투며 소리 지르지만 결국 그는 아시타의 입을 다물게 하고 아시타를 굴복시켜 포옹을 하게 만든다. 포옹이 이고르가 원했던 것이다.

그가 아시타에게 강제하는 이 포옹은 무엇을 뜻할까? 우리는 이고르가 아시타를 조용히 스토킹하며, 아시타의 가족이 사는 집 문의 작은 구멍으로 하얀 슬립을 입은 아시타가 남편과 아이를 돌보는 모습을 훔쳐 본 적이 있음을 알고 있다. 이 포옹은 이 장면들에서 보이는 이고르의 얼굴처럼 수수께끼 같다. 그것은 유아적이지도 성적이지도 않고 어쩌면 둘 다이고, [읽어 내기 어려운] 진창 같은 엉망이다. 그리고 아시타는 이 부둥켜 안은 상태에서 벗어나자, (내 생각에) 이고르가 영문을 모르는 동안, 그저 이고르를 바라본다.* 몸의 단순함을 위무하는 [포옹의] 한순간

---

* 이 장면을 벌랜트는 이고르가 자신이 무엇을 하고 있는지를 인식하지 못한 채 위안감을 느끼는 접촉으로 해석한다. 4장에서 벌랜트가 생각하지 않고 아는 것이 트라우마 경험과 연결된 것이자 그에 대한 반응이다. 논의한 것과 비슷하게, 5장에서는 분명한 인식의 영역에 들어오지는 않지만 감각 차원에서 무언가를 암시하는 모호한 장면에 담긴 정동을 분석한다. 신자유주의 상황에서 제도적·관계적 안정성은 붕괴 중이며 이에 정동적 경험으로나마 안전함 가까이에 머무르려고 한다는 것이다. 이고르의 포옹 장면은 가족, 우정, 커플 등 지속 가능

을 경험한 그는 담배를 피우러 나가 어둠 속에서 운다. 포용한 상태에서 그는 자신이 갈망해 온 호혜적 관계나 함께-있음의 꾸밈없는 정동을 끌어낸 것이며, 그런 사실을 깨닫지 못한 채로 그런 정동적 경험이 반복될 수 있는 상황을 만드는 데 전념한다.

거의 평화로운 이 에피소드의 분출에서, 우리 시대 자본주의 경제의 생산적 불안정성은 새로운 정동적 실천을 발생시킨다. 이 실천에서 자녀들은 좋은 삶을 성취한 부모의 방식과 단절함으로써 진정한 사회적 소속감을 찾으려고 여기저기를 헤맨다. 동시에 자녀들이 분명히 드러내는 애착에의 의지는 실제로 그 누구와도 공유되지 않으며, 애착심을 가능하게 하는 사람들과도 공유되지 않는 것이 분명하다. 행복은 이 아이들의 머릿속에 존재하는 것으로, 그들이 계속해서 경험하고자 하는 정동에 삶을 맞추려 전념하는 그 노력 속에 있다. 무엇보다도 이 일을 가능하게 하는 타자에게서 동의처럼 보일 수도 있는 침묵을 이끌어 내고, 그리하여 부모와 가족 형태가 제공할 법한 견고함과 중요성을 계속해서 느끼는 정동적 경험을 확보하려는 그들의 의지의 승리 속에 행복이 존재한다.[5] 나는 여기서 "감정"보다는 "정동"이라는 개념을 사용한다. 자녀들이 낯설게도 수수께끼 같으면서도 단순한 무언가에 대한 느낌에 가까이 있으려고 삶에 자신을 던지면서도 자신들이 무엇을 하고 있는지를 전적으로 알지는 못한다는 점을 강조하기 위해서이다. 실제로 자녀들이 욕망하는 대상은 몰입, 한 장면에 붙들려 있다는 느낌, 호혜적 관계를

한 친밀한 관계가 와해되는 신자유주의 상황에서 잠시나마 친밀한 관계 비슷한 것이라도 느끼려는 정동적 작용을 담고 있다.

누린다는 느낌, 어디에선가는 불안하지 않을 수 있다는 사실을 경험하기 위해서 그들이 조율하는 장면이다. 그렇지만 그들의 낙관적 몸짓은 삶과 환상을 일치시키는 일이 얼마나 많은 공격성을 수반하는지도 보여주며, 이 두 영화는 강압하에 억지로 어려운 흥정을 해서라도, 심지어 가장 희미하게 가장 불명확하게 규정된 즐거움에라도 가까이 있으려는 것이 무엇을 뜻하는지 추적한다.

이 두 영화의 한 가운데에서 펼쳐지는 이 조용한 순간들은 주인공인 자녀들의 이야기에서 절정이기도 하다. 그 순간들은 더 나은 삶의 성취라는 물질성을 수행하는 것이 아니라 아직 확실하게 존재하지 않는 어떤 세계에 소속할지도 모른다는 근접성의 느낌[느낌적 느낌]을 수행한다. 주인공인 두 아이들은 충동적이다. 즉, 그들은 정동 경제에서 삶을 가늠하기 위해 절박하게 행동하며 그런 다음 나중에 이를 감정적으로 이해한다. 그렇지만, 충동, 몸짓, 에피소드식 임기응변에 의존해 어떤 세계를 계발하는 것을 이렇게 기술하면, 우리가 보는 것을 설명하지 못하게 된다. 즉, 정상적인 좋은 삶에 가까이 가려는 부모의 도착적 방식들을 어떤 식으로든 반복하도록 자녀들의 창의성이 계속 재경로화된다는 점을 설명하기 어려워지는 것이다. 마치 자녀들은 투사된 행복의 목록 외에는 아무것도 모르면서 특정한 삶의 형식에 애착심을 품도록 강제되는 듯하다. 그런 형식이 일상적 존재의 기본적 존엄을 확보해 주지 못한다는 사실은, 이 자녀들의 독특한 서사 속 어려움과 애당초 계급사회의 밑바닥에서 그들이 체험하는 몸부림을 재생산하는 데 핵심적인데도 말이다. 이 장은 현재 시기에서 규범성의 정치적·정동적 경제들을 매우 광범위하게 논의하며, 생산을 살펴본다. 이때 생산은 자본주의 문화가 약속하는 좋은 삶을 살 수 있고 살아야 하는 고독한 행위자라고 스스로를 상상하는 집단적 의지의 욕망이다. 이 장은 경제적 밑바닥에 두텁게 깔린 우연성의 공간이라는 관점에서 이야기를 펼친다. 이 장은 능력주의라는 환상, 누릴 자격이 있다는 환상, 그리고 이 환상이 가정, 직장, 소비 세계에서 친밀성 실천과 맺는 관계를 다룬다. 이 장은 충만함과 희소성에 대한 이야기이며, 너무나 많은 임시 고용 노동자가 우연히 구하는 너무나 많은 고약한 일자리, 결코 충분치 못한 돈, 결코 충분치 못한 사랑, 없는 것이나 다름없는 휴식, 그럼에도 만연한 인정사정없는 환상에 대한 이야기이다. 이 장은 호혜적 관계를 가늠하는 것에 대한 이야기이며, 규범적인 환상적 삶과의 근접성이 어째서 우리 시대 경제적 밑바닥에 있는 일부 사람들에게 계속 살아가기[라는 과제]를 활성화할 수 있게 하는 유일한 자산인지에 대한 이야기다.

마지막으로, 이 장은 규범성에 대한 설명인데, 규범성을 특권의 동의어가 아닌 다른 어떤 것으로 설명한다. 오히려 내가 보기에, 근본적으로 스트레스 덩어리인 관습적 삶에 대한 우리의 집단적 애착심을 이해하려면, 규범성을 우리가 열망하는 것으로 볼 필요가 있다. 그리고 규범성을, 더 도구적인 거래와 나란히 발생하는 정동적 거래를 통해 여러 방식으로 가능해지는 소속을 현재와 미래에 경험하게 된다는 헤게모니적 약속들의 진화하는 비일관적 덩어리라고 볼 필요가 있다.*

이 두 영화가 추적하는 결과를 초래한 너무나 뚜렷이 현존하는 원인

---

* 이 두 영화의 청소년 주인공들이 보여 주듯, 여기서 규범적 상태란 예컨대 일자리가 있고 마음을 나눌 친구나 대상이 있음을 뜻한다. 규범이란 일반적으로 누구에게나 적용 가능한 상태를 설명하는 것이지만, 신자유주의적 구조 변동과 더불어 그것은 열심히 노력해서 성취해야 할 열망의 대상이 된다.

은 불안정한 지금 여기이다. 지금 여기는 기업가 정신으로 무장한 과잉 착취적 원자 상태라는 구멍 숭숭 뚫린 영역으로, 이 영역은 지구화, 자유주의적 주권, 후기 자본주의, 포스트포드주의 혹은 신자유주의 등으로 다양하게 불린다. 이 영역은 집단적collective 행위가 아니라 대중적mass 행위의 장면이다. 이 장면에서는 경제적 등급에서 더 아래로 내려갈수록, 그리고 경제에서 공식적 위치를 차지하지 못할수록, 삶을 유지하고 재생산하는 기획에서 더욱더 혼자가 된다. 공동체는, 존재할 때조차, 기껏해야 연약하고 허술하며 우연적이다. 이 같은 관점에서 볼 때 이 이야기는, 환상의 기억조차 거의 지탱해 주지 못하는 조건들에 내몰린 채로 정상성과 지속적으로 흥정하는 장면이 되어 버린 역사적 현재에 대한 이야기이다. 어떻게 우리가 이제껏 보았던 것과 같은 이런 환상 실천의 덩어리들이 정치적·사회적 보수주의의 기반이 되는 걸까? 전후 서유럽의 사회민주주의의 약속 덕분에 부모들이 누렸던 혜택인 복지라는 보호 장치와 국가 보장 노동을 유지하고자 학생들이 파리(2006), 이탈리아(2008), 그리스(2010~11), 영국(2010~11)에서 일으킨 봉기의 물결에 비추어 로제타와 이고르에게 닥친 특이한 비극을 어떻게 이해할 수 있을까? 국가의 경제적·사회적 약속도 다른 모든 것이 그랬듯이 민영화되고, 그것이 출현 중인 비국가 제도와 공식적·비공식적 경제를 통해 재분배될 때 무슨 일이 벌어지는가?

이 두 영화에서는, 삶을 재생산하는 일이 사람들의 에너지와 창의성 대부분을 흡수해 버림에 따라, 정치적 행위 주체성일 법한 것은 사회적인 것 전체로 분산된다. 그리고 그것의 너무 많은 부분은 환상이 달라붙을 수 있는 대상으로 남은 유일한 호혜적 관계의 제도인 다 망가진 가족 드라마에 의해 흡수된다. 그렇다고 해서 이것이 세상을 구성하는 모든 상황이 비슷하게 스트레스하에 있음을 뜻하는 것은 아니다. 즉, 다르덴 형제는 대규모의 지구적 이주를 유발하는 여러 힘의 한가운데에서 법적·사회적 지위가 전적으로 변동 중인 이주민과 하위 프롤레타리아 시민, 백인 노동자계급의 운명에 거의 전적으로 초점을 맞춘다. 종족과 인종에 상관없이 모든 사람에게, 좋은 삶의 환상과 실제 모습이 어떻게 한데 묶일 수 있는지를 가르쳐 주는 온갖 종류의 규범적 감정이, 관습적 형식이 전달하는 것 너머의 더 나은 사회적 세계를 만들어야 한다는 정동적 촉구를 대신한다. 백인 시민에게 벨기에 국가는 복지 및 치안 관료주의라는 형식으로 가시적인 구제책을 여전히 제공한다. 그렇지만 국가로는 충분하지 않다. 국가는, 선의를 가질 수도 있고 이익 추구에 열을 올릴 수도 있지만 위기를 예방하는 데에는 언제나 느린 개인들로 매개된 약화된 환경일 뿐이다. 국가의 하부구조가 열차를 유지하고 실업수당을 주긴 하지만, 세상을 개방적으로 건실하게 유지하지는 못한다. 동시에 임시 노동에 참여함으로써 친족 관계로 조직되지 않은 긍정적 호혜 관계의 대안적 공간에 들어갈 수도 있다. 이 너머에서 아이들은 세계를 형성하는 자기들 나름의 측면적lateral 양식에 관여한다. 이런 장면들 중 어느 장면이라도 소속의 새로운 정치적 혹은 사회적 장르를 발생시킬 수 있겠지만, 이 두 영화에서 그 장면들은 모두 생산적 우연성의 주름 속에서 포착된 즐거움에 이를 뿐이다. 거기서는 존재의 정치적·경제적·정동적 형식을 구분할 여지가 없다. 왜냐하면 사회적인 것의 일상적 환경을 구성하는 친밀성의 제도들은 온갖 종류의 제도적·경제적·역사적·상징적 역학과 오로지 오장육부로 느껴질 정도로만 구별되고, 실제적으로는 우리가 알다시피 이 역학과 복잡하게 얽힌 채 역동적으로 관련되어 있기 때문이다.

이 장의 2절에서는 구조적 불평등의 맥락에서 사회적 애착을 논의한 몇몇 정신분석학적·유물론적 설명을 살펴본다. 일상적 폭력과 관련된 여러 형식이 — 아마도 바로 그 친숙함이 주는 일종의 마취제 같은/유토피아적 즐거움 때문에 — 어떻게 욕망할 만한 것으로 남아 있는지를 더 잘 이해하는 방식을 찾아내기 위해서이다. 다르덴 형제의 영화[1절]에 덧붙여 주디스 버틀러와 릴리언 루빈의 이론을 사용해[2절] 나는 부모의 세계에, 부모가 욕망하는 세계에 자녀들을 강제로 끌어들이는 이야기, 그리하여 자녀들이 보게 되는 실망과 실패의 간극에 대한 이야기에 초점을 맞춘다. 이런 논의에 초점을 맞추는 이유는, 자녀들과 신자유주의의 절합이 구조적 종속과 사회적 배반을 둘러싼 우리 시대의 윤리적·정치적·경제적 최대 난제를 표상하는 이미지가 되어 지금 학계, 중도 대중, 사회정책 및 인권 공동체에서 너무 중요하기 때문이다. 이 장면은 또한 우리로 하여금 — 예를 들어 부모와 자녀, 고용주와 노동자의 — 수직적 애착심을 친구, 동료, 연인이나 부부의 훨씬 더 기대기 어려워진 수평적 애착과 더불어 고려할 수 있게 해준다. 그렇지만 여기서 수평적 애착과 수직적 애착은 뒤섞인다. 즉, [<로제타>에서] 딸은 어머니의 어머니처럼 행동하고 [<약속>에서] 아버지는 아들에게 자기를 로저라고 부르게 하며 부자지간인 그들을 형제로서 결속하는 반지를 준다. 이런 혼동은 즉각적인 위기를 의미하고, 자녀들은 여기서 빠져나가기 위해 몸부림친다.

이것은 일상성에 대한 경험의 구체성을 — 토머스 덤이 언급한 대로, "일상생활, 생활-세계, 일상, 평범한 것, 저급한 것, 흔한 것, 사적인 것, 개인적인 것"을 — 오장육부로 느껴지는 오늘날 일상성의 시간성으로 설명하는 한 가지 방법이다.[6] <약속>과 <로제타>에서 일상은 이른바 좋은 삶이 아니라 "나쁜 삶"의 재생산에 자녀들을 유인하는 것을 중심으로 조직된다. 즉 "나쁜 삶"이란, 좋은 삶이라는 규범적/유토피아적 영역을 향해 가는 움직임에 온몸을 바치지만 실제로는 이른바 생존의 시간, 몸부림치고 익사하고 지푸라기라도 잡으려 하며 제자리걸음을 하는 시간, 한마디로 멈추지 못하는 시간에 갇힌 삶이다.

다르덴 형제는 지구화의 식민지가 된 1990년대 벨기에와 점점 더 줄어드는 자유, 주권, 경제적 헤게모니의 몫을 유지하려고 몸부림치는 벨기에의 합법적 시민들에 주목한다.[7] 1990년대의 벨기에는 사회적·경제적 불안정성이 격렬하게 심화되는 세계이며, 비개인성과 친밀성이 노동 착취 공장과 가내노동의 갱신된 체제와 얽혀 버린 주로 탈산업화된 소기업 중심 경제이다.[8] 이 세계는 눈에 보이게 물리적으로 붐비는 세계이며, 압도적인 공격을 하면서도 그 공격에 아무런 감정을 느끼지 못하게 하고, 이 세계의 소리, 맛, 냄새를 탐닉할 시간을 거의 주지 않는다. 아실 음벰베와 재닛 로이트먼이 아프리카의 맥락에서 지적한 대로, 이런 상황은 "한계 없는 경험이자 특정한 형식의 주체성을 극화하는 장으로서 위기가 제작되고 번역되고 제도화되어 [위기의] 예외적 특성을 상실해 마침내 '정상적인' 일상적이고 진부한 현상으로 [보이게] 되는 곳이 바로 일상생활이라는 점을 시사한다."[9]

음벰베와 로이트먼은 위기 일상성이 혁명 의식을 만들어 내는 조건이라고 본다. 그러나 다르덴 형제의 각본은 이런 암시를 전혀 주지 않는데, 이는 마이클 하트와 안토니오 네그리가 우리 시대 지구적 생산양식을 분석하면서 비물질적 노동의 결과로 본 잠재성 혹은 혁명적 가능성에 대해서도 마찬가지이다.[10] 이 두 영화에서, 시민의 불만족은 자본과 자본하의 친밀성이 제시하는 규범적 약속에 대한 재투자로 이어진다. 그

6.
이고르의 백인 놀이

러나 이런 재투자의 성격은 어떤 규범적 의미에서도 전혀 정치적이지 않다. 오히려 그것은 정상성을 열망하는 느낌, 즉 정상적이라고 느끼고 싶은 욕망이며, 정상성을 기댈 수 있는 삶의 근거로, 즉 계속해서 재발 명할 필요가 없는 삶의 근거로 느끼고 싶은 욕망이다. 특정한 양식의 삶을 살아야만 이런 느낌이 생기는 것은 아니다. 또한 이 느낌은 그것이 애착 대상으로 삼는 삶의 형식이 번성해야 가능한 것도 아니다. 낙관은 그런 삶의 형식들이 그저 존재하기만 해도 거기에 달라붙는다. 이 느낌을 다시 느끼려는 의지는 욕망의 최우선 대상이 된다. 그러나 이런 의지는 폭력과 부정의 만연에도 불구하고 사회적 세계의 하부구조가 유지되어야 한다고 압박을 가한다.

　<약속>이 제시하는 거의 코믹한 무성영화 스타일의 사례는 이런 행위를 아름답게 연출하면서 지구화의 감각적인 몸flesh에서 특이한 점을 추가적으로 드러낸다. 이고르는 이주민의 여권을 세탁해 여권 주인을 이미 합법적인 존재로 보이게 만드는 일을 한다. 그러나 그는 아시타의 문서에 이르러 아시타의 검은 피부와 하얀 치아가 매우 대조적임을 알

310

아보고 즉시 거울 앞으로 가서 자기 치아를 하얗게 칠함으로써 노동계급의 검은 얼룩을 지우고, 아시타의 미소와 위조된 정체성에 대한 경의의 표시로 자신이 백인임을 강조한다. 그가 자신의 인종적 위치, 벨기에 시민이라는 특권, 그녀의 가족노동에 자신이 의존하는 상태임을 이해하지 못한다는 점 또한 분명하다. 이 백인 놀이의 계기로부터 아무 일도 일어나지 않고, 이 놀이의 제스처는 일상적이고 잊을 만한 것이며 곧 잊힌다. 사실, 이 두 영화에서 놀이 자체는 끊임없이 위험부담 때문에 밀려나는 일시적인 특권이며, 위험부담은 삶을 해치는 결과와의 유희이다. 놀이와 위험부담은 둘 다, 발판이나 안전망, 후퇴가 없는 환상을 선동하고 생존을 요구하는 우리 시대 노동의 압력에 의해 형성된다. 하지만 놀이는 정상적이라는 감각을 허용하는 반면, 위험부담은 담보 상태에서 약간 전진하려는 시도이다. 놀이는 위험부담 없는 중단의 수행이다. 그렇지만 그것은 견뎌야 하는 위험부담으로부터 벗어나는, 그러나 겨우 향유될까 말까 하는 막간 희극 같은 것이다.

그래서 위기의 맥락에서 정상적인 것에 결속을 유지할 필요성에 대해 이야기하는 것은 이론적·정치적 문제로서 의식 이상의 것들을 논의하는 것이다. 다르덴 형제는 현재의 체계, 경제, 정치, 친밀성의 조건하의 의식을, 자본주의의 파국 시기에 언제나 서서히 일어나는 연쇄적 난국의 한가운데서 이동을 도모해야 하는 체제에 매몰된 상태로 재현한다. 그런 상황에서 우리가 운이 좋다면 착취당하게 될 수 있다. 운이 좋다면, 우리를 불렀다가도 가치가 없어지면 다시 내치기도 하는 장면의 당사자가 되는 일을 하루 더 면할 수 있을 뿐이다. 이것이 자녀들이 착취를 적대시하지 않는 이유이다. 자녀들은 착취당하고 싶어 하고, 실패자의 처지나 비극의 증거라고 업신여기기 쉬운 형편없는 서비스 부문 일자리에서라도 프롤레타리아 경제에 들어가고 싶어 한다. 이 게임에서 손을 떼는 것은 위험한 부담이 된다. [형편없는 일자리일망정 돈을 버는 일자리가 나에게 있다는] 이 느낌을 갖기 위해서 가족이나 국가가 반드시 있어야 할 필요는 없다.* 어떤 것이든 호혜적 형태(우정, 동료, 어떤 기획, 국가, 노조를 비롯해, 무갈등, 소속, 가치 등에 대한 정서적, 초개인적 감각을 전달할 능력이 있는 것이면 무엇이든)면 충분하다.

그래서 자녀들을 둘러싼 감상성의 역사는 이 두 영화에서 윤리적 정치적 미학적 강점을 지닌다. 이런 감상성은 ─ 다른 것은 몰라도, 아이들의 삶이 이미 망쳐진 상태는 아니므로 ─ 우리가 낙관을 견지해야 할 이유가 어린이들 때문이라고 본다. 관객은 패배하지 않으려는 아이의 의지를 편들어 줄 책임이 있다. 심지어 패배와 패배 아닌 것들의 유일한 차이가, 말라비틀어진 가능성의 장일 뿐인 미래를 덜 나쁜 미래로 낙관할 수 있는 능력뿐일지라도 그러하다. 우리는 아무런 결실이 없고 심지어 스스로를 침해하는 ─ 즉 잔인한 ─ 욕망에 연민을 느끼도록 선동된다. <약속>에서 포스트포드주의적 시민권의 약속은 행위 주체성이 세상을 변화시키는 것이라고 내세우지 않는다. 오히려, 모두가 이득을 취하는 데 열을 올림에 따라 전방위적으로 뻗어 나가는 생산 체제 내부에서 정동적 유대 혹은 "약속"을 발전시킴으로써 세상과 흥정하는 능력이야말로 [포스트포디즘적 상황을 살아가는] 행위 주체성이라고 표시한다.

---

* 무슨 일을 하든 일자리가 없는 상태만 아니길 바라는 마음(로제타), 타인을 도우며 잠시나마 가치 있는 존재라는 느낌(이고르)은 가족이나 국가 등의 제도적 지원의 붕괴를 뜻한다. 신자유주의 통치는 제도적 안전장치의 붕괴를 재촉하고 대신 정동으로 제도적 지원을 대체한다.

<로제타>에서 소속은 미리 주어지는 것이 아니라 일상 경제에 참여함으로써 구매되어야 할 무엇이다. 이런 계급 관점에서 보면, 공동체와 시민사회는 무언가를 건설하기 위한 자원도 아니고 환상도 아니며 신뢰할 수 있고 휴식을 취할 수 있는 일상의 삶도 아니다. 애착심은 노동 예비군을 환영하며 불렀다가 바람을 맞히는 경제 체계만큼이나 잘 부서지는 것이다.

이 두 영화는 더 나은 삶에 대한 희망으로 이주한 이주민의 의식과 정동을 중심으로 조직되는 게 아니라, 전통적인 형태의 사회적 호혜 관계가 존재의 마모가 아니라 삶을 구축하는 장면을 제공한다고 생각했던 시민을 중심으로 조직된다는 점 또한 중요하다. (여기서는 유럽의) 합법적 시민에게는 문서가 있는 것과 없는 것의 차이가 어떤 경제에 참여할 수 있는지를, 그리고 어떻게 그 경제에 참여하는지를 결정한다. 그렇지만, 안전한 사회적 결속이라는 시뮬라크럼[원본 없는 복제품]을 수행하는 문서상의 정체성 획득이 쉽다는 점은 합법/불법의 경계를 흐리게 한다. 이 두 영화의 경제적 생활 세계에서 자본이 없는 시민과 허위 문서를 지닌 이주민은 구조적·정동적으로 근접한 상호 의존적인 배들을 타고 있다.● 모든 이가 생존주의자라 할 수 있다. 즉, 삶을 파괴하는 자본주의로 인한 패배에 기업가 정신의 낙관으로 맞서는 이 역설을 유지하기 위해 사방을 뒤지며 흥정하는 사람들이다.[11]

이런 닳고 닳은 상황에서 자녀들은 압도적인 불평등, 부정의, 그리

● 이 문장은 '한 배를 탔다'는 관용적 표현을 비틀어, 자본 없는 시민과 불법 이주민의 상황을 "상호 의존적인" 것으로 기술한다.

고 생산양식의 주름 속에서 근근이 살아가는 삶의 괴로움을 경감해 주는 사적 개인을 — 예컨대 선량한 고용주를 — 때때로 만나기도 한다. 때로는 자녀들 자신이 좋은 고용주이다. <로제타>에서 어머니와 함께 바느질을 하고 옷을 만들어 시장에 내다 파는 딸은 어머니의 독창적인 바느질 솜씨를 칭찬한다. <약속>에서 이고르는 고국을 떠나 자기 밑에서 일하는 이주 노동자에게 담배와 조언을 마음껏 나누어 준다. 일부 정부 노동자도 동정심을 베풀면서 덜 나쁜 삶의 정치제도를 상상할 수 있게 한다. 여기서 친절이란 매너를 의미하며 그 이상이 아니다. 하지만 앞으로 이 장과 6장에서 보게 되듯, 매너는 아무것도 아닌 것이 아니다. 매너는 다른 것들과 함께 사회성이라는 하부구조를 제공하는데, 그것은 번영을 위한 또 하나의 잠재적 기회를 제공한다. 마찬가지로, 특히 음악과 술, 비생산적인 무작위성이 포함될 수도 있는 여가도 이따금 존재한다. <약속>에서 아버지와 아들이 가라오케에서 더블데이트를 하고, <로제타>에서 저녁 식사와 춤을 즐기는 순간처럼 말이다. 그러나 카메라가 뒤로 물러나면서 화면에서 멀어질 때 우리는 가끔 정동을 고양하는 연결의 순간뿐만 아니라, 국가 경계, 임시 가옥[이동 주택], 크고 작은 사업을 통해서, 무엇보다도 여성들을 시시한 남자들과 연결하고 시시한 남자들을 더 거물급인 남자들과 연결하는 비밀, 숨겨 둔 것, 흥정, 뇌물로 이루어진 비공식 경제를 통해 끊임없이 움직이는 사람들과 물건들 속에서도 포스트포드주의적 실천을 일상적으로 경험할 수 있음을 본다.

이 연쇄망에 들어오면 어디에서든 그들은 자신들의 위치를 큰 그림 속에서 상상할 수 있다. 예를 들어, 로제타가 소리를 지르며 어머니를 때릴 때, 그는 어머니가 정상성에 대한 환상을 유지하기 위해서 하는 흥정을 거부하는 것이다. 어머니가 엉망이 되는 바람에 로제타 모녀는 미국의 경이와 여가의 공간인 그랜드 캐년이라는 아이러니컬한 이름이 붙은 이동 주택 트레일러 공원에서 살아가는 처지가 되지만, 여기서 어머니가 꽃을 심거나 중산층의 저녁 식사를 하려고 할 때 로제타는 꽃과 저녁 식사를 부숴 버리는데, 이는 정상성의 시뮬라크럼*이 자기들의 상황에서는 도착행위이기 때문이다. 그는 정상적인 생활의 무게중심을 만들어 주는 배려의 관계, 약속, 진짜배기[가짜가 아닌 진정한 정상성]를 원한다.[12] 로제타 모녀는 함께 바느질한 옷을 팔아서 살아갈 수 있을 만큼 충분한 돈을 벌려고 한다. 그러나 로제타가 돈을 벌러 밖에 나가 있을 때, 어머니는 이동 주택 공원의 소유자가 섹스의 대가로 주는 음식과 술을 받아들인다. 로제타는 또한 딸이 물을 사라고 준 돈으로 나중에 술을 사 마시려고 물값으로 구강성교를 해준다. 혹독한 이 비공식 경제. 로제타는 어머니에게 국가에서 운영하는 알코올의존증 치료 기관에 가라고 말하지만 어머니는 맨 정신으로 살고 싶지 않다고 말한다. 이에 로제타는 어머니가 시설에 가서 치료를 받으면 재봉틀을 사주겠다고 흥정하듯 대답한다. 이 제안에 어머니는 로제타를 진흙탕 물웅덩이에 밀어 빠뜨리는 것으로 대꾸하고 로제타는 거의 익사할 뻔한다. 하지만 로제타는 가라앉지 않고 물장구치는 법을 알고 있다. 할 줄 아는 것이라곤 그것뿐이기에.

　　<약속>에서도 [통계에 잡히지 않는] 회색 경제에서 수많은 흥정이 일어난다. 그것은 강제된 관계로, 그 안에서는 남을 교묘히 조종하는 기술이 행위 주체성처럼 느껴진다. 로저가 부리는 노동자들은 회색 경제로

●　원본 없는 정상성의 모방. 하층계급인 그들이 중산층의 생활을 이렇게 흉내내는 것을 가리킨다.

부터 혜택을 받으며 떠도는 불법 체류자가 되길 원하며, 아무 때나 나타나거나 사라지도록 강요당해도 별 불평을 하지 않는다. 관객들은 그들이 얼마 안 되는 수입을 종종 도박으로 날리는 것을 보게 된다. 아미두가 도박에서 돈을 잃고 속았다고 불평하자 이고르는 이렇게 말한다. "당신이 항상 돈을 잃는 건 내 문제가 아니에요. 그만 두셔야죠." 하지만 비공식 경제에서는 하는 일에 보수를 받을 수도 못 받을 수도 있고, 국가가 인정하는 신원 증명 문서상으로는 존재하는 사람이 아닐 수도 있으며, 급여를 받는다 해도 항상 [기록에 남지 않게] 비공식적으로 받는다. 이런 경제에서 사람들은 상호적 사회 세계로 이어지는 합법적 연결고리의 차원에서 시민권의 사회적 밀도를 제공하는 자본이라는 안정장치를, 혹은 단순히 현존을, 사기 행각의 반복을 통해서 획득할 가능성을 위해 도박을 하는 것이다. 문제는 사회적 호혜성의 보증으로서의 시민권이 환상인지 아닌지 여부가 아니라, 어떤 환상의 감응 장치들을 통해서 시민권이 그렇게 작동하는가이다.

심지어 아이들[자녀들]children이라는 범주조차 시민과 노동자 범주만큼이나 잘 변하는 불안정한 것이다. 나는 두 영화의 주인공을 "자녀들"이라고 부르지만, 실제로 이것은 열린 질문이다. 이 질문의 개방성이 우리 시대 경제에서 존재를 구성하는 임기응변식 생존 습관의 흐름 속에서 누군가를 설명하는 것이 얼마나 어려운가를 보여 주는 지표가 된다. 로제타와 이고르의 이야기는 그들이 함께 사는 부모와의 친밀성을 중심으로 조직된다는 점에서 그들을 자녀들이라 부르는 것은 적절하다. 그렇지만 동시에 그들은 성적 애착과 경험을 찾아 나서려고 하는 청소년이며, 그들의 나날이 주로 자기 삶을 물질적으로 재생산하는 활동을 중심으로 조직된다는 점에서 그들은 경제적으로 어른이기도 하다. 점점 더 많은 사람들에게 이제 아동기란 이렇게 생존이 [현재와 미래의 삶에 대한] 낮은 기대치와 뒤얽혀 있는 체제를 의미한다. 즉, 일찍 성인이 돼 버리는 것이다. 조디 헤이먼의 『잊힌 가족』은 부모와 어리지 않은 자녀들이 잘 먹지 못하는 상태와 좋지 않은 주거를 유지하기 위해서 매일 기나긴 시간 노동을 하면서 자기들의 건강을 희생하면 다른 것을, 즉 더 어린 자녀[아동]에게 더 좋은 것을 줄 수 있으리라 낙관적으로 희망하며 살아가는 가족의 수가 지구적으로 천문학적으로 증가하고 있음을 기록한다.[13] 밑바닥에서 생존하려고 몸부림치는 가족에게, 착취나 국가 폭력(국가 폭력이 임의적이라는 것은 누구나 아는 비밀인데)이 일상을 파괴하며 초래하는 효과는 상상적 소속감을 주는 유사 규범들을 계속 만들어 내는 것이다. 이런 상상적 소속감을 이론적으로나마 가질 수 있는 가능성은 지구화가 밀어붙이는 생존, 실패, 절망의 장면에서 최저점인 동시에 유토피아적 지평을 차지하게 된다. 이것이 잔인한 낙관의 역설이다.

그래서 심지어 이 두 영화에서 가족 사랑의 약속이 나쁜 삶을 좋은 삶으로 오인하도록 선동하는 매개체라 하더라도, 이것은 환상이 수많은 계급 구조의 밑바닥에서 가장 보수적인 형태를 취하게 되는 조건을 말해 주는 이야기이기도 하다. 어른들은 자녀들에게 약속의 약속을 물려주고 싶어 한다.[14] 이것이 자녀들이 받는 유일하게 확실한 유산일 것이다(즉, 환상이 우연적인 한 공간에서 다른 공간으로 분명하게 전달 가능한 유일한 자본이 되는 것이다). 물론 여기서, 어디에서나 그렇듯, 젠더화된 노동 분업은 필요의 절박성을 초월하는 삶의 노동을 상상할 수 있는 곳인 친밀한 공간의 마모와 자본의 마모를 매개한다. 가야트리 스피박이 다른 사례로 언급한 대로, "이것은 오래 된 특수주의/보편주의 논쟁이 아니다. 이것은 젠더 영역에서 지구적으로 적용 가능한, 일반화된 가치의 형태가 나타난 것이다. 일상생활의 모든 다양한 국면은 이것을 벗어나려 하지만 이것은 피할 수 없다."[15] <로제타>와 <약속>은 서로 다르게 젠더화된 자녀들을 정상적인 친밀성의 제도 내부가 아니라 그것과 유사한 무언가의 내부에 자리 잡도록 훈련시킨다. 이 근접성을 유지하기 위해 필요한 과잉 경계심은 포스트포드주의적 정동을 오장육부로 느끼는 주요 장면이다. 친밀성이 사람을 — 사람이 서로 기댈 수 있는 삶의 조건을 확보할 수 있도록 만들어 주는 것과 반대되는 것으로서 — 정상적이라고 느끼게 만들어 줄 것이라는 환상은 일상의 겉모습과 추상적 가치 발생 관계의 전체 집합 사이의 통약성과 연속성에 대한 거짓 논리를 제공한다. 잠재적으로 충분히 좋은 사랑의 미학은 위기를 일상적인 것으로 느껴지게 하며, 자본주의적 사회생활의 한가운데 존재하는 위험부담을 무릅쓰는 것을 가치 있는 것으로 만들어 주는 정동적 충만보다 위기 그 자체가 덜 위협적인 것이라고 느끼도록 해준다.•

그러나 다르덴 형제의 미장센에서, 규범적 친밀성은 형식만 남거나 제스처 수준으로 닳아빠져 있다. 다정함처럼, 친밀성을 연상시키는 감정은 자녀들이 살아남기 위해서 억지로 계발해야 했던, 쓰레기 더미를 뒤지는 일과 같은 전략으로 손쉽게 사용된다. 이고르는 첫 장면에서 자신이 지갑을 훔치려던 노인 여성에게 진정으로 달콤하게 행동한다. 로제타는 어머니를 사랑하고 보호하는 행동을 하면서도 어머니가 비규범

• 벌랜트는 이런 상상적 소속감이 앞으로 올지도 모르는 사랑이라는 환상의 토대이며, 현재 내가 겪고 있는 물질적·사회적 위기를 견딜 수 있게 해주는 것이라고 분석한다. 즉 사회적 안전장치가 붕괴된 시대에 사람들은 이런 상상적 소속감을 붙들고 위기의 일상을 살아간다는 것이다.

적 욕구를 드러낸다는 이유로 어머니를 때리기도 한다. 로저는 아들 이고르에게 거짓말을 하고 때리고 어린이가 될 기회를 파괴하고 (여러 가지 물건을 제작하는 일과도 상관이 있는, 즉 움직이는 삼륜 수레를 만들지만 재산이 필요한 집짓기는 아닌 [어린이에게는 즐거운 제작 활동을 하며]) 다른 삶을 계발할 기회를 파괴하면서도 효심을 요구한다. 여전히 로저는 "이집, 이 모든 것이 다 네 꺼야!"라고 말한다. 이에 이고르는 그저 "그만해요! 그만!"이라고 말할 수 있을 뿐이다. 이고르로서는 로저에게 대항할 아무런 서사가 없고, 그런 건 사랑이 아니라거나 사랑은 나쁜 것이라고 주장할 근거가 없기 때문이다. 우리에게 아무런 의무를 지지 않는 세계에 소속됨을 관리할 때 우리가 자원 삼아 이용할 수 있는 있는 것이라곤 사랑의 감응 장치뿐인 것 같다.

바로 그렇기 때문에 이 두 영화에서는, 비극적 방해물들 틈바구니의 잠재적 호혜성의 장면에서 소속을 향한 낙관이 반복되고 있긴 해도 단순히 잔인하지만은 않다. 이 두 영화의 결말은 실제 에피소드를 넘어 정동적·형식적 방식으로 뻗어 나가는 대리적 호혜 관계에 동일시하도록 관객을 묶어 버린다. 로제타는 계속 악화 중인 어머니를 돌보기 위해 어렵게 얻은 일자리를 그만두어야 하는 상태에서 결말 장면을 향해 간다. 로제타는 비참하고, 딸로서의 사랑에 그리고 자신이 정당하게 느끼는 느낌인 호혜 관계의 회로 밖에서 살지 않겠다는 책임감에 굴복한 것이다.

마지막에 우리는 커다란 가스통을 끌고 가는 로제타의 모습을 본다. 로제타가 질식사로 자살하려는 것인지 아니면 언제나처럼 잘 해보려는 것인지 불분명하다. 어느 쪽인지는 중요하지 않다. 리케가 도착하자 로제타의 몸은 탈진 상태로 쓰러진다. 리케. 앞에서 로제타가 때리고, 물에 빠져 죽게 내버려 두고, 도둑이라고 신고하고, 낯설고 분명치 않은

무성적인 하룻밤을 같이 보냈던 사람. 로제타가 혼자가 아닌 채 잠들면서 스스로에게 친밀하게 속삭였던 그 하룻밤.[16] 리케. 그는 자기 일자리를 빼앗은 로제타에게 복수하려고 스토킹 중이다. 그가 로제타에게는 잠재적 호혜 관계의 유일한 자원이다. 영화가 끝나면서 로제타는 그의 연민 충동을 자극하여 자신을 구출하게 하려는 희망을 품고 유일한 유사-친구인 그를 향해 화면 밖을 쳐다보면서 흐느낀다. 그리고 영화는 암전暗轉한다.

이와 비슷하게 <약속>의 결말에는 희망에 부푼 기사도 정신을 보여주는 장면이 있다. 아시타가 기차역에서 벨기에, 이고르의 아버지, 이고르, 이 엉망진창인 상황 전체를 막 벗어나려는 순간 이고르는 자기의 비밀 일부를 고백한다. 이 영화의 제목인 "약속"을 삐딱하게 완수하는 동시에 깨뜨리는 이고르는 아미두의 죽음을 폭로해서 아시타를 이곳에 머무르게 하려고 도박을 하는 것이다. 그럼으로써 실제로 얼마나 오래 지속될지 알 수 없는 미래에 로제타와 아기를 그에게 묶어 두며, 또한 위험과 폭력, 빈곤으로 얼룩진 그 지역의 현장에 묶어 둔다. 마지막 장면에서

320

그들은 함께인 듯 따로인 듯 카메라 밖으로 걸어 나간다. 그들의 모습이 점점 더 작아짐에 따라 영화는 갑작스레 어두워진다. 이렇게 이 두 영화 모두 관객에게 규범성을 일종의 숙취처럼 남기면서 끝난다. 즉, 이 두 영화는 주인공들이 쓰레기 더미를 뒤져 찾으려던 것이 무엇이든 그것을 이루기를 바라는 낙관의 잔여물을 관객에게 남긴다. 로제타와 이고르가 정상적인 것과는 단절돼 있기에 관객이 그 약속의 보유자가 된다.

고전적인 할리우드 영화와 많은 퀴어 이론에서, '우리가 선택한 가족'이라는 이런 뻔한 결말은 이 두 영화를 장르상 코미디로 만들어 줄 텐데, 우리가 영화 상영 중에 느끼는 불안감은 코미디 장르가 실패할 것이라 위협하는 [영화 속 또 다른] 장르들이 설치해 둔 관습적 장애물들의 효과일 뿐이다.[17] 푸코의 표현을 사용하자면, 이 같은 소통적 눈물과 고백의 장면은 어린이가 섹슈얼리티로 진입하는 것을 표시한다. 즉, 욕망하는 행위는 어린이들이 가족과 사회적 훈육이라는 분명한 분류 기계 속에 종속되었음을 분명히 보여 주는 장소[즉 섹슈얼리티]로 진입했음을 표시한다. <약속>과 <로제타>에서 그것은 그들이 성적인 존재가 되는 장소이지만, 사회적 식별 가능성의 분명한 두 제도인 장르와 젠더를 이렇게 떠올리는 것은 이 특정한 두 에피소드의 뉘앙스들을 잘못 알아듣는 것이 될 터이다. 이 시나리오들에서 섹슈얼리티는 식별 가능한 존재로의 진입일 뿐만 아니라 정동적 탐욕의 수행이기도 하며, 정상성이라는 감각을 주입하는 느낌상의 해결책*을 요구하는 것이기도 하다.

---

* 이때 "해결책"(fix)이란 진통제나 알코올, 마약 등에 의존하는 사람이 당장의 만족을 위해 필요로 하는 일회성 해결 방안으로서의 주입, 흡입을 말한다.

어떤 대상이 아니라 어떤 대상이 주는 감각을 원한다는 것은 무엇을 의미하는가? 민영화는 종종 정치적 등록부에 있지 않으면서 정치성에 근접한 영역에서 정동적·사회적으로 존재를 확인받는다는 공격적 환상을 우리에게 유발하는데, 민영화 체제가 출현하는 과정에서 장르 변동은 일상 내부에서 일어나는 임기응변의 반응을 새롭게 이해하는 방식을 가리킨다. 다르덴 형제의 영화에서 장르와 젠더의 형식적 성취는 성공이 아니라 생존을, 즉, 새로운 장르 혼성물인 상황 비극의 일부인 무언가의 냄새를 풍기는 생존을 시사한다. 상황 비극에서는, 사람들이 에피소드로 자기들의 결점을 반복해서 표현하지만 배우는 것도 없고 변화도 없고 놓여나지도 않고 더 나아지지도 않고 죽지도 않는 장르인 상황 희극[시트콤]과 비극이 결합한다.[18] 시트콤에서 개인의 특성은 새로운 상황에서도 불가피하게 계속 반복되는 몇 개의 반복 행위로 형상화되지만, 이런 반복을 비극이 아니라 희극적인 것으로 만드는 것은 세상에는 우리가 견딜 수 있게 해주는 종류의 공간이 있다는 이 장르의 상상계에 있다. 대조적으로, 상황 비극에서 사람은 조금 누리는 생활과 사회적인 것에서 밀려나는 처지 사이를 오간다. 그런 처지에서 삶은 가치의 외부에서, 사람이 무단 점유자가 되고 마는 끔찍한 비장소에서 전개된다. 이런 곳에서 사람은 다른 것이나 다른 사람에게 자신이 중요한 존재가 되는 사건을 만들려고 하는데, 하다못해 친숙한 농담으로라도 그렇게 되려고 한다(상황 비극에서 주인공은 마치 자기들이 시트콤 상황에 있는 것처럼 살려고 처절하게 노력한다).[19] 마지막 장면에서 로제타와 이고르는 연인, 가족 혹은 사랑 관계의 어떤 유형을 재발명하는 가운데 자신들이 상상하며 내내 갈망했던 욕망, 즉 단순히 그리고 최소한 게임에 참여하고 싶다는 욕망을 반복한다. 노동조건을 통제하지 못하는 그들은, 황급히 직접 조립DIY 방식으로 끌어낼 수 있는 희미한 정상성의 느낌을 최소한 가능하게 해주는 섹슈얼리티 안에 자리를 잡는다. 그들은 다른 사람에게 의무감을 강제하는 몸짓으로 이것을 행하며, 이 행위가 인정과 삶의 방식을 원하는 그들의 욕망의 성취를 대신한다.

이렇게 우리는 욕망으로 위장한 필요에의 굴복이 여기서 형성되는 것을 본다. 우리는 아무런 통제도 못하는 세상에 대해 그들이 품은 열정적 애착심을 본다. 우리는 대상에 가까이 있겠다는 강경함, 공격성을 본다. 이런 동기가 그들이[로제타와 이고르가] 원하는바 자기를 안아주는 누군가가 있다는 느낌을 주는 장면을 약속한다면 이런 [정동적] 형식에 투자할 가치가 있다는 증거를 대기는 별로 힘들지 않다. 증거가 될 수 있는 것의 기준이 아주 낮다. 여기서 열쇠는 근접성이다. 즉, 소유권은 자녀들의 환상일 뿐 포기된다. 환상의 지정학적 공간은 국가도 아니고 땅문서로 확보되는 한 필지의 땅도 아닌, 동네이다. 이 두 영화가 부분을 더 큰 전체와 연결하는 기술인 땜질과 바느질과 관련된 직업을 강조하는 것과 마찬가지로 두 영화는 결말 부분에서 주인공들이 비교적 낯선 사람에게 구출과 호혜 관계를 강제로 요구하는 장면을 다시 연출한다. 낯선 이는 가까이, 곁에 머무르기만 하면 된다. 이것이 근접한 규범성의 매력이다. 이것은 그들이 [영화 속에서] 자리하는 공간이 집 밖(터미널과 공터*)이지만 아주 먼 들판은 아니라는 점이 잘 보여 준다. 결국 그들은 태어난 집과 환상 속의 집에 근접한 곳에 있을 뿐이다. 정동적으로 말해서, 리케는 아무 말이 없는 로제타가 기대는 남자가 아닌가? 아시타는 이고르가 아무 말 없이 풀죽은 듯 내리깐 달콤한 시선으로 강제로 복종할 것을 요구하는 어머니/자매/연인/친구가 아니던가?

그러므로 정상성의 포옹은 다르덴 형제가 우리 시대 역사적 순간을 만들어 내는 곳에서 깜박거리기만 할 뿐이다. 호혜적 관계가 구축된 것처럼 보일 때마다, 소속의 경험을 향유할 수 있게 하는 시간과 화폐의 경제는 항상 다른 필요에 의해, 즉 우선권을 갖는 듯한 타자의 요구로 중단된다. 그럼에도 불구하고, 물질적 궁핍과 부모의 보호가 없는 상황에서 로제타와 이고르는 잠재적으로 이행적인 순간이라는 비좁은 공간에 들어선다. 별로 기대할 것 없이 되풀이되고 반복되며 기댈 수 있는 소속과 존엄이 실천되는 장면, 대상, 삶을 지니게 될 것이라는 낙관을 한순간이라도 더 유지하기 위해서 말이다.

그래서 이 두 영화의 결말이, 만연한 폭력과 마비의 한가운데서 타

● 로제타와 이고르가 머무는 공터는 이들이 잠시나마 친밀한 관계를 꿈꾸는 정동적 투사가 일어나는 공간이다. 공터와 터미널은 자신들이 원하는 집(환상)과 부모의 집(현실) 사이에 있으며 집에서 멀리 떨어진 것이 아닌 근접한 공간이다. 근접성이 이들이 욕망하는 것의 최대치라는 점은 신자유주의적 사회구조의 잔인성을 시사한다.

인에게 마음을 엶으로써 좋은 변화를 경험할 수 있는 마지막 기회처럼 느껴진다는 이유로 주인공들이 원하는 도움을 마침내 받기를 관객이 함께 바라도록 요구한다는 것은 무슨 의미인가? "무슨 대가를 치르고서라도"라는 표현은 계급 구조의 밑바닥인 이 자리에서는 전혀 은유가 아니기 때문에, 여기서 환상과 생존은 정동 자체의 비공식 경제가 미치는 구별 불가능한 효과가 된다. 규범성의 숙취*를 욕망하게 된다는 것은 관객을 잔인한 낙관에 익숙해지도록 훈련시킨다.

이렇게 해서, 자녀들이 드러내는 정동에 관한 이야기에는 특정 개인이 언젠가 소속감을 느끼며 안도할 수 있으리라는 낙관적 느낌에 애착심을 품는 비극보다 더 많은 것이 들어 있다. 기댈 수 있는 호혜성의 정치경제에 주체의 주관적 적응이 어떻게 배분되는지를 가늠하는 것이 중요해진다. 아프리카, 프랑스의 예전 식민지들, 한국, 유럽의 모든 시골 지역에서 온 이주 노동자의 대표적 허브인 벨기에에서는 1990년대에 비공식 경제가 확장하고 복지국가는 축소되었다. 이 관점에서 보면 <로제타>와 <약속>은 지구화가 발생시킨 감정적 효과를 맹렬하게 의도적으로 보험 통계치**로 묘사한다. 개인적 비개인적 폭력의 현장에서 자기 자신을 구하고 때로는 다른 이들도 거기에 빠져 죽지 않도록 구출하는 시도에 너무 많은 창의성과 노력이 들어간다. 그리고 대체로 자녀에게

* 숙취(hangover)는 규범성(이라는 환상)이 마치 진통제나 알코올처럼 잠시의 만족을 주고는 사라져, 유쾌하지 않은 잔여의 느낌만 남긴다는 점을 뜻하는 표현으로 보인다.

** 위험부담과 불확실성을 응용 통계 수학으로 계측하는 것을 뜻한다.

일상의 노동은 어른의 마음을 풀어 주는 데 온 에너지를 쏟는 일이듯이, 만일 여기서 가족을 달래는 일이 일상성을 다 흡수해 버리는 노동을 바쳐야 되는 일이 된다면, 이 상황은 더 격화된다. 이제 다시 도시 지역 밑바닥층 가정은 또한 생산의 현장이기 때문이다. <로제타>에서 드라마를 부분적으로 활성화하는 것은 어머니와 자신을 부양하고 어머니가 낙관과 실망의 가련한 몸짓을 멈추게 할 일자리를 갖고 싶은 딸의 원한과 사랑이 뒤섞인 욕망이다. "엄마가 하는 일이라곤 섹스하고 술 마시는 거라고!" 로제타는 반복해서 이렇게 말한다. <약속>의 드라마를 활성화하는 것은 아들에게서 자기 자신을 반복하려는 아버지의 욕망과, 가부장적 좋은 삶에 대한 이 같은 비전이 수반하는 다양한 착취의 재생산에 아들이 품게 되는 양가감정이다. 여성인 로제타 모녀는 옷을 만들며 스스로 노동 착취 공장을 운영한다. 로제타는 식료품점이나 옷가게 등 자신이 드나드는 모든 공적 교환 영역에서 다른 일자리를 찾으려 한다. 남성인 로저와 이고르는 불법 이민자를 수입하고 이용해 돈벌이를 하고, 그들에게 돈을 빌려준 후 아버지가 아들에게 세습할 재산인 그 집에서 강제 노동을 하며 빚을 갚게 한다.

　자녀들에게서 분명히 드러난 것처럼, 이것[가정이 생산의 현장이기도 하다는 점]은 노동 예비군 자리를 차지하는 이 벨기에 가족에게 역설적인 사회적 위치를 부여한다. 그 가족은, 비슷한 생각으로 회색 경제에서 부당이득을 취하는 사람들로 이루어진 일종의 비공식적 상공인 모임에 참석하는 비공식적 쁘띠부르주아 계급의 일부로 종종 행세하면서 비공식적 경제에 참여하며 동시에 새로운 사회적 위치들을 만들어 낸다. 이 새로운 사회적 위치들은 그곳을 누가 어떻게 통과하느냐에 따라 규정되는 형태 없는 공간이며, 이 공간에서 존재의 실천과 양태는 너무나 빨리 사라지는 것이어서 그 실천과 양태를 설명하거나 대면하는 것도 어렵고 그 안에서 목소리를 내는 것도 어렵다. 다른 영화와 관련해서 보면, <로제타>와 <약속>에서 일상적 의사소통은, 정체성이 지금 그런 만큼이나 복잡하게 꼬여 있으며, 이행, 협상, 비진실, 불안이라는 경제적-정동적 지체 시간 속을 헤맨다. 이 소통에 대해 목소리 더빙으로 해설을 붙인다면 이러하리라. "내 옆에 있어. 나를 압도하지는 말고. 아무 말도 하지 마. 너에게 내 필요를 인정받는 느낌이 어떨지 상상하고 싶은 내 욕망을 방해하지 마. 무슨 말이든 해봐. 나한테 뭐든 줘 봐. 해보자. 조용히 해."

그래서 시민과 이주 노동자의 시간적 상상계에서 눈에 띄게 두드러지는 것은 그들이 출세하고 성공하기를 고대하는 방식 그리고 안정화된 정지 상태, 즉 존재를 기획이 아니라 사실로 실행하면서 어딘가에 존재하고 삶을 영위할 수 있는 상태를 고대하는 방식이다.[20] 달리 말해서, 이 유형의 초국가적 계급 환상에서 계층 이동은 꿈이자 악몽이다. 끝없는 상승의 환상으로서 계층 이동의 종식, 그리고 답보 상태와 손실 줄이기가 열망의 대상이 되어 버린 변화는 현재 경제적 상황에서 삶의 재생산을 유발하도록 거래되는 환상 뇌물이 미묘하게 재설정한 방향인 것이다.[21] 이런 상황을 고려할 때, 비공식적이거나 공인되지 않은 노동자의 경우에는 혁명을 상상하거나 쓰레기 더미를 뒤지고 다니는 현재를 넘어 어떤 미래를 상상할 여유란 없다. 그런 미래나 혁명이 실제로 발생하는데도 말이다.[22] 이런 압박하에서는, 포스트포드주의적 주체성이 상상계의 사회적 장을 어떻게 체류를 위한 토대 혹은 패배를 지연시킬 토대를 구축하는 행동의 반복으로 축소시키는지를 쉽게 알 수 있다.

덜-나쁜 나쁜 삶을 살고자 하는 욕망은 쉴 곳을 찾는 일을 수반한다. 규범성의 재생산은 휴식이 향수의 대상인 것처럼 상상될 때 일어난다.

즉, 휴식이 이미 있었다고 여겨지는 장소들에서, 환상이 은폐 기억screen memory[불쾌한 추억을 은폐하기 위해 떠올리는 어린 시절의 기억]이나 기억 착오paramnesia로 가장해 일어난다. 이런 반복을 향수를 위한 향수라고 읽을 수도 있으리라. 즉, 결코 누린 적은 없으나 알고 있는 상상 속의 안전을 곧 경험하고 싶어 하는 욕망을 향한 일종의 절박한 퇴행이라 할 수 있다. 그래도 괜찮다. 그러나 지속되는 환상 외엔 규범성을 기대할 아무런 토대라곤 존재하지 않는 규범성은 현재의 압도하는 무언가와 흥정하는 한 형식으로 읽을 수도 있다. 이 흥정은 혜택을 못 받고 소외되는 상태를 면하려는 흥정이자, 물에 빠져 죽거나 전속력으로 콘크리트 벽에 부딪치는 죽음보다 단지 한 단계 나은 것일 뿐인 살아 있는 죽음의 반복에 맞서는 흥정이다. 그것은 영원한 현재에 대한 두려움을 안고 계속 살아가는 한 가지 양상이지만, 그 두려움은 마음을 달래 주는 약속된 규범성의 웅성거림이 만들어 내는 소음들에 묻혀 버린다. 이것은 이론적 질문이자 경험적 질문이지만, 경험적 질문들 가운데 하나는 환상의 전파, 내용, 형식과 힘에 대한 것이다. 규범적 보수주의가 환상 속에서 유지될 수 있도록, 혹은 환상이 이데올로기와 합류할 수 있도록 거기 어딘가에서 그 아이들은, 삶의 불가능성이나 죽음으로 위협을 가하는 나쁜 삶이 (그토록 열심히 일하므로 실현될 게 틀림없는) 좋은 삶일 수도 있다는 환상을 갖도록 학습한다. 정상적이라고 느껴야 할 필요의 강렬함은, 중산층의 정동적 교환 형식을 유지하고자 하지만 불안과 경제를 전적으로 상이한 맥락에서 관리해야 하는 가정 내에서 비호혜적 관계의 경제적 조건들이 모방적으로 재생산됨으로써 생겨난다. 일상과 환상의 관계 속에서, 이 아이들로 하여금 친밀성의 실천이 필요하다는 믿음에 불안정하게나마 한쪽 발을 걸쳐 두고 있게 하는 것은 무엇인가? 그 아이들의 삶에서 실제로 친밀성이 드러나는 양상은 그들이 그런 친밀성을 쉽게 거부하도록 만들 수도 있을 텐데 말이다.

2. 정신분석학, 윤리, 그리고 유아기

이제까지 나쁜 삶에 실망한 사람들이 왜 나쁜 삶을 거부하지 않는지를 묻는 좀 더 일반적 질문들을 조명하는 방식으로, 다르덴 형제의 영화에서 일상생활을 재생산하는 신자유주의의 경제적·사회적 상황이 규범성의 정동적 지평을 형성한다고 논의했다. 상황이 스트레스를 일으키고 불편을 초래하기 전까지 어머니는 저녁 식사를 차리고, 아버지는 집을 지으며 사업을 하고, 사람들은 대체로 신뢰할 만하며, 세대를 가로질러 어떤 친숙한 다정함이 오간다. 이 모든 제스처는 그 자체로 욕망의 대상이 아니라, 모든 사람이 원하는 것 같은 대상을 가리키는 플레이스홀더로 이루어진, 근사치들로 꽁꽁 뭉쳐진 덩어리일 뿐이다. 이런 플레이스홀더 뭉치는, 살아가는 일이 믿고 의지할 수 없는 의존관계의 한가운데에서 가라앉지 않으려고 물장구치는 행위, 손실을 줄이는 행위일 뿐인, 진행 중인 현재로부터 집단적으로 벗어나는 공간이다. 자녀들의 주체로서의 실천은 생존과 인정을 얻기 위해 쓰레기 더미를 뒤지는 과잉 경계심으로 구성되는데, 부모의 제스처는 그 과잉 경계심을 잠재우거나 분산시킬 수 있어야만 소용이 있고 잘 살기를 위한 윤활제가 될 것이다. 그러나 두 영화의 극적인 액션이 발생하는 까닭은, 자녀들이 삶을 일구어내기, 호혜 관계, 인정 등 부모의 제스처를 의심의 눈초리로 바라보면서,

실현 불가능한데도 삶을 활성화하는 욕망으로서 규범성이 규범성 자체를 재생산하게 만드는 좀비 형식이라고 그런 제스처를 간주하기 때문이다. 사랑에 대한 리얼리즘은 정동으로 하여금 유물론적인 것이 되도록 강제한다. 그러나 이것이 아무리 부모의 사랑이 잘못 실천된들 자녀들이 부모의 사랑과 연관 짓는 환상의 형식에서 떨어져 나온다는 뜻은 아니다. 자녀들이 이런 환상, 실제로 체험할 때는 잘해야 불안감만 주고 최악의 경우 비극이 되는 환상에 대한 애착을 보존하려 하는 이유를 어떻게 설명해야 할까?

어떤 정치적 관점, 페미니즘의 정치적 관점에서, 사랑은 어쨌거나 친밀성 안에서 자신을 근본적으로 비도구적인 — 이타적이고 희생적이고 너그러운 — 존재라고 볼 수 있는 틈도 있는 그런 삶을 만들어 가는 일에 다른 이들을 동참하게 설득하는 흥정의 도구라는 주장이 오랫동안 있었다.[23] 이 틈을 가리키는 숨은 코드 문구는 공적인 것과 사적인 것의 구분이다. 공사 구분의 이 구조는 위르겐 하버마스도 지적한 것이다. 하버마스는 근대 부르주아가 시장에서 계산하는 사람으로서의 정체성과 자신의 진실한 자아를 가정 공간이라는 극장에서의 친밀성 수행에 정초하는 인간으로서의 정체성 사이를 오가는 사람이라고 본다.[24] 자본주의적 주체의 내면에서 이처럼 전치된, 도구적 페르소나와 사랑을 주는 사람으로서의 페르소나의 관계는 그로 하여금 모든 공간에서 자신의 공격적인 욕망 및 이익 추구와 탈동일시할 수 있게 해주며, 자신이 아는 다른 인간과 연대할 뜻이 있다는 이유로 스스로를 근본적으로 윤리적인 사람으로 여길 수 있게 해준다. 이런 관점에서 보면, 다르덴 형제의 두 영화에 나오는 자녀들은 부모의 경제적-정동적 실천의 모순적 매듭에 묶여 있으며, 마찬가지로 이 실천은 친밀한 선의의 행위가 삶을 긍정하는 중요한 것이며 오로지 특정 상황에서만 공격적이거나 강제적이거나 실망스러운 것이라고 규정한다.

주디스 버틀러는 "애도할 만한 삶"에 대한 탁월한 저작에서 "나쁜 삶"에 대한 애착심을 상당히 다르게 설명한다. 『권력의 정신적 삶』부터 『위태로운 삶』까지 버틀러도 가족에서 복잡하게 뒤얽힌 모순적 권력의 구속으로부터 자라 나온 사회적 불평등을 설명한다. 하지만 버틀러는 유아의 의존 상태를 어른들이 지닌 일종의 사디즘적 규범성의 씨앗으로 보는 발달 모델로 정치적 주체성을 설명하고, 그런 사디즘적 규범성이 공감하는 감정에 윤리적으로 헌신함으로써 중단될 수 있다고 본다. 버틀러식 진보적 주체는 이전에는 애도되지 못했던 "애도할 만한 삶" 혹은 삶들을 인식하는 가운데, 정의의 기제에 접근하기 위해 포용되어야 하는 인구 집단들과 비주권적으로 건강하게 동일시한다는 명분을 위해 자신의 방어적 주권성 혹은 주권적 무관심이라는 병리적인 감각을 해체한다.

벨기에의 정책 입안자를 비롯해 많은 사람이, 마치 애도되지 못한 삶들을 자신들이 변혁적으로 공감해야 할 주체들로 만드는 데 이미 훈련되기라도 한 듯이 다르덴 형제의 영화에 반응했기 때문에, 이 두 영화는 버틀러가 제안한 감정-작동을 실행할 것처럼 보일 수도 있었으리라. 그러나 앞으로 논의하겠지만, 버틀러는 규범성을 경유해 정신분석학적인 것을 윤리적인 것으로 번역하면서 이야기로부터 무의식을 빼버리고, 주체를 윤리적 의도론자로 만들어 버린다. 즉, 더 나은 좋은 삶을 얻기 위해서, 토대가 되는 정동적 애착심을 단축해 버리는 인지적 결정을 할 수 있는 존재로 만들어 버린다. 이런 전치의 회로에 정치적 문제가 있음은 쉽게 알 수 있다. 즉, 다른 사람들과 나도 논의한 바 있듯, 공감적 인정이라는 기획은 감정적 종류의 사회적 호혜성과 물질적 (법적·경제적·

제도적) 종류의 사회적 호혜성 사이의 차이를 정치적으로 혼동하는 습관을 방조했다.[25] 자아를 변화시키는 공감적 인정과 그 인정의 동종 형식인 연대는 모든 종류의 특권에 맞선 정치 운동이 논쟁을 일으키며 번성하게 만드는 데 필수적인 것이 사실이다. 그러나 그것들은 또한 약간의 구조적 조정을 주요 사건처럼 보이게 만드는 수단도 제공하는데, 이는 공감의 극장이 감정적으로 강력하기 때문이다. 인정은 전적으로 너무나 자주 그 자체로 경험적 목적이 되며, 정치적 특권을 유지하려는 누군가의 의지와 무관한 것, 무의식적인 것, 비개인적인 것을 보호하는 감정적 사건이 된다.

그러나 내가 여기서 논의하려는 초점은 버틀러가 공감 능력을 정의 正義에 핵심적인 것으로 논의했다는 점이 아니라 버틀러의 설명이 취하는 발달 모델의 측면이다. 버틀러는 주권 경험이 유아기의 의존 상태에 맞서 형성된 반응이라고 논의한다. 버틀러는, "우리가 종속되는 상황을 욕망하는 것은 …… 우리 자신으로서 존속하기 위해서 필요하며 [그래서 우리는] 우리를 와해할 수 있는 위협적인 권력 형식을 ─ 즉 규율, 금지, 억압을 ─ 받아들인다"라고 주장하며, 의존을 종속과 합쳐 버리고, 심리적 자아 박탈을 정치적 불의와, 개인적 주체성을 정치성 주체성과 합쳐 온갖 종류의 서로 다른 현상을 뒤섞어 버린다.[26] 이런 뒤섞음은 버틀러의 작업에서 우연한 것도 무의식적인 것도 아니다. 그것은 "나의 형성의 이런 조건"이 어떻게 "정치 영역"에서 표현되는가를 설명하는 분명한 기획이다.[27] 우리의 목적에 더욱 중요하게도, 이 기획은 유아기의 의존 상태를 규범적 애착과 동일시하고, 규범적 애착을 권력과 특권에 대한 애착심과 동일한 것으로 등치한다. 사랑으로 승화된 유아기의 의존 구조가 불의에 대한 모든 인내심의 기원일까? 이런 뒤섞음이 정치적 주체성 개념 일반에, 그리고 구체적으로는 경제적으로 밑바닥층에 있는 사람들의 관점에서 포스트포드주의적 정동 개념에 발생시키는 몇 가지 문제를 간략하게 제시해 보겠다. 다음은 버틀러의 주장이 가장 잘 드러나는 부분이다.

> 과제는 확실히 이 일차적 감수성과 취약성을 권력과 인정에 대한 이론으로 숙고하는 것이다. 이렇게 하는 것은 틀림없이, 정치적으로 박식한 정신분석학적 페미니즘이 나아갈 한 방향일 것이다. "당신"없이 존재할 수 없는 "나" 역시 "나"에게서도 "당신"에게서도 비롯되지 않는 일군의 인정 규범에 근본적으로 의존한다. 때 이르게 혹은 뒤늦게 "나"라고 불리는 존재는 처음부터 속박된 상태인 것이다. 그 속박이 폭력, 유기 상태, 어떤 기제에 의한 것이라 할지라도 말이다. 이 지점에서는 빈곤한 대상이나 학대하는 대상에 속박되는 것이, 전혀 속박되지 않아서 자신의 존재와 변화의 조건을 상실하는 것보다는 분명 더 나아 보인다. …… 그래서 일차적 취약성을 우선적으로 지원해 주는 문제는 유아와 어린이를 위한 윤리적 문제이다. 그러나 이 상황으로 인해 초래되는 더 광범위한 윤리적 결과가 있다. 즉, 성인 세계뿐만 아니라 정치 영역 및 이 영역이 포함하는 윤리적 차원과 관련되는 결과가 있다.[28]

버틀러와 나는 임상 전문가가 아니다. 여기서 중요한 문제는 규범적 권위와 규범적 세계에 대한 열정적 혹은 비합리적 애착심을 어떻게 이해할 것인가를 논의하는 일이다. 버틀러에게, 이 질문에 답하는 것은 자율성을 원하는 욕망이, 의존 상태인 어린이의 상처받은 나르시시즘이 성인기에 드러나는 증상을 그 특징으로 지닌다고 설명하는 것을 뜻한다. 버틀러는, 성인이 자율성이나 주권을 자유와 동의어인 것으로 상상할 때, 그들은, 항상 자아를 빼앗고 결코 실망시키지 않는 적이 없는 사랑을 이상화하도록 유아로서 속임을 당했던 굴욕에 대한 반응 형성을 분명히 표출하고 있는 것이라고 주장한다.[29] 결과적으로 성인은 상호 의존성을 거부하고 매우 권위주의적이 된다고 버틀러는 논의한다. 버틀러는 종족-인종차별주의, 동성애 혐오, 여성 혐오를 이런 보상심리의 표현이라고 간주한다.[30] 그럼에도 불구하고 버틀러는 주체화[종속화] subjection에 대한 주체의 사랑에는 양가감정이 충분히 존재해서 종속에 대한 애착심을 재생산하지 않기로 선택할 기회가 있다고 말한다. 이렇게 하는 방법은 무의식적 애착심에 윤리적으로 개입하는 것, 유아기 본래의 취약성으로 인한 굴욕을 해체하는 새로운 취약성을 만들어 내는 것이다.

다음 절에서 논의하겠지만, 내가 보기에 유아기의 의존 상태가 정의의 현상학에서 나쁜 교육을 제공한다는 점은 결코 분명하지 않다. 그러나 잠시, 어린이는 자신이 결코 형성하겠다고 동의한 적이 없는 애착심을 통해 삶을 살아 내기 위해 나름의 낙관을 만들어 낸다는 주장을 받아들여 보자. 즉, 그들이 자신들의 욕구에 적절히 반응해 줄 법한 주변의 무언가에 어떻게든 애착을 형성한다는 주장을 수긍해 보자. 만일 어린이가 착하다면, 즉 그들이 약속의 좋은 주체가 된다면, 심지어 어린이는 자신과 세상 사이의 상호적인 무언가가 존재할 순간이 있으리라는 약속의 약속과 사랑에 빠질 수 있으며, 자기를 돌보겠다고/사랑하겠다고 약속한 타자의 의지에 종속되는 것을 사랑이라고 착각할 수도 있다. W. R. D. 페어베언은 이에 대해 다른 관점을 제시하면서, 아이는 종속된 의존 상태에 애착심을 품는 것이 아니라 이 의존 상태가 지닌 무력화하는 측면을 낙관적으로 극복하는 상상을 하는 기회의 장면에 애착심을 품는다고 논의한다.[31] 마찬가지로, 크리스토퍼 볼라스는 도널드 위니콧을 응용해, 욕망의 대상을 대상이 아니라 변혁적 환경으로 보는 사유를 주창한다.[32] 내가 3장 「더딘 죽음」에서 논의했듯, 환경이란 우리가 되돌아갈 수 있는 장면이며 인식 가능한 분위기를 특징으로 하는 장면이다. 환경은 느슨하고 구멍이 숭숭 뚫린 것이며, 다양한 방법으로 들어가서 근본적 애착심을 건드리지 않은 채 내부에서 변화시킬 수 있는 공간이다. 이와 같은 장면은 견고함이라는 신기루로 수렴할 수 있는 인정 혹은 시인, 호혜성을 원하는, 아무런 일관성 없이 뭉쳐 있는 욕망 뭉치를 끌어당긴다. 이것이 생기론적·점묘법적 의미의 욕망 대상이다. 사랑이 규범성을 어떻게 재생산하는지를 이렇게 보는 이론적 관점에서, 유아기의 의존 상태는 실제로 지배에 애착심을 품게 되는 경험이 아니라, 인정과 번영을 위해서 주체가 중층 결정된 일군의 약속과 잠재성을 협상하는 장면이다. 유아기의 의존 상태는, 실천과 대상 자체가 규범적으로 매개되는 관계적 정동인 낙관에 주체가 카텍시스를 형성하도록[심리적 에너지를 부착하도록] 훈련받는 환경과 더욱 비슷할 수 있다.

우리가 지금 여기서 논의하는 것은 가장 어려운 문제, 즉 부정의한 체제에 대한 애착을 탈학습하는 일의 어려움을 이해하는 것이다. 정의 그 자체는, 사람들이 계속되는 낙관과 실망의 드라마에 정치적으로 몰두했을 때 사람들의 그 몰입 상태를 계속되게 만드는 지연 혹은 인내의 테크놀로지이다.[33] 그러나 권력이 법, 규범적 권위, 규범적 가치, 구조적 특권과 맺는 관계에 대한 버틀러의 이론적 입장은 권력의 행위가 나타내는 (시인, 개선, 보호, 응징, 균형 잡기, 위임, 훈육, 번영할 수 있는 능력이라는) 내적으로 서로 모순되는 수많은 약속들을 불충분하게 설명한다. 버틀러의 입장은 또한 <로제타>와 <약속>이 복잡 미묘하게 보여 주는 바를 간과한다. 즉, 인정과 상호성은 많은 형식을 띨 수 있으며 이런 형식 가운데 어떤 것은 평등을 협력으로 표현하고, 다른 것은 상호 의존을 신뢰할 맥락을 만들어 내며, 어떤 형식은 강요된 것이거나 전술이고, 그 모든 형식은 대단히 모호하고 타협된, 불안정한 것이라는 점을 간과한다.

실제로, 다르덴 형제가 묘사한 위기를 살펴보는 한 가지 분석으로 사회성의 어떤 척도에서든 호혜적 관계로 칠 수 있을 만한 것을 인식하는 일이 점점 더 불가능해진다는 점에 초점을 맞출 수도 있다. 이 글의 사례를 제시한 경제적·국가적·초국가적 삶의 장면에서, 사랑이 노동보다 덜 우연적이라 해도 그 정도의 차이는 미미할 뿐이다. 노동과 친밀성 제도 둘 다에서 국가는 위축되고 임시직 문화가 확대된 지난 20년 동안, (재)생산 노동을 형성한 것은 점차 늘어나는 유연화 요구와, 노동에서 [임시직이 늘어난 것]처럼 사랑에서도 점점 더 사람들이 현재나 미래에 믿을 만한 정동적 혹은 물질적 혜택이라곤 없는 일시적 관계가 될 뿐이라는 예상이었다. 이와 같은 순간에, 아무런 갈등이 없는 규범적 생활 세계에 대한 환상은 어딘가에 휴식 지점이 있을지도 모른다는 기대를 정동적으로 미리 경험하게 한다. 심지어 그것이 기껏해야 견고함과 안정의 신기루에 불과함을 알았더라도 말이다. 바로 그렇기 때문에 규범적 환상에 품는 애착심을 설명하려면 더욱 복잡한 개념으로 대상 선택을 설명해야 하며, 하나의 세계를 지니는 대신에 정동과 느낌 뭉치를 지니려고 욕망하는 것이 무엇을 의미하는지를 설명해야 하는 것이다.

사회성에 안정장치가 되어 주리라 약속하는 희미한 대상이나 장면에의 근접성이 주는 위안은, 정신분석학적으로 말해서, 오인이 착각과 동일한 것이 아닌 것과 마찬가지로, 우월주의적인 쾌감을 누리는 것과 같은 것이 아니다. 어쨌거나 헤게모니는 단순히 더 잘 차려입은 지배가 아니다. 헤게모니는 동의의 메타 구조이다. 헤게모니를 지배와 종속으로 보는 것은 기댈 만한 삶의 얼마나 많은 부분이 애착의 순전히 낙관적인 형식주의에 기대는지를 부인하는 것이다. 헤게모니적 사회성의 약속을 믿는 시민으로서 우리는 좋은 삶의 가능성 운운하는 이야기에 동의하기로 동의해 왔고, 그것을 중심으로 사람들은 온갖 종류의 부수적 동의를 실행한다. 임박한 일반성에 이런 헌신이 가져오는 현실-효과를 집행하는 사람들이 그저 최고 경영자, 이성애자, 유럽 출신 백인, 미국인처럼 "헤게모니를 지닌 사람"뿐이 아닌 이유가 바로 그것이다. 거대 일반의지를 지닌 사회에 대한 헌신을 실천하는 사람들이 경제적으로나 친밀성에서나 권력에 접근 가능한 정도는 가지각색이다. 이런 관점에서 보면 우리는 정치적인 것에 대한 일종의 감정적 정형외과술로 윤리를 수용하는 대신, 좋은 삶, 자아 연속성 혹은 갈등 없음에 대한 환상을 특징으로 하는 잠재적 개방성에 무슨 일이 있어도 가까이 있고 싶어 하는 욕망을 수반하는 애착심의 복잡한 뒤얽힘에도 주목해야 하리라.

3. 아픔의 세계

나는 종속에 대한 주체의 사랑을 설명하는 버틀러의 시도가 규범성을 너무 편협하게 권위주의적 욕망으로 읽는다고 논의했다. 이 인식론은 어떻게 흥정이 호혜성과 혼동되는지, 그리고 어떻게 경제 참여가 사회적 소속과 혼동되는지를 이해하려고 시도하는 가운데, 양가감정이, 근본적으로 비루한 것인 대상 선택 후에 오는 것이라고 본다. 주체화가 역사적으로 일어나는 일이며 정동적 의미에서 지각과 직관을 훈련하는 것이라고 본다면 어떻게 될까? 1960년대 이후 릴리언 루빈은 미국 노동 계급 가족을 박탈의 장면에 묶어 주는 끈이 무엇인지 알아보려고 미국 노동계급 가족에 대한 일련의 문화기술지를 완성했다. 이들은 박탈의 장면에서 사회적인 것에 소속된 구성원으로서 [행동하는 방법을 배운다는 의미에서] 교육된다는 점이 드러난다. 노동계급의 애착심에 대한 루빈의 입장은 이 애착심을, 두 명이 돈을 버는 노동계급 가구부터 전문직 관리직 계급까지 노동 강화가 퍼지기 이미 25년 전에 일상의 비좁은 시간성과 연결한다.[34] "그러나 정상적 가족생활을 할 시간이 거의 없어서 외부의 사람이나 대상에 신경 쓸 여유도 거의 없다. 부모가 대체로 일주일이 걸리는 일을, 즉 부모 자신과 자녀에게 한 가족임을 느끼게 해주는 일을 일주일 중 이틀 동안 하게 되면서 우정은 침몰하고 성인의 사회 활동은 유보된다. 쉬는 날이 서로 맞지 않는 이들에게, 부부 관계와 가족 생활을 둘 다 유지해야 하는 문제는 엄청나게 확대된다."[35]

그러는 동안 자녀는 부모의 세계가 하루하루를 살아 내는 규모로까지 내적으로 줄어드는 것을 관찰한다. 그리고 그 스트레스가 너무나 뚜렷이 감지되기에 아이들은 가능한 한 공간을 차지하지 않는 법을 배우게 된다. 그들은 부모가 최선을 다하지만 무력하기도 하다는 점을 알게 되고 공간을 차지하는 것에 죄책감을 느끼며 자란다.

아무리 불완전하게 표현되고 이해되더라도, 이런 가정의 자녀는 어른의 좌절과 어쩔 수 없는 상태를 감지한다. 그들의 상처에도 불구하고, 부모를 탓한다는 것이 이 아이들에겐 별로 말이 되지 않는 일이다. 그들의 분노는 안으로 향해 자아에 맞서는 방향을 취하거나 …… 밖으로 투사되어 덜 위협적인 다른

338

대상을 향하게 된다. …… 모든 아이들에게 삶은 종종 공포스럽고 통제 불가능한 것으로 느껴진다. 아이의 경험이 자신이 생존하기 위해 의존해야 하는 어른도 아무런 통제력이 없음을 시사할 때, 아이는 자신이 보호받지 못하고 압도될까 봐 너무 깊은 공포심을 느껴서 자신의 경험을 부인하고 억압하거나 자신이 느끼는 두려움에 굴복해야 한다.[36]

그래서 노동계급의 자녀는 비판이나 불평을 멀리하게 된다. "모든 가족의 자녀는 자주 '외롭거나 겁을 먹거나' 둘 다가 된다"고 루빈은 쓴다. "그렇지만 노동계급 가족의 아이는 이에 대해 부모가 할 수 있는 것이 종종 없다는 점을 이해한다. 부모는 자기처럼 꼼짝 못하는 상태이다. 그들은 상대적으로 아무런 통제를 하지 못하는 삶에서 빠져나갈 수 없는 것이다."[37] 여기서 루빈은 자녀가 자신이나 다른 사람의 종속에 동의한다고 설명하지 않는다. 루빈은 과장된 가부장주의나 모성애의 양식으로 사회적 무력함을 메꿔 주는 가족 보상에 대한 사랑도 설명하지 않는다. 대신, 루빈이 보기에 자녀는 대부분 자기 부모의 생존 양식이나 몸부림을 이상화하지 않는 동시에 그들이 겪는 사회적 굴욕의 일상성 때문에 부모를 보호하고 싶어 하는 우울증적 현실주의자이다.[38] 이것을 달리 말하자면, 자녀의 삶이 변혁적으로 애도될 만한 것으로 받아들여질 수 있기도 전에 부모의 삶은 이미 낭비된 것이 아닌 다른 것으로 진지하게 받아들여져야 한다. 이렇게 하는 것이 자녀가 하는 일이다.

이런 환상이 어떻게 불가능한 삶이 물려주는 유산이 되는가를 가장 아름답게 설명한 책은 시카고의 사우스 사이드를 연구한 로익 바캉의 문화기술지이다. 그의 연구 정보 제공자인 케니는 돈을 벌려고 하는 남자이다. 그는 살려고 쓰레기 더미를 뒤지고 다니며 몇 가지 기술을 쌓았다가 써먹지도 못하지만 결코 꿈을 포기하지 않는다. 그렇지만 그의 꿈은 모호하다. 수의사가 되는 것, 삶을 누리는 것, 유명 권투 선수가 되는 것, 가족을 꾸리는 것. 바캉은 케니에게 이런 목적을 성취하는 방법을 터득하는 감각이 별로 없다고 말한다. 할 수 있다고 말해 주는 환상은 하루하루를 살아 내는 압력을 부인한 분리 상태 속에서 활개 친다. "존재가 하루하루 생존의 기술로 축소되고 사람이 손에 쥔 게 무엇이든 그것으로, 거의 아무것도 없는데도 계속해서 최선을 다해야 하는, 무자비한 사회적·경제적 불안정이 모든 곳에 퍼져 있는 이런 상황에서, 현재는 너무 불확실해져서 미래를 먹어 치우며 환상으로밖에는 미래를 생각하지 못하게 한다. …… 나름의 방식으로 [그것은] 그 이름을 말하지 않는 사회적 애도의 노동이다."[39]

동성애, 감히 그 이름을 말하지 못하는 사랑은 사회적 애도의 노동이라는 이 표현에서 메아리친다. 이 두 표현은 사회적 소속의 어떤 장면을 감내할 수 있으려면 무엇이 베일에 가려져 있어야 하는지를 드러낸다. 이런 완곡어법은 상처받기 쉬운 취약한 주체를 보호하고, 그들을 적절하지 못하다고 쫓아내는 사회질서를 보호한다. 케니의 경우, 패배했다고 느끼지 않도록 빈곤의 한가운데서 사회적 애도는 직접적으로 진술되지 않아야 한다. 바캉에게 케니는 명시적으로 슬픔을 느끼지 않는 애도를 드러내지만, 우리는 이것을, 주체를 지속시켜 주지만 실행하기는 불가능한 환상의 투사, 즉 잔인한 낙관이라 부른다.[40]

그래서 실망과 보호의 이 조합이 몸속에 장착된, 종속을 향한 사랑으로 오독될 수 있겠지만, 내가 보기엔 그렇지 않다. <로제타>와 <약속>은 자녀들이 가족 밖에서 너무나 잘 알고 있는 굴욕을 가족 안에서 자신들의 부모가 경험하지 않도록 보호하고 싶어 하는 자녀의 욕망을 수많은 방식으로 보여 준다.[●] 동시에 이 자녀들은, 부모의 투지 부족으로 인해, 부모가 자녀에게 전수하는 환상으로서만 유지되는 가능성의 느낌과 존엄을 지키기 위해 부모와 싸워야 한다. 이것은 로제타의 경우에 분명하게 드러난다. 로제타는 어머니가 하는 살림의 제스처(연어를 요리하거나, 이동 주택 바깥에 식물을 심는 행위)를 지속적으로 거부한다. 이런 것은 자선과 성적 교환의 결과이기 때문이다. "우리는 거지가 아니고" "엄마도 창녀가 아니다." 마찬가지로 이고르는 아버지에게 결코 싫다고 말하지 못한다. 심지어 그들이 아미두를 죽인 후에도. 대신 이고르는 침묵한다. 비록 그가 아버지로부터 아시타를 구출하고 아시타가 경찰에 신고하고 싶어 하지만, 이고르는 "아버지가 잘못했어, 하지만 나는 고자질쟁이가 아니야"라고 말할 뿐이다. 결국 로저를 물리적으로 제압해야 하는 사람은 아시타이다. 이고르는 아버지가 현실과 대면하지 않도록 지켜 주고 싶어 하기 때문이다. 현실은 이제 불법 가부장주의의 네트워크가 견딜 만하거나 삶을 일구는 것이 아니라 비공식적 일상의 차원에서 착취의 도구성을 사소하게 재생산하는 것일 뿐임이 드러난다. 이고르는 이런 현실을 보기 시작하지만, 몸이 얼어붙는다. 마찬가지로 로제타의 몸은 경련을 일으키는 궤양으로 처절하게 신음한다. 그러나 이고르와 로제타 둘 다, 물에 빠져 죽어 가면서도 자기들을 끌어내리는 부모의 몸을 물리치지 못한다. 아마 이것은 오직 행동만을 볼 뿐 사랑의

● 벌랜트는 부모에 대한 로제타와 이고르의 행동은 사랑을 넘어서 신자유주의적 상황에서 생존의 몸부림이라고 해석한다. 정신분석학은 주체화를 부모에 대한 사랑의 종속이라고 설명한다. 벌랜트는 이런 종속의 역사적 맥락에 초점을 두고 자녀들의 행동 역시 사회적 구조와 직접적으로 연결된 것임을 강조한다.

동기에는 전혀 관심이 없는 경찰, 국가, 두목, 조사관과 똑같아질까 봐 두려워하는 마음 때문이리라.

이 두 영화의 지정학적 역사적 특수성을 고려하면, 자녀가 가족에 뿌리를 두고 있는 한 그들이 나쁜 삶의 형식을 재생산하는 방식을 이렇게 읽어 내는 사유로부터 무엇을 배울 수 있을까? 우리는 종속된 주체인 아이가, 세상에서 살아남는 유일한 방법이 비공식 경제, 뇌물, 비진실의 담론을 지닌 생명 권력의 흥정에 의지하는 것일 때 호혜적 관계는 쉽사리 배반된다는 것을 일찍이 알게 된다는 점을 살펴보았다. 이 두 영화는 청년들이 아무에게도 해를 입히지 않고 자기들의 진실을 말하려 몸부림치고 있음을 보여 준다. 그러나 그렇게 하는 것은 불가능하다. 그들이 살아가는 세계에서 사랑은 친밀한 사람들의 감정을 보호하려고 거짓말하는 행위를 통해 구성되는 동시에, 거짓말의 베일 너머에서 계급사회의 밑바닥에 있는 사람 누구든 생존을 위해 동원해야 하는 무자비함은 다른 것만큼이나 친밀한 영역을 뒤흔들어 놓는 것으로 끝나기 때문이다. 생존의 주체는 쓰레기 더미를 뒤지는 기술, 절충주의, 불신의 기술을 연마해야 한다. 소속에 대해 생각해 볼 시간은 거의 없고, 위협에 반응하지 않고 있을 시간도 없다. 이 두 영화가 주인공들에게 허용하는 도덕적 평화와 낙관의 작디작은 주름은 어쨌거나 개인의 의지로 유지될 수 있는 게 아니라 그들이 소유하지 않은 자원에 대한 통제로써 유지되는 것이다.

그러므로 나는 하위 주체의 느낌에 관한 관습들로 표현된 규범성을 열망하는 문제에 대한 해결책을 제시하지 않은 채 글을 마친다. 내가 다음을 주장하기 때문이다. 즉, 무자비한 분노의 행동이 보살핌의 형식과 혼합되는 노동자의 종속된 감각중추는 압도적으로 생산적인 현재에 미래성을 거부하는 자본주의가 친밀성을 둘러싼 규범적 약속과 맺는 관계의 결과이며, 그 결과는 우리로 하여금 친구가 있는 것이나 데이트를 하는 것 혹은 우리의 투쟁에 어쨌거나 공감을 보여 줄 누군가를 갈망하며 쳐다보는 것이 정말로 살아가기가 이루어지는 장소라고 상상할 수 있게 해준다.

6장
좋은 삶 이후, 답보 상태
:〈타임아웃〉,〈인력자원부〉,
위태로운 현재

6장은 로랑 캉테의 영화 〈인력자원부〉와 〈타임 아웃〉을 사례로 삼아 중산층이 경험하는 신자유

주의적 위태로움을 논의한다. 5장에서 노동계급과 빈곤층 청년이 좋은 삶이라는 환상의 마모에

대해 보이는 정동적 반응이 정상성의 규범에 근접해 있기를 열망하는 애착심이라고 논의한다면,

6장은 아감벤이 "지구의 쁘띠 부르주아"라고 부른 중산층이 뉴노멀에 대처하는 정동적 반응을

분석한다. 뉴노멀에서는 좋은 삶이 이제 환상일 뿐임을 부인할 수 없다. 벌랜트는 현재의 역사적

순간을 상황으로 접근하여 답보 상태로 개념화한다. 상황이란 마음이 동요하는 상태에서 현재를

살아가는 상태이다. 현재 상황에 적응해야 한다는 명령에 적응하려는 노력이 이전과는 새로운 공

론장을 만들어 낸다. 이 공론장을 벌랜트는 적응의 명령에 적응하려는 몸(새로운 몸짓, 태도, 표

정)을 초점으로 살펴본다._옮긴이

1. 언제나 지금
: 상황, 제스처, 답보 상태

이 장은 우리 시대의 자본주의적 활동을 체험하는 장면에서 삶의 재생산과 삶의 쇠퇴 사이의 관계를 부르주아 가족으로 확장해 살펴본다. 1990년대 후반 프랑스의 노동 상황에 대한 로랑 캉테 감독의 평가는 (즉 <인력자원부>와 <타임아웃>은) 이전에는 보호를 받던 계급들의 일상생활에 신자유주의가 가한 타격을 미학적으로 재연했다는 극찬을 받았다.[1] 이 두 영화는 경제적 위태성이 기세를 올리면서 조르지오 아감벤이 말한 새로운 "지구의 쁘띠 부르주아"planetary petty bourgeoisie, PPB로까지 흘러들어 간다는 사실을 기록한다. "지구의 쁘띠 부르주아"는 노조에 가입한 노동자 집단들, 기업가, 소규모 토지 소유주, 전문 관리직 계층으로 이루어진다. 이 두 영화는 국가, 시장, 사람들이 살아가는 방법 사이의 관계가 재조정되는 크고 작은 양상들을 자세히 담아낸다.[2] 그러므로 이들의 위태성은 경제적인 것보다 훨씬 더 많은 것을 의미한다. 즉, 위태로움은 여러 의미에서 구조적이며, 정동적 환경에도 스며든다. 이 두 영화는 신분 상승을 열망하던 사람들을 지탱해 주던 것들, 즉 삶의 구축을 낙관하게 하던 전통적 버팀목들이 큰 타격을 받고 있음을 증언하며, 다양한 종류의 사람들이 새롭게 닥친 상황을 어떻게 따라잡으려 하는지에 주목한다.

널리 확산되는 위태성이 계급과 지역을 가로질러 현재 순간의 지배적 구조와 경험을 마련해 준다고 주장하는 것은 무엇을 뜻하는가?[3] 이런 상황이 출현했다는 데에 사람들은 대체로 동의하지만, 이 상황의 출현으로 영향을 받은 인구 집단에 대한 설명은 비물질 노동 체제의 노동자 및 역사적 노동계급에서 한참 벗어나, 지구적인 관리 계층으로 향한다. 그래서 다음과 같은 사람들도 포함된다. 대학을 다니고 시간제 노동이나 임시직 노동으로 먹고살면서 간혹 예술 활동을 할 때면 실업수당을 받는 뉴보헤미안. 몸과 생활이 자본주의의 힘과 리듬으로 포화된 모든 사람.[4] 그렇다면 이 현상을, 이미 프레카리아트precariat라는 이름으로 불리는 새로운 지구적 계급이라 보는 것은 어떤 의미에서 정확한가?[5] 이렇게 출현한 분류법은 여러 질문을 제기한다. 위태성은 어느 정도로 어떤 인구 집단에게, 또한 자본주의의 주체들 일반에게 고통을 주는 경제적 정치적 조건인가? 그것이 삶의 방식, 정동적 분위기라면 어떤 정도로 그러한가? 위태로움은 이제 살아 냄이 우연적임을 뜻하는 실존적 진리가 된 것인가? 즉, 우리가 의도하는 삶을 일굴 수 있거나 그렇게 일구어질 것이라는 아무런 보장이 없음을 뜻하는가?[6]

근원을 따져 보면 위태성은 의존의 상황이다. 법률 용어로 '위태로운'precarious이란 말은 토지 임차권이 다른 사람의 손에 달려 있는 상황을 설명하는 말이다.[7] 그렇지만 자본주의적 활동은, 시장의 지시와 변덕에 따라 만들어지고 허물어지는 삶과 자원을 생산적으로 파괴하는 탈안정화의 장면을 항상 유도한다. 그러나 데이비드 하비를 비롯한 많은 이가 논의한 대로, 신자유주의적 경제 실천은 이제까지 그 유례가 없는 방식으로 이런 불안정성을 동원한다. 신자유주의적 자본 소유자의 이해관계는 사회복지 국가의 축소, 예전에 공공으로 운영된 시설과 제도의 민영화, 국민연금·저축식 연금·회사 연금 불안정성의 증가, 표면상 사업을 더 기민하게 유지하고 시장의 요구에 더 잘 대처하게 해주는, 소유자와 노동자 사이의 훨씬 더 "유연해진" 계약상의 호혜적 관계 등에서 힘입는다. 여기에 덧붙여, 노조의 지구적 변화가 있다. 즉, 노조는 안정과 계급 상승을 추동하는 세력이었으나 이제 점점 정당성을 잃어 가고, 수익과 안정을 둘러싸고 노동자들의 권리 주장을 관리하는 행정적 존재로 변형된다. 이제 우리는 계급 구조 전반에 걸쳐 그리고 지구를 가로질러 불안정의 경험을 효율적으로 형성하고 분배하는 신자유주의 반응 회로의 큰 그림을 보게 된다.

특히 산업화된 서구에서 관리 계층은 최근에 새로운 역사적 국면으로 접어 들도록 강제되었다고 많은 분석가가 주장한다. 전문가들은 최근 미국의 금융 위기가 다양한 지역과 계층의 삶을 지배하는 호혜적 관계의 기대, 규칙, 규범을 파괴했다는 점에서 여느 때와 달리 대단히 "민주적"이었다고 지적한다.[8] 리처드 세넷과 마이클 하트와 안토니오 네그리라면 이를 예견했으리라. 우리 시대의 자본주의적 주체성에 대한 그들의 분석이 각기 다르긴 하지만 그들의 분석은 모두 경제적·정치적 특권의 상이한 분포를 가로질러 모든 노동자의 삶의 조건인 안정성이 점점 더 부식되고 있다는 점에 대한 관심에서 나온 것이다.[9] 그러나 그들은 또한 21세기에 접어들면서 안정성에의 접근권을 별로 지니지 못한 계급이 안정성을 이전보다 덜 열망하게 되었으며, 이 불안정한 노동환경이 PPB에 속하는 많은 이에게 자유와 가능성의 느낌을 주었다고 주장하기도 한다. 그들의 지적에 따르면, 일부 PPB는 [고용 상태를 뜻하는] 노동이 더욱 만족스러운 삶을 일구기 위해 매달려 볼 만한 체계라고 보았고, 다른 이들은 일하기-위해-산다는 이데올로기를 전적으로 거부하는 선택을 했으며, 또 다른 이들은 라이프 스타일이 아니라 기술을 개발하는 데 집중한다.

엄밀한 계층 상승보다 측면적 자유*와 창의적 야심을 더 소중하게 여기는 이런 정동적 변화가, 국가에 대한 권리 주장이 확대되고 노동하는 상태로 남아 있으려는 악착같은 노력이 계속되는 가운데, 현재의 경제 위기에서 어떻게 펼쳐질지는 두고 보아야 한다. 신자유주의의 이해관계와 노동자의 욕망 변화 사이의 이 시너지를 보여 주는 구체적인 예는 "프레카리오스" 운동"Precarious" movement 자체에서 명백하게 나타났다. 예를 들어, <표류하는 프레카리오스>라는 단체는 나름의 영상물과 논쟁을 통해 유럽에서 고등교육을 받은 실업 상태의 계층이 겪는 좌절과 자유를 만끽하는 기쁨을 둘 다 이야기해 준다. 그들은 도시를 떠돌며 거래를 하고 네트워크를 형성하고, 사회성이라는 면에서 자신들이 주변적인 존재가 아니라 핵심적 존재임을 주장한다. 그들은 돌봄의 위기를 거론하면서 새로운 사회 생태를 위한 호혜적 관계의 새로운 기준을 요구하고, 그 누구도 자신들이 노력해서 얻어 낸 자유롭게 떠도는 유연한 삶의 방식을 포기하지 않도록 국가가 번영의 기본 조건(음식, 의복, 거주지, 일자리)을 보장하기를 원한다.[10] 이 견해는 과거의 적대적 계급들을 외관상 연대 속에 위치시킨다. 즉, 이런 변화 속에서 관리자와 다중은 둘 다 우리가 익숙하게 알고 있는 형태의 노동이 파괴될 근본적 가능성을 감지하며 다른 한편으로 국가가 경제적 안정과 하부구조상의 견고함을 제공하기를 기대한다.

대조적으로, 자크 랑시에르와 애덤 필립스는 위태성이 초국가적으

● 측면적 자유란, 사회적 위태로움이 증가 중인 현재 상황에서 수직적 계층 상승, 성공, 부의 축적 등 더 나은 삶의 실현을 유보하거나 포기할 때 가능할 수도 있는 자유를 뜻한다. 이런 포기나 유보는 의식적 선택이라기보다는 우선적으로 정동적이다. 이런 정동적 선택은 주권적 행위 주체성의 발휘가 아니라 무의식적이거나 비자발적인 행위 주체성에서 나오는 선택이라는 점에서 (수직적, 주권적인 것과 대비되는 의미에서) 측면적이다.

로 그리고 여러 인구 집단들을 가로질러 주체의 의식과 경제생활을 가득 채운다는 점에 동의한다. 랑시에르는 『민주주의는 왜 증오의 대상인가』[허경 옮김, 인간사랑, 2011]에서, 그리고 필립스는 『평등한 존재들』에서, 예전에 보호받던 계급의 대다수의 사람들이 우리 시대 자본주의 대중사회에서 그들 삶의 구성 요소인 불안정성, 비일관성, 적대감, 모호함, 엉망진창인 상황을 점점 더 많이 "증오한다"고 주장한다. 랑시에르와 필립스는 PPB가 쌓아 두고 싶어 하는 것은 급진적 유연성이 아니라 상대적으로 예측 가능한 안정을 누리는 가운데 단지 적당하게 창의적인 생활과 노동의 특권이며, 그러면서도 PPB가 다른 모든 이에게 존경, 순종, 자기 관리, 예측 가능성을 요구한다고 논의한다.[11] 그들의 관점에 따르면, 또한 이는 아감벤의 관점이기도 한데, 자본 관리자와 이에 봉사하는 계급은 현실적 취약성의 위협이 일상 내부에서 벌어지는 위기의 조건임을 발견한다. 이에 대한 이들의 반응은 근본적으로 반민주적이며, 다른 위태로운 인구 집단과 기껏해야 연대를 형성하는 시늉을 할 뿐이다.

급진적 민주주의와 정신분석학의 시너지를 주장한 필립스의 논의를 이에 덧붙여 보자. 필립스가 주장한 정신분석학의 역사적 사명은 — 주체가 계속되는 방향 상실과 불안정의 상황에서 살아가며 번영할 수 있도록 기술을 연마하게 하는 것인데 — 가장 특권을 누리지 못하는 계급의 이해관계와 혼란, 적대를 수용하는 급진적 민주주의와 연대를 이루는 것이다. 이런 포용이야말로 진정한 민주주의를 규정하는 것이다. 필립스는 우리가 어디 있는지 알지 못하는 것이야말로 평등과 민주주의에 핵심적인 감각 경험이라는 점을 강력하게 주장한다. 하지만 사람들은 [급진적 민주주의를 향한] 그런 과정들이 사회적 위치를 교섭하라는 압박을 끊임없이 행사하기 때문에 이런 과정을 두려워하고 증오하게 된다. 잔인한 낙관이든 아니든 그들은 자신들의 세계 내 위치에 대한 느낌을 제공하는, 유연한 불평등의 위계질서에 애착심을 느낀다.* 좋은-삶 환상이 누구에게나 가능하다는 느낌을 떠받쳐 주는 약간의 투표권 행사, 약간의 사생활 보장, 방해받지 않는 소비자 특권이 널리 퍼져 있는 한, 자본주의와 민주주의 사이의 내부 긴장은 해소된 것처럼 보인다. 그렇다면 이상적으로, 우리가 위태성을 존재와 소속의 조건으로 받아들인다면 정신 건강과 평등에의 헌신을 둘 다 성취하게 될 것이라는 식이다.

캉테 감독의 두 영화는 우리 시대 유럽과 미국에서 구조적 적응이 일어나는 상황 속의 정동적 무無장소성**에 대한 이런 광범위한 설명과 공명한다. 이 두 영화는 계급에 대한, 또는 좋은-삶 환상에 대한 지구적 비교의 관점을 취하지 않으며 — 이 두 영화는 분석적이지도 논쟁적이지도 않다 — 그래서 다양한 계급 위치로부터 불안정 상태로 들어간다는 것은 무엇을 의미하는가 라는 질문에 답을 찾는 데 오로지 부분적으로만 도움이 된다. 그렇지만 이 두 영화의 가장 국지적인 관점조차도 지구화와 신자유주의적 재구조화의 결과이다. 이 영화가 보여 주는 드라

---

* 신자유주의 상황은 계층 이동을 불가능하게 만드는 견고한(hard) 불평등 구조를 강화하면서 견고한 위계적 구조에서 현재의 자기 자리를 지키기 위해 끊임없이 자기 계발을 할 것을 강요한다. 견고한 불평등 구조는 약간의 개인적·제도적 개선의 문제로 치부되며, 사람들은 그것을 집단적 노력과 민주적 교섭을 필요로 하는 문제로 보기를 꺼린다. 이런 상황에서 불평등의 구조는 견고한 위계 구조가 아니라 유동적인 연성의 구조로 인식된다.

** 이는 위태로움의 조건들이 만연한 가운데 어딘가에 소속됨을 통한 안정을 열망하지만 어디서도 소속을 보장받지 못하는 신자유주의 주체의 상황과 관련이 있다.

352

마는 모두 국가 세금의 변화, 노동 변동, 노조의 힘을 빼앗는 복지 정책의 변화, 임금과 혜택 그리고 노동자의 권리를 억압하는 기업 문화, 그리고 이런 변화에 수반되는, 유럽, 한국 및 다른 지역 등 공간을 가로질러 퍼져 있는 생산 체계의 확장과 더불어 일어난다. 사장, 계약 노동자, 위성 네트워크를 활용하는 친밀한 관계satellite intimates[인터넷이나 휴대전화 등 디지털 매체를 활용한 인간관계] 사이의 경제적·정동적 "책임"의 관계가 극적으로 재편되었다는 사실에 초점을 두는 캉테의 두 영화는 상대적 특권을 지닌 이들의 삶이 경제적으로 제도적으로 안정된 적이 한 번도 없었던 이들의 정동적 삶과 얼마나 가까워졌는지를 연출한다. 대답 없이 남겨진 <인력자원부>의 마지막 대사 — 당신의 자리는 어디인가요? — 는 이 두 영화에 나오는 어떤 인물에게도 할 수 있는 질문이지만 대답이 불가능한 질문이며, 현재에 대한 수사적 질문에 불과한 것이 아니다. 어쩌면, 지속적인 위기 속에서 상황이 펼쳐지는 과도기적 현재라는 담보 상태에서, 과거에 수사적 질문이었던 것은 이제 진짜 질문이 된다.

사회적 삶에 다시 활기를 불어넣기 위해서 신자유주의의 이해관계, 정신분석학 이론, 우연적 조건들에 주목하는 급진적 이론이 맺는 이상한 결합은 요컨대 우리 시대 위태로움에 대해 두 가지를 시사한다. 하나는 프레카리아트가 근본적으로 정동적 계급이라는 점이다. 경제적·정치적 과정은 지역, 젠더, 인종, 계급과 정치적 특권의 역사, 활용 가능한 국가 자원과 기술에 따라 사람들을 구조적 불평등 속으로 밀어 넣기 때문이다.[12] 다른 하나는 이 계급의 정동적 상상계에서 위태로움이라는 감각에 적응하는 과정이 현재의 상황을 극화한다는 점이다. 이 책 내내 나는 역사적 현재를 의도적으로 상황이라 불렀다. 현재 순간이 길게 늘어져 지속되는 동안 일어나는 거래를 추적하기 위한 개념으로 발전시키기 위해서이다. 시트콤에서 알 수 있듯, 상황이란 우리가 그 안에 처해 있다는 것은 알지만 아직 그 내용은 파악해야 하는 살아가기의 장르, 즉 삶속에 자리 잡았지만 우리가 통제할 수는 없는 처지를 뜻한다. 상황은 마음이 동요하는 상태, 즉 활성화된 유예의 감각 장르이지, 활성화가 유예된 상태가 아니다. 상황에는 사진처럼 푼크툼이 있다. 상황은 일상성에 일어나는 잠재적 변화에 주목하고 그것에 관심을 두도록 강제한다. 상황이 펼쳐질 때 사람들은 어떻게 적응해야 할지를 파악할 때까지 이 상황 속에서 자신을 그대로 유지하려고 한다.

현재의 역사적 순간을 상황으로 만드는 것은 단순히, 가난한 사람과 사회적으로 주변적인 이들에게 오랫동안 할당되었던 물질적·감각적 취약성과 예측 불가능성을 마침내 부자들도 경험하고 있다는 사실이 아니다. 그것은 적응하라는 명령에 대한 적응이 전적으로 새로운 위태로운 공론장을 창조한다는 사실이다. 이 위태로운 공론장은 계속되는 현재에 어떻게 불안정성에 다시 대처할 것인가를 둘러싼 논쟁으로 규정되며 또한 출현 중인 미학으로 정의된다.[13] 이런 변동은 인과관계와 미래성에 대한, 예를 들어 어떻게 상황이 이렇게 되었는가 그리고 더 나은 미래를 과연 상상할 수 있는가를 둘러싼 신자유주의적 분석과 급진적 분석 사이에 이상한 연속성을 유발했다.[14] 다르덴 형제의 작품에서 (5장 「거의 정상」을 보라) 놀이 부담과 생활 부담이 "아래"로부터 본 우리 시대 자본주의의 위태성 내부에서 잠재성의 대안적 주름을 제공하는 반면, 캉테가 다루는 더 특권적인 인구 집단에게 취약성과 위험부담의 증가는 어떤 종류의 적응이 더 나은가를 둘러싼 낙관보다는 혼란을 더 조장하는 것 같다. 이 긴급한 상황을 정의하는 것은 이 상황이 계속되는 지금을 살아간다는 문제이다. 과잉 현존하는 동시에 수수께끼마냥 알 수 없이 계속되는 이 현재는 우리로 하여금 그 안에 존재하는 새로운 방식에 발판을 마련할 것을 요구한다. 우리의 뇌리를 떠나지 않는 문제는, 이 상황이 주체를 파괴하기까지, 혹은 이 상황이 그저 견딜 만한 위기 일상성의 지속적 소음에 불과한 것처럼 여겨지기까지, 과연 우리의 창의성과 과잉 경계심을 얼마나 집어삼킬 것인가 하는 점이다.

그럼에도 불구하고, 이 상황이 결국 모든 곳에 퍼진 경제적·정치적 허약함이 새롭게 지구화되거나 대중적으로 동질적인 계급을 발생시켰음을 보여 주는 증거는 아니다. 이 점은 두고 봐야 한다. [현재 삶의 조건이 점점 더 나빠지고 있다는 사실을] 부인하는 심리는 대대적으로 사라져 버렸다.* 좋은 삶이라는 약속은 더 이상 이 역사적 현재의 살아 있는 위태성을 은폐하는 가면이 아니다. 새로운 가면의 출현이 이 점을 명확하게 보여 주는 증거이다. 즉, 유럽과 미국에서 어떻게 사람들이 사회민주주의와 시장 민주주의 둘 다의 종말 속에서 살아가고 있는지를 둘러싼 수많은 설명을 지금 아름답게 꾸며 주는 위태로운 얼굴이 출현했다. 불황으로 찡그린 얼굴이, 찌푸린 눈살과 미소, 꽉 다문 입 사이 어디에선가 드러났다. 더 많은 사회적 위치에서 더 많은 사람들이 자기들의 꿈이 물질적·환상적 방식으로 미리 배제되는 것을 관찰하고 있음이 드러나자, 이 찡그린 얼굴은 지연의 공간을 창출하는 또 다른 층위의 얼굴을 만들어 내고, 그러는 사이 주체와 세계는 좋은-삶이라는 꿈이 결국 얼마

● 좋은 삶이라는 환상을 유지하려면 현재가 나쁘지 않다는 부인 심리가 작동되어야 한다. 이런 부인 심리가 사라졌다는 것은 신자유주의적 구조 변동으로 인해 상황이 부인할 수 없을 정도로 매우 나빠졌음을 뜻한다.

나 대단한 환상이었는지에 적응한다.[15]

캉테 감독의 두 영화는 살아 냄의 미학적 스타일과 이런 불편한 동요를 추적하는 매개*의 미학적 스타일을 구현한다. 이 두 영화에서, 우연성의 경제적·정치적 조건 사이의 변동 중인 관계는 불안정성 — 즉 삶의 토대인 계속되는 현재의 불안정성 — 의 독특한, 동시적인, 그러면서도 집단적인 몸들의 수행을 따라 굴절한다. 그것은 규범이 닳아 해어짐으로써, 즉 기댈 수 있는 존재라는 장르가 닳아 해어짐으로써 형성되는 미학이다. 닳아 해어짐이란 변화 과정을 거치는 느리고 미세한 무언가를, 그 나름의 시간 속에 일어나는 무언가를 뜻한다. 미학적으로, 우리는 이 정치적-정동적 조건을 주로 엉망진창인 상황, 에피소드, 일화, 제스처 등에서 관찰한다. 하지만 이는 극적 사건의 장르에서는 별로 관찰되지 않는다.

자기 감응 감각의 역사, 즉 대표적인 신체 적응의 아카이브는 규범적 환상 및 그와 관계된 경제에서 지금 나타나고 있는 스트레스성 골절상에 대응해 일어나는 정동적 재교육을 들여다 볼 수 있게 해준다. 「위태성: 체현된 자본주의의 심장부로 가는 살벌한 여행」에서 바실리스 치아노스와 디미트리스 파파도풀로스는 돌보아야 할 일련의 신경 체계 증상의 목록 전체를 제시한다.[16] 비록 이 분석은 위태로움을 비물질 노동

• 여기서 매개(mediation)란 정확한 인식이나 파악이 안 될 때, 즉 메시지가 없는 상태를 추적 또는 파악하는 방법을 뜻한다. 위태로움을 증가시키는 신자유주의적 변동을 감지하는 정동은 무언가 불편한 동요이다. 동요는 위기를 감지하지만 아직 그 위기에 적응하는 단계는 아니기에 정동적으로 불편한 상태이다. 동요는 위기를 파악 중인 상태이기에, 인식의 표시인 메시지가 없다. 메시지가 없으므로 표정, 몸짓 등의 매개를 통해서 어떤 상태인지를 추적할 수 있다.

을 하는 주체에 한정된 것으로 설정하지만, 이 목록은 다음을 포함한다.

ⓐ 취약성: 아무런 보호 형식 없이 꾸준히 유연성을 경험하는 것 (원문 그대로임*). ⓑ 활동 과잉: 항상 활용될 수 있어야 하는 상태에 적응하라는 명령. ⓒ 동시성: 상이한 박자와 속도의 다양한 활동을 동시에 처리할 수 있는 능력. ⓓ 재조합: 다양한 네트워크, 사회 공간, 활용 가능한 자원 사이를 횡단. ⓔ 탈섹슈얼리티: 딜도로서의 타자. ⓕ 유동적으로 친밀한 관계: 몸을 통한 불확정적 젠더 관계의 생산. ⓖ 안절부절하기: 소통, 협동, 쌍방향 활동의 과잉에 노출되고 그에 대처하려고 노력함. ⓗ 정착하지 못하는 상태: 상이한 공간과 타임 라인을 가로지르는 이동성의 지속적인 경험. ⓘ 정동적 소진: 감정적 착취, 혹은 고용 가능성과 다층적 의존 상태를 통제하는 데 중요한 요소로서의 감정. ⓙ 교활함: 부정직하고 집요하고 기회주의인 사람, 책략가가 될 수 있는 능력.

달리 말하자면, 위태로운 몸은 단순히 사회계약상의 변동을 증명하는 것이 아니라 일상적인 정동적 상태의 변동을 증명한다. 이런 불안정성은, 우연성을 관리하는 정신분석학적 훈련은 아니라 하더라도, 호혜성의 사회관계와 제도들이 무너지고 있는 한가운데에서 발 디디고 지탱하는 법, 방향감각, 존재 방식, 평정심을 유지하는 새로운 방식들을 익히느라 스트레스로 쓰러질 정도로 심화된 학습 곡선에 올라탈 것을 요

---

* "steadily experience"라는 원문의 표현이 단어가 빠진 듯 어색하므로 이를 그대로 인용했음을 벌랜트가 밝히고 있는 것이다.

구한다.

몸의 방향 설정을 순환시키는 장면인 퀴어 현상학은 자기 감응 감각이 역사적 현재를 이해하는 측정법으로 부상하는 또 다른 지적 맥락을 제공해 준다. 공간에서 교섭하는 영화 속 몸들로 주의를 돌린다는 것은 영화가 몸의 살로 감지된 세계에 대한 보편적인 어떤 촉각을 재연하고 변화시킨다는 점을 다시 주장하려는 것이 아니다. 퀴어 현상학은 — 특히 캐밀라 그리거스, 로라 마크스, 게일 와이스, 엘스페스 프로빈, 사라 아메드의 저작을 보라 — 지속적인 몸의 방향 설정 행위, 그리고 주체가 우리 시대 세속성, 정체성, 어딘가에 소속된 상태에 들어갈 수 있게 하는 유통의 양식을 정치적으로 분석할 것을 요구했다. 여기서 미학적 매개는 방향 설정, 자기 투사, 애착심, 그리고 근접성에 대한 심리적·애정적 신경 감각의 독특한 패턴과 일반적 패턴 사이에 일어나는 대표적 번역을 만들어 낸다. 치아노스와 파파도풀로스의 작업과는 대조적으로, 퀴어 현상학은 정동적 손상을 보여 주는 징후의 증거를 모으는 일에 주로 관여하기보다는 갈망과 소속의 궤적을 따라가는데, 이는 살아가는 법을 새로 열어 주는 방식을 창조하기 위해서, 그리고 삶의 생산과 구축이라는 실천을 재구상하는 기회로 이미 다른 사람들에게 작용하는 소속의 상태를 벗어나는 삶이나 야생의 삶을 제공하기 위해서이다. 이런 작업에서 사회적 애착심은 실천으로 입증되는데, 여기서 실천은 항상 지금 작동 중이면서 이데올로기나 진리 혹은 무언가를 반드시 표현하지는 않으면서 능동적으로 감응하는 감각의 실천을 포함한다.[17]

사람들이 어떻게 상실의 역사적 순간을 살아 내는가에 관심을 두는 이 장은 훨씬 더 지엽적으로 어떻게 몸이 역사적 현재에서 삶의 재생산 조건들 속에 있는 작은 결함들을 형상화하는지 살펴본다. 작은 결함이란 이행의 도중에 나타나는 중단이다. 나는 미학화되거나 매개된 주체의 몸의 거래가 한 계급의 [현재 진행 중인] 사태에 대한 감각, 그 계급이 현재 사태를 감지하는 것을 변화시키는 구조적 힘들 사이의 관계에서 일어나는 변동과 딸꾹질 같은 일시적 고장에 대한 정치적 이해를 어떻게 흡수하고, 감지하고, 재연하고, 다시 파악하고 가능하게 하는지를 보여 주고자 한다.[18] 이 작업은 변동의 한가운데에 있다는 것이 어떤 느낌인지, 그리고 세계 안에 계속 머물기를 고집하는 몸으로 사회적 행위를 지속하면서 재형상화[재조정]된 매너를 따르는데도 제도화된 역사의 연속성을 체현하지 못하고 앞뒤가 맞지도 응결되지도 않는 무언가를 체현한다는 것이 어떤 느낌인지를 만나게 되는 일이기도 하다.[19] 이 작업은 농밀한 현재의 내부에서 주체가 어떤 몸가짐을 얻고 상실하고 유지하는지 관찰함으로써 자아 식별 체계에 무슨 일이 일어나는가를 살펴보기 위해서이다. 이는 내적인 상태를 표현하는 것이 아니라 한 상황을 헤아려 보는 행동을 이해하는 일이다. 앙리 르페브르라면 이 작업을 리듬 분석이라 부를 터이다. 그렇지만 내가 여기서 초점을 맞추는 것은 일상이라는 건축물이 강제하는 몸의 리듬과 그 속에서 살아갈 수 있게 하는 조련의 양상이 아니다. 이 장은 현재의 상황에서 일어나는 불편한 동요와 이를 둘러싼 즉흥적 적응을 살펴보는 리듬 분석이다.[20]

몸이 체현하는 동요와 적응의 이런 관계는 아감벤이 "19세기 말 부르주아지는 분명히 자신의 제스처를 잃어버렸다"고 주장하면서 지적했던 것이다.[21] 고풍스런 낡은 것이 된다는 것의 의미를 가늠하는 척도로서 잃어버린 제스처를 수집함으로써 영화는 "일반화된 파국"을 기록한다고 아감벤은 주장한다.[22] 하나의 장르로서 제스처는 브레히트의 연기 개념과 동일하지 않다. 브레히트가 말한 연기란 생산양식과 그것이 전형적인 사람들의 개인적 집단적 삶에서 드러나는 방식에 대한 은폐된 불법적 지식을 대중에게 배포하는 미학적 소통 양식을 뜻하는 개념이다.[23] 대신에, 아감벤에게 제스처는 목적도 수단도 지향하지 않는 중간 행동이자, 세상 가운데 있음, 세계 안에 있음을 가리키는 기호, 즉 사회성의 기호이다. 좀 더 자세히 설명하자면, 이런 유형의 제스처는 메시지가 아니다. 그것은 메시지보다 훨씬 더 형식적이다. 즉, 불편한 동요로 혹은 들뢰즈가 말한 "문제사건"으로 변할 수 있는 변동의 수행이다.[24] 시간이 앞으로 나아가는 움직임이라면, 제스처는 시간을 표시하는 것이 아니라, 주목과 예측치 못한 교환에 현재를 열어 두면서 시간을 만들어 낸다. 찡그린 얼굴이 이런 제스처이다. 무표정한 무반응도 그렇다. 상황은 이것 주위에서 자라날 수도 있고 그렇지 않을 수도 있다. 이것은 가장 작게 열린 틈을, 움직임이 만들어 낸 공간을 만들어 낼 뿐이기 때문이다. 그래서 제스처는 잠재적인 사건일 뿐이며, 극적이든 아니든 밀도를 쌓아 갈 수 있는 현존하는 무언가를 개시하는 일일 뿐이다. 이 움직임은 상황을 만들 수 있고 그렇게 되면 제스처는 그 속에서 다르게 보이기 시작한다. 이런 관점에서 현재는 항상 스쳐 지나가는 무언가를 감지하는 것도 아니고 상실의 형이상학적 경험도 아니다. 또 그것은 주로 시대착오적인 역사적 힘들을 내버리는 곳도 아니다. 제스처의 불편한 동요가 조정이나 재매개, 적응으로 체험될 때, 현재는 감지되고 형성되는 시간의 펼쳐짐, 즉 답보 상태가 된다.

행위자들이 행위를 하고 있는 생생한 상황을 답보 상태라 부르면 부적절한 것처럼 보일 수도 있다. 세계는 대체로 원인, 결과, 미시적 변형의 탈드라마화된 덩어리들로 여전히 조직돼 있기 때문이다. 나는 답보 상태를 지속되는 현재와의 만남을 지칭하는 형식적 용어이자, 다양한 지역과 몸들에 유포되는 위태로움을 추적하기 위한 특정 용어로 제시한다. 답보 상태로서 현재라는 개념은 삶의 재생산에 관련된 규범의 중단에 적응하고 그 중단을 타진하고 체험할 수 있는 다양한 방식을 열어 준다. 답보 상태는 서사 장르 없이 체험되는 시간의 공간이다. 답보 상태에의 적응은 대체로 미해결 상태의 상황을 지시하면서 수정하는 극적이지 않은 행동이나 제스처를 수반한다. 우리는 무언가를 피하거나 어떤 곳에 도착하기 위해 통행증을 사용한다. 그것은 통과의 공식적 표상이다. 그러나 답보 상태는 막다른 골목이다. 실로, 답보 상태라는 단어는 프랑스어에서 난감한 함의를 지닌 막다른 골목*이라는 말을 대체하기 위해 만들어진 말이었다. 막다른 골목에서 우리는 계속 움직이지만, 역설적으로 같은 공간에서 움직인다. 답보 상태란 윤곽이 불분명한 공간 주위로 개헤엄치듯 맴도는 행위, 꽉 붙잡을 곳도 없이 불안감을 향해 열린 지체[기다림]의 장소이다. 답보 상태는 부분적 요소들을 혼란스럽게 드러내는 [와해의] 속성을 띤다. 즉, 시간의 펼침이라는 속박되지 않은 시간성 속에서, 답보 상태는 행위를 요구하는 지연을 표시한다.[25] 행위는 타격을 가하고 사건들을 만들어 낼 수 있지만, 그것들이 어디로 이끌어 가는지 우리는 모른다. 이 지연 덕분에 우리는 거부, 거절, 거리 두기, 정신병, 모든 종류의 급진적 부정의 제스처뿐만 아니라 평정심, 예의바른 교섭, 세상 속에 함께 있음의 제스처를 개발할 수 있다.

그러나 현재에서 삶과 시간의 펼쳐짐이 모두 동일한 방식으로 유보

---

* 프랑스어 cul-de-sac은 해부학적으로 직장자궁오목[직장과 자궁 사이의 낭]이나 맹장관 등을 가리키기도 한다.

되는 것은 아니다. 앞으로 이 장에서 나는 두 종류의 답보 상태에 초점을 맞추면서 세 번째 종류의 답보 상태를 가리키고 수행할 것이다. 첫째, 실연의 상처, 갑작스런 죽음이나 사회적 파국 이후에 맞는 답보 상태처럼 강제로 상실을 경험하는 극적인 사건 후의 답보 상태가 있다. 이런 경우 우리는 무엇을 해야 할지, 어떻게 살아야 하는지를 더 이상 알지 못하며 알지 못한 채 적응해야 한다. 둘째, 상황에 대처할 수 있도록 그 상황에 이름과 절차를 부여해 주는 사건이 없는 채 규범적으로 친밀한 혹은 물질적인 호혜성의 조건들 가운데서 우리가 표류하고 있음을 발견할 때 벌어지는 일, 말하자면 타성으로 살아가다 견인력을 잃고 마는 일이다. 셋째, 낡은 확실성을 녹여 없애 버리고, 보증 없는 삶에 대한 임기응변과 성찰을 강제하는 문제/사건의 존재에 대처하는 것이 상실이 아니라 즐거운 일 그리고 유리한 일이 되는 상황이 존재한다. 아녜스 바르다 감독의 영화 <이삭 줍는 사람들과 나>(2000)는 답보 상태에서 보증 없는 행복한 삶을 보여 주는 문제적이고 활기 넘치는 사례를 제시하며, 이것은 미학적 해석 자체가 주는 측면적 즐거움과 마찬가지다.[26] (이 세 가지 유형의 탈낙관적 반응은 1장 「잔인한 낙관」에서 다룬 사례 자료를 떠올리게 한다.)

역사적 현재가 그 외에 다른 무엇이든, 그것에 어떻게 들어가든, 역사적 현재는 — 답보 상태이자, 진행 중인 농밀한 순간으로서, 그것 자체에는 장르가 없지만 여러 장르를 흡수할 수 있는 상황으로서 — 경계선, 모서리, 형태가 없는 중간 지대이다. 역사적 현재는 이행과 교섭 속에서 경험된다. 역사적 현재는 생계의 절박함이 거듭 해결되는 공간, 미래에 대한 보장은 없어도 내구성 있는 적응의 규범을 통해서 계속 진행되는 공간에 붙이는 이름이다. 사람들은 그 안에서 파괴되기도 하고, 낙담하되 그럭저럭 해나가기도 하고, 행복하게 살기도 하고, 놀이하듯 매혹되기도 한다. 현재 일어나는 착취에 대해 국가자본주의가 변명으로 제시하는 안정과 계층 상승이 쇠퇴 중임을 여기에 덧붙일 수 있다. 프레카리아트가 정동으로 규정되는 계급이라면, 예전에는 심리적·경제적 보호를 받던 프레카리아트 구성원에게 지속적이면서 집단적으로 해당되는 상실이 적어도 한 가지 발생했다. 즉, 너무 많은 사회민주주의적 좋은-삶의 환상을 지탱했던 부인과 모순을 유지하는 제스처의 상실이 그것이다. 바로 여기에서 이 와해의 세부 내용, 그 세부 내용이 예시되는 방식, 그리고 사람들을 환상에 계속 묶어 주는 환상들이 현재의 역사에 정치적으로 중요한 문제가 된다.[27]

2. "약간 초조한 게 정상이야"
: 〈인력자원부〉

장클로드 바르비에르가 대단히 유용한 글 「유럽의 '고용상의 위태로움'에 대한 비교학적 연구」[28]에서 주장한바 위태로움이라는 프랑스어 프레카리테précarité는 원래 빈곤의 수렁에 빠진 삶만 지칭했으며, 유연 노동이라는 위장하에 단행된 신자유주의적 재구조화가 국가적·초국가적 기업 정치에서 상투어가 되던 1980년대에서야 비로소 고용과 결부된 단어가 되었다고 한다.[29] 유연성 개념은 점점 더 역동적인, 즉 불안정해지는 경제에 대응하는 기업에게, 그리고 직장에 매인 상태를 즐거움과 계층 상승에 저해 요인이라고 여긴 사람들에게 일종의 자유로움으로 팔려 나갔다. 이런 변동이 전통적인 국가적-자유주의적 사회적 의무

사항을 헐겁게 또 복잡하게 한 결과에 대해 많은 이가 논의했다. 바비에르는 프랑스의 경우 "위태성"이 국가 안에서 작동하는 노동 계약의 다양성을 과소 기술한다고 주장하지만, 그럼에도 불구하고 이 개념은 모든 계급을 관통하는 정동적 분위기를 기술하는 탄력적인 것이 되었다. 결국 위태로움에서 고용상의 위태로움으로, 그런 다음 모든 노동의 위태로움으로 이렇게 계속 확장된 것과 더불어, 이 개념이 지칭하는 현상의 네 번째 확장은 위태롭게 만들기précarisation의 도입으로 이어졌다. 즉, 사회 전체가 더욱 위태로워지고 그 토대에서부터 탈안정화되는 과정으로 이어진 것이다.

1990년대와 그 이후 프랑스 영화에서 "뉴 리얼리즘"이라 불린 것 — 프레카리티 시네마가 된 지구적 스타일 — 은 이런 위태성 속에서 일어난 변동이 일부 한정된 구조부터 모든 곳에 만연한 생활환경으로 확대되는 과정을 기록한다.[30] 1930년대와 1940년대 할리우드 영화를 연상시키는 멜로드라마적 리얼리즘과 전후 이탈리아 네오리얼리즘 사이의 연결 지점으로 되돌아간 프레카리티 시네마는 멜로드라마와 정치를 혼합하는 더욱 과묵한 미학으로, 국가적·사회적·경제적·정치적 유대를 지탱했던 것의 마모와 다양한 인구 집단을 폐기물처럼 내던지는 상태로 방임하는 행태를 추적한다.

프레카리티 시네마는 전후에 일어난 부르주아의 사적인 어법에서 국가적 공적 어법으로 확대된 깔끔한 변동을 탈안정화한다. 이 부류의 영화가 공공 생활의 민영화와 삶의 재생산을 위한 모든 제도와 공간의 허약함 — 친밀성과 공적·사적·국가적·경제적·초국가적·환경상의 허약함 — 을 예시하는 사례에 대해 해주는 이야기는 현재를 이행 지대로서 강조하며, 이행 지대인 현재에 호혜성의 규범적 형식은 세계 안에서

나 미학적으로나 — 결국 무언가 유의미한 존재가 되고 싶다는 바람이 의미하는 바에 대해서 물려받은 환상의 재생산을 방해하면서 — 좋은 삶에 관한 이야기를 닳아 해진 것으로 만들어 버리기 때문이다. 제도, 경제, 일상의 환상에서 계속되는 위기는 이런 계기들에서 표본성 자체를 탈안정화하고, 영화는 독자성이 집단적으로 존재할 때의 외로움, 정동적 마모의 타격, 그리고 그 모든 것의 한가운데서, 회복의 제스처를 그럭저럭 취할 수 있는 사람들을 위해, 회복의 제스처라는 작은 낙관을 기록한다. 그러므로 프레카리티 시네마는 자기 감응 감각 — 정동이 담긴 제스처를 수행하며 공간을 움직여 가는 몸 — 에 주목하여, 비슷한 역사적 정체성이나 사회적 위치를 지닌 주체들이 아니라 새롭게 출현한 일상성의 압력에 비슷하게 적응하는 스타일을 지닌 주체들로부터 나오는 새로운 잠재적 연대 조건을 탐구한다.

　　캉테의 <인력자원부>는 관습 너머로의 이런 이행을 가장 분명하게 보여 주고, 미학적 문제를 살아 냄의 문제, 생계의 문제와 등치한다. 이 영화는 프랑스 최근 역사의 중요 계기에 두 사람 사이에서, 한 가족, 한 공장, 한 공동체에서 일어난 일을 이야기하면서 위태성이 확장되는 양상을 본보기로 보여 주는 소박한 미시적 역사를 말해 준다. 그렇지만 — 삶이 재생산되는 과정의 세부 내용에서 한 가지 삶의 양식과 한 가지 생산양식의 종말을 발견하는 — 이 이야기의 바로 그 소박함은 끔찍한 다층적 아이러니들을 동원한다. 캉테의 시나리오는 내가 이 장의 서두에서 설명한 아이러니 속에 확고하게 뿌리박고 있다. 바로 노동의 재배치를 위한 급진적 상상계와, 노동자와 사업 현장에 더욱 "유연한" 의무 및 책임 관계로 더 많은 수익을 뽑아내려는 신자유주의의 이해관계가 끔찍한 시너지를 이룬다는 아이러니를 말하는 것이다. 특히, <인력자원부>

는 1주 노동시간을 35시간으로 줄이자는 프랑스의 사회주의 프로그램이 실행되기에 [2년] 앞서 사유 실험으로 마련되었다(1998년에 상영된 이 영화는 소위 35시간 입법정책이 실행되는 2000년의 사태를 예견했다). 이 순간은 노동하는 시민의 일상생활을 재구성하는 국가 조치와 관련되기 때문에 역사적으로 중요한 것으로, 집단적 사건으로 표시된다.

더욱 평등한 일자리 기회 분배와 확대에 보조금을 지원함으로써(너무 많은 사람이 실업 상태인 한편 너무 많은 사람이 초과 노동을 하고 있기 때문에), 사회주의자들은 시장 수요의 상승과 하락에 민첩하게 대응할 수 있도록 노동이 더욱 유연해져야 하며 노동을 더욱 유연하게 활용할 수 있어야 한다는 신자유주의적 기업 주장에 승복하기도 했다. 그래서 주 35시간 노동은 실제로 잘못 붙인 이름이고, 대신 1년 평균으로 계산한 [주당] 노동시간을 가리킨다. 즉, 노동자는 언제든지 노동시간을 늘리거나 줄이라는 요구를 받게 되었다. 프랑스에서 가장 두드러지는 차별은 신분이 보장되는 일자리 — 즉 법적 보호를 받는 일자리 — 와 보장되지 않는 일자리 — 즉 위태로운 일자리, 임시직, 단발성 일자리 — 사이에 나타난다는 점도 주목할 가치가 있다. 기존 노동자는 자기들이 평생직장을 가졌다고 생각했다. 즉, 출근해서 끊임없이 일자리를 다시 얻어 내야 하느라 불안한 상태가 아니라, 출근해서 충분히 일을 하면 되는 꾸준하고 예측 가능하고 시간적으로 확장 가능한, 판에 박힌 일자리를 지녔다고 생각한 것이다. 주 35시간 노동과 더불어 계약직 노동이 증가하고 노조 권력이 쇠퇴했으며, 또한 이런 계약이 경제정책에서 분명하게 드러나는 한에서 국가적 사회 계약상의 위기도 불러왔다.[31] 캉테의 영화는 이 모든 것을 예견했다.

사회주의적 이해관계와 기업 이해관계의 협력이 그 자체로 불길한 것이었다면, 이 상호적 적응의 결과도 세계를 왜곡하는 것으로 귀결되었다. 두 번째 아이러니는 시장위험 운운하는 언어가 계급투쟁의 언어와 결합되면서 나온 비뚤어진 수사적 시너지와 관련된다. <인력자원부>에서 위태성과 위협적 "상황"을 둘러싼 언어는 생산성과 수익을 둘 다 올리라는 산업의 압력으로 삶과 생계를 모두 위협받는 노동자뿐만 아니라 관리자들 자신도 사용한다. <인력자원부>에서 공장장 루에의 첫 대사는 "우리가 처한 위태로운 상황을 가지고 그 사람 겁주지 마세요"이다. 노동자와 자본의 이해관계를 둘러싼 맹렬한 쟁론의 어떤 순간에, 민주주의를 살아간다는 것이 개인에게, 대중에게, 국가에 무엇을 의미하는가를 두고 오랫동안 진행된 논쟁을 폐물인 것처럼 제쳐 두는 것도, 폐물이라 주장하는 것도 이제 가능하다. "삶"이라고 불리는 자율적인 무언가가 모든 곳에서 똑같이 제시하는 상황에 대한 지속적 불안, 위험부담, 위협에 이제 모든 사람이 가까워진 채로 자본주의를 살아간다고 주장함으로써 말이다. 누가 더 위태로운가를 경쟁[적으로 이야기]하는 것은 한순간에 변모해 연대의 기반에 대한 이야기처럼 들릴 수 있다.

그래서 어떤 의미에서, <인력자원부>의 뉴리얼리즘 또는 멜로드라마적 답보 상태는 바로 표층에 놓인 것이고, 위태로운 공론장은 오랫동안 깊숙이 얽혀 있던 역사적 모순들을 다루는 자본주의적/민주적 위기관리의 한 발전 국면일 뿐이다. 어쨌거나 이것은 국가가 시민을 위해서가 아니라 다른 곳에서 소수만 향유할 이익을 위해서 자본을 관리하는 한편, 모두에게 선한 의도가 있고 취약성은 이론적으로 평등하게 분배되어 있다는 전제로 운영되는 자유주의적 도시의 전통적 풍습을 관리한다는 이야기이다. 그렇지만, 이런 상황을 역사적으로 특수한 것으로 만드는 것은, 이런 투쟁들이 사회성의 낡은 어법과 새로운 어법 사이의 변동 속에서 언어 전쟁뿐만 아니라 풍습의 기준에 따라서 전개되는 방식이다.

이 영화에서 노조가 경영진과 싸우는 동안, 예를 들어 맹렬히 직설적이고 고전적으로 전투적인 노조 대표 아누 여사는 공장 관리자들뿐만 아니라 동료 노조원들로부터 비합리적이고 미쳤다는 소리를 듣는다. 아누 여사는 탁자를 내리치며 사장과 윗사람들이 천박한 거짓말쟁이라고 말한다. 이에 아누 여사의 남자 동료들은 "이 분이 나름의 방식으로 하시려는 말은 ······ "이라고 말하면서 아누 여사의 주장을 관리자의 말투, 즉 이성, 신뢰, 차분함, 냉정함의 언어로 풀어 말한다. 나중에 아누 여사가 옳았고 동료 노조원들이 매너 없는 미친 짓이라고 여겼던 아누 여사의 처신이 이미 실행돼버린 유화정책을 막을 유일한 방책이었음이 드러나자, 아누 여사는 고소해 한다. 마치 노조 남성들이 자본 소유주와 노동자의 이해관계에서 타협 불가능한 것을 직면하는 일보다 점잖은 매너를 지키는 데 더 몰두했다는 듯이 말이다.

그렇지만 모든 작업 라인 전체에 걸쳐 적응하라는 압력은 늘어나고, 동료애 담론은 점점 더 깨지기 쉬운 것이 된다. 영화가 진행됨에 따라, 영화는 충돌하는 삶들보다는 이의를 제기하고 피하고 머뭇거리고 이중화법을 쓰고 가까이 달려들었다가 뒤로 움츠러드는 몸과 같은 사소한 움직임에 점점 더 많이 초점을 둔다. 우리는 어떤 생활양식의 소진과 그 생활양식의 상실이 가장자리에서부터 퍼져 나가 끝없이 계속되는 상태로 확산되는 것을 지켜보며, 그런 다음 예전에 성취했던 좋은 삶이 더 천천히 갉아 먹히는 것 외엔 그 다음에 무슨 일이 벌어질지를 가늠하는 상상계가 막히는 것을 보게 된다. 이에 덧붙여, 캉테가 보여 주는 이 상황에서 고통스럽게 드러나는 것은 국가적-자본주의적 재구조화를 가장 친밀한 관계에서 시작되는 민주주의의 파국으로 보는 그의 섬세함이다. 편하게 농담하는 관계로 시작된 것은 패배, 불안, 망연자실의 혼합으로 만들어진 마비 상태를 결국 갈망할 수 있을 뿐이다. 즉, 그런 마비 상태는 [함께 오래 일해온 동료라는] 친밀한 느낌의 기억과 환상이 경제적 낙관의 종말이라는 진실과 나란히 존속할 수 있는, [악화된 현재 상황에 대한] 지연된 반응이 혼재하는 공간이다.

두 개의 순간이 이런 변동을 적나라하게 압축한다. 영화는 기차에서 시작해서 끝나는데, 집처럼 편한 상태는 이행 중인 상태이다. 프랭크는 아버지가 30년 넘게 일한 공장에서 관리직을 맡기 위해 파리에서 노르망디로 돌아온다. 이 귀환은 프랭크에게 "어마어마한 상징적" 중요성을 띤다. 어린 시절 그는 이 공장에서 개최한 여름 캠프에 갔고 크리스마스 공연을 관람했다. 프랭크가 아버지의 노동 생활에서 확장된 부모의 사교 생활을 잘 알고 있다는 점은 분명하다. 그렇지만, 프랭크가 이 공장에 걸어갈 수 있는 거리에서 평생 살았음에도 불구하고, 사원 복장을 한 아버지와 그 사이의 계급 차이를 표시하는 정장을 입고 출근한 첫 날에서야 처음으로 아버지가 일하는 기계와 아버지가 그 기계에서 하는 노동을 보게 된다. "아들에게 내가 일하는 기계를 보여 주고 싶어요"라고 아버지는 감독관에게 말한다. 아버지와 그의 말 사이의 관계에는 서정적 리듬이 있고 그것을 카메라는 한 장면씩 리듬감 있게 보여 준다. "이 부분은 아래에 놓지. 용접공은 뒤에 있어. 볼트는 자동적으로 맞춰져. 이것은 맨 위에 놓고. 훈련이 되면 한 시간에 700개를 할 수 있다니까." 이 장면에서 아들은, 가족 목공실에서 편안했던 것처럼, 얼굴을 살짝 가린 채로 아버지의 유능함을 말없이 지켜본다. 그러나 한 감독관은 이 아버지의 보여 주기와 아들의 관찰의 장면을 다른 식으로 본다. "여기는

9.
프랭크가 뉴노멀을 가져오다
(캉테, 〈인력자원부〉, 1999)

동물원이 아니야. 아들에게 보여 주는 것이라도 말이지 ……. 이곳은 서커스가 아니라고!" 또 다른 감독관이 이 장면에 끼어들어 아버지의 생산성이 떨어졌다고 질책한다.

프랭크는 아버지가 일하는 기계에 대해서 전혀 알지 못한다. 이 점은 [프랭크는 대학 교육을 받고 더 나은 삶을 살게 해줘야 한다고] 프랭크가 철이 들기도 전에 가족이 이미 내린 결정 때문일 것이며, 이런 결정을 프랭크는 알지 못한다. 프랭크는 노동계급에게 중산층이 될 수 있는 접근권을 부여한 전후 사회민주주의 계약을 체현한다. 그의 아버지는 집을 소유했고 기계를 잘 갖추어 놓은 목공실에서 가구를 만든다. 어머니는 집을 가꾸고 식사를 준비하고 올바른 말을 하고 풍습을 지키며 가정이 잘 굴러가게 한다. 프랭크의 누나 실비는 아버지의 공장에서 일하고, 역시 이 공장에서 일하는 아버지의 닮은 꼴 올리비에와 결혼했다. 그들에게는 아이가 둘 있고, 그들 소유의 더욱 큰 집이 있다. 그러나 프랭크, "사랑스런 아들"은 특별하다. 그는 이 가족이 계층 상승에 쏟은 투자를 체현한다. 파리로 가서 경영학을 배운 그는 그 전에 이미 자기 가족의 노동하는 삶에 대해 많은 것을 알지 못하도록 길러졌다. 그는 가족들이 비축해 온, 안달복달하며 모았으되 아직 투자되지는 않은 문화적 사회적 경제적 자본이다. 그러므로 [프랑스 통화 프랑처럼] 그의 이름을 돈에서 따온 것은 적절하다. 대조적으로, 그의 부모는 이 영화의 크레디트[출연진과 제작 참여자 명단]에 [개인임을 표시하는] 이름 없이 아버지, 어머니로만 기록된다. "아버지"와 "어머니"는 프랭크에게 인력 자원일 뿐이다.[32] 그들은 말하자면 영화 장면에 나오지 않는 시간과 공간에서 그에게 자기들의 노동을 투자하며 어머니가 "희생"이라 부른 것을 그들만의 일로 간직했다. 이렇게 그들은 아들에게 돈, 시간, 무지, 자긍심을 쏟아 붓는 가운데 계급[에 따른] 경외심의 위계질서를 재생산하는데, 영화가 진행되는 내내 이 위계의 정당성은 깨진다. 이것을 우리는 맨 처음의 가족 장면에서 볼 수 있다. 이 장면에서 아버지는 (영화 내내 그가 자랑스럽게 반복하는 표현인) "내 아들"에 대한 경외심과 다정한 부친의 부드러운 태도 사이를 오간다. 이것은, 그가 가족 거실에서 일하고 있는데 부모가 시끄럽게 한다고 그에게 미안해하는 장면에서도 볼 수 있다.

처음에 아버지는 아들에게 다가가지 못할 정도로 아들을 자랑스러워한다. 아버지에게 프랭크는 추상적 관념 즉 환상이 투여되는 스크린이며, 그렇기에 [기차역에서] 집으로 돌아올 때 아버지의 몸은 심리적 동요를 일으키며 적응이 필요한 상태가 된다. 즉 처신의 차원에서 이제는 예전과 다르게 행동해야 하는 것이다. 어머니는 아버지에게 "잘 지냈니, 하고 인사도 안 해요?"라고 말한다. 아버지는 기차역 플랫폼에 있는 친밀한 가족 무리의 가장자리에서 서성인다. 그런 다음 나중에 아버지는 아들 옆자리 소파에 앉아 좀 더 편안해지자, 아직 준비되지 않은 아들이 진짜 세계에서 살아남을 수 있는 방법에 대한 조언을 쏟아 낸다. 이 장면

은 표준적인 부드러운 할리우드 가족 코미디의 낭만적 분위기로 촬영된다. 잔잔한 주변 소음, 신이 난 손님처럼 농담 섞인 대화를 따라가며 움직이는 카메라. 이것은 세대를 가로질러 일상적 정보와 지혜를 전수할 때 일어나는, 쉽게 잊을 수 있는 부류의 대화이다. 그러나 마지막 대화 장면은 앞으로 전개될 플롯의 한 자락을 보여 준다.

아버지: 내일 사장님 앞에서 잘난 체 하지 말아라. 사장님이 원하는 것이 무엇인지 먼저 파악해야 해 ……. 그렇게 해야 해. 사장님은 네 교수님이 아니거든. 직장은 학교랑 다르단다. 진지해야 돼.

프랭크: 저는 훈련 중인 인턴 사원일 뿐인 걸요.

아버지: 그렇다고 아무런 준비도 되지 않은 채 어슬렁거리면서 들어가면 안되지.

프랭크: 아무런 준비 없이 어슬렁거리지 않을게요. …… 초조하지 않았는데. 이제는 그러네요. 좋으셔요?

아버지: 약간 초조한 게 정상이야.

프랭크: 모르겠어요. …… 그럴지도요.

여기서 요점은 노동이 우연한 가벼운 공간이 아니라는 점, 좋은 노동자는 곧 불안한 노동자라는 점이다. 다음 날 영화는 뉴노멀* 속으로 깊숙이 들어간다. 분위기는 흥분, 자긍심, 어색함, 그리고 공간 속에 존재하며 서로 관계 맺는 습관을 새롭게 형성하면서 부딪치는 몸들로 가득하다. 이 날이 끝날 즈음 우리는 아버지가 프랭크가 대변하는 새로운 자본과 얼마나 조화를 이루지 못하는지를 보게 된다. 그러나 프랭크도 힘에 부쳐 어쩔 줄 모른다. 매너가 점잖은 그는 경영진 사무실과 생산 현장에서 저격하듯 쏟아지는 온갖 종류의 양가적 태도와 발언을 받아들인다. 그는 이런 신입사원 골리기가 계층 상승을 위해 치러야 할 대가라고 여기는 것 같다. 그렇지만 집에서나 경영 대학에서나 20세기의 노동 투쟁에 대해서는 배운 바가 없기에 그는 이 골리기를 정치적 논평으로 받아들이지 않는다. 노조를 정치 세력이 아니라 문화 세력으로 경험한 아버지가 고수해 온 낡은 방식인 공손함으로 보호를 받아 온 그는 경영진

• 제2차 세계대전 이후 몇 십 년간 꾸준한 경제성장, 안정된 일자리, 계층 상승이 가능했던 시기는 신자유주의의 전면화 및 지구화와 더불어 올드 노멀[낡은 기준]이 되었다. 노동 유연화, 탈규제, 자본과 노동의 "자유," 특히 2008년 미국 금융 위기로부터 몇 년간 확산된 지구적 경제 위기는 위태로움의 지구적 확산, 청년 세대가 참여할 노동시장의 대규모 위축 등에 적응할 것을 요구한다. 뉴노멀은 지구화된 신자유주의 상황을 살아가는 새로운 표준이라고 제시되지만 사실은 위태로운 삶에 적응하라는 명령이다. 반면 이 영화에서 아버지로 대표되는 올드 노멀은 금융 위기 이전 정규직 중심의 안정된 일자리, 노동자의 이해관계를 대변하는 노조, 사회적 안전장치, 고성장, 활발한 소비 등 2차 대전 이후 경제성장기 시절 사회적으로 가능했던 것들을 통칭한다. 539쪽 미주 33도 볼 것.

11.1~11.3.
프랭크와 아버지가 뉴노멀에 직면하다.

과 노조가 같은 편이라고 보는 자유주의적 환상을 간직하며, 보편적 위태성이라는 새로운 모델 속으로 쉽사리 편입된다. 그는 유연한 노동이라는 새로운 세계가 경영진과 노동자를 경제적으로 도울 것이며 "계속해서 직원을 회사 업무에 참여하게 하기를" 희망한다고 말하면서, 노동자에게 강요된 적응이 합리적인 비판적 민주주의처럼 느껴지게 만들고 적응이 사실은 모욕인데 모욕이 아니기를 바라는 욕망을 표출한다. 사장이 "우리는 함께 승리할 것입니다"라고 말할 때 그는 이 "우리"가 노동자들을 배제한 것임을 알아차리지 못한다. 그가 노조를 우회하려고 주 35시간 노동에 대해 노동자의 의견을 조사해 보자는 계획을 제안할 때, 그는 자신이 고전적인 공론장의 윤리를 실행한다고 생각한다. 즉, 기업은 사람들이 원하는 것을 대변해야 하고, 노조는 개인의 주권과 자기 결정을 방해하는 이익집단이라고 보는 것이다. 그는 자신이 이미 결정된 인원 감축에 대한 알리바이가 되고 있음을 전혀 알아차리지 못한다. 그는 자신이 교육을 통해 어떤 계급으로 진입하게 되었는지 아직 전혀 감을 잡지 못한다.

나중에, 공장 관리자들이 자기 아버지를 포함한 인원 감축을 정당화하기 위해 자신을 이용했음을 깨닫자 프랭크는 화가 나서 경영 비밀을 폭로하고 노조를 위해 일하면서 파업을 조직하는 일을 돕는다. 그러나 아버지는 아들의 정치적 변화에 굴욕감을 느낀다. 올드 노멀의 종말은 "여자처럼" 눈물을 흘리게 한다고 어머니는 말한다. 곧 아들도 운다. 여자처럼이 아니라 길 잃은 아이처럼. 이 눈물the tear은 터진 곳a tear, 찢어진 것, 작은 결함이다. 좋은 삶 이후, 후원 문화patronage* 이후, 사랑 가득한 가부장적 온정주의 이후, 그리고 무엇이 희생과 위험부담을 가치 있는 것으로 만드는지 명확하게 파악할 수 없는 상태에서, 그들은 다음에 무엇을 할까?

●　후원(patronage)은 안정되고 지속적인 단골 거래 등을 뜻한다.

프랭크의 반응은 자기의 절망감을 아버지에게 들이대는 것이다. 그는 아버지가 일을 멈추고 파업에 참여하기를 거부했다고 공격하면서 아버지가 속한 공동체 전체가 지켜보는 가운데 공장 바닥 위에서 아버지에게 큰 소리로 대든다. 자본의 새로운 국면을 나타내는 아들은 이제 이 국면과 겨루면서 아버지가 뉴노멀을 직면하도록 만든다.[33]

프랭크: 도무지 멈추질 못하시는군요. 불쌍하게. 아버지가 부끄럽다고요! 아시겠어요? 어릴 때부터 부끄러웠어요. 노동자의 아들이란 게 부끄러웠죠. 지금은 부끄러운 게 부끄러워요!

아르누: 부끄러워할 이유 없어요.

프랭크: 아버지에게 말씀해 주세요. 아버지가 저를 그렇게 가르치신 거라고요! …… 아버지의 계급이 부끄러웠죠. 좋은 소식이 있어요. 아버지는 해고당하는 게 아니에요, 은퇴하는 거라고요. 30년 동안 열심히 일해서가 아니에요. 사장님이 호의를 베풀어서죠. 나를 위해 그렇게 해주신 거예요. 사장님이 나를 좋아하니까요. 우리는 평등하게 이야기해요. 그게 제 속을 뒤집어요. 그게! 그게 제 속을 뒤집는다는 걸 이해하시겠어요? [누나가 프랭크를 말린다] 제가 공정치 못하다는 거 저도 알아요! 아버지에게 감사해야 하지요. 희생해 주신 것에 아버지, 엄마에게도 감사해야겠지요. 두 분은 그렇게 하셨어요. 당신 아들은 사장 편이에요. 저는 결코 노동자가 되지 않을 거라고요. 재미난 직업을 가질 테고. 돈도 벌 거예요. 책임도 있고 권력도 있을 거예요. 아버지에게 이렇게 말하는 권력이요. 아버지를 이렇게 해고하는 권력. 하지만 아버진 저한테 부끄러움을 물려 주셨죠. 저는 평생 그걸 마음속에 품고 살 거고요.

이 장면은 정동의 전수를 역사성 속에 심어 두는데, 이 장면에서 끓

어오르는 페다고지는 말하고 행동할 수 있는 [아들의] 권력을, [노동계급인 아버지에 대해서 아들이] 오장육부로 깊이 느끼는 부끄러움의 분위기와 연결한다. 여기서 부끄러움은 분명한 사회적 수행과 분리된 것이지만 삶의 재생산이라는 친밀한 분위기에서 모든 곳에 존재하는 것이다. 부끄러움은 부인된 계급 불안의 흔적이며, 열망하는 마음이 품는 낙관의 어두운 측면이다. 아버지에게 프랭크는 이렇게 말한다. [노동계급으로부터] 분리되는 권력을 가진 사람도, 원한다면 공장과 가족의 부끄러운 공손함 문화와 친절은 아무 상관없는 척하면서 마음씨 좋은 가부장으로 행동하는 권력을 가진 사람도 이제 [아버지가 아니라] 자기라고. 이것이 그들 사이의 역사적 관계를 역전한다. 이제까지 아들의 역할은, 부모의 계급 탈동일시가 아들의 열망과 성취 실패로 표출되지 않도록, 좋은 아들 노릇을 하고 부모의 투자를 받을 가치가 있는 사람이 되는 것이었기 때문이다.

부끄러움 때문에 자본의 이 주체들은 삶의 형성을 구성해 온 가정/산업 노동의 결합을 관리하는 데 정확하게 무엇이 희생되었는가에 대한 솔직한 대화를 나누지 않으며 서로를 보호해 왔다. 사랑 때문에 자본의 이 주체들은 노동의 육체적·정동적 요구에 적응하는 대가를 억누름으로써 친밀한 관계의 환상을 보호한다. 사랑과 부끄러움 때문에, 계급 수치심을 느끼는 주체들은 모두 착하게 살고 낙관적으로 행동하면서 삶을 일궈 왔고 자기들 사이에서 책임과 돌봄으로 통했던 정동적 흥정이 잘못된 일이 아니었기를 희망해 왔다. 과거에는 모든 사람의 예의바름이 부끄러움의 위협을 자긍심으로 바꾸었던 것이다.

공장에서의 이 충격적 장면은 어떤 점에서는 아버지에게 충격을 주지 않는다. 그 전 해에, 적절한 수익률을 확보하지 못하면 회사가 망할 것이라는 위협의 "그림자 아래에서" 22명의 노동자가 해고되었다. 그러나 여기서 영화 앞부분의 아버지에게서 볼 수 있었던 격의 없고 친밀하며 짓궂은 농담, 편안함, 전문 기술을 전수해 주려는 가부장적 태도는 공공연히, 20세기에 사회주의 운동과 사회민주주의 노동운동의 성과에 동반되었던 온정적 가부장제와 자본주의의 사회관계와 연결된 낡은 것으로 드러난다. 올드 노멀은 노동계급으로 훈육되는 데 따르는 고통을 흡수해서 일종의 연대 및 조용한 품위로 빚어낸 몸으로 이루어진 것이었다. 이 연대는 아버지를, 말수가 적지만 도움이 되는 조언을 해주는 소중한 동료로 만들어 준다. 아버지는 프랭크에게뿐만 아니라 작업장에서 옆에서 일하는 아프리카 출신의 프랑스인 알랭에게도 조언을 해주었다. 알랭은 프랭크에게 아버지가 어떻게 그에게 기계 조작법을 가르쳐 주었는지를 말해 준다. 알랭은 이렇게 말한다. "그러니까, 때때로 나는, 그렇게 하려고 하는 것도 아닌데, 여전히 너희 아버지 쪽을 쳐다보곤 해 ……. 그 분이 흡족해 하는지 보려고. 그 분이 대처하시는 걸 보면 나도 잘 할 수 있을 것 같거든." 계급 애착심에 대한 아버지의 긍지를 물려받은 사람은 프랭크가 아니라 알랭이다. 어떤 층위에서 보면, 여기서 대처한다는 것은● 노동계급이 되는 한 방식, 존재의 한 리듬이다. 이것은 그들이 어떻게 정동적으로나 감정적으로 그들 자신의 실천을 결속해서 지지하는지에 대해서는 아무것도 말해 주지 않는다. 즉, 여기서 대처하기란 순전히 형식적인 것이며, 자아-불연속성의 수행이 연속성 자체를 만

●　여기서 대처하기(coping)는 작업장에서 노동과 인간관계에 대처하는 것, 변화 중인 상황에 알맞게 처신하는 것도 포함한다.

378

들어 내는 것이다. 그러나 <인력자원부>에서, 나중에 [다음 절에서 논의할] <타임아웃>에서, 카메라가 현재 상황을 추적함에 따라 노동과 관련된 정동 분리의 이 구조는 우리 시대 경험에 흠뻑 스며든다.

올드 노멀에서 아버지의 얼굴은 몸과 똑같은 것이었다. 그것은 말이 별로 없었고, 많은 것을 흡수했으며, 계속 살아간다는 것이 기대할 만한 일이 되게 해주는 보호 장벽이었다. 새로워진 것은, 눈에 띄지 않게 일하고 싶어 하는 자신의 욕망을 정치적인 것으로 본다는 점을 드러내 보이도록 강제되며, 정치적인 것이 자신의 가장 친밀한 환상, 제스처, 일상적 우연성을 모두 가득 채우고 있음을 보고 있음을 드러내 보이도록 강제된다는 점이다. 이런 이중화는, 알랭이 말해 준 대로, "아무도 하고 싶어 하지 않는" 일을 한다는 사실을 그가 환상으로 정당화하는 방식을 무너뜨린다. 떨어져 서있고, 옆에 앉고, 수표를 쓰고, 다른 사람을 성가시게 하지 않으려고 낮게 속삭이는 그의 행동 방식은, 노동자에게 어렵게 투쟁해 얻은 더 많은 권리를 다시 내놓으라고 요구하는 경영진을 달래는 방식과 동일한 것이 된다. 그들이 집에서 이 모든 것에 대해 이야기하자, 그는 고함을 치며 자기 가족을 내쫓는다. 하지만 친밀한 노동 공간에서 그는 더 이상 [자신을] 방어할 도리가 없다.

아버지의 몸은, 눈에 띄지 않는 존재는 없다는 공공연한 소식에 그가 동화했음을 드러낸다.• 이것은 평온하던 얼굴에 나타나는 불편한 표

• 벌랜트는 프랭크의 아버지의 미세하게 떨리는 표정에서 신자유주의적 뉴노멀에 대한 노동자의 반응을 읽어 낸다. 아버지는 고된 노동을 하며 낮은 목소리로 말하고 남을 성가시게 하지 않으려 하는 등 품위를 유지하며 눈에 띄지 않게 조용히 살아왔다. 그렇지만 아버지는 뉴노멀로의 환경 변화에 적응해야 한다. 노

12.
내파된 프랭크

정의 형식으로 기록된다. 아버지의 떨리는 입술은 말하려는 움직임이
아니라, 통제력을 상실하게 될 것이라는, 평정심을 잃을 것이라는 불길
한 전조가 된다. 떨리는 아랫입술은 체면을 살릴 어떤 방법도 없이, 말
없는 반응으로써, 압도된 사람이 있음을 나타낸다. 그는 한 사람은 물론
이고 입술 하나조차 지탱할 수 있는 규칙적 일상이 남아 있지 않은 현재
의 답보 상태에 빠진 것이다. 들뢰즈와 가타리가 많이 거론한 얼굴성fa-
ciality 개념은 얼굴이 주체화의 혼돈과 의미화의 명료성 사이에 구멍이
숭숭 뚫린 중개 지점이라고 상정한다. 즉, 얼굴은 몸의 자기 감응 감각
역동과는 상당히 다른 영역에 존재하는 정동적 불안정성과 주체의 평정
심 사이에 있는, 언제나 무너져 내리는 장벽이다. 그렇지만 여기서 신체
적 수행의 계급 정치는 얼굴의 존재를 탈본질화하고 얼굴의 망연자실한

동자의 몸은 이런 변화에 적응 중이지만 적응의 불편함은 표정(떨리는 입술)
에 남는다.

표정을 순환, 정동적 관리, 자기 투사의 역사적 지대 속에 자리 잡게 하는 새로운 읽기 방식을 권한다.

캉테는 아버지의 떨리는 입술에서 텅 빈 공장으로 화면을 바꾼다. 이 상황에 외부란 존재하지 않기 때문이다. 얼굴의 드라마가 전개되는 이 장면은 불신이 정치적 감정이 될 수 있음을 떠올리게 하지만, 평범한 의미에서 그렇다는 것은 아니다. 이 장면은 의견을 지향하는 것이 아니기 때문이다. 오히려 그것은 합의된 현실을 거부하는 것과 관련되면서도 어떤 행동으로 이어지지는 않는 감각으로 가득 찬 채 동작을 멈추는 장면이다. 즉, 적응, 선고의 감정적 시공간인 것이다. 보통은, 이처럼 아무것도 지지하지 않는 감정은 무정치적인 것, 심지어 정치적인 것을 가로막는 것으로 간주된다. 그리고 정치적으로 부정적인 정동이 투표나 정치 문화에서 비참여로 이어지는 만큼, 우리는 왜 냉정한 거리 두기를 이렇게 읽는 관습적 방식이 끈질기게 계속되는지 알 수 있다. 그렇지만 여기서 불신은 다양한 정치적 우울증으로 나타난다. 그리고 우리는 이것을 숨기지 못하고 드러내는 기호들이 무엇인지도 알고 있다. 극적인 절망과 극적이지 않은 절망, 무력함, 겁, 불안, 스트레스, 걱정, 흥미 부족 등. 올드 노멀에서의 아버지의 감정적 중립과 뉴노멀에 대한 그의 불신 사이의 차이는 무엇일까? 중립이란 계층 상승과 계급 열망의 수단이었다. 이제 불신은 수수께끼 같은 담보 상태의 공간에서 불안하게 삶을 계속 살아가도록 하는 유보된 정동적 거래이다.

계급을 분석하는 영화의 역사를 보면, 이와 같은 신체적 진퇴양난이 없었던 것은 아니다. 유예된 만족의 꿈이 영원한 지연으로 되돌려 보내지는 동안 망연자실한 채 아무런 말을 하지 못하는 광경은 갈등을 표현하는 미학이 핵심적으로 사용하는 비유이다. 이 영화의 시나리오를 현재 순간의 발산으로 만드는 것은 이 영화가 자본주의적 근대성의 꿈 풍경과 만족이 폐물이 되는 과정을 수행하는 방식, 노년에 더 길게 향유할 장면이 될 것을 약속하는 짧은 여가를 틈틈이 즐기며 일상생활을 영위할 수 있게 해주던 환상들이 폐물이 되고 있음을 수행하는 방식이다. 이 영화의 마지막 장면에서 아버지는 적응하고 자기 꿈의 일부를 지켜 낸다. 즉, 그는 파업의 한가운데 진행되는 노조 소풍에서, 자신이 현재 순간에 억지로 짜넣을 수 있는 얼마 안 되는 달콤함과 현재를 제외하고는 이제 아무것도 없음을 암시하는 부드러운 충일감을 느끼며 손주들과 함께 논다. 그리고 그는 그런 상태에서 편안해 보인다.

그러는 사이에 프랭크는 아버지의 불신을 물려받은 것 같다. 그의 젊은 얼굴은 전적으로 내파되어 표정을 잃었다. 그는 아무런 궁리도 없이 가만히 구석에 앉아 있다. 미래도 가정도 꾸릴 상상을 하지 못하는 채 아무런 계획 없이 파리로 돌아가는 길에, 확신도 충동적 제스처도 없이 텅 빈 상태인 그가 지닌 것은 [답보 상태의] 무감각뿐이다. 마치 온갖 위태로움이 슬금슬금 스며들어 그의 골수까지도 정지시켜서, 그는 어떤 것과도 몸으로 거래할 수 없게 된 듯하다. 프레카리티 시네마에서, 규범적이고 관습적이고 습관화된 견고함에서 벗어나 살아 있지만 마비된 상태로, 유희적 반복 혹은 살아 있는 정물로서의 삶으로 옮겨 가는 부동성의 묘사에서 나타나는 변동은, 완결되지 않은 이 계급 이행의 파괴적 고통으로부터의 놓여남으로 답보 상태를 재현하는 하나의 관습이 되었다.

3. 당신은 왜 면제받아야 하죠?
: 〈타임아웃〉

　계급과 관련된 다양한 무감각을 신자유주의적 재구조화에 대한 대처 전략 및 반응으로 보는 캉테의 시선은 그가 〈타임아웃〉(2000)에서 그 상황에 다시 주목한다는 데서 새로운 함의를 지닌다. 〈타임아웃〉은 역사적 현재의 상황과 함께 사례연구 속 주체의 전이에서 나타나는 변화를 드러내는 자기 감응 감각 기술의 발달을 보여 주는 일련의 장면들을 다룬다. 그렇지만 〈인력자원부〉와 달리, 어떤 사건도 뉴노멀의 시작을 표시하지 않으며, 이 영화에서 정말 놀라운 것은 예의를 갖추는 어떤 방식도 삶의 닳아 해어짐에 대한 이 영화의 서술에서 교란되지 않는다는 점이다. 대신 우리는 어떤 이야기의 한 가운데에서 시작하고 끝난다. 그것은 표류에 대한 이야기다.

　〈타임아웃〉은 1990년대 프랑스를 배경으로, 노동 계약이 해지된 컨설턴트 뱅상의 이야기를 들려준다. 뱅상은 계약 해지 사실을 가족에게 말하지 않는다. 가족, 아내, 자녀에 대한 그의 불투명한 태도는 영화가 시작할 때 영화의 물리적 분위기에서도 반복된다. 이것은 또한 이 영화가 역사적 현재를 하나의 상황으로, 중지 상태에 있는 순간으로 전달함을 뜻한다. 뱅상은 철도 옆에 세워 둔 자동차 안 조수석에서 잠을 자는데, 그의 숨결 때문에 차 앞 유리에 뿌옇게 김이 서려 있다. 이 장면은 현실에 수수께끼 같은 무언가가 있으며 그것은 현실을 응시하지 못하게하는 것임을 아름답게 추상화하고 있다. 그런 다음 버스가 도착하고 아이들이 버스에서 쏟아져 나와, 앞 유리의 아직 습기로 뿌옇게 되지 않은 부분 앞을 지난다. 그리고 우리는 이 순간에 재난(성적 도착, 아동 납치, 안

13.1~13.2.
뱅상이 답보 상태에서
하루를 시작한다.
(캉테, 〈타임아웃〉, 2000)

좋은 이혼, 자살)이 임박했다고 상상한다. 달리 말해서, 제스처 하나가 곧, 현재의 평범한 생각 없음을 파괴하고, 아무도 오래 살려 하지 않는 곳인 회색 경제나 지하 세계, 저세상으로 우리를 보내 버리는 행위로 변해 버릴 수도 있는 사건을 상상하는 것이다.

그러나 이런 일은 프랑스어 제목의 〈시간 사용자〉에서는 벌어지지 않는다. 영어 번역 제목인 〈타임아웃〉은 프랑스어 제목의 관용적 의미인 '일정표'time-schedule 혹은 그냥 '일정'schedule이라는 의미를 뒤집어 버린다. 그렇지만, 시간이 자본주의적 생산성으로 정의된다면, 영어 번역 제목도 제대로 표현된 것이다. 상황은 한낮이고 이 남자는 일하고 있는 중이 아니다. 그는 차 안에 있지만, 차는 움직이지 않는다. 그의 휴대전화가 울리고 이 남자가 어느 친밀한 사람에게 회의 중 잠시 막간이라고 말할 때, 우리는 이 남자가 자기 삶을 이중으로 살고 있음을 알게 된다. 우리가 아는 한 그는 회의에 참석하는 중이 아니며, 전화 상대방에게 사실대로 말하는 일에서도 타임아웃[중단 혹은 중간 휴식]을 취하고 있다. 상대방은 그들의 친밀한 리듬이 일정에 의해 지탱된다고 생각하며, 여기서 일정이란 관리자 계층에서 가치를 생산하는 만남의 리듬이다.[34]

이 영화는 여러 종류의 타임아웃을 보여 주면서 뱅상이 비밀스런 삶을 살고 있음을 즉시 드러낸다. 비밀스런 삶은, 규범적 잣대로 보면 누군가의 성향에 뭔가 잘못된 게 있음을 드러내게 될 특정한 시선을 피해 사회적 존재의 수많은 주름 속에서 전개되는 존재의 장르이다.[35] 첫 장면에서 우리는 뱅상의 정동이 무엇인지 알 수 없다. 그가 표현하는 감정은 일상적이고 다정한, 가족적인 믿음직함이고 그는 그 감정을 말하면서 정말로 그것을 느끼는 것 같다. 아무튼 그는 전화기에 대고 미소 짓는다. 그러나 우리는 무언가가 거짓이라는 점을, 우리가 오로지 엿듣기만 하는 그 삶이 위태롭다는 것을, 그리고 뱅상이 비밀을 유지하기 때문에 영화 속 다른 인물들은 이를 전혀 모른다는 점을 안다.

직업과 관련된 수치를 느끼는 이 감각, 규범성과 비밀스런 삶이라는 방패와 독을 느끼는 이 감각은 프랑스에서 이 영화를 본 사람들의 마음에 남아 있을 것이다. 이것은 실제 사례, 프랑스 시민 장클로드 로망의 사례를 각색한 것이다. 로망은 의사 자격시험에 합격하지 못했지만 18년간 의사 면허가 있다고 시치미 떼고 진료한 의사였다. 1993년에 무면허와 가식의 비밀이 드러나려 하자, 그는 광란에 빠져 가족을 죽이고 자신도 죽으려 했지만 자살은 성공하지 못했다.[36] <타임아웃>은 2004년에 미국에서 일어난 마크 해킹 사건에서도 기이하게 메아리친다. 마크 해킹은 의사 면허를 따지 못한 실패가 드러나는 것을 피하려고 아내 로리를 죽였다.[37]

그러나 이 영화가 리얼리즘으로 중단되는 아름다운 추상으로 시작할 때 우리가 두려워하던 사건은 이 영화에서 처음에도, 나중에도, 나오지 않는다. 이 영화는 지속적으로 사건이 일어나기를 원하게 하고 사건이 일어날 것이라 기대하게 한다. 다르덴 형제의 영화가 그랬던 것처럼, 이것은 대중으로 하여금, 삶이 있다는 것이 뜻하는 바를 알지 못한 채 직면하고, 상황이 펼쳐짐에 따라 그 상황의 수수께끼와 혼란에 가까이 머무르게 하는 정동적 교육에 다름 아니다. 우리는 주변을 거니는 아이들의 이미지가 이 남자가 동일시하거나 가까이 있고 싶어 하는 것, 방랑, 목적 없는 모호함, 조셀린 푸크의 영화음악이 전달하는 약에 취한 듯한 아름다운 고요함이 확인해 주는 어린 시절의 특권을 발산하고 있을지도 모른다는 것을 나중에 깨닫는다. 그렇지만, 어느 것도 우리를 이 휴식의 분위기로 되돌아가게 하지 않는다. 영화의 나머지 내용은 불편한 동요이다. 불편한 동요의 미학은 사건의 멜로드라마가 사용하는 관용어법이 아니라 아직 존재하지 않는 어법, 즉 담보 상태 속에서 기울어져 쓰러진 삶의 어법에 있다.

나중에 뱅상은 이 첫 장면을 다른 방식으로 해석한다. 그는 한밤중 산기슭 좁은 빙판길에 차를 세우고 차 안에 있다. 그는 죽을 수도 있고, 그의 다른 삶에서 그를 아는 누구도 그가 죽은들 알지 못할 것이며 왜 그가 거기 있는지를 알지 못할 것이다. 차 안에서 그는 장-미셸과 함께 있다. 장-미셸은 중년의 백인 유럽인 남성이며 분명히 전문적 관리 계층에서 훈련된 사람이고 뱅상처럼 어디에선가 잘못 방향을 틀어 지금은 사업가 스타일로 합법성을 가장하여 초국가적 회색 경제에서 일한다. 이즈음 뱅상은 수많은 거짓말, 수많은 다층적 삶 가운데 살고 있으며, 이 어느 것에도 빠져 죽지 않으려 애쓴다. 이것은 그가 〈인력자원부〉의 아버지의 운명을 피하려 한다는 의미이다. 그는 다른 사람들 앞에서 체면을 잃지 않으려는 것이다. 체면을 잃는다면 다른 사람들은 그에게 자신을 옹호할 기회를 주지 않을 것이며, 그를 살아남을 수 있게 하는 부인, 즉 잔인한 낙관을 유지할 능력을 허용하지 않을 것이기 때문이다.

뱅상은 자기 가족에게 자신이 UN 제네바 사무국 직원으로 아프리카에서 새로운 개발 기회를 원하는 신자유주의자들을 중개해 주는 일을 한다고 말해 왔다. 그는 대학 친구들에게는 러시아의 회색 경제에서 비정상적으로 높은 이자율의 은행 계좌를 중개한다고 말하고, 그들은 오랜 신뢰에 기초해서 그에게 투자한다. 그는 횡령한 돈으로 가족을 부양한다. 달리 말해서, 지구화는 그의 친밀한 관계에서 휴대전화가 어떤 일에 윤활제가 되는지를, 즉 규범성의 다층화로 영위되는 탈규범적 삶의 윤곽을 정치적으로 경제적으로 상상 가능하게 만든다. 여기서 규범성은 억압적이거나 훈육적인 제도에서 나오는 게 아니라 관계와 네트워크에서 유기적으로 나오는 것처럼 보인다. 그런 규범성이 유기적인 것 같다고 말하는 이유는, 신자유주의적 관행인 책임 중단과 빛바랜 능력주의의 조장에 국가가 주력하는 것이 제도적으로 장기적인 관계를 형성해 왔던 것과는 반대로 에피소드적 거래를 계약하는 컨설턴트 계층이 발흥하는 데 핵심적인 맥락이라는 점을 우리가 알기 때문이다.

장-미셸은 뱅상이 호텔 로비에서 친구들에게 러시아 은행의 계좌를 개설할 것을 권하는 것을 우연히 듣게 된 후 뱅상을 만났다. 나중에 그는 뱅상이 체제 전복에 대한 이야기를 하면서도 스스로 하는 이야기에 관심

14.1~14.2.
뱅상이 절벽 모서리에서
진실을 이야기한다.

이 별로 없는 형편없는 메소드 연기자였다고 말한다. 그러나 이미 그를
신뢰하는 친구들은 세부 사항에 자세히 주의를 기울이지 않았고, 잠시나
마 뱅상은 번창한다. 장-미셸이 뱅상을 만나 추궁하는 장면에서 우리는
폭로 협박 플롯이 펼쳐지리라 생각하지만, 장-미셸은 [뱅상의 사기 행각을
폭로하지는 않을 정도의] 도둑의 명예심을 지닌 것으로 드러난다. 그도 부
정한 비밀 거래와 유연한 규범이 지배하는 도덕률 폐지론자의 삶을 살
기 때문이다. 생계를 위해 장-미셸은 가짜 명품 시계를 판다. 호텔방이
그의 물류 창고이다. 호텔 로비는 이제 경영진에서 해고된 관리자들의
불특정 집단이 사용하는 사무실이 된다. 이 관리자 집단은 자기들이 할

388

줄 아는 일(한 건 하기, 게임 판에서 계속 살아남기)을 하려고 여전히 애쓴다.

게다가, 장-미셸은 뱅상이 지금 이용해 먹는 계층과 동일한, 열망에 찬 소비자층을 상대한다. 유리한 거래를 좋아하고 세부 사항에 별로 주목하지 않는 사람들 말이다. 10년 전에 장-미셸도 해고되었지만 [현재 뱅상처럼] 실직 상태가 아닌 척 하던 시절이 있었음이 드러난다. 과거에 그는 여러 나라를 돌아다니는 외교관이었다. 현장 뒤에서 눈에 띄지 않게 정치적인 것의 여기와 지금을 관리하는 공무원 가운데 하나였던 것이다. 그러나 장-미셸은 사기꾼이었고, 적발되었으며, 가족과 자기 "이름"을 잃었다. 밤에 움직이는 지하경제가 그에게 남겨진 유일한 공간이고 여기서 그는 주권을 흉내 낼 수 있다. 자본가이자 중개상인 그는 이주노동자를 착취하는 공장을 운영하고 자기 스스로 물건을 저장하고 은밀하게 국경 너머로 수송해 이익을 취한다. 그는 신자유주의적 경제에서 제조 생산을 제외한 모든 위치를 점유한다. 제조 생산은 이주민에게 위탁한다. 그가 뱅상에게 원하는 것은 파트너이다. 경영상의 정당성은 꾸며낼 수 있지만 [거짓 삶을 살아가는 상황에서] 자기 자신에게는 동료가 될 수 없으며, 비밀스런 삶은 외롭기 때문이다.

그래서 장-미셸은 뱅상이 자기 삶의 진실을 이야기하는 유일한 대상이다. 그들이 함께 짝퉁 상품을 은밀하게 옮기던 첫 날, 차 안은 어둡고 친밀하며, 산쪽에 있는 국경으로 가는 길은 위험하게 굽이치는 길이다. 뱅상이 운전한다. 장-미셸은 집중하는 그가 거의 평화로워 보인다고 말한다. 뱅상의 대답은 대개 옆모습과 그림자 속에서 전달되는 극적 독백이다. 카메라는 그가 천천히 운전하는 빙판 벼랑길을 계속해서 힐끗힐끗 보여 주고, 차의 앞 유리를 통해서 차의 사각지대를 보여 준다. 한밤중에 운전하는 남자들이라는 일상적 사건은, 이 남자들이 [서로를 알지 못하는 낯선 사람들로서] 알 수 없는 것들 그리고 알지 못하는 것들 사이에 있는 위험부담을 즐기기도 하고 [낯선 사람과 차 안에 함께 있는] 상태에 애착심을 품기도 하는 밀폐된 장면에 관객이 집중하게 만든다. 가장 평범한 이동촬영도, 대표적인 역사적 의식을 보여 주는 이 장면에서, 답보 상태에 필수적인 과잉 경계심을 수행하게 된다.

어둠 속에서 두 남자가 이야기를 나눈다.

뱅상: 운전하는 걸 좋아하죠. 처음 일할 때 운전은 내가 가장 좋아하는 업무였어요. 차에 혼자 있고 아무 생각도 하지 않고 담배를 피우고 음악을 듣고. 몇 시간이고 그렇게 할 수 있었죠. 내 일에서 내가 정말 좋아했던 단 한 가지가 운전이었달까요. 그래서 안 좋게 끝나고 말았지요. 차 안에 있는 게 너무 좋아서 차 밖으로 나가는 게 어려웠죠. 때로는 약속 장소에 가려고 200미터를 운전한 적도 있어요. 아무 생각 없이 운전하다가 분기점을 놓치곤 했고요. 그냥 계속 운전한 거죠.

사장이 짜증을 내기 시작했어요. 하지만 그게 최악은 아니었어요. 사람들이 나에게 더 이상 애사심이 없다고 느낀 거예요. 아무도 나를 지켜 주려 하지 않더군요. 퇴사 협상은 쉬웠어요.

뱅상이 애사심을 잃어 버렸음을 사장과 뱅상 자신도 인식하게 되자, 뱅상은 신뢰할 만한 존재뿐만 아니라 의도를 가진 존재로 사는 데서 벗어나 표류한다. 즉, 신자유주의적 우연성의 현재 순간 그는 자신이 표류 중임을, 표류하며 사라지고 있음을 발견한다. 애사심을 가진다는 것은, 이후에 그것을 잃어버린다는 것은 무엇을 뜻했을까? 그것은 <회색 플란넬 정장을 입은 남자>(1955)에 나온 것과 동일한 감정인가? 즉, 애사심을 잃는다는 것은 기업에서 승진하려면 수행해야 하는 거짓 자아를 싫어하는 감정과 동일한 것인가? 애사심은 하나의 정동이나 감정인가? 아니면 동료 간 협력 관계는 전적으로 실천에 기반한 규범적인 것이자 이데올로기의 단위일 뿐인 "시민권"의 수행인가? 또는 그것보다 더 심오한 무엇, 즉 앨리 혹실드가 노동자 주체성에 대한 우리 시대 일터의 독특한 양가적 요구라고 지적한, 삶을 긍정하는 지속적 사회성을 원활히 하는 동시에 도구적이기도 한, 용맹에 가까운 정중함의 한 양식인가?[38] 에바 일루즈의 『차가운 친밀함: 감정 자본주의의 형성』[국내에는 『감정 자본주의: 자본은 감정을 어떻게 활용하는가』로 소개됨]은 이 이야기의 또 다른 부분을 말해 준다.[39] 「감정적 인간의 등장」[국역본에서는 「호모 센티멘탈리스의 탄생」으로 번역됨]이라는 장에서 일루즈는 20세기 초에 심리학 담론이 업무 평가에 도입된 과정을 추적한다. 여성 노동자에 대한 과학적 연구는 노동자를 일반적으로 평가하는 모델이 되었고, 업무를 잘할 책임뿐만 아니라 직장을 사람들이 착하게 행동하고 또 기분 좋게 느끼는 곳으로 만드는 데 참여할 책임이 있는 관리자와 직원의 가치에 대한 판단은 갑자기 감정 운운하는 이야기로 포화되었다. 그래서 20세기는 노동자가 가치를 충분히 생산함과 더불어 작업장 규범을 감정적으로 옹호해야 한다는 기업 요구가 확장되는 것을 목격했다. 즉, 책임과 호혜성은 감정적 순응의 수행을 요구하게 되었다.[40] 이것이 <타임아웃>을 <회색 플란넬 정장을 입은 남자>와 구별하는 점이다. 1955년 영화에서 사람은 팀원이 되어야 했지만 정동적 작업은 가정에서 이루어졌다. 이것이 컨설턴트 문화와 경영진 문화의 차이이다.

우리는 메소드 연기가 성공적인 기업가와 컨설턴트가 되는데 중요한 부분이라는 점을 이미 살펴보았다. 신자유주의적 노동의 좋은 주체가 되기 위해서 사람은 욕망을 발산해야 하고, 동료 관계의 정동적 유대 관계에 대한 동일시도 발산해야 한다. 이런 동일시로 인해, 같은 의무를 지닌 이들의 네트워크는 기업이 구조적으로 제공해 주는 것보다 더욱 탄탄한 기반을 지닌 영속적인 것으로 보이게 된다. <타임아웃>의 하위 플롯은 그 모든 모호함 속에서도 이 명령을 분명하게 보여 주는 예를 제시한다. 어느 시점에서 뱅상의 가족은 쇼핑을 하러 간다. 뱅상이 훔친 돈을 쓰는 것이다. 거기서 그들은 뱅상의 오랜 동료 제프리를 우연히 만난다. 제프리는 뱅상에게 격앙된 전화 메시지를 계속 남기고 있는데 이에 뱅상은 아무 답을 하지 않고 있다. 그렇지만, 같은 공공 공간에서 여가를 즐기는 중에 걸리자 뱅상은 최소한 자기 아내 뮤리엘 옆에서는 친구의 역할을 연기하는 것 말고는 선택지가 없다. 우리는 이 장면에서 컨설턴트 계층에게 요구되는 수행 규범과 감정적 요구에 대해 많은 것을 알게 된다. 이 두 남자는 10년 동안 함께 일했다. 오래된 연인처럼 제프리는 이렇게 불평한다. "이게 농담이야? 우리 정말 가까웠잖아? 10년 동안 매일 점심을 함께 먹었다고. 수많은 밤에 늦게까지 같이 ……. 그게 별거 아니야?" 하지만, 이 장면에서 두 남자가 만나자 먼저 이 둘은 자기 아내와 자녀를 서로에게 소개한다. 이 가까움은 동료 사이의 가까움이지, 생활의 전 영역을 공유하는 친구의 가까움이 아니다. 그렇다고 그들의 유대가 가짜이거나 얄팍하다는 뜻은 아니다. 이 가까움은 제프리에게 대단한 의미를 지녔다. "뱅상, 자네는 해고되었어. 그러더니 완벽하게 사라졌지. 내가 걱정하는 게 정상이라고." 뱅상이 말한다. "정상적인 건지 모르겠는데. 우리는 같이 일했을 뿐이야 ……. 그건 이제 아무런 의미 없고."

그러므로 표면상 뱅상은 관리자적 정동의 이데올로기에 결코 흡수된 적이 없었던 것이다. 그는 따뜻한 동료 관계를 물리적으로 지켰을 뿐 그 분위기상의 명령을 정동적으로 따른 적이 없었다. 그러나 그가 노동과 관련된 정동과 맺은 관계는 그가 자기 아내와 일 이야기를 할 때는 상당히 달라진다. 영화 내내 그는 자신이 느끼는 위태성을 "열정"의 상실로 이야기한다.[41] 이것은 그가 집 밖에서 계발한 삶에 대해 뮈리엘에게 말할 때 사용하는 유일한 어법이다.

뱅상: 상황이 내 마음대로 되지가 않아요. 적응하려면 시간이 걸릴 거라는 건 알았는데. 이렇게 어려울 줄이야.

뮈리엘: 몇 주밖에 안 되었잖아요. 제대로 익숙해지는 건 시간이 걸리는 일이잖아요? 그렇죠?

뱅상: 동료들과는 잘 지내요. 그게 문제는 아니죠. 말걸기 쉬운 사람들이라. 좋은 분위기죠. 하지만 여전히 삐딱해요. 이게 거짓말하기 쉽게 만들어요. 나 스스로 모든 게 괜찮다고 말하는데 거짓말이죠. 실망시킬까 봐 두려워요.

뮈리엘: 뭐가 두려운데요?

뱅상: 실망시킬까 봐 두려워요. 잘 하지 못할까 봐 두렵죠.

뮈리엘: 전에도 항상 그렇게 걱정했죠. 그래도 항상 헤쳐 나가잖아요.

뱅상: 지금은 아무것도 못 하겠어요. 그냥 지내는 거지. 때때로 무얼 해야 하는지도 모르겠어요. 나한테 기대되는 게 뭔지. 그래서 패닉하기 시작해요. 단순한 전화벨에도 짓눌리게 되고. 이 회의 저 회의에 참석해요. 그런데 상황을 파악하거나 한 발짝 물러서서 생각할 시간은 없어요. 더 이상 생각도 할 수 없어요. 머리가 텅 비었어요. 주위를, 내가 함께 일하는 사람들을 둘러보죠. 근데 전혀 모르는 얼굴인 거예요. 내가 거기 없었던 것 같이 ……. 미안해요. 피곤해서 그래요.

15.1~15.2.
정동적 진실. 경험적 거짓말

　그들은 함께 담배를 피우고, 조용한 어조로 이야기를 나누며, 상냥하게 행동하고, 조명을 은은하게 낮춘다. 뱅상은 아내의 어깨에 머리를 기댄다. 아내는 그의 머리를 쓰다듬어 준다. 이것이 친밀한 사람들이 행동하는 방식이지만, 그것은 무엇을 뜻하는가? 상냥한 행동을 하는 매 순간, 뱅상이 경계심을 내려놓는 것 같은 매 순간, 카메라는 아무 아이러니도 보여 주지 않는다. 심지어 우리는 그가 아내를 속이고 있음을 알고 있는데도, 카메라는 관객에게 그의 열정, 관리자의 말에서 주제어 자체인 열정을 지지하라고 요청한다. 마치 이야기가 거짓이라 해도 그 감정들은 진짜라는 듯 말이다. 동시에 그 감정들은 정동적 혼란의 자리를 대신 메꾸고 있는 플레이스홀더이다. 그 정동적 혼란은 영화에서만 그 장르를 발견할 뿐, 영화가 묘사하는 삶에서는 분명하게 장르로서 드러나지 않는다.

동시에 뮤리엘은 심지어 뱅상이 솔직해 주길 갈망하는 것처럼 보일 때조차도 자신이 무엇을 알게 될까 두려워하는지를 많이 드러낸다. 영화 내내 뮤리엘은 뱅상이 늘 그만둘 것처럼 굴면서 내보이는 불길한 전조를 목격하는 걸 견디지 못한다. 그가 해주는 이야기가 뱅상의 균열을 드러내려 할 때마다 냉큼 뮤리엘은 확언으로 그 틈을 메꾼다. 당신은 항상 그런 식이고, 이 감정은 적절한 것이고, 아무런 불편함이 없고, 당신 불행은 엔데믹 같은 것, 일시적이고 에피소드 같은 것이며 예측 가능하다고 말한다. 뮤리엘은 자신이 있는 곳에 그가 함께 있기를 요구한다. 즉, 친밀함을 유지하려면 불협화음, 공포, 놀람, 실패, 무엇보다도 비일관성을 괄호 안에 묶어 두어야 한다. 예의는, 사랑을 수행하는 일에 있어 다정하게 느끼고 행동하자는 그들의 지속되는 계약을 방해하는 것을 몰아내는 방법이 된다.

그래서 뮤리엘이 마침내 제네바로 뱅상을 찾아가고, 그가 거기 가지고 있다던 아파트로 자신을 데리고 가지 않을 때 뮤리엘은 실망한다. 그렇지만, 그가 불법점유한, 버려져 난방도 안 되는 농가에서 뮤리엘은 매우 달콤하게 그에게 적응하며 그에게 맞추어 주려고 애쓴다. 그들은 좋은 섹스를 하는 것처럼 보이고 그 후 그녀는 그의 몸 각 부분을 평가한다. 허벅지는 작아졌고, 음경은 좋은 상태지만 "젖꼭지는 쳐지기 시작한다." 그가 웃으면서 자기에 대한 아내의 "매정한" 평가에 저항하자 뮤리엘은 이렇게 말한다. "내 것도 쳐지기 시작하는 걸요. 왜 당신은 면제받아야 하죠?" 뮤리엘은 그를 관찰하며 훑어보고 그를 판결의 대상으로

16.
내파된 뱅상

삼지만, 그는 아내가 자기의 일에 대해 질문하면 벌어질 상황보다 이런 대화를 더 좋아한다. 이 장면 마지막 부분에서 그는 성적인 몸을 사용해 아내가 캐묻는 질문을 수사적 질문으로 만들어 버린다.

이렇게 우리는 뱅상이 집에 드나드는 것을 계속 본다. 집은 막다른 골목에 있다. 그렇지만, 거기 막다른 골목 같은 규범성 안에서 그와 함께 살아가는 사람들은 그가 허위적이고 표류한다는 점을 눈치 채지 못한다. 그의 무감각은 좋은 예절인 것처럼 읽힌다. 그에게 돈이 있다면 그는 이 리듬을 무한히 유지할 수 있을 것이다. 즉, 친밀한 공간의 가벼운 연극성은 그의 능숙한 보살핌의 제스처와 어조로 유지되고, 다른 데서도 보듯, 그는 그것을 동경하고 그것이 만족스럽고 효과적인 것이라 생각한다. 상냥함은 표면적일 뿐 요구하는 것이 거의 없기 때문에 그가 상냥함을 좋아한다고 냉소적으로 말할 수도 있으리라. 친밀한 사람에게 상냥한 것은 그에게 동료가 되는 것과 비슷하다. 즉, 제스처가 진정한 감정적 깊이를 대신하면서 실제로 그 감정적 깊이를 필요로 하지는 않는 것이다.

그래도, 뱅상과 뮤리엘이 그 농가를 떠날 때 아내가 잠시 눈 속으로 사라지자 뱅상은 겁에 질려 어쩔 줄 모른다. 어떤 연인도 그러하듯, 그에게 아내는 그 자신이 원하는 곳에 있어 주고 기댈 수 있고 든든하게 있어 주어야 한다. 측면으로 비껴 서있어도 안 되고 숨어 있어도 안 된다. 정상성에 그가 내린 닻은 중요한 것이고 또 그가 파괴적이거나 정신병 환자가 되지 않도록 막아 준다. 모든 것을 깨뜨릴 사건이 일어나지 않도록 그는 장벽을 친다. 대신 그는 자녀에게 품위 있게 대하고 부모에게는 오이디푸스적으로 굴며 아내에게는 부드럽게 남성적으로 처신한다. 전적으로 표류해 사라지거나 벼랑에서 떨어지지는 않으면서 표류의 특권을 지키기 위해 해야만 하는 모든 것을 행하면서 말이다.

이 영화의 끝에서, 뱅상은 아내와 가족에게 들킨 것처럼 보인다. 마치 그의 아버지가 다른 일자리의 기회를 마련해 준 것을 포함해서 그를 구해 준 것으로 보인다. 뱅상에게는 PPB의 규범적 감정적 수행으로 되돌아가는 것 외에는 다른 선택지가 없고, 관리자의 좀비같은 열정이라는 모두가 아는 비밀이 그가 면접을 보는 사무실에 가득 스며든다. 즉, 창백하고 힘없고 슬픈 미소를 지으며, 아무런 혜택도 계약도 없이 오로지 제도의 껍데기와 관련된 권리만을 지닌 영업 사원팀의 팀장이 되기를 원하는 척하는 분위기 말이다. 그는 상상 가능한 가장 독립적이지 못한 독립적 계약 노동자이다. 즉, 그가 실제로 하는 일이 무엇인가는 중요한 문제가 아니다. 노동하는 존재라는 형식이 중요한 것이지, 생산되는 것의 가치가 중요한 게 아니기 때문이다. 모든 것을 잃어버리지 못하는 그의 무능력, 자신의 부정성의 지평을 향해 그 판을 진정으로 떠나지 못하는 그의 무능력은 놀라운 것이 아니다. 답보 상태 속에 있는 그에게 다른 어떤 것도 없고, 무정부주의적 에너지도 없으며, 극적인 거부도 없고, 길을 떠나기 위해 필요한 휘발유도 총도 없기 때문이다. 그는 행복 대신 사회 속에서 체면을 유지할 기회를 한 번 더 갖는다. 호혜성의 조건은 근본적으로 규범적이며 제스처적이고, 그에게 있었던 타임아웃들은 일그러진 전원 풍경처럼 뒤로 희미해진다. 현재의 답보 상태에서 그는 더 이상 나선형 길이 아닌 원 속을 운전한다. 결국 그럴 가치가 있을 거라는 희망으로 낙관을 날조하는 친목관계와 팀 회의들 속에서 돌고 도는 것이다.

이런 의미에서 <타임아웃>은 지연된 만족을 위태로운 시대에 맞게 수정한다. 지연된 만족은 미래의 향유를 위한 현재의 고생이 더 이상 아니며, 그 너머엔 아무 것도 없는 현재에 쓰레기 더미를 뒤져서 즉흥적으로 만들어 낸, 흉내 낸 향유일 뿐이다. 이제 계층 상승은 측면적 이동 혹은 옆으로 옮겨 가는 이동이라 우리가 칭해 온 것으로 대체되었다. 판에서 아예 떨어져 나가는 상실, 정신병을 유발하는 절대적 상실과 상상 가능한 삶 사이의 유일한 막membrane으로서 캉테가 발견하는 것은 예절, 평정심의 낙관이다. 즉, 그것은 주체에게 모든 것을 혼자만 비밀로 간직하도록 하고 모든 자원의 신자유주의적 민영화를 사적 감정의 어법으로 재현하면서 정동적 관심이나 감정적 수행의 최소한만을 요구하는 존재의 형식주의이다. 이 속에서 몸은 주체의 정동을 담는 그릇인 반면 얼굴은 전적으로 표면으로 남아 있기를 열망한다.

그렇지만 뮤리엘의 질문이 뇌리를 떠나지 않는다. 당신은 왜 면제받아야 하죠? 표면상 뮤리엘이 지칭한 것은 나이듦과 죽음, 성적 매력이 천천히 줄어드는 것이다. 뮤리엘의 말은 남들에게 보이고 알려지는 것, 의무와 책임을 지는 것도 지칭한다. 그렇지만 부르주아적 비진정성과 비밀스런 삶의 이야기가 신자유주의적 시간과 공간에만 국한되는 것은 아니다. <인력자원부>의 대사 "당신 자리는 어디에 있나요?"처럼, "당신은 왜 면제받아야 하죠?"라는 질문은 신자유주의적 계기의 위태로운 보편을 표현한다. 그것은 이행기 중의 수사적 질문이며, 잠재적으로 정치적이고 실존적인 수많은 어법에 열려 있지만, 그 어떤 어법에도 아직 도달하지 못했다. 그것은 위기 일상성의 시절에 소속과 호혜성의 낮은 장벽을 측정해 주는 것이다. 캉테의 주인공들은 친밀성과 호혜성이라는 근대성의 확고한 제도 — 국가, 기업, 가족, 자유주의적 공중 —가 무너지는 한가운데에서 살아가면서 떨리는 입술과 데스 마스크° 사이에 있는 현재의 담보 상태를 살아 낸다. 호혜성의 사회적 자원을 새롭게 요구할 수 있는 조건과 감응 장치를 그릴 수 있는 상상계가 없는 채 말이다.

그러나 프레카리아트라는 새로운 정동적 계급의 어법으로 이런 요구를 해야 하는가? 신자유주의적 이해관계는 사회적 호혜 관계의 너무나 수많은 역사적 형태를 감정적 감응 장치 위로 환치시킴으로써 이득을 보게 된다. 특히, 그것이 아직 사회 세계를 지니지 못한, 다가올 자유의 경험을 극화할 때 말이다. 정치적 낙관의 이런 감응 장치에서, 우리가 마음껏 위태성에 대해 항의를 한다면 무엇을 위협하게 되는가? 이것은 전혀 수사적 질문이 아니다. 이 질문은 규범적 세계에 집단적으로 거리를 둠으로써 나올 수 있는 정동적 연대감과, 주체가 자기들이 겪은 심오한 집단적 물질적 환상적 상실에 대한 보상으로 만들어 내고자 하는, 더 나은 좋은 삶에 대한 여러 갈래의 상상계 사이의 긴장 관계의 핵심이다.

•　　데스 마스크(death mask)는 죽은 사람의 얼굴을 석고로 본떠 만든 가면이다. 이 구절에서는 죽은 사람이나 다름 없이 움직이지도 감정을 표현하지도 않는 무정동의 얼굴을 가리킨다.

7장
정치적인 것을 향한
욕망에 대해

7장은 최근의 다양한 모더니즘 무정부주의 아방가르드 예술 작품들을 논의하면서, 위기가 일상화된 우리 시대에 정서, 소음, 침묵이 저항의 움직임과 만날 때 형성되는 측면성의 정치를 탐구한다. 벌랜트는 이 정치를 "주변 분위기로 형성되는 시민성"으로 개념화하고, 주류 대중 정치가 내는 소음과 그 소음을 선별적으로 확장·축소하거나 걸러 내는 미디어의 "필터"와는 다른 방식으로 소리, 침묵을 동원하는 몇몇 사회운동과 예술운동을 개괄한다. 이 장에서 논의하는 사례들은 전통적인 공적 발화와는 다른 방식으로 정치적인 것을 수행하며 역사적 현재에 개입하는 작품들이다. 이처럼 잔인한 낙관과 정치적인 것에 대한 욕망의 관계를 논의하면서 벌랜트는 정치적으로 우울한 입장을 측면성의 정치로 변화시킬 것을 제안한다._옮긴이

1. 정동, 소음, 침묵, 저항
: 주변 분위기로 형성되는 시민성●

이 절에서 벌랜트는 소리로 인해 형성되는 다소 수동적인 소속감이 지닌 정치적 의미를 "주변 분위기로 형성되는 시민성"(ambient citizenship)으로 개념화한다. 이 개념은 소리에 반응하면서 만들어지는 일시적인 정치적 소속감(즉 정동적 공동체)를 지칭한다. 신자유주의 시대에 일상화된 위기가 만들어 내는 특이한 형태의 정치도 지칭한다. "주변 분위기로 형성되는 시민성"은 ① 주변 공간에 소리나 정동을 퍼뜨리는 사건, 장면, 드라마가 어떤 상황이나 문제(예컨대 전쟁과 일상화된 감시 체제[2절에서 다루는 예술 운동], 에이즈와 빈곤[3절], 공적 애도, 9/11, 기후 재난[4절] 등)를 거론하는 사회운동의 시나리오와 만날 때 생기는 분위기와 공간에서 형성되지만, ② 공적 영역의 정치에 직접적으로 개입하지는 않는 형태의 정치를 뜻한다. 또한 이 용어는 침묵, 발화, 소리를 (미디어나 제도 정치권의 소음과는 다른 방식으로) 사용하여 함께 듣는 (혹은 영상물을 함께 보는) 행위를 통해 누구의 소리가 공간을 차지할 권리가 있는지를 질문하게 한다는 점에서 청각적 매개에 의해 소속감을 만들어 내는 정치를 지칭한다. 요약하자면, 의식적으로 듣거나 듣지 않을 수도 있는 소리나 소음이 주변 공간과 분위기를 만들어 내면서 그 소리를 듣는 사람들에게 그 공간에 대한 소속감을 형성할 수 있다는 것이다. 어떤 소리나 정동이 영향을 미치는 영역이나 주위를 뜻하는 ambience는 맥락에 따라 '주변 공간,' '소리 환경'으로, 형용사형인 ambient는 맥락에 따라서 '주변 공간의,' '주변 공간에 퍼지는,' '주변 분위기가 만드는' 으로 옮겼다. ambient citizenship은 '주변 분위기로 형성되는 시민성' 혹은 '주변 분위기가 만드는 시민성'으로 옮겼다. 여기서 citizenship은 주권적 의식을 전제하는 시민권과 달리 주변 분위기나 소리에 반응하면서 정동적 소속감, 정치성을 향한 욕망을 공유하는 일시적 공동체를 뜻하기 때문이다. ambience, ambient의 번역어에 '소리'를 담지는 못했지만, 이 장에서 이 단어들이 나올 때는 주변 공간의 소리, 소음과 연결된다는 점을 밝혀 둔다.

강렬하게 정치적인 시절은 다른 종류의 긴급성을 지닌 몽상을 낳는다. 사람들은 진정성이 이데올로기를 이기고 진실이 은폐될 수 없으며 소통이 얼굴을 마주 보는 친밀한 행위로 느껴지는 대안적 환경을 상상한다. 이런 시기에는 정치인들도 아무런 매개 없이 [자신들의 의견을] 어떻게든 정치체에 전달할 수 있을지도 모르는 공론장-이후post-public sphere의 공중公衆을 점유하는 상상을 한다. "어떻게든 필터는 건너뛰고 사람들에게 직접 말해야 합니다." 2003년 10월 당시 대통령 조지 W. 부시가 한 이 말은 감상적 정치 환상의 기나긴 전통의 메아리를 울렸고, 곧이어 공화당 전국위원회와 매케인과 페일린의 대통령 선거 캠페인은 "필터"를 비난했다.[1] 우회를 요구하는 "필터"는 무엇인가? 부시는 자기가 말한 필터에 뒤섞여 있는 은유의 의미를 뒤집는 것 같다. 어쨌거나 필터란 소음을 소통과 분리하는 것이고, 소음을 걸러 내는 가운데 소통을 가능하게 만든다. 자크 아탈리와 미셸 세르는 둘 다, 소음은 어떤 발화에서든 내부에서부터 간섭하면서 발화의 관리 가능성을 위협하기 때문에 소음 없는 소통은 없다고 주장했다.[2] 그러므로 소통을 구성하는 왜곡의 수행은 식별 혹은 필터링을 필요로 한다. 아무리 변함없이 진실을 전하려 한다고 해도 소음을 피할 수는 없다.

그러나 필터를 피하려는 부시의 소망은 정치적인 것을 향한 욕망에 있는 심오한 무언가를 가리킨다. 그는 메시지가 아니라 소음을 전송하고 싶어 한다. 그는 공중이 악취를 느끼기를, 메시지를 정동적으로 즉각적이고 유혹적이고 결속력 있는 것으로 만드는 생생한 강도들과 욕망을 느끼기를 원한다.[3] 그의 머릿속에서 공중과 정치적인 것의 결속은 정책이나 이데올로기에 의해서 달성되는 것이 아니라, 거리감을 느끼게 하는 말하기라는 매개 없이 진실한 느낌을 소통한 효과인, 함께 정치적으로 느끼는 정동을 통해서 가장 잘 달성된다.[4] 소음의 전송이, 지속되는 친밀한 관계로서 정치적 애착심을 수행한다. 친밀한 관계가 없다면 엄청난 배신의 드라마가 느껴지고 연출되는 것이다. 『윤리의 소리 풍경』에서 찰스 허슈킨드는 이집트의 친밀한 정치적 공중을 건설하는 데서 "산파술적 듣기"가 담당하는 역할에 대해 말한다.[5] 거기서, 정동적 소리 풍경을 느끼는 기조는 집단적 듣기의 순간에 수행되는 정치적·사회적 상호성을 느끼는 감각에 대한 애착심과 투자를 생산한다. 이 과정은 함께 듣기 자체를 욕망의 대상/장면으로 취하는 것을 포함한다. [이런 공유감이 친밀한 공중을 형성하는 것이다. 이에 대해서는 이 책 7장 429쪽에 있는 옮긴이 주를 참조] 이런 동조attunement에 도달한다는 것은 세상을 공유한다는 느낌을 만들어 준다. 함께 듣는 공중이 자신들이 들은 내용 때문에 나중에 특정한 정치 세계에 어떤 목적을 제시하거나 어떤 주장을 하느냐와 상관없이, 그런 공유감을 만들어 준다.

허시킨드의 관점에서 보면, 소음의 사회적 유통, 정동적 결속의 사회적 유통은 세계를 근사 정치적인 것으로 보이는 도덕적 행동의 공간으로 변환시키는데, 근사 정치적인 것이란 사회생활을 지배하는 권력의 도구성에 훼손되지 않은 채 그 도구성에 근접한 것을 뜻한다.[6] 필터를 거치지 않고 말하는 것은 부시의 연설을 듣는 모든 청취자에게 그들이 이미 하나의 정동적 환경을 공유하고 있음을 확인해 줄 것이다. "귀의 윤리적·치료적 미덕"[7]을 동원한다면, 그가 미국인과 지구의 인류를 위해 더 나은 좋은 삶을 가능하게 만들었을 뿐만 아니라, 정동적으로 말해서, 당장 여기 지금 더 나은 감각 세계가 있으며 그 세계는 불안 심리를 유발하는 매체의 선정주의적 분석이 만든 세계보다 더 친밀하고 더 안전하며 매체가 분석한 세계만큼이나 현실적인 세계라고 믿는 그의 확신을 오장육부로 느끼도록 전달할 수 있으리라. 이런 비전은, 정치적인 것을 향한 욕망을, 마치 아무런 매개가 없는 것처럼 감각이 유통시키고 확인해 주는 현재의 대안적 보통 사람들* 속에 위치시킨다.

"필터"와 관련된 문제는 정확히 무엇인가? 미국에서 오늘날 필터를 거친, 즉 걸러진 정치 영역은 위기가 만들어 낸 새로운 일상에서 주 7일 24시간 뉴스를 내보낸다. 이 일상적 위기에서 삶은 생존을 위한 전술과 누구를 탓할 것인가를 둘러싼 논의로 축소된 것 같다. 필터는 공중이 스스로 그 윤곽을 알지 못하는 역사적 상황으로 들어섰다고 우리에게 말해 준다. 필터는 필터 자체가 시대적 위기라고 대중 의식 속에 각인하여, 동정심을 유발하는 이야기와 길을 잃어버린 제도에 관한 이야기로 구성된 재난 영화처럼 펼쳐진다.[8] 그것은 곧 탈규범적 국면이 되기 직전의 순간이다. 이 국면에서는 지속되는 집단성, 역사적 연속성, 토대 구조의 안정성의 조건에 대한 환상적 명확성이 사건과 효과의 예측 가능한 관계와 더불어 녹아 사라졌다.

전쟁과 환경 재앙의 한가운데에서 살아가면서 사람들은 변화를 유발하는 타격을 가할 수 있는 것으로 보이는 것과 그렇지 않은 것에 지속적으로 놀라는 모습으로 묘사된다. 또한 경제 위기의 한가운데에서 살아가면서 책임성과 인정의 규칙이 사라지면서 나오게 된 규제되지 않은 도덕과 정동의 양, 장소, 심각성에 지속적으로 놀라는 모습으로 그려진다. 무엇이 정부, 친밀한 관계, 노동자, 소유자, 교회, 시민, 정당 혹은 낯

●   커먼스(commons)는 보통 사람들, 서민을 집합적으로 칭하기도 하고, 공공의 영역을 칭하기도 한다.

선 사람들 사이의 신뢰할 만한 호혜성과 그 조건을 지배하게 될까? 사람들은 자신들이 속한 공중으로부터 정동적 민주주의의 감각을 기대하도록 학습하는데, 앞으로는 어떤 형태의 삶이 사람들에게 이런 정동적 민주주의 감각을 확보해 줄 것인가? 아무도 모른다. 최근의 과거와 가까운 미래의 압력에 대한 뉴스는 (적어도 아직은) 해결되지 않았거나 이해할 수 없는 사례들이 산적한 진행 중인 현재 속에서 살아간다는 것이 뜻하는 바를 둘러싼 과잉 사변과 지속적인 긴급 정화를 요구한다. 철야 농성이 있다. 목격, 증언, 고함소리도 있다. 그렇지만, 이런 일을 사건으로 만들어 낼 합의된 틀은 아직 존재하지 않는다. 그러므로 상황의 정동적 구조는 불안하고, 그 상황에 들러붙는 정치적 감정은 거기 분명히 존재하는 알 수 없는 수수께끼가 무엇인지 인지하기보다는 얼른 방향을 틀어, 말이 되도록 의미를 만들어 내는 설명으로 향한다. 이때 의미란 견디는 일을 가능하게 해주는 종류의 만족스러운 의미를 말한다.

불확실성은 부시가 괄호 쳐서 묶어 두고 싶어 했던 것이다. 주변 공간에 퍼지는 소음의 정치, 제안 발의에 앞선 의사 전달과 직관적 호혜성을 원했던 그의 욕망은 필터를 통과한 불안정성과 모순의 이야기를 사회성의 핵심에서 몰아내고자 했다. 소원대로 그는 또한 양식 있고 자기 성찰적인 견해와 판단이 공적 영역에서 나름의 핵심적인 기능을 하지 못하도록 추방해 버렸다. 요컨대, 자크 랑시에르 식으로 표현하자면, 뭔가를 희망하는 부시의 그 감정은 정치적인 것을 정치 그 자체와 떼어놓고자 하는 것이었다.[9] 이렇게 하면서 그는 계속되는 사회적 적대 행위[즉 정치]를 부수적 현상의 영역으로 내쳐 버리려고 하는데, 이와 대조적으로 정치적인 것의 정동적 피드백 회로는 정치인들과 그들의 공중 사이에 진정한 영혼 대 영혼의 연속성을 더 강하게 만들어 준다. 부시가 입에서 귀로, 마음에서 마음으로, 뱃속에서 뱃속으로 전달하고 싶어 했던 이 시끄러운 정동을 푸코는 "섹슈얼리티"라 부르곤 했다.[10] 적어도 부시의 관점에서 보면, 정치적인 것은 식욕 속에 가장 잘 자리 잡고 있다.

이것은 정치적으로 편향된 관찰이 아니다. 부시가 정동적 소통이 정치적인 것의 매개가 되어야 한다는 욕망을 발설했을 때 아마 그는 냉소적으로 대중의 시선을 자기의 특정 행동으로부터 다른 곳으로 돌리려는 심산이었다. 그러나 정치체와의 이미 확립된 자율적인 연대의 분위기라는 어렴풋이 따뜻한 느낌 속에 거주하고자 하는 욕망은 그가 특별히 원하는 욕망이 아니다. 실제로 매개되지 않은 소음을 더 좋아하는 그에게는, 정치체 안에 그처럼 소음을 선호한다는 것 외엔 정치적으로 거의 그와 공통분모가 없는 협력자들이 많았다. 즉, 체현되지 않은 채 이리저리 이동하는 동일시(이것이 대중mass public을 구성한다)의 즐거움보다 마을회관, 전당대회, 시위, 그리고 다른 친밀한 집회에서의 정치적 모임을 선호하는 사람들이 많았던 것이다. 또한 그는 비지배 계급에 속한 그의 적대자들과 합류하기도 한다. 이들은 즉각성과 연대의 느낌을 제공해 주는 친밀한 공중을 오랫동안 만들어 온 이들인데, 이 친밀한 공중은 기대거나 믿거나 되돌아갈 적합한 규범적 제도가 별로 없을 때 사람들이 거주할 수 있는 정동적 소속감이라는 감응 장치를 공적 영역 안에 확립함으로써 만들어진다.

공적 영역은 언제나 정동 세계인데, 사람들은 지속적으로 협상되는 공통의 이해관계에 정동적으로 투사함으로써 그 세계와 결속한다. 그러나 친밀한 공중은 더욱 특수하다. 친밀한 공중에서 사람들은 생존 문제가 걸려 있음을 감지하고, 이야기하기와 듣기를 통한 집단적 매개가 현재의 답보 상태와 투쟁을 벗어나는 경로를 제공할지도 모른다고, 최소한 이 방에 참여자들이 함께 있다면 인정도 가능하다는 어떤 느낌을 제공할지도 모른다고 감지한다.[11] 친밀한 공중은 경계 영역 안에 포용돼 있다는 느낌을 약속한다. 그 안에서는 성원권을 얻으려고 오디션[여기서는 성원권 수여 여부를 결정하는 일종의 심사를 뜻함]에 참가할 필요는 없다. 최소한, 듣기audition를 수행하고, 그 장면이 오장육부에 깊이 가하는 타격에 관심을 갖고 귀를 기울이기만 하면 된다.[12] 우리는 뜨개질이나 수집, 어떤 종류의 섹슈얼리티 같은, 파국과 관련되지 않은 사소한 것에 대한 호기심 때문에 그것에 끌릴 수 있다. 그렇게 이끌린 후에서야 그것은 지지 공동체가 되어 고통, 유머, 응원의 어조를 제공한다. 아마 질병은 생존 방법을 찾는 사람들의 공동체를 찾아 나서게 만들었을 것이다. 어떤 경우든 누구든 압도적인 것 앞에서도 패배하지 않은 개인들의 이야기로 친밀한 공중에 기여할 수 있다. 하지만 더욱 흔하게는, 참여자들은 [필요한 것들을] 취하고 때로 자기들이 들은 바에 의견이나 의문을 덧붙여 유통시킨다. 그러나 소속되기 위해 그들이 해야 하는 일은 없다. 그들은 언제 참석하고 빠질지를 결정하고 수동적으로 가만히 있을 수 있으며, 마음대로 오갈 수 있는 자유와 주권적 자유의 실천을 생각할 수 있다.

정말로, 자유주의 사회에서 자유는 개인적인 것이든 정치적인 것이든 많은 것에 주의를 기울이는 의무로부터 벗어날 자유를 포함한다. 그 누구에게도 자신들이 관련된 소속의 양식이나 장면에 신경 쓰거나 사회적으로 행동할 의무는 없다. 많은 이에게 이것은 정치적 주목은 [대표자에게] 위임되는 것이며 정치는 계발된 합리성보다는 풍문에 더 가까운 종류의 소통을 통해서 우연히 듣게 되고 간접적으로 비체계적으로 접하게 되는 것임을 뜻한다.[13] 그러나 정치적인 것을 우연히 듣는 데에는 근본적으로 수동적이거나 피상적인 측면이 존재하지 않는다. 권력에 대한 뉴스의 전파를 우리가 접하게 되는 것은 우리의 지식이 얼마나 철저하거나 잘 계발된 것인지 또는 우리가 그 충격을 삶에 어떻게 통합하는지와는 아무런 상관이 없다. 우리 앞에 놓인 모든 혼돈, 위기, 부정의의 한가운데에서, 좀 더 살만하고 친밀한 사회성의 감각 — 장면은 아니더라도 — 을 생산하는 대안적 필터를 원하는 욕망은 정치적인 것을 향한 욕망의 다른 이름이다.

이것은 정치적인 것에 대한 친밀한 애착심이 왜 잔인한 낙관의 관계에 이를 수 있는가 하는 이유가 된다. 이 책 내내 나는, 낙관적 애착심은 욕망의 대상/장면 자체가 낙관적 애착심을 품게 하는 바로 그 결핍[필요]의 충족에 장애물이 될 때 잔인해진다고 논의했다. 그러나 삶을 조직하는 것으로서의 낙관적 애착심이 지니는 위상 때문에, 그것이 유발하는 피해를 중재하는 일이 어려워진다. 규범적 공적 영역이 엘리트들의 행위 공간이며 이 공간이 이미 줄어들고 부서지고 [평범한 시민들에게는] 머나먼 공간이라는 점을 깨닫는다 하더라도* 정치체의 구성원이 다시 [정치체에] 헌신하는 의식과 장면에 주기적으로 되돌아올 때, 이것은 잔인한 낙관의 관계가 될 수 있다. 집단적 돌봄, 경청, 방송을 훑어보는 것은 투표와는 다른 일이다. 방향 설정 그리고 이에 대한 느낌을 갖는 이

---

* 감상성 삼부작에서 벌랜트는 19세기와 20세기 초 미국에서 정동 정치를 분석하면서, 피지배집단은 "주관적으로 느끼는 비슷함", 즉 같은 정동을 느낀다는 인상을 통해서 결속한다고 논의한다. 이런 결속의 정치는 감상성을 통해 이루어지는데 그 까닭은 평범한 시민들에게 정치는 엘리트들의 영역이라고 간주되기 때문이다.

모든 양식은 우리가 체계에 애착심을 지녔음을 확인해 주며, 그러므로 체계를 확인해 주고 우리가 체계에 묶여 있다고 느끼게 만드는 정동의 정당성을 확인해 준다. 비록 이 결속의 명백한 내용에 냉소주의의 부정적 힘이나 어둡게 희석된 정치적 우울이 있다고 하더라도 말이다.

이 애착심은 어떻게 왜 끈질기게 지속되는 것일까? 그것은 습관에서 나온 것인가? 그것은 정치적인 것 자체에 내장된 강렬한 잠재적 힘에 대한 소망에 기인하는가? 또는, 비판적 참여의 견지에서 상황을 개선할 가능성에 마음을 쏟는 것인가? 구성상 망가져 있는 것을 고치려 하는 정치적으로 우울한 입장을 탈진할 정도로 반복하면 결국 기대와 요구로부터 낙관의 행위를 쪼개어 낼 수 있다.[14] 이 분리[요구하되 기대한 대로 이루어지리라 낙관하지 않는 것]를 유지하면 우리는 정치적인 것을 향한 우리의 애착심을 유지하고, 평범한 사람들의 가상 — 그렇지만 감각적이고 추상적이지는 않은 — 공간인 정치체라는 관념에서 성원권 감각에 대한 애착심도 유지할 수 있다. 그리고 이로부터[이런 정동적 소속감으로부터] 거리를 두는 것은 새로운 자유와 더불어 많은 잠재적 상실을 유발할 수 있다.

그랜트 파레드는 인정이나 대의representation, 보답의 기대 없이 정치적인 것에 충실한 것을 매우 윤리적인 행위라고 본다.[15] 그의 표본 사례는 2004년 대통령 선거 당시 흑인들의 투표 패턴에서 나온 것이지만, 이런 윤리적 헌신이 치를 대가에 대한 불안은, 버락 오바마가 미국을 통치하는 행정부의 대통령이자 미국의 정동적 토대 구조*의 대통령으로 선

• 정동적 토대 구조라는 개념은 벌랜트가 트럼프 당선 이후에 쓴 글에서 자세히

출되면서 더욱 증가했을 따름이다.[16] "그래요, 우린 할 수 있어요"[2008 년 대통령 선거 캠페인 구호]라는 정치적인 것을 향한 낙관과 정치가 실제로 작동하는 방식이 맺는 관계는 무엇일까? 특히 일상생활에 변화를 일으키는 행위 주체로서 대통령의 제한적 주권을 고려할 때, 오바마가 역사적으로 실망한 사람들의 정치적 우울에 맞서 정치적 낙관을 최대한 활용함으로써 발생한 효과는 무엇일까? 정치적으로 조율된 감정과 이 감정의 정동적 환경 사이의 여러 갈림길을 우리는 어떻게 추적할 수 있을까? 전통적으로, 정치적 연대는 감정이라기보다는 구조적인 것이다. 즉, 정치적 연대는 어떤 한 기획에 헌신하는 다른 사람들과의 동일시이며, 이 기획을 진행하기 위해 정동적 연속성이나 개인적으로 따뜻한 느낌을 필요로 하지 않는다. 그러나 유대감을 유지하는 일은, 더 나은 좋은 삶을 그리는 서로 접점이 없는[통약 불가능한] 비전들 사이에서 판정을 내리는 능력을 필요로 한다. 소속감이 적대적 목적의 불편함으로 위협을 받는 한에서 정치가 정동적 동조의 요구로 축소될 때, 이런 능력의 위축은 위험한 상태가 된다. 게다가, 우리가 대중 민주주의에서 아는 대로의 "정치적인 것"이 애착심과 기대의 이런 분리를 요구할 가능성이 있

논의된다. 토대 구조는 집합체인 체계나 구조와 달리, 연결해 주는 것을 지칭한다. 토대 구조는 네트워크망, 도로, 다리, 은행, 병원 등과 같이 어떤 것들을 서로 연결해 주는 것이지만 각각은 별도로 존재한다. 트럼프 당선 이후 어려운 시절을 살아 나가기 위한 토대 구조로 벌랜트는 정동적 토대 구조를 논의한다. 토대 구조를 저항과 연대의 연결점으로도 보자는 것이다. 감정적 토대 구조는 다양성과 차이를 수용하고 서로 다르지만 함께 존재할 수 있는 정동적 연결망이다. 여기서 오바마가 미국의 감정적 토대 구조의 대통령이라는 것은 오바마의 당선이 미국 시민들의 차이를 가로질러 주관적 유사함 혹은 비슷한 정동을 느끼게 해주었음을 뜻한다.

다. 현재 상태로부터 정치적 낙관을 쪼개어 내는 것은 여러 부류의 가장 잔인한 낙관을 유지시킬 수 있다.

이 장은 역사적 현재에서 대규모로 매개된 친밀한 공중 사이에 즉물성의 감각을 형성하는 정동적 엿듣기를 통해 재경로화되는 정치적인 것을 향한 욕망에 위치한 우리 시대 예술의 몇 가지 예를 들여다본다. 침묵의 저항 전통에 속한 이 예술은 대체로 규범적 소음의 방향을 틀어서 [규범적 소음의 방식과는] 다르게 그 소음을 사용한다. 규범적 소음은 정치적인 것의 정동적으로 구성된 공중을 규범적 정치 자체에 결부시킨다. 정동은 발화를 완충장치로 사용하지 않은 채 사건을 형성한다. 우리 시대 정치 생활의 참여자는 [침묵 저항 전통에 속한] 이 미학을 항상 목격하는데, 이 미학은 극적인 분신[자기희생]부터 철야 침묵 농성까지 포괄하는, 즉시 기록할 수 있고 즉흥적이고 수행적인 기념의 장르들에서 나타난다. 이 미학은 들뢰즈와 가타리가 말한 의미에서 정치적 우울의 소수자적 작업이다. 정치적 우울은 현재 일상생활에 쌓여 가는 위기를 늦추지 못할 것이라는 널리 퍼진 허무감을 증명하면서도 아직은 존재하지 않는 정치의 실천이 창안될 수도 있는 세계를 정치적 정동으로부터 만들어 낸다.

과묵한 즉각성의 이 미학은 초국가적으로 유서 깊은 두 개의 전통에서 나온다. 즉, 급진 예술 전통과, 특히 트라우마와 애도를 둘러싼 대중적인 종교와 비종교의 비폭력 전통에서 나온다. 이를 잘 보여 주는 가장 유명한 예는 아마 아르헨티나의 <5월 광장의 어머니들>에 나오는 묵언의 시각 퍼포먼스일 것이다. 미국에서 침묵시위는 여성 참정권 운동의 "목소리 없는 연설"과 린칭 반대 저항운동의 수행적 침묵에 그 기원이 있다. 이 운동이 크게 벌어졌던 때는 1916년과 1917년이었다. 많은 경우 수천 명에 이르는 여성이 참정권을 주장하는 깃발과 플래카드를 들고 공공장소에 가만히 침묵하며 서있었고, 역설적이게도 "평화를 어지럽힌다"는 구실로 체포당하는 위험을 무릅썼다. 여성 참정권을 주장하며 여러 명이 함께 쓴 소설『강건한 참나무』는 1917년『픽토리얼 리뷰』에 처음 실렸는데, 이 소설은 이들의 저항과 더불어, 이 저항이 페미니즘의 주파수로 전달한 정동적·윤리적 주장을 견디지 못한 공중이 보인 광기 어린 반응을 생생하게 묘사한다.[17] 이 소설은 그런 위반이 유발한 반응을 보도한 당대 신문 기사들을 반영한다. 주로 사람들은 목소리 없는 연설을 무시했고, 아니면 가던 길을 멈추라고 요구받는 느낌에 대놓고 분개했다. 때로 사람들은 호기심을 갖고 궁금해 하며 논쟁을 받아들였다. 때로는 멈춤과 고요, 천천히 읽는 행위가 사람들의 정치적 지향에 담긴 심오한 무언가를 중단시켰다.

바로 그 해에, 만 명의 흑인이 뉴욕시에서 린칭 반대 침묵시위 행진을 벌였다. 이 시위는 너무 놀라울 정도의 절제와 규율 속에 진행되어서 구경하던 군중도 절대적 침묵에 함께했다. 이 두 경우 모두 침묵을 깬 것은 경찰이었다. 누구나 상상할 수 있듯, 경찰은 이토록 완벽하게 조직된 정치적 의지와의 대면을 견디지 못했다. 이런 공격적 수동성의 행위는 항상 정치적 발언의 타락이나 정치적 발언 내부에 있는 유독한 소음을 노출하는 동시에 정치적인 것에 대한 이상과 정치의 실천 사이의 관계가 얼마나 뒤틀려 있는지를 가늠하게 한다. 그러나 수행적 철회*의 제

• 여기서 수행적 철회(performative withdrawal) 또는 공적 철회(public with-drawal)는 공적 발언의 전통적 방식으로부터 의도적으로 물러남, 공적 영역으로부터 공공연히 벗어남으로써 기존 공공의 개념 및 실천에 대한 비판과 반론

스처는 언제나 그보다 멀리 나아가기도 하며, 양심이 지식과 만나는 지점에서 정치적 잠재성을 위한 새로운 감각 경로를 마치 컴퓨터로 그려 내듯 도출해 낸다.

이토록 많은 예술운동이 공적 영역의 고전적 소통 방식이 아닌 소음을 동원한다는 사실, 즉 소통이 합리화하고 괄호치고 이상화하고 무시하는 행위, 오장육부로 느끼는 즉각성의 행위를 동원한다는 사실은 우리 시대의 역사적 순간에 대해서 무엇을 말해 주는가? 삶을 파괴하는 규범적 정치 세계의 형식들에 거리를 두면서도 그 거리 두기가 그런 세계의 재생산에 대한 암묵적 허용이 되지 않게 하는 일은 왜 그토록 어려운가? 이 장은 공공성을 다시 사유한다. 이를 위해, 이 장은 정치적 우울●의 입장을 지닌 정치체가 규범적 공적 영역에 다시 들어가지 않으면서 그럼에도 불구하고 정치적인 것을 향한 욕망을 유지하는 방법을 추구하며 잔인한 낙관의 이중 구속을 깨려고 시도하는 몇 가지 사례를 살펴본다.

이 장에서 다시 살펴보는 작품은 새로운 위기 일상성이 "주변 분위기로 형성되는 시민성"과 같은 특이한 형태의 무언가를 생성한다고, 즉

을 수행하는 방식을 말한다. 아래에서 벌랜트는 이런 철회를 수행하는 미학의 스타일을 "물러나는"(recessive) 양식으로 논의한다.

● 벌랜트는 정치적 우울을, 사회적 변화를 갈망하지만 변화가 일어나지 않는 상태에 대한 반응이라고 본다. 정치적 우울의 입장은 정치에 대한 애착심을 유지하지만 정치적 노력이 반드시 변화를 가져오리라는 낙관이나 기대 없이 그래도 무언가를 시도한다는 입장이다. 이 입장은 희망한 대로 변화가 일어나지 않을 수도 있음을 받아들인다는 점에서, 즉 변화를 낙관하지 않는다는 점에서 우울의 입장이다. 우울의 입장은 편집증적 비평과 우울증적 비평을 논의한 세지윅의 통찰을 확장한 용어이다.

정동/소음을 퍼뜨리는 드라마가 우연히 운동의 시나리오와 만나게 되는 장면으로서 정치를 생성한다고 제안한다. 정치적인 것이 일상적인 것으로 퍼져 나가는 방식에 대해서 이 개념이 열어 주는 관점에서 보면, 주변 분위기로 형성되는 시민성은 복잡한 것이며 실제로 소속의 한 양식이다. 이 소속의 양식은 정치적인 것을 관통하는 동시에 정치적인 것 주변에서 공식적, 비공식적 방식으로 유통된다. 이것이 발휘하는 정동적·감정적·경제적·사법적 힘은 상황을 명료하게 하는 동시에 사방으로 퍼져 나가는 것이다. 소리sound로서, 주변 공간[소리 환경]ambience은 사람들을 통해서 운동이 일어나는 분위기와 공간을 마련해 준다. 즉, [소리를 함께] 듣는 사람들은 진행 중인 현재로 녹아 들어가고, 이 현재의 진행성은 반드시 편안한 것도 불편한 것도 아니며 아방가르드도 아니고 무자크Muzak[상점, 식당 등에서 틀어 두는 배경음악용 음악]도 아니지만, 아주 형식적으로 말하자면 중지와 미정의 공간이다. 소리의 확산에 의해 유도되는 분위기인 그것은 가장자리 없는 서식지이자 부드러운 답보 상태이다. 움직임movement이자 영역ambit으로서 그것은 (원래 표를 달라고 유세하며 돌아다닌다는 뜻인) 야심ambition에 가깝지만 심지어 그럴 때도 그것은 [뭔가를] 모으는 양상을 띤다.

동시에 정치적인 것의 소음은 수많은 방식으로 지위와 권력의 물질성을 가늠한다. 물론, 소유관계를 표시하고 일상을 통제하는 소음, 삶의 재생산이 내는 소음이 있다. [소리가 만들어 내는] 주변 분위기로 형성되는 시민성은 누구의 소음이 중요한가, 누구의 즉각적 압력이 상황의 경향을 지배하는가, 즉 누가 구역 설정을 결정하는가를 둘러싼 질문이 출현하는 장소이기도 하다. 그러나 이것은 누가 중요하고 어떻게 그런가를 구분하는 문제와 상관된 것만은 아니다. 소음에 대한 도덕적 가치 평가는 정치적인 것 자체에서 멜로드라마의 위상에 영향을 미친다. 멜로드라마적인 정치적 수행은 정당한 합법성의 저울과 잣대를 수행한다고 때때로 주장하며, 타자Other가 통제할 수 없이 팽창한 청각 경험으로 괴로워한다고 때때로 주장한다(생각해 보라. 누구의 분노가 고귀한 것으로 여겨지며 누구의 분노가 위협으로 여겨지는가. 누구의 감상sentimentality이 도덕적 덕성의 기호라 여겨지고 누구의 감성이 규율되어야 할 약점의 징표로 여겨지는가). 소음에 대한 이런 판결은 특히 민주주의에서 여러 집단이 "대의적" 권위에 [정치적] 주목을 위임하기를 거부하며 소수자로서 말할 때 벌어지는 일이다. 어떤 소음은 인정받고 확장될 필요가 있다고 여겨지는 반면 어떤 소음은 경찰을 부른다. 대중 정치는 멜로드라마적이고, 소음 정치는 대중적인 것의 심장부에 있다. [소리가 만들어 내는] 주변 분위기로 형성되는 시민성은 누가 소리 공간soundspace을 차지할 공식적·비공식적 권리를 지니는지의 차원에서 규범적 구분을 표시한다.

물러나는 양식을 띠는, 주변 공간 소리에 주목하는 예술ambient art은, 꼭 열려 있지는 않은 채로 쇠퇴하면서 쉽게 동요하는 현재의 답보 상태에 적절한 대항 스타일이다. 3장 「더딘 죽음」에서 제시한 측면적 행위주체성 분석에 덧붙여, 이 장은 그것의 내재적 의미를 더 깊이 들여다본다. 즉, 빙빙 돌기만 하는 우회적 운동, 청각적 확산, 집단적으로 파악 가능한 특징적 분위기를 살펴보고, 예측 가능한 리듬이 전혀 없는 세계를 향한 방향 설정을 살펴본다. 급진적이라고 규명된 예술은 급진적 경향을 띤 채로, 압도된 정치체의 정동적 부침을 추적하면서 충일함과 고요함을 가로질러 움직이고, 자신이 주장하는 정치적 욕망과, 그 욕망의 재현을 예증하기 위해서 기꺼이 잃을 수 있는 편안함과 명료성 사이의 관계를 찔러보고 다닌다. 그것은 주권적 감각중추가 그 종류나 규모, 강도면에서 재생산될 수 있기 위한 방식, 그러나 갖고 있지 못한 방식들을 가리킨다.

목소리로 표현되는 모든 부정의 정치적 수행은 사회적인 것 속에 무언가 일반적으로 어긋난 것이 있음을 체현하기 위해 부풀려진, 독특한 교육적 계기이다. 하지만, 자기 자신의 정치적 목소리를 부정하도록 강제된다는 것은 정치와 정치적인 것에 대해서 어떤 종류의 것들을 폭로하는가? 침묵시위는 공공성에 대한 신의를 가능하게 하는 지배적 조건들을 고사시키는 전술일 수 있다. 공공성 자체를 거부하는 것도 일반 공중의 이상을 굶겨 죽이는 것과 같은 것이 될 수도 있고, 정치적인 것 그 자체를 향한 욕망으로부터 이탈하는 일과 같은 것이 될 수도 있다. 대안적으로 그것은 그 반대, 즉 시민사회에 헌신할 것을 다시 주장하는 것일 수도 있지만, 지배적인 조건하에서 상상된 것과는 다른 일반성을 겨냥한다. 침묵 역시 이율배반을 두둔할 수 있다. 침묵은, 말할 필요가 없는 것에 기대어서, 그러므로 규범성과 (냉소적이거나 이미 패배했거나 열망하는) 흥정을 하면서 하나의 정치적 관계를 보존할 수 있다. 공적 철회가 애착심을 유지하며 무언가를 고치려 하는 제스처가 되는 경우는 언제인가? 그것은 다른 이들의 양심을 자극하면서 그들로 하여금 세상을 관리하는 와중에 통제권을 잃는 정치적 상황을 정동적으로 경험하도록 강제하는 일과 무슨 상관이 있는가?

그러므로 수행적 침묵은 그냥 말로 해도 되는 정치적 발화가 아니다. 그것은 또한 정말로 침묵이며, 내가 의미하는 바의 소음이다. 즉, 개인을 뛰어넘어transpersonal 순환하고 스며들고 오장육부의 느낌으로 연결해 주는 정동적 분위기이다. 마치 "필터"를 벗어나, 좋게든 나쁘게든, 지금 집단적 정동으로 체험되는 잠재적 사회 세계 혹은 재활성화된 정치적 세계에 대한 감각중추를 가리키는 듯이 느껴지는 정동적 분위기 말이다. 나는 이 미학적 패턴을 보여 주는 우리 시대의 사례들이 주류 정치권력의 양식을 가리킨다고 주장한다. 주류 정치권력은 너무 부패해서 정치적 발화 자체에 대한 낙관을 가로막을 수 있다. 내가 살피려는 미학적 패턴의 예들은, 호혜성에 관한 기본적 전제들이 사회적 친밀성의 조건을 가리면서 불확실하게 부유하는 현재의 이행을 중층 결정하는 조건에 대해 적극적으로 뒤로 물러나는 논평을 제시한다. 부정의의 문제들은 감정적·정치적·경제적·자연적·인위적 환경에 줄무늬처럼 흔적을 새기는 토대 구조의 강건함과 소속의 위기들과 만나게 된다. 소음은 간섭하고 또한 간섭을 야기한다. 간섭은 정치적 소통 안에서 시끄러운 것이 되어, 적응과 대항적 사유를 할 시간을 벌어 준다. 예술가들이 다른 방식으로 반복해서 되묻는 질문은, 정치적인 것을 향한 애착심이 내는 소음을, 다수의 사람들에게 정치 자체를 어처구니없이 나쁜 대상 선택처럼 보이게 만들어 버린 정치적인 것의 부분들에 대한 개입으로 어떻게 전환할 수 있는가이다.

이 장은 미국에 위치하고 있지만 넓게 보아 유로 아메리칸 전통에서 알려진 아방가르드 예술의 대표적인 예를 살펴본다.[18] 이 장은 초현실주의적 반부르주아 예술부터 워홀식의 노골적인 위반에 이르는 전통을 연상시키는 모더니즘과 포스트모더니즘 스타일의 대항 드라마 혹은 충격 드라마를 추적한다. 이 장은 일상적인 것의 무정부주의/DIY 미학을 살펴보며 마무리된다. 적어도, 그런 미학은 진정으로 탈드라마화된 채 새로운 일상성에 깊이 자리잡은 미학과 정치를 가리키며, 이 미학에서 새로운 일상성은 진부함, 파국, 구조적 위기를 전혀 극적인 구경거리로 재현하지 않는 탈광경적 표출로 정리된다.[19] 이 장이 논의하는 사례는 모두 주변 분위기로 형성되는 시민성에서 소리의 측면에 초점을 맞춘다. [2절에서 살펴보는] 첫 번째 사례인 신시아 매던스키의 <PSA 프로젝트>는 이라크 전쟁에 반대하는 전형적인 모더니즘 정치 선전물 스타일의 아방가르드 작품이다. 두 번째 사례는 보안 카메라 예술과 관련되며, 우리 시대 서구 자유주의적 감시의 비밀 전략을 고발하는 <감시 카메라 공연단>에 초점을 맞춘다.[20] [3절에서 다루는] 세 번째 사례는 공동 작업 팀 울트라-레드의 "소리 액티비즘"과 특히 이 팀의 프로젝트 <침묵을 조직하기>이다. 퀴어와 관련된 이 작업은 포스트모던 정치와 정체성 정치가 만나는 교차점에서 출현했으며, 아무런 정치적 "목소리"를 가지지 못했거나 타격을 주지 못했던 발화라는 의미로 "침묵"을 사용한다. 이 작업은 이런 침묵을 논쟁으로 변환시키는 것이 아니라 성찰적인 정치적 감정의 감응 장치로 바꾸어 낸다. 이 장이 [4절에서] 논의할 마지막 사례는 명백하게 정치적인 어법의 한 측면에 대한 사회 논평의 예이다. 근사 정치적인 이 예들은 시민사회의 기획을 언급하거나 그런 기획에 연루되지 않은 채 정치체의 영역을 배회한다. 슬레이터 브래들리와 리자 존슨의 사회 논평은 주변 공간에 퍼지는 소리를 사용해서, 정치적인 것 내부의 실패에 기인하는 발화의 부재를 이 소리로 대신하게 한다. 정치 자체는 상실된 대상이자 뻔한 결론이요, 이미 끝났다는 것이다. 그들의 사회 논평은 시민사회 정치의 잔인한 낙관에서 벗어나는 여러 다른 방식을 열어 준다. 정치적인 것 자체를 향한 욕망에서 벗어나는 것까지는 아니라 해도 말이다. 문제는 이 상실이 새로운 가능성을 과연 만들어 낼 수 있는가, 어떻게 만들어 내는가이다.

2. 소리로 전쟁을 느끼기

정치 참여 비디오 예술은 오랫동안 사운드트랙 소음을 정치적 폭력을 해석하는 거울로 사용해 왔다. 신시아 매던스키*의 모범적인 작품 <PSA 프로젝트>(2004년부터 현재까지)는 이라크 전쟁에 반대하는 열다섯 개의 공익 발표물 시리즈인데, 각각은 예를 들면 점령, 색깔, 국가國歌, 피부 등의 다른 주제어로 구성된다.[21] 이 일련의 주제어들은 국가를 느끼는 오장육부를 재코드화하고자 한다. 테러리즘을 색깔로 표현하고 (위협 강도가 높은 순으로 빨강, 오렌지, 노랑, 파랑, 초록), 이를 다시 국가적 상징계로 변화시킨다. 즉, "빨간색은 테러가 아니다. 흰색은 안전이 아니다. 파란색은 조국이 아니다" <PSA 프로젝트>는 관객이 오장육부로 국가를 느끼는 연상물들의 경로를 재설정하기 위해 관습적인 아방가르드 전략에 주목한다. 이 프로젝트는 국가가 인가한 선전물이 지닌 포화력을 희석하기 위해서 리얼리즘 영화와 비디오 화면을 재가공하여 낯설게 만든다. 역사적 현재의 윤곽에 새로운 틀을 부여하기 위해서 이 프로젝트는 몽타주를 사용하여, 베트남, 1968, 시민권, 상품 문화에 대한 전후의 낙관에 대한 대중화된 기억을, 미국의 군사적 행위를 담은 우리 시대 정치적 동영상과 혼합한다. 가정 내의 사물들을 담은 장면도 섞여 있는데, 이것은 미국인이 가정에서 누리는 일상적 사생활이 정치적인 것

---

* 신시아 매던스키(1961~)는 미국의 시각·영상 예술가이다. <PSA 프로젝트>는 2003년 미국의 이라크 침공 및 전쟁에 반대하는 공익 발표물(Public Service Announcement)이다. 총 15개 영상물은 매던스키의 홈페이지에서 볼 수 있다. http://www.madansky.com/filmography/the-psa-project

도 아니고 전쟁 기계의 일부도 아니라고 생각하는 사람들의 공모를 시각적으로 수행한다.

이런 방식과 더불어 여러 다른 방식으로, 이 시리즈물은 미국에서 기념비적 기억으로 전승되어 온 관습적 도상에 틀을 부여하여 왜곡한다. [영화] <포레스트 검프> 및 베트남전 이후 시기의 다른 연대기물처럼, 이 시리즈물은 대중적 기억을 수정하여, 주변 공간의 소리에 주목하고 확산하며 실제로 경험되는, 정치적 긴급성의 감응 장치를 제시한다. 그러나 여기서, 비행기, 폭탄, 깃발, 몸, 일상적 상품의 도상성이 강화되는 동시에 왜곡되는 동안, <PSA 프로젝트>는 오랫동안 애국심 재생산에 핵심적이었던 국가 기호를 둘러싼 투쟁의 우렁찬 어조를 재생산한다.

지구적인 군사적 일상을 이미 연상시키는 전쟁을 가공한 이미지들 사이에서 재빠르게 움직이는 매던스키의 역사적 현재는 그것 자체가 전쟁의 유물이다. 즉, 죽음처럼 거대한 사건, 그리고 함성이나 곁눈질 같은 제스처 수준의 사건 속에 나타나는 전쟁의 충격적 울림을 종종 느린 동작으로 재연한 것이다. 이 시리즈물은 일상적인 것을 당연시할 수 없게 되었다는 사실이 초래한 대단히 친밀한 집단적 결과를 기록한다. 이 시리즈물은 관객의 일상적인 처신을 둘러싼 이 불안정성을 재생산한다. 즉, 눈과 귀가 불균등하고 예측 불가능하게 자극 받음에 따라, 듣기와 보기는 어색해진다. 관객은, 얼마나 충격을 줄지 미리 대비할 수 없는 장르가 주는 타격을 받아들이도록 열린 태도를 갖고 관성으로 움직이며 이리저리 쏘다닐 수밖에 없지만, 그럼에도 불구하고 모든 것에 열릴 태세가 되지는 않는다. 눈동자는 연속성이나 서사적 일관성의 공간인 현재로부터 분리되고, 많은 것을 알지 못한다고 느끼게 된다. 하지만 눈동자가 해야 할 일은 국가적 상징계가 일상을 포화시키는 동안에 국가적 상징계의 결점을 목격하는 것, 제국의 폭력이 가하는 타격을 느끼는 것, 그리고 묵묵히, 감각에 가해지는 폭력을 집단적 비판으로 전환해 내는 것이다.

그러는 사이에 귀는 의미를 누적하지 못하도록 금지당하고 지루함과 관심 사이에서 표류하며 흩어진다. <PSA 프로젝트>는 시각장을 씻어 버리고 할퀴고 어둡게 하고 왜곡함으로써 감각 기관의 탈습관화를 달성하며, 게다가, 주로 합성된 테라민 관련 음향[테라민은 악기와 직접 접촉 없이 악기 주변의 자기장 공명을 이용해서 소리를 내는 악기임]과 걸쭉하게 칙칙 거리는 전파 잡음을 번갈아 내보냄으로써 미학 공간에 퍼지게 한다. 소리 없음이 아니라 발화의 재현을 가로막는 장벽으로 정의되는 이 모델은 대체로 무성영화가 사용하는 모델이다.

화면에서 딱 한 번 사람의 목소리들이 나오는데, 듣기에 충격적인 목소리다. 이라크 시민의 살해, 그리고 그 지역에 배치된 군인 한 명이 군사적 위용에 느끼는 쾌감을 표현하기 때문이다. 목소리의 즉각성을 표현하는 고도로 매개된 이 퍼포먼스에서는 객관적 판단자가 조우하는 실시간 현재에 실제로 일이 일어나고 있는 것처럼 느껴진다. 관객은 마치 편집되지 않은 진짜처럼 전쟁을 청취한다. 그리고 관객은 상대적으로 움직임이 없는 카메라가 탱크류의 전형적인 움직임으로 보여 주는 것을 보는 동안, 군인들이 적에게 총을 겨누어 죽이면서 내는 요란한 고함소리를 듣는다.

진부하고 충격적인 이런 순간을 만들어 낸 오랜 역사를 이야기할 수도 있으리라. 하지만 역사적 서사를 이야기하는 것이 <PSA 프로젝트>의 주요 목적은 아니다. 이 프로젝트는, "또 시작이구나" 하며 철렁 내려앉는 애국심의 느낌이 유독한 것이 되는 것처럼, 관객을 놀라게 함으로써

red is not terror

white is not security

blue is not a homeland

17.1~17.3.
빨간색은 테러가 아니다.
흰색은 안전이 아니다.
파란색은 조국이 아니다.
〈PSA 프로젝트〉 #1: 색깔 이론(매던스키, 2005)

18.1~18.5.
매던스키 〈PSA〉: 미국의 일상성의 도상

19.1~19.2.
민간인과 군인이 침묵을 뚫다.

기시착오의 감각 경험으로서의 역사적 현재로 관객을 밀어 넣는다. 애국심이 유독해지는 방식은 폭로되고 개선되어야 하는 것이다. 쓰레기 더미를 뒤지는 것이 이런 순간의 방법이며, <PSA 프로젝트>가 긁어모은 모든 풍경이 다 닳아 빠졌다는 사실의 중요성은 이 점을 뒷받침한다. 즉, 땅 풍경, 소리 풍경, 이미지 풍경이 마모되는 것이다. 그럼에도 불구하고, 매던스키는 상황이 지나치게 통제를 벗어나거나 부정적이거나 의미가 없게 내버려두지 않는다. 초현실적으로 팽창된 각각의 장은 과장법적인 대항 헤게모니적 자막과, 앞의 그림들에 나오는 것과 같은 구호로 지탱된다.

이 작품의 관객을 이루는 인구는 아주 제한적이면서도 세계 시민적이라고 상정되는데, 어째서 이 관객을 그 자체로서 정치체라고 부를까?[22] 대중매체의 창조물인 공익 광고는 일반 공중을 향하는 직접적 소통 수단이다. 광고와 정치 선전물을 합병하는 즉각성의 도구를 사용하는 공익 광고는 일반 공중 개념을 필요로 하는데, 이 일반 공중이 안녕하려면 어떤 행동이 수행되어야 한다.[23] 실제로, 매던스키의 시리즈물 장르는 정치적 책임의 역학을 발생시키기 위해서 공중이 가능한 한 널리 그 장르와 동일시해야 할 윤리적·물질적 책무가 있다고 주장한다.[*] [<PSA 프로젝트>가 사용하는] 공익 광고라는 장르는 메시지가 대항 규범적일지언정 그 장르 내부에서 전적으로 관습적이다. 그러나 <PSA 프로젝트>의 구성과 미학은 상당히 다른 관객 장면을 상정하기도 하는데, 이 관객 장면은 전쟁, 신자유주의, 애국심을 지닌 보수적 주체성, 부시 행정부 자체를 적대시하는 비슷한 뜻을 지닌 사람들로 이루어진 더 작고 비지배적인 내부자 공간이다. 이 작품의 교훈설파, 말 뜻 그대로의 의미 전달, 냉소와 아이러니는 대중 일반의 연대가 아니라 [이 영상물들의 메시지를 읽어 낼 줄 안다는 점에서] 이미 긴밀한 결속을 지닌 집단적 연대를 상정한다.

달리 말해서, <PSA 프로젝트>의 서사적 아방가르드주의와 여러 소

- 정치적 책임을 거론하려면 이를 요구하는 일반 공중이 존재해야 한다. 일반 공중은 사람들이 자신들은 일반 공중에 속한다고 동일시할 때 존재한다. 이 시리즈물은 시청자에게 시청자 당신이 일반 공중이라고 노골적으로 호명한다. 벌랜트는 매던스키의 이런 호출, 즉 이 영상물을 보는 이들에게 직접적으로 메시지를 전달하는 방식이 정치로서 중요하다고 논의한다.

리의 톤들이 이루는 불협화음은 관객의 문화적·감정적 자본을 확인해 준다. 이런 정치적 아방가르드는, 라이프타임 채널에 나오는 트라우마 영화가 그 나름의 관객에게 제공하는 방식으로 자기 관객에게 봉사한다. 즉, 이 아방가르드 작품을 보는 소비자가 어떤 의미에서 이미 사회적으로 주변적이므로, 이 작품의 목적은 소비자를 더욱 상처받기 쉬운 상태로 만드는 것이 아니라, 정치적인 것 속에 함께 존재할 수 있기 위한 장면을 제시하는 것이다. 여기에 내포된 이 진보적 감각중추는[이라크 전쟁을 수행하거나 지지하는 '애국 시민' 일반에 거리를 두는] 대규모의 집단적인 감각적 탈동일시를 수행하는 가운데, 잠재적 정치 세계의 자리를 채우는 윤리적 플레이스홀더로 기능한다. 또한 그것은 관객이 동일시할 수 있는 대안적인 정치적 삶의 긍정적 실체는 언급할 필요도 없음을 시사한다. 그것이 미국 정치체의 일반적 소음이 아니라 다른 잡음에 결속된 진보적 합의라는 분명하게 알려진 영역 속에 있기 때문이다. <PSA 프로젝트>는 자기 관객에게 정치적으로가 아니라 오직 미학적으로 도전하면서 성가대에게 설교*하는 셈이다.

성가대에게 설교하는 식의 설득은 항상 과소평가된다. 그러나 연대를 수행하며 옳음을 주장하는, 세계를 확증하는 이 연설 전략은 절대로 실행할 필요가 있다. 친밀한 공중이 자기 나름의 소음을 내면서 드러나게 될 경우, 그 공중[의 드러남]은 그들이 지닌 비전이 대중적 견인력을 지니게 될 때 세계가 어떤 느낌을 받을지를 정동적으로 미리 보여 준다.

---

* 성가대에게 설교한다는 관용적 표현은 이미 목표를 공유하며 찬동하는 사람들을 설득하려 한다는 뜻이다.

그렇지만, 동시에 정치 운동의 힘은 [어떤 대상이나 정책에 대한] 비판을 통해서 결속된 사람들을 불화하게 하는 불가피한 종류의 내적 반대 의견에도 불구하고 끈질기게 밀고 나가는 것에 좌우된다. 그러나 아마 친밀한 결속을 다시 강화하는 것이 아방가르드의 대항 규범적 정치 작업이 주로 담당하는 기능일 것이다.* 이 전략과 그 두 번째 목적 — 더 큰 공중의 정치적 욕망을 끌어들이는 것 — 이 맺는 관계는 더 골치 아픈 다른 질문들을 제기한다. 그 나름의 헌신과 프로그램을 직접적으로 드러내지 않는, 살짝 당황스러운 기이한 미학을 통해 연대를 제시하는 것은 연대를 미학적 세련, 즉 특권화된 계급 위치와 융합하는 것이기도 하다.

나는 이런 아방가르드 모더니즘의 가치에 의문을 제기하는 것이 아니라, 의식 그리고 합류점을 이끌어 내려는 절박함에서 나온 정치적 예술이 어떻게 자기 이상화와 편집증의 여러 차원을 가로질러 정치적인 것에 대한 욕망을 끌어들이는가 하는 문제를 다루는 것이다.[24] 대조적으로, 보안 카메라나 CCTV 예술이 사용하는, 초현실주의에서 영감을 받은 수많은 공연 전략들을 보라. 이 정치 미학의 활동 장면은 국가권력과 자본 권력을 거론하면서 마찬가지로 반권위주의적이다. 그러나 그 양식은 외부를 향하는 확장적 경향을 띠며, 청각적인 것과 주변 공간에 퍼지는 소리를 통해 구성된 정치적 주체성의 재매개가 어떻게 정동적 조율의 규범적 전략을 방해할 수 있는지를 이해하는 다른 관점을 제시한다.

● 친밀한 공중은 정동적 결속에 바탕한 것이기에 허약할 수 있다. 정치는 이 결속을 교란하는 공동체 내부의 반대와 이견도 끌어안으면서 나아가는 것이다. 정동적 결속을 강화하는 것은 정치가 아니라 예술(문화선동)이다.

CCTV 예술은 그것의 대항 공중적 미학의 직접적 노골성에 대한 매던스키의 접근과 심오한 대조를 이룬다. [CCTV 예술의] 그 미학은 잠재적-민주주의, 즉 도래할 친밀한 공중의 정동적 경험을 관객에게 제공하는 것이다. CCTV 예술이 전송되는 대중적 주파수는 우리 시대의 감찰이라는 시각 문화 그 자체의 대중적 주파수를 바꾸고 교란한다. 이 장르는 정치체를 잘해야 불편한 것, 최악의 경우 범죄적인 것이라고 — 마치 자기들의 민주적 존재에 위협이라도 되는 것 마냥 — 떠들어대는 정치 엘리트의 방식을 취해서, 공중을 만들어 내는 카메라와 되쳐다보는 공중 사이의 응시의 비호혜성에 초점을 맞춘다. 이 장르는 아방가르드의 우렁차고도 신랄한 어조들을 확장하여 신상황주의적 희비극의 부조리들을 나타낸다. 종종 이 장르는 궤변[세련]sophistication의 페다고지부터 카니발의 에너지론까지 포괄한다.

이제 보안 카메라들이 연출하는 극장이 되어 버린 상업적 공공 공간은 과거에도 결코 구획되지 않은 중립적인 것이 아니었으며, 사람, 국가, 사유재산의 총체적 안전을 위한다는 명목으로 광범위한 영역에 걸쳐 있는 이해관계에 의해 통제되고 감찰되었다. 그러나 1960년대 후반 미국과 영국 전역에 CCTV(폐쇄회로 텔레비전)가 설치된 이후, 특히 2001년과 2004년에 뉴욕과 런던을 뒤흔든 폭탄 테러 사건 이후로, 이런 종류의 감시 관리 관행은 더욱 공격적으로 공적인 일이 되었다. 신자유주의가 국가와 탈동일시하며 거리를 두던 시기에 이루어진 이런 감시 관리의 일반적 확장은 범죄 및 대항 정치에 대해 국가와 자본이 더욱 적극적이고 주도적인 냉각 효과를 미칠 필요가 있다는 언급으로써 정당화되었다. 즉, 이 시기 동안 범죄와 대항 헤게모니 정치는 위협과 균열을 일으키는 세력과 동종으로 보이게 된 것이었다.

탈랄 아사드가 논의한 대로, 자유주의적 정치 근대성이 내세우는 문명 중심적 주장은 명시적으로 수행되는 국가 폭력을 은밀한 영역에, 즉 공간적 주변부에 있는 감옥과 특정한 동네에 위치시킴으로써 사람들로 하여금 일상생활에서 자유롭다고 느낄 수 있게 했다.[25] "점잖음"으로 조직된 여러 계급과 부르주아에게, 이런 조치는 경찰이 무력 기구임을 드러내기보다는 일상의 분위기를 질서로 이끌어 가는 양치기 개처럼 보이게 만들었다.[26] 그러나 훈육을 위한 감시와 그 장치는 더 이상 안 보이는 곳에 설치되지 않으며, 심지어 특권을 누리는 인종, 젠더, 계급도 매너가 좋다고 해서 레이다망을 벗어나는 지위를 보장받지는 못한다. 작동 상태임이 명백히 드러나 있는 카메라의 질서유지 기능은 자기 소유물을 순찰·감시하는 사적 자본과 경찰이 공유하는 것이며, 특권층과 공중의 책임 있는 존재로서의 조건들을 손상시킨다.[27] 감시 예술의 대항 수행은 이런 역동적이면서도 수수께끼 같은 사회관계에 대한 일련의 전략적 오인을 촉진함으로써, 특히 카메라를 인간이나 동물의 감정을 지닌 정감 어린 행위자라고 오인함으로써, 훈육상의 안전이라는 어법을 보살핌의 보호 언어와 합병시킨 이 새로운 명백한 확산에 대응한다.

"비디오 스니핑"[*][28] 기술의 확산 및 국가를 포함한 재산 소유자가

● 비디오 스니핑(video sniffing)은 네트워크를 통해 이동하는 영상 정보를 가로채서, 실제로 피드를 전송하는 장비 외부에서 비디오 피드를 읽는 행위를 말한다. 온라인으로 전송되는 모든 데이터가 패킷으로 나뉘어 디바이스에서 전송된 후 목적지에서 재조립되기 때문에 중간 지점에서 가로챌 수 있는 것이다. 가령, 특수 장비를 사용하면 공공 CCTV 카메라 아래에서 랩탑 컴퓨터로 카메라가 녹화하고 있는 내용을 시청 및 녹화할 수 있는데, 이는 해당 비디오 신호를 '스니핑'하는 것이다. 비디오 스니핑은 보안상의 이유로 네트워크의 정보 흐름

만든 여러 정보 추적 장치의 기술적 확산과 더불어 "통제 사회"가 진부한 것이 된 상황에 대해서는 많은 비판 이론과 급진적 연구가 이루어졌다.[29] 이론상, 민주주의의 주체는 (혈통이나 태생이라는) 규칙에 대한 형식적 준수 때문에 정치의 공간에 포함되는, 아무런 요건이 없는 존재이다. 그러나 정보 공학상 시민의 익명성은 다른 지위를 지닌다. 즉, 녹음되는 것은 사람들의 시민권상 지위가 아니라, 그들의 잠재적 의도를 보여 주고 그들은 어떤 사람이 될 법한가를 보여 주는 증거이다. 이런 의미에서 일상생활의 모든 순간은 이제 시민권의 자격을 심사하는 오디션이되며, 모든 잠재적인 "행인은 범인"이 될 가능성을 지닌다.[30] 보안 국가에서는 무슨 채널을 통해서 어떤 기준에 따라 언제 시민들의 시민권 심사가벌어지는지 아무도 모른다. 공공연한 비밀에 맞선 보안 카메라 예술은이 장면의 이런 측면을 구체화하면서, 우리 시대 세계의 실천적 자유는보안장치가 시민에게 허용하는 사소한 산책 같은 것이라고 규정한다.

여기서는 소리의 왜곡과 관련된 카메라의 구체적으로 정동적이고감정적인 속성, 그리고 이 속성이 우리 시대 체현된 시민권의 정치적 역학에 어떤 함의를 지니는지에 초점을 맞춘다. [<감시 카메라 공연단>의]배우들은 몸이 노출됨으로써 유형 분류와 통제의 증거를 제공하게 되는공중의 대표적 구성원을 연기하면서, 구축된 환경에서 카메라가 상대적으로 수동적인 부분 — 녹음 장치, 엿듣는 자 — 이라는 허구를 유지하지못하게 한다. 이런 어법에서, 우리 시대 공중의 주위의 시민!들ambient citi-

을 관찰하거나 비디오 콘텐츠에 무단으로 접근하는 등 다양한 목적으로 수행될 수 있다.

zens[여기서는 카메라의 초점에서 벗어난 주변을 오가는 시민들]이 단순히 되쳐다 보기만 하는 것은 아니다. 즉, 그들은 되받아쳐 행동하고 [카메라] 프레임을 점유하는데, 발화의 균열을 일으킴으로써 그렇게 한다. 뉴욕시의 <감시 카메라 공연단>*이 이 장이 논의하는 대표적 사례이다.

<감시 카메라 공연단>은 DIY 미학을 갖춘 코믹한 기획이며, 지하 활동이나 게릴라 활동에서 영감을 받았다. 또한 상황주의에서 표면에 재등장한 카니발 전통에 영감을 받았다. 이들의 충만한 활력은 전염성이 강하다. 전 세계 모든 지역에서 따라 하기 때문이다. 그들이 쓴 책 『우리는 당신들이 감시하고 있다는 것을 알고 있다』는 전술적이고 한시적이며 관전자적인 그들의 행사들을 풍부하게 기록한다. 이 책은 대단히 작은 규모의 관객을 대상으로 한 실패한 공연들과 보안 강화의 작동 규범을 조롱하고 위반하기 위한, 변변찮고 엉성하게 구성되고 별 효과 없는 일련의 집단적 노력으로도 가득하다. 보안 국가를 체현하는 경찰 또한 이 공연자들이 무해하고 우습다고 생각하는 듯하다. 그래서, 순응

●   <감시 카메라 공연단>은 1996년 뉴욕시에서 설립된 미디어 활동 단체이다. 이 단체는 주로 뉴욕시에서, 공공장소에서 감시 카메라 설치 및 사용에 반대하는 공연을 40여회 진행했다. 이들의 공연에 영감을 받아 미국의 다른 도시들과 세계의 여러 도시에서도 이들의 활동에 연대하는 단체들이 조직되었다. *We Know You Are Watching: Surveillance Camera Players 1996~2006*은 이들의 활동을 기록한 책이다. 유튜브에서 이들의 공연 영상물 일부를 볼 수 있다(채널명: SCPlayer). 이들의 공연은 감시 카메라가 설치된 곳들(길거리, 지하철역, 공공장소, 민간 소유의 빌딩 앞 등)에서 펼쳐지며 때로 이들을 진압하러 온 경찰들과 이들의 소란에 불평하는 이들의 모습도 공연 화면에 담겨 있다. 반면, 공연단은 메시지를 담은 종이판을 펼쳐서 보안 카메라에 평범한 시민들의 모습이 포착되지 않게 막는다. 다음 면의 그림 <20.1-20.7>은 유투브에서 볼 수 있다. https://youtu.be/p0kiRLsV2aQ

20.1~20.7.
「우리는 여러분을 지켜보고 있습니다」(〈감시 카메라 공연단〉, 2001)

을 거부하는 정치체를 스스로 예시하는 <감시 카메리 공연단>의 공연이 박물관, 미술관이나 대안적 경험을 위해 구획된 다른 영역에서 벌어지는 고급 예술보다 더욱 폭력적인 진압의 위험을 감수하긴 하지만, 위험부담이 더 큰 모험들이 반응을 이끌어 내거나 권력의 평정심을 와해하는 성과를 얻지는 못했다. 그렇지만 <감시 카메라 공연단>은 자기들의 노력과 실패를 기록하고 미래의 실패를 위한 전술을 전파하면서 끈질기게 활동을 이어갔다.

<감시 카메라 공연단>은 카메라 앞에서 연기할 때 무성영화 자막 장르에 나오는 목소리 없는 발화 방식을 사용한다. 이 공연단은 보안 카메라 앞에서 장난을 치고 [자신들의 모습이 포착되도록 카메라를] 유혹하고 [자신들의 공연이 보안 카메라가 포착하는 화면 전체를 차지하도록] 보안 카메라의 시선을 독점한다. 공연자들은 카메라가 원하는 것을 카메라에게 너무 많이 제공함으로써 즐겁게 정동적 연대를 수행한다. 카메라가 렌즈를 채우는 사람들 너머를 볼 수 없도록 [공연 메시지를 담은 종이판으로]장막을 만들어 냄으로써 <감시 카메라 공연단>은 초점의 대상을 선택하는 카메라의 능력을 탈취하고 근처에 있는 비공연자에게 진정으로 익명성을 유지하며 거닐 수 있는 기회를 준다.

더 나아가 이 공연단은 사회적으로 생산적인 (예를 들면, 일하고 쇼핑하는) 일반인의 윤곽을 그린 종이판 뒤로 공연자의 몸을 숨기고, 처음부터 몸을 실제적, 잠재적 위협에 따라 분류 가능한 유형들로 해석하면서 보안 분석가가 하는 일을 한다. 그래서 공연단은 시민됨의 장면을 보안이라는 과잉 결정된 시간 속으로, 즉 보안의 훈육적 수행, 편집증적 구조 (다른 사람들이라는 수수께끼가 곧 적이다), 유토피아주의 (감찰은 불안

전을 안전으로 바꿀 것이다) 속으로 밀어 넣는다. <감시 카메라 공연단>은 [공연의] 주변 공간에서 형성되는 시민성을 공공연히 체현하고 다른 한편 다 아는 비밀인 보안 강화의 재생산을 말없이 거부하면서 체험된 대로의 정치 장면을 구성하는 호혜성의 조건들과 리듬을 변화시킨다.

그렇지만 그 목적이 주로 공중의 정치적 감각적 상상계를 와해하는 것은 아니다. <PSA 프로젝트>에서처럼, <감시 카메라 공연단>의 재경로화 전략은 위협의 수준이라는 문제를 그 문제를 발생시킨 사람들에게로 되돌려 보낸다. 이것은 어떻게 일상적인 어슬렁거림이 법률과 정동적으로 체현된 규범에 의해 실제로 고도로 조율된 것인지를 전면에 강조함으로써, [공연의] 주변 공간에서 형성되는 시민성의 규범적 규칙을 분명히 드러내기도 한다. 개인의 주권이라는 평범한 전제는 여기서, 우리 시대 시장 민주주의에 일반적으로 소속되기라는 작업을 수행하는 일반적 주체의 활동으로 드러난다.

이 미학 기획은 정치체를 구조가 아니라 대화 상대자로서 국가에게 말을 걸고 무의식이나 무작위적 자유에서 즐거움을 느끼는 게 아니라 간섭의 생산, 즉 체계 속 소음의 생산에서 즐거움을 느끼는 의도적 행위자로 재구성한다. 앞에서 나는 대부분의 정치는 우연히 듣게 되는 것이라고 논의했다. 즉, 말없는 코미디의 정치적 동원에서 드러나는 역설은 그것이 현재 공공 보안 체제하에서 우연히 듣는 행위가 양방향적이라는 점을 드러내는 방식에만 있지 않다. 공개적으로 방해를 수행하는 일은 미국에서 위기에-처한-자유의 일상적 조건을 둘러싼 수많은 공공연한 비밀들을 분명하게 드러내는 위험부담을 무릅쓴다.

모두가 아는 보안 문화의 비밀 중 하나는, 앞서 말했듯이, 정치나 시장에서 자유로운 주권적 주체는 결코 없었으며, 어긋나게 처신하지 않는다면 [그곳을] 통과하고 계속 일을 하도록 허용되는, 화면상의 관찰·감시를 받는 주체만 존재한다는 점이다(화면 관찰·감시의 강도는 표적이 된 인구 집단이 이윤 창출이 가능한 방식으로 순응과 호혜성을 실천할 규범적인 능력이 없다고 간주되는 영역에서 더욱 분명하지만, 규범적 통제와 감금 목적의 통제 사이의 구분은 주로 강조점이 어디에 있는가의 차이일 뿐이다). 공공연한 두 번째 비밀은 대중 민주주의의 주위에서 형성되는 정치체는 일상에서 익명성의 권리를 누린다는 [근거 없는] 추정에 관한 것이다.[31] <감시 카메라 공연단>의 대항 미학은 카메라의 익명성을 거부함으로써, 즉 중립적인 것이자 모두가 아는 비밀인 것처럼 보이는 기술의 능력, 그리고 혹시 있을지도 모르는 잠재적 시나리오에 대비하여 기술을 사용하여 몸을 정보로 바꾸는 방식에 관해 비밀을 유지하는 기술의 익명성을 거부함으로써, 무작위적이고 고의적인 신분 조회가 확장되어서는 안 된다는 점을 분명히 보여 준다.[32] 이 공연단이 정보와 시민 역할 수행의 평상시 위계를 뒤집어 [시민이 감시 카메라의 작동을 감시하는 행동을 연출함으로써] 보안 논리가 우리의 일상에 촘촘히 스며들어 있음을 드러낼 때, 그들은 테러와의 전쟁이 항상 얼마나 정동적으로 조율된 것이었는지를 보여 준다. 나는 "테러와의 전쟁"이 감정과의 전쟁이자 감각을 통한 감각과의 전쟁이라고 주장한 바 있다.[33] 나는 이 점을 일반적으로 편집증적 의미에서 말한 것이 아니다. 어쨌거나 감각은 모든 지식과 이데올로기를 매개하며, 이른바 "정치적 설득"은 정치적 애정을 만들어 내야 하는 법이다. 그러나 <감시 카메라 공연단>의 전술은, 오장육부로 느끼는 직관에 국가가 고의로 침투하는 일이 영역 구획, 정치 선전, 자료 수집 테크놀로지를 통해서만 일어나지 않고 고문 자체를 통해서도 일어난다는 점을 상기시킨다. 고문은 더 이상 예외적인 것이 아니라 정치적 정동에 공을 들이는 장르처럼 보인다.

  가장 극적인 예를 들자면, 미국이 관타나모와 아부그라이브에 감금한 이들이 소리 고문을 당했으며, 전적인 침묵, 불쾌하게 계속되는 견딜 수 없는 소음, 귀에 거슬리는 음악이 무작위로 반복되는 독방에 홀로 갇혀 쇠진 상태가 되었다는 사실은 문서로 충분히 입증되었다.[34] 소리를 이용한 이 두 전략은 완전히 정동을 통해서 정치를 생산하고 주체를 파괴하여 세계와 호혜적 관계를 맺을 능력이 망가진 무력한 존재로 만들어 버린다. 순수한 소음의 정치는 압도되지 않으려는 방어 능력을 파괴한다. 즉, 사람은 스스로 붕괴되지 않고서는 모든 감각을 닫을 수 없다. 스튜어트 그래시언은 독방 감금이 미치는 정신병리적 결과를 논의하면서 감각 파괴가 심리적 문제가 되는 과정을 추적한다.[35] [소리 고문을 사용한] 독방 감금으로 인해 나타나는 정신병리적 증상들에는, 사건과 효과의 관계를 왜곡 없이 지각하는 수감자의 정동적 능력의 심각한 손상, 평소와 다른 생각, 충동 조절 능력의 교란, 정신적으로 붕괴되었음을 분명히 드러내는 정동 폭주, 가장 사소한 제스처를 가장 큰 위협으로 확대 해석하는 증상으로 표출되는 편집증이 포함된다.

  <감시 카메라 공연단>의 예술 운동 양식은 국가의 자기 보존적 침묵을 재연함으로써 국가의 은밀함을 모방하는 동시에 정치체가 국가의 존속 조건과는 아무런 적절한 관련성이 없음을 슬랩스틱으로 수행한다. 그것은 자기 몸에도 통제권이 없고 국가가 통제권을 주장하는 정보에도 통제권이 없는 시민들의 고문에 사용되는 메아리방을 메아리처럼 반영한다. 그것은 공중에게, 감각을 포화하고 일상성의 새로운 의미를 정립하는 집중 기획으로 보안 문화를 이해해야 한다고 수행적으로 요구한다. 그렇게 해서 새로 정립된 일상성이란, 삶의 현재 진행성 속애서 연

속성과 변이들을 검증하는, 국가가 수집한 농밀한 자료 영상이 없다면 당연시할 수 없는 것이다.

<감시 카메라 공연단>의 익살스러운 슬랩스틱은, 국가와 자본이 테러리즘을 일상에서 눈에 띄는 아무 장면에나 갖다 붙임으로써 테러리즘을 진부한 것으로 만들도록 용납될 때 집단적 삶이 입는 실제적 손실도 가늠해 본다. 테러리즘을 아무데나 갖다 붙이는 시도가 성공한다면, 해독하기 어려운 제스처나 코드화된 표현의 정치로 인해 일상의 모든 활동이 누구든 테러리스트가 될 수 있다는 만연한 의심으로 변하는 일도 용납할 수 있게 된다. 여기서 코미디는 보안 국가가 일상적인 것을 포화하는 작태를 당연한 것으로 만들기를 거부하는 것이다.[36]

실제로 만화 같은 단순함의 정치가 국가를 축소시켜서, 국가를, 말하자면 단지 카메라 한 대처럼 보이게 한다. 이것은 사실상 축소하기 훨씬 더 어려운 것을 정동적으로 작게 만들어 버리는 오래된 전술이다. 그러나 <감시 카메라 공연단>의 코믹한 교란 행위가 주는 소박한 흥겨움은 정치를 고통, 훈육, 수치, 억압, 실망과 연결하는 연상을 방해하기도 하며, 정치적 우울을 주장할 때 종종 수반되는, 대단한 용기를 낸다는 식의 자아 팽창적 분위기를 방해하기도 한다. 그것은 진정한 번영의 공간되기를 향해 갈 때 체험되는 정치적인 것의 가능성을 다시 개방하고자 한다.

그래서 이 사례에서 가장 강력한 교육은 정치체가 삶 자체의 일상적 공간에서 친밀하고 육체적이고 살아 있는 생생한 호혜적 관계를 수행하도록 동기를 부여하는 데 기여하는 응원과 관련되어 있다. 보안 카메라 미학은 자기 감응 감각적 교육과 항상 관련된다. 즉, 이 미학은 우리 시대 정치 공간 점유자(항상 시민인 것은 아니다)를 위해 재활성화한, 서투른, 볼품없는 대항 조련술의 선동과 항상 관련된다. 미래의 시민권을 겨루는 오디션은 어색하기 마련이고, 대개 그 수행은 실패한다. 그러나 코미디는 살아 숨 쉬는 인류에게 기계적인 것의 외피를 입힌다고 베르그송은 언급한다.[37] 카메라 같은 기계적인 것이 되는 것, 익명성 속에서 변칙적인 것을 체현하는 것, 보편적 만화가 아니라 장르 만화로서 시민을 체현하는 것은 정치체를 추상물이 아니라 체현된 존재로 만드는 것이다. 그렇게 체현된 존재로서 정치체의 야심은, 그 주변의 분위기ambience 가 소유가 아닌 책임의 사회의 일부가 되게 하는 것, 소속의 요건들이 조작되고 만들어지고 울타리쳐진 곳이 아니라 감각으로 경험되는 민주주의의 시간 속에서 협상되는 소속의 공간이 되게 하는 것이다.[38] 그러는 사이에 무성영화의 도상성과 슬랩스틱의 부조리성의 전통은 역사적 현재의 지식과 삶을 활용하여 그 지식과 삶의 형태를 변화시키려고 한다.

3. 녹음으로 기록된 침묵

우리는 어떻게 우리 시대 보안 국가가 냉소적 양식의 희비극과 아방가르드 멜로드라마를 보안 국가에 대한 반작용으로 생산하는지를 살펴보았다. 폐부를 찌르는 그 두 가지 양식은 정동적 정치가 대중 민주주의의 정치적 주체로 하여금 정치적인 것을 향한 욕망에 대한 애착을 유지하게 한다는, 다 아는 비밀을 모사模寫하는 것이다. 다음 사례 — 소리 액티비스트 집단 울트라-레드의 작업 — 에서, 감상적 국가에서 주변 공간에 퍼지는 소음의 경로를 재설정하여 국가의 실패와 주민의 희망의 기록으로 바꾸는 정치 미학적 전략은 어떤 의미에서는 더 단순한 기획이다. 내가 처음에 말했듯이, 울트라-레드*의 프로젝트 <침묵을 조직하기>는 "침묵"을 정체성 정치의 관습적 어법으로 생각한다. 즉, 침묵은 변화를 초래하는 타격을 전혀 가하지 않은 발화에 붙이는 이름이다. 울트라-레드는 항상 가난한 사람, 박탈당한 사람, 즉 정치적으로 불편한 사람들을 대변하여 활동한다. 그러므로 이 단체는 "침묵"을 전혀 조용하지 않은 것으로 나타내며, 민주주의의 존재에 대한 느낌이 느껴질 수 있는 곳에서만 민주주의가 존재한다는 전제에 과감하게 맞서는 잠재적으로 변혁적인 정치적 주장을 할 때 벌어지는 일을 설명해 주는 말이 침묵이라고 본다.

그렇다면 울트라-레드에게는 침묵을 조직하는 것과 정치적인 것의 소음을 조직하는 것은 동일한 것이다. 이 단체는 근대의 규범적 감각은 퇴화되었다는 아도르노의 주장에서 영감을 받았다.[39] 퇴화된 감각의 반대는 무엇인가? 이 단체는 여기서 존 케이지에게 눈을 돌려, "번성하는 데 실패하는" 감각들을 메아리방**으로서 사유한다. 그들은 비록 세상

● 울트라-레드는 1994년에 두 명의 에이즈 활동가가 설립한 소리 예술 단체이다. 설립 이후 이 단체는 다양한 분야의 예술가, 연구자, 사회 활동가들이 합류하면서 인종차별 반대, 도시 재개발 반대, HIV/에이즈, 이민, 참여적 공동체 조직 등의 쟁점들과 관련하여 분명하게 정치적인 예술을 표방한다. 이 단체의 라디오 방송, 공연, 녹음, 설치 미술, 공공 행동은 소리와 음향 공간을 사용하여 사회관계를 발언한다. <침묵을 조직하기>는 울트라-레드가 에이즈를 둘러싼 사회적 침묵을 드러낸 예술 기획이다. 울트라-레드는 관객을 음향실에 초대하여 존 케이지의 무음곡 <4분 33초>를 들려주고 음향실 밖에서 에이즈에 관한 정치적 진술을 수행한다. 그런 다음, 관객이 무엇을 들었는지를 인터뷰하고 그 인터뷰를 녹음한다. 울트라-레드의 홈페이지 참조. http://www.ultrared.org

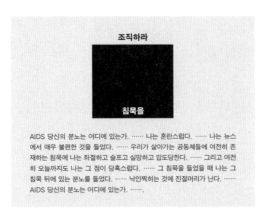

조직하라

침묵을

AIDS 당신의 분노는 어디에 있는가. …… 나는 혼란스럽다. …… 나는 뉴스에서 매우 불편한 것을 들었다. …… 우리가 살아가는 공동체들에 여전히 존재하는 침묵에 나는 좌절하고 슬프고 실망하고 압도당한다. …… 그리고 여전히 오늘까지도 나는 그 점이 당혹스럽다. …… 그 침묵을 들었을 때 나는 그 침묵 뒤에 있는 분노를 들었다. …… 낙인찍히는 것에 진절머리가 난다. …… AIDS 당신의 분노는 어디에 있는가. ……

21.1~21.2.
울트라-레드는 "침묵"을 녹음으로 기록한다.

에서 번성하지 못했다 하더라도 패배하지 않은 채 몸에 남아 있는 것의 소리로 가득한 대안적 감각중추를 상상한다.[40] 그런 다음 울트라-레드는 과잉 자극과 과소 자극을 교란하는 미학적 역동이 작동하는 세계를 만들어 낸다. 이것은 <PSA 프로젝트>처럼 복잡하게 얽힌 동일시와 탈동일시를 요구하지 않으며, 감시를 반대하는 공연자의 코믹한 연기를

●● 메아리방(echo chamber)은 기계를 사용해 필요한 메아리 음향 효과를 만들어 내는 방이다. 음향실이라고도 한다.

요구하지도 않는다. 즉, 여기서는 진정성이 지배한다. 울트라-레드의 문화기술적 진지함은 정치적·사회적 소외를 변환시켜, 대중적 감상성의 어법을 활용하되 관습적인 정치적 발화에서 포착되는 공허한 친밀성을 대체할 재료로 만들어 낸다.

세련된 실시간 녹음, 혼성, 확성 장비를 사용하는 울트라-레드는 특정 공동체에 들어가, 종속되거나 침묵당한 인구 집단(에이즈에 걸린 사람들, 수감자, 미등록 이주민, 빈민) 출신이면서 또한 그런 집단들과 함께 활동하는 활동가나 조직가, 참여자를 인터뷰한다(그들은 최근 프로젝트에 <빈곤과의 전쟁에서 나온 열다섯 개의 소리>라는 제목*을 붙였다). 그런 다음 그들은 인터뷰를 한 사람들 일부를 선별하여 공연에 오라고 초대한다. 이 공연은 미술관 같은 실내 공간에서 혹은 도심의 실외 공간에서 행해진다. 거기서 그들은 이 단체가 "녹음 기록"이라 부르는 것에다 대고 공연 참석자가 진술하게 한다. 내가 알기로, "그 녹음 기록"이 무엇인지 물어보는 사람은 없다. 녹음 기록을 남기는 일이 아카이브를 만날 수도 있는 잠재적 공중을 위해 말하고 녹음되는 일이라는 점은 말할 필요가 없다. 울트라-레드는, 이 공연이 발생시키는 새로운 역사적 현재의 녹음 기록에 진술 주체가 하고 싶은 어떤 진술이든 녹음한다. 이 단체는 새로운 역사적 감각중추의 밀도 높은 집단적 아카이브가 되기를 열망하는 소리 회로를 현장에서 만들어 낸다. 이렇게 할 기회가 생긴다면 여러분은 역사적 녹음 기록에 어떤 진술을 보태고 싶은가?

●　이 녹음물은 15명의 예술가와 활동가에게 "빈곤과의 전쟁의 소리는 무엇인가?"를 묻고 그 답을 각 1분씩 녹음한 것이다. 다양한 상황에서의 소리, 의견, 노래, 함성, 음악 연주 등이 녹음되었다.

그렇지만 울트라-레드는 이렇게 느슨하게 연결된 집단을 함께 모이게 한 어떤 상황에 대한 증언을 재생산하는 것보다는 더욱 선별적인 방법을 쓴다. 울트라-레드의 구성원은, 인터뷰한 사람들이 자기들이 겪은 불의를 이야기하면서 감정에 대해 많이 이야기한다는 점에 주목하게 되었다. 즉, 불평등과 정치 활동 둘 다 그들에게 피로, 우울, 좌절, 활력 충만 등의 감정을 느끼게 만들었던 것이다. 그래서 울트라-레드는 전반적으로 진술에서 정치적 느낌에 대한 진술을 걸러 내는 기획에 착수했다.[41] 인터뷰 대상자가 녹음기에 말을 하는 동안, 기술자는 그것을 리믹스해서 정치적 느낌에 대해 성찰하는 문장으로 구성된 새로운 피드백 회로에 그 목소리를 다시 넣곤 했다. 이 작업은 숙취처럼 남은 모든 사람의 감정들과 새로이 집단을 이룬 분위기의 소음으로 녹음실이 가득 찰 때까지 계속되었다. 그런 다음 울트라-레드는 느낌 진술들을 다시 보여 주는 비디오를 제작하고, 매트모스 같은 음향 예술가와 협업하여 댄스 믹스를 CD로 만들었다.

공연 현장과 비디오의 미장센은 장례식 같은 음울함, 기업 같은 분위기, 아방가르드 미니멀리즘 사이의 어딘가에 있다. 꽤 대단한 성취이다. [녹음실에서 인터뷰 참여자들 앞에 놓인] 기다란 흰 테이블은 문자화되지 않은 기록과 관coffin 둘 다를 상징한다. 기존 문화 자체를 이상화하는 방식으로 삶을 재생산하고 죽음을 조율하는 문화에서 정치적으로 무의미한 존재라는 것이 어떤 느낌인지를 표현하는 공연자들은 잘 차려입고 점잖게 행동하고 충분히 쿨하게 관조적이어서, 이 장면 전체가 힙하게 혹은 단순히 추상적으로 보일 수 있다. 그것은 푸코가 말한 섹슈얼리티 구조처럼 입에서 귀로 이행하는 게 아니라 귀에서부터 살을 포함한 모든 다른 감각으로 움직여 간다. 정치체의 밋밋한 일상적 조련 기술에 역사적 녹음 기록이라는 정당화를 덧씌워 재발명하는 울트라-레드는, 한 편으로는 이 활동가들이 정치적으로 유의미해지려면 발생해야 하는 엄청난 변화를, 다른 한편으로는 관객이 구경하는 동안 자기들 숨소리를 들을 수 있을 만큼 미니멀리즘적인 사운드트랙을 펼치는 것이다.

울트라-레드의 아카이브의 반복적이고 점증적인 언어 표현은 종속과 그 일상성의 드라마가 발화와 소음의 기분 좋은 융합을 통해 강렬하게 표출될 수 있게 하는 분위기음을 만들어 낸다. 이 필터는 소음에서 의미를 갈라내지 않지만, 그 소음의 유의미성을 오장육부로 느낄 수 있는 것으로 만든다. 적어도 그렇게 하는 것이 그 목적이다. 달리 말해서, 정치적인 것을 피드백 회로로 제시하는 것은 고전적인 공적 영역의 소리 환경을 이해하는 또 다른 방식임이 서서히 분명해진다. 울트라-레드는 이 과정을 하나의 기획으로 만든다. 기존 국가나 시민사회를 향해 새로운 의견을 내기 위해서가 아니라, 정치체의 새로운 소음, 오장육부로 느끼는 새로운 정치적 소리를 내려는 것이다. 이렇게 사람들의 진술은 통합되고 리믹스되어 다른 공동체와 장소에 퍼진다. 그러므로 울트라-레드가 하는 "녹음 기록"은 규범을 확립하고 정당화하기 위한 죽은 채로 쌓여 있는 아카이브가 아니라 리듬을 발생시키며 유통되는 것이다. 이 전략은 애도를 전투적 활동으로 바꾸어 내지는 않지만, 정치를 일종의 조련 전략, 즉 현재에 존재하는 습관으로 다시금 표현한다.

역사적 현재에서 정치적인 것을 읽어 내는 한 가지 방법으로서 <침묵을 조직하기>는 문제를 이렇게 기술하기 위한 하나의 지표를 제공할 뿐만 아니라, 특정 발화들이 유통되면서 만들어지는 "의식"이 보여 주는 집단적 측면이 무엇이든 그것과 무관하게, 정치적 예술을 새로운 예의바름, 사회적인 것·속의 새로운 리듬, 새로운 자기 감응 감각을 발명하는 장면으로 보여 주는 지표가 된다. 타비아 늉오는 「당신에게 마음이 가요」에서 에이즈 논쟁을 중심으로 쾌락을 논의하는 대중적 교수법이 사용하는 감상성의 감응 장치에 대해 이야기한 바 있는데, <침묵을 조직하기>의 아방가르드주의는 그것과도 연결된다.[42] 덧붙여, <침묵을 조직하기>의 미학은 주류 정치의 제도적 좌절이나 자기 일관성을 둘러싼 이데올로기적 감찰을 통과할 필요가 없는 경로를 통해서 정치체의 몸으로 하여금 정치적인 것에 다시 애착을 형성하게 하는 유혹을 대중적 재교육의 기획들과 공유한다. "녹음 기록"의 지시 대상이 된다는 것이 자아내는 애착심-속의-자유는 자기 머릿속에서만 울리는 메아리에서 정치체를 놓여나게 한다. 그렇다면 사회적인 것의 피드백 회로는 더 이상, 정치적 즉각성의 소음을 지향하는 대중적 충동을 사로잡는 독방 감금의 소리 정치에나 있을 법한 종류의 무의미함 속으로 폐기되지 않는다.

4. 명백하게 불안정한
집단적 이행 시대의 예술 작품*

정치적 포기에 대응하는 한 가지 방법은 저항하는 것, 직접적인 행

* 이 소제목은 발터 벤야민의 기념비적 에세이 「기술 복제 시대의 예술」(1935) 의 반향으로 보인다. 벤야민의 논고가 20세기 초라는 역사적 이행기에 사진과 영화 기술의 발전이 예술의 사회적 의미. 예술의 정치성, 예술을 감상하는 행위 의 정동적 구조에 미친 영향을 논의한다는 점에서, 20세기 말의 예술에 대한 벌랜트의 고찰을 벤야민과 나란히 읽는 시도도 유의미할 것이다.

동이라는 장르에서 권력과 싸우는 것이다. 이 책이 추적하는 위태성 주체는 우선 싸우지 않기로 하고 규범적인 좋은 삶에 애착심을 품는 어떤 열망에 계속 근접해 있기 위해서 적응과 제스처상의 변화 회로에 붙들려 있기를 선택한 사람들이다. 이 장이 다루는 사례들은, 세계 속 즉각적인 것의 감각적 경험을 말 그대로 변화시킴으로써, 담보 상태 안에서 간신히 버텨 가는 패턴에 개입했다. 정치적인 것을 우연히 듣게 된다는 것, 그리고 정치적인 것에서 대변되는 다수자로서 거론되지 않는 위치에서 말대꾸한다는 것은, 견인력을 갖게 된 어떤 규범성이든 그 핵심에서 그 규범성을 지속되게 해주는 피드백 회로에 개입하는 일이다. 한 장르의 피드백 회로에 간섭하는 것은 이데올로기적 인습 타파의 한 유형이다. 그것은 시민적이지만 새로운 방식으로 시민적인, 시민사회의 한 가지 모델을 긍정한다.

이 작업은 전통적 의미에서 급진적이며, 간섭하는 지식인, 상식과 더불어 감각을 재조직하는 대항 개념적 미학 활동가와 같은 지위를 가진다. 앞으로 전개될 내용은 다른 목표를 향해 계속 증가 중인 일군의 작품들을 예시한다. 그것은 아리스토텔레스가 말한 서사적 만족, 인물 설정, 그리고 주변의 분위기로 형성되는 시민성을 표현하는, 관습에 의해 자연스러워진 여러 장르를 모두 미학적으로 거부한다는 점에서 마찬가지로 아방가르드이다. 그것은 대의, 발화, 경청, 모방, 잠복, 투사적 동일시 등과 같이 부풀려진 정치적 관습을 폐기한다. 이런 작업은 규범적 자유주의 시민사회 모델을 외면함으로써 이 모델의 잔인한 낙관의 패턴을 깨뜨릴 가능성을 가장 강력하게 거론한다. 거부가 아니라 외면이라고 말한 이유는 이런 작업이 멜로드라마 양식이 아니기 때문이다. 이런 작업은 가두시위의 노골적인 방식을 싫어한다. 이런 작업은 정치적으로 우울한 입장을 명백히 드러내지만, 지배적인 용어로 인식 가능한 어법의 의미에서 개선을 추구하지 않는다.[43]

대신 이 예술은 매사가 당연하다는 듯 말없이 전개되는 곳에서 눈에 띄지 않게 길을 벗어난다. 매사가 말없이 전개되는 이유는, 상황이 검열되거나 규범적이기 때문이 아니라 정치체가 위기 일상에서 망연자실한 채 헤매는 동안 무슨 말을 해야 할지 분명하지 않기 때문이다. 보안 카메라 예술에서 국가의 카메라가 침묵한다면, 이 예술이 사용하는 대안적 렌즈는 조용하고, 사회적인 것의 소음에 주의를 기울이며, 사회적인 것을 정치적 형태로 돌려놓지 않으면서 사회적인 것에 형식을 부여한다. 그렇지만 이런 답보 상태는 그렇게 편안한 것이 아니다. 즉, 약간의 멀미 같은 메스꺼움을 수반하는 초조함이 감돈다. 권력과 구별짓기의 규범적 어법은 거의 전적으로 프레임 외부에 있지만 어디에나 맴돌고 있다. [이 절에서 논의하는] 슬레이터 브래들리와 리자 존슨의 놀랍도록 조용한 목격 작업은 이런 세부를 단적으로 보여 주는 대표적 사례이다. 그들의 작품이 출현한 암묵적 맥락을 고려하면, 그들의 작품은 미국에서 민주주의 및 사회보장제도의 실패를 기록한다. 동시에 그들의 작품은, 정치적인 것의 소음을 부풀려 정치체 내부의 진정한 즉각성을 구성하는 근거로 삼는 동시에 집단적 현재를 관습적으로 구성하는 사건들을 트라우마와 회복이라는 과장된 역학 속에 위치시키는 멜로드라마적 헤게모니가 쇠퇴하고 있다는 사실도 가리킨다. 브래들리와 존슨은 파국 이후의 삶을 심대한 고통 이후에 일어난 일로만 거론하지 않는다. 이 예술가들은 어떤 일상성의 기간이 연장되는 것을 응시한다. 이 일상성에서, 무너져 내린 것은 측정되고 다시 점유되고, 아직 파괴되지 않은 것과 결합되고, 더 바람직하게는 심지어 더 강한 것과 합류한다. 그들은 뭔가를 암시하는 것과도 접속하면서, 아직 서사적 유통 경로를 찾지 못한 환상의 감응 장치에 접근한다. 이 두 예술가의 작업은 마치 미학적 시선이 정치적 호혜성을 찾으려 주위를 둘러보지만 그 응시를 되돌려 주는 것이라고 해서 그저 아무거나 받아들이지는 않으리라는 식이다.

록 비디오와 미니 드라마 같은 장르로 작업하는 것에 덧붙여, 슬레이터 브래들리는 전혀 극적이지 않은 밋밋함으로 시간의 펼침을 기록하거나 재연하는 비디오 예술을 만든다. 이런 밋밋함은 — 말하자면, 초현실주의부터 비판 예술 앙상블Critical Art Ensemble까지 — 20세기 정치 예술의 주류 아방가르드 전통의 너무 많은 부분을 형성해 온 일탈적 김 빼기 transgressive deflation의 강렬한 특징적 분위기에 도전한다. 브래들리는 당장의 현재the present-at-hand와 하이데거의 현상학이 말한 바로 쓸 수 있는 것the ready-to-hand 사이를 오가는 소박한 개념화 실험인 DIY 미학을 옹호한다.[44]

미국의 정치체(또한 언론 매체가 빚어낸 미국의 드라마를 소비하는 지구적 연예 문화)가 집단적으로 그리고 독특한 자율적 경험 영역에서 경험했던 역사적 사건에 초점을 맞추는 브래들리의 김 빼기 미학은 원인과 결과 사이의, 자극과 반응 사이의 공간을 확장시킨다. 그렇게 함으로써 그는 피드백에서 회로를 떼어내고, 관객을 아직 장르로 존재하지 않는 공간 속으로 내던진다. 어떤 일이 처음 발생할 때의 격발 속에서 사건을 구성하게 될 잠재성을 보고 들으면서 브래들리는 관객의 각도가 아직-상황으로-만들어지지-않음의 공간 속으로 이끌려 들어갈 수 있는 한에서만 중요하다고 여긴다. 동시에 그의 작품은 사건의 연극적 특성에 근접한 곳에 있기 때문에, 잠재적인 정치적 행위 주체성의 공간은 그 분위기에서 순환한다. [그가 제작한] 비디오는 세계를 해체하는 가상의virtual

22.1~22.8.
〈제이에프케이 주니어〉(슬레이터 브래들리, 2000)

제스처이며, 이런 세계 해체는 관습적인 트라우마의 시간 속에서 일어나는 경험의 파국적 상실과 같은 것이 아니다.

특히 두 개의 비디오, <제이에프케이 주니어>JFK, Jr(1999)와 <예술적 표현의 나라>(2002)는 이 명제를 잘 보여 준다. 첫 번째 비디오는 2분 30초짜리 영상물이며, ─ 15세에서 25세 사이의 어떤 나이로도 볼 수 있을 ─ 묘령의 여성이 존 F. 케네디 주니어, [그의 아내] 캐럴린 베셋-케네디와 [처형] 로런 베셋이 1999년에 당한 죽음과 그들의 생애를 기념하는 꽃다발 더미에 추모의 장미를 올려놓는 모습을 보여 준다. 카메라는 추모하는 여성 뒤에 있지만 바로 뒤는 아니다. 사람들이 혼잡하기는 하나 조용하다. 무언가를 의미화하려고 줄을 서 기다리는 낯선 사람들. 카메라는 이 여성의 주근깨가 보이는 팔, 목, 등을 언뜻 확대하여 보여 준 다음 커다란 원 모양의 귀걸이에 잠깐 멈춘다. 카메라는 그의 어깨 너머로 그가 든 카드를 보여 준 다음 그의 어깨 위 여러 다른 증언을 담은 플래카드를 그가 읽는 동안 보여 준다. 그렇지만, 나란하지 않게 위치를 잡은 카메라의 시선이 이 여성이나 다른 사람의 내적 상태를 고유하게 표현한다고 생각할 수 있겠지만, 카메라는 이 여성의 "관점"이라 할 만한 어떤 관점도 취하지 않는다. 이런 행위에서 우리는 그에 대해 조금 알 수 있다. 카드에는 이렇게 적혀 있다.

> 존, 캐럴린, L__에게:
> 당신들을 만난 적은 없지만 저는 당신들이 항상 행복하시길, 내가 기억한다는 것을 아라* 주시길 바래요. 사랑을 담아, 퍼트리샤 (애스토리아, 퀸즈에 사는)

퍼트리샤의 정체성은 카드의 세부 사항에 나온다. 카드에서 그의 이름, 사는 곳, 그리고 정치적인 것에 근접한 감성이긴 하지만 그 어법상 전혀 정치적이진 않은 감성에 관한 무언가가 드러난다. 내가 이 사건에 대해서 전에 다른 글에서 논의한 대로, 이 사건에 마음을 쓴 정치체의 구성원들에게 존 F. 케네디 주니어의 죽음은 정치체의 모범이 되는 구성원의 죽음이었다.[45] 케네디는 부풀려진 양식의 대의정치적 주권과 삶과 죽음에 대한 통제와는 거리가 먼 일상적 시민의 주권 둘 다에 근접한 상태를 나타냈다. 그렇기에 "퍼트리샤"는 이 가족에게 친밀하게, 그렇지만 낯선 이로서 카드를 쓴다. 그는 주권적인 정동의 수행성을 아주 달콤하게 시도한다. 즉, 그의 공감 행위는 애도를 통해서 케네디의 회복을 주장한다. "당신들은 항상 행복할 것이고 기억될 것입니다."

달리 말해서, 퍼트리샤는, 마치 민주주의의 구성원 누구든 자신을 대표적이라 부를 권리가 있다는 듯이, 대표적 인물인 케네디에게 카드를 쓰면서 정치를 구조화하는, 특히 케네디 가문이 대표하는 과두정치를 구조화하는 위계와 분할을 부정한다. 이렇게 하면서 그는 우리가 이 장 전체에서 추적해 온 차이, 즉 적대의 장면으로서의 정치와, 친밀성, 사회성, 정동적 연대, 행복을 향한 욕망을 유인하는 것으로서의 정치적인 것 사이의 차이를 가늠한다. 1장 「잔인한 낙관」에서 논의했듯이, 죽은 사람에 대한 서정시적 말 걸기(돈호법)는, 죽은 이들이 부재하지만 우리가 정동적으로 정신적으로 그들이 우리 "안"에 존재하는 방식을 주

• 벌랜트는 이 대목에서 퍼트리샤의 카드 속 문구에 know가 no로 잘못 표기되었음을 명시한다.

권적으로 통제할 때 가장 효과가 있다. 퍼트리샤의 표현의 자유의 조건은 대화 상대자의 부재이다. 대화 상대자의 죽음은 신분 차이로 인한 수치심에 잠재하는 불안감을 무력화하고, 팬 문화를 이와 같이 구성하는 종류의 논평, 판단, 공감할 권리를 당당하게 주장하게 해준다. 또한 우리는 "퍼트리샤"에게 그의 추모 행동에 대해 묻는다면 그가 어떻게 그 행동을 되돌아볼지 알 수 없다.

이 모든 것이 화면에서 펼쳐지는 동안 화면 자체는 변화를 겪는다. 카메라 샷의 크기가 변한다. 일부만 매트 샷*이던 이미지가 매트가 더 커지면서 세로 샷으로 바뀌고 소녀는 삼분할된 화면의 가운데에 있다. 추모 카드와 꽃더미로 향하는 줄에 서서 기다리는 동안 사람이 군중에 밀리듯이 그가 화면 속에서 비좁은 공간으로 밀려들어가는 것이다. 렌즈는 소녀의 뻣뻣한 몸 움직임에 초점을 맞추고 그가 움직이는 더 큰 공간을 가린다. 동시에 렌즈는 흐르는 이미지와, 멈칫거리고 불규칙한 로봇 같은 이미지 사이를 움직인다. 그러는 사이 렌즈는 주변 공간에 퍼지는 소리에서 물러나 무음으로, 다시 소음으로 되돌아간다. 이것이 [계속 반복되는] 루프형 영상물이기 때문에, 설치된 작품의 흐름은 꽉 차 있다가 고갈되는 식으로 진행되는 게 아니라, 이어 붙인 지점을 예측할 수 없게 덜컥거리는 리듬으로 다시 돌고 돈다. 시민과 시민권의 소리는 동시적이지 않다. 기술적 덜컥거림이 삶의 흐름에 있는 작은 결함을 재연하는 것일 수도 있지만, 죽음을 모방하는 것 같지 않고, 이런 죽음에 대한

• 매트 샷(matte shot)은 무광색(matte)을 칠한 세트 등을 프레임의 일부로 사용하여 부분적으로 배경 혹은 전경을 가리고 찍는 촬영 기법이다.

23.
〈예술적 표현의 나라〉(슬레이터 브래들리, 2001)

반응으로 소녀가 경험했을 법한 애도를 관객이 멜로드라마식으로 수행하기를 요구하는 것 같지도 않다. 기술적 덜컥거림은 살아 있는 자유 민주주의를 체현하는 방법에 대한 앎의 불안정함을 가리킨다. 때때로 카메라는 이 소녀를 스토킹하며 따라다니는 것 같다. 혹은 이 소녀를 조롱에 노출시키면서 값싼 감상일 뿐이라고 암묵적으로 비난하고 그 서툰 글 솜씨를 빈정대는 듯하다. 그러나 카메라가 설명자막을 다는 게 아니기 때문에, 그런 판단은 관객의 소음, 즉 관객의 반민주주의적 편향이 소리로 들려오는 내용일 것이다. 그렇다면 퍼트리샤는 정치체가 공공장소에 등장할 때 발생하는 모든 취약성을 알고 있는 것 같다. 추모 꽃다발 더미 위에 포장한 한 송이 장미를 올려놓을 때, 그는, 마치 어떻게 행동해야 할지를 찾아보려는 듯, 대각선으로 — 카메라가 아니라 — 어깨 위쪽을 쳐다본다. 카메라를 보는 것은 아니다.

카메라는 그가 쓰고 있는 카드를 "엿듣는다." 그렇지만 카드가 엄지손가락에 가려져서 일부만 알아볼 수 있다. 마찬가지로 그가 바라보는 "영웅이란 누구인가?"라고 쓰여 있는 포스터도 아래로 늘어진 꽃이 글자를 가려서 일부만 보인다.[46] 그렇지만, 서정시적 분절은 이 포스터에 표현된 정동을 불완전한 것으로 느껴지게 만들지 않는다. 이 영상물은 감정의 자발적 범람을 찾아내기 위해서 그나 다른 누구를 따라다니는 것이 아니다. 공적 애도의 과잉은 관습적인 것이다. 그렇다고 해서 그것이 얄팍하게 느껴진다는 뜻은 아니다. 감정을 공공연히 수행하지 않으면서 움직임을 경험하는 이 영상물의 주체는 자기 내면에서 멜로드라마 양식의 타격을 느꼈을 수도 느끼지 않았을 수도 있다.

브래들리의 비디오 <예술적 표현의 나라>는 집단적으로 경험된 트라우마의 맥락[9/11을 뜻함]에서 일어난 감정적 수행의 불투명성에 대한 탐구와 존중을 앞의 사례보다 더욱 극단적 형태로 보여 주려 한다. 브래들리는 이 비디오를 2001년 9월 11일에 찍었다.[47] 텔레비전 뉴스를 보던 그는 지붕으로 가서 카메라를 켰다. 마치 이 영상을 텔레비전 자체에서 찍은 것 마냥, 화면 맨 위의 매트[검은 바탕]에 홈 비디오라고 적혀 있다. 보안 카메라의 사례가 강조했듯이, 이제 우리는 어떤 영상도 잠재적 증거가 아닌 것으로 볼 수 없다.

마이크가 담아내는 것 외에는 완벽하게 조용한 채로 카메라는 무심코 다른 것, 사람, 구경꾼을 담게 된다. 거리 맞은 편의 지붕에 사람이 나타나 거기 서서 맨해튼 쪽을 쳐다본다. 트윈 타워가 있는 곳 위로 솟아오르는 연기가 너무 멀리 떨어져 있어서 이 장면의 소리 풍경은 무작위적이고 흩어져 있고 사실상 조용하다. 지붕 위에 있는 이웃 사람은 완전히 혼자이고 전적으로 말이 없다. 브래들리는 이 사건을 기록하고 있지만, 기계 없이 기록하는 건 아니다. 브래들리의 카메라는 이 비非관계의 현장에서 훨씬 더 홀로 있다. 선동하지 않고, 더욱 중요하게는 아무도 불러들이지 않고 지켜만 보면서.

공동체가 상호 인정과 정동상의 동시성을 전달하는 능동적 상호의

24.1~24.3.
〈10번 도로 남쪽〉
(리자 존슨. 2006)

존의 네트워크를 뜻한다면, 여기에 "공동체"란 없다. 작동하지 않는 공동체, 기껏해야 정동적 근접성과 정치적 잠재성 속의 공동체만이 존재하는 셈이다.[48] 그렇지만, 카메라가 보여 주는 것에는 소속하기를 원하는 욕망이나 지속되는 현재의 어떤 유토피아주의를 계발하려는 욕망을

456

연상시키는 정동은 전혀 없다. 자율적이거나 독자적인 존재가 정동적으로 연속적인 영역에서 생성할 만한 낙관도 전혀 없다. 이 영상물은 일상 생활로서의 트라우마를 투영한다. 즉, 평면적 화면, 평면적 정동으로서 그것은 지루함은-아닌-것으로 가득 찬 것은 아닌 멜로드라마적 구멍이다. 그것은 거의 완벽하게 가만히 있으면서 활성화된 응시의 미학이며, 심지어 시인하거나 공감하려는 움직임의 증거조차 없는 그런 응시의 미학이다. 그렇지만 9/11이라는 암묵적 맥락은 이 영상물이 정치나 정치적인 것과 완전히 무관한 것이 아님을 강조한다. 활성화된 유예의 미학은 영화적 포착의 시공간에서 현재의 담보 상태를 수행한다.

리자 존슨의 <10번 도로 남쪽>*도 역사적 현재를 전적으로 탈드라마화된[극적 사건으로 재현되지 않은] 생존의 공간으로 파악하지만, 브래들리의 미학적 세계 만들기에서 분명하게 드러난 것보다 더욱 의도적인 인간의 행위가 영상 공간을 형성한다. 이것은 [2006년의 허리케인] 카트리나 이후의 영상물이지만 [카트리나로 인해 가장 큰 피해를 입은 지역이라고 집중 보도된] 뉴올리언스에서 찍은 것도 아니고, 이제 "카트리나"라는 이름이 암시하게 된 여러 가지 재난을 추적하지도 않는다. 제목의 "10"

• 리자 존슨의 "시적·실험적 단편 기록영화" <10번 도로 남쪽>은 10분 남짓한 길이로, 아무런 주목을 받지 못한 재난 지역 주민들의 일상을 담고 있다. 이 작품은 "미시시피 주 멕시코만 연안, 허리케인 카트리나가 휩쓸고 간 자리에 붙들려 있는 사람들의 삶에서 가져온 초현실적이고 통렬한 열 편의 영상물 연작이다. 여기엔 잔해 더미에서 트롬본을 찾는 남자, 이동 주택 아래에서 바다를 응시하는 구조대원, (이제 이동 주택이 된) 집의 거실에서 내다보는 그 집의 주인, 텐트처럼 만든 임시 보호소 밀집 구역에서 빠져나가는 소녀 외에도 잊기 어려운 장면 6편이 더 있다." https://lizajohnson.wordpress.com/film-and-video/south-of-ten/

은 미국의 주간州間 고속도로 10번을 뜻한다. "10번 [고속도로의] 남쪽"
은 허리케인이 심하게 휩쓸고 간 미시시피 주 멕시코 만 연안을 뜻한다.
그러나 미시시피 주 자체는 언론이 만들어 낸 국가적 상상계의 소음에
서 거론되지 않았다. 대표적인 것만 극적으로 다루는 국가적 상상계의
감각은, 문화 생산과 인종화된 이국적 특성의 영역으로 이미 전적으로
감상적으로 다루어진 뉴올리언스를 애도하고 구제하기를 선호했다. 감
상적으로 뭔가를 애지중지하는 마음이 소중한 대상을 지켜 줄 것이라는
희망은 언제나 존재한다. 그러나 물질적으로 붕괴 중인 미시시피의 정
치적·물리적 토대 구조는 느낌이 할 수 있는 것의 한계점을 보여 주었다.
감상의 투여가 그저 불규칙하게 이루어졌을 뿐인 곳, 이상화할 수 없을
정도로 추악한 계급 차별과 인종차별주의의 역사로 오랫동안 찢겨졌을
뿐인 곳들에서 황폐화를 추적하는 작업에서는, 우리가 이미 관심이 있
고 유덕하고 선한 의도를 지녔었다는 증거를 만나지 못할 수도 있다.

그러나 <10번 도로 남쪽>의 시선은 과거를 향하지 않는다. 과거는
분위기 속에 있다. 이 작품은 10번 고속도로의 남쪽에서 지금도 볼 수
있는 인종적·계급적 삶의 위계를 기록하면서, 계속되는 현재를 파악하
려 하는 재산 소유자들과 노동자들도 보여 준다. 이 영상물은 진행 중인
삶이 주변 공간에 퍼뜨리는 소음을 제외하면 아무런 소리가 없다. 사람
들은 나아가는 중이다. 즉, 그들은 사물들을 돌보고 마음을 쓰며, 이 방
향으로 또 저 방향으로 가려는 경향을 띤다. 부자들은 압도적인 현장을
둘러보고 비효율적으로 움직이며 혼자 있는 경향을 보인다. 가난한 사
람과 권리를 더 많이 박탈당한 이들은 일을 계획하고 함께 도모하는 경
향을 보인다. 즉, 그들은 밖에 함께 있으면서 함께 쉬고 여기저기 뒤져
보고 일하고 회복한다. 부유한 이들은 백인이고 홀로인 경향이 있으며,

다수의 가난한 백인들과 가난한 유색인들은 공간 전체에 여기저기 흩어져 있다. 그럼에도 불구하고, 연대를 가능하게 하는 조건들은 끈질기게 계속된다. 이미 필요한 이야기가 다 끝난 것 같고, 모든 사람은 생존의 시간 속에 있다. 정치적 존재로서의 낙관 그 자체가 아니라 바로 이것이, 일종의 느슨한 연대 속에서, <10번 도로 남쪽>이 보여 주는 위기가–형성한 일상에서, 집단적으로 살아가는 것이 의미하는 바이다.

그렇다면 앞에서 논의한 예들과 대조적으로 이 영상물의 관점은 고요함이다. 앞의 예들에서 침묵은 가로막힌 시민권의 드라마를 명백히 드러내고, 이 드라마를 통해 예술가들과 활동가들은 명시적으로 정치적인 감각의 즉각성을 다시 걸러 낸다. 이 작품에서 사운드트랙은 삶을 다시 만들어 내는 지속적 활동을 담을 수 있도록 영상의 장면을 열어 준다. 몰입에 대한 미학적 주목, 펼쳐지는 상황 내부에서 유예된 현재의 역사적 분위기를 포착하려고 뒤로 물러서는 것에 대한 미학적 주목이 이 작품의 대표적 성취이다.

<10번 도로 남쪽>은 길이가 십 분 남짓이다. 카메라는 앉아서 지켜보며 황폐해진 들판의 이모저모를 부드럽게 회전하며 보여 준다. 색은 평범하고 선명한 맑은 날의 색채이다. 즉, 존슨은 정동적 날씨나 실제 날씨의 무거운 분위기를 강조하지 않는다. 그럼에도 불구하고 어떤 분위기가 있다. 가족인 듯한 사람들이 아주 좁은 공간을 통과해서 앉을 자리를 찾고, 거기에 휴식 없이, 피곤한 채로, 말없이 앉아 있는 장면에서처럼, 어떤 곳들은 좁고, 갑갑할 정도로 좁다는 것을 알 수 있다.[49] 그렇지만 대부분의 공간은 너무 커서, 카메라로 거기에 어떤 삶이 있는지를 찾아내려면 카메라를 좌우나 상하로 돌려야 한다. 일하는 사람들은 몸으로 협력하기도 하고 쉬기도 하고 어딘가에 앉아서 어딘가를 바라보며

25.1~25.2.
〈10번 도로 남쪽〉
(리자 존슨. 2006)

담배를 피운다. 사방을 뒤지는 사람들은 주변을 거닐지만, [카메라의] 목
표물이 무작위적인 것은 아니다. 어른들은 지속되는 현재가 파괴된 장
소에서 할 수 있는 일을 한다. 청소를 하고, 이 모든 것이 다시 합쳐져서
삶이 되게 하려면 어떻게 해야 하는지를 파악하는 작업, 몸짓-하나-하
나로 이루어진 작업을 시작하기 위해서. 이야기를 할 필요는 없다. 주변
공간에 퍼지는 소리가 집단적 순간에 있는 사람들의 탄력적 근접성을
가늠하게 해준다. 이 사람들은 물리적으로 서로 더 가까워지기도 하고
멀어지기도 하면서 움직이지만, 어떤 의미에서는 고립돼 있다. 조난을
당해 표류하다 같은 섬에 도착하여 현재 상황을 계속 헤쳐 나가는 데 몰

입한 채로 속마음을 표현하는 극적인 주체성은 결코 오지 않을 수도 있는 나중을 위해 남겨 두는 조난자들처럼 말이다.

동시에 <10번 도로 남쪽>은 자유주의적 리얼리즘과 백인 감상성의 아주 오래된 결합을 활용한다. 즉, 분위기는 고통, 목격, 순수를 내포한다.[50] 어른들의 삶에 있는 인종적·계급적 위계를 기록함과 더불어 이 영상물은 사랑스런 유색인 아동 집단의 관점에서 참사 이후의 시나리오를 반복해서 무대에 올린다. 이렇게 비스듬한 참조는 순수함, 절박함, 무능력, 아직 책임이 없는, 그러므로 아직 실패하지 않은 사람들과 동일시하는 미국의 구식 멜로드라마를 끌어낸다. 그러나 카트리나 위기는 관리층의 리얼리즘에 새로운 압력을, 평정심과 처신에도 새로운 압력을, 장르와 톤과 양식에도 새로운 압력을 가한다. 이 영상물의 분위기는 드라마의 수행을 ― 감정이입해서 보여 주거나 그렇게 하지 않거나 상관없이, 고통을 ― 요구하지 않고 전면에 강조하지도 않는다. 사람들은 정동을 부풀리거나 풀어내는 데에 몰두하기보다는 사색이나 지친 상태에 빠진 것으로 보인다. 이 영상물은 강도를 높이지 않고 지켜본다. 이것은 멜로드라마 양식의 쇠락이 이미지와 정동의 관계를 풀어내는 새로운 관습도 수반하는 것임을 뜻한다.

<10번 도로 남쪽>은 참사 이후의 존재를 상처 입은 삶이나 치유된 삶으로 묘사하지 않으며 과정 중인 것으로 설명한다. 즉, 답보 상태 속에서 모이고 거닐며 사방을 뒤져보는 시간이다. 아이들은 두드러지게 착하지도 슬기롭지도 않다. 주로 그들은 놀고 있다. 자전거를 타거나 돌아다닌다. 그들은 놀면서 땅에 있는 것을 주워 모은다. 이것이 그들이 평상시에 시간을 보내는 방식이기 때문이다. 그러나 이처럼 나이에 걸맞은 행동이 이 전통적으로 감상적인 주체[즉 어린이]와 그들의 연장자

인 어른들 사이에 암묵적인 대조를 만들어 낸다. 쓰레기 더미를 뒤지는 것은 아이들에겐 놀이이다. 어른들에게 그것은 지금 위기 한가운데의 삶 자체이다. 위기는 빨리 지나가는 것이 아니라 길게 늘어진, 느린 것임이 드러난다. 어른들은 일을 하고 휴식을 취하고 앉고 물끄러미 주위를 쳐다본다. 10번 고속도로 남쪽의 삶은 바로 이런 상태로 축소되어 버린 것이다.

바로 앞[7장 4절]에서 거론한 이 영상물들에서, 재난에서 회복 중인 몸은 주류 정치 근처에 있지만, 현실적으로나 환상의 차원에서나, 역사적 현재를 주류 정치의 어법 안에서 움직여 가는 것이 아닌 다른 할 일이 있다. 감정은 정치와 교차하겠지만, 그것은 수많은 결절 지점 중 하나일 뿐 가장 중요한 것은 아니다. 재난이 만들어 낸 현재는 코미디와 놀이, 노동과 방황, 집중과 주의 분산의 순간들로 향함으로써 삶의 일상적 비극적 마모를 중단시킨다. 이런 중단은, 역사적 규모로 세계를 구축하기 위해서는 부풀려진 주권이나 정치라는 드라마가 필요하다고 믿는 방향으로 정치체를 몰아가는 정치적 즉각성의 친밀한 영역에서 그런 현재가 자리를 잡음으로써 일어나는 일이 아니다.

5. 잔인한 낙관
그리고 정치적인 것에 대한 욕망

마지막으로[앞 절에서] 거론한 이 영상물들은 어떤 사람들에게는 조용한 수용주의적인 것으로, 정치적인 것을 개선하려는 제스처도 없고 정치적인 것을 싫어하는 정치적 우울처럼 보일 수 있으리라. 이 영상물들은 그야말로, 사회 변화의 진정한 에너지를 너무나 자주 흡수해 버리는 회로, 즉 되풀이되는 유혹과 절망의 회로에서 벗어나는 출발을 수행한다. 이 영상물들은 아마 정치라는 페티쉬에 대한 잔인한 낙관으로부터 거리를 두는 섬세한 어떤 작업을 하고 있다. 그러나 [이 작품들이 제시하는] 미학의 시야에는 사회운동이 없으니, 정치에 대한 충성심에서 나온 움직임과 감정을 따라가지 않겠다는 이 거부는 윤리적 실패를 보여 주는 기호인가? 클라인과 세지윅의 저작에서, 우울증적 위치를 차지하는 주체는 자기 자신과 세상 사이에 상호성의 회로가 끊어졌음을 시인하지만 이 틈을 [끊어졌다고] 끝장난 것으로 보기를 거부하면서, 자신과 세상을 둘 다 회복할 기회가 그 틈에 있다고 본다. 그러나 애나 포테미아누가 『희망』에서 논의한 대로, 이런 포물선과 리듬은 회복 불가능한 대상에 대한 낙관을 유지하려는 시도가 될 수도 있다. 유독한 낙관을 반복하려는 강박충동은, 달라질지도 모른다는 만약의 경우를 생각하며 상상력도 없이 똑같은 것만 열심히 반복하는 비좁은 공간에 사람이나 세상을 봉합해 버릴 수도 있다. 정치적 리얼리즘은 독재적 폭압이 될 수도 있고, 변화의 토대가 될 수도 있다. 정치적 환상은 우스꽝스럽고 자기 패배적인 것일 수 있다. 정치적 환상은 새로운 유물론을 고집하는 실용주의를 넘어서는 열망적 사유에 기반이 될 수도 있고 그 사유를 유지시킬 수도 있다.

정치적인 것이나 정치에서 존재의 어떤 형식도 — 정치로부터의 철수를 포함하여 — 역사적 현재의 답보 상태를 만들어 내는 문제를 해결할 수 없다는 사실을 직면하면, 집단적 삶의 환상적/물질적 토대 구조를 다시 만들어 내기 위해서는 어떤 대안이 남아 있는 걸까? 우리가 리얼리즘적으로 바랄 수 있는 최선의 대안은 나자빠지거나 마모되거나 패배를 인정하기를 완고하게 집단적으로 거부하는 것일까? 이 경우 낙관은 전혀 잔인한 것이 아니라, 사회 변화 자체를 포기하지 않았다는 최소한의 증거이다.

실제로, 이 책 내내 우리가 살펴본 것은 바로 이것이다. 정치와 정치적인 것을 외면하는 다양한 모습, 절박한 자기 비축(<로제타>와 『두 소녀, 뚱뚱이와 마른이』)에서부터 기업가적 행위를 주권적·민주주의적 인격과 등치하는 신자유주의적 주체의 열망(<인력자원부>, <타임아웃>)에까지 이르는, 사적인-존재-되기. 이 장은 주변 분위기로 형성되는 시민성의 정치적인 강도들과 그 시민성을 미학적으로 왜곡하는 수행 사이의 움직임을 들여다봄으로써, 우리 시대 정치에 근접한 영역에서 정치적인 것 (소속)에 대한 욕망이 거주한다는 사실을 논의하기 위한 어법을 다양하게 증가시키려고 시도했다. 그렇지만, 이 아카이브는 사소해 보일 수도 있으리라. 이 아카이브가 우리가 정치적인 것과 연관시키는 영웅적 행동의 제스처 속에 자리 잡고 있지도 않고, 오히려 김 빼기, 딴청, 그리고 주의를 기울이는 방식의 비일상적 포물선에서 요행을 바라는 머뭇거림에 눈길을 두기 때문이다. 그리고 이 사례들 중 일부는 거부의 철학으로 헤게모니적 이데올로기에 맞서지 않기 때문이다. 그렇지만, 이렇게 하는 가운데 이 아카이브는 지구적 반자본주의 운동들의 전략과 공명한다. 이 운동들이 내는 대항 소음은, 좋은 삶의 경제적·환상적 토대 구조의 쇠퇴로 인해 생긴 답보 상태가 사회적인 것의 모든 솔기가 터져 버리는 형국처럼 보일 때마다, 이 책에서 표면 위로 떠올랐다.

데이비드 그레이버와 J. K. 깁슨-그레이엄은 몸으로 실천하는 정치를 재발명할 가능성을, 그리하여 서로에게 정동적 확신과 연대를 기획하고 끌어내는 정치적 주체의 생산 가능성을 탁월하게 논의한 바 있다. 그들의 저작에서 무정부주의(그레이버)와 신공동체주의(그레이엄)는 우리가 대개 "공동체"라는 기표로 이해하는 종류의 인정 및 가까움과도, 혼란과도 아무런 관련이 없다.[51] 그들은 정치적 주체되기와 관련된 일종의 철학적 실용주의를 진척시킨다. 이들이 말하는 정치적 주체가 연대하고 헌신하는 대상은 목적도 아니고, 합의로 이루어진 공동체의 실용적 측면들을 상상해 내는 일도 아니고, 바로 연대 자체를 몸으로 만들어 가는 과정들이다. 정치와 정치적인 것의 관계 맺기를 향한 이런 지향은 [미국 철학자] 스탠리 카벨이 말한 윤리의 회의적 완벽주의 입장 같은 것일 수 있고 아감벤이 말한 "목적 없는 수단" 같은 것일 수도 있다. "목적 없는 수단"에서는, 정치적인 것과 감각적인 것의 현재에 존재하는 순전한 중간성mediality이 중요한 것이지, 목적과 전제 조건이 중요한 것은 아니다.

이렇게 보면, 정치적인 것에 대한 개인 또는 집단의 애착심은 이상적으로 말하자면 애착심을 유지하는 과정에 대한 애착심일 것이다. 정신분석학적 용어로 말하자면, 무정부주의적인 정치적 우울의 주체는, 정치적 행동을 전통적으로 합법화해 온 두 가지 동기, 즉 목적 지향적이고 합의로 유지되는 좋은 삶 환상이나 자신의 행동이 가져올 변혁적 효과에 대한 확인 중 어느 하나에도 확실성이나 합의를 필요로 하지 않으면서, 정치를 회복하는 데 헌신함으로써 회복을 실행한다. 사람들은 감각 능력, 집중, 다시 한 번 함께 모이는 즐거움의 코믹한 의미를 수반하는 민주적-존재-되기 속에서, 다른 사람과 함께 정치적인 것 속에 존재하기 위해서 "정치를 한다." 성취와 성공은 정치적인 것에 대한 욕망이 터무니없는지를 평가하는 척도가 아니다. 대신에, 지속적인 적대와 논쟁의 소음 한가운데에 있는 일종의 정동적 화음이 그 척도다.

이렇게 민주주의를 사회적 위치에 대한 확신으로부터 놓여나는 일로 이해하는 것은 랑시에르가 『불화』와 『민주주의는 왜 증오의 대상인가』에서 말한 견해와 비슷한 것이리라. 랑시에르는 세계-구축이라는 대혼란의 한가운데에 있는 것은 오장육부로 경험하는 민주주의를 체현한다고 본다. 그것은 또한 깁슨-그레이엄이 말한 지역적인 것의 미학에도 해당되는데, 이 미학은 "특수성과 우연성을" 인식하고 "차이와 타자성"을 존중한다. 그리고 시민들과 지역 정부 및 더 멀리 있는 정부 사이에, 또한 항상 능력주의를 바탕으로 하는 노동 생활이 어느 정도 현실임을 주장하는 고용주와 노동자 사이에 전통적 의무와 신뢰 관계가 없는 가운데서, "지역적 역량"과 공동체를 즉흥적으로 만들어 내는 방법을 "계발"한다.[52] 이것은 감각의 현재 활동에 집중하는 태도[및 행위] 안에 정치를 위치시킨다. 그것은 시민권의 작동을, 잠재성이 긍정되는 장소인 '지금'에 수행을 통해 소속되는, 농밀한 감각적 활동이라고 본다.

그러므로 측면성의 정치lateral politics는 그 나름의 방식으로, 이 책이 보여 주었듯이 현재 순간의 혼돈을 수집하는 역사적 감각중추를 모방한다. 내가 보기에, 이런 DIY 실천이 다시 나타나는 이유는, 정치의 백색 소음을 지금 당장 살아 있는 무언가로 바꾸는 일이 사람들을 끌어들여서, 사람을 소진시키는 일상의 "뉴노멀"의 실질적 측면들에서 좋은 삶의 이미지를 이끌어 낼 수 있으리라는 희망 때문이다. 그러나 길게 잡아늘인 역사적 현재 속에서 포퓰리즘적 잠재성을 새롭게 포용하는 행위가 자유주의적 세계에서 (수많은 다른 국적의 사람들이 처한 세계인) 포스트-신자유주의적 세계로의 강렬한 이행을 보여 주는 징후라고 본다 해서 그 포용을 하찮게 여기는 것은 아니다. 그것은 유럽과 미국이 소유권,

통제, 안전의 혹독한 관계들 및 자유주의 정치경제 안에서 그 관계들이 환상으로 정당화되는 방식들이 자아내는 정치적 우울을 품고 살아가는 과정에 정동적으로 적응하도록 (동일한 방식도 아니고 같은 시기도 아니었지만) 강제되어 왔음을 관찰하는 것이다.

이 책 내내 나는 신자유주의적 현재가 생산양식과 생활양식의 이행뿐만 아니라 [살아가기를] 활성화하거나 유지하게 하는 서로 다른 환상들 사이의 이행이 일어나는 공간이라고 주장했다. 이 변동은 너무나 현재적인 강렬함[의 느낌들]을 발생시켜서, 그 강렬함들이 이 이행을 경험하는 주체에게 역사적 의식을 끝없는 순간으로 부여하며, 최근의 과거와 가까운 미래는 뒤섞여서 길게 잡아 늘인 시간이 됨으로써 사람들이 그 안에서 돌아다니면서 증거를 모으고 비주권적 발판을 찾으려 한다. 당분간, 새로운 일상의 분위기, 그리고 새로운 일상과의 조우가 위기와 반응 사이의 막간에 주권을 재발명함으로써 정치적 시간을 조율한다. 즉, 정치적 시위가 예외적인 것으로 남아 있는 동안에는, 무언가를 포스팅하거나 하이퍼링크를 클릭하거나 이메일을 보내는 일은 지난번, 그 다음번처럼 또 새롭게 등장하는 강화된 압력에 반응해야 한다는 지속적 요구에 포위된 채로 의견을 유포하는 사건으로서 시민권의 낡은 모델을 지속시킨다.

이제, 과거에서처럼, 이런 행동은 중요한 존재가 아니라는 데 대한 격분과 뒤늦음의 분위기에서 출현한다. 그렇지만 무정부주의적/DIY 수행성 모델은, 우선적으로 더 나은 좋은 삶의 지도를 그리며 계획함으로써가 아니라 정치에 의해 마모되지 않는 것을 정치적 행위로 가치 있게 여기면서 정치적 행동을 다시 활성화하는 것을 목적으로 한다. 이 세계에서 이런 엉망진창인 상황을 일상적인 것, 활기를 주는 것, 흥미롭고 몰두하게 하는 것, 개인적이고 유희적인 것, 호기심을 끄는 것으로 보는 새로운 정치의 소음으로 인해서, 행동을 대표자와 환상에게 위임해 버리는 정치적 우울의 친밀한 사회성을 생산하는 카니발과 혼돈은 묻히고 만다. 동시에 새로운 규범, 형식, 직관, 습관이 공공성을 재발명하기 위해 발명될 것이라는 희망 덕분에 액티비스트 이론가와 예술가들은 제스처란 어떤 종류의 형식인가, 그것은 어떤 종류의 내재적 표현성을 지니는가, 그것의 효과로 어떤 종류의 정동적 페다고지가 발생하는가라는 질문에 다시 마주한다. 이것이 세지윅이 약한 이론weak theory이라 부를 법한 것이다. 내가 보기에, 그것의 귀환은 희망 속에서 일어난다. 즉, 정치의 백색 소음을 집중적이면서도 다형적인 것으로 바꾸어 내는 일이 사람들을 끌어들여서, 사람들을 지치게 만드는 일상성의 실질적 측면들에서 이제 일상을 점유하고 있는 정치적인 것 안에서 느슨한 연대감으로부터 출현하는 좋은 삶의 이미지를 이끌어 내는 일을 할 수 있게 되지 않을까 하는 바람에서 이런 귀환이 일어나는 것이다.

그러나 정치적으로 정동상의 즉각성이라는 이 환상은 이 장의 첫 부분에서 언급한 대통령의 환상과 어떻게 다른가? 현재 과정에 몰두함으로써 더욱 지속 가능한 낙관으로 옮겨가는 이동은 정치적 감정의 내밀한 오장육부를 신자유주의적으로 조율하는 것을 단지 재배치할 뿐이며, 정치공간에서 자원, 위험부담, 취약성을 분배하는 난제들을 다루는 일과 관련하여 소속의 느낌이 갖는 상대적 중요성을 부풀리며 주의를 분산시킬 수 있다. 더욱 포용적인 형태의 대중적 상상계와 더불어 지역주의와 외국인 혐오가 정치적인 것의 표면에 함께 떠오르고 있다는 사실은 — 환경적 격차와 고갈부터 경제적 격차와 고갈까지 — 토대 구조상의 압력이 지금 얼마나 절박하게 압도적인지를 보여 주는 기호이다.

468

그러므로 나는 양가감정 없이 측면성의 정치라는 대안을 장려하려는 것이 아니라 이 대안의 낙관에 대한 나의 낙관을 이행적 순간의 소음 속에 위치시킨다. 즉, 오랫동안 환상에 압력을 행사해 온, 알려진 바대로의 정치적인 것 내부에 있는 잠재력을 재천명하는 일에 대한 불안감에서 연대감이 나오는 것이 아니라 생존을 위해 쓰레기 더미를 뒤지는 행위, 점점 더 많은 사람들의 삶을 집어삼키는 그 행위에서 연대감이 나오게 되는 맥락에 우리의 시선을 연결시킴으로써, 측면의 정치가 민주주의의 수행적인 행위를 우리가 천천히 응시하게 만드는 방식 속에 [나의 낙관을] 위치시키는 것이다. 긴급한 일은 이 생존의 장면으로부터 정치적인 것에 대한, 그리고 소속 자체에 대한 새로운 어법을 재발명하는 것이며, 이 작업을 하려면 가까운 미래에 생존의 기준선이 무엇이어야 하는지에 대해 논쟁해야 한다. 그 가까운 미래는, 지금, 우리가 만들고 있는 미래이다.

『잔인한 낙관』은 국가-시민 관계였던 정치적인 것이, 할 수 있을 때 삶을 함께 만들어 내는 사람들 사이에서 항상 맞닥뜨려지고 발명되는 무언가로 바뀌는 가운데서 새로운 일상이 출현했다고 주장한다. 일상을 이렇게 다시 설명하는 것은 관습적이고 구시대적인 정치적 감정과 그 감정의 대상/장면의 가치를 위태롭게 하는 것이다. 그러나 이것은 현재의 담보 상태를 가늠해 보는 일이 의미하는 바이다. 즉, 좋은 삶이라는 쇠락하는 환상에서 떨어져 나오는 도중의 상태에서 갈팡질팡하고 더듬거리고 아파하는 것들을 보는 것, 그리고 어딘가 소속된다는 사실로 위안을 주어야 하는 사회 세계에서 딱히 규정되지는 않지만 정동으로는 느껴지는 역사적 순간의 느낌을 매개하는 더 나은 방식을 만들어 내는 것, 그리하여 관습적으로 일어나는 모든 부수적 피해를 재생산하지 않는, 잠재력이 부여된 현재를 상상하는 것을 말한다.

지젝에게는 미안하지만, 세상을 허물면서 만들어 가는 작업에 이렇게 지속적으로 헌신하도록 하는 에너지는, 행동의 프로그램에 동력을 제공하고 현재가 달라질 수 있도록 현재를 왜곡하는 환상을 필요로 한다. 그것은 현재에 대해 주장을 제기하는 어떤 행위도 세상에 내린 닻을 떼어내고 또 애착심을 품을 가치가 있는 세상에 대한 낙관적 전망을 떼어내는 아픈 과정을 수반한다는 사실을 직면할 수 있게 해주면서 이미 존재하는 분위기에 대항하는, 초현실적 정동 영역을 필요로 한다. 현재의 답보 상태에서 사회의 변화를 원하는 대중이 발화하는 요구들과 관련된 정치적인 것의 모든 정동적 역설은 이것, 잔인한 낙관의 이중 구속에서 나온다. 우리의 낙관을 유지하는 데 이용할 수 있는 더 나은 좋은 삶의 이미지가 있을지라도, 이미 작동하지 않는 것에서 떨어져 나오는 것은 어색하고 위협적인 일이다.

26.
리바 레러의 〈만약에 몸이: 중년의 리바와 조라〉

〈만약에 몸이: 중년의 리바와 조라〉

책 표지로 쓰인 이 그림은 리바 레러의 〈만약에 몸이: 중년의 리바와 조라〉이다. 그림에서 개 조라는 한쪽 눈이 멀었고 쓰라린 곳을 만지지 못하도록 목에 원뿔 넥카라를 두른 채 허공을 쳐다보고 있으며 행복해 보인다. 왜 그럴까? 이 개가 행복해 보이는 것은, 가만히 얼굴을 살짝 기울이고 있기 때문에, 자기 뒤 바닥에 누워 있는 리바를 꼬리로 친밀하게 쓰다듬고 있기 때문이다. 얼굴을 반쯤 가린 리바는 아마 흐느껴 울고 있는 것 같다. 그러나 리바는 마음의 동요로 상처 받았어도 완전히 무너져 내린 상태는 아니다. 그는 한 손으로 얼굴을 반쯤 부여잡고 조라가 만질 수는 없는 것을 만지고 있다. 동시에 그는 조라가 감출 수는 없는 것을 감추고 있다. 그래서 개는 둘 몫의 얼굴을 지닌 것처럼 보인다. 아마도 빛을 향한 채로. 이야기의 일부는 제목의 앞부분인 〈만약에 몸이〉에 있다. 동사도 없고 행위도 없으며 오직 가정법 명제의 경향만 있다. 만약If은 있지만 그렇다면Then은 없다. 그러니까, 만약을 따라간다면, 그렇다면 무엇을 발견하나? 만약에 몸이 [있다면], 고통[이 있다]. 만약에 몸이 [있다면], 비참. 만약에 몸이 [있다면], 마모, 취약성, 닳아 해어짐. 만약에 몸이 [있다면], 삶에 묶인 상태. 만약에 몸이 [있다면], 섬유, 머리카락, 보철물, 기반이자 배경이기도 한 표면. 만약에 몸이[있다면], 안 보이지만 근처에 있는, 추상적이지만 만질 수 있는 다른 몸들. 만약에 몸이 [있다면], 모방. 리바는 조라처럼 자기도 한 쪽 눈이 안보일 수 있다는 듯이 얼굴을 가린다. 그러나 눈 먼 존재임과 눈 먼 것 같음의 차이는 백 겹으로 펼쳐지고, 리바는 눈이 먼 게 아니라 아픈[다정한] 것이며 함께하려고 노력한다. 만약에 몸이 [있다면], 리바와 조라가 있다. 거기에 있고, 한가운데에서 잘 버티고 있다.

만약에 몸이 [있다면], 항상 중간에는 공간이 있다. 접촉이 있을 때조차도. 리바는 가운데가 찢어져 있다. 척추뼈 갈림증. 그러나 이것은 제목이 언급하는 중간이 아니다. 그것은 나이, 중년이라는 나이이다. 즉, 개와 사람의 햇수에서 존재하는 포물선에 대한 보험 통계적 짐작에 해당하는 것이다. 이 취약한 두 몸을 담은 광경은 어떤 의미에서 『잔인한 낙관』을 포괄적으로 나타내는가? 조라와 리바는 서로의 신체적 존재에 편안해 보이고, 자기들이 원하는 것을 서로에게 내어 준 것처럼 보인다. 반려, 호혜성, 보살핌, 보호. 몸은 서로를 조금 더 가능한 존재로 만들어 준다. 그렇지만 몸이 모든 것을 할 수 있는 건 아니다. 나의 시력을 당신의 시력에 내어 줄 수 없고, 나의 수행적 눈멂은 공감조차도 아닐 수 있으며, 능력과 손상이 혼합된 나의 상태가 당신의 능력과 손상에 별 영향을 미치는 것도 아니다. 이 상황의 한가운데에서, 우리가 함께 지닌 것은 스치듯 연대감을 느끼는 일이며, 그것은 사실이다. 조라와 리바는 한 팀이고 한 쌍의 유토피아 리얼리스트이다. 그들은 공동으로, 부분적으로 사물을 본다. 파손 상태의 한가운데에서 나오는 환상이 결국 치료가 되는 것은 아니다. 그것은 연약함을 부인하지 않고 나아가는 자신감이 된다. 일상성 안에서 그것은 모험하기, 답보 상태 안에 함께 있기, 다른 쪽 신발까지 벗겨지기[끝장나기]를 기다리기, 그리고 그 신발이 벗겨지기 않기를 기다리면서 약간의 치유와 휴식의 여지를 남겨 두기를 의미한다. 만약에 몸이 [있다면], 그렇다면 모든 일이 뒤따라 일어날 수 있다.

그래서 이 장면은 잔인한 낙관의 관계를 나타내지 않는 것으로 보일 것이다. 아무런 투사나 오인이 묘사되지 않기 때문에, 너무나 많은 종류의 호혜성을 내보이고 있기 때문에, 두 존재가 현존하는 지속적인 현재인 시간의 펼쳐짐 속에 이 존재 둘 다에게 해당하는 것 같은 "그리고"and가 있기 때문이다. 그러나 심지어 이런 환경에서도 죽음과 취약성이 이 상황의 벨벳 같은 기이함처럼 맴돈다. 우리가 원하는 것을 얻을 때조차 우리는 우리가 원하는 것을 가질 수 없다. 최선의 관계, 우리가 품는 낙관의 대상이 되어 마땅한 관계조차 잔인하게 드러날 수 있다. 우리나 우리 개의 통제를 넘어가는 상황이, 미학적 시간 속으로 무한히 뻗어 가는 여기의 장면 너머 점증하는 내핍의 장면들에 대한 우리의 자신감을 갑자기 쪼개 버릴 때 말이다. "만약에-몸이"[라는 가정의 문구]가 저 그림을 모방할 수 있을 만큼 운이 좋다면. 그 "만약에-몸이"[라는 가정의 문구]가 삶을 향하는 저 개의 기울어짐을 무한정 따라갈 수만 있다면. 이 그림은 하나의 열망하는 개념이다. 장애, 취약성, 퀴어함, 여성성, 반려종의 연대. 이 그림에는 시도해야 할 너무 많은 실험적 봉합이 있고 유지해야 할 너무 많은 확신이 있다. 그러나 너무 많은 것이 있기 때문에, 이 상황에 앉아 있다 보면 번영의 여지가 더 많아지리라는 낙관이 있다. 앉아 있는 것은 앉아 있는 것이고 움직이기 위한 준비이며, 그림은 하나의 제스처이다.

그것은 정치적인 문제, 물론, 몸이다. <만약에 몸이>는 실존적 우연성을 가지고 살아가는 낙관뿐만 아니라 그림 그리기 없이 진행되는 것, 위험부담의 구조적 잔인함, 노출, 조라의 목에 두른 원뿔 넥카라와 같은 것을 ― 약, 그리고 사랑이 지속되는 환경을 유지하기 위해 필요한 그 외의 모든 것 ―을 살 수 있는 경제적 여유와 함께 살아가는 낙관을 수행한다. 하나의 작품으로서, 책 표지로서, 커버 송으로서, 헌사품으로서, 대체물로서, 다시 스타일링한 것으로서 <만약에 몸이>는, 두 존재로서 이두 존재가 그림의 틀 너머의 국면 속에서 계속 살아가는 일에 대한 그들 공통의 불굴의 애착심을 초상화로 그리는 동안 앉아 있던 시간 이후의 기나긴 순간 속에 맴돌고 있다.

로런 벌랜트의 정동 이론*

『잔인한 낙관』의 서두에서 로런 벌랜트(1957~2021)는 이렇게 말한다. "낙관적 관계가 잔인해지는 건 애착의 대상이 애당초 그 애착을 형성하게 만든 목표 달성에 적극적으로 방해가 되는 경우이다"(9쪽).** 이 진술은 널리 신자유주의가 초래한 변화, 즉 자원과 재화의 더욱 불평등한 배분, 불평등한 사회관계의 심화 등 누적된 근대 자본주의의 관행들을 악화하는 냉전 시대 이후의 경제 질서와 상관이 있다. 잘 살기가 점점 어려워지는 이 시대, 벌랜트는 '좋은 삶'이라는 환상에 품는 애착심이야

---

* 이 해제는 『여/성이론』 33호(2015)에 실린 박미선의 「로런 벌랜트: "잔인한 낙관주의"와 신자유주의 시대의 감정」, 『비평과이론』 28권 1호(2023)에 실린 윤조원의 「위태로움, 로런 벌랜트, 그리고 대항정치」를 종합하여 수정한 글임을 밝혀 둔다.

** 이 책으로부터의 인용은 별도의 표시 없이 괄호 안에 쪽수만 표시한다.

말로 우리 시대를 특징짓는 지배적 감정이라고 본다. 대략 20세기 말부터 한국 사회에서도 본격화된 신자유주의적 변동으로 인해, 계층 상승, 안정된 직업, 친밀한 관계의 지속, 사회적 평등은 점점 더 달성하기 어려운 일이 되고 있다. 원하는 것을 얻기가 어려워질수록 그것은 그만큼 더 '좋은' 것이 되며, '좋은 삶'은 다가가기 어려운 정도에 비례해서 환상이 된다. 무한 경쟁과 각자도생을 강요받는 가운데서도 수많은 이들이 '언젠가는……'이라는 불특정한 미래에 그 환상을 투자하고 유지한다. '좋은 삶'에 대한 환상과 애착심은 '좋은 삶'을 향해 분투하는 개인을 마모시키고 그것을 쟁취하려는 집단의 정치적 힘을 부식시킨다. 이것이 벌랜트가 『잔인한 낙관』에서 분석하는 우리 시대의 모습이다.

로런 벌랜트는 정동이 사회적인 것, 공적 영역의 형성에 미치는 영향을 탐구한 페미니스트 이론가이다. 그는 문학 연구, 문화 비평, 젠더 연구, 퀴어 연구, 미국학, 비판이론을 망라하여 감수성, 애착심 등의 정동을 중요한 연구 의제로 제시했고, 1980년대 중반부터 젠더, 대중, 공론장, 시민권 등이 어떻게 정동의 정치를 통해 구성되는지를 탐구했다. 그의 감상성 삼부작●은 미국 사회에서 시민권과 국가적 정체성이 사법 장치와 법률 못지않게 감수성의 문제라는 사실에 대한 분석이다. 이 삼부작에서 벌랜트는 19세기 미국의 문학작품들과 미국의 국가적 상징물로 기능한 대중문화의 다양한 지점, 예컨대 영화, 잡지, 텔레비전 프로

● 감상성 삼부작은 다음과 같다. *The Anatomy of National Fantasy: Hawthorne, Utopia, and Everyday Life*(1991), *Female Complaint: The Unfinished Business of Sentimentality in American Culture*(2008), *The Queen of America Goes to Washington City: Essays on Sex and Citizenship*(1997).

그램, (링컨 기념관, 자유의 여신상을 비롯한) 여러 기념물 등을 검토한다. 그는 국가적 사안을 둘러싸고 쟁론이 벌어지는 정치의 공적 영역이 우선 정동적으로 형성된다고 보고, 정동을 통해 형성되는 공적 영역을 "친밀한 공중公衆"으로 개념화했으며, 미국에서 비주류 집단 역시 주로 정동의 영역에서 시민권을 비롯한 지배적 가치, 정상성, '좋은' 것에 대한 의미를 교섭한다는 점에 대한 세밀한 탐구로 미국학 연구에서 새로운 방향을 제시했다. 일찍이 공적 영역에서 일어나는 일들을 정동과 일상성의 렌즈로 분석한 벌랜트의 연구는 이후 20세기 후반부터 눈에 띄게 확산하는 신자유주의, 세계화와 맞물려 발생한 일상적 삶과 예술형식의 변화들을 감정 구조의 문제와 일관되게 연계한다. 이렇게 그는 21세기 들어 더욱 많이 주목받아 온 정동 연구 즉 스피노자, 들뢰즈를 거쳐 브라이언 마수미 등으로 이어지는 정동 이론을 문학 및 문화 연구와 접목했다.

'지금' '여기'에서 정서와 집단적 애착을 통해 공중公衆이 형성되는 방식에 대한 벌랜트의 작업은 그가 편집자로 참여한 감정 연구 선집인 『친밀성』*Intimacy*(2000), 『모니카, 우리 자신』*Our Monica, Ourselves: The Clinton Affair and the National Interest*(2001), 『공감』*Compassion: The Cultural Politics of Emotion* (2004)에서 집단적 탐구로 확장된다. 이 집단적 연구 활동은 벌랜트가 설립한 "시카고 필탱크"Chicago Feel Tank에 크게 힘입었다. "씽크탱크" Think Tank와 구별되는 연구·활동 공동체를 지칭하는 "필탱크"는 사회 활동가, 예술가, 학자들이 모여 정치적 애착과 정동을 연구하고 관련된 다양한 정치 활동을 기획하고 실천하는 모임이다. 또 벌랜트는 『욕망/사랑』*Desire/Love*(2012), 퀴어 이론가 리 에델만Lee Edelman과의 공저 『섹스, 혹은 견딜 수 없는 것』*Sex, or the Unbearable*(2014)을 출판했다. 이런 저작에서 일관되게 벌랜트는 느낌, 감정, 정동을 공적인 것, 정치적인 것으로 논의하지만, 대중적 정동의 변화가 사회 변화와 동일하지는 않다고도 지적한다. "친밀한 공중"을 형성하며 일어나는 정동 정치는 제도권 정치, 사법 등의 공적 영역에서 일어나는 변화를 반영, 촉발하지만 후자보다 더 광범위하게 작동하며 더 미세하게 일상을 조직한다.

『잔인한 낙관』은 20세기 말부터 21세기 초에 이르는 기간의 정동과 문화, 정치에서 비가시화되기 쉬운 취약한 이들의 감각과 정동적 경험을 세밀히 살피는 탁월한 저작이다. 이 책은 주디스 버틀러의 『위태로운 삶』*Precarious Life*, 에바 일루즈의 『감정 자본주의』*Cold Intimacies*, 마크 피셔의 『자본주의 리얼리즘』*Capitalist Realism* 등과 같이 위태로운 삶이 전면화된 최근 상황을 진단하는 저작들과 나란히 읽힐 수 있는 동시에, 피억압자의 자기 억압을 정교하게 탐구하는 연구로서 독보적이기도 하다. 여기서 벌랜트가 주목하는 것은 우연성과 불안정성이 급속히 확산하는 신자유주의 체제 속 위기의 보편화, 위기에 대응하는 이 시대의 감정, 위기가 일상화된 세계 속 정동의 움직임이다. 삶과 정치의 필수 요소로서 환상의 작동을 추적하는 『잔인한 낙관』은 20세기에는 가능했던 좋은 삶이 이제 거의 불가능해진 지금도 좋은 삶이라는 환상이 어떻게 수많은 사람의 일상을 포화하고 또 조직하는지를 살핀다. 일상적 삶의 여러 장면들 ─ 습관, 식욕, 비만, 중독, 규범적 가족 구조(와 그 와해), 우정, 계층 상승, 사회적 감시체계 등 ─ 은 모두 잔인한 낙관과 얽혀 있다.

1. 일상화된 위기, 애착과 환상
: "잔인한 낙관"과 답보 상태

미국처럼 상대적으로 부유한 곳에서조차 주체를 소진시키거나 마모시킨다. 그리고 오늘날 세계에서 삶을 재생산하는 노동이 곧 삶을 소진시키는 활동이 되고 만다는 아이러니는, 고통의 일상성, 규범성의 폭력성, 나중에라는 개념으로 지금 당장의 잔인함에 대한 질문을 유예하게 만드는 "인내의 기술"에 대한 사유에서 구체적 함의를 지닌다. 잔인한 낙관은 이런 의미에서 일종의 체험된 내재성을 지향하는 개념이며, 그것은 사람들이 바틀비가 되지 않는 이유, 다방면에서 나타나는 궁핍화에 개입하기를 원하지 않고 오히려 익숙한 애착심의 체계를 그저 물결 타듯 타고 가는 이유, 그 애착심에 엇박자를 맞추는 이유, 혹은 호혜성이나 화해의 관계, 굴복을 의미하는 것은 아닌 체념의 관계에 머물려고 하는 이유를 감지하는 데서 나온다(55쪽).

삶을 일구고 구축하는 노력이 도리어 삶을 파괴하게 된다는 신자유주의의 역설. 서론과 1장에서 벌랜트는 정동을 일차적으로 애착으로 이론화하고 이 역설을 "잔인한 낙관"으로 개념화한다. 가질 수 없는 대상에 대한 애착, 도래하지 않을 더 나은 미래에 대한 낙관으로 인한 삶의 훼손이 신자유주의 일상성을 구성하는 동시에 위기 상황에서 역설적으로 주체를 지탱하는 주요한 정동의 작용이라고 진단하는 것이다. 그러면서 그는 신자유주의적 위기 상황에 대처하는 방법인 정동적 적응 및 조절 양식을 추적한다. 정동을 핵심 범주로 삼는 벌랜트의 접근에서 가장 주목할 점은 주체성과 행위능력이 주권, 자율성, 개인의 의지를 벗어난다는 점이다. 점점 더 불안정해지는 삶에 복잡하게 얽힌 낙관에 애착심을 품고 살아가는 주체는 (의지와 자율을 강조하는 전통적 의미에서) 주권적 존재가 아니다. 위태로운 삶의 직접적 원인을 타개하기보다는 계속 살아가기 위해 현재 상황에 정동적으로 적응하려 한다. 또한 정치적으로든 경제적으로든, 주체로서 개인은 자신의 목표에 유리한 행동 원칙을 일관되게 고수하기보다는 종종 감정적·충동적으로 판단하고 움직인다. 그러므로 정동은 (감각 경험을 포함하는) 몸을 통해 또는 몸과 함께 인지를 움직이는 힘으로서, 정신과 신체의 고전적 분리를 바탕으로 하는 어떤 이론보다 유용한 사고틀이 된다. 벌랜트가 욕망이나 행위라는 말보다 "장면"이나 장소라는 개념을 동원하는 것 역시, 무의식의 증상도 의지의 적극적 발현도 아닌 채로 그 이분법적 토대를 허무는 정동의 작용에 초점을 맞추기 때문이라고 볼 수 있다.

안정된 직장, 노력만큼 대접받는 사회, 친밀한 관계, 평등 등은 점점 도달하기 어려워진다는 점에서 거의 환상이 되었는데, 우리는 왜 계속해서 이런 낡은 환상에 매여 있는 것일까? 아이러니하게도, 좋은 삶에 우리가 끈질기게 품는 애착심은 "위기 일상성" 즉 일상화된 위기 상황에서 두드러진다. 좋은 삶에 대한 환상, 그 환상에 대한 애착은 일상화된 위기를 견디게 하는 동력이기도 하다. 크고 작은 위기 상황을 매일 경험하는 우리는 '이것만 넘기면 ⋯⋯' 하는 낙관적 욕망을 품는다. 그렇지만 위기가 일상화되었다는 것은 위기 상황을 넘기면 '좋은 삶'을 살 수 있다고 믿는 낙관이 계속 좌절된다는 뜻이다. 벌랜트가 말하는 잔인한 낙관은 그런 삶에 대응하는 정동적 기제이다. 낙관은 "정동적으로 곤혹스러운 이중 구속, 즉 딜레마로 모습을 드러낼 때" 잔인하다. 이때 "이중 구속이란 만족을 제공하는 동시에 만족을 가로막는 환상에 구속되고, 환상이 대변하는 낙관의 약속 그 자체에 또 구속되는 것"을 말한다(101쪽).

애착은 사람, 사물, 세상을 연결하고 접착하는 심리적 힘, 즉 낙관이 환상으로 연결되는 길목이다. "이 책에서 낙관은 애착심으로, 또 애착심을 유지하려는 욕망으로 표출된다. 즉 애착심은 관계성의 구조인 것이다"(30쪽). 벌랜트가 주목하는 것은 욕망의 대상보다는 그 대상이 무엇이든 그것에 우리가 품는 애착심, 그리고 그 애착심을 드러내는 문화적 장르이다. 그리고 장르란 정동적 경험을 인지 가능하게 하고 표출하는 미학적 관습을 뜻한다. "낙관적 애착의 정동 구조는 특정한 환상의 장면으로 되돌아가려는 지속적 경향을 포함"하기에(10쪽), 일상화된 위기 속에서 이는 이른바 '정신 승리술'을 작동시킨다. 프로이트가 말하는 우울이 상실을 부인하면서 대신 주체의 내면에서 그 대상과 합체하는 것이라면, 잔인한 낙관은 문제적 대상에 대한 애착을 유지하면서 그 대상에 이르지는 못한 채 그 주위를 맴도는 상황이다. 멜라니 클라인이 말한 우울증적 입장이 "세계와의 부서진 관계를 복구하는 회로를 이끌어 내려는 지향성"을 띤다면(53쪽), 낙관적 애착은 주체로 하여금 아무것도 할 수 없게 한다. "우리는 애착심이 초래하는 대가를 가지고 정동적 거래를 한다. 주로 무의식적으로 이루어지는 그런 거래는 대부분 욕망/마모의 장면에 우리가 가까이 있도록 붙잡아 둔다"(49쪽).

낙관이 잔인해지는 것은 이 근접성 때문이기도 하다. 가까이 있다는 막연한 느낌이 유발하는 낙관, 조금 더 노력하면 닿을 수 있을지도 모른다는 이른바 '느낌적 느낌'이 우리를 버티게 한다. 그래서 우리는 '좋은 삶'에 '잔인하게' 정동적으로 결속되며 변화에 적응하게 된다. 하지만 이 시대에 일상이 된 대규모 위기는 "'삶을 소유'한다는 것이 여태 가졌던 의미를 너무나 위협하기 때문에, 거기에 적응하는 것만으로도 일종의 성취로 보일 정도"다(13쪽). 개인과 집단, 개인과 국가 사이의 호혜적 사회관계가 와해된 상황에서 실제로 취약한 개인들의 삶은 악화를 면하는 것마저도 쉽지 않기에, 적응이나 현상 유지가 곧 성취라는 말은 과장이 아니다. 적응에 수반하는 무감각 상태, 불안을 달래고자 부산을 떠느라 마비된 감각, 예컨대 쿨함이라든가 무심함, 무관심, 체념마저 생존을 위한 성취로 오인될 수 있다.

벌랜트는 이런 현재를 앞으로 나아가지 못하고 허둥대는 시간의 영역인 "답보 상태"impasse로 개념화한다. 답보 상태는 신자유주의 시대의 감정 구조를 보여 주는 대표적 장르이다. 상실과 불안정성이 계속 증가하는 곤경의 영역인 답보 상태에서 주체는 압도적인 위태로움을 강렬히 느끼지만, 옛 틀로 새 경험을 온전히 인지할 수 없기에 그 위태로움의 복합적 성격을 파악하지 못한다. 그래서 답보 상태는 상황을 이해하는 데 필요한 정보를 모으는 바지런함, 과잉 경계심을 요구한다. 답보 상태는 바디우가 말하는 '사건' 즉 엄청난 충격으로 급진적 열림의 상태를 들여오는 해프닝이 아니라, 변화로 인해 점증하는 압력에 적응하는 기술을 연마하는 시공간이다. 주체는 그때그때 위기를 관리하는 임기응변을 발휘해야 한다. 이런 점에서, 변화하는 삶을 구성하고 움직이는 정동 양태의 형식화가 일견 새로운 '스타일'로 여겨질 수 있으나 실상 더 깊은 고찰을 요한다는 것을 알 수 있다. 가령 오늘날 친밀성의 시나리오가 전통적인 연애와 결혼이라는 '좋은 삶'의 형식을 폐기하지는 않으면서 '썸타기'나 '어장관리' 등과 같은 양상으로 펼쳐지는 것 역시 위험부담을 염두에 두는 위기관리의 일환이라고 볼 수 있다. 한편, 잔인한 낙관은 "답보 상태에 머무르는 것 자체가 이제 많은 이들에게 일종의 희망 사항이 되었을 수도 있다는 이야기"다. "삶의 재생산을 위한 전통적 토대가 — 직장에서, 친밀한 관계에서, 정치에서 — 위협적인 속도로 부서져 가고 있기" 때문이다(15쪽).

2. 근접성과 돈
: 주체의 마모와 환상적 방어기제

　　1장 마지막 절에서 벌랜트는 찰스 존슨의 단편소설 「교환가치」(1986)가 예시하는 잔인한 낙관을 살펴본다. 「교환가치」는 1970년대 주로 흑인들이 거주하던 시카고의 사우스 사이드를 배경으로, 어떻게 환상 속에 거하는 것이 삶을 영위하는 행위가 되는지, 그리고 자본이 모든 것을 결정하는 상황에서 주체가 어떻게 마모되는지를 보여 준다. 주인공 로프티스와 쿠퍼 형제는 노숙인처럼 살아가던 옆집 독거노인 베일리가 사망했다고 생각하고 그 집에 몰래 들어간다. 혹시나 하고 들어간 옆집에서 형제는 이 노인이 집안에 쟁여 둔 막대한 돈과 물건들을 발견하고 아연실색한다. 쿠터는 써본 적도 없고 쓸 줄도 모르는 돈을 어색하게 써보지만, 로프티스는 쿠터를 꾸짖고 이 돈을 쟁여 두기만 한다. 돈을 쓴다는 것은 그 돈의 구매력 즉 미래를 없애는 일이라고 생각하기 때문이다. 돈의 잠재성을 훼손하지 않으려는 로프티스의 선택은 결국 현재의 빈곤에 그를 가둘 뿐이므로, 그는 베일리의 비극적 운명을 반복한다. 이 이야기는 "빈곤이 너무나 극심해서 부를 손에 넣어도 도리어 불안만 강화되는 맥락"에서는 "살아남는다는 것"이 "초현실"적인 일일 수 있음을 보여 준다(83쪽). 로프티스의 쟁여 두기는 돈이 없어질 수 있다는 위협에 맞서 그 돈의 잠재력을 그대로 소유한 느낌 속에 머무르겠다는 선택이다. "자본주의하에서, 순환[유통]된다는 것은 삶 속에 존재함을 가리키는 반면, 소진 불가능할 정도로 축장해 둔 물건 더미 속에서 살아가는 것은 환상 속에 존재함을 가리킨다"(85쪽).

얻은 재화로 아무것도 하지 않는 수동성 자체가 삶이 되는 이 역설적 상황은, 실제 교환이 아니라 교환으로 가치를 얻을 수 있으리라는 약속이 애착심만 키운다는 점을 보여 준다. 실제 소유가 아니라 소유의 약속과 그 약속이 주는 느낌이 실재(쟁여 두었기에 '쓸모없는' 상태의 돈)와 환상(그 돈으로 이룰 수 있는 모든 것) 사이를 봉합한다. 실재와 환상을 봉합하는 것은 근접성의 느낌이다. 카페인 없는 커피처럼 실로 향유할 수 없는 부에 가까이 있다는 느낌이 실재를 대신하고 환상을 강화한다. 환상은 향유라는 주권적 행위성의 실행을 가로막는다. 집단적 차원으로 이를 적용해 보면, 언제라도 쓸 수 있다는 환상적 느낌 때문에 결코 쓰지 않아 쓸모라곤 없는 돈에 대한 환상은 우리 시대 정치의 장애물이다. 이런 환상은 (예컨대 대기업의 사내 유보금을 청년 성장에 쓰도록 유도한다거나 한국 사회가 축적한 부를 저소득층 및 소외 계층을 위해 활용하는 등의) 공동체적 기획을 활성화하지 못하게 하는 '정치적' (정확히 말해서 '반정치적') 힘일 수도 있는 것이다.

근접성의 느낌에 붙들린 환상은 "일상의 폭력적 역사가 초래하는 마모에 맞서 삶을 지탱하는 방어기제"일 수 있다(89쪽). 신자유주의적 지배의 힘은 바로 이런 방어기제를 활성화하고 유지하는 데 있다. "근접성의 관계" 속에서 같지는 않지만 비슷한 무언가와의 교환이 발생하거나 가까이 있다는 느낌이 생길 때 우리는 '희망 고문'을 당하면서 일종의 타협된 인내심으로 낙관을 유지한다. 목표의 실현이 거의 불가능함을 직감하면서도 그 실현을 기대하게 되는 상황을 '희망 고문'이라 칭하는 것은 일상화된 잔인한 낙관을 표현하는 우리 나름의 방식이다. 그 낙관 외에 별다른 선택지가 없다면 잔인함은 가중된다. 하지만 가장 두려운 것은 박탈의 현실이 아니라, 박탈의 상황에서 환상마저 상실하는 상황일지도 모른다.

3. "정동적 리얼리즘"
: 새로운 적응 기술로서 직감과 트라우마 정서

2장 1절에서 벌랜트가 언급하는 "정동적 리얼리즘"은 현재의 위기화를 고찰하고 재현하고 분석하는 양식이다. 예술가이자 에이즈 활동가인 그레그 보도비츠의 다큐멘터리 <습관>(2001)과 수잔 손탁의 글 「지금 우리가 사는 법」(1986), 그리고 최근의 소설 두 편이 "정동적 리얼리즘"을 예시한다. "정동적 리얼리즘"은 위기로 판명난 채 진행되는 현재의 일상에서 우리가 수행하는 것을 관찰하고, 파산, 적응, 즉흥적 반응이 계속되는 가운데 위기가 어떻게 주체성에 영향을 미치고 주체성을 주조하는지 추적한다. 마르크스주의 이론가들도 우리 시대의 일상이 "과거 자본주의적 양태와는 다른 감각적 자기 계발과 적응의 드라마를 필요로" 한다고 논의한 바 있다(130쪽). 이런 점에서 "정동적 리얼리즘"에 주목하는 벌랜트의 방법론은 20세기 후반 마르크스주의 계열의 연구와 문화 연구가 제시한 이데올로기 이론을 계승하고 확장하는 것이기도 하다. 실제로 그는 정동 연구가 "이데올로기론의 역사에서 또 다른 국면"을 여는 시도라고 말한다(103쪽).

보도비츠의 다큐멘터리 <습관>과 손탁의 단편소설은 "대화, 병리 지도, 의례 등"과 같은 "현재주의적 장르"를 통해 "살아가기 위해 직관을 재구축해야 하는 사람들의 정동적 절박함"으로 이해할 수 있는 "역사적 현재의 장면"을 소개하려는 벌랜트의 기획에 부합하는 작품들이다 (121쪽). <습관>에서 에이즈에 걸린 이들은 위기의 시간, 연장된 현재에 적응하려는 다양한 실천을 수행한다. 에이즈를 앓는 몸은 "시간의 침식작용, 삶을 만들어 내는 활동 가운데서 닳고 지쳐 가는 과정을 표상"하며, 이런 상황은 "자기 관리를 위해 보내야 하는 시간들로 이루어진 현재"이다(119쪽). 매일의 투약뿐만 아니라 요가, 운동, 명상 등 위기 악화의 속도를 늦추기 위한 규칙적인 의례는 현재에 집중하여 일상을 구축하는 방식을 보여 주는 장르가 된다. 반복이라는 점에서 습관은 신체와 정서를 관리하는 자기 돌봄을 일상성의 양식으로 바꾸는 통로이며, (반복되므로 평범하다고 느껴질 수 있는) 일상을 직조하는 중요한 방편이다.

2장 3절과 4절에서는 감지력, 직관 등 정동적으로 포착된 현재와 위기의 현재에 적응하는 드라마로 콜슨 화이트헤드의 소설 『직관주의자』 (1998)와 윌리엄 깁슨의 소설 『패턴 인식』(2003)을 다룬다. 현재를 역사적 이행기로 묘사하는 이 두 소설에서 현재를 파악하는 데 핵심적인 정동인 "직관"은 "정동 활동의 역사적 맥락과 정동이 접촉하는 구역"이다(151쪽). 흥미롭게도 이 두 소설에서 현재는 트라우마로 극화된다. 벌랜트는 정신분석학과 트라우마 이론 또한 수정하고 활용하여, 끊임없는 마모 상태에 놓인 주체를 관찰한다. 캐시 카루스에게서 영향을 받은 트라우마 연구에서는 대체로 트라우마를 (상황이 아니라) 파국적 사건으로, 도무지 봉합할 수 없는 근본적 단절로 정의한다. 그런데 특히 2장 4절에서 벌랜트는 트라우마를 정동 개념으로 보자고 제안하면서 근본적 단절을 강조하는 기존의 트라우마 이론을 비판적으로 보충한다. 뒷북치듯 뒤늦게 감지되는 사건의 효과로 현재를 인식하는 정동의 틀로 트라우마를 재정의하는 것이다. "삶의 역사적 자기 연속성에서 당연시되는 것의 기반으로서의 자전적 이야기를 트라우마가 부수면서 규범적인 플롯이나 어떤 보장도 별로 없이 생존이라는 작업을 변모시킨다는 의미에서, 트라우마는 역사적 현재의 경험을 가능하게 만든다"(154쪽). 벌랜트는 트라우마를 충격을 가하는 예외적인 것으로 보는 대신 이처럼 일상을 포화하는 것, 일상화된 압도적 위기의 감각으로 재사유하면서, 기존의 트라우마 이론에서 비가시화되는 지점을 가시화하는 방법을 모색한다.

『직관주의자』와 『패턴 인식』에서 주인공들은 무너져 버린 일상에서 삶을 지속하며 새로운 직관과 정동을 계발한다. 넋이 나간 상태에서 지속되는 삶을 트라우마의 특징으로 설명하는 기존의 이론과는 달리, 이 두 소설의 주인공들은 오히려 끊임없이 새로운 신경계를 계발하여 말하자면 '정신 승리'의 기술을 가동하는 심리 상태를 만들어 내고, 위태로운 가운데서도 생존의 방법을 학습하면서 새로운 감각, 새로운 일상적 습관, 감정 관리 방식을 모색한다. 이 두 소설과 <습관>이 보여 주듯,

트라우마는 트라우마의 주체를 그저 옴짝달싹 못하는 상태에 가두는 것이 아니라 위기 양상으로 밀어 넣고, 그 속에서 주체들은 내구성 있고 폭넓은 직관을 계발한다. 등장하지만 전개되지는 않는 지금, 불연속적인 현재와 결코 주권적이지 않았던 존재 방식의 내부로부터 역사주의를 상상하는 지금이라는 순간에 주체들은 우리가 살아가는 방식에 대한 직관을 감지하는 직관을 발전시킨다(176-177쪽).

위기 속에서 주체는 위기에 대응하는 새로운 정동 양식을 만들어 낸다. 벌랜트가 수정하여 제시하는 트라우마 개념은 신자유주의의 타격이 정치경제 구조의 변화뿐만 아니라 그에 대처하는 정동의 변화도 수반한다는 점을 강조한다. 이행의 양상에 주목하는 벌랜트의 분석에는 사건 중심적 사회변혁 이론이 제공하지 않는 한층 더 세심한 통찰이 있다. 우리가 낙관에 대한 환상적 애착을 이해하면서 "잔인한 낙관"과 다른 미래 지향을 실제로 정치화하여 실행할 방법을 따로 또 함께 상상하고자 한다면 그의 통찰은 더욱 유용할 것이다.

4. 비만과 주권
: "더딘 죽음"과 "측면적 행위성"

잔인한 낙관에 대한 벌랜트의 논의에서는 "측면적 행위성"lateral agency 과 "더딘 죽음"slow death이 중요한 개념으로 등장한다. 주권적 행위성이 개인의 자율적 의지와 분명한 목적을 통해서 자아와 삶을 건설하고 확장하고 뻗어 나가는 행위능력을 뜻한다면, "측면적 행위성"은 주권적 행위성이 거의 무용한 영역에서 작동하는 정동적 생존 전략을 말한다. 이를 중단된 혹은 유예된 주권성이라고 표현할 수도 있다. "측면적 행위성"이라는 개념은 다음을 포착하고 강조하는 벌랜트의 통찰을 보여 준다. 즉, ① 신자유주의적 주체의 주권성과 의지가 고갈된 상태라는 점, ② 주체의 행위성이 주체의 움직임을 도리어 중단·유보하는 힘으로 실행될 수 있다는 점, ③ 행위성의 목적이 규범적 목표와 일치하지 않는 방향으로 틀어질 수 있다는 점, ④ 압도적인 위기의 일상에서는 생산적이거나 건강하다고 여겨지는 궤도에서 탈구하는 방식으로 생존을 도모하는 정동적 양식이 존재한다는 점이다. 삶을 건설하려는 노력이 도리어 생명을 마모하는 "더딘 죽음" 속에서, "측면적 행위성"은 주권을 중단 혹은 방해함으로써 삶을 유지하고 재생산하려는 신자유주의적 주체의 정동적 전략이기도 하다.

측면적 행위성의 패턴은 의식적이거나 적극적이지 않을 수도 있는 여러 반복적 행위들로 드러난다. 몇 해 전 우리 사회의 젊은이들 사이에서 유행했던 '탕진잼'(탕진+재미)이라는 신조어는 가능한 한도 내에서 불필요한 지출을 함으로써 일시적 쾌락을 추구하는 현상을 가리킨다. 이는 여러 면에서 통제 불가능한 현실에 대한 체념과 반발로 추동되는 측면적 행위성의 예라고 할 수 있다. 널리 유통되는 '이생망'('이번 생은 망했다'를 줄인 말)의 정서는, '좋은 삶'에 대한 기대가 내세라는 그야말로 불가능과 불가지의 시간대로 이관되면서, 답보 상태 속의 절망이 자조의 소재가 되는 동시에 주체의 측면적 행위들을 역설적으로 합리화하는 근거가 될 수 있음을 보여 준다. 이런 현상에서 볼 수 있듯, 순응과 저항의 이분법으로 매끈히 설명되지 않는 측면적 행위성에는 규범의 수용과 거부, '좋은 삶'에 대한 동경과 일탈이 공존한다.

"더딘 죽음"의 생명정치적 관리는 비만에서 잘 드러난다. 비만은 "수치심을 유발하는 주권성의 질병, 특권의 곤경이자 빈곤의 곤경, 궁지이자 선택과 반의지의 위기, 개발 및 저개발이 유발하는 지역적 유행병"으로 여겨지게 되었다(188쪽). 이처럼 풍토병적 특성을 띠면서 관리를 요하는 질병으로서 비만은 특히 오늘날 미국에서 생명정치적 사건이며, "더딘-죽음이라는 위기-스캔들 관리의 가장 새로운 사례"이다(192쪽).

비만을 국가적 전염병으로 간주하는 논의는 식품 산업, 제약회사, 다이어트 산업, 보험회사, 그리고 정부를 비롯한 공공 기관과 그들의 전략적 상호 협력에서 나왔다. 비만 관련 논의와 정책들은 먹는 일을 의학적인 사건이자 건강 위기를 관리하는 기획의 일부가 되게 함으로써 영리 추구와 통제라는 제도적 이해관계에 봉사했다. 삶의 재생산을 위협하는 정치적 위기가 특정한 몸의 상황이자 건강관리 능력의 문제인 것처럼 조직화될 때, 생명정치가 작동한다.

> 그래서 이 세력은 문제가 되는 몸을 가진 주체, 근본적으로 파괴적인 행위 주체성을 가진 것으로 여겨지는 사람들을 심판할 수 있게 된다. 구획 나누기에서부터 창피 주기에 이르는 아파르트헤이트 같은 구조가 이 인구 집단에게 강요되고, 그 사람들은 이런저런 종류의 사회적 번영에 빚지고 있음을 몸으로 체화하는 표상이 된다. 그러면 건강 자체가 성공적인 규범성의 부수적 작용으로 여겨질 수 있고, 사람들의 욕망과 환상은 건강이라는 쾌적한 상태와 줄 맞춰 가라는 요청을 받는다. 그러나 다시 말하지만, 몸으로 체화하는 것을 생명정치적이라고 말하는 것은 논의의 끝이 아닌 시작일 뿐이다(198쪽).

1980년대 이후 비만이 미국의 국가적 문제로 확산된 것은 도시 개발, 노동 시간의 증가, 비정규직의 확산, 여러 직장을 병행해야 하는 임시직 노동자의 증가, 패스트푸드 산업 활성화 등에도 그 원인이 있다. 그러나 여러 환경적·비개인적 요소들을 고려하지 않고 비만을 과식, 즉 "건강이 아니라 죽음을 향한 행위 주체성"(200쪽)의 실행에서 초래된 추문으로 여기는 현상은 냉전 시대 내내 일어났던 일이다.

잔인한 낙관이 생존을 위한 정동적 적응과 관리 방식의 계발과 작동을 설명하는 개념이라면, "더딘 죽음"은 주체의 마모를 수반하는 삶의 과정을 기술한다. "더딘 죽음"이 일상화된 세계에서, 사람들은 살아가기는 하되 잘 살지는 못한다. 이 시대의 살아감이라는 일상적 맥락을 살펴볼 때 트라우마보다는 "위기 일상성"의 개념이 더 유용하다고 보는 벌랜트는 "더딘 죽음"을 우리 시대의 지배적인 재생산 양식이라고 규정한다. "더딘 죽음"은 "예외 상태도 아니고 그 반대, 즉 단순한 진부함도 아니며, 마치 생각 없이 들춘 바위 밑에서 허둥지둥 흩어지는 개미들의 모습처럼, 괴로운 살아가기의 장면이 결국 평범한 삶과 얽혀 있는 것으로 밝혀지는 영역"이며, "이 영역에서 죽어 감과 삶의 일상적 재생산은 외연이 같"다(192쪽). 물론 모든 사람이 "더딘 죽음" 속에서 살아가는 것은 아니다. 위 인용문에서처럼 벌랜트는 그것이 "특정 인구 집단에 소속한다는 사실로 조명되는 어떤 사람들의 구조적으로 유발된 마모"임을 분명히 한다(192쪽).

벌랜트의 "더딘 죽음"과 "측면적 행위성"은 이브 세지윅이 멜라니 클라인을 다시 읽으면서 제시한 "회복적 비평"reparative criticism에 대한 비판적 보완에서 나온 개념이기도 하다. "더딘 죽음의 환경과 씨름하는 정동의 형식" 역시 "덜 나쁜 경험을 만들어 가는 것을 지향"한다. 하지만 그것은 "잠시 한숨 돌리기, 유예이지만, 회복은 아니다"(217쪽). 게다가 오인이 작동해야 잔인한 낙관을 품을 수 있다. "더딘 죽음"과 더불어 생존하려면 환상에 대한 애착심이 있어야 하기 때문이다. "환상은 애착심의 양가성과 편력을 관리"하는 것이다(224쪽). 세지윅은 환상적 애착이 지식으로 작동한다고 하면서 많은 비평가가 실망의 장면을 자아 확인의 장면으로 과대평가한다고 보았다.* 비판, 부정과 실망의 행위를 비평가 자신의 진지함의 수행으로 착각한다는 것이다. 세지윅의 독서 방식에 있는 "퀴어한 경향은 사람의 애착심을 유희, 즐거움, 지식, 세상 속으로 다시 들어가게" 하고, "애착심이 중요하다는 점을 인정한다"(226쪽). 이런 점에서 세지윅의 회복적 독서는 "부정을 물신처럼 숭상하는" 편집증적 비평 즉 "의심의 해석학"에 대한 해독제이다(226쪽).

하지만 벌랜트는 다음과 같은 질문을 던지면서, 일상을 분석하는 관점으로 세지윅이 말하는 "회복적 비평"보다는 클라인이 말하는 "우울증적 입장"을 택하는 것으로 보인다. "우리가 의도하는 '회복'이 언제 또 다른 형식의 나르시시즘이나 숨 막히게 하는 의지가 되지나 않을지 어떻게 안단 말인가?"(227쪽) 벌랜트는 자신의 논의를 지배하는 것은 "잘 살아가는 환경이 아니라 실망, 경멸, 위협으로 이루어진 일반적 환경"임을 밝히는데, 특히 그런 환경에 주목해서 보면 애착심은 "의지로 만들어지는 것이 아니라," 생존의 조건을 감지하고 파악하는 정동의 "지능"이 만드는 것이다(230쪽). "실망, 낙관, 반감, 애착이라는 비슷하지만 서로 다른 환상을 따라 작동"하는 세계에서, "어리석은 낙관은 가장 실망스러운 것"이다. 여기서 '어리석다'는 것은 "삶과 사유의 어떤 형식이나 실천에의 적응이 우리에게 행복을 확보해 줄 것이라는 믿음을 뜻한다"(231쪽). 벌랜트가 환경과 자아를 묶어 주는 애착심으로 정동을 이론화하면서 "우울증적 입장"을 선택한다는 점은, 의지와 의식적 통제를

- 회복적 읽기에 대한 세지윅의 논의는 다음을 참조할 것. Eve Kosofsky Sedgwick, "Paranoid Reading and Reparative Reading; or, You're so Paranoid, You Probably Think This Introduction Is About You." *Novel Gazing: Queer Readings in Fiction*. Ed. Eve Kosofsky Sedgwick. Durham: Duke UP, 1997. 1-37.

벗어난 주체의 영역 — 즉 부정성과 비주권성 — 을 사유한다는 뜻이다. "회복적 사유에 대한 과대평가"(228쪽)를 경계하는 벌랜트는 비평의 낙관적 경향에 대해서도 낙관하지 않는다.

5. 트라우마 이후를 살아가기
: 강박적 행동과 측면적 행위성

4장에서는 메리 게이츠킬의 소설『두 소녀, 뚱뚱이와 마른이』(1991)를 중심으로, 트라우마와 더불어 트라우마 이후를 살아가는 생존의 정동적 기술을 다룬다. 분석의 핵심은 환상적 애착, 강박적 행동, 측면적 행위성이다. 이 소설은 트라우마의 여파 속에서 살아남으려는 소녀들의 역사와 고통스러운 낙관을 펼쳐 보인다. 서로 다른 트라우마를 겪은 두 소녀는 낯선 상대에게 하기 어려운 자신의 내밀한 이야기를 하는 데 혐오감을 느끼면서도 이야기하고 싶은 충동에 사로잡힌다. 소설은 '뚱뚱이' 도로시와 '마른이' 저스틴이 각자 자기 이야기를 하는 별개의 장들로 구성되어, 서로의 이야기가 서로에게 가닿지 않는다. 이런 서사 구조에서 두 소녀는 자기 이야기를 하면서 자기를 계발하는 동시에 비개인화한다. 이 두 소녀 각자의 이야기는, "기억이란 대단한 만족감을 주는 강렬한 환상과 오인에 의해 매우 강력하게 매개되기에, 사람을 기억과 묶어 주는 정동이 필연적인 것, 정박점으로 느껴질 때조차도, 환상과 오인을, 심지어 자기 자신도, 불신을 지니고서 읽어 내야 함을" 보여 준다 (243쪽). 두 소녀는 "음식 소비와 강렬한 사고 작용을 특징으로 하는 다른 즐거움의 스타일"을 공유한다(244쪽).

『두 소녀, 뚱뚱이와 마른이』에서 말하기, 읽기, 음식 먹기의 반복, 생각하기를 통한 (자기)부정, 섹스에 대한 탐닉은 트라우마의 역사를 초월하는 (실은 존재하지 않는) 세계에 머물려는 낙관적 강박을 통해 결합된다. 친밀한 관계에 대한 공상, 먹는 행위, 자신에 대한 생각에 골똘히 몰입하는 행위는 두 소녀에게 (트라우마의 충격에 대한) 회피와 (트라우마에 대한) 망각을 가능하게 한다. 그런 측면적 행위성의 발현을 통해서만 현재를 견딜 수 있음을 보여 주는 것이다. 두 소녀가 강박적 행위들에 품는 애착심은 규범적 세계에서 불편해지는 마음을 분리하여 일종의 '4차원 평행계' 즉 자신만의 감각 세계를 펼치는 공간이기도 하다. 두 소녀의 강박적 행동에서 반복은 내용(무엇을 먹는가 혹은 하는가)이 아니라 형식(규칙적으로 먹는 행위 자체)을 부각한다. 반복 행위인 먹기는 사람이나 페티시에 의존하는 것보다 더 안전하다. 두 소녀의 흡입하고 몰두하는 반복적 행위는 트라우마에 대한 나름의 저항의 구조인 동시에 환상을 보호하는 형식주의적 장치이다.

6. 정상 규범과 프레카리아트
: 청년 세대와 정동적 계급 형성

신자유주의적 상황에서 좋은 삶에 품는 환상과 그 환상의 지속마저 위협하는 주체의 마모 상태는 청년 세대에서 가장 통렬하게 드러난다. 5장에서 벌랜트는 벨기에의 영화감독 다르덴 형제의 <약속>(1996)과

<로제타>(1999)를 분석하면서 시민권, 가족 관계, 우정을 포함한 그 어떤 사회적 소속도, 그 물적 기반이 붕괴한 지금, 정동의 차원으로 치환되었다고 논의한다. 이 두 영화는 지하경제에서 착취당하고 가족에게 착취당하는 청소년들의 삶을 보여 준다. 1990년대 후반 유럽에서 신자유주의적 변동이 전면화됨에 따라 청년 세대는 낮은 임금에 열정도 느끼지 못하는 노동을 하는데, 그 상황에서는 종종 취업 상태의 유지가 그들이 바라는 모든 것이다. 그렇게 근근이 삶을 끌고 가는 것이 이 상황에서 그들이 열망하는 규범 그 자체인 것이다. <로제타>의 주인공 로제타가 보여 주듯, 나쁜 일자리일망정 일을 한다는 것만으로도 견딜 수 있는 마음이 생긴다. <약속>의 주인공 이고르가 보여 주듯, 직업 안정성을 누렸던 부모 세대와 달리 청년 세대는 "좋은 삶을 성취한 부모의 방식과 단절함으로써 진정한 사회적 소속감을" 얻기 위해 쓰레기 더미를 뒤지는 삶을 산다(303쪽). 이제 행복은 머릿속에나 존재하지만, 아직은 존재하지 않는 세상일지라도 그 세상에 언젠가 소속할 수도 있으리라는 막연한 '느낌'이 삶을 지탱한다. 그들은 일상의 유지를 위한 기본적 필요조차 충족하기 어려운 삶에 애착심을 품도록 강제되며 '정상적' 삶이라는 환상적 규범을 열망한다.

로제타나 이고르 같은 청소년들을 비롯한 신자유주의 주체들에게 일상은 나쁜 삶의 재생산일 따름이다. 지배는 더 나쁜 것들을 기준 삼아 '그보다는 낫다'는 식의 생색을 내는 방식으로 작동한다. 사람들은 최악은 아닌 것에 심리적으로 순치되며 순전한 생존의 시간을 견딘다. 이런 세계에서 규범은 향유 가능한 현실이 아니라 실현하기 어려운 약속일 뿐이지만 열망의 대상이다. 부모 세대에서 불만족과 그로 인한 분노가 자신의 몫을 요구하는 정치를 실행하게 한 감정적 연료였다면, 이제 그

것은 어떻게든 '정상적인' 것에 가까이 있으려는 열망으로 대체된다. 노동조건을 막론하고 취업 상태 자체가, 그리고 관계의 성격과 무관하게 가족이 있다는 사실 자체가 여전히 '정상상태'로 규정된다는 것은, 친밀한 관계도 안정된 직장도 그것들에 대한 열망에 비례하여 이미 해체되었음을 뜻한다.

> 이 두 영화에서, 시민의 불만족은 자본과 자본하의 친밀성이 제시하는 규범적 약속에 대한 재투자로 이어진다. 그러나 이런 재투자의 성격은 어떤 규범적 의미에서도 전혀 정치적이지 않다. 오히려 그것은 정상성을 열망하는 느낌, 즉 정상적이라고 느끼고 싶은 욕망이며, 정상성을 기댈 수 있는 삶의 근거로, 즉 계속해서 재발명할 필요가 없는 삶의 근거로 느끼고 싶은 욕망이다 (309-310쪽).

스스로 정상이라고 느끼고 싶어 밤마다 자신이 '정상적인 생활'을 한다고 되뇌는 로제타의 낙관에는 변화를 촉발하는 정치력이 없다. 변화를 꾀하기 위해 재발명할 필요가 없는 규범이 열망의 대상이기 때문이다.

'정상상태'를 열망하는 청년들은 실패자로 낙인찍히지 않으려고 착취를 감내한다. 딱히 가족이나 절친한 친구가 꼭 있어야 하는 것도 아니다. 그 누구, 그 무엇이든 간에 다가갈 존재가 나에게도 가까이 있다는 '느낌'을 전해 준다면 그것으로 충분하다. 애착은 가질 수 없는 대상에 근접해 있는 듯한 느낌을 준다는 점에서 중요하다. 근접성의 느낌은 소유나 향유의 실제 대상을 대신한다. 애착이 주는 근접성의 느낌, 그 느낌을 자아내는 애착 관련 실천이 지속될 때 어떤 일관된 형식에 기반을 두는 정서적 안정이 가능해지고, 이런 안정감은 평범한 일상성으로 감각될 수 있다. 애착은 그렇게 일상을 버티는 힘이 되기에 쉽게 버릴 수도, 무시할 수도 없다.

지난 세기와 달리 더 좋은 삶이 아니라 덜 나쁜 삶이 우리 시대 청년들의 낙관적 애착의 대상이라면, 덜 나쁜 미래는 오기도 전에 이미 망가진 영역이며 이미 손상된 가능성일 뿐이다. 그럴수록, 덜 나쁜 미래를 '좋은' 것으로 보는 모순적 환상 즉 낙관적 애착심은 그만큼 강렬하고 그만큼 쉽게 부서지는 것이 된다. 하지만 이 낙관적 애착심에 환멸을 느끼고 잔인한 환상을 깨는 일 또한 처절하게 고통스러운 과정이다. 실재하는 친밀한 관계가 아니라 친밀성에 대한 환상이 정상성의 느낌을 부여하는 상황은 우리가 왜 고통스러운 환멸의 과정 대신 잔인한 낙관에 애착심을 더 품는지를 가늠하게 한다. 오늘날 실로 거대한 정치적·사회적 박탈은 잔인한 낙관을 통해서 유지된다. 사람들은 무언가를 원하기보다는 무언가에 대한 느낌을 욕망한다. 청년 세대는 정치적인 것이 아니라 그것에 가깝다고 정동적 확신을 느끼도록, 즉 환상을 가지도록 부추겨진다.

그렇다면 중산층은 어떤가? 6장에서 벌랜트는 중산층의 프레카리아트화를 새로운 정동적 계급의 출현으로 논의한다. 1990년대 후반 프랑스 사회를 보여 주는 캉테의 영화 <인력자원부>(1999)와 <타임아웃>(2000)은 20세기 서구 복지국가의 혜택을 오롯이 누렸던 계층의 일상에 신자유주의가 미친 영향을 보여 준다. 앞서 언급했듯, 벌랜트는 "현재의 조우 속에서의 정동적 반향을 통해 역사적인 것을 읽는"(130쪽) 마르크스주의 계열 정동 이론가들의 통찰을 활용하여, 정동이 또 다른 현재를 생산하는 방식을 살펴본다. 하지만 벌랜트가 보기에, 하트와 네그리는 『

제국』과『공통체』에서 중산층이든 하층계급이든 노동자에게 삶의 조건
으로서 안정이 점차 감소하는 현상을 예측했으나, 지금처럼 안정성이
열망의 대상이 되리라는 점은 미처 예측하지 못한 듯하다. 위태성pre-
carity은 이제 우리의 의식과 경제생활을 포화했다. 랑시에르는 예전의
중산층 노동계급의 대다수가 오늘날에는 불안정성을 증오하게 되었다
고 진단했다. 아감벤 역시 일상화된 위기와 취약성의 위협으로 인해 우
려스러운 반민주적 현상이 점증함을 관찰한 바 있다. 우리 사회에서도
점점 증가하는 혐오 발화가 이를 잘 보여 준다. 위태성에 노출된 (구) 중
산층에게 예전에는 "중립"이 "계층 상승과 계급 열망의 수단"이었다면,
"이제 불신은 수수께끼 같은 답보 상태의 공간에서 불안하게 삶을 계속
살아가도록 하는 유보된 정동적 거래이다"(381쪽).

벌랜트는 "주체가 계속되는 방향 상실과 불안정의 상황에서 살아가
며 번영할 수 있도록 기술을 연마하게 하는" 정신분석학의 역사적 사명
이 곧 "가장 특권을 누리지 못하는 계급의 이해관계와 혼란, 적대를 수
용하는 급진적 민주주의와 연대를 이루는 것"이라고 주장하는 애덤 필
립스를 인용하면서, 그와 같은 민주주의적 포용과 연대가 어려운 일임
을 상기한다(351쪽). 보통 사람들은 급진적 민주주의를 향한 과정을 싫
어하고 두려워한다. 계속해서 협상해야 하기 때문이다. 사회적 약자에
대한 혐오의 점증이 시사하듯, 사람들은 차라리 지금 내가 있는 곳이 내
것, 내 자리라는 일말의 감각을 제공하는 "유연한 불평등의 위계질서에
애착심을 느낀다"(352쪽). 그래서 벌랜트는 현재의 "프레카리아트가 근
본적으로 정동적 계급이라는 점"과, "이 계급의 정동적 상상계에서 위
태로움이라는 감각에 적응하는 과정이 현재의 상황을 극화한다는 점"
을 살펴볼 필요가 있다고 강조한다(353쪽).

7. 대안적 정치의 가능성
: 소리와 소음, 측면성의 정치

정치적인 것에 대한 사람들의 욕망이 잔인한 낙관에 붙들리지 않을 가능성을 탐색하는 7장은 몇몇 아방가르드 예술운동이 수행하는 "측면성의 정치"lateral politics를 살펴본다. 정치politics가 공적 영역에서 사회적 적대를 다루는 것, 자율성과 비판적 합리적 능력을 지닌 주권적 주체를 전제하는 것이라면, "정치적인 것"the political은 제도권 정치와 일치하지는 않으면서 "친밀성, 사회성, 정동적 연대, 행복을 향한 욕망을 유인하는 것"이다(452쪽). 벌랜트가 관찰하는 이 시대의 정치에서는 목소리 내기나 소통 대신 소음이 더욱 효과적으로 동원된다. 마지막 장에서 벌랜트는 시민 주권에 바탕을 두는 전통적 정치 대신, 정치에서 우연히 듣게 되는 것이 일시적이나마 정치적 공동체를 형성한다고 주장한다. 이런 공동체들은 옆으로 움직여 가며 규범에서 벗어남으로써 규범을 비판적으로 지시하는 "측면성의 정치"를 보여 준다. 벌랜트는 이런 정치가 잔인한 낙관에 붙들리지 않을 가능성을 약간이나마 현시한다고 평가한다. 주변의 소리를 들음으로써 일시적으로나마 형성되는 정동적 공동체는 직접적 개선이나 회복의 희망을 목표로 삼는 전통적인 수직적 (목표 추구형) 정치의 규범에서 일탈한다. 이것이 "소리 환경이 만드는 시민성" ambient citizenship이다. 벌랜트는, 정치의 포기가 아니라 규범적 정치의 거부를 수행하는 몇몇 아방가르드 예술 작품/활동에서 정치적인 것에 대한 욕망이 잔인한 낙관에 매이지 않을 수 있는 틈새를 발견한다.

7장에서 논의하는 예술 활동과 작품들, 예컨대 이라크 전쟁에 반대하는 15개의 공익 영상물인 신시아 매던스키의 <PSA 프로젝트>, 공공

장소에 감시 카메라를 설치하고 사용하는 것에 반대하는 <감시 카메라 공연단>의 공연과 영상물 등은 주류 대중 정치의 소음을 선별적으로 확장·축소하거나 변환하는 매체의 "필터"와는 다른 방식으로 소리와 침묵을 동원한다. 정치적 공간이 아니라 그에 근접한 공간에서 소음이나 침묵을 사용해 정치적인 것에 대한 욕망을 재경로화하는 것이다. 이들의 작품과 활동은 답보 상태에서 간신히 버티는 일상의 패턴을 중단하고 교란한다. 또한 다수자적 위치가 아닌 위치에서 소음을 내고 공연을 하고 몸을 움직임으로써, 기존 규범의 관점에서 예측 가능한 반응의 회로에 개입한다. 이런 개입을 벌랜트는 시민적인 것으로 보는 동시에 새로운 양식으로 시민성이 구축되는 한 예라고 읽는다.

이런 분석을 비롯한 이 책 전체의 내용은 우리 시대 좌파에 만연한 우울을 어떻게 정치적 자원으로 활용할 수 있는가에 대한 벌랜트의 오랜 고민에서 나온 것이다. 20세기 정치가 대체로 집단적 분노에 기반하여 정치 공동체를 형성했다면, 오늘의 정치와 정치적인 것에는 우울이 지배적이다. 벌랜트는 정치적 우울을 정치적인 것에 대한 욕망이라고 보자고 제안한다. 일상화된 위기의 경험에 대한 감각의 공유를 바탕으로 느슨하게나마 형성되는 모종의 공공성 혹은 집단성을 "친밀한 공중"이라 한다면, "친밀한 공중"은 정동적으로 매개된 집단으로서 상호 영향을 미치는 가운데 일종의 시민적 소속감을 제공하며, 이 시민적 소속감은 위기 속에서 점점 더 원자화하는 개인들에게 정치적 효능감을 지닐 수 있다. 여기서 정동의 정치를 구체적으로 상상해 볼 수 있다. 정동의 정치는 어느 한 순간이나 기간으로 한정하기 어려운 진행 중인 "역사적 현재"를 살아가는 가운데서 지속적인 위기의 감각과 경험을 통해 그 역사적 현재의 의미를 만들어 가고자 하는 개인들이 참여할 수 있는 가장 즉각적이고도 친밀한 영역이다. 하지만 친밀한 공중이 균질적인 하나의 집단으로 탄생하는 것은 아니다. 또 조직적인 정치를 적극적으로 실천하는 것도 아니며 긍정적인 정치 효과만을 발생시키는 것도 아니다. "사람들이 세계에 대해 갖는 기대감"을 바탕으로 "누더기가 되어 가는 사회적·제도적 호혜성의 공식적·비공식적 규범에 맞서 세계를 재구성"하려는 시도는 정치적으로 양가적이고 막연한 기획이다(43쪽). 이런 점들을 간과하지 않으면서 벌랜트가 암시하는 시민성의 정치는 잔인한 낙관과 대조되는 정치적 우울의 입장이다. 사회적 변화를 갈망하는데도 변화가 일어나지 않는 상태에 대한 반응인 정치적 우울은, 변화가 일어나지 않을 수도 있음을 받아들이고 변화 가능성을 낙관하지 않는다. 하지만 정치적 우울의 입장을 채택한다는 것은 집단적 노력이 반드시 변화를 가져오리라는 낙관이 없이도 정치적으로 무언가를 시도한다는 의미이다.

벌랜트는 다른 글에서, 위기의 시대에 "정치는 삶의 재생산에 결함이 발생했다는 집단적인 감각으로 규정"되며 이 결함이 "토대의 실패를 드러내는" 것이기에, 부서진 토대로부터 "현재적 위기의 급박함을 넘어서고 또 그것에 대안이 되는 형식"이 등장할 수도 있다고 암시한다.[•] 그러기 위해서는 부서진 토대 위에서 여전히 작동하는 잔인한 낙관의 이중 구속에 대한 인식이 필요하며, 과거의 규범에서 탈피하는 새로운 적응의 드라마, '좋은 삶'을 새롭게 구상하는 상상력이 필요하다. 우리가

• Lauren Berlant, "The Commons: Infrastructures for Troubling Times." *Environment and Planning D: Society and Space* 34:3(2016), 393-419, 393.

'사회적인 것'이라고 여기는 내용의 상당 부분은 규범에 대한 우리의 애착심에 뿌리박고 있으며, 이는 규범들의 작용이나 그에 대한 우리의 애착심이 해로울 때조차 그러하다. 벌랜트의 논의는 그런 사실을 해부하는 작업이며, 규범이 약속하는 (것처럼 보이는) 평범함의 '장면'에 소속된다고 느끼(고 싶어하)는 우리의 감정을 성찰하고 의심하여 어떤 다른 가능성으로 번역해 내려는 시도이다. 답보 상태 속 개인의 측면적 행위성에 저항의 가능성이 있다면, 그것이 "위기와 반응 사이의 막간에 주권을 재발명"하기 때문이고(467쪽) 그로부터 공적 관계성의 재조직을 상상할 수 있게 되기 때문이다. 세계의 재구축이라는 거창한 목표가 공허하게 들릴 때, 어쩌면 토대의 부서짐에 대한 고찰, 그 부서진 틈새로 빠져나가는 취약한 사람들의 삶과 감정을 살펴 이해하는 것은 어쩌면 가장 현실적인 출발점일 것이다.

잔인한 낙관이 신자유주의 감정 통치술의 일부이자 우리 시대에 우리가 스스로 적응하려는 정동 기제라면, 정치성을 향한 욕망은 어떤 경우에 잔인한 낙관이 되거나 혹은 되지 않는가? 대안적 정치는 어디서 나올 수 있는가? 정치적 우울을 잔인한 낙관의 이중 구속에 매이지 않고 특정한 정파적 규범의 재생산과는 거리를 두는 방식으로 어떻게 활용할 수 있을 것인가? 더 나은 삶이 아니라 덜 나쁜 삶을 규범으로 여기는 애착심에서 벗어나는 출구는 있을까? 이와 같은 질문들이 필연적으로 내포하는 '낙관'은 벌랜트가 비판하는 "잔인한 낙관"과 다를 수 있을까? 「옮긴이 해제」에서 소략하게나마 제시한 내용을 넘어서는 이 질문들에 대한 사유는 『잔인한 낙관』에 힘입어 이 시대에 대한 비평적 이해를 심화하고자 하는 우리 모두의 몫으로 남는다.

팽배한 매일의 위기와 그에 대한 감각을 이해하고 분석하는 데 이 책이 도움이 되리라고 기대한다. 우리가 번역을 결심한 것은 이 책을 더 많은 사람들이 읽기를 바라는 간절한 마음, 그리고 시대를 움직여 가는 복잡한 감정들에 대한 이 책의 예리한 통찰에 실로 많은 사람들이 공감할 것이라는 확신 때문이었다. 번역에는 오랜 시간이 걸렸다. 이 책에 대한 두 옮긴이의 깊은 사랑과는 별개로, 벌랜트 특유의 길고 복잡한 문장들과 생소한 어법을 우리말로 바꾸는 작업은 수월치 않았다. 원문에 충실하려 할수록 문장들이 길어지는 바람에 원문의 뜻을 제대로 전달하기가 어려웠다. 원문을 새로 읽을 때마다 조금씩 더 깨닫고 원고를 수정할 때마다 번역이 조금씩 나아진 것은 틀림없지만, 이 책의 번역을 충분히 정확하고 아름답게 만들려면 영겁의 세월이 걸릴 터이므로, 아쉽고 부끄럽지만 6년이 넘게 끌어온 작업을 여기서 마친다. 번역하고 출판하는 과정에서 도움을 주신 많은 분들, 특히 이 책을 흔쾌히 출판해 준 후마니타스, 그리고 이 책을 더 좋은 책으로 만들어 주신 이진실 선생님, 안중철 대표에게 깊이 감사드린다. 번역 초고와 수정 원고를 꼼꼼하게 교정해 주신 두 분께 많은 것을 배울 수 있었기에, 옮긴이들은 역부족을 통렬히 느끼면서도 즐겁게 일할 수 있었다. 이 책은 서론에서 3장까지는 윤조원이, 4장부터 마지막 글까지는 박미선이 번역했고, 오랜 기간 학습하고 토론하며 원고를 함께 수정하고 조율했다.

2024년 봄,
윤조원·박미선

미주

| 서론 |

너무나 예리하고 민활하게 이 서문의 초고를 읽어 준 아나히드 너세시안과 톰 미첼, 그리고 마지막 순간에 참여해 준 로저 라우즈에게 깊이 감사한다.

1. 주체의 사회적·문화적 구성과 주체 구성의 여러 형식에 대한 논의, 국가의 관행과 신자유주의의 등장이 주체 구성에 미치는 영향에 대한 연구는 많은 문헌이 있다. 그중 주요한 것으로는 다음을 참조. David Harvey, *A Brief History of Neoliberalism*[『신자유주의: 간략한 역사』(최병도 옮김, 한울, 2007)]; Wendy Brown, *Edgework; Aihwa Ong's Neoliberalism as Exception*; Bob Jessop, *The Future of the Capitalist State*[『자본주의국가의 미래』(김영화 옮김, 양서원, 2010)]; Wendy Brown, *Edgework; Aihwa Ong, Neoliberalism as Exception*. 그리고 "Precarious Labor", "The Reproduction of Labour Power in the Global Economy"을 비롯한 실비아 페데리치(Silvia Federici)의 글 다수가 있다.

2_ 여기서 나는 "위태성"(precarity)의 언어를, 좋은 삶의 마모와 같은 시기에 등장한 "위태로운 계급"(the precarious)의 지구적 정치 운동과 협력하는 마음으로 사용한다. 사회민주주의적 제도의 쇠락에 대항하고 돌봄과 정치적 소속감의 새로운 공동체 창안을 지향하는 (지역, 국가, 계급, 법적·성적 범주를 초월하는) 초범주적 동맹의 형성을 추구하는 이 운동은 내가 여기서 추적하는 담보 상태와 적응의 한층 보편적인 시나리오에 정치적으로 응집된 대응을 한다[위태로움(precariousness)과 위태성에 대한 더 자세한 설명으로는 5~7장을 참조]. 이런 "위태성" 개념은 주디스 버틀러가 『위태로운 삶』과 그 외 저작에서 발전시켰던 윤리적 개념인 위태로움과는 간접적으로만 공명한다. 버틀러의 용어는 [상처받기 쉬운] "취약함"을 뜻하는 일상어의 의미로, 그 말의 문화 요소(meme)가 유럽, 남미, 미국에서 정치적으로 동원했던 내용을 지칭하지는 않는다. 하지만 물론 버틀러와 내가 정치적 불의에서 취약으로 느껴지는 취약함의 증폭을 발견하는 만큼, 정치적 주체성의 형성 및 그것의 향방에 대해 우리가 다루는 내용은 의미심장한 연대를 이룬다.

3_원래의 문장을 간결하게 재정리하게 해준 케이티 스튜어트에게 감사한다.

4_이 문구는 스리니바스 아라바무단(Srinivas Aravamudan)이 이 연구에 제공해 주었다.

5_「느낌 없는 케리」("Unfeeling Kerry")에서 나는 "답보 상태"의 장르처럼 극적인 전환의 과정에 있는 역사적 현재의 개념을 소개한 바 있다. 「굶주림」("Starved")에서 나는 임기응변과 주권성의 와해에 관한 성적인 에피소드에서 그 용어가 잠재적으로 긍정적인 가치를 가질 수 있다는 논지를 제시했다.

6_Alain Badiou, *Manifesto for Philosophy*, 52-56[『철학을 위한 선언』, 81-90쪽].

7_마수미는 이렇게 말한다. "기술적인 대상은 계속해서 진화하지만 그 진화는 그것의 정의가 규정하는 한계 내에서이다. 그것은 변화하지만, 새로운 이름을 공식적으로 부여받을 정도로 눈에 띄게 변화하지는 않는다. 명칭상의 정체성이 규정하는 한계를 뛰어넘게 된다면 그것은 어떤 사건이 발생했기 때문이다. 새로운 무엇인가가 세상에 도래한 것이다. 아주 구체적인 맥락에서 새로운 단독성이 촉발되어, 그 맥락을 다시 소유격의 [즉 어떤 것의] '상황'으로 만든다. '더 많은 일'이 도래한 것이다. 새로운 삶이. 현실에 더해지는 무언가가." Massumi, "Too-blue: Colour-Patch for an Expanded Empiricism," 183.

8_Deleuze, *The Logic of Sense*, 19[『의미의 논리』, 74-75쪽]. 들뢰즈적인 사건에 대한 이 논의는 다음을 참고한다. Massumi, *A User's Guide to Capitalism and Schizophrenia*, 68-69; Patton, "The World Seen from Within."

9_『포스트모더니즘, 혹은 후기자본주의 문화 논리』(*Postmodernism*)에서 프레드릭 제임슨이 역사적 과정에 대한 포스트모던의 정동적 반감을 평가한 데 대해 손쉬운 공격을 하는 것은 상투적인 일이 되었다. 2장 「직관주의자들」은 정동의 쇠락에 대해 실질적 논쟁을 전개한다. 이 장에서는 그 외에도 나의 글 「역사적인 느낌에 대한 사유」("Thinking about Feeling Historical")의 자료들을 다시 논의한다.

10_Agamben, *Means without End*[『목적 없는 수단』, 김상운, 양창렬 옮김, 난장, 2009].

11_Raymond Williams, *Marxism and Literature*, 115-135[『마르크스주의와 문학』, 박만준 옮김, 지식을만드는지식, 2009, 186-217쪽].

12_Jameson, *Signatures of the Visible*, 29[『보이는 것의 날인』, 66쪽].

13_Lefebvre, *Rhythmanalysis*, 38-45[『리듬 분석』, 130-144쪽].

14_Cavell, "The Uncanniness of the Ordinary," "The Wittgensteinian Event"; Das, *Life and Words*.

15_Diana Taylor, *The Archive and the Repertoire*. 인물 중심의 리얼리즘에 대한 긴 소개로는 다음을 참조. Candace Vogler, "The Moral of the Story."

16_나는 이 논의를 「진정한 감정의 주체」("The Subject of True Feeling")에서 상술했고 그 후 『여자의 불평』(*Female Complaint*)에서 더욱 발전시켰다. 또한 캐린 볼 (Karyn Ball)이 「트라우마적 개념들」("Traumatic Concepts")에서 상술한 내용 참조.

17_Marcuse, "Aggressiveness in Advanced Industrial Society," 256.

18_어떤 특정 장소에서 유래하지 않는 감각과 감정에 연관된 행동들의 메타심리학적 뭉치로서의 정동에 관한 이런 견해를 지지하는 논의로는 다음을 참조. André Green, *The Fabric of Affect in the Psychoanalytic Discourse*. 하지만 그린은 메타심리학과 현상학의 융합에 대해서 우려한다. 반면 여기서 나는 정동적 힘들의 중층 결정 (conflation)을 의식하고 증명하고 설명하려면 진정으로 여러 학제들을 횡단하는 연구 능력이 필요하다고 주장한다. 그런 연구 능력은 진지한 엄정함과 집중의 원칙들에 대한 성실함을 가지고, 그러나 단순히 전문적인 학제만을 재생산할 염려는 없이, 정동적 논리의 수렴과 확산을 추적해 가는 능력이다.

19_Muños, *Cruising Utopia*, 1.

20_Hage, *Against Paranoid Nationalism*, 9.

21_Deleuze & Guattari, "Percept, Affect, and Concept," 163-199.

22_Massumi, "The Future Birth of the Affective Fact"; *Parables for the Virtual*, 35-36.

23_Žižek, *Organs without Bodies*[『신체 없는 기관』].

24_Teresa Brennan, *The Transmission of Affect*.

25_Raymond Williams, *Marxism and Literature*, 132[『마르크스주의와 문학』, 212쪽] 와 *The Long Revolution*, 63[『기나긴 혁명』, 91-92쪽].

26_이처럼 불완전하지만 광범위한 주관적, 구조적 결정의 역학을 설득력 있게 보여 주는 저작으로는 다음을 참조. Franco "Bifo" Berardi, *Precarious Rhapsody*[『프레카리아트를 위한 랩소디』, 정유리 옮김, 난장, 2013][http://www.minorcompositions.info /wp-content/uploads/2009/06/PrecariousRhapsodyWeb.pdf].

27_형식에서의 역사의 표현과 검열에 대한 제임슨의 고전적인 글로는 Jameson, *Ideologies of Theory*, vol.1. 참조.

1_이매뉴얼 겐트(Emmanuel Ghent)가 이 문장에 기여한 바는 "항복/몸을 맡기기"(surrender)라는 말이다. 이는 그가 주장하듯, "복종"이라는 말과는 중요하게 차별적인 가치를 지니며, 어떤 것에 몰입해 있는 것과 그에 의해 지배당하는 것 사이의 차이점을 이 글이 가늠하는 방식에 지대한 영향을 미친다. 대니얼 스턴(Daniel Stern)의 표현 "현재적 순간"은 여기서, 언제나 상실되고 스쳐 가버리는 것이 아니라 우리가 공간 속으로 투사하거나 이동시켜서 속도를 늦추는 기간으로 "현재"를 개념화하는 방식을 소개한다. Ghent, "Masochism. Submission, Surrender"; Stern, *The Present Moment in Psychotherapy and Everyday Life*.

2_잔인한 낙관의 사례연구는 다음을 예로 들 수 있다. Thomas Frank, *What's the Matter with Kansas?*[『왜 가난한 사람들은 부자를 위해 투표하는가: 캔자스에서 도대체 무슨 일이 있었나』, 김병순 옮김, 갈라파고스, 2012]; Michael Warner, *The Trouble with Normal*.

3_Barbara Johnson, "Apostrophe, Animation, and Abortion."

4_이 장면에서 존슨이 라캉의 대상 a의 부재하는 현존을 환기한다는 것을 감지할 수 있다. 그러나 수사적 간주체성에 대한 존슨의 논의는 여러 면에서 미켈 보르흐-야콥센(Mikkel Borch-Jacobsen)의 『프로이트의 주제』(*The Freudian Subject*)에 나오는 미메시스적 애착에서의 투사의 구성에 더 가깝다.

5_Barbara Johnson, "Muteness Envy."

6_대상과 전이 속에서의 존속에 대한 좀 더 상세한 논의로는 다음을 참조. Jessica Benjamin, "What Angel Would Hear Me?" 어딘가에서 누구에겐가 인정받고 발견되고자 하는 피분석자의 고집에 대해 설명하면서 이 좋은 글은 애착의 형식적 낙관 자체와 자기보존 욕망의 정동들을 중첩, 병치시킨다.

7_Barbara Johnson, "Metaphor, Metonym, Voice in *Their Eyes Were Watching God*"; "Thresholds of Difference."

8_Barbara Johnson, "Bringing Out D. A. Miller."

9_Bersani and Phillips, *Intimacies*; Tim Dean, *Unlimited Intimacy*.

10_프로이트(Freud), "Mourning and Melancholia," 244[「슬픔과 우울증」, 『정신분석학의 근본 개념』, 245쪽]. 수십 년 전에 이 글을 나에게 소개해 준 톰 스틸링거(Tom Stillinger)에게 감사한다.

11_"정치적 우울"이라는 표현은 퍼블릭 필링스(Public Feeling)라는 명칭으로 모인 연

구 집단의 논의에서 등장한다. 앤 츠베트코비치(Ann Cvetkovich), 케이티 스튜어트 (Katie Stewart), 데버라 굴드(Deborah Gould), 레베카 조라크(Rebecca Zorach), 메리 패튼(Mary Patten)에게 특히 감사한다.

12_Sedgwick, "Teaching/Depression." http://www.barnard.columbia.edu.

13_Berlant, *The Queen of America Goes to Washington City*, 222.

14_Ashbury, "Untitled." 이 시는 나중에 수정되어 「법을 모른다고 용서받지는 못한다」 ("Ignorance of the Law is No Excuse")가 되었다.

15_Ashbery, "Filigrane."

16_이웃은 불균등한 권력의 상황에서 친밀성, 인정, 오인의 복잡함을 판정하는 존재로서 서서히 등장했다. 예를 들어 Joan Copjec, *Read My Desire*, 65-116에 나오는 식민적 /피식민적 이웃들 사이의 전이 관계에 대한 분석이나, Žižek, "Love Thy Neighbor? No Thanks!" 참조. Amy Hempel, "Beach Town"에서는 삶의 쇠락을 겪지 않으려 는 서술자가 자기 집 뒷마당에 앉아, 이웃 여자가 남편에게 배신당하고 버림받았다고 다른 여자와 대화하는 내용을 듣고 있다.

17_Žižek, "Passion—Regular or Decaf?"

18_Marx, *Economic and Philosophical Manuscript*, 162.

19_"참으로 어떤 이성이 벌, 개미, 거미의 지혜에서 배울 것이 없겠는가? 이성이 우리에게 가르치지 못하는 것을 그들에게 가르치는 지혜로운 손길은 무엇인가? 더 우둔한 머리 는 자연의 경이로운 작품들, 고래, 코끼리, 낙타 등에 감탄한다. 고백하건대, 그것들은 자연의 손길이 빚은 거상(巨像)이며 장엄한 작품들이다. 그러나 저 더 작은 엔진들이 야말로 더욱 놀라운 수학을 품고 있으며, 그 작은 시민들의 공손함이야말로 창조주의 지혜를 드러내 보이는 것이다," Browne, *Sir Thomas Browne: Selected Writings*, 15. 가령 베르길리우스에 나오는 것과 같은 다른 유명한 벌들의 이야기에도 유사한 논리 가 성립할 수 있다.

20_브래딘 코맥(Bradin Cormack)은, 하늘과의 결별에서 애쉬베리가 밀턴과도 결별한 다고 나에게 시사한 바 있다. "그들은 서서 기다리기만 하는 사람들에게 봉사한다"는 구절로 마무리되는 시 「실명(失明)에 관하여」를 참조. Milton, "On His Blindness." 애쉬베리는 서있는 것에 대한 밀턴의 이야기로부터 떨어져 나온다. 더 이상 신의 감시 가 아니라, 다가오는 자의 감시인 것이다. 여기서 기다리기 또한 이제 매혹적이고 관 능적인 것이어서, 개방적이고 숨김이 없으며 예속과는 무관하다. 그러나 밀턴과 마찬 가지로, 애쉬베리에게서 특권적 위치에 있는 것은 시각이 아니라, 말하자면 항시 뭔가 를 찾고 있거나 운전하고 있지 않을 때 더욱 강렬해지는 청각이다. 엘리엇(T. S. Eliot)으로 말하자면, 『재의 수요일』(*Ash Wednesday*)의 유명한 첫 시행들이 여기서

509

말하는 바가 있다. "다시 돌아가기를 바라지 않기에/바라지 않기에/돌아가기를 바라지 않기에/이 사람의 재능을 저 사람의 시야를 원하면서/나 더 이상 그런 것들을 향해 애쓰려고 애쓰지 않네/(나이든 독수리가 왜 날개를 펼쳐야 하나?)/왜 내가 애도해야 하나/보통의 정권이 상실한 권력을?/다시 알기를 바라지 않기에 …… " 우리는 이 시가 시어도어 로스케의 「한 여인을 알았지」와 근사하다는 것을 눈치 챌 수 있다. "그녀의 바람들이 얼마나 잘 이루어졌는지! 그녀는 내 턱을 어루만졌다/그녀는 나에게 회전과 반회전, 그리고 정지를 가르쳤다/그녀는 나에게 촉감을 가르쳤다, 그 물결치는 흰 살결/나는 그녀가 내민 손에서 얌전히 조금씩 받아먹었다/그녀는 낫/나, 가엾은 나는 갈퀴였다/그녀만을 위해 뒤따라오며/(하지만 우리가 얼마나 대단한 풀베기를 했던가.)" Roethke, "I Knew a Woman," 151. 애쉬베리가 바꾼 부분들은 모두, 훌륭한 수동성의 의미를 (능동의 반대로 정의하는 것이 아니라) 아주 적절한 것으로 급진적으로 수정하여 정의하는 경향성을 보인다.

21_전체 문구를 읽어볼 가치가 있다. "'클로이가 올리비아를 좋아했다 …….' 시작도 하지 말아요. 얼굴 붉히지 말아요. 이런 일들이 때로 생긴다는 걸 우리끼리 은밀한 가운데서 인정합시다. 때로 여자가 여자를 좋아한다고요." Woolf, *A Room of One's Own* [『자기만의 방』, 이미애 옮김, 민음사, 123쪽].

22_사건에 사로잡힌다는 것은 사건의 진리 과정들(truth processes)이 가능성의 장으로 풀어내는 미지의 것에 대한 충실함으로 구조화된 주체가 된다는 것이다. 알랭 바디우는 사랑의 조우 속에 있는 진리의 잠재력을, 혁명적 행위를 포함하는 덜 개인적인 정동에 사로잡히는 것으로 연결시킨다. Badiou, *Ethics*, 41, 43, 118.

23_Habermas, *The Structural Transformation of the Public Sphere*, 30-50[『공론장의 구조 변동』, 한승완 옮김, 나남, 100-127쪽].

24_쿠터는 그의 형이 [영화배우] "제프리 홀더"같이 웃는다고 말하는데 이 부분은 작품의 배경이 1970년대 중반임을 시사한다. 제프리 홀더가 <007 죽느냐 사느냐>(Live and Let Die)에서 맡은 역할로, 또 "콜라가 아닌 것"으로 세븐업을 광고하여 유명해졌던 시기이다.

25_Johnson, "Exchange Value," 28-29. 이후의 작품 인용은 이 텍스트에서 한다.

26_옥스퍼드 영어사전에 따르면, "푼돈"(chump change)은 속어(아프리카계 미국인의 용례에서 유래)로 작고 하잘 것 없는 액수의 돈, 잔돈이다. 1967년, 'ICEBERG SLIM' *Pimp*, xx, 275. "서구의 창녀들은 게으르고, '푼돈' 벌이로 만족한다."

27_노동자의 능력과 육체적 불건강 사이의 상관관계에 대한 부연 설명으로는 이 책의 3장 「더딘 죽음」을 볼 것.

28_1970년대 미국 전 지역 대도시 흑인 공동체 내 민족주의 정치교육 프로젝트에서의 흑인

지형학 연구 센터의 중요성에 대해서는 미국흑인배상동맹(NCOBRA, The National Coalition of Blacks for Reparations in America) 웹사이트에 있는 유서프 누루딘의 「배상의 약속과 함정」(Yusuf Nuruddin, "The Promises and Pitfalls of Reparations")을 볼 것(http://www.ncobra.org).

29_Ryman, "Was," 168. 이후 이 텍스트에서 인용함.

30_Deleuze & Guattari, "What Is a Minor Literature?," 59-69.

| 2장 |

1_여기서 "정동의 리얼리즘"은 역사적 현재 속에서 발생하는 일의 즉각성에 적응하는 내용을 위한 여러 장르를 가리키며, 기호화될 수 있는 특성을 지닌 미학적 양태로서의 정동의 리얼리즘에 대한 일반적인 혹은 역사적으로 구체적인 이론을 제공하는 것은 아니다. 그것이 어떻게 형식화될 수 있는지에 대한 인상적인 설명으로는 Adam Jernigan, "Affective Realism"과 Jonathan Flatley, *Affective Mapping* 참조. 리얼리즘적 쿠키에 대해서는 마르셀 프루스트(Marcel Proust) 참조.

2_Bergson, *Matter and Memory*[『물질과 기억』, 최화 옮김, 자유문고, 2017].

3_물론 여기서 나는 사유재산에 기반을 둔 사적 존재와 주관적 사적 존재 사이의 관계에 대해 한 세기에 걸쳐 이루어진 연구를 요약하는 것이다. 이 심리적·물질적 구획에 대한 간략하고 좋은 설명은 Terry Eagleton, "Capitalism and Form"에서 찾아볼 수 있다. 감수성의 배분이라는 개념은 Jacques Rancière, *The Politics of Aesthetics*[『감성의 분할: 미학과 정치』, 오윤성 옮김, 도서출판b, 2008]에서 따온 것이다. 미래지향성이 감옥 혹은 규범성 안의 틈새가 되는 문제에 대해서는 리 에델먼(Lee Edelman)이 『미래는 없다』(*No Future*)에서 다루고 있으며, 호세 무뇨스(Jose Muñoz)는 이 문제를 『크루징 유토피아』에서 암묵적으로 다룬다.

4_가령, 행위와의 관련 속에서 정동의 지배와 창의성에 대한 다음과 같은 다양한 접근을 볼 것. Ahmed, *The Cultural Politics of Emotion*[『감정의 문화정치』, 시우 옮김, 오월의봄, 2023]; Clough et al., *The Affective Turn*; Muñoz, *Between Psychoanalysis and Affect*; Probyn, *Blush*; Staiger, Cvetkovich, eds., *Political Emotions*.

5_바로 전 단락은 Berlant, "Neither Monstrous nor Pastoral"에서 자료를 가져왔다.

6_Gould, *Moving Politics*.

7_Susan Sontag, "The Way We Live Now." 앞으로 인용은 여기서 가져온다.

8_Harootunian, "Remembering the Historical Present."

9_"내재성의 평면"은 들뢰즈와 가타리의 용어로, 삶이 움직이는 동안 삶의 흡수, 착근성, 일관성을 가리킨다. 특히 『천 개의 고원』을 볼 것.

10_이 "무엇이든"은 조르조 아감벤의 "그것이 언제나 중요하다는 존재-자체"의 개념으로, 사회적인 것에 누구나 소속될 권리, 누구나 사랑받을 가능성에 대한 윤리적 기반이 될 형식적·비개인적 푼크툼이다. "그러므로 단독성(사랑받을 가능성)은 무엇이든 결코 어떤 무엇의 지능, 이런 저런 특성이나 본질이 아니라, 식별 가능성에 대한 지능이다." *Coming Community*, 2 참조[『도래하는 공동체』, 11쪽].

11_Lefevre, *Rhythmanalysis*, 38-45[『리듬 분석』, 129-144쪽].

12_"병리 지도"(pathocartography)는 '필 탱크 시카고'(Feel Tank Chicago)를 위해 매리 패튼과 레베카 조라크가 상황주의적 용어 "심리지리도"(psychogeography)를 재기능화하여 만든 개념으로 공간의 정서적 온도를 묘사한다. http://www.pathogeographies.net을 볼 것. 여기서 나는 병리지도학, 정동의 지도 그리기에 더 관심이 있다.

13_그렇다면 발생한 일을 사건화하는 것은 대상(효용가치)으로서의 그것의 지위를 사물(저항적이고 매혹적인 수수께끼)로 변하게 강제하는 것이다. 대상(object)/사물(thing)이라는 구분의 광범위한 결과에 대해서는 다음을 참조. Bill Brown, "Thing Theory." 사건화와 역사적 현재에 대한 푸코의 논의에 대해서는 "What Is Enlightenment?"와 *The Archeology of Knowledge*[『지식의 고고학』, 이정우 옮김, 민음사, 2000] 전체를 참조.

14_다음의 글들을 참조. Postone, "Lukàcs and the Dialectical Critique of Capital-ism," 94-98; *Time, Labor, and Social Domination*, 186-225; Harootunian, "Re-membering the HIstorical Present." 일상적인 것을 지속 가능하게 해주는 부정을 비난하는 지젝의 이력은 *The Sublime Object of Ideology*[『이데올로기의 숭고한 대상』, 이수련 옮김, 새물결, 2003]과 더불어 시작된다.

15_Lukàcs, *The Historical Novel*, 32, 38, 48, 58-63, 195-96[『역사소설론』, 이영욱 옮김, 거름, 1993, 29-30, 37-38, 50-51, 63-69, 255-257쪽].

16_Raymond Williams, *Marxism and Literature*, 132[『마르크스주의와 문학』, 212쪽]. *The Long Revolution*, 63[『기나긴 혁명』, 91-92쪽].

17_Jameson, *Postmodernism*, 10-11[『포스트모더니즘』, 53-54쪽].

18_Berlant, *Female Complaint*, 3-4. 정동적 계약으로서의 장르에 대한 더욱 광범위한 논의로는 이 외에도 책 전체를 볼 것.

19_Rohy, "Ahistorical," 64-68. 「이른바 무생물의 스타일: 『시스터 캐리』와 『패턴 인식』에

나타난 상품의 스타일」("The Style of So-Called Inanimate: Commodity Style in *Sister Carrie and Pattern Recognition*")을 공유해 준 벤자민 블래트버그(Benjamin Blattberg)에게 감사한다. 그 논문은『패턴 인식』에 대한 모든 비평이 그러하듯, 소설 속의 과거를 현재의 역사들로서가 아니라 임박한 미래와의 관계 속에서 고려한다. 그 논문은 또 흥미롭게도 그 소설이, 미학적·역사적 자기 동시성(self-contemporaneity)의 개념화로 생산적으로 이어질 수도 있는 방식으로 [내재성(immanence)으로서 그 글이 선(善)으로 간주하는] 무역사주의(ahistoricism)와 (그 글이 이데올로기라고 간주하는) 반역사주의(antihistoricism)의 차이를 보여 준다고 주장한다.

20_Jameson, *The Political Unconscious*, 22[『정치적 무의식』, 이경덕, 서강목 옮김, 민음사, 2015, 24쪽].

21_앞의 책, 91[국역본, 114쪽].

22_Harootuniun, "Remembering the Historical Present," 485.

23_일상생활 이론의 역사적 공허함(그리고 식민주의와의 관계)에 대해서는, Kristin Ross, *Fast Cars, Clean Bodies* 참조.

24_Massumi, "Too-Blue," 177-183.

25_앞으로『직관주의자』로부터의 인용은 이렇게 쪽수만 표시함.

26_앞으로『패턴 인식』으로부터의 인용은 이렇게 쪽수만 표시함.

27_직관주의가 브라우어르(L. E. J. Brower)와 관련된 철학적 기획을 가리키는 것 같지는 않다. 저자 화이트헤드는 베르그송을 염두에 두었을 가능성이 더 크다.

28_이 간략한 줄거리 요약은 Bob Altemeyer, *The Authoritarians*에서 가져온 것이다. 아도르노 등의 비평가 이래로 발전해 온 "권위주의적 인간성"에 대해서는 알트마이어의 서문을 볼 것.

29_Patricia Williams, *The Alchemy of Race and Rights*, 222.

30_Stewart, *Ordinary Affects*, 4.

31_Deleuze and Guattari, "Capitalism: A Very Special Delirium," 216.

32_Berlant, "Thinking about Feeling Historical."

33_나는 캐시 카루스의 연구와 주장을 전적으로 존중하지만, 트라우마와 재현 스타일의 관계가 증상의 암묵적인 시간적 상상계라는 차원에서 카루스가『소유권이 주장되지 않은 경험』(*Unclaimed Experience*)에서 논의하는 것보다 훨씬 더 풍요롭다고 생각한다. 카루스의 이후 작업은 트라우마 이후의 삶에 따를 수 있는 창의성과 미학적 풍

부합을 삶-충동(life drive)에 기인하는 것으로 보고, 그럼으로써 일상성으로부터 트라우마의 자율성을 보존한다. 나는 바로 이 같은 견해에 반론을 제기하는 것이다.

34_트라우마적 시간성의 전통에 대한 관련 분석으로는 다음을 참조. Clough et al., *The Affective Turn*), 1-33.

35_Caruth, *Unclaimed Experience*, 1-9.

36_루스 레이스(Ruth Leys)는 트라우마적 증상의 두 가지 스타일을 지적한다. 즉 미메시스적(mimetic)인 것과 반미메시스적(antimimetic)인 것이다. 그는 트라우마가 경계 자체를 파쇄하므로, 트라우마 주체가 파쇄되어 증상이 된다고 보는 입장(미메시스적)과 트라우마의 주체가 단절적 존재로서 만들어진다고 보는 입장(반미메시스적) 사이에서 항상적 변동이 생기게 하는 것은 바로 트라우마의 경계 파쇄라고 주장한다. 내 분석은 분명히 반미메시스적 입장에 있다. 하지만 이 책의 초점이 적응의 드라마와 역사적 전환의 시간 속 과정에 놓인 주체성에 있으므로, 트라우마의 초점을 예외의 논리에 둔다면, [주체가 역사적 전환의 시간 속에서 적응하려고 하는] 이렇게 확장된 상황들 속에서 등장하는 광범위한 반응의 스타일들을 충분히 설명하지 못하게 된다.

37_Phillips, "Freud and the Uses of Forgetting."

38_9·11의 추락하는 남자("the falling man")의 등장과 억압을 둘러싼 역사적 세부 내용에 대해서는 Tom Junod, "The Falling Man" 참조. Don Delillo, *Falling Man* 역시 참조. 다큐멘터리 <9·11: 추락하는 남자>(9/11: The Falling Man, 헨리 싱어 감독, 2005) 역시 참조.

39_François, *Open Secrets*.

40_Fred Morten, *In the Break*, 특히 63-122.

41_Spivak, "Forum: The Legacy of Jacque Derrida." "teleopoesis"라는 용어는 Derrida, *The Politics of Friendship*, 32에서 온 것이다(번역은 수정함). 스피박이 그 개념을 사용한 예로는 「할렘」("Harlem") 116 참조.

| 3장 |

이 글을 쓰는 데 꼼꼼한 도움을 준 디페시 차크라바티(Dipesh Chakrabarty), 제프 일리(Geoff Eley), 데이나 루치아노(Dana Luciano), 나세르 후세인(Nasser Hussain), 로저 라우즈(Roger Rouse), 애덤 서슈웰(Adam Thurschwell), 마사 엄프리(Martha Umphrey)에게, 그리고 앰허스트 대학교, 존스 홉킨스 대학교, 위스콘신 대학교, 시카고

대학교, APA, ASA, 클리블랜드 주립대학교의 청중에게도 감사한다. '비만과 빈곤 학회'(2002)에서 나의 원 공저자였던 버지니아 창(Virginia Chang)에게도 그리운 마음으로 감사를 보낸다.

1_다음을 볼 것. Harvey, "The Body as an Accumulation Strategy." 하비를 논쟁적이라고 하는 것은, 자본의 생산적 파괴성을 이해하는 데 그가 깊이 공헌한 바를 평가 절하하려는 것이 아니다. 그의 연구에서 논쟁이란 엄밀함을 사라지게 만드는 것이 아니라 엄밀함에 대한 요구이다.

2_Mbembe, "Necropolitics," 12. Agamben, *Homo Sacer*[『호모 사케르』, 박진우 옮김, 새물결, 2008], *Remnants of Auschwitz*[『아우슈비츠의 남은 자들』, 정문영 옮김, 새물결, 2012] *State of Exception*[『예외 상태』, 김항 옮김, 새물결, 2009] 참조.

3_Sarat and Hussain, "On Lawful Lawlessness," 1307; Hussain, *The Jurisprudence of Emergency* 참조.

4_이와 관련된, 주권 개념의 형이상화에 대한 비판으로는 Balke, "Derrida and Foucault on Sovereignty" 참조. 내가 주권 개념을 시간화한다는 것이 무슨 의미인지 상세하고 명확히 기술할 수 있도록 참조한 글로는 다음도 있다. Daniel Morris, "Life and Times of Sovereignty."

5_Bataille, *Literature and Evil*, 173과 *The Unfinished System of Nonknowledge* 참조.

6_Foucault, "17 March 1976," 238-263.

7_앞의 글. 궁극적으로 푸코의 풍토병과 생명 권력 모델은 위임된 국가의 관행들을 통해 분포된 권력에 이 장보다 훨씬 더 집중하고 있다.

8_예를 들어, Michael Warner, *Publics and Counterpublics*에 내내 등장하는 사회성과 공공성의 개념화에서 주권의 위상을 참조. "Derrida and Foucault on Sovereignty"에서 프리드리히 발케(Friedrich Balke)는 후기 데리다 역시 서구의 폴리스와 그 개인들의 활동에서 자기 정복, 자율성, 주권의 형이상학적·토대적 등가성을 전제한다고 주장한다.

9_다음을 참조할 것. Laclau, "Universalism, Particularism, and the Question of Identity," 107; Paul Gilroy, *Against Race*, 220, 230; Armstrong, *The Radical Aesthetic*, 236. 현재 미국의 반율법주의적(antinomian) 운동은, 법적 절차주의에 대한 의무에 다른 방식으로 매여 있는 사람들의 수중에서 주권에 대한 "마치~처럼" 식의, 또는 판타즘적인 가정이 얼마나 강력한지를 보여 준다.

10_주체의 미래 선행성(future anteriority)은 Cornell, *The Imaginary Domain; Roland Barthes, Camera Lucida; Lover's Discourse*에 나오는 생중사(death-in-life)라는 문제틀에서 중심적인 개념이다. 리 에델먼(Lee Edelman)이 『미래는 없다』(*No*

515

Future)에서 이미 완료된 상태(the will-have-been)라는 이 양태를 문제로 보고 반박하는 내용에 대해서는 Lee Edelman, *No Future* 참조.

11_세계 비만이라는 표현은 이미 1998년에 세계보건기구에서 사용된 바 있다. 이후 비만에 관한 서구 공적 영역의 수사에서 농담거리 겸 위협이 된 비만의 위상에 대한 전형적인 불안감을 드러내면서 오늘날 의료 및 상업 현장에서 널리 사용되는 말이 되었다. 가령 『미국의학협회저널』(*Journal of the American Medical Association*)을 비롯한 의학 학술지에 실린 다수의 논문들 및 다음을 참고할 것. Anderson, "Buzzword *du jour*"; Eberwine, "Globesity"; Blackman, "The Enormity of Obesity." 그 용어의 최근 학문적 사용에 대해서는 다음을 참조. Kulick and Meneley, "Introduction."

12_"반(反)의지"는 너무나 본능적이고 욕구적이어서 강박충동에 의해 정의되는 군중의 인성 또는 집단적 정체성을 가리키는 패트리샤 윌리엄스(Patricia Williams)의 훌륭한 표현이다. Williams, *The Alchemy of Race and Rights*, 219.

13_보험계리에 기초하여 입증하는 논의로는 다음을 참조. National Center for Health Statistics(이는 질병통제예방센터[Centers for Disease Control and Prevention]의 하위부서임), "Prevalence of Overweight and Obesity Among Adults: United States, 1999-2002." 질병통제예방센터의 일반 비만 관련 홈페이지(http://www.cdc.gov); 국제비만대책본부(International Obesity Task Force)(http://www.obesite.chaire.ulaval.ac); 국제보건기구의 다양한 비만 보고서들(http://www.who.int/en); Mokdad, et al., "The Spread of the Obesity Epidemic in the United States, 1991-1998." 이를 반박하는 논의로는 Oliver, *Fat Politics*, Campos, *The Obesity Myth*, 그리고 선견지명이 있는 Richard Klein, *Eat Fat* 참조. 지정학적으로 상대화하는 논의로는 Gremillion, "The Cutltural Politics of Body Size" 참조.

14_Dumm, *A Politics of the Ordinary*, 10-49.

15_리오타르적인 "공간의 시간화와 시간의 공간화"가 훌륭하게 논의되는 글로 퀵의 「시간과 사건」(Quick, "Time and Event")을 참조.

16_Brennan, *The Transmission of Affect*.

17_"사건"은 장프랑수아 리오타르, 질 들뢰즈, 장 뤽 낭시, 알랭 바디우, 그리고 여러 포스트-프로이트주의자에게서 많은 비평적 주목을 받았다. 이들은 모두, 급진적 우발성(radical contingency)의 경험으로서 사건에 주목했다. 나는 사건이 언제나 타격을 가하는 경험을 가리킨다는 한에서는 동의한다. 하지만 프로이트의 사후성(après-coup)과 들뢰즈의 동요 개념을 제외하면 사건을 이론화하는 사람들은 타격을 기술하기 위해서 무(nothingness), 파열(shattering), 균열(cleavage) 등과 같은 극단적이고 멜로드라마적이며 반토대적인 용어를 사용해서, 사건의 어떤 점이 타격을 가함과

동시에 일상적이고 망각 가능하고 매혹적이고 지루하고 중요하지 않으며 또는 미묘한지를 간과한다. 일상성과 사건에 대한 논의의 확장으로는 이 책의 서문을 보라. 나는 여기서, 사건의 공명의 조정을 통해 다르게 접수된 타격의 내용(변덕스럽게 모호한 것, 가치 없는 것, 아무거나 다 포함)과 기억할 만한 정동적 경험의 관습성이 표출될 수 있게 하는 식으로 사건을 기술하는 방법을 새롭게 제안하기 위해, 장르에 관한 프레드릭 제임슨의 논의를 염두에 두고 사유하는 것이다. Jameson, *The Political Unconscious*[『정치적 무의식』] 참조. 관련된 논의로 Collins, "The Great Effects of Small Things"; Stewart, *Ordinary Affects* 참조. 또한 역사적 사건의 현재 진행성에 대한 고찰로는 Sewell, *Logics of History* 참조.

18_후기 자본주의에서 환경의 시간성에 대해 어떻게 사유할 것인가에 관하여, 인식론적 의미와 더불어 자연적 의미에서의 환경에 초점을 둔 관련 논의는 다음의 탁월한 저서에서 찾아볼 수 있다. Barbara Adam, *Timescapes of Modernity*.

19_19세기라면 "병적 상태"(morbidity)라고 일컬어졌을 수도 있다. 즉, 삶의 방식으로서의 죽음이다. 하지만 이 경우 더딘 죽음에서 초점은 구조적인 것과 경험적인 것의 명료한 표현에 있다. 더딘 죽음은 일단의 개인들이 그저 같은 병으로 시달린다는 사실로 정의되지 않는다. 그것은 마멸되는 것으로 낙점이 찍힌 인구 집단을 묘사한다.

20_감정과 정치적으로 관련된 공중을 조종하는 데서 보험계리적 상상계가 지니는 반지성주의적 유용성에 관한 추가적 논의로는 나의 다음 글을 참조. Berlant, "The Epistemology of State Emotion."

21_이런 묘사는 [그렇게 살아간다고 인정하지 않는] 살아가기의 방식을 가리키는데 이런 부인은 "동일한" 시간 체제 즉 역사의 지평 안에서 번성한다. 이런 묘사는 아감벤이 비차별화(undifferentiation) 또는 "비차이/무관심의 영역"(zone di indiffenza) 개념을 사용하여 우리 시대의 국가적/지구적 법 체제하의 정치적 삶 내부에서 번성하는 반율법주의[도덕률 초월론](antinomianism)를 설명한 것과 공명한다(아감벤, *State of Exception*, 23[『예외 상태』, 51-52쪽]). 법에 대한 의무의 실천과 담론이 지속되면서 인간 주체의 신성한 권리를 재인가하는데 이와 동시에, 법이 유예되는 다양한 영역도 등장하여 보호라는 관념을 보호하기 위해 권리 보호의 관습을 부정한다. 이는 단순히 국가적 관행의 현상일 뿐 아니라, 법적 자유를 위해 법적 보호를 유예하는 것을 대중이 지지하는 현상이기도 하다. 이 다수의 구분들을 중요하게 설명하면서 비일관성의 영역으로 수렴시키는 아감벤의 논의 방식이 지닌 문제는, 배제된 상태로서 포함된 것인 벌거벗은 삶이라는 관념에 일종의 구조주의가 지속된다는 점이다. 아감벤은 법을 포화하고 혼동시키는 영역이자 근본적으로 시간성을 띠고 상징화하고 확장되는 반음영 지대[명확히 포착되지 않는 그림자/그늘 영역]를 과잉 영토화(overteritorialize) 한다. 비구분의 개념을 훨씬 강력하게 만들어서, 자유와 비자유, 정당성과 그것의 모든 공식적, 비공식적 타자들을 쪼개어 나누는 민주적 실천 내부에

서 일어나는 근본적 부인에 대한 토론을 가능하게 만들어야 한다는 것이다. 변위에 대한 이 논의는 잔인하고 특이한 형벌을 옹호하는 자유주의 사법 체제 내의 위선적 제도들에 대한 탈랄 아사드(Talal Asad)의 논의와 유사하다. 아사드는 보이지 않는다고 해서 마음속에서 사라지는 것이 어째서 아닌지를 강력하게 보여 준다. Asad, "On Torture, or Cruel, Inhuman, and Degrading Treatment."

22_지금까지 이 위기가 전개된 데에 대한 간략한 역사를 가장 잘 정리한 글로는, Elizabeth Kolbert, "XXXL: Why Are We So Fat?" 참조. 플리걸 등(Flegal et al. 2010)은 가장 최근까지의 비만 통계를 제시한다. 2008년까지 미국인의 32~35퍼센트가 비만이지만, 2003~04년 경 비만의 증가세는 멈추었다.

23_미 의회의 「2005년 식품 소비법이 규정하는 개인의 책임」("Personal Responsibility in Food Consumption Act of 2005") 참조. 2004년 3월에 하원에서 제출되고 통과된 후, 상원에서 상정한 햄버거 법은 2005년 10월 19일에 통과되었다. 이 사건에 대한 법적, 문화적 해석으로는 다음을 참조. Lithwick, "My Big Fat Greek Salad."

24_공익을 위한 과학 센터(Center for Science in the Public Interest)는 영양 성분에 대한 교육을 강화하는 규범적·법적 추세에 관한 데이터를 수시로 업데이트하면서 데이터 관련 페이지를 운영하고 있다(http://www.cspinet.org). 규범에 대한 조사로 말하자면, 이 과정의 초기에 프렌치프라이가 공격을 받았는데 9·11 이후에 나타난 구유럽에 대한 우파의 극렬한 반감과는 아무 상관이 없는 것이었다. 2005년 『뉴욕타임스』에는 15개월 이상 된 미국 어린이들이 가장 자주, 가장 많이 먹는 채소가 프렌치프라이라는 충격적인 기사가 실렸다. 이 기사에 이어, 어린 시절의 프렌치프라이 섭취가 성인이 된 후 유방암 발병의 증가로 이어진다는, 논란의 여지가 있는 주장이 뒤따랐다. 곧이어, 관리 가능한 건강과 양심의 목소리로 마이클 폴란(Michael Pollan)과 "[제대로 된_옮긴이] 음식을 먹을 것. 과식하지 말 것. 주로 채식을 할 것"이라는 그의 슬로건을 사실상 어디서나 볼 수 있게 되었다. 다음을 참조할 것. Tarkan, "Bananas? Maybe. Peas and Kale? Dream on"; Melanie Warner, "California Wants to Serve a Health Warning with That Order"; Rabin, "Study or No, Fries Are Still Bad News." 기업의 반응으로는 다음을 참조할 것. Investors.com, "California's Low-Fact Diet"; Pollan, "Unhappy Meals"; De Noon, "Michelle Obama's Plan to End Childhood Obesity Eidemic."

25_오바마 행정부의 "움직입시다"("Let's Move") 기획은 정원 가꾸기, 운동에서부터 요리를 위한 레시피와 사회운동에 이르는 영역을 아우른다. http://www.letsmove.gov 참조. 이전 정부들에서 그랬던 것처럼, 초점은 기업과 제도의 합의에 의한 "협력"을 통해 소비 습관을 바꾸는 데에 있다. http://www.cdc.gov.

26_올리버(Oliver), 캄포스(Campos), 클라인(Klein)은 비만 유행병의 "냉정한 사실들"

에 맞서 그들 나름의 냉정한 사실들을 가지고 싸운다. 그 사실 중 다수는, 건강과 질병의 정의가 어떻게 구성되어야 하는지에 대한 그들 나름의 반(反)규범적 분석을 제시하는 "비만 운동가들"("fat activists")에게서 나온 것이다. 그들은 스캔들의 음역에서 폭로의 언어를 사용하여 위기의 음역에서 들려오는 소리를 묻어버린다. 그들은 역사에서 언제나 과정적인 것인 질병의 담론적 구성에 자신들이 참여하고 있다는 사실에 대해 조심스럽게 생각하며 글을 쓰지 않는다. Oliver, *Fat Politics*; Campos, *Obesity Myth*; Klein, *Eat Fat* 참조.

27_WHO, "Controlling the Global Obesity Epidemic"; MSNBC, "'Globesity' Gains Ground as Leading Killer"; Dickson and Schofield, "Globalization and Globesity"; Eberwine, "Globesity."

28_널리 재생산되고 있는 블로그 "보모 국가 해방 전선"(Nanny State Liberation Front) (http://nannystateliberationfront.net)에서 볼 수 있는 다량의 증거 외에도, 10년에 걸쳐 탄탄한 논증으로 기록한 제이컵 설럼(Jacob Sullum)의 글들은 비만과 관련된 보모 국가사회주의의 사회 관습이 공고해지는 과정을 추적한다. "Public Health vs. The Nanny State?"(2000), "The Link Between Fat Ad Budgets and Fat Children"(2004), "An Epidemic of Meddling"(2007), "Fat Load: A Slimmer America Won't Save Tax-Payers Money"(2009). 미주 45번도 참조할 것.

29_의료 사회학과 문화적 유행병학(cultural epidemiology)은 건강과 관련해 사회적 자본과 다른 형태의 불평등을 연관시키는 획기적 접근법을 발전시키고 있지만, 공식·비공식 보건 이데올로기들의 관계나 토대를 사유하는 차원에서 이 분야는 아직 역사가 짧다. 개괄적인 예로 다음을 참조할 것. Song, Son, and Lin, "Social Capital and Health"; 좀 더 비판적인 글로는 Muntaner, "Commentary"; Lunch and Smith, "Social Capital, Disorganized Communities, and the Third Way."

30_Davidson, "Unequal Burden," http://www.kaisernetwork.org.

31_중독이 행위주체성/의도성이라는 판타즘을 교란하는 데 대한 훌륭한 분석으로는 Brodie and Redfield, eds., *High Anxieties* 참조.

32_CNN, "Fat Americans Getting Even Fatter." Strum, "Increases in Clinically Severe Obesity in the United States, 1986-2000" 참조. 영국의 경우도 유사하게 기술되고 있다. 이에 대해서는 Economic and Social Research Council, "Diet and Obesity in the UK." 참조. 이 같은 증가 추세는 청소년들에게서도 발견된다. 이에 대해서는 Miech, et al, "Trends in the Association of Poverty with Overweight among US Adolescents, 1971-2004." 참조.

33_Gardner and Halweil, "Underfed and Overfed" 참조. 건강에 해로운 과체중의 세

계적 유행은 온갖 곳에서 그 기록을 찾아볼 수 있다. 이에 대한 선행 연구를 정리한 글은 다음을 참조. Kimm and Obarzanek, "Childhood Obesity"; Popkin, "Using Research on the Obesity Pandemic as a Guide to a Unified Vision of Nutrition"; Walker, "The Obesity Pandemic." 세계적으로 도시 및 도시 근교 지역의 음식 분포가 점차 더 획일화되면서 건강을 해치는 체중이 지구적 의료 문제가 된 반면, 육체적 번영의 증거가 무엇인가를 둘러싼 규범은 여전히 지역마다 다르다. 다음을 참조. Angier, "Who Is Fat?"

34_미국의 식품 정책 및 전 세계적 식품 생산과 관련된 신자유주의적 시장의 (흔히 개혁이라 일컬어지는) 관행들이 지역을 초월해 가하는 타격에 관해서는 상당한 양의 연구 문헌들이 있다. 이 분야와 관련된 훌륭한 입문서로는 Lang and Heasman, *Food Wars*이 있다. 하지만 논쟁의 결을 파악하기 위해서는, 식품 생산, 정치, 정책, 결과에 대한 세계무역기구(World Trade Organization)와 세계사회포럼회의(World Social Forum Meetings)가 발간하는 일련의 보고서들을 찾아보는 게 도움이 된다. 이 자료들은 다음의 웹사이트에서 찾을 수 있다.alternet.org와 opendemocrazy.org

35_내가 이 장의 기초가 된 내용으로 강연을 할 때마다, 양식 있는 사람들이 비만과 과체중은 생산적/부르주아적 몸의 헤게모니와 백인 중심의 계급 지향적 아름다움의 문화에 대한 저항이라는 반론을 제기했었다. 이에 대한 나의 반론은, 다양한 형태의 일상적 행동이 봉쇄, 방어, 공격이라는 용어로 표현될 수 있지만, 사람들은 이런 식의 규정이 암시하는 것보다 더 모호하고 일관적이지 않다는 것이다. 어쨌거나 먹는 것과 뚱뚱한 것은 다른 것이고, 두 가지는 모두 [말로 하지 않는] 비소통적 제스처이다. 즉 두 가지는 어떤 순간으로부터 떨어져 나오려는 방식이거나 그 순간을 그저 중단시키는 방식이기도 하다. 변동하는 주체의 이런 활동을 따라가는 일은, 뭔가를 한다는 것이 지니는 의미와 관련해, 저항과 항의라는 개념을 포화하는 변화 유발적 환상과는 상당히 다른 상상계를 필요로 한다. 이 사례는 드라마를 향한 우리 욕구에 방해물이 된다. 그래서 비만은 아마도, 때로는 저항일 수도 있겠지만 — 주로 그렇지 않다.

36_몸을 둘러싼 국가와 의료계의 도덕론이 음식으로 나타나는 현상과 관련해 유럽 지역의 역사에 관한 귀중한 논고로는 다음을 참조. Turner, "The Government of the Body."

37_Hicks, "America on the Move."

38_다음을 참조. Surgeon General, "The Surgeon General's Call to Action to Prevent and Decrease Overweight and Obesity." 새처의 계획에 대한 이후의 수정안에 대해서는 『USA 투데이』(*USA Today*)에 실린 다음 글을 참조. "Surgeon General: 'Obesity Rivals Tobacco as Health Ill.'" CDC의 현재 홈페이지도 참조(http://www.cdc.gov). 이런 경험론적 주장들에 대응하는 의학계의 문헌들이 다수 있다. 예

를 들어 다음을 참조. Manson et al., "The Escalating Pandemics of Obesity and Sedentary Lifestyle."

39_Schlosser, *Fast Food Nation*, 242-243.

40_세대를 불문하고 비만과 비만 관련 질환들로 인한 장애에 대한 문헌들은 대체로 당뇨와 고혈압에 초점을 둔다. 예를 들어, 다음을 참조. 당뇨병에 대한 『뉴욕타임스』의 제1면 시리즈; Urbina, Kleinfield, and Santora, "Bad Blood"; Scollan-Koliopoulos, "Consideration for Legacies about Diabetes and Self-Care for the Family with a Multigenerational Occurence of Type 2 Diabetes."

41_Harvey, "The Body as Accumulation Strategy," 103-104.

42_전국 우울증 검사의 날(National Depression Screening Day)의 웹사이트는 http://www.mentalhealthscreening.org이다. Jacobson, "The Epidemic of Obesity"; Shomon, "National Depression Screening Day Offers Public an Open Invitation to Learn about Treatment Options, Expectations"; Simon et al., "Depression and Work Productivity" 역시 참조.

43_예를 들어, "도덕적 공황"과 비만 유행병을 대치시키는 구도에 대한 반론으로 블로그 <심문: 21세기>(Inquisition 21th Century; http://www.inquisition21.com), 그리고 자유주의적인 케이토 인스티튜트(Cato Institute)의 웹사이트에 있는 백여 편의 글(www.catoinstitute.org)을 참조. 여기에는 다음과 같은 글들이 있다. "Obesity and 'Public Health'?"; "Fat Scare Leads to Government Girth"; "What You Eat Is Your Business"; "Big Reasons for Fat Skepticism," 러시 림보(Rush Limbaugh)는 심지어 비만 유행병을 "좌파," 복지국가, 그리고 국제연합의 탓으로 돌리기도 했다. 다음을 참조. Media Matters, "Limbaugh Blamed the Left for Obesity Crisis."

44_"세계식량정상회의선언"(Declaration of World Food Summit)은 1996년과 2001년 두 번 있었다. 대부분 경제적 압박에 시달리는 국가들이 참여했지만, 미국을 비롯한 여러 나라의 초국가적 공조에 관한 아카이브는 국제연합의 웹사이트(http://www.un.org)에서 볼 수 있다. 미국 정부의 발언은 기업 주도 정책들의 금융 재무에 초점을 둔다. 2002년 선언은 빈곤 근절이라는 목적을 달성하기 위한 이런 회의들의 선의, 비용, 계획에도 불구하고, 세계적으로 빈곤의 근절과 관련된 그 어떤 성과도 없음을 명시적으로 인정한다.

45_비만에 관한 모든 통계, 특히 어린이에 관한 통계는 논박의 대상이 되고 있다. 비만 및 과체중에 대한 질병통제예방센터(Centers for Disease Control and Prevention)의 웹페이지는 2010년 그 수치를 67퍼센트로 잡았지만, 비만과 과체중의 통계 사이에서 갈피를 못 잡고 오락가락하고 있다. http://www.cdc.gov. 이 상황의 경험적 토대에

대한 논쟁으로는 *The Journal of Clinical Endocrinology and Metabolism* 89, no.6(Jume, 2004) 참조. 비만 유행병에 관한 이 특집호에는 어떻게 어린이를 진단하고 치료할지에 대한 논쟁에 초점을 두는 여러 논문이 실렸다. 특히 다음을 참조. Slyper, "The Pediatric Obesity Epidemic." 의학 저널에 실린 이런 논쟁들 덕분에 다음과 같은 대중적 문헌들이 나올 수 있었다. Pick, "Slim Chance"; Brown, "Well-Intentioned Food Police May Create Havoc with Children's Diets." 어린이에 관한 CDC의 현재 통계는 다음 웹페이지를 참조. http://www.cdc.gov

46_Brownell and Battle Horgen, *Food Fight*, 15. 23-24 참조.

47_물리적 환경의 제약과 비만에 관해서는 많은 문헌이 있다. 우선 보면 좋을 것은 국립환경보건과학연구소(National Institute of Environmental Health Sciences)의 웹사이트 <비만과 구축된 환경>(the Obesity and the Built Environment, http://www.niehs.nih.gov)이다.

48_Nestle and Jacobson, "Halting the Obesity Epidemic."

49_다음을 참조. Department of Health and Human Services, "Overweight and Obesity." Daniel Zu, "Musings on the Fat City"은 도시의 일상성 안에서 건강 관련 운동에 대해 진정한 상상력을 가지고 사유하는 것의 문제를 보여 준다.

50_Critser, *Fat Land*, 7[『비만의 제국』, 노혜숙 옮김, 한스미디어, 30-31쪽].

51_앞의 책.

52_Wise, "Collateral Damage."

53_Critser, *Fat Land*; Nestle, "Hunger in the United States"; U.S. Conference of Mayors, "A Status Report on Hunger and Homelessness in America's Cities 2001." 참조. 식량 불충분이 증가하는 현상인지에 관한 반론 — 측정 방법에 관한 논쟁 — 으로는 Nord et al., "Household Food Security in the United States, 2000" 참조. 여기서 중요한 것은, 오늘날 미국에서 심각한 과체중과 집단 기아로 인한 불건강 상태는 반대급부를 이루는 현상들이나 역사의 모순이 아니라, 기이하게 또 왜곡되게 서로에게 기대고 있는 현상임을 파악하는 일이다.

54_Tilghman, "Obesity and Diabetes in African American Women"; Freedman at al., "Racial and Ethnic Differences in Secular Trends for Childhood BMI, Weight, and Height" 참조.

55_Chang, "The Social Stratification of Obesity" 참조.

56_Adams et al., "Overweight, Obesity, and Morality in a Large Prospective Cohort of Persons 50 to 71 Years Old" 참조.

57_여성들의 식습관과 계급 이동 패턴에 대해 다양하게 비교하는 연구로는 다음을 참조. Sobal and Stunkard, "Socioeconomic Status and Obesity"; Lovejoy, "Disturbances in the Social Body." 또한 다음도 참조. Chang, "U.S. Obesity, Weight Gain, and Socioeconomic Status"; Chang and Lauderdale, "Income Disparities in Body Mass Index and Obesity in the United States, 1971-2002"; Chang and Christakis, "Income Inequality and Weight Status in US Metropolitan Areas." 창(Chang)의 연구만이 과체중과 비만의 계급, 인종 지표에 대해 오늘날 제시되는 설명의 불안정성을 보여 준다. 「미국의 비만, 체중 증가, 사회경제적 위상」("U.S. Obesity, Weight Gain, and Socioeconomic Status")에서 창은 빈곤과 관련된 비만이 미국에서 건강보험과 관련된 심각한 문제들을 다양하게 보여 준다고 주장하는 동시에, 비만의 증가 추세가 오늘날 계급과 지역에 따라 현저히 다르다는 점, 비백인 중산층의 과체중 증가가 빈민층보다 더 빨리 진행되고 있다는 점을 주장한다. 그러나 「소득 불균형」("Income Inequality")에서 창과 공저자는 여러 다른 대도시 지역에서 나타나는 다양한 경제적 불평등의 정도가 백인 여성을 제외한 개인의 비만 위험도에 영향을 많이 미치지는 않는다고 말한다. 백인 여성의 경우, 체중은 계급 간 이동의 수단으로 계속해서 사용되고 있다. 「소득 불균형」의 함의는, 미국 내 소득 불평등이 체중과 관련된 건강상의 문제를 초래하지는 않는다는 것이다. 하지만, 그럼에도 불구하고 개인소득과 건강하지 않은 체중 사이에는 높은 상관관계가 있고, 그것은 가난한 사람들이 실제로 다른 사람들보다 현저히 과체중이 될 확률이 더 높기 때문이라는 점도 시사하고 있다. 인과관계와 상관관계 사이의 이 긴장이, 체중과 관련된 불건강이 미국에서 유행병인지, 문제인지, 아니면 흥미로운 현상인지에 대한 논쟁적이고 방법론적인 토론을 유발하고 있다.

58_현재의 문헌들에 대한 유용한 요약으로 다음을 참조. Brown, "Everyday Life for Black American Adults." 수명 단축이라는 유령에 대해 의학 관련 매체 및 대중매체에서 한동안 다루었지만, 이 현상에 대해 현재 가장 명료한 역학적 설명은 다음을 참조. Olshansky et al. "A Potential Decline in Life Expectancy in the United States in the 21st Century." 대중적 논란은 계속되고 있다. 스타인의 다음 글이 발표된 직후 깁스는 다음 글에서 반론을 제기했다. Stein, "Obesity May Stall Trend of Increasing Longevity"; Gibbs, "Obesity, An Overblown Epidemic?"

59_Logwood, "Food for Our Souls," 98.

60_취약한 인구 집단을 향한 훈육 성격의 도덕론이 가진 일반적인 문제에 대해서는 다음을 참조. Gilliom, *Overseers of the Poor*. 특히 의료적 측면에 관해서는 다음을 참조. Fitzpatrick, *The Tyranny of Health*.

61_역사와 인류학 분야에서 신체 치수와 식습관 동기에 관한 조사들로는 다음이 있다. Gremillion, "The Cultural Politics of Body Size"; Mintz and DuBois, "The

Anthropology of Food and Eating." 증상으로서의 행동을 "좀 더 광범위한" 사회적 힘들의 응축과 전치로 간주하지 않는 것이 불가능해 보인다. 사례로서의 증상은 역사적 장의 지도가 된다. 그것은 언제나 사회관계의 표현이다. 이와 다른 주장을 하면서 음식 섭취를 자기 중지(self-abeyance) 행위로 보여 주는 문화기술지적 혹은 관측적 자료로는 다음을 참조. Shipler, *The Working Poor*[『워킹 푸어』]; DeParle, *American Dream*. 또한 미주 38을 볼 것.

62_Valverde, *Diseases of the Will*.

63_삶의 재생산을 위해 필요한 최소 칼로리를 초과해서 먹는 행위를 측면적 주체성과 그것이 현실화되는 맥락을 사유하는 한 가지 방식으로 사용하면서 나는 식욕을 가진 주체들(즉 사람들)이 언제나 자신의 동기, 욕망, 감정, 경험에 온전히 존재한다거나 혹은 그러기를 욕망한다고 규정하는 식의 잘못된 해석을 반박하는 바이다. 이런 식의 오류를 멋지게 범하는 연구로는 Klein, *Eat Fat*[『포스트모던 다이어트』] 참조. 이 연구는 우리가 원할 법한 모든 보험계리상의 자료와 역사적 자료를 섭렵하면서, 먹는 행위와 지방에 대해 현재 강박을 지니는 과잉 인지적, 역사적 행위자가 있다고 주장한다. 이런 관점을 더욱 모순적으로 보여 주긴 하지만 아름답게 쓰인 글로는 Probyn, "Eating Sex" 참조. 성적인 것과 음식 섭취에 관한 것에 대한 들뢰즈와 가타리의 설명을 각색해, 프로빈은 먹는 행위가, 과정적인 감각 행위의 조합 속에서 진행 중인 주체의 와해에 중심적인 x-되기의 수행적 일부라고, 그리고 욕구와 관련된 것은 그럼에도 불구하고 자기 발견, 자기 긍정, 정체성, 윤리의 토대로서 전형적이라고 역설적으로 주장한다.

64_1990년대에 유럽에서 등장하는 "더딘 음식" 운동은 이 장에서 상술하는 환경적 요인들 다수에 대한 대응해. "더딘 음식" 운동은 신자유주의적 농업 정책들을 비판하고, 불안감에 시달리게 하는 자본주의의 즉물주의적 생산방식에 반대한다. 그러면서 이 운동은 자본주의의 즉물주의적 생산방식과는 반대되는 방식으로 하루의 진행 속도의 재조정을 둘러싼 충동적 임기응변[천천히 생산되고 조리하는 음식을 먹는 생활]을 만들어 내고 이런 임기응변을 신중한 세계내 존재를 위한 집단적 프로그램으로 확장한다. 이 현상에 대한 훌륭한 분석으로는 Leitch, "Slow Food and the Politics of Pork Fat" 참조.

65_Rubin, *Worlds of Pain*; Heymann, *Forgotten Families* 참조.

66_행위 주체성의 이 같은 모델을 사용해, 주권에 대한 전제로부터 덜 영향을 받는 영역에서 부정적 행위 주체성의 양태들에 대해 논의할 수 있는 것과 마찬가지로, 미국 유권자들의 자기 권리 박탈 ─ 정치체의 더딘 죽음 ─ 에 대해 논의해 볼 수 있을 것이다. 7장 「정치적인 것을 향한 욕망」 참조.

67_보드리야르를 인용할 수 있게 된 데 대해 크리스 코언(Kris Cohen)에게 감사한다. 이

장을 집필하기 전에 나는 "더딘 죽음"이라는 어구의 이런 역사를 알지 못했었다. 멜로드라마적인 보드리야르, 그리고 바타이유의 상황주의 모델이 표현하는 자본주의적 주체의 소진에 대한 비전은 육체적으로 잘 사는 것을 가로막는 오늘날의 장애물들에 대한 내 분석의 일부와 중첩된다. 반면에 그 모델은 여타 몸의 시간성이 중층 결정되면서 몸짓으로 만들어진다는 점이나 내가 여기서 그려내는 낙관의 복잡성에는 접근하지 않는다. Baudrillard, *Symbolic Exchange and Death*, 38-42. 로트링거의 다음 글은 그들이 이 개념을 사용하는 방식의 역사를 훌륭하고 풍부하게 제시한다. Lotringer, "Remember Foucault."

68_예를 들어, Davis, *Late Victorian Holocausts* 참조.

69_예를 들어, Notes from Nowhere, *We Are Everywhere*; Sitrin, *Horizontalism*; Shukaitis et al., *Constituent Imagination*; Holmes, *Unleashing the Collective* 참조. 반자본주의적 운동에 대한 더 많은 문헌으로는 5-7장을 볼 것.

| 4장 |

1_Sedgwick, *Fat Art, Thin Art*, 160. 이 글은 원래 이브 코소프스키 세지윅에게 헌정한 기념 논문집에 쓴 글이다.

2_"문구"라는 용어는 마르크스의 『루이 보나파르트의 브뤼메르 18일』과 리오타르의 『쟁론』(진태원 옮김, 경성대학교출판부, 2015)을 참조한 것이다. 이 두 책에서 문구라는 개념은 음악처럼 공명한다. 문구란 의미의 장면이라기보다는 의미의 기원과 한계처럼 보이는 반복을 통해 생성되는 형식이다. 쟁론(differend)은 문구를 넘어가는 무엇이다. 마르크스에서 그것은 부르주아가 인정할 수 없는 것, 그리하여 일상의 훈육과 금기의 저속한 쾌락과 폭력이 실행되는 모든 곳에 존재하는 것이다.

3_다음 책에 실린 주제어 "환상"을 보라. Laplanche and Pontalis, *The Language of Psychoanalysis*.

4_이 문제에 대해서는 Bersani, *The Freudian Body*[『프로이트의 몸』, 윤조원 옮김, 필로소픽, 2021]; de Lauretis, *The Practice of Love*; Laplanche and Pontalis, "Fantasy and the Origins of Sexuality"; Rose, *States of Fantasy*; Zizek, "Remapping Ideology"; *Enjoy Your Symptom!* 1-28, 165-193[『당신의 징후를 즐겨라』, 27-70, 269-305쪽] 참조.

5_Sedgwick, "The Beast in the Closet: James and the Writing of Homosexual Panic"; "Queer Performativity: Henry James's *The Art of the Novel*" 참조.

6_Adorno, "Television as Ideology" 참조.

7_Sedgwick, "Paranoid Reading and Reparative Reading."

8_크리스토퍼 볼라스가 제시한 "생각하지 않고 아는 것"이라는 표현은 명료하지 않게 가진 지식 혹은 명료하게 표현되지 않는 지식, 그리고 언어로는 표현되지 않지만 존재 실천에서 표현되는 지식을 지칭한다.

9_이런 식으로 자아를 성찰하고 자아를 상술하는 개성에 대한 과대평가가 존 스튜어트 밀에서 시작되는 자유주의적 기획의 주요 영향이라는 점은 일레인 해들린해들린, 일레인 (Elaine Hadley)에게서 배웠다. Elaine Hadley, *Living Liberalism*. 다음 책도 보라. Lloyd and Taylor, *Culture and the State*.

10_Eley, *A Crooked Line* 참조.

11_Sedgwick, *Tendencies*; *Fat Art, Thin Art*; *A Dialogue on Love* 참조.

12_결국 물론 그것은 알튀세르가 말한 "거기, 당신!"과 "멈춰 봐" 사이에 일어나는 변증법이지만, 이런 화법은 대립 명제가 아니다. 왜냐하면 이런 표현은 각각 주체를 조직하는 의미 및 욕망과 관련해서 주체의 지체(nachträglichkeit)를 표시하기 때문이다.

13_아무런 형식[반응, 처신, 인지, 행동 등의 패턴을 부여하는 것을 뜻함]이 없는 주체에게 반복과 관습이 해독제를 제공한다는 점에 대해서는 Bollas, *The Shadow of the Object*; Sedgwick, *Epistemology of the Closet*; Bersani, *The Freudian Body*[『프로이트의 몸』]참조.

14_Jameson, *The Political Unconscious*[『정치적 무의식』].

15_Sedgwick, "The Use of Being Fat," *Fat Art, Thin Art*, 15.

16_Berlant, *The Queen of America Goes Washington City*, 92.

17_Gaitskill, *Because They Wanted To*; *Two Girls, Fat and Thin*; *Bad Behavior*. 이와 관련 있는 단편소설로는 다음 작품들이 있다. "Suntan"[1999]; "Walt and Beth: A Love Story"(Peter Trachenberg와 공저); "Veronica"(2005년에 장편소설로 출판됨); "Folksong"[1999]. 앞으로 『두 소녀, 뚱뚱이와 마른이』의 인용은 괄호 안에 쪽수만 표기한다.

18_『창백한 불꽃』도 그렇다는 점을 환기시켜 준 하워드 헬싱어(Howard Helsinger)에게 감사한다. 문학사에 나타나는 반복이 이 소설에도 가득하다는 점은 다른 지면에서 논의할 일이다.

19_"정상적 친밀성"에 대해서는 나의 글("Introduction," *Intimacy*)을 참조. 규범적 사례연구 친밀성에 대해서는 이 책에 실린 보글러의 글("Sex and Talk")을 참조. 더 많

은 친밀성 운운하는 이데올로기와 겉보기에 실제로 친밀성을 덜 원하는 욕구 사이의 모순을 추적하는 보글러의 절차는 이 글에서 내가 비개인성을 개념화하는 데 핵심적 통찰을 제공한다. 우리는 버사니와 필립스가 『친밀성들』(*Intimacies*)에서 제시한 더욱 주체화된 정신분석학의 "비개인적 나르시시즘" 모델과는 상당히 다른 모델을 가지고 작업한다.

20_"여성성"에 관한 프로이트의 글은 여성의 마조히즘이 세상에서 그리고 세상에 대해 여성들이 느끼는 정당한 분노가 승인되지 않기 때문에 발생한다고 논의한다. 우리 시대 많은 페미니스트 이론은 대체로 여성들을 기억하지 못하는 들뢰즈의 「냉혹함과 잔인성」이 아니라 이 같은 계열[노선]을 따른다.

21_나는 통제와 통제 상실의 관계를 익히려는 아이의 욕망을 포르트/다 게임으로 설명한 프로이트를 참조했다. 아이가 상위(top)를 "상실"하고 "회복"하는 것은 일반적으로, 주체가 세상에서 자아의 식별 가능성이나 연속성이 자신의 의지가 한 일이라는 관념을 얻고자 수행하는 거래로 읽힌다. 그러나 에고가 형식의 원칙을 경유해 우연성에 반응하는 능력은, 주체가 "실제로" 우연적 존재이며 보상감을 얻는 방식으로만 능숙한 존재라는 점을 함의하지 않는다. 수없이 반복되는 각각의 입장은 그 나름의 쾌락이며, 놀이를 하는 아이도 수많은 가능성과 같은 공간에 공존하는 능력을 키우고 있다.

22_들뢰즈와 가타리는 『카프카: 소수 문학을 향하여』(*Kafka: Toward a Minor Literature*)에서 이렇게 지적한다. 문화적 소수화는 — 헤게모니적 틀 내부에서 자리바꿈의 관계, 이상적 집단 규범과 맺는 내면적 외부성의 입장 없음인데— 먹는 행위로 말하기와 글쓰기를 대체함으로써 다시 연출된다. 먹는 행위는 이미 사회적인 사실인 자리바꿈을 수행한다. 즉, 먹는 행위는 왜곡으로서가 아니면 아무도 [그 발화를] 들어주지 않는 입을 가득 채우는 일이다.

23_쥘리아 크리스테바가 말한 비체화(abjection)에서 비체화된 주체는 하나의 사물, 탈선자, 낙오자가 된다. 이 텍스트를 읽는 나의 관점에서 보면, 사람은 스스로의 비체화를 끌어안을 수 없다. 그것이 인격으로부터의 추방을 부인하는 능력을 함의하기 때문이다. 이것이 종속을 주체화(나는 x 종류의 사람이다)로 보는 관념과 탈주체화(나는 사람이 아니다. 나에게는 형식이 없다. 나는 하나의 부정물이다)의 차이이다. 이 글 내내 내가 제시한 것은, 이런 입장들이 서로 동화할 수 없는 것이지만 서로 근접한 것이며, 심리 지향적 주체성과 비개인적 주체성과의 관계에서는, 최소한 『두 소녀, 뚱뚱이와 마른이』 그리고 아마도 다른 데서도, 명료하게 표현된다는 점이다. Kristeva, *Powers of Horror*[『공포의 권력』] 참조.

24_Steward, *A Space on the Side of the Road* 참조.

25_Bollas, *The Shadow of the Object*, 4.

26_Bersani and Dutoit, *Caravaggio's Secrets*.

27_Phillips, "On Composure."

28_위의 글, 44.

29_Phillips, "First Hates," 24.

30_여기서 나는 수치심을 (퀴어들이 인지할 수 있는) 우선적인 성적 정동으로 전제하는 데 반대하며 내가 다른 글에서 제시했던 주장을 말하고 있다. 나는 주체의 반응이 당연히 몸에 내장된 것이라고 본 세지윅에게 동의하지만, 이 점은 나에게 별로 중요하지 않다. 나는 정동의 장면을 만들어 내는 감정의 일상 언어와 정동 사이의 간극을 읽어 내는 것이 중요하다고, 또한 주체의 정동적 잉여가치에 주목하는 분석 방식을 찾아낼 필요가 중요하다고 주장하기 때문이다. 주체를 세상에 묶어 주는 여러 밧줄은 (그리고 주체에 대한 세상의 영향력[정동]의 밧줄은) 관계적 행위와 직관의 활동에서 표현되는데, 이 밧줄은 정신분석학과 정동 이론에서 거의 표명된 적이 없다. 정신분석학과 정동 이론은 여전히 주체를 한 두 개의 분명하고 지배적인 경험 채널을 지닌 것으로 보는 경향이 있으며, 그래서 이데올로기, 분위기, 무의식, 주의 분산, 양가감정, 주목이 함께 중층 결정하는 작동을 설명해야 하는 분석적 상황에 종종 이르지 못한다. 요컨대 주체가 어떤 에피소드에서 그리고 세상에서 차지하는 수많은 방식을 설명하지 못한다. 다음을 보라. Sedgwick and Frank, "Shame in the Cybernetic Fold"; Warner, *The Trouble with Normal*; Berlant, "Thinking about Historical" and "Starved."

31_자신을 소외시키면서도 흥분시키는 성폭력에 여성 주인공을 입문시키는 남자의 이야기는 게이츠킬의 전 작품들에 나타나는 주요 소재이다. 예를 들어, 다음을 보라. "A Romantic Weekend," "An Affair, Edited," "Something Nice," "Secretary", *Bad Behavior*. 그리고 "The Blanket," "The Dentist", *Because They Wanted To*.

32_전통적으로 프로이트가 말한 après-coup은 나중에 일어나는 반복에서 형식을 찾아 내는 일차적 트라우마에 의해 구조화된다(가령 어린 시절에 겪은 추행은 살면서 비합리적인 공포증적 증상처럼 보이는 것이 나타난 후, 나중에 증상을 발생시킨다). 종종, 그리고 이 소설에서는 역순의 관계가 들어맞는다[벌랜트는 나중에 나타나는 증상에서 일차적 트라우마와 형식을 찾아낸다].

33_Carolyne Steedman, *Landscape for a Good Woman*. 때로 이 같은 구분은 비평가들이 그런 구분을 했기 때문에 일어나며, 또한 심리 치료 문화의 설명 양식이 계급에 따라 명백히 다른 설명을 제시하기 때문이기도 하다.

34_Sedgwick and Frank, "Shame in the Cybernetic Fold"; Sedgwick, "A Poem Is Being Written," *Tendencies*.

[나의 논의를] 명확히 해준 대화에 참여한 멜라니 호손, 로저 라우스, 수많은 청중에게 감사드린다. 원래 이 글은 처음 프레드릭 제임슨의 작업에 감사하는 나의 마음을 표현하고 그의 작업 덕분에 가능했던 훈련을 표현하고자 쓴 글이었다.

1_ "Belgium: Rosetta Plan launched to boost youth employment," *European Industrial Relations Observatory On-line*. 이 영화가 상영된 직후, "로제타 플랜"이라는 법안이 발의되었다. 이 법안은 학교를 떠난 지 6개월 이내에 만성적으로 불완전 고용 상태[능력 이하의 나쁜 일자리에 고용된 상태]에 있는 청년들이 일할 수 있는 더 많은 일자리를 만들어 내는 법안이다. 영화평을 보면, 이 영화는 청년이 처한 경제적 상황뿐만 아니라 일반적으로 위태로운 경제 상황의 실제를 극화한 것으로 여겨졌으며, 로제타는 의지가 있고 능력이 있지만 경제적으로 전혀 인정받지 못한 세대를 강력하게 대표하는 사례라고 여겨졌다.

2_ Camhi, "Soldiers' Stories: A New Kind of War Film."

3_ 일을 배우는 도제관계의 비개인성이 지닌 유토피아적 잠재력은 다르덴 형제의 다음 영화 <아들>(2002)에서도 복잡하게 전개된다.

4_ 이 장은 다르덴 형제의 영화에 나타난 사건의 장면으로서 노동, 친족 관계, 자녀들에 초점을 맞춘다. 그러나 <약속>이 지구적인 육체노동 및 성매매를 구체적으로 표출하고 있다는 점에 반드시 주목해야 한다. 성매매는 흔히 종속적인 도제살이, 신체적 착취, 실제 혹은 가상의 노예 상태에 대한 더욱 도덕적으로 분명한 반대를 유발하는 것으로 보이지만, 성매매를 둘러싼 분노는 대체로 하위 프롤레타리아 이주 노동을 착취하는 지구적 시장에 대한 양가적 반응에 별로 적용되지 않기 때문이다. 예를 들어, 제네바를 거점으로 활동하는 비정부기구인 국제이주조직(International Organization for Migration)이 발행하는 잡지 『이주』(*Migration*)를 참조. 『이주』는 이주를 트라우마로 정의한 것을 비롯해 수많은 생존 위기를 다루지만, 생존 위기의 순간들을 가장 명료하게 다루는 논의는 (연예인 리키 마틴이 인도에서 전에 성노예로 살았던 이들을 만났던 일을 계기로 <아동을 지키는 사람들>이라는 새로운 조직을 만들면서 한 언급을 비롯해) 아동과 젊은 여성들의 성매매를 다룬 글들에서 나온다. http://www.iom.int 참조.

5_ Kehr, "Their Method Is to Push Toward Moments of Truth." 이 글에서 다르덴 형제를 인터뷰하면서 커는 이렇게 논의한다. "다르덴 형제의 영화는 용의주도하게 자연주의적이지만, 그들의 영화는 모두 서스펜스 장르에 속한다. 플롯이 아니라 인물의 서스펜스이다. 다음에 무슨 일이 벌어질 것인가보다 어떻게 인물들이 행동을 결심하게 되는가 혹은 행동 결심에 실패하는가가 더 중요한 문제가 된다." 다르덴 형제의 영화에서 "인물의 서스펜스"는 세대 사이에서도 연출된다. 서스펜스는 혼란스런 욕구로 괴롭힘을 당하는 (어른

들이 아니라) 자녀들이 어떻게 행동할 것인가에 있다.

6_Dumm, *A Politics of the Ordinary*, 1.

7_캐서린 라비오는 유럽연합과 신자유주의 경제가 만들어 낸 변화가 벨기에에 끼친 구조적·주관적 영향은 프랑스나 독일에서 느껴지는 것과는 다르다고 주장한다. 라비오는 이런 변화가 벨기에의 역사적 요인 때문이라 설명한다. 즉, 벨기에는 아프리카에 오랜 식민지를 두었지만 연방 국가로서는 상대적으로 짧은 국가적 역사를 지녔다. 국가적 메타 문화를 형성하는 기획이 시작된 것은 불과 지난 몇 십 년 동안이었다. 동시에 부자와 빈자사이의 계급 단절은 어느 곳에서나 마찬가지로 벨기에에서도 점점 더 강화되고 있다. Catherine Labio, "Editor's Preface: The Federalization of Memory"; Murphy, "Landscape for Whom?" 참조.

8_"Uncertainties of the Informal Economy: A Belgian Perspective," *European Industrial Relations Observatory On-line* 참조. 위태로운 경제의 초국가적 문제틀과 유럽 전역에서 청년들 사이의 "위태로움"의 환상적 종합에 대해서는 다음을 보라. Mitropoulos, "Pre-cari-us?" 다르덴 형제가 2000년대에 제작한 영화 <더 차일드>와 <아들>은 1990년대의 상황과 동일한 "경제적 정서"에 주목한다는 점을 여기에 언급해 둔다.

9_Mbembe and Roitman, "Figures of the Subject in Times of Crisis," 155.

10_Hardt and Negri, *Empire*, 290-294[『제국』, 윤수종 옮김, 이학사, 381-387쪽]. 또한 Dyer-Witheford, "Empire, Immaterial Labor, the New Combinations, and the Global Worker" 참조.

11_가치를 만들어 내면서 삶을 망가뜨리는 자본주의적 파괴에 대해서는 Harvey, *Spaces of Hope*[『희망의 공간』] 참조.

12_어머니의 가짜 고상함을 거부하는 로제타의 행동은 노동계급의 "품위"와 "체면"을 둘러싼 논의의 오랜 전통을 활용한다. 이 현상에 대한 학문적 논의의 표준적 준거는 다음을 참조. Peter Bailey, "Will the Real Bill Banks Please Stand Up?" 이 문헌에 대한 최근의 연구와 분석은 다음을 참조. Charlesworth, *A Phenomenology of Working-Class Experience*; Kiter Edwards, "We're Decent People"; Siegel, "The Failure of Condescension"; Steedman, *Landscape for a Good Woman*.

13_Heymann, *Forgotten Families*.

14_더 나은 좋은 삶은 개인의 실패나 패배의 구속을 받지 않는 현재에 실현 가능한 삶으로 보이고, 한 역사적 계기의 경제적·사회적·정치적 입장의 지지와 상관없어 보이는 현재에 실현가능한 삶으로 보인다. 이렇게 보이는 더 나은 좋은 삶에 대한 욕망을 [자녀 세대에게] 전수하려는 욕망은 Carol Stack, *All Our Kin*에서 David Shipler, *Working Poor*[『워킹 푸어, 빈곤의 경계에서 말하다』]까지 가족 재생산에 대한 모든

주요 계급 분석에 기록돼 있다. 이 글의 미주 34번과 39번도 참조.

15_Spivak, "Other Things Are Never Equal: A Speech."

16_버트 카둘로는 이 마지막 순간이 기독교적 자비의 관계가 분명하게 표명되는 구원적 순간이라고 본다. Bert Cardullo, "Rosetta Stone: A Consideration of the Dardenne Brothers' Rosetta."

17_"우리가 선택한 가족"은 캐스 웨스턴(Kath Weston)이 『우리가 선택한 가족』(*Families We Choose: Lesbians, Gays, Kinship*)에서 퀴어 친밀성으로 만들어진 제도에 붙인 용어이다.

18_BBC 드라마 <오피스>(The Office)[2001~03]와 <블랙애더>(Blackadder)[2000~04] 같은 미학적으로 당혹스러운 장르를 설명하면서 요즘 널리 퍼진 용법인 "상황 비극" 장르는 실존적이지도 영웅적이지도 않은 형식의 절망에 붙들려 있지만 자본주의하 일상생활의 스트레스에서 형성된 개인별 특성을 보여 주는 에피소드를 설명하는 용어다(여기서 "일상생활"이란 주체가 견디며 만족하느라 바쁜, 고전적 의미의 일상생활이 아니라, 정동 관리 기획이 생존의 구조적 우연성을 경험하는 감응 장치를 제공하는 일상생활이다). "상황 비극"은 앨런 무어(Alan Moore)가 집필하고 데이비드 로이드(David Lloyd)가 그림을 그린 만화 『브이 포 벤데타』(*V for Vendetta*)에 삽입된 노래 <이 사악한 카바레>(This Vicious Cabaret) 장면을 대처주의에 반대하는 관점에서 분석한 비평에서 나왔다. 이 장르는 이제 대재앙의 시기에 공중이 사라졌음을 보여 준다. 이 장르에서 공중은 마비된 채로 자신[공중]의 소멸을 깨닫는 관객이기도 하다. 이 장르는 가혹한 경제가 이런 관객성을 경험하며 살아가는 정치체[공중]에 미치는 영향을 성애혐오적 정치와도 연결한다. 이 장르에서 완수되는 일이라고는 없으며 공중은 스스로의 전멸을 반복해서 시청하도록 강제되기 때문에, 이것은 상황 비극이며, 멜로드라마는 아니다. 낯설지만은 않은 무어와 로이드의 대항 문화적 상상계는 신랄한 아이러니를 드러내는 바이마르 스타일의 키치스러운 퇴폐를 대중문화 애호로 엮어 낸다. 바이마르 스타일의 키치스러운 퇴폐와 대중문화 애호는 둘 다, 생동감, 친밀한 사회적 호혜성, 그리고 몰래 진행되거나 가속화하는 파시즘 또는 헌정상의 위기가 전적으로 꺾을 수 없는 것이라고 무어와 로이드가 주장하는 무정부주의적 삶의 환희를 지니는 것으로 여겨진다. 상황 비극이라는 표현이 나온 즉각적 맥락은 이렇다. "드디어 1998년의 쇼가 왔습니다! / 상황 비극! / 질질 짜는 연속극으로 번드르르한 장엄한 오페라! / '다음 시간에 계속'으로 끝나 버리는 서스펜스! / 홍수 난 전시회의 수채화 같은 ……" "질질 짜는 연속극으로 번드르르한 장엄한 오페라"인 BBC <오피스>에서, 데이비드 브렌트(David Brent)는 상상 가능한 가장 웃기는 선량한 사장님으로 일하던 그의 환상적 장소[사무실]에서 마침내 쫓겨나자 모든 시간을 차안, 대기실, 벤치에서 보내면서 무슨 일이든 일어나게 하려고 시도한다. 그는 오랫동안 "자주 드나들던 곳"을 강박적으로 계속 드나들면서 당혹감을 주는 인물이 되고 만다. 좌절

된 욕망을 노출시키지 "않을" 수 없는 인물이 되고, 그리하여 일자리도 사랑도 없는 사회적 죽음 속으로 모든 사람이 퇴출될 수 있음을 보여 주는 인물이 된다. 극중에서 그가 경험하는 이런 사회적 죽음이 우리 가까이에도 있다는 사실을 우리가 눈치채지 못하도록 하는 일은 점점 더 어려워진다.

19_ 마르크 오제는 신자유주의의 상승을 나타내는 시기를 구분하기 위해 슈퍼 모더니티라는 용어를 사용해, (쇼핑몰, 터미널, 병원 등의) "비장소"가 우리 시대 유럽인이 감내하는 탈장소화를 대표적으로 드러내는 지점이자 탈장소화를 에피소드적으로 경험하는 핵심 지대로 떠올랐음을 논의한다. 그러면서 오제는 일상적 공간이 주관적 삶의 생산과 맺는 역동적 관계를 개념화한 일상생활 이론을 복잡하게 만드는 것이 바로 이런 "비장소"라고 논의한다. 오제가 특히 초점을 맞추는 것은 사회 공간에서 직접 경험한 삶의 타격을 고려해야 한다는 점이다. 사회 공간에서 경험하는 삶의 타격은 가치에 근거를 부여하는 논리, 인식 가능성, 자아 정체성의 규범들을 방해하기 때문이다. 나는 정동적 측면을 강조한다. 즉, 내가 강조하는 것들은 지금 우리가 일상에서 치르는 비용이 무엇인지를 보여 주는 한 방식은 슈퍼 모더니티/신자유주의가 생산하는 상황 비극이라는 점, 토대가 되는 어떤 공간 내부에서 누구든지 가치 재생산에 갑자기 다시금 불편해진다는 점, 상황 비극은 이 불편해지는 점을 분명하게 드러내면서 비공간의 잠재적 가능성을 표현하는 장르라는 점이다. Augé, *Non-Places*[『비장소: 초근대성의 인류학 입문』, 이윤영, 이상길 옮김, 아카넷, 2017].

20_ "이 '생활 세계'는 개인의 존재가 실천 속에서 펼쳐지는 장일 뿐만 아니라, 그들이 존재를 실행하는 곳, 즉 자기 삶을 살아 내고 자기들의 죽음의 바로 그 형식을 마주하는 곳이다." Mbembe, *On the Postcolony*, 15. 알랭 바디우는 『윤리학』에서 주체성을 포용하는 사람의 능력은 선함의 개념을 필요로 하며 여기서 선함이란 경험의 근거로 제시되는 현실 너머에 있는 것이라고 언급한다(14-15). 여기에 계속 살아 내기라는 대항적 인권 개념의 대안적 시간성도 추가할 수 있으리라. 또한 조르조 아감벤은 아리스토텔레스가 말한 생활 세계의 평면적 시간성을 언급한다. 구분이 없는 영역에서 법/비오스(bios)를 구실 삼은 타협책으로서 사회적 소속됨의 공식 정의를 만들어 내는 그 생활 세계는 조에(zoe)와 대조를 이룬다. 조에란 살아 있는 물질을 연결하는 살아 감의 사실이며, 그 존재의 지속 주위에 조직한 한 세계를 정당화하는 역사화를 필요로 하지 않는 살아감의 사실이다. 이런 견해는 큰 통찰력을 보여 주는 책 『인종과 권리의 연금술』(*The Alchemy of Race and Rights*)에서 퍼트리샤 윌리엄스(Patricia Williams)가 제안한 급진화된 권리 의식으로 확장된다(165). 여기서 중요한 것은 어떤 경우든 "존재를 실행하는 것"이 역사적으로 정치적으로 의미하는 것을 열거해 보는 것이다. 아감벤은 『목적 없는 수단』과 그 이후의 모든 저작에서 "존재를 실행하는 것"으로 되돌아가 조에를 옹호하며 비오스에 맞선다.

21_ "환상 뇌물"은 프레드릭 제임슨이 자본주의, 특히 상품 장르가 그 참여자에게 일종의

정동적 이익으로 지속된다는 점을 지칭한 용어이다. Jameson, "Reification and Utopia in Mass Culture," 144.

22_예를 들어, 파리와 두바이에서 일어난 최근의 노동자 봉기는 경제가 순종적인 노동자에게 기대고 있음을 폭로하며, 이 같은 현실을 전적으로 활용함으로써 강제로 양보를 끌어냈다. 그렇지만 많은 이에게, 파업은 주변부에 있는 노동자들을 이미 너무나 빡빡한 가장자리로 내모는 위험이다. 착취에 대해 사람들이 더 흔하게 보이는 반응은 [조건적이다. 즉] 사람들이 착취로 인해 빈곤 속에서 마모되더라도 착취 과정에서 삶을 일굴 수 있을지 모르니 그저 이를 악물고 착취를 견뎌야 한다는 것이다. 쉬플러의 『워킹 푸어, 빈곤의 경계에서 말하다』와 Heyman, *Forgotten Families*은 이 점을 자세하게 기록한다. 또한 다음을 보라. Fattah, "In Dubai, an Outcry from Asians for Workplace Rights"; Sciolino, Crampton, and de la Baume, "Not '68, but French Youths Hear Similar Cry to Rise UP"; Smith, "Four Ways to Fire a Frenchman."

23_이 논의의 역사는 다음을 보라. Coontz, *Marriage, A History*[『진화하는 결혼』]

24_Habermas, *The Structural Transformation of the Public Sphere*, 특히 47-56[『공론장의 구조 변동』, 122-133쪽]

25_Berlant, "The Subject of True Feeling: Pain, Privacy, and Politics"; Povinelli, *The Cunning of Recognition*; Markell, *Bound by Recognition*. 이 논의의 많은 부분은 시카고 대학의 후기 자유주의 기획을 토론하면서 나왔다. 여기서 언급한 이들은 누구도 정동적 인정이 소수화되거나 부정된 공동체의 중요한 정치적·경제적·사회적 힘기르기의 일부였던 적이 없었다고 주장하지 않는다. 오히려 정동적 인정은 언제나 이런 힘기르기의 일부이다. 그러나 정동적 수행의 강렬성에 비례해 법률상의 변화, 부의 분배, 제도의 행정, 공동체의 규범적·집단적 실천에 변화가 일어나는 것은 아니다.

26_Butler, *The Psychic Life of Power*, 9[『권력의 정신적 삶』, 강경덕, 김세서리아 옮김, 그린비, 2019, 24-25쪽].

27_Butler, *Precarious Life*, 27[『위태로운 삶』, 57-58쪽].

28_위의 책, 45-46[『위태로운 삶』, 80-82쪽]

29_위의 책, 26-27[『위태로운 삶』, 55-57쪽].

30_위의 책, 37-41[『위태로운 삶』, 69-75쪽].

31_Fairbairn, *Psychoanalytic Studies of Personality*, 특히 59-151.

32_Bollas, "The Transfomational Object."

33_"실천 테크놀로지"에 대해서는 Berlant, *The Queen of America*, 222 참조.

34_이 같은 현상을 다룬 고적적 분석으로는 Rubin, *Worlds of Pain*, Carol Stack, *All Our Kin* 참조. 이 뒤를 잇는 연구 목록은 매우 광범위하다. 어린 시절의 계급 경험보다 부모의 아픔에 초점을 맞춘 문헌 리뷰로는 다음을 참조. Gorman, "Reconsidering World of Pain." 생존의 스타일에는 여러 변이가 있지만, 방어적인 정동의 결속이 규범적 환상을 재생산하는 조건임을 발견한 그들의 연구 결과는 이후 수십 년간 10년 단위로 노동계급 아동 및 청년들을 연구한 문화기술지에서도 증명된다. 다른 종류의 연구 가운데 가장 흥미로운 것에는 다음 연구가 포함된다. Bourdieu, et al., *The Weight of the World*; Hochschild, *The Managed Heart*[『감정 노동』]; DeParle, *American Dream*; Heymann, *Forgotten Families*.

35_Rubin, *Worlds of Pain*, xxv.

36_앞의 책, 27-29.

37_앞의 책, 27.

38_『좋은 여성의 풍경』에서 스티드먼은 이와 유사하게 노동계급 가정에서 부모의 사랑의 실천에 대한 자신의 경험에 수반된 양가감정, 침묵, 은밀함 등의 집합을 수행적으로 보여 준다.

39_Wacquant, "Inside 'The Zone,'" 156. 특히 청년을 초점으로 밑바닥 계층 사회에서 영위하는 삶과 그들이 도달하고 싶어 하는 규범적 상태의 관계에 난 균열에 대한 유사한 분석은 다음을 보라. Connolly and Healy, "Symbolic Violence and the Neighborhood"; Kiter Edwards, "We're Decent People"; Lareau, *Unequal Childhoods* [『불평등한 어린 시절』]; MacTavish and Salamon, "Pathways of Youth Development in a Rural Trailer Park."

40_이 문단은 나의 다른 글의 일부를 수정한 것이다. Berlant "Compassion (and Withholding)," 8.

| 6장 |

1_위태성을 연구한 목록은 대단히 많다. 다음은 그간 전개된 연구 가운데 선별한 것들로, 풍성한 자료를 제시한다. Beradi, "Precarious Rhapsody," "The Insurgence of the European Precariat"; Neilson and Rossiter, "From Precarity to Precariousness and Back Again"; Grimm and Ronneberger, "Interview with Sergio Bologna"; The Invisible Committee, *The Coming Insurrection*; "Multitudes, Creative Organization and the Precarious Condition of New Media Labor," *Fibreculture* 5 (2005) 특집

호: http://journal.fibreculture.org; *Mute Magazine* 특집호 "Precarious Reader" (2005), http://www.metamute.org; 블로그 "Understanding Precarity," http://precariousunderstanding.blogsome.com; *Upping the Anti: A Journal of Theory and Action*, http://uppingtheant.org; *European Left*, http://www.european-left.org; 학술지 *Multitudes*, http://multitudes.samizdat.net; the Prelab, http://www.preclab.net.

2_Agamben, *The Coming Community*, 64-66[『도래하는 공동체』, 89-93쪽].

3_정동을 사유하는 데 구조가 경험과 맺는 관계에 대한 상세한 논의로는 Berlant, "Thing About Feeling Historical" 참조.

4_측면적 임기응변화라는 우리 시대 "뉴보헤미안" 경제에 대해서는 Lloyd, *Neo-Bohemia*; Sennet, *The Corrosion of Character*; Ross, *Nice Work if You Can Get It*[『신자유주의와 인간성의 파괴』, 조용 옮김, 문예출판사, 2002] 참조.

5_로익 바캉은 "프레카리아트"라는 용어가 지구적 불법 체류자 운동과 관련된 프랑스 활동가 집단 <곧장 앞으로>(Droits Devants) 덕분이라고 한다. Wacquant, "Territorial Stigmatization in the Age of Advanced Marginality"; *Droits Devants*; Neilson and Rosssiter, "Precarity as a Political Concept" 참조.

6_역사적 현재의 중층 결정되고 열린 역학을 ("아무런 보증 없이") 설명하기 위해서 분석적 토대 구조를 창조해야 할 필요성을 나는 스튜어트 홀에게서 배웠다. *Stuart Hall: Critical Dialogues in Cultural Studies* 참조.

7_precarious: 형용사. [<고전 라틴어 precarius는 호의로 주어진 것, 임대를 마음대로 할 수 있는 (소유권을 지닌) 다른 사람의 호의에 좌우되는, 불확실한, 의심스런, 매달려야 하는. (<prec-, prex prayer, entreaty (명사 PRECES를 볼 것) + -{amac}rius 접미사 1-ARY) + 접미사 –OUS. 프랑스어 précaire의 변화 과정을 보자. (권리, 임차권 등) 다른 사람이 갖고 있거나 누리고 다른 사람이 마음대로 할 수 있는(1336년 어떤 개별 증명서에 중세 프랑스어로 precoire를 사용함. 1585년 이후로 계속됨), 위험에 노출된, 안전하지 않은, 불안정한 (1618). 다음 1번의 의미와 앞서 말한 형용사 PRECATORY와 비교해 보라.] 1. 특히 권리, 임차권 등의: 다른 사람의 호의나 마음에 달려 있는; 다른 사람의 의지나 결정에 영향을 받는. 지금은 임차권과 관련된 기술적 용법을 제외하고 다른 의미로는 드물거나 다른 의미와 합쳐져서 사용된다. *Oxford English Dictionary Online*, "Precarious."

8_Krueger, "Does the Financial Crisis Threaten Your Job?"

9_Hardt and Negri, *Multitude*, 133-137[『다중』, 조정환, 정남현, 서창현 옮김, 세종서적, 2008, 171-177쪽]. Sennett, *The Corrosion of Character*[『신자유주의와 인간성의 파괴』].

10_예를 들어, Precarias a la Deriva, "Bodies, Lies, and Video Tape: Between the Logic of Security and the Logic of Care" 참조.

11_Rancière, 『민주주의는 왜 증오의 대상인가』(*Hatred of Democracy*), 『감성의 분할』(*The Politics of Aesthetic*), 『불화』(*Disagreement*). Phillips, *Equals*.

12_계급의 구조적·문화적 정의를 계속 횡단할 필요에 대해서는 특히, Eley and Nield, *The Future of Class in History*, 139-201 참조.

13_Ross, *Nice Work If You Can Get It* 참조.

14_우리 시대 삶의 실존적 시간성은 뒤늦음인가? 위태성에 반대하는 활동가들은 더 나은 현재를 요구함으로써 자본주의적 시간 규범에 도전한다. 이것은 어떻게 가능한가? 비상 사태는 현재의 또 다른 장르이다. 국가는 대중에게 내핍을 요구함으로써 자본가의 난폭한 과잉으로 인한 비용을 대신 치러 주려 한다. 이에 맞서 이 운동은 더욱 민주적인 관계성 위에서 작동하는 노동, 유희, 친밀성, 안전을 요구한다.

15_찡그린 얼굴을 자주 업데이트해 모아 놓은 아카이브는 다음을 참조. 『뉴욕타임스』의 사이트 http://www.nytimes.com에서 「폐제」(Foreclosures) 제목을 클릭한 후 「시대 화제」(Times Topics)를 클릭하면 볼 수 있다.

16_Tsianos and Papadopoulos, "Precarity."

17_Ahmed, *Queer Phenomenology*; Griggers, *Becoming-Woman*; Marks, *Touch*; Probyn, *Blush*; Weiss, *Body Images*.

18_Stewart, *Ordinary Affects*.

19_아감벤의 매너 모델은 이것을 대표적인 독특성으로 보는 반면, 나는 한 계급의 적응을 살펴본다. 내가 보기에 한 계급의 적응은 대표적 일반성이며, 삶의 지속에서 집단적으로 느껴지는 작은 결함에 대한 반응이다. Agamben, *The Coming Community*, 27-29[『도래하는 공동체』, 45-49쪽] 참조.

20_Lefebvre, *Rhythmanalysis*[『리듬 분석』].

21_Agamben, "Notes on Gesture," 49-58[『목적 없는 수단』, 59-72쪽].

22_위의 글, 51-53[『목적 없는 수단』, 61-64쪽].

23_Brecht, "A Short Organum for the Theatre."

24_다음을 보라. Patton, "The World Seen From Within."

25_이 문단은 나의 다른 글을 일부 수정한 것이다. Berlant, "Starved."

26_<이삭 줍는 사람들과 나>에서 외로운 남자 알랭은 매일 몇 시간을 걸어 도시로 가며,

[자본주의의] 규범에 따른 생산 일정과 가정생활을 싫어하지만, 사람들과는 기꺼이 대화를 하고 이주자들에게 프랑스어를 가르쳐 주는 일에는 온전한 즐거움을 느낀다. 정신분석가이자 기혼남인 장 라플랑슈는 포도원에서 살면서 우리 사이에 낙관/애착의 화폐로 통하는 수수께끼 같은 기표를 연구하는 것으로 추정된다. 다음으로 바르다는 주위에 존재하는 모든 것에 차분하게 주의를 기울이면서 말을 하는 다른 존재가 있든 없든 상관하지 않고 그곳에 관한 해설을 하면서 돌아다닌다. 그러는 내내 바르다는 감자부터 거울까지 완전히 망가지지는 않은 쓰레기를 내내 찾아다닌다. <이삭 줍는 사람들과 나>에서 삶은 어쨌거나 영위된다. 쓰레기, 고양이, 바르다에게는 거울에 비친 자기 얼굴을 포함해서, 애착을 쏟을 수 있는 대상은 언제나 더 많이 있다. 바르다는 관객의 미러링 리듬을 이끌어 내기에 결코 혼자가 아니지만, 물건들 속에 있는 존재는 항상 그에게 말을 건다. 보도비츠처럼, 바르다의 담보 상태는 대화, 여행, 조우, 그리고 무언가를 찾아내려는 고집 때문에, 즉 생명의 약동(élan vital)이라는 바르다의 스타일 때문에 생겨난다.

바르다의 호기심과 감각적으로 [대상을] 빨아들이는 수집은 서사상의 플롯도 삶의 기입도 아니다. 그것은 그냥 퍼져 나가고 거기에 있고 사랑스럽다. 그러나 여기서 이야기가 마무리된다. 이 영화의 전체 모습은 우리 시대 실존의 여러 경제를 가로질러 존재하는 불평등을 가리킨다. 즉, 물려받은 것으로 영위되는 삶, 자신이 번 것으로 영위되는 삶, 국가가 사용 가능하게 해준 것으로 영위하는 삶, 시장이 팔리지 않을 것을 버리고 문을 닫아 버릴 때 뒤에 남겨지는 것으로 매일 살아가는 삶. 심지어 여기에도, 즉 담보 상태 속에서 즐거움을 누릴 수 있는 능력의 민주적 분배처럼 보이는 것 속에도, 쓰레기 뒤지기와 이삭줍기 사이의 차이를 들려주는 이야기가 있다. 그것은 쇠락하는 복지국가가 관리하는 "자유 시간"의 불평등한 분배로 형성된 어떤 역사적 현재에서 나타나는 정동에 관한 이야기다. 쓰레기를 뒤지고 이삭 줍는 사람은 파멸하기 직전의 상태다. 이 사람, 추려 낸 후 들판에 남겨진 감자를 줍는 농부는 굶어 죽어 가고 있다. 농부보다 감자가 더 풍성하게 번성한다. 농부는 감자되기를 열망하는 게 아니라 감자보다 나은 처지가 되기를, 잉여적 존재가 되는 대신 잉여를 향유할 수 있기를 열망한다. 쓰레기를 뒤지고 이삭 줍는 사람은 어디에서나 삶의 터전이 없으며 무가치함을 체현하는 위험에 처한다. 바르다가 체현하는 이삭 줍는 사람은 예술가의 태도와 모더니스트 산책자의 삶을 향유한다. 또한 감각 지각력의 슬픈 종말 그 자체로서 죽음이 지평선에 드리워져 있다 해도, 산책자의 존재 양식은 움직이는 한에는 위협받지 않는다. 그러나 이삭을 줍고 쓰레기를 뒤지는 대부분의 사람들에게, 장소 바꾸기와 삶의 터전 없음은 호기심 많은 사람을 위한 은유가 전혀 아니다.

27_Ehrenreich, *Nickel and Dimed*[『노동의 배신』]; *Bait and Switch*[『희망의 배신』]; Cottle, *Hardest Times*.

28_Barbier, "A Comparative Analysis of 'Employment Precariousness' in Europe."

29_Jenkins, *Employment Relations in France*.

30_이렇게 무거운 분위기인 우리 시대 자본주의적 마모의 목격 양식으로 영화를 쓰고 제작한 다른 감독으로는 다르덴 형제(5장을 보라), 후만 바라니(Hooman Bahrani), 크리스티안 문지우(Cristian Mungiu), 파티 아킨(Fatih Akin), 지아장커(Jiă Zhānkē), 켈리 라이카트(Kelly Reichardt), 마이크 화이트(Mike White), 코트니 헌트(Courtney Hunt), 데브라 그래닉(Debra Granik), 그리고 때로 <우연의 연대기에 관한 71개의 단편>(1994)에서처럼 미하엘 하네케(Michael Haneke)가 있다. 최근 「네오네오 리얼리즘」(Neo-Neo Realism)에서 A. O. 스콧은 이 영화 제작자들의 영화에서 드러나는 계급 목격 양식을 정의하려 한다. 다음도 참조. Higbee, "Elle est-où, ta place? The Social-Realist Melodramas of Laurent Cantet."

31_Barbier, "A Comparative Analysis," 6. 주 35시간 노동의 효과성을 둘러싸고 논쟁이 일어났다. Hayden, "France's Thirty-Five Hour Week" 참조.

32_어떤 장면에서 아르누가 아버지를 장클로드라고 부르기에 아버지의 이름이 무엇인지 드러나지만, 영화가 끝나고 제작 참여자 명단이 올라갈 때 아버지는 장클로드라는 이름 없이 아버지로만 표시된다.

33_"뉴노멀"이라는 밈(meme)은 조지 W. 부시 대통령 시절에 퍼지기 시작했으며, 지금은 금융 부문 및 노동 부문에서의 성장 감소 및 안전 축소에 적응할 필요를 의미할 뿐만 아니라 시장, 보건, 환경 영역에서도 널리 퍼진 위태성에 직면해야 할 필요를 의미한다. 다음을 보라. Carolyn Baum, "'New Normal' Tops 2009 List of Overused Phrases," http://www.bloomberg.com. 폴 케드로스키가 다음에서 제시한 표를 보라. Paul Kedrosky, "Infectious Greed," http://paul.kedrosky.com

34_회의 참석과 우리 시대 시간 장르에 대해서는 Albert, *Parecon* 참조.

35_나는 은밀한 삶에 대해 사유하는 방식을 에밀리 셸턴의 논문에서 배웠다. Shelton, "My Secret Life" 참조.

36_다음은 로망 사건에 대한 웹사이트이다. http://www.jc.romand.free.fr.

37_마크 해킹과 로리 해킹에 대해서는 TruTV, http://www.trutv.com/library/crime 참조.

38_Hochschild, *The Managed Heart*[『감정 노동』]; *The Commercialization of Intimate Life*.

39_Illouz, *Cold Intimacies*, 특히 1-39[『감정 자본주의』, 21-82쪽]. 다음도 보라. Ehrenreich; Sennet.

40_Cottle, *Hardest Times*; Hochschild, *The Managed Heart*; *The Commercialization of Intimate Life*[『감정 노동』] 참조. 이런 감정의 어법은 실업에 관한 정책 문헌에도

넘쳐 나는데, 실업 정책과 관련된 문헌들은 장기 실업자를 낙담한 노동자라고 부르면서 경제적 계급이자 정동적 계급의 특징을 부여한다.

41_바버라 에런라이크는 미국에서도 열정의 생산은 실업 상태의 사무직 노동자에게 중요하게 요구되는 수행 요건이라고 지적한다. Ehrenreich, *Bait and Switch*, 230-246 [『희망의 배신』, 288-304쪽].

| 7장 |

이 책에 작품을 사용할 수 있도록 관대하게 허락해 준 예술가들께 감사한다. 변화를 생각하게 한 대화를 나누어 준 코리 크릭머, 하안스 모트, 돈 라인, 그레그 보도비츠, 아멜리아 존스에게도 감사한다. 나의 아카이브를 채워 주며 이 작업을 할 수 있도록 도와준 ASA, 개방대학, 맥길 대학, 콩코디아 대학에서 함께 대화해 준 분들께 감사한다.

1_Bumiller, "Trying to Bypass the Good-News Filter." 부시 대통령이 케냐의 대통령 음와이 키바키와 한 언론 기자회견을 참조(http://findarticles.com.). 공화당 전국위원회가 "자유주의적 언론을 걸러내고 피하는 전략"을 전개했다는 점은 공화당의 홍보 구호("부시 플랜이 '자유주의적 언론에 영향을 받지 않도록' 공화당에 기부하십시오")에서도 확인된다. 매케인/페일린[당시 공화당 대통령/부통령 후보]의 선거 캠페인은 언론을 공격하면서 [자유주의적 언론이라는] 나쁜 필터를 건너뛰고 대중과 즉각적으로 접촉하는 정치를 수행할 수 있다는 환상을 불어넣었다. 예를 들어, 페일린이 조셉 바이든과 경쟁하며 부통령 후보 토론을 하면서 했던 발언을 보라. "이런 험한 질문에 대해서 필터 없이 대답할 수 있어서 저는 좋습니다. 주류 매체가 자기들 방식으로 자신들이 들은 것을 시청자에게 말해 주는 필터 말이에요. 저라면 방금 우리가 소통한 것처럼 미국인들에게 바로 말할 수 있는 편이 더 좋습니다." 이 언급은 CNN 홈페이지에서 찾아볼 수 있다. 페일린은 진정한 목소리로 매일 말하는 것 같은 이벤트를 연출하기 위해 페이스북과 트위터를 계속하고 있었다. 오바마 행정부에 대한 초기 뉴스 보도는 "언론의 필터"를 피해 가는 대통령의 능력을 자주 언급한다. <미국을 위해 뭉치자>(Organizing for America)는 대통령과 그 보좌관들이 보낸 "개별화된" 대량 메일을 지속적으로 퍼뜨린다.

2_Serres, *The Parasite*; Attali, *Noise*.

3_"생생함"을 다룬 고전적 문헌에는 다음이 포함된다. Auslander, *Liveness*; Doane, "Information, Crisis, Catastrophe"; Feur, "The Concept of Live Television"; Halttunen, *Murder Most Foul*; Phelan, *Unmarked*; Dolan, "Performance, Utopia, and the 'Utopian Performative.'" 다음도 참고. Berlant, "Live Sex Acts," *The Queen of America*.

4_다음을 보라. Berlant, "The Subject of True Feeling."

5_Hirschkind, *The Ethical Soundscape*, 22.

6_친밀한 공중이 보이는 "근사-정치적" 성격에 대해서는 Berlant, *The Female Complaint*, 22 참조.

7_Hirschkind, 9.

8_Stewart, *Ordinary Affects*.

9_정치(치안, 권력의 기술)와 정치적인 것(어떤 편도 들지 않는 정당[또는 당사자들]을 대신하는 의견 불일치의 활동과 영역)에 대한 구분에 대해서는 랑시에르,『불화』특히 1-2장을 참조. "뉴노멀"에 대해서는 이 책의 6장을 참조. 언론에서 경제적 붕괴가 정동적 붕괴와 맺는 혼란스런 심층 관계를 감지함에 따라, 뉴노멀에서 생존 제스처를 가로질러 일어나는 비일관성이나 "정신 분열"은 이제 "새로운 비정상"이라는 용어로 칭한다. Leonard, "The New Abnormal" 참조.

10_섹슈얼리티 전수를 성기적 행위가 아니라 입에서 귀로의 이행으로 기록하는 것 — 섹슈얼리티를 정신 전문가의 전문성의 매개를 통해 표현된 담론으로 보는 것 — 은『성의 역사』에서 푸코의 포괄적 기획이었다. 입에서 귀로 옮겨가는 것으로서 섹슈얼리티의 특수한 은유화에 대해서는 "The Confession of the Flesh"(218)에 나온다.

11_Berlant, *The Female Complaint* 참조.

12_듣기는 오랫동안 공적 영역 이론에 핵심적이었다. 듣기가 없다면 이 이론은 하나의 주제나 문제였을 것이다. 예를 들어, 마이클 워너는 우연히 듣게 되는 일이 공중을 호명하는 원천이 된다고 논의한다. Michael Warner, *Publics and Counterpublics*.

13_알튀세르 이후, 정치적인 것을 우연히 듣는 것은 공적 영역에 대한 모든 설명에 핵심적인 것이 되었다는 점을 언급할 필요가 있다. 『공중과 대항 공중』(*Publics and Counterpublics*)의 「공적 그리고 사적」(Public and Private) 장에서 마이클 워너가 제시한 예가 여기서 대표적이다. 워너의 예는, 비록 관습적인 정치 장르에 따라 세계를 조직하는 연설 사건에 표현된 주권적 행위 주체성을 평가하는 데 항상 초점을 두는 것 같지만, 알튀세르가 「이데올로기와 이데올로기적 국가장치」에서 설명한 호명을 다른 맥락에 재위치시킨다. 이런 종류의 사유를 따라 생각하는 훌륭한 사례로는 Weinberger, "What I Heard about Iraq in 2005" 참조.

14_이런 회복 모델을 생각하는 법을 나는 멜라니 클라인에게서 배웠고 이브 세지윅에게서 가장 강력하게 배웠다. 다음을 보라. Klein and Rivière, *Love, Hate, and Reparation*; Sedgwick, *Touching Feeling*.

15_Farred, "A Fidelity to Politics."

16_"감정적 토대 구조"라는 표현은 루디 길모어와의 대화에서 나온 것이다. 자세한 설명은 다음을 보라. http://supervalentthought.wordpress.com

17_Jordan, *The Sturdy Oak*. 목소리 없는 연설이라는 장르의 전체 역사는 아직 쓰이지 않았다. 우리 시대의 참고문헌으로는 다음을 참조. Anthony, Gage, and Harper, *History of Woman Suffrage* vol. 6, 285, 386, 533; National American Suffrage Association et al., *The Handbook of the National American Suffrage Association*, 35, 43, 118; Oldfield, *International Woman Suffrage*, vol.1, 68; Constable, "Women's Voiceless Speech"; Blatch and Luts, *Challenging Years*, 191-92. 좀 더 최근의 역사를 다루는 참고문헌과 논쟁은 다음을 참조. Baker, *Votes for Women*, 167; DuBois, *Harriot Stanton Blatch and the Winning of Woman Suffrage*, 153; Cohen, "The Impersonal Public Sphere"; Southard, "Militancy, Power, and Identity."

린칭에 반대하는 침묵 행진은 당시에 그리고 최근에도 널리 기록되었다. 이 행진을 기록한 『뉴욕타임스』 기사는 1917년 7월 29일자이다. 온라인 전시물 <할렘, 1900-1940>(http://wwww.si.umich.edu)에서도 많은 기록을 볼 수 있다. 주요 사건을 짧게 기록하면서도 볼만한 1차, 2차 참고문헌을 제시한 책은 다음을 참조. Wintz and Finkelman, *Encyclopedia of the Harlem Renaissance*, vol.2, 751-752. 또한 다음도 참조. Zangrando, *The NAACP Crusade Against Lynching, 1909-1950*, 37-38; Ellis, *Race, War, and Surveillance*, 129; Jackson, "Re-Living Memories."

18_이 특정한 아방가르드 전통의 특징에 대한 배경 지식은 Rees, *A History of Experimental Film and Video* 참조.

19_DIY 미학에 대한 개론적 설명은 Lupton, "Why DIY?" 참조.

20_CCTV의 역사를 간략히 다룬 글은 다음을 참조. Roberts, "All-Seeing Eye"; Abbas, "CCTV"; "Closed-Circuit Television," http://www.absoluteastronomy.com; Norris, McCahill, and Wood, "The Growth of CCTV." 다음도 참조. Norris, Moran, and Amstrong, *Surveillance, Closed Circuit Television, and Social Control*. 보안 카메라 예술에 대한 훌륭한 아카이브는 다음을 참조. "The Video Art History Archive," http://www.arthistoryarchive.com; 웹사이트 "We make money not art," http://www.we-make-money-not-art.com. 내가 이 장에서 자세하게 다루는지 않지만 내가 이 매체에 대해서 펼치는 일반적 주장에 기여한 특정 예술가들의 작품에는 다음이 포함된다. Heath Bunting, *Irational*, http://www.irational.org; Sophie Calle, *Two Works* [with Fabio Balducci, *Unfinished* (*Cash Machine* 통합본), *Cash Machine* (설치본), http://www.eai.org; *The (in)security camera* (Bejamin Chang, Silvia Ruzanka, and Dmitry Strakovsky, 2003년 설치), http://silviarunzanka.com; David Claebout, "Still Moving," http://touchingharmstheater.com; Darko Fritz, *Self-Surveillance*, http://darkofriz.net; Jill Magid, *Evidence Locker*, http://

jillmagid.net; Norman, *The Contemporary Picturesque*; Shannon Plumb, *Shannon Plumb: Behind the Curtain*, http://www.aldrichart.org. 2008년 대통령 선거 캠페인에서 "말없는 논쟁"으로 불린 해리 쉬어러(Harry Shearer)의 무성 비디오 작품도 권하고 싶다. http://www.mydamnchannel.com.

21_매던스키의 웹사이트에는 기록이 잘 보관돼 있다. http://www.madansky.com.

22_<PSA 프로젝트>는 전 세계의 미술관과 축제에서 전시되었으며, 미국의 케이블 방송사인 선댄스 채널에서도 상영되었다.

23_국가 및 국가와 관련된 체계와 정치체의 관계에 즉각성을 주입하는 수행적 장르로서 공익 광고의 역사를 다루는 글은 아직까지 쓰이지 않았다. 제2차 세계대전 동안 전쟁에 희생할 마음을 불러일으키려고 미국에서 개발한 공익 광고의 목적은 현재를 계속되는 역사적 순간으로 의식하게 하는 것이다. 여기서 역사적 순간이란 수많은 개인의 주권적 행동이 미치는 영향으로 미래의 모습을 형성하게 될 현재이다. 일차적 기록은 다음을 참조. Pimlott, "Public Service Advertising"; Fleegler, "Forget All Differences until the Forces of Freedom Are Triumphant."

24_Berlant, "Opulism"; Mazzarella, "The Myth of the Multitude" 참조.

25_Asad, "On Torture, or Cruel, Inhuman, and Degrading Treatment."

26_처신, 점잖음, 계급 차이에 대해서는 Skeggs, "Ambivalent Femininities"; *Class, Self, Culture* 참조.

27_Schneider, *The Explicit Body in Performance*.

28_Motevalli, "Video Sniffers' Subverting Surveillance for Art."

29_Deleuze, "Societies of Control"; "Postscript on the Societies of Control."

30_Graham, "Every Passer-by a Culprit?"

31_시험 준비 동안의 익명성에 대해서 생각할 수 있도록 해준 에두아르도 드 알메이다(Eduardo Almeida)에게 감사한다.

32_발견법적 리얼리즘 장르로서 시나리오를 논한 글은 다음을 보라. Taylor, *The Archive and the Repertoire*(특히 53-78). CCTV 카메라는 때로 그 주인이 알려진 한에서 익명이 아닐 수 있다. 그러나 그것은 다음인 한 항상 익명이다. ⓐ 마치 그 눈이 무관심하고 중립적이고 누구나 보는 것인 양 보일 때. ⓑ 녹화된 것을 정보로 바꾸는 사람들이 누구인지 알려지지 않을 때. ⓒ 그것이 공공 토대 구조의 너무나 일상적 부분이 되어, 말하자면 레이다 자체가 레이다망에 안 잡힐 때.

33_테러와의 전쟁을 감정과의 전쟁으로 설명한 자세한 논의는 다음을 보라. Berlant,

"The Epistemology of State Emotion."

34_아부 그라이브와 관타나모에서 수감자들에게 소리를 이용한 고문이 행해졌음을 기록한 문헌은 널리 퍼져 있다. 반드시 보아야 할 글로는 다음이 있다. Kusick, "Music as Torture/Music as Weapon"; Shatz, "Short Cuts."

35_Grassian, "Psychopathological Effects of Solitary Confinement."

36_코미디와 정치적인 것의 연결점을 고려하면서도, 코미디가 정치적인 것을 떠올리게 하는 연상 작용을 가로막는 피부막처럼 작용할 수 있음을 사유하는 방법을 나는 다음 글에서 배웠다. Abbas, "Chen Danquing: Painting After Tiananmen"; Yurchak, "The Cynical Reason of Late Socialism." 슬라보예 지젝의 전체 경력도 근접성의 영역에 남아 있기라는 이 전략을 보여 주는 증거이다. 분명하게 반쯤 농담인 다음 글도 보라. Anna Tsing, "Inside the Economy of Appearances."

37_Bergson, *Laughter*[『웃음/창조적 진화/도덕과 종교의 두 원천』, 이희영 옮김, 동서문화동판].

38_Rancière, *Hatred of Democracy*[『민주주의는 왜 증오의 대상인가』, 허경 옮김, 인간사랑].

39_울트라-레드의 성명서는 다음 웹사이트에서 볼 수 있다. http://www.ultrared.org.

40_Ultra-red, "Deadrooms: From the Death of Ambient Music to Listening Material," http://www.ultrared.org 참조.

41_울트라-레드의 작품들 일부는 다음 웹사이트에서 볼 수 있다. http://www.myspace.com/publicrec.

42_Nyong'o, "I've Got You Under My Skin."

43_여기서 나는 장프랑수아 리오타르가 『쟁론』[진태원 옮김, 경성대학교출판부, 2015]에서 불평, 호소, 부정의의 통약 불가능한 어법을 경유하여 권력을 가늠하는 용어인 "차연"(differend)을 언급한 것이다.

44_(『존재와 시간』에 나오는) 하이데거의 개념에 대한 소개는 다음을 보라. Inwood, *A Heidegger Dictionary*.

45_Berlant, "Uncle Sam Needs a Wife: Citizenship and Denegation," *The Female Complaint* (특히 161-167).

46_아래 밑줄로 빈 곳은 기념판에서 [꽃다발로] 가려진 단어를 뜻한다.

영웅은 누구인가?

그는 자기가 영웅이라고 말해 주었나?
그는 평범함에 대한 감각이 있는 사람이었다.
그는 모든 사람과 평범한 삶을 좋아했다.
그는 자기가 영웅이라고 말해 주었나?
그가 _____어린이들에게 선물을 주었기 때문에.
누가 그 _____을 가지고 있지 않았을까?
독수리처럼 날아오르거나 _____에 데뷔할 만큼
그는 자신이 ____이라고 말해 주었나?
이제 그는 저 ____을 결코 받지 못하리.

47_슬레이터 브래들리는 2004년 3월 21일 화요일에 시카고의 현대미술관에서, "죽음의 광경: 재난과 비극이 공동체를 형성하는데 담당하는 역할"(The Spectacle of Death: The Role of Disaster and Tragedy in Shaping Community)이라는 제목으로 열린 토론회에서 <예술적 표현의 나라>(The Land of Artistic Expression) 제작 과정을 설명한 적이 있다.

48_지금 자율주의 정치와 신무정부주의와 관련된 정치 이론의 다양한 공간에서 공동체 개념이 등장하고 있다. 그 공동체 개념은 규범성의 체로 아직 걸러지지는 않은 개념이며 동시성, 독자성, 잠재적 존재 가능성의 연대의 관계에서 형성되는 공동체를 뜻한다. 이 장의 다음 절과 다음을 참조. Nancy, *The Inoperative Community*; Agamben, *The Coming Community*[『도래하는 공동체』, 이경진 옮김, 꾸리에].

49_존슨은 내게 이 장면이 미국연방재난관리청(Federal Emergency Management Agency)의 이동 사무실에서 찍은 거라고 말해 주었지만, 이 장면을 보여 주는 어떤 종류의 맥락도 작품에서는 드러나지 않는다. 맥락을 알려면 그 지역을 알고 있거나, 관객이 화면에 보이는 것의 정동적·장면적 표본성을 마주해야 한다.

50_Berlant, "The Subject of True Feeling"; *The Female Complaint*(특히 "Poor Eliza") 참조.

51_Graeber, *Fragments of an Anarchist Anthropology*; *Possibilities*[『아나키스트 인류학의 조각들』]; Gibson-Graham, *A Postcapitalist Politics* 참조. 나는 대표적인 예로 그레이버와 그레이엄에 초점을 맞췄지만, 신무정부주의가 가장 널리 알려진 예가 미국에서는 주로 안토니오 네그리와 관련되지만, 이탈리아에서는 더 광범위한 활동과 연결된 자율주의 운동이 있다. 예를 들면, Virno, *A Grammar of the Multitude*; Berardi, *Precarious Rhapsody*[『프레카리아트를 위한 랩소디』] 참조. 내가 보기에, 이것은 슬라보예 지젝이 들뢰즈와 자크 랑시에르에게 응수하면서 "탈정치"라고 거부한, 혼란한 민주주의 장치와 동일한 것이 아니다. 정치적인 것이 정치를 구조화하는 국가, 국가를 경찰과 같은 것으로 보는 혼동, 정치적 요구의 중립화와 관련되는 한에

서 정치적인 것의 재발명이 정치적인 것으로부터의 철수를 요구하는가라는 일반적 문제는 정치 이론에서 이견이 분분한 논쟁으로 남아 있다. Žižek, *Violence*[『폭력이란 무엇인가』]; Rancière, *Disagreement*[『불화』] 참조.

52_Gibson-Graham, "An Ethics of the Local," 51.

참고문헌

Abbas, Ackbar. "Chen Danqing: Painting After Tiananmen." *Public Culture* 8, no. 3 (1996): 409–40.

Abbas, Niran. "CCTV: City Watch." In *London from Punk to Blair*. Edited by Joe Kerr, Andrew Gibson, and Mike Seaborne. London: Reaktion Books, 2003.

Adam, Barbara. *Timescapes of Modernity: The Environment and Invisible Hazards*. New York and London: Routledge, 1998.

Adams, Kenneth F., Arthur Schatzkin, Tamara B. Harris, Victor Kipnis, Traci Mouw, Rachel Ballard-Barbash, Albert Hollenbeck, and Michael F. Leitzmann. "Overweight, Obesity, and Mortality in a Large Prospective Cohort of Persons 50 to 71 Years Old." *New England Journal of Medicine* 355, no. 8 (2006): 763–78.

Adorno, Theodor. "Commitment." Translated by Francis McDonagh. *New Left Review* I(1974): 87–88.

_____. "Television as Ideology." *In Critical Models: Interventions and Catchwords*. Translated by Henry W. Pickford. New York: Columbia University Press, 1998.

Agamben, Giorgio. *The Coming Community*. Translated by Michael Hardt. Minneapolis: University of Minnesota Press, 1993[『도래하는 공동체』, 이경진 옮김, 꾸리에, 2014].

_____. *Homo Sacer: Sovereign Power and Bare Life*. Translated by Daniel Heller-Roazen. Stanford, Calif.: Stanford University Press, 1995[『호모 사케르: 주권 권력과 벌거벗은 생명』, 박진우 옮김, 새물결, 2008].

_____. *Means without End: Notes on Politics*. Translated by Vincenzo Binetti and Cesare Casarino. Minneapolis: University of Minnesota Press, 2000[『목적 없는 수단』, 김상운, 양창렬 옮김, 난장, 2009].

_____. "Notes on Gestures", *Means without End: Notes on Politics*. Translated by Vincenzo Binetti and Cesare Casarino. Minneapolis: University of Minnesota Press, 2000[『목적 없는 수단』, 김상운, 양창렬 옮김, 난장, 2009].

_____. *Remnants of Auschwitz: The Witness and the Archive*. Translated by Daniel Heller-Roazen. New York: Zone Books, 1999[『아우슈비츠의 남은 자들: 문서고와 증인』, 정문영 옮김, 새물결, 2012].

_____. *State of Exception*. Translated by Kevin Attell. Chicago: University of Chicago Press, 2005[『예외 상태』, 김항 옮김, 새물결, 2009].

Ahmed, Sara. *The Cultural Politics of Emotion*. Edinburgh: Edinburgh University Press, 2004.

_____. *Promise of Happiness*. Durham, N.C.: Duke University Press, 2010[『행복의 약속』, 이경란·성정혜 옮김, 후마니타스, 2021].

_____. *Queer Phenomenology: Orientations, Objects, Others*. Durham, N.C.: Duke University Press, 2006.

Albert, Michael. *Parecon: Life after Capitalism*. London: Verso, 2003.

Altemeyer, Robert. *The Authoritarians*. 2007. http://home.cc.umanitoba.ca/~altemey.

Althusser, Louis. "Ideology and Ideological State Apparatuses." In *Lenin and Philosophy*. Translated by Ben Brewster. New York: Monthly Review Press, 1971 [「이데올로기와 이데올로기적 국가기구」, 『레닌과 철학』, 이진수 옮김, 백의, 1997].

Anderson, George. "Buzzwords *du Jour*: Prosumers, Metrosexuals, Globesity." *Retail Wire*, September 26, 2003. http://retailwire.com.

Angier, Natalie. "Who Is Fat? It Depends on Culture." *New York Times*, November 7, 2000: F1.

Armstrong, Isobel. *The Radical Aesthetic*. Oxford: Oxford University Press, 2000.

Asad, Talal. "On Torture, or Cruel, Inhuman, and Degrading Treatment." In *Social Suffering*. Edited by Arthur Kleinman, Veena Das, and Margaret Lock. Berkeley: University of California Press, 1997.

Ashbery, John. "Filigrane." *The New Yorker*, November 7, 2005: 89.

_____. "Ignorance of the Law is No Excuse." *New York Review of Books* 51, no. 5 (March 25, 2004). http://www.nybooks.com.

_____. "Untitled." *The New Yorker*, November 7, 2005: 88.

Associated Press. "GOP Seeks Donations to Get Bush Plans Past the Liberal Media." *Editor & Publisher*, January 26, 2005.

Attali, Jacques. *Noise: The Political Economy of Music*. Translated by Brian Massumi. Minneapolis: University of Minnesota Press, 1985.

Auge, Marc. *Non-Places: Introduction to an Anthropology of Supermodernity*. Translated by John Howe. London: Verso, 1995.

Auslander, Philip. *Liveness: Performance in a Mediatized Culture*. New York: Routledge, 1999.

Badiou, Alain. *Ethics: An Essay on the Understanding of Evil.* Translated by Peter Hallward. Introduction by Slavoj Žižek. London and New York: Verso, 2001 [『윤리학: 악에 대한 의식에 관한 에세이』, 이종영 옮김, 동문선, 2001].

_____. *Manifesto for Philosophy.* Translated by Norman Madarasz. Albany: State University of New York Press, 1999[『철학을 위한 선언』, 서용순 옮김, 길, 2010].

Bailey, Peter. "'Will the Real Bill Banks Please Stand Up?': Towards a Role Analysis of Mid-Victorian Working-Class Respectability." *Journal of Social History* 12, no. 3 (1979): 336–53.

Baker, Jean H., ed. *Votes for Women: The Struggle for Suffrage Revisited.* New York: Oxford University Press, 2002.

Balke, Friedrich. "Derrida and Foucault on Sovereignty." *German Law Journal* 6, no. 1 (January 2005). http://www.germanlawjournal.com.

Ball, Karyn. "Traumatic Concepts: Latency and Crisis in Deleuze's Evolutionary Theory of Cinema." In *Traumatizing Theory: The Cultural Politics of Affect in and Beyond Psychoanalysis.* Edited by Karyn Ball. New York: Other Press, 2007.

Barbier, Jean-Claude. "A Comparative Analysis of 'Employment Precariousness' in Europe." Paper presented at the Economic and Social Research Council's seminar "Learning from Employment and Welfare Policies in Europe," Paris, March 15, 2004. http://www.cee-recherche.fr.

Barthes, Roland. *Camera Lucida: Reflections on Photography.* Translated by Richard Howard. New York: Hill and Wang, 1981[『밝은 방: 사진에 관한 노트』, 김웅권 옮김, 동문선, 2006].

_____. *A Lover's Discourse: Fragments.* Translated by Richard Howard. New York: Hill and Wang, 1978[『사랑의 단상』, 김희영 옮김, 동문선, 2004].

Bataille, Georges. *Literature and Evil.* Translated by Alastair Hamilton. London: Calder and Boyars, 1973[『문학과 악』, 최윤정 옮김, 민음사, 1995].

_____. *The Unfinished System of Nonknowledge.* Edited and introduction by Stuart Kendall. Translated by Michelle Kendall and Stuart Kendall. Minneapolis: University of Minnesota Press, 2001.

Baudrillard, Jean. "From the System to the Destiny of Objects." In *The Ecstasy of Communication.* Edited by Sylvere Lotringer. Translated by Bernard Schutze and Caroline Schutze. New York: Semiotext(e), 1987.

_____. *In the Shadow of the Silent Majorities ⋯⋯ Or the End of the Social and Other Essays.* Translated by Paul Foss, Paul Patton, and John Johnston. New York: Semiotext(e), 1983.

_____. *Symbolic Exchange and Death.* Translated by Iain Hamilton Grant. Introduction by Mike Gane. London: Sage, 1993.

Baum, Carolyn. "'New Normal' Tops 2009 List of Overused Phrases." *Bloomberg*, December 22, 2009. http://www.bloomberg.com.

Benjamin, Jessica. "'What Angel Would Hear Me?': The Erotics of Transference." *Psychoanalytic Inquiry* 14 (1994): 535–57.

Berardi, Franco "Bifo." "The Insurgence of the European Precariat." 2006. http://www.generation-online.org.

_____. *Precarious Rhapsody: Semiocapitalism and the Pathologies of the Post-Alpha Generation*. Edited by Erik Empson and Stevphen Shukaitis. Translated by Arianna Bove, Erik Empson, Michael Goddard, Giusppina Mecchia, Antonella Schintu, and Steve Wright. Brooklyn, N.Y.: Minor Compositions, 2009[『프레카리아트를 위한 랩소디: 기호자본주의의 불안정성과 정보노동의 정신병리』, 정유리 옮김, 난장, 2013]. .

Bergson, Henri. *Laughter: An Essay on the Meaning of the Comic*. Translated by Fred Rothwell. New York: MacMillan, 1914[『웃음』, 이희영 옮김, 동서문화사, 2016].

_____. 1912. *Matter and Memory*. Translated by Nancy Margaret Paul and W. Scott Palmer. New York: Zone Books, 1991[『물질과 기억』, 최화 옮김, 자유문고, 2017].

Berlant, Lauren. *The Anatomy of National Fantasy: Hawthorne, Utopia, and Everyday Life*. Chicago: University of Chicago Press, 1991.

_____. "Compassion (and Withholding)." In *Compassion: The Culture and Politics of an Emotion*. Edited by Lauren Berlant. New York: Routledge, 2004.

_____. "The Epistemology of State Emotion." In *Dissent in Dangerous Times*. Edited by Austin Sarat. Ann Arbor: University of Michigan Press, 2005.

_____. *The Female Complaint: The Unfinished Business of Sentimentality in American Culture*. Durham, N.C.: Duke University Press, 2008.

_____. "Introduction." In *Intimacy*. Edited by Lauren Berlant. Chicago: University of Chicago Press, 2000.

_____. "Neither Monstrous nor Pastoral, but Scary and Sweet: Some Thoughts on Sex and Emotional Performance in *Intimacies and What Do Gay Men Want?*" *Women & Performance: A Journal of Feminist Theory* 19, no. 2 (July 2009): 261–73.

_____. "Opulism." *SAQ* 110, no. 1 (winter 2011), 235–42.

_____. *The Queen of America Goes to Washington City: Essays on Sex and Citizenship*. Durham, N.C.: Duke University Press, 1997.

_____. "Starved." *SAQ* 106, no. 3 (2007): 433–44.

_____. "The Subject of True Feeling: Pain, Privacy, and Politics." In *Left Legalism/Left Critique*. Edited by Janet Halley and Wendy Brown. Durham, N.C.: Duke University Press, 2002.

_____. "Thinking about Feeling Historical." *Emotion, Space, and Society* 1 (2008): 4–9.

_____. "Two Girls, Fat and Thin." In *Regarding Sedgwick*. Edited by Stephen M. Barber and David L. Clark. New York and London: Routledge, 2002.

_____. "Unfeeling Kerry." *Theory and Event* 8, no. 2 (2005).

Berlant, Lauren, and Michael Warner. "Sex in Public." *Critical Inquiry* 24, no. 2 (winter 1998): 547–67.

Bersani, Leo. *The Freudian Body: Psychoanalysis and Art*. New York: Columbia University Press, 1990 [『프로이트의 몸』, 윤조원 옮김, 필로소픽, 2021].

_____. "Is the Rectum a Grave?" *October* 43 (winter 1987): 197–222.

Bersani, Leo, and Ulysse Dutoit, eds. *Caravaggio's Secrets*. Cambridge, Mass.: MIT Press, 1998.

Bersani, Leo, and Adam Phillips. *Intimacies*. Chicago: University of Chicago Press, 2008.

Blackman, Stuart. "The Enormity of Obesity." *The Scientist* 18, no. 10 (May 24, 2004): 10.

Blatch, Harriot Stanton, and Alma Lutz. *Challenging Years: The Memoirs of Harriot Stanton Blatch*. New York: G. P. Putnam's Sons, 1940.

Blattberg, Benjamin. "The Style of the So-Called Inanimate: Commodity Style in *Sister Carrie* and *Pattern Recognition*." Unpublished paper, 2007.

Bnet.com. "The President's News Conference with President Mwai Kibaki of Kenya." October 6, 2003.

Bollas, Christopher. *The Shadow of the Object: Psychoanalysis of the Unthought Known*. New York: Columbia University Press, 1987.

_____. "The Transformational Object." In *The Shadow of the Object: Psychoanalysis of the Unthought Known*. New York: Columbia University Press, 1987.

Borch-Jacobsen, Mikkel. *The Freudian Subject*. Translated by Catherine Potter. Introduction by Francois Roustang. Stanford, Calif.: Stanford University Press, 1988.

Bourdieu, Pierre, Alain Accardo, Priscilla Parkhurst Ferguson, and Susan Emanuel. *The Weight of the World: Social Suffering in Contemporary Societies*. Stanford, Calif.: Stanford University Press, 1999.

Brecht, Bertolt. 1949. "A Short Organum for the Theatre." In *Brecht on Theatre: The Development of an Aesthetic*. Edited and translated by John Willett. London: Methuen, 1964.

Brennan, Teresa. *The Transmission of Affect*. Ithaca, N.Y.: Cornell University Press, 2004.

Brodie, Janet Farrell, and Mark Redfield, eds. *High Anxieties: Cultural Studies in Addiction*. Berkeley: University of California Press, 2002.

Brown, Bill. "Thing Theory." *Critical Inquiry* 28, no. 1 (autumn 2001): 1–22.

Brown, Debra J. "Everyday Life for Black American Adults: Stress, Emotions, and Blood

Pressure." *Western Journal of Nursing Research* 26, no. 5 (2004): 499–514.

Brown, Harriet. "Well-Intentioned Food Police May Create Havoc with Children's Diets." *New York Times*, May 30, 2006.

Brown, Wendy. *Edgework: Critical Essays on Knowledge and Politics*. Princeton: Princeton University Press, 2005.

Browne, Sir Thomas. *Sir Thomas Browne: Selected Writings*. Edited by Claire Preston. New York: Routledge, 2003.

Brownell, Kelly, and Katherine Battle Horgen. *Food Fight: The Inside Story of the Food Industry, America's Obesity Crisis and What We Can Do about It*. Chicago: University of Chicago Press, 2004.

Bumiller, Elisabeth. "Trying to Bypass the Good-News Filter." *New York Times*, October 20, 2003.

Butler, Judith. *Bodies that Matter: On the Discursive Limits of "Sex."* New York: Routledge, 1993[『의미를 체현하는 육체』, 김윤상 옮김, 인간사랑, 2003].

———. *Gender Trouble: Feminism and the Subversion of Identity*. New York: Routledge, 1990[『젠더 트러블』, 조현준 옮김, 문학동네, 2008].

———. *Precarious Life: The Powers of Mourning and Violence*. London: Verso, 2004 [『위태로운 삶』, 윤조원 옮김, 필로소픽, 2018].

———. *The Psychic Life of Power: Theories in Subjection*. Stanford, Calif.: Stanford University Press, 1977[『권력의 정신적 삶』, 강경덕·김세서리아 옮김, 그린비, 2019].

Camhi, Leslie. "Soldiers' Stories: A New Kind of War Film; Work as a Matter of Life and Death." *Village Voice*, November 3–9, 1999.

Campos, Paul. *The Obesity Myth: Why America's Obsession with Weight is Hazardous to Your Health*. New York: Penguin, 2004.

Cardullo, Bert. "Rosetta Stone: A Consideration of the Dardenne Brothers' *Rosetta*." *Journal of Religion and Film* 6, no. 1 (April 2002).

Caruth, Cathy. *Unclaimed Experience: Trauma, Narrative, and History*. Baltimore: Johns Hopkins University Press, 1996.

Cavell, Stanley. "The Uncanniness of the Ordinary." In *In Quest of the Ordinary: Lines of Skepticism and Romanticism*. Chicago: University of Chicago Press, 1994.

———. "The Wittgensteinian Event." In *Philosophy the Day after Tomorrow*. Cambridge, Mass.: Harvard University Press, 2006.

Center for Science in the Public Interest. "Menu Labeling," http://www.cspinet.org/menulabeling.

Centers for Disease Control and Prevention. "Childhood Overweight and Obesity" homepage. http://www.cdc.gov/obesity/childhood.

_____. "Obesity" homepage.

Chang, Virginia W. "The Social Stratification of Obesity: Bodily Assets and the Stylization of Health." PhD diss. University of Chicago, 2003. AAT 3077046.

_____. "U.S. Obesity, Weight Gain, and Socioeconomic Status." *CHERP Policy Brief* 3, no. 1 (fall 2005).

Chang, Virginia, and Nicholas A. Christakis. "Income Inequality and Weight Status in U.S. Metropolitan Areas." *Social Science & Medicine* 61, no. 1 (July 2005): 83–96.

Chang, Virginia, and Diane Lauderdale. "Income Disparities in Body Mass Index and Obesity in the United States, 1971–2002." *Archives of Internal Medicine* 165, no. 18 (October 10, 2005): 2122–28.

Charlesworth, Simon J. *A Phenomenology of Working-Class Experience.* Cambridge: Cambridge University Press, 2000.

Cixous, Helene. "The Laugh of the Medusa." Translated by Keith Cohen and Paula Cohen. *Signs* 1, no. 4 (summer 1976): 875–93.

Clough, Patricia Ticineto, et al. *The Affective Turn: Theorizing the Social.* Durham, N.C.: Duke University Press, 2007.

CNN. "Fat Americans Getting Even Fatter: Extreme Obesity is Ballooning in U.S. Adults." October 14, 2003.

Cohen, Kris. "The Impersonal Public Sphere." Unpublished paper, 2005. http://www.studioincite.com.

Collins, Douglas. "The Great Effects of Small Things: Insignificance with Immanence in Critical Theory." *Anthropoetics* 8, no. 2 (fall 2002/winter 2003). http://www.anthropoetics.ucla.edu.

Connolly, Paul, and Julie Healy. "Symbolic Violence and the Neighborhood: The Educational Aspirations of 7–8 Year Old Working-Class Girls." *The British Journal of Sociology* 55, no. 4 (2004): 511–29.

Constable, Anna. "Women's Voiceless Speech." *New York Times,* January 5, 1913.

Coontz, Stephanie. *Marriage, a History: From Obedience to Intimacy, or How Love Conquered Marriage.* New York: Viking, 2005[『진화하는 결혼』, 김승욱 옮김, 작가정신, 2009].

Copjec, Joan. *Read My Desire: Lacan against the Historicists.* Cambridge, Mass.: MIT Press, 1994.

Cornell, Drucilla. *The Imaginary Domain: Abortion, Pornography and Sexual Harassment.* New York: Routledge, 1995.

Cottle, Thomas J. *Hardest Times: The Trauma of Long Term Unemployment.* Westport, Conn.: Praeger, 2000.

Critser, Greg. *Fat Land: How Americans Became the Fattest People in the World*. London: Penguin, 2003[『비만의 제국: 미국인은 어떻게 세계에서 가장 뚱뚱한 나라가 됐는가』, 노혜숙 옮김, 한스미디어, 2004].

Cusick, Suzanne G. "Music as Torture/Music as Weapon." *TRANS Revista Transcultural de Musica* 10 (2006). http://redalyc.uaemex.mx.

Das, Veena. *Life and Words: Violence and the Descent into the Ordinary*. Berkeley: University of California Press, 2007.

Davidson, Patricia. "Unequal Burden." Paper given in Washington D.C. at the National Black Women's Health Project conference, April 11, 2003, www.kaisernetwork.org.

Davis, Mike. *Late Victorian Holocausts: El Nino Famines and the Making of the Third World*. New York: Verso, 2001.

Dean, Tim. *Unlimited Intimacy: Reflections on the Subculture of Barebacking*. Chicago: University of Chicago Press, 2009.

Debord, Guy. *The Society of the Spectacle*. Translated by Ken Knabb. London: Rebel Press, 1983[『스펙타클의 사회』, 유재홍 옮김, 울력, 2014].

de Lauretis, Teresa. *The Practice of Love: Lesbian Sexuality and Perverse Desire*. Bloomington: Indiana University Press, 1994.

_____. "Statement Due." *Critical Inquiry* 30, no. 2 (winter 2004): 365–368.

Deleuze, Gilles. "Coldness and Cruelty." In *Masochism: Coldness and Cruelty, and Venus in Furs*. New York: Zone Books, 1991[『매저키즘』, 이강훈 옮김, 인간사랑, 2007].

_____. *The Logic of Sense*. Edited by Constantin V. Boundas. Translated by Mark Lester and Charles Stivale. New York: Columbia University Press, 1990[『의미의 논리』, 이정우, 한길사, 1999].

_____. "Postscript on the Societies of Control." *October* 59 (winter 1992): 3–7.

_____. "Societies of Control." *L'autre journal*, no. 1 (May 1990).

Deleuze, Gilles, and Felix Guattari. "Capitalism: A Very Special Delirium." In *Hatred of Capitalism*. Edited by Chris Kraus and Sylvere Lotringer. New York: Semiotext(e), 2001.

_____. *Kafka: Toward a Minor Literature*. Translated by Dana Polan. Minneapolis: University of Minnesota Press, 1986[『카프카: 소수적인 문학을 위하여』, 이진경 옮김, 동문선, 2001].

_____. "Percept, Affect, and Concept." In *What Is Philosophy?* Translated by Hugh Tomlinson and Graham Burchell. New York: Columbia University Press, 1994.

_____. *A Thousand Plateaus: Capitalism and Schizophrenia*. London and New York: Continuum, 1987[『천 개의 고원』, 김재인 옮김, 새물결, 2001].

_____. "What is a Minor Literature?" In *Out There: Marginalization and Contemporary*

Cultures. Translated by Dana Polan. Edited by Russell Ferguson et al. Cambridge, Mass.: MIT Press, 1990.

DeLillo, Don. *Falling Man: A Novel*. New York: Scribner, 2007.

De Noon, Daniel J. "Michelle Obama's Plan to End Childhood Obesity Epidemic: Goal; Cut Child Obesity From 20% to 5% by 2030." *WebMD Health News*, May 11, 2010.

DeParle, Jason. *American Dream: Three Women, Ten Kids, and a Nation's Drive to End Welfare*. New York: Viking, 2004.

Derrida, Jacques. *The Politics of Friendship*. Translated by George Collins. New York: Verso, 1997.

Dickson, Geoff, and Grant Schofield. "Globalization and Globesity: The Impact of the 2008 Beijing Olympics on China." *International Journal of Sports Management and Marketing* 1, no. 1/2 (2005): 169–79.

Doane, Mary Ann. "Information, Crisis, Catastrophe." In *Logics of Television: Essays in Cultural Criticism*. Edited by Patricia Mellencamp. Bloomington: Indiana University Press, 1990.

Dolan, Jill. "Performance, Utopia, and the 'Utopian Performative.'" *Theatre Journal* 53, no. 3 (2001): 455–79.

Dubey, Madhu. *Signs and Cities: Black Literary Postmodernism*. Chicago: University of Chicago Press, 2003.

DuBois, Ellen Carol. *Harriot Stanton Blatch and the Winning of Woman Suffrage*. New Haven: Yale University Press, 1997.

Dumm, Thomas L. *A Politics of the Ordinary*. New York: New York University Press, 1999.

Dyer-Witheford, Nick. "Empire, Immaterial Labor, the New Combinations, and the Global Worker." *Rethinking Marxism* 13, no. 3/4 (winter 2001): 70–80.

Eagleton, Terry. "Capitalism and Form." *New Left Review* 14 (March/April 2002): 119–31.

Eberwine, Donna. "Globesity: The Crisis of Growing Proportions." *Perspectives in Health Magazine* 7, no. 3 (2002): 6–11.

Economic and Social Research Council. "Diet and Obesity in the UK."

Edelman, Lee. *No Future: Queer Theory and the Death Drive*. Durham, N.C.: Duke University Press, 2005.

Edwards, Margie L. Kiter. "We're Decent People: Constructing and Managing Family Identity in Rural Working Class Communities." *Journal of Marriage and Family* 66, no. 2 (May 2004): 515–29.

Ehrenreich, Barbara. *Bait and Switch: The Futile Pursuit of the American Dream*. New York: Henry Holt and Co., 2005[『희망의 배신』, 전미영 옮김, 부키, 2012].

_____. *Nickel and Dimed: On (Not) Getting By in America*. New York: Metropolitan

Books, 2001 [『노동의 배신』, 최희봉 옮김, 부키, 2012].

Eley, Geoff. *A Crooked Line: From Cultural History to the History of Society*. Ann Arbor: University of Michigan Press, 2006.

Eley, Geoff, and Keith Nield. *The Future of Class in History: What's Left of the Social?* Ann Arbor: University of Michigan Press, 2007.

Ellis, Mark. *Race, War, and Surveillance: African Americans and the United States during World War I*. Bloomington: Indiana University Press, 2001.

European Industrial Relations Observatory. "Belgium: Rosetta Plan Launched to Boost Youth Employment." *European Industrial Relations Observatory On-line*, November 28, 1999.

_____. "Uncertainties of the Informal Economy: A Belgian Perspective." *European Industrial Relations Observatory On-line*, August 28, 1998.

Fairbairn, W. R. D. 1952. *Psychoanalytic Studies of the Personality*. London: Routledge, 1990.

Farred, Grant. "A Fidelity to Politics: Shame and the African-American Vote in the 2004 Election." *Social Identities* 12, no. 2 (2006): 213–26.

Fattah, Hassan M. "In Dubai, an Outcry from Asians for Workplace Rights." *New York Times*, March 26, 2006.

Federici, Silvia. "Precarious Labor: A Feminist Viewpoint." http://inthemiddleofthewhirlwind.wordpress.com.

_____. "The Reproduction of Labour-Power in the Global Economy: Marxist Theory and the Unfinished Feminist Revolution." http://caringlabor.wordpress.com.

Feuer, Jane. "The Concept of Live Television: Ontology as Ideology." In *Regarding Television: Critical Approaches; An Anthology*. Edited by E. Ann Kaplan. Los Angeles: American Film Institute, 1983.

Fitzpatrick, Michael. *The Tyranny of Health: Doctors and the Regulation of Lifestyle*. London: Routledge, 2001.

Flatley, Jonathan. *Affective Mapping: Melancholia and the Politics of Modernism*. Cambridge, Mass.: Harvard University Press, 2008.

Fleegler, Robert L. "'Forget All Differences until the Forces of Freedom Are Triumphant': The World War II-Era Quest for Ethnic and Religious Tolerance." *Journal of American Ethnic History* 27, no. 2 (winter 2008): 59–84.

Flegal, Katherine, Margaret D. Carroll, Cynthia L. Ogden, and Lester R. Curtin. "Prevalence and Trends in Obesity among U.S. Adults, 1999–2008." *Journal of the American Medical Association* 303, no. 2 (2010): 235–41.

Foucault, Michel. "17 March 1976." Translated by David Macey. In *Society Must Be Defended: Lectures at the College de France, 1975-76*. Edited by Mauro Bertani et al. New York: Picador, 2003 [『사회를 보호해야 한다: 콜레주드프랑스 강의

1975~76』, 김상운 옮김, 난장, 2015].

_____. 1969. *The Archaeology of Knowledge and the Discourse on Language*. Translated by A. M. Sheridan Smith. New York: Pantheon, 1994[『지식의 고고학』, 이정우 옮김, 민음사, 2000].

_____. "The Confession of the Flesh." Translated by Colin Gordon. In *Power/Knowledge: Selected Interviews and Other Writings 1972-1977*. Edited by Colin Gordon. New York: Pantheon Books, 1980.

_____. 1978. *The History of Sexuality, Vol. 1*. Translated by Robert Hurley. New York: Vintage Books, 1980[『성의 역사 1: 지식의 의지』, 이규현 옮김, 나남, 2010].

_____. "Questions of Method." In *The Foucault Effect: Studies in Governmentality*. Edited by Graham Burchell, Colin Gordon, and Peter Miller. Chicago: University of Chicago Press, 1991[『푸코 효과: 통치성에 관한 연구』, 이승철 외 옮김, 난장, 2014].

_____. "What is Enlightenment?" Translated by Catherine Porter. In *The Foucault Reader*. Edited by Paul Rabinow. New York: Pantheon Books, 1984.

Francois, Anne-Lise. *Open Secrets: The Literature of Uncounted Experience*. Stanford, Calif.: Stanford University Press, 2008.

Frank, Thomas. *What's the Matter with Kansas? How Conservatives Won the Heart of America*. New York: Metropolitan, 2004[『왜 가난한 사람들은 부자를 위해 투표하는가: 캔자스에서 도대체 무슨 일이 있었나』, 김병순 옮김, 갈라파고스, 2012].

Freedman, David S., et al. "Racial and Ethnic Differences in Secular Trends for Childhood BMI, Weight, and Height." *Obesity* 14 (February 2006): 301–308.

Freud, Sigmund. 1917 [1915]. "Mourning and Melancholia." In Vol. 14 of *The Standard Edition of the Complete Psychological Works of Sigmund Freud*. Translated and edited by James Strachey. London: Hogarth, 1957. Hereafter S.E[「슬픔과 우울증」, 『정신분석학의 근본 개념』, 윤희기, 박찬부 옮김, 프로이트 전집 11, 열린책들, 2003].

_____. 1933. "Femininity." Lecture 33, *New Introductory Lectures*. In S.E. 22.

Gaitskill, Mary. *Bad Behavior*. New York: Vintage, 1988.

_____. *Because They Wanted To*. New York: Scribner, 1997.

_____. "Folksong." *Nerve* (1999). http://www.nerve.com/content/folk-song-1999.

_____. "Suntan." *Word*, July 12, 1999. http://deadword.com/site/habit/suntan/index.html.

_____. *Two Girls, Fat and Thin*. New York: Vintage, 1991.

_____. "Veronica." *POZ* (August 1998).

Gaitskill, Mary, and Peter Trachtenberg. "Walt and Beth: A Love Story." *Word*, July 7, 1999. Previously available at http://www.word.com. Print copy in possession of author.

Gardner, Gary, and Brian Halweil. "Underfed and Overfed: The Global Epidemic of Malnutrition." *Worldwatch* (March 2000), http://www.worldwatch.org.

Ghent, Emmanuel. "Masochism, Submission, Surrender: Masochism as a Perversion of Surrender." *Contemporary Psychoanalysis* 26, n0.1 (1990): 108–36.

Gibbs, W. Wayt. "Obesity, An Overblown Epidemic?" *Scientific American*, May 23, 2005.

Gibson, William. *Pattern Recognition*. New York: Putnam, 2003.

Gibson-Graham, J. K. "An Ethics of the Local." *Rethinking Marxism* 15, no. 1 (2003): 49–74.

_____. *A Postcapitalist Politics*. Minneapolis: University of Minnesota Press, 2006.

Gilliom, John. *Overseers of the Poor: Surveillance, Resistance, and the Limits of Privacy*. Chicago: University of Chicago Press, 2001.

Gilroy, Paul. *Against Race: Imagining Political Culture beyond the Color Line*. New York: Belknap Press, 2000.

Golding, Sue. "Curiosity." In *The Eight Technologies of Otherness*. Edited by Sue Goulding. New York and London: Routledge, 1997.

Gorman, Thomas J. "Reconsidering *Worlds of Pain*: Life in the Working Class(es)." *Sociological Review* 15, no. 4 (2000): 693–717.

Gould, Deborah B. *Moving Politics: Emotion and ACT UP's Fight against AIDS*. Chicago: University of Chicago Press, 2009.

Graeber, David. *Fragments of an Anarchist Anthropology*. Chicago: Prickly Paradigm Press, 2004[『아나키스트 인류학의 조각들』, 나현영 옮김, 포도밭, 2016].

_____. *Possibilities: Essays on Hierarchy, Rebellion, and Desire*. Oakland, Calif.: AK Press, 2007[『가능성들: 위계, 반란, 욕망에 관한 에세이』, 조원광 외 옮김, 그린비, 2016].

Graham, Colin. "'Every Passer-by a Culprit?'" *Third Text* 19, no. 5 (September 2005): 567–80.

Grassian, Stuart. "Psychopathological Effects of Solitary Confinement." *American Journal of Psychiatry* 140 (November 11, 1983): 1450–54.

Green, André. 1973. *The Fabric of Affect in the Psychoanalytic Discourse*. Translated by Alan Sheridan. New York and London: Routledge, 1999.

Gremillion, Helen. "The Cultural Politics of Body Size." *Annual Review of Anthropology* 34 (October 2005): 13–32.

Griggers, Camilla. *Becoming-Woman*. Minneapolis: University of Minnesota Press, 1997.

Grimm, Sabine, and Klaus Ronneberger. "Interview with Sergio Bologna: An Invisible History of Work." *Springerin* 1 (2007).

Habermas, Jurgen. *The Structural Transformation of the Public Sphere: An Inquiry into a*

Category of Bourgeois Society. Translated by Thomas Burger. Cambridge, Mass.: MIT Press, 1989[『공론장의 구조 변동: 부르주아 사회의 한 범주에 관한 연구』, 한승완 옮김, 나남, 2004].

Hadley, Elaine. *Living Liberalism: Practical Citizenship in Mid-Victorian Britain*. Chicago: University of Chicago Press, 2010.

Hage, Ghassan. *Against Paranoid Nationalism: Searching for Hope in a Shrinking Society*. Annandale, NSw, Australia: Pluto Press, 2003.

Halttunen, Karen. *Murder Most Foul: The Killer and the American Gothic Imagination*. Cambridge, Mass.: Harvard University Press, 2000.

Hardt, Michael, and Antonio Negri. *Empire*. Cambridge, Mass.: Harvard University Press, 2001[『제국』, 윤수종 옮김, 이학사, 2001].

_____. *Multitude: War and Democracy in the Age of Empire*. Cambridge, Mass.: Harvard University Press, 2004[『다중』, 정남영·서창현·조정환 옮김, 세종서적, 2008].

Harootunian, Harry. *History's Disquiet: Modernity, Cultural Practice, and the Question of Everyday Life*. New York: Columbia University Press, 2000.

_____. "Remembering the Historical Present." *Critical Inquiry* 33 (spring 2007): 471–94.

_____. "Shadowing History: National Narratives and the Persistence of the Everyday." *Cultural Studies* 18, no. 2/3 (2004): 181–200.

Harvey, David. "The Body as an Accumulation Strategy." In *Spaces of Hope*. Berkeley: University of California Press, 2000["축적 전략으로서 신체," 『희망의 공간』, 최병두 옮김, 한울, 2009].

_____. *A Brief History of Neoliberalism*. New York: Oxford University Press, 2007 [『신자유주의: 간략한 역사』, 최병두 옮김, 한울, 2014].

_____. *The Condition of Postmodernity: An Enquiry into the Origins of Cultural Change*. Cambridge, Mass.: Blackwell, 1989[『포스트 모더니티의 조건』, 구동회·박영민 옮김, 한울, 2013].

_____. *Spaces of Hope*. Berkeley: University of California Press, 2000[『희망의 공간』, 최병두 옮김, 한울, 2009].

Hayden, Anders. "France's 35-Hour Week: Attack on Business? Win-Win Reform? Or Betrayal of Disadvantaged Workers?" *Politics and Society* 34, no. 4 (December 2006): 503–42.

Hempel, Amy. "Beach Town." In *The Collected Stories of Amy Hempel*. New York: Scribner, 2006.

Heymann, Jody. *Forgotten Families: Ending the Growing Crisis Confronting Children and Working Parents in the Global Economy*. New York: Oxford University Press, 2006.

Hicks, Bernard. "America on the Move: The National Health Campaign for 2003." *American Fitness* (January/February 2003).

Higbee, Will. "'Elle est-ou, ta place?' The Social-Realist Melodramas of Laurent Cantet: *Ressources humaines* and *Emploi du temps*." *French Cultural Studies* 15 (2004): 235–50.

Hirschkind, Charles. *The Ethical Soundscape: Cassette Sermons and Islamic Counterpublics*. New York: Columbia University Press, 2006.

Hochschild, Arlie. *The Commercialization of Intimate Life: Notes from Home and Work*. Berkeley: University of California Press, 2003.

_____. *The Managed Heart: Commercialization of Human Feeling*. Berkeley: University of California Press, 1983[『감정 노동: 노동은 우리의 감정을 어떻게 상품으로 만드는가』, 이가람 옮김, 이매진, 2009].

Holmes, Brian. *Unleashing the Collective Phantoms: Essays in Reverse Imagineering*. New York: Autonomedia, 2008.

Hussain, Nasser. *The Jurisprudence of Emergency: Colonialism and the Rule of Law*. Ann Arbor: University of Michigan Press, 2003.

Illouz, Eva. *Cold Intimacies: The Making of Emotional Capitalism*. Cambridge, U.K.: Polity Press, 2007[『감정 자본주의: 감정은 어떻게 자본을 활용하는가』, 김정아 옮김, 돌베개, 2010].

Investors.com. "California's Low-Fact Diet." The Invisible Committee. *The Coming Insurrection*. New York: Semiotext(e), 2009.

Inwood, Michael. *A Heidegger Dictionary*. London: Wiley-Blackwell, 1999.

Jackson, Phyllis. "Re-Living Memories: Picturing Death." *Ijele: Art Journal of the African World* 5 (2002). http://www.africaresource.com.

Jacobson, Miriam. "The Epidemic of Obesity: The Costs to Employers and Practical Solutions." Paper given at the Washington Business Group on Health Summit on Obesity, Cardiovascular Disease and Diabetes, December 5, 2002.

Jameson, Fredric. *The Geopolitical Aesthetic: Cinema and Space in the World System*. Indianapolis: Indiana University Press, 1992[『지정학적 미학: 세계체제에서의 영화와 공간』, 조성훈 옮김, 현대미학사, 2007].

_____. *Ideologies of Theory: Essays, 1971–1986*. Vol. 1, *Situations of Theory*. Minneapolis: University of Minnesota Press, 1988.

_____. *The Political Unconscious: Narrative as a Socially Symbolic Act*. Ithaca, N.Y.: Cornell University Press, 1983[『정치적 무의식』, 이경덕, 서강목 옮김, 민음사, 2015].

_____. *Postmodernism, or, The Cultural Logic of Late Capitalism*. Durham, N.C.: Duke University Press, 1991.

_____. "Reification and Utopia in Mass Culture." *Social Text* 1 (winter 1979): 130–48.

_____. *Signatures of the Visible*. London: Routledge, 1992[『보이는 것의 날인』, 남인영 옮김, 한나래, 2003].

Jenkins, Alan. *Employment Relations in France: Evolution and Innovation.* New York: Kluwer Academic / Plenum Publishers, 2000.

Jernigan, Adam. "Affective Realism: Economies of Feeling in Postwar American Fiction." PhD diss. University of Chicago. Forthcoming.

Jessop, Bob. *The Future of the Capitalist State.* Malden, Mass.: Polity Press, 2002[『자본주의 국가의 미래』, 김영화 옮김, 양서원, 2010].

Johnson, Barbara. "Apostrophe, Animation, and Abortion." *Diacritics* 16, no. 1 (1986): 26–47.

_____. "Bringing Out D. A. Miller." *Narrative* 10, no. 1 (2002): 3–8.

_____. "Metaphor, Metonym, Voice in *Their Eyes Were Watching God.*" In *A World of Difference.* Baltimore: Johns Hopkins University Press, 1987.

_____. "Muteness Envy." In *The Feminist Difference: Literature, Psychoanalysis, Race and Gender.* Cambridge: Harvard University Press, 1998.

_____. "Thresholds of Difference: Structures of Address in Zora Neale Hurston." In *A World of Difference.* Baltimore: Johns Hopkins University Press, 1987.

Johnson, Charles. 1986. "Exchange Value." In *The Sorcerer's Apprentice: Tales and Conjurations.* New York: Plume, 1994.

Jordan, Elizabeth, ed. 1916–1917. *The Sturdy Oak: A Composite Novel of American Politics.* Columbus: Ohio State University Press, 1998.

Junod, Tom. 2003. "The Falling Man." Reprinted in *Esquire*, September 11, 2008.

Kedrosky, Paul. "Infectious Greed." http://paul.kedrosky.com.

Kehr, Dave. "Their Method Is to Push Toward Moments of Truth." *New York Times*, January 5, 2003.

Kimm, Sue Y., and Eva Obarzanek. "Childhood Obesity: A New Pandemic of the New Millennium." *Pediatrics* 110, no. 5 (November 2002): 1003–7.

Kiter Edwards, Margie L. "We're Decent People: Constructing and Managing Family Identity in Rural Working-Class Communities." *Journal of Marriage and Family* 66, no. 2 (May 2004): 515–29.

Klein, Melanie, and Joan Riviere. *Love, Hate and Reparation.* New York: W. W. Norton and Co., 1964.

Klein, Richard. *Eat Fat.* New York: Pantheon, 1996[『포스트모던 다이어트: 지방질을 먹어라』, 원재길 옮김, 황금가지, 1999].

Kolbert, Elizabeth. "XXXL: Why Are We So Fat?" *The New Yorker*, July 20, 2009. http://www.newyorker.com.

Kristeva, Julia. *Powers of Horror: An Essay on Abjection.* New York: Columbia University Press, 1982[『공포의 권력』, 서민원 옮김, 동문선, 2001].

Krueger, Alan B. "Does the Financial Crisis Threaten Your Job?" *New York Times*, September 29, 2008.

Kulick, Don, and Anne Meneley. "Introduction." In *Fat: The Anthropology of an Obsession*. New York: Tarcher/Penguin, 2005.

Labio, Catherine. "Editor's Preface: The Federalization of Memory." *Yale French Studies* 102 (fall 2002): 1–8.

Laclau, Ernesto. "Universalism, Particularism, and the Question of Identity." In *The Identity in Question*. Edited by John Rajchman. London and New York: Routledge, 1995.

Lang, Tim, and Michael Heasman. *Food Wars: The Global Battle for Mouths, Minds, and Markets*. London: Earthscan, 2004.

Laplanche, Jean, and J.B. Pontalis. "Fantasy and the Origins of Sexuality." In *Formations of Fantasy*. Edited by Victor Burgin, James Donald, and Cora Kaplan. London: Methuen, 1986.

_____. *The Language of Psychoanalysis*. Translated by Donald Nicholson-Smith. New York: W. W. Norton and Co., 1967.

Lareau, Annette. *Unequal Childhoods: Class, Race, and Family Life*. Berkeley: University of California Press, 2003[『불평등한 어린 시절』, 박상은 옮김, 에코리브르, 2012].

Lefebvre, Henri. *Rhythmanalysis: Space, Time and Everyday Life*. Translated by Stuart Elden and Gerald Moore. London: Continuum, 2004[『리듬 분석: 공간, 시간, 그리고 도시의 일상생활』, 정기헌 옮김, 갈무리, 2013].

Leitch, Alison. "Slow Food and the Politics of Pork Fat: Italian Food and European Identity." *Ethnos* 68, no. 4 (December 2003): 437–62.

Leonard, Devin. "The New Abnormal." *Bloomberg Businessweek*, July 29, 2010.

"Let's Move" Initiative. http://www.letsmove.gov.

Leys, Ruth. *Trauma: A Genealogy*. Chicago: University of Chicago Press, 2000.

Lithwick, Dahlia. "My Big Fattening Greek Salad: Are French Fries the New Marlboros?" *Slate*, August 14, 2003.

Lloyd, David, and Paul Thomas. *Culture and the State*. London and New York: Routledge, 1998

Lloyd, Richard D. *Neo-Bohemia: Art and Commerce in the Postindustrial City*. New York and London: Routledge, 2005.

Logwood, Dyann. "Food for Our Souls." In *Body Outlaws: Young Women Write About Body Image & Identity*. Edited by Ophira Edut. Seattle: Seal Press, 1998.

Lotringer, Sylvere. "Remember Foucault." *October* 126 (fall 2008): 3–22.

Lovejoy, Meg. "Disturbances in the Social Body: Differences in Body Image and Eating

Problems Among African American and White Women." *Gender and Society* 15, no. 2 (April 2001): 239–61.

Lukacs, Georg. 1962. *The Historical Novel*. Lincoln: University of Nebraska Press, 1983[『역사소설론』, 이영욱 옮김, 거름, 1999].

Lupton, Ellen. "Why DIY?" *Design Writing Research*, August 2009.

Lyotard, Jean-Francois. *The Differend: Phrases in Dispute*. Translated by Georges Van Den Abbeele. Minneapolis: University of Minnesota Press, 1988[『쟁론』, 진태원 옮김, 경성대출판부, 2015].

MacTavish, Katherine A., and Sonya Salamon. "Pathways of Youth Development in a Rural Trailer Park." *Family Relations* 55 (April 2006): 163–74.

Manson, JoAnn E., et al. "The Escalating Pandemics of Obesity and Sedentary Lifestyle: A Call to Action for Clinicians." *Archives of Internal Medicine* (February 9, 2004): 249–58.

Marcuse, Herbert. "Aggressiveness in Advanced Industrial Society." *Negations: Essays in Critical Theory*. Boston: Beacon Press, 1968.

Markell, Patchen. *Bound by Recognition*. Princeton: Princeton University Press, 2003.

Marks, Laura U. *Touch: Sensuous Theory and Multisensory Media*. Minneapolis: University of Minnesota Press, 2002.

Marx, Karl. *Economic and Philosophical Manuscripts*. Translated by Gregor Benton, 1974. http://www.sozialistische-klassiker.org[『경제학철학초고』, 김문수 옮김, 동서문화사].

_____. "The Eighteenth Brumaire of Napoleon Bonaparte." In *The Marx-Engels Reader*. Edited by Robert C. Tucker. 2nd ed. New York: Norton, 1978.

Massumi, Brian. "The Future Birth of the Affective Fact." Paper presented in Montreal at the conference "Genealogies of Biopolitics," 2005.

_____. *Parables for the Virtual: Movement, Affect, Sensation*. Durham, N.C.: Duke University Press, 2002[『가상계: 운동, 정동, 감각의 아쌍블라주』, 조성훈 옮김, 갈무리, 2011].

_____. "Too-Blue: Color-Patch for an Expanded Empiricism." *Cultural Studies* 14, no. 2 (April 2000): 253–302.

_____. *A User's Guide to Capitalism and Schizophrenia: Deviations from Deleuze and Guattari*. Cambridge, Mass.: MIT, 1999[『천 개의 고원: 사용자 가이드』, 조현일 옮김, 젊힘펼침, 2005].

Mazzarella, William. "The Myth of the Multitude, or, Who's Afraid of the Crowd?" *Critical Inquiry* 36, no. 4 (summer 2010): 697–727.

Mbembe, Achille. "Necropolitics." Translated by Libby Meintjes. *Public Culture* 15, no. 1 (winter 2003): 11–40.

_____. *On the Postcolony*. Berkeley: University of California Press, 2001.

Mbembe, Achille, and Janet Roitman. "Figures of the Subject in Times of Crisis." In *The Geography of Identity*. Edited by Patricia Yaeger. Ann Arbor: University of Michigan Press, 1996.

Media Matters. "Limbaugh Blamed the Left for Obesity Crisis." August 29, 2006.

Miech, Richard A., et al. "Trends in the Association of Poverty With Overweight among U.S. Adolescents, 1971–2004." *Journal of the American Medical Association* 295, no. 20 (May 24/31, 2006): 2385–93.

Milton, John. "On His Blindness." In *The Poetical Works of John Milton*, vol. 3. London: Bell and Daldy, 1866.

Mintz, Sidney W., and Christine M. Du Bois. "The Anthropology of Food and Eating." *Annual Review of Anthropology* 31 (October 2002): 99–119.

Mitropoulos, Angela. "Precari-us?" *Mute*, January 9, 2006.

Mokdad, Ali H., et al. "The Spread of the Obesity Epidemic in the United States, 1991–1998." *Journal of the American Medical Association* 282, no. 16 (October 27, 1999): 1519–22.

Moore, Alan, and David Lloyd. *V for Vendetta*. New York: DC Comics, 1982–1985[『브이 포 벤데타』, 정지욱 옮김, 시공사, 2008].

Morley, David, and Kuan-Hsing Chen, eds. *Stuart Hall: Critical Dialogues in Cultural Studies*. London and New York: Routledge, 1996.

Morris, Daniel. "The Life and Times of Sovereignty." Unpublished paper, 2002.

Moten, Fred. *In the Break: The Aesthetics of the Black Radical Tradition*. Minneapolis: University of Minnesota Press, 2003.

Moten, Fred, and Stefano Harney. "Policy." Roundtable: Research Architecture. http://roundtable.kein.org.

Motevalli, Golnar. "'Video Sniffers' Subverting Surveillance for Art." *Reuters*, May 27, 2008.

MSNBC. "'Globesity' Gains Ground as Leading Killer: Weight Problems Spreading to Even Poorest Countries." May 10, 2005.

Muñoz, Jose Esteban. *Cruising Utopia: The Then and There of Queer Futurity*. New York: NYU Press, 2009.

_____, ed. "Between Psychoanalysis and Affect: A Public Feelings Project." In *Women and Performance* 19, no. 2 (2009).

Muntaner, Charles. "Commentary: Social Capital, Social Class, and the Slow Progress of Psychosocial Epidemiology." *International Journal of Epidemiology* 33 (2004): 1–7.

Muntaner, Charles, John Lynch, and George Davey Smith. "Social Capital, Disorganized

Communities, and the Third Way: Understanding the Retreat from Structural Inequalities in Epidemiology and Public Health." *International Journal of Health Services* 31, no. 2 (2001): 213–37.

_____. "Social Capital and the Third Way in Public Health." *Critical Public Health* 10, no. 2 (June 2000): 107–24.

Murphy, Alexander B. "Landscapes for Whom? The Twentieth-Century Remaking of Brussels." *Yale French Studies* 102 (2002): 190–206.

Nancy, Jean-Luc. *The Inoperative Community*. Translated by Peter Conner et al. Edited by Peter Conner. Minneapolis: University of Minnesota Press, 1991.

Nanny State Liberation Front. http://nannystateliberationfront.net.

National American Woman Suffrage Association, Harriet Taylor Upton, Susan Walker Fitzgerald, Hannah J. Patterson, Nettie Rogers Shuler, Justina Leavitt Wilson, League of Women Voters (U.S.). Congress. *The Handbook of the National American Woman Suffrage Association*. 1912.

National Center for Health Statistics. "Prevalence of Overweight and Obesity Among Adults: United States, 1999–2002."

Neilson, Brett, and Ned Rossiter. "From Precarity to Precariousness and Back Again: Labour, Life and Unstable Networks." *Understanding Precarity*, July 31, 2006.

_____. "Precarity as a Political Concept, or, Fordism as Exception." *Theory, Culture, and Society* 25 (2008): 51–72.

Nestle, Marion. "Hunger in the United States: Policy Implications." In *Food: A Reader*. Edited by Carole M. Counihan. New York and London: Routledge, 2002.

Nestle, Marion, and Michael F. Jacobson. "Halting the Obesity Epidemic: A Public Health Policy Approach." *Public Health Reports* 115 (January-February 2000): 12–24.

New York Times. "Negroes in Protest March in Fifth Avenue." *New York Times*, July 29, 1917.

Nietzsche, Friedrich. *On the Genealogy of Morals*. Edited by Walter Kaufmann. New York: Vintage, 1967[『선악의 저편/도덕의 계보』, 김정현 옮김, 책세상, 2002].

Nord, Mark, et al. "Household Food Security in the United States, 2000." *Food Assistance and Nutrition Research Report*, no. 21. Washington, D.C.: USDA, Economic Research Service, 2002. http://www.ers.usda.gov.

Norman, Nils. *The Contemporary Picturesque*. London: Book Works, 2000.

Norris, Clive, Mike McCahill, and David Wood. "The Growth of CCTV: A Global Perspective on the International Diffusion of Video Surveillance in Publicly Accessible Space." *Surveillance and Society* 2, no. 2/3: 110–35.

Norris, Clive, Jade Moran, and Gary Armstrong. *Surveillance, Closed Circuit Television, and Social Control*. Aldershot, U.K.: Ashgate, 1998.

Notes from Nowhere. *We Are Everywhere: The Irresistible Rise of Global Anti-Capitalism*. London: Verso, 2003.

Nuruddin, Yusuf. "The Promises and Pitfalls of Reparations," http://www.ncobra.org.

Nyong'o, Tavia. "I've Got You Under My Skin: Queer Assemblages, Lyrical Nostalgia and the African Diaspora." *Performance Research* 12, no. 3 (2007): 42–54.

Oldfield, Sybil, ed. 1912–1913. *International Woman Suffrage: Jus Suffragii, 1913–1920*. Vol. 1. London: Routledge, 2003.

Oliver, J. Eric. *Fat Politics: The Real Story Behind America's Obesity Epidemic*. New York: Oxford University Press, 2006.

Olshansky, S. Jay, et al. "A Potential Decline in Life Expectancy in the United States in the 21st Century." *New England Journal of Medicine* 352, no. 11 (March 17, 2005): 1138–45.

Ong, Aihwa. *Neoliberalism as Exception: Mutations in Citizenship and Sovereignty*. Durham, N.C.: Duke University Press, 2006.

Palin, Sarah, and Joseph Biden. "Transcript of Palin, Biden Debate." October 2, 2008. http://www.cnn.com.

"Partnership for a Healthier America." http://www.ahealthieramerica.org.

Patton, Paul. "The World Seen from Within: Deleuze and the Philosophy of Events." *Theory and Event* 1, no. 1 (1997).

Phelan, Peggy. *Mourning Sex: Performing Public Memories*. New York: Routledge, 1997.

_____. *Unmarked: The Politics of Performance*. New York: Routledge, 1993.

Phillips, Adam. *Equals*. New York: Basic Books, 2002.

_____. "First Hates: Phobias in Theory." In *On Kissing, Tickling, and Being Bored: Psychoanalytic Essays on the Unexamined Life*. Cambridge, Mass.: Harvard University Press, 1993.

_____. "Freud and the Uses of Forgetting." In *On Flirtation: Psychoanalytic Essays on the Uncommitted Life*. Cambridge, Mass.: Harvard University Press, 1994.

_____. "On Composure." In *On Kissing, Tickling, and Being Bored: Psychoanalytic Essays on the Unexamined Life*. Cambridge, Mass.: Harvard University Press, 1993.

Pick, Grant. "Slim Chance." *Chicago Tribune Magazine*, April 25, 2004: 12–17, 26.

Pimlott, J. A. R. "Public Service Advertising: The Advertising Council." *Public Opinion Quarterly* 12, no. 2 (1948): 209–19.

Pollan, Michael. "Unhappy Meals." *New York Times*, January 28, 2007. http://www.nytimes.com.

Popkin, Barry M. "Using Research on the Obesity Pandemic as a Guide to a Unified

Vision of Nutrition." *Public Health Nutrition* 8, no. 6 (September 2005): 724–29.

Postone, Moishe. "Lukacs and the Dialectical Critique of Capitalism." In *New Dialectics and Political Economy*. Edited by Robert Albriton and John Simoulidis. London: Palgrave, 2003.

_____. *Time, Labor, and Social Domination: A Reinterpretation of Marx's Critical Theory*. Cambridge and New York: Cambridge University Press, 1993.

Potamianou, Anna. *Hope: A Shield in the Economy of Borderline States*. London and New York: Routledge, 1997.

Povinelli, Elizabeth A. *The Cunning of Recognition: Indigenous Alterities and the Making of Australian Multiculturalism*. Durham, N.C.: Duke University Press, 2002.

Precarias a la Deriva. "Bodies, Lies, and Video Tape: Between the Logic of Security and the Logic of Care." *Diagonal* (February 2005). http://www.chtodelat.org.

Probyn, Elspeth. *Blush: Faces of Shame*. Minneapolis: University of Minnesota Press, 2005.

_____. "Eating Sex." In *Carnal Longings: FoodSexIdentities*. London: Routledge, 2000.

Proust, Marcel. 1913. *Swann's Way*. Translated by Lydia Davis. New York: Viking Press, 2003[『잃어버린 시간을 찾아서 1: 스완네 집 쪽으로』, 김희영 옮김, 민음사, 2012].

Quick, Andrew. "Time and the Event." *Cultural Values* 2, no. 2/3 (April 1998): 223–42.

Rabin, Roni. "Study or No, Fries Are Still Bad News." *Newsday*, September 20, 2005.

Ranciere, Jacques. *Disagreement: Politics and Philosophy*. Translated by Julie Rose. Minneapolis: University of Minnesota Press, 1998[『불화: 정치와 철학』, 진태원 옮김, 길, 2015].

_____. *Hatred of Democracy*. Translated by Steve Corcoran. London and New York: Verso, 2006[『민주주의는 왜 증오의 대상인가』, 허경 옮김, 인간사랑, 2011].

_____. *The Politics of Aesthetics: The Distribution of the Sensible*. Translated by Gabriel Rockhill. New York: Continuum, 2004[『감성의 분할: 미학과 정치』, 오윤성 옮김, 도서출판b, 2008].

Rees, A. L. *A History of Experimental Film and Video*. London: BfI, 1999.

Renov, Michael. "Video Confessions." In *Resolutions: Contemporary Video Practices*. Edited by Michael Renov and Erika Suderberg. Minneapolis: University of Minnesota Press, 1996.

Roberts, Nahshon. "All-Seeing Eye: The History of Video Surveillance." http://www.ez-surveillance.com/blog/.

Roethke, Theodore. "I Knew a Woman." In *Words for the Wind: The Collected Verse of Theodore Roethke*. Bloomington: Indiana University Press, 1961.

Rohy, Valerie. "Ahistorical." *GLQ* 12, no. 1 (2006): 61–83.

Rose, Jacqueline. *States of Fantasy.* New York: Oxford University Press, 1995.

Ross, Andrew. *Nice Work If You Can Get It: Life and Labor in Precarious Times.* New York: NYU Press, 2009.

Ross, Kristin. *Fast Cars, Clean Bodies: Decolonization and the Reordering of French Culture.* Cambridge, Mass.: MIT Press, 1995.

Rubin, Lillian B. *Worlds of Pain: Life in the Working Class Family.* New York: Basic Books, 1977.

Ryman, Geoff. *Was.* New York: Penguin, 1992.

Sarat, Austin, and Nasser Hussain. "On Lawful Lawlessness: George Ryan, Executive Clemency, and the Rhetoric of Sparing Life." *Stanford Law Review* 56 (April 2004): 1307–44.

Schlosser, Eric. *Fast Food Nation: The Dark Side of the All-American Meal.* New York: Houghton Mifflin, 2001.

Schneider, Rebecca. *The Explicit Body in Performance.* London and New York: Routledge, 1997.

Sciolino, Elaine, Thomas Crampton, and Maria de la Baume. "Not '68, but French Youths Hear Similar Cry to Rise Up." *New York Times*, March 17, 2006.

Scollan-Koliopoulos, Melissa. "Consideration for Legacies about Diabetes and Self-Care for the Family with a Multigenerational Occurrence of Type 2 Diabetes." *Nursing and Health Sciences* 6, no. 3 (September 2004): 223–227.

Scott, A. O. "Neo-Neo Realism." *The New York Times Magazine*, March 22, 2009.

Sedgwick, Eve Kosofsky. "The Beast in the Closet: James and the Writing of Homosexual Panic." In *Epistemology of the Closet.* Berkeley: University of California Press, 1990.

_____. *A Dialogue on Love.* Boston: Beacon, 1999.

_____. *Epistemology of the Closet.* Berkeley: University of California Press, 1990.

_____. *Fat Art, Thin Art.* Durham, N.C.: Duke University Press, 1994.

_____. "Paranoid Reading and Reparative Reading; Or, You're So Paranoid, You Probably Think This Introduction Is about You." In *Novel Gazing: Queer Readings in Fiction.* Edited by Eve Kosofsky Sedgwick. Durham, N.C.: Duke University Press, 1997.

_____. "Queer Performativity: Henry James's *The Art of the Novel.*" *GLQ* 1, no. 1 (1993): 1–16.

_____. "Teaching/Depression." *The Scholar and the Feminist Online* 4, no. 2 (2006).

_____. *Tendencies.* Durham, N.C.: Duke University Press, 1993.

_____. *Touching Feeling: Affect, Pedagogy, Performativity.* Durham, N.C.: Duke

University Press, 2003.

Sedgwick, Eve Kosofsky, and Adam Frank. "Shame in the Cybernetic Fold." *Critical Inquiry* 21, no. 2 (winter 1995): 496–522.

Sennett, Richard. *The Corrosion of Character: The Personal Consequences of Work in the New Capitalism.* New York: Norton, 1998[『신자유주의와 인간성의 파괴』, 조용 옮김, 문예출판사, 2002].

Serres, Michel. 1980. *The Parasite.* Translated by Lawrence R. Schehr. Minneapolis: University of Minnesota Press, 2007.

Sewell, William H. *The Logics of History: Social Theory and Social Transformation.* Chicago: University of Chicago Press, 2005.

Shatz, Adam. "Short Cuts." *London Review of Books*, July 23, 2009.

Shelton, Emily. "My Secret Life: Photographs, Melancholy Realisms, and Modern Personhood." Ph.D. diss. University of Chicago, 2002.

Shipler, David. *The Working Poor: Invisible in America.* New York: Vintage, 2004[『워킹푸어, 빈곤의 경계에서 말하다』, 나일등 옮김, 후마니타스, 2009].

Shomon, Mary. "National Depression Screening Day Offers Public an Open Invitation to Learn about Treatment Options, Expectations." About.com, October 2001.

Shukaitis, Stevphen, David Graeber, and Erika Biddle, eds. *Constituent Imagination: Militant Investigations, Collective Theorization.* Oakland, Calif.: AK Press, 2007.

Siegel, Daniel. "The Failure of Condescension." *Victorian Literature and Culture* 33, no. 2 (2005): 395–414.

Simon, Gregory E., et al. "Depression and Work Productivity: The Comparative Costs of Treatment Versus Nontreatment." *Journal of Occupational and Environmental Medicine* 43, no. 1 (January 2001): 2–9.

Sitrin, Marina. *Horizontalism: Voices of Popular Power in Argentina.* Oakland, Calif.: AK Press, 2006.

Skeggs, Beverley. "Ambivalent Femininities." In *Formations of Class and Gender: Becoming Respectable.* London: Sage, 1997.

_____. *Class, Self, Culture.* London: Routledge, 2004.

Slyper, Arnold H. "The Pediatric Obesity Epidemic: Causes and Controversies." *The Journal of Clinical Endocrinology and Metabolism* 89, no. 6 (June 2004): 2540–47.

Smith, Craig S. "Four Ways to Fire a Frenchman." *New York Times*, March 26, 2006.

Snediker, Michael D. *Queer Optimism: Lyric Personhood and Other Felicitous Persuasions.* Minneapolis: University of Minnesota Press, 2009.

Sobal, Jeffrey, and Albert J. Stunkard. "Socioeconomic Status and Obesity: A Review of the Literature." *Psychological Bulletin* 105, no. 2 (March 1989): 260–75.

Song, Lijun, Joonmo Son, and Nan Lin. "Social Capital and Health." In *The New Blackwell Companion to Medical Sociology*. Edited by William C. Cockerham. Chichester, U.K.: Wiley-Blackwell, 2001.

Sontag, Susan. 1986. "The Way We Live Now." In *The Way We Live Now*. Susan Sontag and Howard Hodgkin. London: Jonathan Cape, Ltd., 1991.

Southard, Belinda A. Stillion. "Militancy, Power, and Identity: The Silent Sentinels as Women Fighting for Political Voice." *Rhetoric and Public Affairs* 10, no. 3 (2007): 399–418.

Spivak, Gayatri Chakravorty. "Forum: The Legacy of Jacques Derrida." *PMLA* 120, no. 2 (March 2005): 492.

_____. "Harlem." *Social Text* 22, no. 4 (2004): 113–39.

_____. "Other Things Are Never Equal: A Speech." *Rethinking Marxism* 12, no. 4 (2000): 37–45.

_____. "The Politics of Translation." In *Destabilizing Theory: Contemporary Feminist Debates*. Edited by Michele Barrett and Anne Phillips. Stanford: Stanford University Press, 1992[「번역의 정치」, 『교육기계 안의 바깥에서』, 태혜숙 옮김, 갈무리, 2006].

_____. "Subaltern Studies: Deconstructing Historiography." In *In Other Worlds: Essays in Cultural Politics*. New York: Routledge, 1987[「하위 주체 연구: 역사기술을 해체하기」, 『다른 세상에서: 문화정치학 에세이』].

Stack, Carol. *All Our Kin*. New York: Harper and Row, 1974.

Staiger, Janet, Ann Cvetkovich, and Ann Reynolds, eds. *Political Emotions*. New York and London: Routledge, 2010.

Stanton, Elizabeth Cady, Susan Brownell Anthony, Matilda Joslyn Gage, and Ida Husted Harper. *History of Woman Suffrage*, Vol. 6. New York: J. J. Little and Ives Co., 1922.

Steedman, Carolyn. *Landscape for a Good Woman: A Story of Two Lives*. New Brunswick, N.J.: Rutgers University Press, 1987.

Stein, Rob. "Obesity May Stall Trend of Increasing Longevity." *Washington Post*, March 17, 2005.

Stern, Daniel. *The Present Moment in Psychotherapy and Everyday Life*. New York: W. W. Norton, 2004.

Stewart, Kathleen. *Ordinary Affects*. Durham, N.C.: Duke University Press, 2007.

_____. *A Space on the Side of the Road: Cultural Poetics in an "Other" America*. Princeton, N.J.: Princeton University Press, 1996.

Sturm, Roland. "Increases in Clinically Severe Obesity in the United States, 1986–2000." *Archives of Internal Medicine*, October 13, 2003: 2146–48.

Sullum, Jacob. "Are You Sure You Want Fries With That?: Mandatory Calorie Counts cross the Line between Informing and Nagging." *Reason*, August 20, 2008.

———. "An Epidemic of Meddling: The Totalitarian Implications of Public Health." *Reason*, May, 2007.

———. "Fat Load: A Slimmer America Won't Save Taxpayers Money." *Reason*, August 5, 2009.

———. "The Link between Fat Ad Budgets and Fat Children." *Reason*, June 11, 2004.

Sullum, Jacob, and Thomas J. DiLorenzo. "Public Health vs. The Nanny State?" *The Independent Institute*, October 26, 2000.

Surgeon General. "The Surgeon General's Call to Action to Prevent and Decrease Overweight and Obesity," http://www.surgeongeneral.gov.

Tarkan, Laurie. "Bananas? Maybe. Peas and Kale? Dream On." *New York Times*, June 21, 2005.

Taussig, Michael. *The Nervous System*. London and New York: Routledge, 1991.

Taylor, Diana. *The Archive and the Repertoire: Performing Cultural Memory in the Americas*. Durham, N.C.: Duke University Press, 2003.

Thrift, Nigel. *Non-Representational Theory: Space, Politics, Affect*. London: Routledge, 2007.

Tilghman, Joan. "Obesity and Diabetes in African American Women." *Journal of the Association of Black Nursing Faculty* 14 (May/June, 2003).

Tsianos, Vassilis, and Dimitris Papadopoulos. "Precarity: A Savage Journey to the Heart of Embodied Capitalism." *Transversal* (October 2006).

Tsing, Anna. "Inside the Economy of Appearances." *Public Culture* 12, no. 1 (2000): 115–44.

Turner, Bryan S. "The Government of the Body: Medical Regimens and the Rationalization of Diet." *The British Journal of Sociology* 33, no. 2 (June 1982): 254–69.

Urbina, Ian, N.R. Kleinfield, and Marc Santora. "Bad Blood." *New York Times*, January 9–12, 2006.

USA Today. "Surgeon General: Obesity Rivals Tobacco as Health Ill." December 13, 2001.

U.S. Conference of Mayors. "A Status Report on Hunger and Homelessness in America's Cities 2001: A 27-City Survey." December 2001.

U.S. Congress. House. "Personal Responsibility in Food Consumption Act of 2005." HR 554. 109th Cong., 1st. Sess. *Congressional Record* (October 19, 2005).

U.S. Department of Health and Human Services. "Overweight and Obesity: What You Can Do."

Valverde, Mariana. *Diseases of the Will: Alcohol and the Dilemmas of Freedom.* Cambridge: Cambridge University Press, 1998.

Virno, Paolo. *A Grammar of the Multitude: For an Analysis of Contemporary Forms of Life.* Translated by Isabella Bertoletti, James Cascaito, and Andrea Casson. New York: Semiotext(e)/MIT Press, 2004.

Vogler, Candace. "The Moral of the Story." *Critical Inquiry* 34, no. 1 (autumn 2007): 5–35.

_____. "Sex and Talk." In *Intimacy.* Edited by Lauren Berlant. Chicago: University of Chicago Press, 2000.

Wacquant, Loïc. "Inside 'The Zone': The Social Art of the Hustler in the American Ghetto." In *The Weight of the World: Social Suffering in Contemporary Society.* Edited by Pierre Bourdieu et al. Stanford, Calif.: Stanford University Press, 1993.

_____. "Territorial Stigmatization in the Age of Advanced Marginality." *Thesis Eleven* 91 (2007): 66–77.

Walker, Alexander R. P. "The Obesity Pandemic: Is It beyond Control?" *Journal of the Royal Society for the Promotion of Health* 123 (September 2003): 150–51.

Warner, Melanie. "California Wants to Serve a Health Warning with That Order." *New York Times*, September 21, 2005: C1.

Warner, Michael. *Publics and Counterpublics.* New York: Zone Books, 2005.

_____. *The Trouble with Normal: Sex, Politics, and the Ethics of a Queer Life.* New York: Free Press, 1999.

Weinberger, Eliot. "What I Heard about Iraq in 2005." *London Review of Books* 28, no. 1 (January 5, 2006).

Weiss, Gail. *Body Images: Embodiment as Intercorporeality.* London and New York: Routledge, 1998.

Weston, Kath. *Families We Choose: Lesbians, Gays, Kinship.* New York: Columbia University Press, 1997.

Whitehead, Colson. *The Intuitionist: A Novel.* New York, Doubleday, 1998.

Williams, Patricia. *The Alchemy of Race and Rights: Diary of a Law Professor.* Cambridge, Mass.: Harvard University Press, 1991.

_____. *The Rooster's Egg.* Cambridge, Mass.: Harvard University Press, 1995.

Williams, Raymond. *The Long Revolution.* London: Penguin, 1965[『기나긴 혁명』, 성은애 옮김, 문학동네, 2007].

_____. *Marxism and Literature.* Oxford: Oxford University Press, 1977[『마르크스주의와 문학』, 박만준 옮김, 지식을만드는지식, 2009].

Wintz, Cary D., and Paul Finkelman. *Encyclopedia of the Harlem Renaissance.* Vol. 2. New York: Taylor and Francis, 2002.

Wise, Tim. "Collateral Damage: Poor Whites and the Unintended Consequences of Racial Privilege." *Z Magazine*, October 5, 2003.

Woolf, Virginia. 1929. *A Room of One's Own*. New York: Harcourt, Brace, and Jovanovich, 1957[『자기만의 방』, 이미애 옮김, 민음사, 2006].

World Health Organization. "Controlling the Global Obesity Epidemic," http://www.who.int/en.

_____. *Obesity Reports*, http://www.who.int/en.

Young, Iris Marion. *Throwing Like a Girl and Other Essays in Feminist Philosophy and Social Theory*. Indianapolis: Indiana University Press, 1990.

Yurchak, Alexei. "The Cynical Reason of Late Socialism: Power, Pretense, and the Anekdot." *Public Culture* 9, no. 2 (1997): 161–88.

Zangrando, Robert L. *The NAACP Crusade Against Lynching, 1909–1950*. Philadelphia: Temple University Press, 1980.

Žižek, Slavoj. *Enjoy Your Symptom! Jacques Lacan in Hollywood and Out*. New York: Routledge, 1992[『당신의 징후를 즐겨라』, 주은우 옮김, 한나래, 1997].

_____. "Love Thy Neighbor? No Thanks!" In *The Psychoanalysis of Race*. Edited by Christopher Lane. New York: Columbia University Press, 1998.

_____. "Neighbors and Other Monsters: A Plea for Ethical Violence." In *The Neighbor: Three Inquiries in Political Theology*. Chicago: University of Chicago Press, 2005[「이웃들과 그 밖의 괴물들: 윤리적 폭력을 위한 변명」, 『이웃』, 정혁현 옮김, 도서출판 비, 2010].

_____. *Organs without Bodies: Deleuze and Consequences*. London and New York: Routledge, 2004[『신체 없는 기관』, 이성민·김지훈·박제철 옮김, 도서출판b, 2006].

_____. "Passion: Regular or Decaf ?" *In These Times*, February 27, 2004.

_____. *The Sublime Object of Ideology*. London: Verso, 1989[『이데올로기의 숭고한 대상』, 이수련 옮김, 새물결, 2013].

_____. *Violence*. New York: Picador, 2008[『폭력이란 무엇인가: 폭력에 대한 여섯 가지 삐딱한 성찰』, 이현우 외 옮김, 난장, 2011].

Zu, Daniel. "Musings on the Fat City: Are Obesity and Urban Forms Linked?" *Urban Geography* 24, no. 1 (2003): 75–84.

찾아보기